中国人民公安大学系列学术专著
（拔尖创新人才培养项目经费资助）

国际执法安全合作专题研究

赵 宇 著

中国人民公安大学出版社
·北 京·

图书在版编目（CIP）数据

国际执法安全合作专题研究/赵宇著．—北京：中国人民公安大学出版社，2019.5

ISBN 978-7-5653-3578-5

Ⅰ.①国…　Ⅱ.①赵…　Ⅲ.①公安机关—行政执法—国际合作—研究—中国　Ⅳ.①D922.144

中国版本图书馆 CIP 数据核字（2019）第 055853 号

国际执法安全合作专题研究

赵　宇　著

出版发行：中国人民公安大学出版社
地　　址：北京市西城区木樨地南里
邮政编码：100038
经　　销：新华书店
印　　刷：三河市荣展印务有限公司

版　　次：2019 年 6 月第 1 版
印　　次：2024 年 2 月第 4 次
印　　张：30.75
开　　本：787 毫米×1092 毫米　1/16
字　　数：550 千字

书　　号：ISBN 978-7-5653-3578-5
定　　价：98.00 元

网　　址：www.cppsup.com.cn　www.porclub.com.cn
电子邮箱：zbs@cppsup.com　zbs@cppsu.edu.cn

营销中心电话：010-83903254
读者服务部电话（门市）：010-83903257
警官读者俱乐部电话（网购、邮购）：010-83903253
综合分社电话：010-83901870

作者的话

当前，国际体系正处于重要转型期和深刻变革期，和平、发展、合作、共赢的时代潮流日益强劲，世界安全形势总体稳定可控，但变化前所未有，乱局交替升温。面对“百年未有之大变局”，我国发展、安全、稳定受到一些负面效应的冲击。全球犯罪活动不断呈现新特点，对我国社会稳定的威胁日益增多，在国际格局加速调整演变的背景下，我国维护国家安全和社会稳定面临更多外部挑战。国际因素已成为公安工作的重要组成部分，准确把握公安工作国际化的新特征、新任务，加强国际执法安全合作，全力运筹国际执法安全合作资源和手段，对于更好地维护国家主权、安全和发展利益具有重大意义。

中国特色社会主义进入新时代，公安机关提高政治站位，顺应历史大势，适应全球化要求，推进国际化进程，坚决做到“两个维护”，贯彻落实党中央决策部署，积极践行总体国家安全观，统筹国际国内两个大局，统筹发展安全两件大事，统筹境内境外两条战线，统筹中央地方两个资源，不断深化和拓展务实国际执法安全合作关系，积极构建中国特色执法安全合作体系，坚持秉承以合作、创新、法治、共赢为核心的中国执法安全合作理念，努力打造执法安全合作命运共同体，公安国际合作工作进一步服务公安中心工作和外交大局，取得了优异的成绩。

但是，与新时代的要求相比，我们依然还存在一些不适应和工作短板，比如在思想观念、统筹谋划、体制机制、力量建设、法律基础、战略保障等方面还跟不上，尤其是理论支撑较为薄弱。

本书力图就我国执法安全合作领域的基础理论研究作出探索。全书以专题研究形式对我国国际执法安全合作进行系统研究和介绍，分为基础理论、国际侦查合作、国际刑事司法协助、境外追逃、国际刑警组织、国际警务联络、维和警务等七个专题。本书具有几个特点：一是创新性。“执法安全合作”概念本身就是一个新的提法，对其本质内涵的研究还不多见。本书基本做到理论创新、内容创新、系统创新，尽量使用最新的资料和数据。二是体系性。对执法安全合作涉及的各个主要方面进行全面论述。三是政策性。密切联系国际局势变化和我国外交战略，运用国际关系的视角关照执法安全合作。四是实战性。理论联系实际，既从理论、程序上加以阐述，也分别列举若干典型案例，具有一定的实用性、指导性和可操作性。另外，本书的一些内容是过去一些同类书籍中没有涉及的，比如，对一些区域性警务合作组织的介绍，对国际刑警组织相关信息系统的论述，以及对“红通”所面临挑战的思考等。

2002 年 10 月，我结束在东帝汶的联合国维和警察任务回国，被组织上调到刚成立的中国人民公安大学涉外警务系工作，作为专业课教师，这些年一直从事国际警务执法合作和涉外警务的教学和科研工作，发表了四十余篇专业学术论文，本书的大部分内容都是对这些年教学和研究的梳理和总结。回想刚开始接触本专业的时候，面临的最大挑战是收集资料的困难，那时候网络还不发达，我养成了从报纸上剪裁资料的最原始的习惯，只要是报刊上出现关于警务合作的只言片语都如获至宝。获取第一手资料困难，我经常自嘲是“扒着门缝研究警务合作”。回想当时，家里面没有网络，为了支持我的工作，年逾古稀的老母亲还终日奔波为我照看年幼的孩子，每念及此，万分感慨。那时候的警务合作实践与如今的执法安全合作已经不可同日而语，国际执法安全合作的相关讯息已经从阳春白雪，逐渐成为媒体上很热的关注点，甚至成为街头巷议的话题。

2018 年年末，当本书的书稿截止日期日益临近的时候，我正好在北京外国语大学参加公安部第七期国际执法合作培训班，每天白天上一天的课，晚上到北外的自习室抢座位、写稿子，在一群年轻的大学生中显得格外另类，每天总是被锁教室门的保安催促离开，想起来真是感慨！

本书的完成，首先感谢前辈的专业积淀，也感谢家人的支持和鼓励，以及我的研究生王志、喻国奇、曹旭、巢雪、杨春等人在资料收集整理、文字校对等方面给予我的协助。

“善学者尽其理，善行者究其难”，生平第一本专著，完稿之际，心里反倒愈加忐忑不安，深感恐慌。由于涉外警务专业本身的理论基础较为薄弱，目前还不能形成较成熟、完善的国际执法安全合作理论体系，加上本人能力所限，对于一些问题的深入研究和理论规律抽象上力有不逮，疏漏之处在所难免，恳请专家学者批评指正。对于一些前沿、热点问题，比如海外利益保护、总体国家安全观引领、深度参与全球安全治理、中国特色执法安全合作体系构建、国际关系基础理论的运用等没有充分展开论述。不求闻达于学界或效用于实战，如果能为大家提供一些资料线索和问题启发，引起更深入的关注和研究也就善莫大焉。

赵　宇

2019 年 1 月 18 日

目录

绪论

世界正处于大发展大变革大调整时期，和平与发展仍然是时代主题。世界多极化、经济全球化、社会信息化、文化多样化深入发展，全球治理体系和国际秩序变革加速推进，各国相互联系和依存日益加深，国际力量对比更趋平衡，和平发展大势不可逆转。同时，世界面临的不稳定性、不确定性突出，世界经济增长动能不足，贫富分化日益严重，地区热点问题此起彼伏，恐怖主义、网络安全、重大传染性疾病、气候变化等非传统安全威胁持续蔓延，人类面临许多共同挑战。①

中国将高举和平、发展、合作、共赢的旗帜，恪守维护世界和平、促进共同发展的外交政策宗旨，坚定不移在和平共处五项原则基础上发展同各国的友好合作，推动建设相互尊重、公平正义、合作共赢的新型国际关系。中国秉持共商、共建、共享的全球治理观，倡导国际关系民主化，坚持国家不分大小、强弱、贫富一律平等，支持联合国发挥积极作用，支持扩大发展中国家在国际事务中的代表性和发言权。中国将继续发挥负责任大国的作用，积极参与全球治理体系改革和建设，不断贡献中国智慧和力量。

放眼全球，人类面临的不稳定、不确定因素依然很多。新一轮科技和产业革命给人类社会发展带来新的机遇，也提出了前所未有的挑战。一些国家和地区的人民仍然生活在战争和冲突的阴影之下，很多老人、妇女、儿童依然饱受饥饿和贫穷的折磨。气候变化、重大传染性疾病等依然是人类面临的重大挑战。开放还是封闭，前进还是后退，人类面临着新的重大抉择。②

当今世界，和平合作的潮流滚滚向前。和平与发展是世界各国人民的共

① 习近平.《决胜全面建成小康社会 夺取新时代中国特色社会主义伟大胜利》——在中国共产党第十九次全国代表大会上的报告[EB/OL].http://www.qstheory.cn/llqikan/2017-12/03/c_1122049424.htm.

② 习近平.《开放共创繁荣 创新引领未来》——在博鳌亚洲论坛2018年年会开幕式上的主旨演讲[EB/OL].https://www.sohu.com/a/229382896_99890391.

同心声，冷战思维、零和博弈越发陈旧落伍，妄自尊大或独善其身只能四处碰壁。只有坚持和平发展、携手合作，才能真正实现共赢、多赢。在党的十九大报告中，习近平总书记 6 次提到人类命运共同体，站在全人类进步的高度，对新时代中国特色大国外交作出了顶层设计，并对全世界作出庄严承诺："中国将继续发挥负责任大国作用，积极参与全球治理体系改革和建设，不断贡献中国智慧和力量。"从顺应历史潮流、增进人类福祉出发，中国提出推动构建人类命运共同体的倡议，这一倡议得到越来越多国家和人民的欢迎和认同，并被写进了联合国重要文件。中国愿意与各国人民同心协力、携手前行，努力构建人类命运共同体，共创和平、安宁、繁荣、开放、美丽的亚洲和世界。

习近平主席 2018 年 4 月 11 日集体会见博鳌亚洲论坛现任和候任理事时指出，计利当计天下利。世界大同，和合共生，这些都是中国几千年文明一直秉持的理念。不能独善其身，而应该兼济天下，因为幸福不应该是一个独立单元的享受，而应该是全人类共同的感受。我们不能忽视南北差异，不能忘记联合国可持续发展目标和减贫目标，不能违背在应对气候变化问题上的承诺。各国都应该担当起自己的责任，放眼全球发展，进一步扩展合作格局，推动构建人类命运共同体。

中国特色社会主义进入了新时代，也开启了中国与世界交融发展的新画卷。一个时代有一个时代的问题，一代人有一代人的使命。中国不仅是世界和平的建设者、全球发展的贡献者、国际秩序的维护者，更是人类命运共同体的践行者、时代之问的解题者。2018 年 4 月 10 日，习近平主席在海南省博鳌国宾馆会见菲律宾总统杜特尔特时指出，中菲关系过去两年从"转圜"到"巩固"，连上了两个台阶，今年的任务应该是"提升"。为此，两国领导人要密切沟通，对中菲关系加强战略引领和顶层设计。要加大两国发展战略对接，推进"一带一路"框架内和各领域互利合作。要深化安全合作，中方支持菲方推进反恐和"扫毒灭罪"行动。① 杜特尔特表示，当前菲中关系保持良好发展势头。菲律宾感谢中国对菲经济社会发展、提高反恐维稳能力给予的帮助和支持。

新时代，公安工作站在了新的历史起点。努力从更高层次、更高水平上推进平安建设是新时代公安机关面临的新任务，也是新时代人民群众的新期待。唯有奋斗，才能不负新时代。必须立足新时代视角，主动顺应时代变化，

---

① 习近平会见菲律宾总统杜特尔特．参见人民网-人民日报，2018-04-11.

准确把握面临的压力和挑战，切实履行历史使命，奋力开创新时代公安工作新局面。

当今世界各国面临许多共同威胁和挑战，没有哪个国家能够独自应对或独善其身。各国只有加强团结协作，深化和平合作、平等相待、开放包容、共赢共享的伙伴关系，才能实现持久稳定和发展。[①] “孔子登东山而小鲁，登泰山而小天下”。面对新形势，为了更好地推进人类文明进步事业，我们必须登高望远，正确认识和把握世界大势和时代潮流。

尽管当今世界霸权主义和强权政治依然存在，但推动国际秩序朝着更加公正合理的方向发展的呼声不容忽视，国际关系民主化已成为不可阻挡的时代潮流。尽管各种传统和非传统安全威胁不断涌现，但捍卫和平的力量终将战胜破坏和平的势力，安全稳定是人心所向。尽管单边主义、贸易保护主义、逆全球化思潮不断有新的表现，但“地球村”的世界决定了各国日益利益交融、命运与共，合作共赢是大势所趋。尽管文明冲突、文明优越等论调不时沉渣泛起，但文明多样性是人类进步的不竭动力，不同文明交流互鉴是各国人民的共同愿望。[②]

我们要坚持共商共建共享的全球治理观，不断改革完善全球治理体系，推动各国携手建设人类命运共同体。党的十九大报告将“坚持推动构建人类命运共同体”列入新时代坚持和发展中国特色社会主义的基本方略，是中国步入世界舞台中心的现实反映和责任担当。在中国特色社会主义事业中形成并日臻完善的构建人类命运共同体理念，是习近平新时代中国特色社会主义思想的鲜明注脚。

---

① 习近平同上海合作组织成员国领导人共同会见记者时的讲话（全文），参见新华网。

② 习近平在上海合作组织成员国元首理事会第十八次会议上的讲话《弘扬“上海精神”构建命运共同体》，参见新华网。

专题一

中国国际执法安全合作基础理论

第一节 ‖ 国际执法安全合作概述

国际合作是国家间互动的一种基本形式。通过国际合作，国家可以实现其利益、目标或偏好。什么是国际合作？普遍接受的定义是美国学者罗伯特·基欧汉提出的：通过政策协调过程，当行为者将他们的行为调整到适应其他行为者现行的或者可预料的偏好上时，合作就会出现，作为政策协调过程的结果，当一国政府遵从的政策被另外国家的政府视为能够促进他们自己目标的相互认识时，政府间的合作就会发生。①海伦·米尔纳（Helen Milner）认为国家间合作是一种特定类型的交换。它涉及一国根据别国政策的调整而相应地调整政策或预期，从而使双方都获益。这里的交换是指相互适应对方的政策，而不是经济学家所关注的商品和服务。②可见，国际合作既要是有目的导向的行为，也要是通过政策调整来创造共同利益或减少共同损失的行为。

一、国际执法安全合作内涵

（一）定义

国际执法安全合作是由“国际、执法、安全、合作”四个词联结而成的。其中，“合作”是词干，其他几个词是修饰语，限定“合作”的空间、领域、重点等内容。

---

① ［美］罗伯特·基欧汉．霸权之后：世界政治经济中的合作与纷争［M］．苏长和，信强，何曜，译．上海：上海人民出版社，2012：3.

② ［美］海伦·米尔纳．利益、制度与信息：国内政治与国际关系［M］．曲博，译．上海：上海人民出版社，2010：6.

合作的英文“cooperation”源于拉丁文，是co-（共同）+operation（行动）的合成词，从字面理解，就是共同工作之意；在拉丁语中，即指成员之间的共同行动或协作行动。在现代汉语中，合作的基本含义是：人们（组织）为了共同目的一起工作或共同完成一项任务。从“合”的象形意义来看，可谓“一人一口”，或者人的相互支撑，体现了为了共同目标或利益相互支持的含义。而在英文中，合作意指联合行动或共同工作（acting or working together）。这些定义的基本点在于：第一，合作是人们为实现同一目标而相互帮助、共同行动的一种方式或状态。行为体（actor）不是为合作而合作，合作是实现其他目的的途径或工具。第二，合作从来不是单方面的，而是两个及以上行为体的一种互动方式。实现合作的关键在于通过合作能够满足合作者各自或共同的需求，而且这些需求在表面上不具有冲突性。因此，要建立有效的合作，必须满足以下基本条件：第一，可能的参与者之间应认可相互之间的关系；第二，尊重参与者间的相互需求。

关于“国际”（International）的含义，国际关系学界存在两种观点：一种认为，国家即使不是国际社会中唯一的也是最主要的行为体，所以，“国际”主要指“国家间”，国际社会即国家组成的社会，相应地，国际合作就是或者主要是“国家间合作”。另一种观点指出，国际社会中不仅存在国家行为体，还存在政府间国际组织、跨国公司、宗教团体、民族运动、非政府组织（NGOs）等非国家行为体，而且冷战结束之后，这些非国家行为体在国际舞台上越来越活跃，因此，“国际”指的是“包括国家行为体和非国家行为体等各种行为体之间”。还有一种“世界政治”学派，以世界为自己的研究对象，以“多中心”世界取代“以国家为中心的”世界，从而承认民族国家之外其他行为体的重要性。中国学者大多对以上国际观采取折中立场。国际执法安全合作中的“国际”是指国家之间，也包含国家与国际组织等行为体之间。

在《法律辞典》中，“执法”有广义和狭义两种解释。“狭义的执法是指国家行政机关及其公职人员，在法定职权范围内，依照法定程序贯彻和实施法律的活动。广义的执法是指国家行政机关、司法机关及其公职人员依照法定职权和程序，贯彻实施法律的活动。”[①]在我国，公安机关是人民政府的重要组成部分，依法管理社会治安，行使国家的行政权。同时，公安机关还依法侦查刑事案件，行使国家的司法权。所以，我国公安机关的性质具有双重性，

① 中国社会科学院法学研究所《法律辞典》编委会．法律辞典［M］．北京：法律出版社，2003：316-317.

既有行政性，又有司法性。因此，国际执法安全合作中的“执法”一词宜作广义的理解，既包括警察依法行使行政管理权，也包括其依法进行刑事案件侦查等活动，行使司法权。“执法”一词作为“合作”的限定词，限定了合作的主体、对象、范围、内容等，包含三方面含义：首先，合作主体为国家警察机关、内政部门或其他执法机关；其次，履行职责的行为要依照法律法规，是一种对法律的实践活动；最后，执法的目的是打击犯罪行为，维护区域安全与稳定。

关于“安全”一词，本身是指没有受到威胁、没有危险、危害或损失的客观状态。随着国际形势不断发展，“安全”概念的内涵在不断丰富。传统的安全主要是指通过“零和竞争”而获得的一种单边主义的安全，属于国家内部事务，主要局限于战争与和平的军事安全。二战后，安全的内涵发生了巨大改变。首先，国家不再是唯一的安全主体，个人、社会、组织乃至世界都开始受到安全威胁因素的困扰，安全的范围逐渐扩大，围绕安全开展的国际合作主体逐渐发展为国际组织、非政府间组织以及各种社会团体；其次，“主观化”发展倾向出现，即安全不再仅指一种不受外部威胁的客观状态，而是包括了各国公民在心理上的安全感。这种安全感被定义为“行为主体在自己生活、工作和对外交往的各个方面能够得到和保持一种不受侵害、免于恐惧、有保障感的状态”；[①] 最后，非传统安全问题逐步受到重视，恐怖主义、极端分裂主义、毒品和武器贩运、大规模杀伤性武器扩散、环境恶化、自然资源枯竭等安全问题不断涌现，[②]极大地扩充了“安全”内涵的层次。

概念不仅是思维的单元，也是理论的核心。“国际执法安全合作”这一概念由“国际警务合作与交流”“国际警务合作”“国际警务执法合作”等概念逐步演变发展而来，这样的发展演变在实质上突出强调了“安全”一词，既作为对合作领域的限定，又指出了合作的终极指向，直接体现了警务合作客观背景的深刻变化。“国际执法安全合作”一词的最早正式使用已很难考证，是在2009年前后，这与当时我国公安工作亟须应对一些源头在外的恐怖主义威胁的现实需求有直接关系。与以往使用的国际警务执法合作、国际警务合作相比，国际执法安全合作的显著特征就是突出了“执法”要素，第一次将“安全”概念引入这一领域并与执法串联起来。

---

① 熊瑀．人的安全［M］．南宁：广西师范大学，2006：01.

② 新华社．上海合作组织外交部长会议发表联合公报［N］．人民日报，2002-11-24.

国际执法安全合作的概念即为：各国警察内政部门、国际组织以及其他执法安全合作行为体之间，为预防、打击跨国犯罪，消除传统与非传统安全威胁，维护国家主权安全与发展利益，依照法律法规、国际条约以及其他有关规定而开展的合作行为，具体而言是各方为满足实际的或预期的执法、安全需要而相互调整政策和行为的合作过程。它是全球安全治理的重要组成部分。这种安全合作以执法手段为主导，是国家总体安全合作中的重要内容。国际执法安全合作脱胎于国际警务合作，是安全合作在执法层面上的体现，是国际警务合作发展的高级形态。

十八大以来，中国提出了构建全球安全治理体系，坚持合作、创新、法治、共赢，深度参与全球治理，共同构建普遍安全的人类命运共同体，为解决全球安全问题提出了中国方案。执法安全合作这一概念的提出顺应了我国对外战略大局，也反映了在安全内涵不断丰富的情势下，开展新型执法安全合作，追求整体安全利益的现实需要。

（二）国际执法安全合作的特征

国际执法安全合作的本质特征是将执法合作与安全合作相结合。执法合作是国家间执法机构通过信息交流、联合执法、联合侦查等手段达到惩治犯罪、维护国家利益的目的；而安全合作是政治术语，是对一类合作领域的泛称。执法安全合作将二者结合，表明了执法合作需要被置于维护国家安全、区域安全、共同安全的大背景下进行考虑，成为安全合作领域内重要的组成部分。它是以执法为手段，以共同安全为目标的合作模式，是国际合作在警务领域中的延伸。从发展历程上看，执法安全合作衍生于国际警务合作这一概念，其最初目的是通过不同国家警察机构间的相互协助、配合、支持与援助行为，来达到打击犯罪、维护国家安全的目的，随着时代的发展变迁，安全的内涵不断丰富，执法安全合作的观念、主体、行为方式、利益对象均发生了巨大改变，合作层次逐渐丰富，参与合作的主体范围不断扩大，成为了世界各国为维护区域稳定与共同安全而开展的一切有关警务交流合作活动的统称。

每一个政策议题都有其自身特点，国际执法安全合作是刚刚进入我们视野的一种新鲜事物，是国际警务合作的最新发展形式，了解和分析国际执法安全合作的特征，有助于我们科学认识国际执法安全合作，推动我国国际执法安全合作工作进一步发展。

1. 本质的涉外性

国际执法安全合作是国际合作的重要组成部分，具有鲜明的涉外性，是建立在对等互惠原则上的一种协作关系。合作中一方面要充分尊重对方国家的主权，又要维护本国的主权和法律尊严；另一方面需要在对等互惠原则的基础上进行协调与合作。互惠原则是当代国际交往中的一项重要原则，它具体表现为两种形态：一是双方根据签订的国际条约或者缔结的国际公约，相互给予对方以同等的待遇；二是双方国家之间虽然没有相关的国际条约和国际公约，但是，双方愿意按照认可的国际惯例，本着互惠的精神，在某项具体合作事务中相互给予对方同等待遇。据此，我国公安机关和外国内政警察部门开展执法安全合作，需要遵循两项基本要求，即双方之间有相关国际条约或者国际公约的，按照规定办理，双方之间没有相关国际条约或者国际公约的，按照刑诉法的规定，本着对等互惠的精神办理。

2. 法律依据的双重性

国际执法安全合作是一种具有国际与国内双重法律性质的执法活动。一方面，执法安全合作要以国际法为基础，这里的国际法主要包括相关的国际公约、多边条约、双边条约等。例如，联合国惩治国际性犯罪的公约：《联合国反腐败公约》；我国签订的多边条约：《打击恐怖主义、分裂主义和极端主义上海公约》；我国签订的双边条约：《中华人民共和国政府和荷兰王国政府关于打击犯罪的警务合作谅解备忘录》。另一方面，国际执法安全合作要以国内法为依据。例如，《公安机关办理刑事案件程序规定》第十三章对国际警务合作的主管机关、合作范围、合作程序、办理期限、办理费用等事项进行了规定。

3. 内容的专业性和综合性

国际执法安全合作是各国执法机构在执法领域的一种国际合作，具有很强的专业性，其主体是各国享有相关行政管理权及刑事侦查权的机构，一般为各国的警察机关，在一些国家也包括内政机构、检察机关等其他执法部门。据此，国际执法安全合作的主要领域即包括以下几个方面：警察职权范围内的行政管理活动、刑事案件侦查活动以及警察理论及实务交流活动等。具体来说，主要有：非法移民遣返等行政管理活动；情报交流与信息通报、调查取证、缉捕犯罪嫌疑人等刑事案件侦查活动；国际警察理论的研究与交流、警察执法经验交流研讨、人员培训、警用科学技术的开发利用和交流等警察理论及实务的交流活动等。

安全内涵的拓展是国际执法安全合作产生的直接而现实的原因。习近平主席在论述总体国家安全观时对我国的国家安全作出了“当前我国国家安全内涵和外延比历史上任何时候都要丰富，时空领域比历史上任何时候都要宽广”①的重要论断。国际执法安全合作是一个综合范畴，涵盖了此前国际警务合作的全部构成要素，相比国际警务合作，增加了“安全”要素，而安全又是一个内涵非常广泛的概念。执法安全合作的综合性体现在多个方面。首先，国际执法安全合作中安全的内容是综合的，既包括保护重要基础设施、维护边境地区治安稳定等国土安全，也包括确保国民人身、财产安全不受侵害，既有人的安全又有物的安全；其次，安全的地域范围是综合的，既包括我国公民、企业在国内的安全，也包括我国公民、企业在海外的安全。最后，从安全的空间范围来讲，既包括现实空间中的安全，也包括网络空间的安全等。构成国际执法安全合作的各个要素统一于国际执法安全合作的全过程，各个安全主体都是这一安全体系的有机构成要素。因此，国际执法安全合作的任务也是综合的，不能仅仅满足单一安全主体的安全需要，而且要坚持综合的安全观。

4. 主体的广泛性

安全是用来描述客观事物不受损害，保持其自身稳定的一种状态，必然以一定的主体为依附载体。习近平主席在阐述我国总体国家安全观时，强调要构建政治安全、国土安全、军事安全、经济安全、文化安全、社会安全、科技安全、信息安全、生态安全、资源安全、核安全等于一体的国家安全体系②，当然，这并不代表我国的国家安全的内容仅仅包括这十一个方面。这里的政治、国土、军事、经济、文化、社会、科技、信息以及核等就是不同类型的安全依附载体，它们的安全是国家总体安全的重要组成部分，任何一个主体的安全受到破坏都会对国家总体安全产生影响，因此，它们也是国际执法安全合作的保障对象。国际执法安全合作是一种安全领域的合作，其所要保护的对象自然也是非常广泛的。

5. 合作渠道的多样性

一般情况下，国际执法安全合作主要通过警务合作渠道、国际组织渠道、外交渠道等开展工作。首先，在当事国之间签订了警务合作条约的情况下，可以按照条约规定的内容，由当事国的警察机关及其他内政部门进行直接联系开展“警对警”的警务合作。其次，当事国可以通过共同参加的国际组织

---

① 习近平．坚持总体国家安全观 走中国特色国家安全道路［EB/OL］. http://news.xinhuanet.com/politics/2014-04/15/c_1110253910.htm.

② 习近平．坚持总体国家安全观 走中国特色国家安全道路［EB/OL］. http://news.xinhuanet.com/politics/2014-04/15/c_1110253910.htm.

进行联系并开展合作，如借助国际刑警组织渠道。国际刑警组织有 194 个成员国，以协调各国共同打击刑事犯罪为宗旨，目前已经成为开展国际执法安全合作的主要渠道之一。最后，当事国之间可以借助外交渠道开展合作，这是国家之间开展合作最正式的渠道，也是国家间合作的“兜底”渠道。

6. 合作程序的灵活性

相比其他的国际司法合作形式，国际执法安全合作具有更大的灵活性和效益性。在实践中，惩治跨国犯罪可以通过多种方式进行，最常见的两种是国际刑事司法协助和国际执法安全合作。国际刑事司法协助与国际执法安全合作的领域有共同之处，相比较而言，执法安全合作更具有灵活性和效益性。首先，在执行程序方面，执法安全合作具有简洁性。国际刑事司法协助一般需要通过刑事司法协助条约所确定的中央机关进行联络。在执行中，需要由请求国的主管机关先行上报本国的中央机关，由本国的中央机关联系被请求国的中央机关，再传达给被请求国的主管机关执行。执法安全合作的执行主体是各国的警察（内政）部门，各国可以通过警察机构的直接联系、国际刑警组织的渠道或者外交渠道进行合作。相比较而言，国际刑事司法协助的程序较为复杂，长时间的协商有可能会耽误破案时机，难以满足及时打击犯罪的需要，而国际执法安全合作的程序相对简便，具有耗时短、灵活高效的特点。其次，在执行方式方面，执法安全合作具有直接性。国际刑事司法协助一般通过委托、代办的方式进行，而执法安全合作不仅可以通过间接方式进行，还可以通过联合侦查等方式进行直接合作，更有利于调查取证、缉捕犯罪嫌疑人等工作。最后，在侦查手段方面，执法安全合作具有灵活性。缉捕犯罪嫌疑人是二者共同的目标，国际刑事司法协助一般通过引渡的方式实现目标，但是在实践中，许多国家奉行“条约前置主义”，即以双方签订引渡条约为前提，才可以进行引渡工作。由于引渡具有诸多条件限制，再加上各国间的法律、司法等障碍，使得条约的签订面临许多困境，从而影响了引渡的正常开展。执法安全合作则具有较大的灵活性，可以通过实施劝返、移民遣返等措施达到缉捕犯罪嫌疑人之目的。

7. 合作行为的保护性

国际执法安全合作是在国际警务合作的基础上产生并发展起来的。国际警务执法合作是指不同国家和地区的警察（内政）机构之间或与其他国际行为体之间，根据相关的条约、国内法规定或者按互惠原则的相关规定，为满足各方实际的或预期的执法需要而相互调整政策和行为的合作过程。[①] 从一定意义上讲这也是一种警察外交。在国际警务合作的背景下，警察（内政）机关的主要任务就是惩治国际性犯罪，以侦办刑事案件为重点，侧重犯罪打击。这种合作有效地打击了跨国犯罪的嚣张气焰，惩治了一批犯罪分子。但作为一种事后救济，缺乏事前的危险预警和预防手段。而国际执法安全合作不仅包括使用执法手段打击犯罪，还从安全合作的理念出发，注重国际执法安全合作中的保护性执法，寓保护于执法。例如，在 2011 年“10 · 5”湄公河惨案破获后，中、老、缅、泰警方在不到两个月的时间内迅速建立联合巡逻队伍，形成了湄公河流域联合巡逻机制，就是对该地区的一种安全治理，其内涵和外延都要大于单纯的国际警务合作，突出了保护性色彩。

8. 合作过程的同化性

国际执法安全合作是国际警务合作不断发展演化的结果，在这一发展过程中，各国警察（内政）机构之间就合力打击跨国犯罪、保护本国利益的互动实践对国际执法安全合作的产生起到了根本推动作用。但这一过程同样是各国政府及其警察机构在实践互动中不断建构起来的，只有合作主体具备高度的认同，才能找到更多的“利益汇合点”，使国际执法安全合作从愿景变成行动。在国际执法安全合作的开展过程中，任何合作方的合作意愿、合作方式都会对对方产生影响，这种影响的最终效果就是使合作各方在国家执法安全合作中通过建构共同的观念不断同化，为合作提供必要的心理认同和战略互信，从而形成温特所说的“共有观念”或“共有知识”,[②]这种“共有观念”使双方的差异和不信任感不断缩小，最终达成合作共识，并对以后的合作产生积极作用。

9. 发展的动态性

国际执法安全合作是一个动态发展的过程。首先，安全是一个动态的概念。安全是相对的，世界上并不存在绝对的安全，只有危险才是绝对的。因此，安全作为一种客观状态，始终处于一定的变化之中，这种变化和相对性就决定了以保障安全主体安全为目标的国际执法安全合作需要根据现实情况的不断变化进行调整，针对出现的安全问题采取相应措施。

例如，在互联网出现以前，甚至在互联网发展的早期阶段，还没有关于

① 赵宇．国际警务执法合作［M］．北京：中国人民公安大学出版社，2014：14.

② ［美］亚历山大 · 温特．国际政治的社会理论［M］. 秦亚青，译. 上海：上海人民出版社，2014：11.

网络犯罪的概念，也就谈不上打击网络犯罪、维护网络空间安全的国际执法安全合作。然而，仅仅十几年间，网络犯罪就成了各国合作打击的重点，网络也成为国际执法安全合作中新的安全保障目标。技术的不断发展，产生了新的安全客体和侵害安全的犯罪手段，国际执法安全合作也应顺应技术发展潮流，不断调整安全保障对象，丰富安全保障手段，提高安全保障能力。

（三）国际执法安全合作与国内公安工作的关系

国际执法安全合作以国际合作为主要方式，通过国家间的优势互补，打击跨国犯罪；国内公安工作以发生在我国境内的犯罪行为为主要打击对象，具有一定的区域性，但二者连接紧密，相互支持。随着形势的发展，执法工作不能仅局限于国内，而且需要随着海外利益的扩展不断延伸。

国内公安工作是执法安全合作的基础和重要支撑，国际执法安全合作是国内公安工作在国际社会中的延伸，国内公安工作为国际执法安全合作提供人才、智力支持与财政保障，国际执法安全合作服务于国内公安中心工作，围绕国内公安工作发展的大方向与新趋势开展；国内与国际两个大局都要兼顾，境内、境外两条战线都要统筹，国内、国际形成完整的合力链，打击犯罪行为，维护国家利益。

（四）外交战略与国际执法安全合作的关系

合作以增进理解为前提，长期合作则依靠共同利益作为基础。每个国家在外交战略上的努力都是为了巩固与加强合作这一纽带，通过纽带的联通作用才能形成日趋紧密的利益关系。首先，中国国际执法安全合作要服从服务于整体外交大战略，以外交战略为指导开展工作，保持与中国对外方针政策的高度一致，以服务大局为执法安全合作前提，维护国家主权、安全与发展利益；其次，国际执法安全合作的开展可以有力促进对外友好关系的发展，在一定程度上促进外交战略的推进；二者相互促进，相互影响，相互支持，并最终统一于维护国家利益。

1. 外交战略为国际执法安全合作导航定向

外交战略是国家对外交往的政治立场与行为原则，反映着一个国家的文化价值取向与社会意识形态，反映着国家在国际社会中的地位与责任，是维护国家利益的最主要手段。国际执法安全合作的目标是打击跨国犯罪，维护国家主权、安全与发展利益；虽然行为实施的主体是警察机构、司法机关或内政部门，但本质上仍然是一种国家或政府行为；在合作过程中，双方执法机构所代表的依然是国家利益的维护者，从这一角度看，外交战略对执法安全合作起到了引导与规范的作用，在划定范围内对执法安全合作的内容、程度以及行为对象进行限定，以达到在不损害国家利益的条件下，开展合作，实现双赢。随着时代的发展，外交战略会对世界新形势作出回应并不断发展更新，尤其是在全球化趋势逐渐深入的过程中，国家间联动性加强，战略目标惠及范围逐步扩大，国家的利益诉求从传统安全向非传统安全领域转移，这就为执法安全合作的发展提供了明确的方向与崭新的机遇，并从侧面肯定了执法安全合作将在未来起到越来越重要的作用。

2. 国际执法安全合作是外交战略专业化延伸

随着现代外交的发展，不同领域都对外交合作产生了极大的需求，其外延和手段逐渐丰富，产生了各式各样的领域外交；有人称国际警务合作为“警察外交”，这就是外交战略在警务领域中的专业化延伸。外交战略作为统领国家对外交往的基本宗旨，在一定程度上起到上层建筑式的统领作用，是一种抽象的存在，并不能够完全适用于所有具体合作项目，所以不同领域在开展具体形式的合作时，需要遵循各个行业的规范与原则。以“猎狐行动”为例，中国在对外交往中，无论是多边还是双边场合，都主动设置反腐败国际合作议题，打击腐败犯罪隶属于执法领域，将执法领域内的议题上升到外交战略高度的做法引起了世界各国的共鸣，获得了国际社会的普遍支持；“猎狐”“天网”等一系列境外追赃追逃工作逐步开展，将外交战略有效落实在执法安全合作行动中。行动开展以来，中国已从 90 多个国家和地区追回外逃人员 2566 人，追回赃款 86 亿元人民币，追回“百名红通人员”39 人。[①] 这一丰硕的阶段性成果是外交战略在执法安全合作领域中得到积极践行的有力证明。

3. 外交战略与执法安全合作相互促进

国家或政府的正式外交活动是外交战略的重要组成部分，一般具有严肃性与正规性，代表着一个国家在开展国际事务与处理国际关系问题上的立场，是一种谨慎又规矩的国家行为。一方面，外交活动向外界打开了我国执法安全合作的大门，通过信息的交流与传递，寻找合作机会，为国际执法安全合作提供平台。另一方面，国际执法安全合作开展过程中的主动性发挥又会反过来促进两国的理解与互信；每一次具体合作的开展都是一个循序渐进的过程，合作目的逐渐深入，范围逐渐扩大，从被动地被外交战略领导，发展为主动开展有利于促进外交战略实施或增进两国友好交往的纽带，这就实现了

① 国际追逃追赃取得重要阶段性成果［EB/OL］.http://www.xinhuanet.com/mrdx/2017-03/26/c_136158131.htm.

前述二者关系的转化。以中国与菲律宾的关系为例，2014 年 5 月 6 日，菲律宾以非法捕捞海龟为由扣押了在南沙半月礁附近作业的中国琼琼海 09063 号渔船，逮捕了船上 11 名船员并以“非法入境”罪提起诉讼，中方反复强调对事发海域拥有主权，但菲方态度强硬；南海的边界争端使中菲关系陷入持续紧张状态，对两国的合作交往产生了巨大影响；但尽管如此，面对菲境内严峻的毒品犯罪问题，中国始终坚定地支持着菲律宾的禁毒斗争工作，并帮助菲律宾建设戒毒中心。2016 年 10 月 21 日，菲律宾总统杜特尔特访华，中菲关系全面转圜，中菲两国的禁毒合作也重新焕发生机，建立了年度会晤机制、联络热线等，并达成了一系列重要合作意向。国际合作与外交战略本就是你中有我、我中有你的交融关系，执法安全合作作为国际合作的一个类别，其本质具有相似性，与外交战略也就必然存在相互促进的关系。

4. 外交战略与执法安全合作统一于维护国家利益

外交战略的出发点和落脚点是维护国家主权利益，通过对外交往的方式进行利益互换，国际执法安全合作则是通过开展警务执法活动以达到打击犯罪、维护国家安全与社会秩序的目的，是一种保障国家安全稳定、维护国家利益的硬性手段。国家稳定是区域稳定的基础，从这一角度看，执法安全合作起到了间接作用。另外，安全威胁因素呈现全球化发展趋势，恐怖主义、毒品犯罪、生化武器以及难民危机等多种安全隐患在全球范围内肆虐，严重威胁着世界各国与各地区的安全，国际执法安全合作的重要性由此凸显。通过开展国际执法安全合作，依靠他国协助，共享优势资源，弥补自身能力不足，对特定安全问题进行针对性打击，在保护本国安全的同时惠及国际社会，从这一角度看，执法安全合作对维护国家利益具有附带性。总的来说，执法安全合作与外交战略都是维护国家利益的手段，都以国家利益为中心开展活动，并最终统一于维护国家利益。

二、国际执法安全合作的范围

国际执法安全合作的范围主要可以分为：双边、多边（区域）以及全球三个维度。近年来，我国从战略高度和全局角度出发，坚持统筹国际、国内两个大局，境内、境外两个战场，大力推进国际执法安全合作工作，建立了全方位、立体化的国际执法安全合作体系，公安机关的对外交往能力、办理跨国案件的能力、保护中国公民海外安全利益的能力都有了显著提高。

截至 2018 年，公安部已与 113 个国家建立了密切的执法合作关系，搭建了 129 个双多边合作机制和 96 条联络热线，同 60 多个国家的内政警察部门签署各类合作文件近400份，初步构建起了全方位、立体化、多层次、讲实效的国际执法安全合作工作格局。① 同时，我国积极参与国际组织及相关多边合作机制框架下的执法合作，主要包括联合国、国际刑警组织、上海合作组织以及中国—东盟区域合作、湄公河流域执法安全合作等机制。

（一）双边执法安全合作

我国公安机关在“大国是关键、周边是首要、发展中国家是基础、多边是重要舞台”的外交总体布局的指引下，积极开展全方位警务执法合作，取得了重大成果。在双边合作领域成果颇丰。

例如，2017年3月21日，时任公安部部长郭声琨在北京与俄罗斯联邦内务部部长科洛科利采夫举行会谈，双方表示愿意进一步深化在反恐、禁毒、打击跨国犯罪和非法移民等领域的合作，共同维护两国和地区安全稳定，为促进“一带一路”建设与欧亚经济联盟建设对接作出新贡献，造福两国和两国人民，会谈后，双方签署了《中华人民共和国公安部和俄罗斯联邦内务部2017—2018年合作议定书》。② 此外，郭声琨还于2016年12月27日在京分别会见了率团来华出席湄公河流域执法安全合作机制成立五周年部长级会议的老挝公安部部长宋乔、国防部副部长温西，缅甸内政部副部长昂梭，泰国国家安全院秘书长塔威。双方表示该会议是提升湄公河流域执法安全合作的重大契机，愿按照会议通过的联合声明，与各方进一步深化互信和交流，推动湄公河流域执法安全合作深入健康发展，共同应对各种风险和挑战，为流域内安全治理和繁荣发展作出更大贡献。③

今后，我们还将进一步统筹规划好公安机关国际执法安全合作战略布局，切实强化周边合作，秉持“亲诚惠容”理念，努力打造周边安全命运共同体。同时，切实运筹好大国关系，着力构建以合作共赢为核心的新型大国执法安全合作关系，推动我国双边警务执法合作不断发展。

（二）多边（区域）执法安全合作

随着各地区政治、经济等方面的合作日益紧密，执法部门的合作也得到了加强，各地区纷纷成立了地区性的警察合作组织，这些地区性组织的出现

---

① “平安中国”网络访谈：公安部国际合作局局长廖进荣［EB/OL］. http：//www. mps. gov. cn/n2254536/n2254544/n2254552/c5660933/content. html.

② 郭声琨与俄罗斯联邦内务部部长科洛科利采夫举行会谈［EB/OL］. http：//www. mps. gov. cn/n2253534/n2253535/n2253536/c5661166/content. html.

③ 郭声琨分别会见老挝缅甸泰国客人［EB/OL］. http://www. mps. gov. cn/n2255079/n5137689/n5583183/n5583190/c5585556/content.html.

为国际执法安全合作提供了新机遇。参加、参与区域组织、国际会议以及多边机制是国际执法安全合作的发展趋势。同时，主动参与、大力推动和区域组织的合作，已经成为国际执法安全合作的重点之一。

例如，在上海合作组织框架下，我国利用执法安全领域这一阵地，发挥主导作用，与俄罗斯及其他成员国发展并保持良好关系，及时调整对重大问题的立场，围绕打击“三股势力”、维护新疆地区稳定做工作，取得了显著效果。再如，自 2011 年中国、老挝、缅甸、泰国四国建立湄公河流域执法安全合作机制以来，我国与其他三国始终坚持相互尊重、理解、信任和支持，始终坚持开展情报信息交流、联合巡逻执法、“平安航道”联合扫毒行动等多种形式的执法合作，严厉打击了本地区跨国犯罪，有效维护了湄公河流域沿岸地区的安全稳定，有力促进了地区繁荣发展，为地区执法安全合作树立了良好典范。

湄公河流域执法安全合作的成功给了我们一个非常重要的启示：整治复杂的跨国犯罪问题，必须有密切的国际合作为保障。这几年的实践，再次让各国感受到“合作共赢”理念对执法合作的特殊重要性。2016 年 12 月，公安部举行湄公河流域执法安全合作五周年系列纪念活动，总结了五年来取得的成绩经验，对今后的合作进行了磋商规划，开启了区域执法合作的新篇章。我们将继续秉持“合作共赢”的精神，与老、缅、泰三国进一步深化湄公河流域执法安全合作，共同维护沿岸地区安全稳定，造福沿岸各国人民。

此外，2015 年 10 月 23 日，“安全促发展”中国—东盟执法安全合作部长级对话在北京举行。会上，由中方提出将对话机制化，努力打造更加紧密的地区安全命运共同体的倡议，受到与会代表的积极响应。以此次会议为标志，我国与东盟及相关国家的执法安全合作掀开了崭新的一页。建立中国—东盟执法安全合作对话机制，正是我国公安机关贯彻落实习近平总书记提出的共同、综合、合作、可持续的亚洲安全观的具体体现，也是我国公安机关全面开展国际执法合作工作的成果之一。

此外，在全球的其他地区也出现了许多区域性的多边警务执法合作组织。例如，欧洲警察署（Europol），其为欧盟下属执法机构，成立于 1999 年，任务是为欧盟公民创造一个更加安全的环境，职责是支持欧盟成员国预防和打击各种严重的跨国犯罪、有组织犯罪、网络犯罪以及恐怖主义。此外，还有非洲警察合作机构（African Mechanism For Police Cooperation），其成立于 2015 年 12 月，成员是非洲联盟委员会 54 个会员国的警察部门，致力于加强会员国的警务合作以面对各种形式的新型安全威胁、跨国有组织犯罪、恐怖主义以及环境犯罪。

（三）全球执法安全合作

随着跨国犯罪涉及的国家数量逐渐增多、范围不断扩大，开展全球执法安全合作成为我国执法安全合作工作发展的必然趋势。全球执法安全合作一般通过国际组织开展，这些国际组织既包括专业性的国际组织，也包括综合性的国际组织；既包括政府间的国际组织，也包括非政府国际组织。它们共同构成了全方位、多层次的全球执法安全合作体系，推动了国际执法安全合作的发展。

国际刑警组织目前是各国开展执法安全合作的主要渠道之一。国际刑警组织与世界各国警察部门建立了有效的合作关系，使其在打击跨国犯罪中扮演着重要角色。我国于 1984 年正式加入国际刑警组织，同年组建中国国家中心局。目前，已在北京、上海、广东、黑龙江、江苏、广西等地统筹设立了十余个国际刑警组织中国国家中心局地方联络机构。我国一直与国际刑警组织保持着密切的联系，共同预防和打击跨国犯罪，2016 年 11 月，我国公安部领导人当选国际刑警组织主席，标志着我国从国际刑警组织合作规则的被动参与者向合作规则的主动制定者的转变，实现了我国在国际重要执法岗位上的突破，开创了我国参与国际警务执法合作的新阶段。

联合国是目前世界上最大的综合性政府间国际组织，共有 193 个成员国，其下设的联合国毒品和犯罪问题办公室（UNODC）负责领导全世界打击非法药物及国际犯罪。联合国毒品和犯罪问题办公室成立于 1997 年，旨在通过实地技术协作项目、对药物和犯罪的调查与分析、立法的规范性工作来帮助成员国提高打击非法药物、恐怖主义和其他犯罪的能力，并推动其关于上述问题的国内政策、立法、国际条约的通过与发展。①

参与联合国维和行动，是公安机关服务国家外交大局、参与全球安全治理的重要举措。2000 年以来，公安部积极参与联合国维和行动，共向海地、利比里亚、苏丹、南苏丹、东帝汶、阿富汗、波黑、科索沃、塞浦路斯 9 个任务区和联合国总部派遣维和警察 2609 人次。维和警察不畏艰险，忠诚履职，不辱使命，维护了地区和平稳定，创造了“无一违纪、无一遣返、无一战斗伤亡”的骄人成绩，为祖国和人民赢得了崇高荣誉，树立了中国负责任的大国形象，体现了大国责任担当。

---

① 联合国毒品和犯罪办公室[EB/OL]. http://www.un.org/zh/aboutun/structure/unodc/.

2015 年 9 月，习近平主席在联合国维和峰会上向全世界庄严承诺：“为支持改进和加强维和行动，中国将加入新的联合国维和能力待命机制，率先组建常备成建制维和警队。”[①]截至 2017 年 3 月，公安部顺利完成了 2 支常备成建制维和警队组建工作，并以全优成绩通过了联合国甄选验收，被联合国列为世界首支具备快速部署能力的常备维和警察力量。

此外，还存在一些民间的警务合作组织，例如，“精英警务”（Pearls in Policing，PIP）是由来自不同国家、地区和国际组织的高层执法官员和著名的专家学者组成的一个国际执法工作智囊团。该组织的成立是受“彼尔德伯格”[②]的启发——在非正式的国际论坛中，高级官员们更能够在一个真诚、坦白、有效的环境下就重要问题进行讨论。其初衷是为了发现警务工作中新出现的挑战并通过集思广益想出解决办法。

三、加强国际执法安全合作的意义

加强国际执法安全合作是贯彻中央统筹国际、国内两个大局的应有之义；是公安工作国际化的必然要求；是公安机关深度参与全球安全治理的重要抓手。实践证明，关起门来搞公安的路子已经行不通了。

（一）进一步认清形势，提升公安机关政治站位的必然要求

加强国际执法安全合作是维护国家主权、安全和发展利益，实现中华民族伟大复兴和“两个一百年”目标的必然要求。国际执法安全合作肩负着统筹国内、国际两个大局的重要职责，事关改革发展稳定全局，事关政治安全、政权安全和社会稳定。

党的十九大提出了一系列关于安全、外交的重要论断，对于执法安全合作具有很强的指导性和针对性。十九大指出，要坚持总体国家安全观，以人民安全为宗旨，以政治安全为根本，统筹外部安全和内部安全、国土安全和国民安全、传统安全和非传统安全、自身安全和共同安全，坚决维护国家主权、安全、发展利益。这就要求执法安全合作必须以维护国家安全特别是政

---

① 维和峰会：习近平宣布中国将参加新的联合国维和能力待命机制[EB/OL].http://www.un.org/sustainabledevelopment/zh/2015/09/new-development-agenda/.

② 彼尔德伯格集团（The Bilderberg Group）是一个由欧美各国政要、企业巨头、银行家组成的精英团队，他们在“暗处”操纵着世界。这个秘密组织的诸次会议所讨论的问题包括全球化、国际金融、移民自由、国际警察力量的组建、取消关税壁垒实行产品自由流通、限制联合国和其他国际组织成员国的主权等，往往被认为是西方重要国际会议召开前的预演。这个超国家游说团体，被形象地称为“彼尔德伯格俱乐部”。

治安全为根本出发点和落脚点，坚持以人民为中心的发展思想，科学统筹国内、国际两个大局，统筹发展、安全两件大事，真正为国家核心安全利益保驾护航。

新时代，公安机关贯彻落实党中央决策部署，统筹国内、国际两个大局，发展安全两件大事、境内境外两条战线、中央地方两个资源，不断深化拓展务实国际执法安全合作关系是公安工作国际化的必然要求。在做好国内工作的同时，必须放眼全球、胸怀世界，高举“合作、创新、法治、共赢”的旗帜，全面参与国家总体外交和全球安全治理，将公安工作进一步延伸到境外，更有效地化解影响我国国内安全稳定的境外源头因素。

（二）践行总体国家安全观，构建人类命运共同体的必由之路

十九大将“坚持推动构建人类命运共同体”纳入新时代中国特色社会主义思想并写入党章；2017 年 2 月，联合国决议首次写入“构建人类命运共同体”理念；2018 年 3 月，联合国人权理事会通过决议，呼吁构建人类命运共同体；2013 年至今，中国不断向世界传达着构建人类命运共同体的理念，在国际社会中引起了广泛的共鸣，也为完善全球治理体系贡献了中国智慧和中国方案。

构建人类安全命运共同体理念，实质上是中国提出的对世界关系良性发展的战略性建议，将中国发展寓于世界发展之中，将中国主张寓于全球治理之中，这种思想体现了“破旧立新”与“增量改革”、“现实世界”和“理想世界”、“求同存异”与“聚同化异”的辩证统一，是符合世界发展趋势的战略选择。在此之前，和平大多局限于特定的区域，是区域性秩序，从未能在全球范围内建立；而在新时代，国际社会对构建人类安全命运共同体这一理念的认同愈加深化，全球安全威胁应当由各国共同治理，治理成果也应当由各国共同分享，由此更凸显了这一理念的时代价值，显示出了其强大的国际感召力、影响力和塑造力。

新时代，全球安全治理行动正在展开，构建人类安全命运共同体为推动建立更加安全稳固的国际秩序提供了新的可能。开展执法安全合作是构建人类安全共同体的必然要求；首先，无论是发达国家还是发展中国家，海洋国家还是陆地国家，都面临着严重的非传统安全威胁，尤其是蔓延全球的恐怖主义威胁；深度开展全球范围内的执法安全合作，打击恐怖主义与极端势力成为构建人类安全命运共同体的应有之义；其次，区域安全是全球安全的基础，各国在区域安全上所共同付出的努力都是为了进一步巩固世界共同安全；最后，在总体国家安全观的指导下，构建普遍安全的人类命运共同体也是中国特色执法安全合作体系所追求的最终目标。

在全球化深入发展的历史背景下，各国利益相互交织、深度融合，即便国家间在政治制度、历史传统、社会文化等方面存在很大的差异，合作共赢也仍是国际社会的最大公约数。习近平总书记曾经指出："一个国家要谋求自身发展、必须也让别人发展；要谋求自身安全，必须也让别人安全；要谋求自身过得好，必须也让别人过得好。"这个重要论述体现了在全球化时代各国同舟共济、相互依存的新理念。具体到执法安全合作领域，需要我们积极巩固扩大执法安全朋友圈，为我安全利益提供保障。为实现这个目标，关键是要高举"合作共赢"的旗帜，在执法安全合作中积极倡导共同、综合、合作、可持续的安全观，践行"亲诚惠荣"周边外交理念和"真实亲诚"对非工作方针，以反恐、网络安全、跨国有组织犯罪等各国共同关切的安全利益为抓手，积极开展务实执法安全合作能力建设，携手构建合作共赢的新伙伴关系，努力打造你中有我、我中有你的"执法安全命运共同体"，为构建人类命运共同体打下基础。

（三）打击跨国犯罪，维护国际社会的安全与稳定

世界正处于一个挑战层出不穷、风险日益增多的时代，全球性问题数量增多，规模不断扩大，程度不断加深。随着全球化进程的不断加快和通信技术的飞速发展，国家之间在政治、经济、文化等领域的交流日益频繁，这也使得犯罪分子有机可乘，从而导致跨国犯罪在全球范围内迅速蔓延。受地理位置、国家关系、法律制度、语言风俗等多方面因素的影响，跨国犯罪的打击难度较大。因此，面对跨国犯罪带来的新挑战，任何一国都不可能独立在本国范围内解决问题，加强国际执法安全合作成为打击跨国犯罪、维护国际社会安全与稳定的必由之路。通过加强各国警察机关之间的合作，可以最大限度地突破空间、法律、语言等方面的制约，形成合力，共同打击跨国刑事犯罪，维护国际社会的安全与稳定。

（四）提升国际执法水平，培育公正合理的执法安全合作环境

通过国际执法安全合作，来自不同国家的执法人员不仅可以在办理案件时实现警务技术、经验的交流，更可以通过专门的警务友好交流活动，如警察理论研讨、警察执法经验交流、人员培训、警用科学技术的开发利用和推广等，相互学习彼此的先进技术与经验，实现优势互补，从而促进国际整体执法水平的提高。另外，长期的警务交流活动有利于各国之间加深了解，扩大共识，从而在案件办理的许多方面达成一致，对进一步推动警务执法合作大有裨益。

以外警培训为例，开展对外国执法人员的培训工作是目前许多国家在实践中经常采用的警务交流方式，这对于提升国际执法水平、促进国家间的警务执法合作具有重要意义。美国联邦调查局和国务院在全球范围内建立了五所国际执法学院，[①] 这些培训机构负责对外国的执法人员进行培训，他们将学员的书本知识灌输与实战技能培训并重，不仅为其提供最先进的侦查技术及其他工作技能，更注重培养执法理念以提高其综合执法水平，通过这种方式，美国不仅援助了他国的执法工作，更实现了其执法理念的输出，从而为开展警务执法合作铺平了道路。我国的外警培训工作于2002年起步，近年来发展迅速，但是与美国等发达国家相比仍存在不小的差距，因此我们需要进一步提高对该工作的重视，提高国际执法水平和我国开展国际警务执法合作的能力。目前，公安部国际执法学院的筹备工作已经进入实质阶段。

截至2017年3月，我国已邀请相关国家1万多名执法官员来华研修，并派遣数千名警官赴外培训。中国公安机关结合外方需求，为外方提供了包括刑事侦查、刑事技术、禁毒、大型活动安保等一系列精品研修项目，同时还积极拓展培训模式，提升了办学层次，创新开展了本科学历教育项目、警务硕士培训项目以及执法联络员培训项目，并派出教官赴外开展教学。外警培训是一个互学共进的过程，中外双方交流分享了打击犯罪方面大量成功经验与有益做法，开阔了视野，共同提高了执法能力，有助于实现更高水平的国际执法合作，效果良好，是我们扩大执法“朋友圈”的有效途径。

2017年9月在北京举行的国际刑警组织第86届全体大会上，习近平主席提出加大对该组织的支持力度，加强全球执法能力建设，为发展中国家提供更多的警务能力培训。今后我们要进一步改革完善外警培训工作体系，积极倡导以分享为核心的培训新理念，建立更加科学合理的项目设计新模式，推动国际执法培训更加规范和务实高效，更好地服务于国际执法合作工作。

（五）维护我国的国家安全和社会稳定，提升国际地位

近年来，跨国犯罪对我国的危害日益严重，其中恐怖主义犯罪、毒品犯罪、网络犯罪等更是对我国的国家安全和社会稳定造成了严重威胁。境内外“三股势力”相互勾结，大肆进行分裂祖国的活动，呈愈演愈烈之势；毒品犯罪、网络犯罪的国际化趋势加剧，打击难度增大，对公安机关提出了新的挑战；偷渡活动进一步升级，不断向我国内陆地区及周边国家渗透，严重危害

---

① 栗长江．美、加国际警务合作：途径·趋势·启示［J］．公安教育，2012（3）：73-77.

了我国的社会秩序和社会稳定。在这种形势下，我国积极开展执法合作，通过与大国、周边国家的合作，加强了对跨国犯罪的打击力度，维护了我国的国家安全和社会稳定。2017 年 4 月 5 日—6 日，上海合作组织成员国安全会议秘书第十二次会议在阿斯塔纳举行，会议中，各方认为在上合组织扩员背景下，成员国应当在打击恐怖主义、分裂主义和极端主义，非法贩运武器、毒品以及应对其他当今安全挑战与威胁方面进一步深化合作、完善协作机制，维护本组织所在地区的安全与稳定。[①] 此外，与各国加强警务执法合作，不仅有利于维护其他国家的国家安全，维护国际社会的秩序与稳定，也有利于树立我国负责任大国的形象，提升我国的国际地位。

（六）维护我国经济安全、促进经济发展

随着改革开放的不断深入，我国对外经济往来日益频繁，这在促进经济繁荣的同时，也带来了一些新的安全风险与威胁。例如，一些经济犯罪分子作案后逃往境外，并将非法占有的巨额国有资产转移到境外，逃避我国法律的制裁，给国家经济造成了不可估量的损失。此外，随着“走出去”战略的实施，走出国门、参与国际交流的公民越来越多，我国的海外利益也在不断增加，如何保障我国国家和公民的海外利益成为公安机关亟待解决的重大问题。

在这种形势下，加强执法安全合作是解决上述问题、维护我国经济安全的钥匙。自 2014 年公安部开展“猎狐”海外追逃专项行动以来，我国打击经济犯罪的行动取得了丰硕成果。仅 2016 年 5 月至 10 月，我国就从 67 个国家和地区成功抓获各类境外逃犯 634 名，其中涉案金额千万元以上的 205 名，超过 1 亿元的 59 名，[②] 为我国挽回了巨大的经济损失。此外，通过打击跨国犯罪，我国有力地震慑了其他国家和地区侵害中国国家和公民利益的犯罪分子，充分展示了中国政府保护海外利益的坚定决心。通过加强国际警务执法合作，我国不仅挽回了巨大的经济损失，更在国内、国际为经济发展营造了安全、稳定的环境，促进了社会主义市场经济的繁荣。

（七）巩固国家间的友好关系，服务外交工作大局

在全球化日益深入的今天，各国加强国际执法安全合作不仅是维护本国利益的需要，也已经成为推动国家间友好关系发展的重要方式。消除国界的

① 周翰博. 郭声琨出席上合组织成员国安全会议秘书会议[EB/OL]. http://cpc.people.com.cn/n1/2017/0407/c64094-29194873.html.

② 何春中. 2016 年“猎狐行动”抓获各类境外逃犯 634 名[EB/OL]. http://www.xinhuanet.com/politics/2016-10/26/c_1119786772.htm.

障碍，拓展执法安全合作的广度和深度，已经成为各国国家元首和政府首脑会谈中的重要议题之一，并且日益成为各国外交事务中的热点。

例如，中美就打击网络犯罪、维护网络安全建立了合作机制，并开展了积极有建设性的合作交流，取得了良好成效。网络安全是国际社会共同面临的挑战，需要国际社会在相互尊重的基础上开展有效合作。中美双方在网络安全上有共同关切，两国建立打击网络犯罪及相关事项高级别联合对话，有利于共同维护网络空间的和平、安全、开放与合作。2015 年 12 月该机制建立以来，截至 2017 年 3 月，中美双方已举行 3 次打击网络犯罪及相关事项高级别联合对话，就网络安全问题进行了深入交流，达成广泛共识。双方商定了《打击网络犯罪及相关事项指导原则》，建立了热线机制，并就一批网络犯罪案件开展了务实合作，同时加强能力建设领域的交流合作，取得了积极成效。

2016 年 12 月，时任公安部部长郭声琨会见美国总统国家安全事务助理赖斯，双方共同表示，近年来中美两国不断推进网络安全和执法合作，取得了明显效果，网络安全已经从中美关系的摩擦点转为合作点。中美两国愿持续推进网络安全和执法领域交流合作，为两国关系发展注入更多的正能量。[①]由此可见，开展国际执法安全合作不仅能够有效打击跨国犯罪，维护各国国家安全和国际社会稳定，更能够巩固和促进国家间的友好关系，成为外交工作中的新亮点，从而促进外交工作的不断发展。

四、国际执法安全合作的法律依据

国际执法安全合作鲜明的涉外性质决定了法律依据的广泛性。在国际执法安全合作中，我国公安机关既要以国内立法为依据，又要承担我国缔结或参加的国际条约所规定的义务，同时还要考虑到相关国家的法律规定。国际执法安全合作的法律依据，就其表现形式可以分为国内法规范和国际法规范两种类型。

（一）国内法规范

国内法规范是我国国内有关国际执法安全合作法律规范的总称。国内法规范主要包括根本法、基本法律、相关法律、法律解释及行政规范等。

1. 根本法

《中华人民共和国宪法》以根本法的形式对国际执法安全活动作出了原则

---

① 刘阳，陆佳飞. 郭声琨会见美国总统国家安全事务助理赖斯[EB/OL].http://news.xinhuanet.com/2016-12/09/c_1120086017.htm.

性规定，主要体现在以下两个方面：

（1）对在中国境内的外国人合法权利进行保护。《中华人民共和国宪法》第 18 条第 2 款规定："在中国境内的外国企业和其他外国经济组织以及中外合资经营的企业，都必须遵守中华人民共和国的法律。它们的合法的权利和利益受中华人民共和国法律的保护。"第 32 条规定："中华人民共和国保护在中国境内的外国人的合法权利和利益，在中国境内的外国人必须遵守中华人民共和国的法律。中华人民共和国对于因为政治原因要求避难的外国人，可以给予受庇护的权利。"

（2）对在国外的中国公民的合法权益进行保护。《中华人民共和国宪法》第 50 条规定："中华人民共和国保护华侨的正当的权利和利益，保护归侨和侨眷的合法的权利和利益。"

2. 基本法

基本法是指全国人大及其常务委员会制定的规范性文件，又称为全国性的法律规范。目前涉及国际警务执法合作的基本法主要包括：

（1）刑事法律。包括刑事实体法律和刑事程序法律的相关规定。

① 刑事实体法律。《中华人民共和国刑法》第 6 条至第 11 条，在"总则"中对涉外刑事案件的法律适用及管辖权作出了明确规定。如《中华人民共和国刑法》第 6 条规定："凡在中华人民共和国领域内犯罪的，除法律有特别规定的以外，都适用本法。"第 9 条规定："对于中华人民共和国缔结或者参加的国际条约所规定的罪行，中华人民共和国在所承担条约义务的范围内行使刑事管辖权的，适用本法。"

② 刑事程序法律。《中华人民共和国刑事诉讼法》第 16 条、第 17 条对追究外国人刑事责任和刑事司法协助作出了原则规定。其中第 16 条规定："对于外国人犯罪应当追究刑事责任的，适用本法的规定。对于享有外交特权和豁免权的外国人犯罪应当追究刑事责任的，通过外交途径解决。"第 17 条规定："根据中华人民共和国缔结或者参加的国际条约，或者按照互惠原则，我国司法机关和外国司法机关可以相互请求刑事司法协助。"

《中华人民共和国引渡法》于 2000 年 12 月 28 日起施行，共 4 章 55 条，全面系统地规定了中国和外国之间进行引渡活动应当遵循的原则、条件和程序等。

（2）行政法律。指有关国家行政管理的法律、法规。涉及国际警务执法合作的行政法律主要包括我国公民出入境管理及外国人入出境管理；我国公民的国籍身份管理；国家安全管理；我国文物管理等内容。相关法律具体体现为：

①《中华人民共和国出境入境管理法》。该法规范我国出境入境管理，维护中华人民共和国的主权、安全和社会秩序，促进对外交往和对外开放。

②《中华人民共和国国籍法》。该法是我国对公民的国籍取得、丧失和恢复进行管理的法律。

③《中华人民共和国国家安全法》。该法的制定是为了维护国家安全，保卫人民民主专政的政权和中国特色社会主义制度，保护人民的根本利益，保障改革开放和社会主义现代化建设的顺利进行，实现中华民族的伟大复兴。

④《中华人民共和国枪支管理法》。该法的制定目的是加强枪支管理，维护社会治安秩序，保障公共安全。

⑤《中华人民共和国外交特权与豁免条例》。该条例确定外国驻中国使馆和使馆人员的外交特权与豁免，便于外国驻中国使馆代表其国家有效地执行职务。

⑥《中华人民共和国领事特权与豁免条例》。该条例确定外国驻中国领馆和领馆成员的领事特权与豁免，便于外国驻中国领馆在领区内代表其国家有效地执行职务。

⑦《中华人民共和国文物保护法》。该法制定的目的在于加强对文物的保护，继承中华民族优秀的历史文化遗产，促进科学研究工作，进行爱国主义和革命传统教育，建设社会主义精神文明和物质文明。

⑧《中华人民共和国野生动物保护法》。该法制定的目的是保护野生动物，拯救珍贵、濒危野生动物，维护生物多样性和生态平衡，推进生态文明建设。如该法第 40 条规定："外国人在我国对国家重点保护野生动物进行野外考察或者在野外拍摄电影、录像，应当经省、自治区、直辖市人民政府野生动物保护主管部门或者其授权的单位批准，并遵守有关法律法规规定。"

⑨《中华人民共和国军事设施保护法》。该法制定的目的是保护军事设施的安全，保障军事设施的使用效能和军事活动的正常进行，加强国防现代化建设，巩固国防，抵御侵略。

3. 法律解释

最高人民法院、最高人民检察院关于适用《中华人民共和国刑法》《中华人民共和国刑事诉讼法》的相关司法解释，也是国际警务执法合作的法律依据之一。如最高人民法院《关于适用〈中华人民共和国刑事诉讼法〉的解释》第 392~414 条对涉外刑事案件的审理和司法协助作出了明确具体的规定；最高人民检察院《人民检察院刑事诉讼规则》第676~703条同样对刑事司法协助进行了细致规定。此外，如最高人民法院、最高人民检察院《关于办理妨害国（边）境管理刑事案件应用法律若干问题的解释》《关于办理走私刑事案件适用法律若干问题的解释》等，均对跨国（境）犯罪作出相关规定。

4. 行政规范

行政规范，是指国务院行政主管机关根据国家法律和国务院的行政法规，在职权范围内制定的规范性行政文件。其中，公安部独立发布或与其他部委联合发布的行政规定，为开展国际警务合作提供了直接而具体的法律依据，如：

(1)《公安机关办理刑事案件程序规定》(2013年1月1日公安部)。其中第345~373条对外国人犯罪案件的办理、刑事司法协助和警务合作进行了明确规定。

(2)《关于外国人犯罪案件管辖问题的通知》(2013年1月17日最高人民法院、最高人民检察院、公安部、国家安全部、司法部)。

(3)《关于处理涉外案件若干问题的规定》(1995年6月20日外交部、最高人民法院、最高人民检察院、公安部、安全部、司法部)

(4)《关于依法限制外国人和中国公民出境问题的若干规定》(1987年3月10日最高人民法院、最高人民检察院、公安部、国家安全部)

(5)《关于强制外国人出境的执行办法的规定》(1992年7月31日最高人民法院、最高人民检察院、公安部、外交部、司法部、财政部)

(二) 国际法规范

国际法规范，是指国际法主体之间以国际法为准则，为确立相互之间的权利和义务而缔结的书面条约、协议，包括国际公约和国际条约等。国际执法安全合作活动中适用的国际法规范，是指我国参加、签订或承认的与涉外警务及国际执法安全合作有关的国际公约、条约、协定以及国际惯例的总称。公安司法机关在办理涉外案件时，凡是我国缔结或者参加的国际公约、条约等，除我国声明保留的条款外，都必须严格遵守。恪守国际条约是我国在国际执法安全合作活动中应该承担的国际义务。

1. 国际公约

国际公约，通常是指多国就有关政治、经济、文化、技术、司法等方面达成一致的多边条约。国际公约通常为开放性的，非缔约国可以在公约生效前或生效后的任何时候加入。有的公约由专门召集的国际会议制定。

作为国际执法安全合作依据的国际公约必须具备以下条件：

第一，我国是该公约的缔结国或加入国；

第二，公约中具有与涉外警务处置、国际执法安全合作事务相关的内容；

第三，我国声明保留的条款除外。

符合以上条件的国际公约主要有：《联合国禁止非法贩运麻醉品和精神药物公约》《反对劫持人质国际公约》《联合国打击跨国有组织犯罪公约》《公民权利和政治权利国际公约》《联合国反腐败公约》等。随着世界各国联系的日益紧密，国际公约的数量也将随之增加。这些国际公约都是我国开展国际执法安全合作时必须遵守的国际法规范。

2. 国际条约

国际条约是指两个或两个以上国家之间，或国家组成的国际组织之间，或国家与国际组织之间，共同议定的在政治、经济、科技、文化、军事等方面，按照国际法规定它们相互间权利和义务关系的国际法律文件的总称，包括条约、专约、协定、议定书等。目前，我国已与世界许多国家签订了双边条约，其中与涉外警务处置和国际执法安全合作有关的主要有：

(1) 引渡条约。截至 2016 年 7 月，我国已与泰国、白俄罗斯、俄罗斯、保加利亚、哈萨克斯坦、罗马尼亚、蒙古国、吉尔吉斯斯坦、乌克兰、柬埔寨、乌兹别克斯坦、韩国、菲律宾、老挝、突尼斯、秘鲁、南非 、阿拉伯联合酋长国、巴基斯坦、西班牙、法国、意大利等国家签订 46 项引渡条约，目前有 32 项已经生效。①

(2) 刑事司法协助条约。截至 2016 年 7 月，我国已与加拿大、保加利亚、韩国、哥伦比亚、印度尼西亚、泰国、巴西、墨西哥、法国、西班牙、葡萄牙、澳大利亚、新西兰、纳米比亚、日本、意大利、阿根廷、菲律宾、波黑、英国、比利时等国家签订 40 项刑事司法协助条约，目前有 32 项已经生效。②

(3) 打击恐怖主义、分裂主义、极端主义的合作协定。截至 2016 年 7 月，我国与吉尔吉斯斯坦、哈萨克斯坦、塔吉克斯坦、乌兹别克斯坦、巴基斯坦、土库曼斯坦等国家签订打击“恐怖主义、分裂主义、极端主义（三股

---

① 我国对外缔结司法协助及引渡条约情况［EB/OL］. http://www.fmprc.gov.cn/web/ziliao_674904/tytj_674911/wgdwdjdsfhzty_674917/t1215630.shtml.

② 我国对外缔结司法协助及引渡条约情况［EB/OL］. http://www.fmprc.gov.cn/web/ziliao_674904/tytj_674911/wgdwdjdsfhzty_674917/t1215630.shtml.

势力）”协定7项，目前有6项已经生效。[①]

（4）我国与国外内政警察部门关于警务合作的协定。随着我国与其他国家进行的警务合作逐步深入和成熟，我国公安机关与其他国家内政警察部门相互支持，坦诚相待，持续推进执法安全合作，建立了平等互利、友好务实的合作关系，就共同打击犯罪签署了多项警务合作方面的协定。如我国与马来西亚签订了《中华人民共和国政府和马来西亚政府关于打击跨国犯罪的合作协议》，[②] 旨在加强网络安全管理、反恐、打击跨国犯罪等方面的实务合作，推动两国执法安全合作迈上新台阶。再如2010年我国与俄罗斯签订了《中华人民共和国公安部和俄罗斯联邦内务部2011—2012年合作议定书》，[③] 建设性地研究解决合作中存在的问题，采取有效措施，对侵害两国公民权益的违法犯罪活动予以坚决打击，切实保护对方国家公民在本国的安全和合法权益。合作议定书的签订积极有效地促进中俄警方加强打击跨国刑事犯罪合作，有效维护了两国的社会稳定。

（5）中国与外国签订的领事条约。截至2015年2月，中国与美国、南斯拉夫、匈牙利、意大利、加拿大、澳大利亚、俄罗斯、新西兰等46个国家签订了领事条约。[④] 作为便利中外人员往来的法律基础，领事条约将为促进中外人员往来健康发展、保障国外中国公民及在华外国公民的合法权益发挥更大的作用。这类条约也是国际警务执法合作的法律依据。

（6）中国与外国签订的维护边境地区安全的协定。毗邻国家间认识到共同维护与促进国家间边境地区稳定和安宁的必要性，为进一步发展和巩固建立起来的睦邻友好关系，通常会签订旨在维护边境地区和谐稳定，以及共同打击边境地区犯罪的协定。我国已与缅甸、越南、老挝、蒙古国、尼泊尔等国分别签署了《中缅边境管理与合作的协定》《中越两国关于处理两国边境事务的临时协定》《中华人民共和国政府和老挝人民民主共和国政府关于处理两国边境事务的临时协定》《中蒙两国关于中蒙边界制度和处理边境问题的条约》《中尼两国边界制度条约》。

---

① 我国对外缔结司法协助及引渡条约情况，参见中华人民共和国外交部网站。

② 廖雷．孟建柱会见马来西亚内政部长希沙姆丁．参见新华社，2012-08-02.

③ 侯丽军．孟建柱与俄罗斯联邦内务部部长努尔加利耶夫举行会谈．参见新华社，2010-12-17.

④ 中国已与46国家签订领事条约．参见法制网-法制日报，2015-04-14.

第二节 ‖ 国际执法安全合作的程序和原则

一、程序

国际执法安全合作的程序是一个灵活发展的概念，不具有统一的标准，根据涉及执法安全合作的国际条约以及警察内政部门签订的合作协议规定可以归纳总结出开展执法安全合作时的一般程序，但不足以概括执法安全合作涉及程序问题的普遍性。在执法安全合作的实践中，还可以借助刑事司法协助、国际组织等进行协调，这可以看成是执法安全合作的特殊程序，但有待发展补充。

（一）一般程序

1. 申请

（1）正式请求文件的提出：开展执法安全合作首先要提出请求，请求应当以正式的书面形式做出，请求文件的内容应当包括：请求机构、进行相关活动的主管当局的名称以及答复人的联系方式；案件的具体情况，如涉案犯罪事实的简述、涉嫌的罪名和刑罚的适用；协助请求的事项以及请求协助事项的性质等。请求文件应当采用双方约定的文字制作，请求国有权使用本国的语言，但必须附有被请求国的官方语言译本、双方约定的语言或者被请求国认可的其他语种译本。

（2）申请途径：提交申请的途径主要包括中央机关途径和地方机关途径。中央机关途径是指有关国家在合作条约中各自确定其主要负责的专门中央主管机关，地方警察机关应制作请求书交由中央主管机关，再由中央警察（内政）机关直接递交给被请求国的中央警察（内政）机关。根据相关国际条约以及双边、多边条约的规定，我国进行执法安全合作的中央机关为公安部，在实际进行过程中往往还要联合外交部等中央机关进行具体操作。一直以来，地方公安机关需要请求外国警方提供警务执法合作的，应当按照有关条约或者合作协议的规定提出合作请求书，所附文件及相应译文，经省、自治区、直辖市公安机关的治安、刑侦等具体警种部门的第一级审核，以及国际警务合作部门的第二级审核后报送公安部审批。随着公安改革的发展，这一申请程序出现了扁平化趋势，当前，在一些试点省份，地方公安机关可以直接将有关文件交由省级国际警务合作部门，之后再由其报送公安部，有效提高了工作效率。地方机关途径主要是指在不违背有关国际条约、协议和我国法律的前提下，我国边境地区设区的市一级公安机关和县级公安机关与相邻国家的警察机关，可以按照惯例相互开展执法会晤、人员往来、边境管控、情报信息交流等警务合作，但应当报省级公安机关批准，并报公安部备案。①

2. 审查

在请求文件递交给被申请国之后，由被申请国的中央主管机关就申请执法安全合作的相关事项进行核查，进而决定是否接受请求。各国核查执法安全合作请求的主管机关有所不同，有的归属于中央警察机关，还有的属于中央司法机关和内政机关的职责范围，对合作请求进行核查的依据主要是国际公约、区域性条约、双边和多边条约以及被申请国国内的法律规范，特别要注意声明保留的事项。核查的内容包括实质性核查以及程序性核查，实质性核查主要是核查请求的事项是否侵害了被请求国的国家主权、国家安全以及国家利益、公共利益，是否违反其国内法以及是否与国际条约中声明保留的事项发生冲突，是否违背一贯坚持的外交原则等。程序性核查主要是核查请求的事项是否符合国际条约的有关程序性规定，请求事项是否具有可操作性等。

核查的结果主要包括接受请求、拒绝请求、退回补充和延迟请求四种。

3. 执行

执行是开展执法安全合作的关键一步，执行的程序和方式应该由被请求国根据国内法规范确定，请求国不得干涉。执行的结果主要包括全部执行和部分执行两种，决定执行的事项应由被请求国中央主管机关通知给请求国的中央主管机关，被请求国应当在请求书附注的期限内完成请求的事项；未能执行的请求事项也应当及时通过接收请求的途径将情况反馈给请求国并说明未能执行的原因和依据，以便请求国采取必要的应对措施，被请求国就请求事项需要请求国予以协助的，请求国应尊重并提供必要的协助。

（二）特殊程序

执法安全合作涵盖的事项包括犯罪情报信息的交流与合作，调查取证，送达刑事诉讼文书，移交物证、书证和视听资料，引渡等多个方面，涉及的因素也较为复杂，往往需要多个国家机关联合作战来解决，有的跨国犯罪案件还需要通过相关的国际警务合作组织的协调来进行合作，所以此处总结归纳三种特殊程序。

1. 外交途径

执法安全合作的外交途径是指请求国将有关请求事项递交给被请求国的外交机关，再由其转交给被请求国的相关警察（内政）机关来进行处理。在

① 《公安机关办理刑事案件程序规定》第十三章第三百六十六条。

两国之间不存在警务执法合作条约的情况下，通过外交途径开展警务合作的方式被广泛运用。根据我国政府出台的相关规定，我国公安机关需要通过外交途径进行执法安全合作时，由公安部将请求文件递送外交部，外交部通过外交途径转交给被请求国外交机关，再传达给相关警务机关，请求结果由原请求路径返回。

2. 刑事司法协助的程序

执法安全合作所涵盖的送达刑事诉讼文书，移交物证、书证和视听资料，引渡等内容都涉及司法程序，需要通过国际刑事司法协助来解决，国际刑事司法协助的程序与执法安全合作的程序基本相同，其法律依据主要是国内法、国际刑事司法协助条约、双边引渡条约以及包含刑事司法协助的国际条约。截至2016年7月，我国已经与世界各国签订了刑事司法协助条约40项（32项生效）、引渡条约46项（32项生效）、打击“三股势力”协定7项（6项生效），[①] 通过这些刑事司法协助条约和引渡条约以及反恐协定，我国与世界各国开展了广泛的刑事司法协助，促进了国际警务执法合作的深入发展。

3. 国际警务合作组织程序

国际警务合作机制是指各国警察之间开展跨国合作所必须具备的相互联系的整体运作系统，[②] 在这个系统中，通常以国际刑警组织为主导，以移民事务管理机构为协作，以相关国际类组织为辅助，在国际警务执法合作的开展中发挥了不可替代的作用。

在此，主要以国际刑警组织为代表阐述通过国际警务合作组织进行合作的程序。通过国际刑警组织进行执法安全合作，主要包括请求程序与协助程序，无论何种程序，都是通过本国的国家中心局以上传下达或横向交流的方式来完成。请求程序是指一国的国家中心局将本国的警察或其他司法机关的请求传递给国际刑警组织总部或直接传递给有关国家中心局的步骤，各国家中心局直接联系发送合作请求时，应同时呈递国际刑警组织总部一份；协助程序是指一国的国家中心局在收到国际刑警组织总部或有关国家中心局的请求后，应当在本国范围内进行协调，将请求合作的文件转送本国的侦查机关，予以查证核实，提供迅速而有效的协助。

除此之外，世界各个区域的国家都就本区域内的犯罪问题达成了相关的

---

① 我国对外缔结司法协助及引渡条约情况［EB/OL］. http://www.fmprc.gov.cn/web/ziliao_674904/tytj_674911/wgdwdjdsfhzty_674917/t1215630.shtml.

② 向党. 涉外警务［M］. 北京：中国人民公安大学出版社，2004：276.

警务合作机制，通过这些机制开展国际警务执法合作是一大亮点，具有高效率、强效力的优势，具体案件的操作按照协作机制的相关程序性规定办理即可。近年来我国与有关国家开展了如湄公河流域联合执法机制、中国—东盟部长级对话机制等有关国际警务合作机制，对于相关区域内的高发犯罪问题进行了有效打击。

二、跨国案件扁平化对接机制

当前我国公安机关普遍实行的是科层制的跨国跨境案件对接机制，该机制所需办案周期较长、效率较低。该机制在跨国跨境犯罪多发的今天越来越不能满足及时、高效打击犯罪的需要。面对人民群众的需求及公安工作国际化的需要，我国亟须对该机制进行改革。在此背景下，公安部在国内部分地区公安机关进行了跨国跨境案件扁平化对接机制改革。

（一）目前跨国案件办案模式

根据我国《刑事诉讼法》及《公安机关办理刑事案件程序规定》规定，重大跨国跨境犯罪发生后，基层公安机关受理、立案之后认为需要侦查的，需层报至公安部对口业务局，然后由该业务局与公安部国际合作局协调，由国合局负责协调外交部、司法部等予以办理（见图 1-1）。

该模式主线是由公安部来主导侦查破案：公安部制订行动计划，抽调案发地或指定单位警力成立专案组，统一指挥侦查、研判；公安部向外事部门协调办理出入境手续，出境后公安部与境外执法机构、我驻外警务联络官联络协调；侦查过程中如需刑事司法协助，由公安部与司法部联络。

（二）该模式的优势

一是跨国跨境案件侦查中需要对外交往，这属于中央事权，外交无小事，将办案权放在中央，可以更全面地把握中央的对外政策和精神，不容易出现办案方向上的错误，避免外交事件。

二是跨国跨境案件侦查中需要向国内外诸多机构协调繁杂事务，由中央部委来协调，更加有力度，有更多渠道和资源，能够确保侦查工作顺利进行。

三是跨国跨境案件侦查需要的财力、人力巨大，中央部委有强大的财政保障，抽调人手也有行政上的便利，能够保证办案质量。

（三）该模式的劣势

一是基层办案单位受案后需层层上报，所需手续较为烦琐，等待批复时间较长，容易导致办案效率低下，进而形成基层公安机关对跨国跨境案件畏难、畏烦的心理，避重就轻、该报的不报、该办的不办，不利于调动基层工

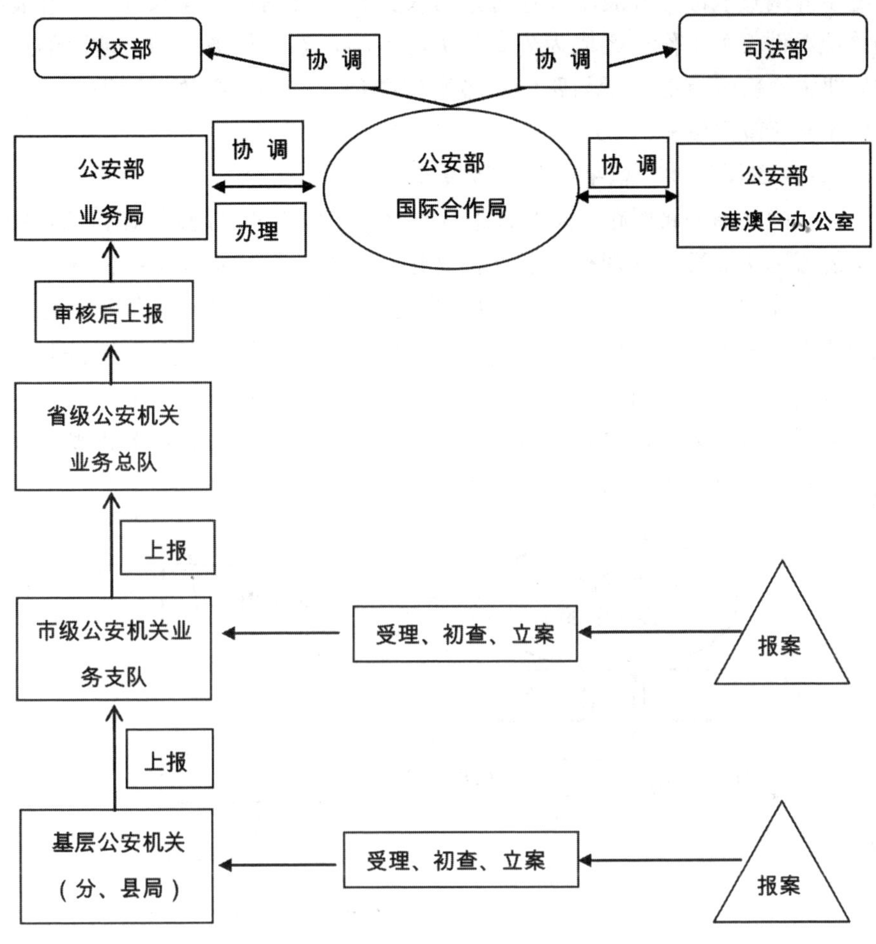

图 1-1　当前我国跨国跨境案件对接流程图

作人员的积极性。

二是案情不等人，难免会有突发情况需要应急处理，如跨国跨境电信诈骗中，2000 万元的人民币两个小时内就能通过层层转账分解完毕。等待层层上报的文书批复下来，很可能已经错过破案时机，眼睁睁地看着人民群众的财产受损失。

三是公安部毕竟面向着全国，千条线一针牵，任务众多、人手有限，在跨国跨境案件发案数居高不下、案情日益复杂的今天，以公安部一支力量难以做到面面俱到，容易顾此失彼。

四是随着我国经济社会的快速发展，违法犯罪活动日趋国际化，公安机关赴境外调查取证、开展境外追逃追赃及案件核查的任务越来越多，开展跨国跨境案件相关工作已经成为公安机关的一项常态化任务。相当地区的地方公安机关也已经有能力参与跨国跨境案件办理工作。上级政策管得过多、过死，不利于统筹资源。

（四）跨国案件“扁平化”对接模式

在我国面临的跨国跨境犯罪日趋常态化、国内犯罪日趋国际化的形势下，现有的跨国跨境案件办理机制亟须提高运行效率、充分发挥基层公安机关的资源。在此背景下，2015 年，公安部提出要启动跨国（境）案件扁平化对接机制建设。扁平化对接机制是指地方公安机关在办理跨国（境）案件时，可以通过本级公安机关国际合作部门（或指定一个部门）直接上报公安部国际合作部门，由部级层面负责统筹协调办理，以减少中间流转环节、提高办理时效。扁平化对接机制效果如图 1-2 所示。

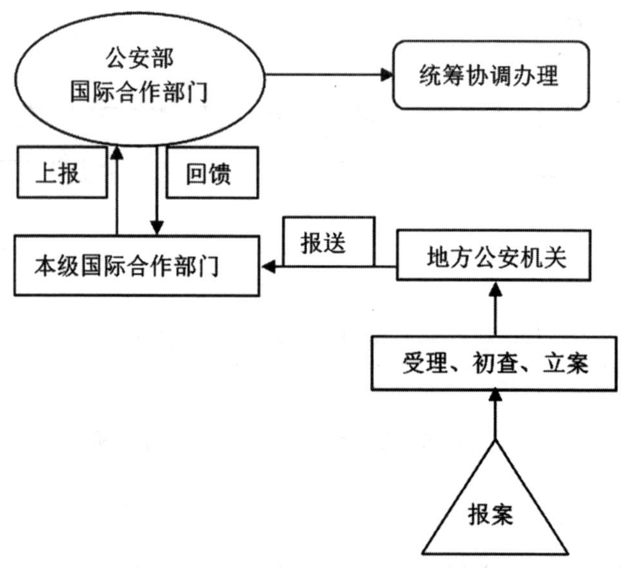

图 1-2　扁平化对接机制效果图

扁平化对接机制以减少中间流程、缩短审批时限为主线，重点在对地方公安机关的授权。通过放权，将跨国跨境案件的办理流程由 4~5 层缩短为 3 层；且上下级之间的沟通协调由原来的业务部门与国际合作部门混合完成，改为只由国际合作部门负责从中联络协调。

依照目前我国国情及行政机关工作实际，级别越高的机关需要的协调力度越大、审批手续越多、等待批复时间越长，不同类型机关之间的沟通难度要比同类机构之间大。所以实行扁平化对接，减少的虽然只是2级，效率却可以成倍数增长。而且通过地方公安机关国际合作部门与公安部国际合作部门的直接对接，地方公安机关办案有了主动权。由过去的只能被动等待上级批复变为可以主动影响本级国际合作部门向公安部国际合作部门的协调力度。实际上可以实现地方公安机关办案单位与公安部国际合作部门的直接对接。

（五）扁平化对接模式的优点

1. 加快案件的流转速度

通过减少中间上报层级，大大缩短了地方公安机关与公安部国际合作部门之间的行政距离，减少了审批时间，为地方公安机关对辖区内跨国跨境犯罪快速反应、策略应对、大力打击创造了条件。

2. 明确了基层跨国跨境案件的分工及责任

通过“扁平化”改革，地方公安机关设立了专门的国际合作部门，在便利跨国跨境案件侦办的同时，对基层办案单位也是一种监督，能够避免基层办案单位对复杂案件“畏难畏烦”“不报不办”的被动局面。

3. 充分调动了基层单位的办案积极性

改革后通过减少审批，大大缩短了办案流程、减少了办案成本。基层办案单位可以视情况，超出自身办案能力范围的继续走以前的途径上报相关业务部门，自身力所能及的案件可以直接通过本单位国际合作部门与公安部国合局取得联络，有了自主选择权。此外，基层办案单位只需要做好案件办理工作，一应对外联络事宜交由国际合作部门去完成，减轻了办案单位的压力，使得办案单位可以依照近期发案情况、人民群众诉求情况积极采取对策。

4. 提升了跨国跨境案件的破案率

试点单位在公安部的统筹协调下破获了一大批人民群众反响强烈、深切受害的案件。2016年苏州市公安局赴东南亚破获“1·22”跨国电信诈骗案；[①] 2016年3月珠海市公安局破获“马来西亚电信诈骗案”[②] ……群众看公安，关键看破案，这些大案要案的破获有力净化了社会环境、维护了社会稳定、提升了人民群众的安全感和满意度、维护了我国法律的尊严。

5. 为基层单位提供了更多办案渠道

试点单位接入了国际刑警组织“I-24/7”网络，工作人员经授权，使用

---

① 再捣8个跨境电信诈骗窝点 22名大陆籍嫌疑人被押解回苏［EB/OL］. http：//mt. sohu. com/20160205/ n436953662. shtml.

② 特大马来西亚跨境电信诈骗案成功告破 97名嫌疑人押解至珠海［EB/OL］. http://mt.sohu.com/2016 0501 /n447189696.shtml.

专用账号可以实时登录浏览国际刑警组织网页，通过该网站上的“E 课堂”学习国外的先进警务理念；查看其最新发布的跨国跨境犯罪相关的数据库及最新趋势、动向，及时制定相应的预防、应对措施，避免在本地区重复发案；发案后可以通过该网络迅速与其他联络处、中心局取得联系，进行线索核查、情报交流、请求协助，成为基层办案部门开展日常重点管控和打击跨国跨境犯罪的强力支撑。

国际刑警组织网络的接入，大大加快了“红色通报”的发布速度，国际刑警组织目前共有 8 种通报流通，分别是红色、黄色、蓝色、黑色、绿色、橙色、紫色和特殊通报，此外“银色通报”正在试行①中。地方公安机关可以在发案后需要协查犯罪嫌疑人时立即制作通报相关文书，通过该网络即时向中国国家中心局发报，经中心局审核后上传至法国里昂的国际刑警组织总部，以最快的速度发布至全球。

当前我国境内存在常规犯罪国际化、跨国跨境犯罪常态化的趋势，高发的跨国跨境犯罪严重危害着人民群众生命财产安全和国家社会稳定，对我党的执政能力和我公安机关维护人民民主专政的能力提出严峻挑战。同时，公安工作国际化趋势对我国执法安全合作工作提出新的更高要求。在全面深化公安改革的今天，跨国跨境案件扁平化对接机制改革是我国公安改革的必由之路。改革是牵一发而动全身的工作，对现有机制的变动必然会带来某些领域的“阵痛”。虽然会面临诸多障碍，但是通过科学规划、全国统筹，我国人民公安队伍定能探索出具有自己特色的道路。

要深入推进我国跨国跨境扁平化对接机制，需要全面统筹、下一盘棋。公安部应针对我国地域发展的不同特点、公安队伍条件强弱，科学谋划，制定相应的政策；稳步推进，分区域、分批次推行；在改革中一步步总结经验教训，提出新的理论支撑点；前进过程中注重吸收国外经验；把握好跨国跨境案件侦查是中央事权的底线，放权同时加强监管，“一案一报”“一事一议”。地方公安机关要切实重视跨国跨境办案队伍建设，为其配备充足的人员、经费，做好培训考核，建立完善的规章制度，奖优罚劣。通过改革，充分发挥中央、地方公安各自的优势，严厉打击跨国犯罪和各类新型犯罪，深化国际执法安全合作，为维护国家安全和社会稳定作出应有的贡献。

---

① 国际刑警组织官网 通报类型[EB/OL]. https://www.interpol.int/INTERPOL-expertise/Notices.

三、国际执法安全合作的原则

国际合作原则是国际法上的一项基本原则，《联合国宪章》第一条第三项以“促成国际合作，以解决国际间属于经济、社会、文化及人类福利性质之国际问题，且不分种族、性别、语言或宗教，增进并激励对于全体人类之人权及基本自由之尊重”规定了国际合作原则。此后，1970 年联合国又以《关于各国依照联合国宪章建立友好关系和合作的国际法原则宣言》重申了国际合作原则：“各国不问政治、经济和制度上有何差异，均有义务在国际关系之各方面进行友好合作，以维护国际和平与安全，并增进国际经济安定与进步、各国之一般福利及促进各国在经济、社会、文化方面之发展。”

执法安全合作是国际社会进行广泛合作的一个重要组成部分，从一定意义上来说也是一种警察外交，影响执法安全合作的因素包括国际关系、政治、经济、文化等多个方面，执法安全合作的基本原则，也在一定程度上与国际合作的原则相契合。

（一）基本原则

执法安全合作的基本原则，指的是国际公认的，各国在开展执法安全合作过程中应遵循的基本行为规范，是国际执法安全合作的灵魂和指导思想。

1. 维护国家主权原则

随着经济全球化的发展，世界各国面临的共同问题日益尖锐，跨国犯罪、国际恐怖主义等问题早已越过国界向各处扩散，成为影响全球安全的重大问题和世界各国构建“人类命运共同体”过程中的重要议题。这些国际性犯罪问题已经成为全球性问题，主要体现在三个方面，即犯罪范围的全球性，犯罪危害的全球性和解决这些犯罪问题的努力的全球性，它们的解决已经不是一国或几国的能力所能为，必须依靠世界各国的共同努力、相互协作，通过执法安全合作的方式才能解决。各国开展执法安全合作的根本目的是维护国家主权利益。

主权（Sovereign）起源于拉丁文中的“Super”和“Superanus”两个词，其意为“最高的权力”。后来特指国家固有的权力，表现为对内最高的统治管辖权、对外独立权和防治侵略的自卫权。[①]国家主权，是国家最重要的属性，即一个国家有权独立地处理自己的内外事务，是国与国之间开展国际合作的前提。维护国家主权原则，是最重要的国际法原则，是数百年来国与国规范

① 赵可金著．外交学原理［M］．上海：上海教育出版社，2011：78.

彼此关系最重要的准则，更是各国开展国际警务执法合作所必须遵循的基本原则。

开展国际合作是世界各主权国家的一项法律义务，[①] 值得一提的是，在当前国际恐怖主义等非传统安全问题形势日益严峻的背景下，这项义务之下的国际执法安全合作的范围更大、领域更宽，同时层次也更高。各国在互相充分尊重对方主权的基础上，在执法安全合作中往往会限制自己的部分主权甚至让渡出一部分国家主权作为行使主权的一种变通方式，从而达到优化各方利益的目的，这与维护国家主权这一首要原则并不矛盾，正确处理二者的关系对于执法安全合作的进一步发展具有重要意义。同时，必要、适当的主权让渡也是执法安全合作发挥作用的重要基础。

国家安全、国家利益和国家主权是统一的密不可分的整体，只有有了国家主权，才能从各个方面保卫国家安全，维护国家利益。只有国家安全、社会稳定，才能更好地促进经济建设。经济稳定发展，国家安全得到有效保障，国家更加强大，又是维护主权的坚实基础，这一辩证关系在国际执法安全合作中体现得较为明显。

2. 互惠原则

互惠原则，也称对等原则、平等互惠原则，早已成为国际法的一个重要原则。可以说，“社会是由一个无所不在的互惠性纽带绑结着的”。[②]互惠与对等原则是国家主权独立与平等的反映。互惠是指一方给予另一方以利益或特权等待遇，另一方应当给予同等的待遇。互惠包含的最重要理念是平衡或者对称，在以主权平等为基础的国际关系和国际刑事司法合作实践中，互惠成为一项尤为重要的原则。在国际刑事司法合作中，互惠又是一种法律上的概念，是指要求对方首先承诺给予同等待遇，以作为其承担国际义务的基本条件。

互惠原则是国际交往中的一项重要原则，它具体表现为两种形态。一是双方根据签订或者相互缔结的国际条约，相互给予对方以同等的待遇；二是双方国家之间虽然没有签订或者缔结有关条约，但双方愿意按照认可的国际惯例，本着平等互惠的精神，在某项具体合作项目中相互给予对方同等的待遇。目前，我国都是根据缔结或参加的相关国际条约，或者按照平等互惠原

① 联合国大会．关于各国依联合国宪章建立友好关系及合作之国际法原则之宣言，1970.

② Lon. L. Fuller. The Morality of Law [M]. New Haven: Yale University Press, 1969: 186.

则开展国际执法安全合作的。另外，《中华人民共和国刑事诉讼法》第17条也规定了我国与外国司法机关可以相互请求刑事司法援助。据此，我国公安机关与外国警察（内政）部门开展警务合作，需要遵循两项基本原则，即双方签订条约的按照条约的规定办理，双方间没有签订条约的，按照互惠原则办理。在国际执法安全合作中，互惠原则的具体体现，有的时候是以条约规定的形式来体现，如我国《引渡法》第三条规定："中华人民共和国和外国在平等互惠的基础上进行引渡合作"；有时又是以一种保证或承诺的形式来体现。

从国际执法安全合作的实践来看，各国为了有效维护国家利益，除了已签署的国际条约为合作依据，越来越多的国家本着平等互惠原则就个案开展有效合作，尤其是各国通过国际刑警组织渠道开展国际警务执法合作时，这一方式显得尤为灵活。

例如，1990年2月，在处理"张振海劫机案"时，我国政府以外交照会的形式向日本政府表示"中国政府承诺在今后同类案件中，在互惠的基础上向日本政府提供类似的协助"。1993年11月，在处理中国农业银行河北衡水支行"100亿美元备用信用诈骗案"时，中国司法部向加拿大提出合作请求，而在请求书中做出互惠承诺，明确表示：愿意在互惠的基础上，为加拿大司法部就类似刑事案件提出的请求提供协助。涉嫌贪污、挪用巨额公款，逃亡美国的中国银行广东开平支行原行长余某遣返案中，在我国向美国作出不对余某判处死刑的承诺后，美国采取引渡替代措施于2004年4月16日将余某遣返回国。余某被遣返回国开创了我国对外刑事司法协助的"多个第一"：中方第一次向美方提出刑事司法协助请求；中方第一次向美方提供长达15万页的证据材料；中美之间第一次通过远程视频技术进行听证；美方第一次向中方遣返重大经济犯罪嫌疑人，并返还355万美元（约合2354万元人民币）的犯罪资产。在此之后，中美执法合作在禁毒、打击偷渡、打击计算机犯罪、知识产权刑事执法、反腐败等领域全面铺开。① 被称为1949年以来被查处的最大一起经济犯罪案件的"远华案"，600多名涉案人员被审查，300多人被追究刑事责任，其中厅级及以上干部就达20多人。作为主犯的赖昌星，则在专案组实施抓捕前，从香港逃往加拿大长达12年之久。最终，经过我国的努力

① 孙莹．中美互换嫌犯名单　四问中美执法合作如何深入．参见新华网，2011-01-25.

并向加拿大做出不判处死刑承诺后，赖昌星于 2011 年 7 月 23 日被成功遣返回国。①

3. 信守国际条约原则

条约是国家之间依据国际法所缔结的、确定其相互间权利义务关系的书面协议，也是国家之间相互交往的一种最重要和最普遍的法律形式。信守国际条约原则又称“条约必须信守原则”（Pacta Sunt Servanda），是指一个合法缔结的条约，在其有效期限内当事国必须善意地履行，依约行使自己的权利、履行自己的义务，不得违反。② 条约必须信守原则要求我国司法机关在处理涉外刑事案件，开展国际合作时，对于自己缔结或加入的协议，应当认真履行条约义务。例如，我国与一些国家签订的领事条约，对派遣国公民在接受国被拘留、逮捕、审判或死亡时接受国所承担的义务都作出了原则规定。我国的司法机关在处理涉外案件时必须遵守有关规定。否则，将不利于发展国家间的相互关系，也不利于维护我国在国际社会上的良好信誉和形象。

具体就涉外刑事诉讼而言，通过国内法保证国际条约的遵行，通常有两种做法，一是将所承认的国际条约内容，通过国内立法程序专门制定为一部法律加以实施，二是在国内法中规定承认国际法中的条约和原则，凡是符合该规定的国际条约即自动变通为国内法而在境内实施。《中华人民共和国刑事诉讼法》对此还没有公开明确的规定。而最高人民法院的司法解释则规定“中华人民共和国缔结或者参加的国际条约中有关于刑事诉讼程序具体规定的，使用该国际条约的规定。但是，我国声明保留的条款除外”。从中可以看出，一方面，在我国参加或者缔结的国际条约的规定同国内法发生冲突的情况下，优先适用国际条约的有关规定；另一方面，我国参加或者缔结国际条约时声明保留的条款对我国司法机关没有约束力。

4. 请求在先原则

请求在先原则是一国对他国提供执法安全合作非依申请不主动进行，这一原则是对国家主权和管辖权尊重的体现。当一国需要别国代为追逃、对逃犯采取必要的强制措施，或者将罪犯引渡回国等司法协助措施时需先向该国提出帮助请求，待被请求国有关部门根据国际条约及本国法律就请求内容进行审查，在接受请求后再就司法合作活动的具体程序、人员保障等作出安排。实践中请求国欲将逃往国外的罪犯引渡回国需先向被请求国提出引渡请求，

---

① 赖昌星被遣返条件曝光：赖加拿大资产归加方［J］. 财经杂志，2011（8）.

② 汪静 . 略论国际法上的“条约必须信守原则”［J］. 法律学习与研究，1986（7）.

被请求国根据《中华人民共和国引渡法》等有关法律对引渡请求进行审查。

执法事务在某种程度上关系到国家的司法主权，具有一定的敏感性。开展执法安全合作的主体是两个以上的国家，所以必须依据请求在先的原则。跨国犯罪案件发生后，总是先由一国立案侦查，在侦查过程中，发现某些犯罪线索涉及外国或犯罪嫌疑人已逃往国外，或者犯罪结果可能会在外国发生，或者因为犯罪人是外国人等情况时，依靠本国警方难以解决，就需要通过国际警务合作借助他国的警务力量。这就涉及侦查协作或联合侦查的请求问题。

在国际执法安全合作中，由于双方在合作中形成的特定法律关系，极易被卷入当事国内政之中。犯罪问题、警察事务向来是一个国家比较敏感的内政问题。某些特殊案件常常涉及国与国之间的关系，所以在执法中必须考虑到两国之间的关系和国际斗争的形势。对这种涉外警务事项的处置不仅是司法问题，也可能是外交问题或政治问题。依据请求在先的原则，不仅是出于对对方国家主权的尊重，也是为了避免造成干涉他国内政的事实或嫌疑。这种谨慎的处理，也为合作双方保持长期、稳定及更广泛的合作提供了保证。

一国警方首先提出请求，被请求方把这种请求作为一种声明或授权，作为与请求国形成合作关系的一种依据，从而承担相应的义务。请求的形式可以多样，只要能够作为证明双方合作关系的依据即可。

5. 国际礼让原则

每个国家在其领土内都享有一种专属的主权和管辖权，因而每个国家的法律直接对其领域内的财产、居民以及所有在其领域内所为的行为和缔结的契约，都具有约束力和效力。每个国家的法律都不能直接对其境外的财产发生效力或约束力，也不能约束不在其境内的公民。一个国家的法律能自由地去约束不在其境内的公民或事物，是与所有其他国家的主权都不相容的，国与国之间法律的衔接往往存在着障碍。从以上两项原则，得出第三个原则，即一个国家的法律能否在另一个国家发生效力，完全取决于另一个国家法律上（基于国际礼让）明示或默认的同意并通过灵活变通的方式进行具体的侦查协作。

依据国际政治行为体“拟人化”理论，就像人与人之间的交往一样，执法安全合作作为国家之间的一种合作行为，同样需要遵守国际礼让原则，使其具有共同的道德基础。执法安全合作毕竟不同于国家之间的经贸往来，难以以精确的标准确定双方的相对收益是否平衡，也就不可避免地会出现不对称性并由此产生纠纷。国际执法安全合作又是现代国际合作关系中一种新的形式，历史不长，现实中也缺乏完备的或被各方普遍认可的一些条约来加以调整。因此，有必要引入国际礼让原则来解决相应的问题。这种共同道德基础的建立，也是合作得以成功的必要保证。例如，在合作中出现不对称问题，双方权利义务可能不对等或不平衡，对严重的不对等，双方或多方应该通过谈判和协商来解决，解决纠纷或矛盾最好的方法就是各自做出妥协和让步，所谓“退一步海阔天空”。对于一些小的不对称问题，更是需要运用礼让的原则来调整。合作者的目标都是一致的，有了这个共同的前提，再运用礼让的方式，就不难达到“合作共赢”的局面。

在国际执法安全合作过程中，遵守国际礼让原则是合作各方的一种明智选择，是建立在互信、共识基础上的一种必要手段，意味着合作各方可以不拘泥于烦琐的法律程序，绕开合作障碍，以更加灵活的态度处理合作事宜。执法安全合作的事项往往比较紧急而又关系重大，在具体的执法合作过程中，没有必要耗费精力与时间去解决法律适用方面的冲突与矛盾，结合具体的工作对象与案件的事实情况，在达成基本协议的情况下，各方应在合理程度之内尽可能采取高效灵活的方式方法。例如，在侦查协作中，犯罪嫌疑人真正到案对于我国案件侦查程序的真正终结意义重大，引渡成为执法合作成功与否的关键所在。但是囿于我国签订引渡条约较少的实际情况，侦查协作中可以灵活适用引渡的程序规定，如在中国与泰国之间签订的引渡条约中就明确规定：“在紧急情况下，缔约一方可以请求缔约另一方临时羁押被请求引渡人。此种请求可以通过外交途径或者是国际刑警组织以书面方式提出。”当然，遵守国际礼让规范并不意味着以明显违反法律的方式或有损主权利益的方式去行事，而是灵活适用国际、国内的法律规范。另外，在国际执法安全合作中遵守国际通行的司法豁免原则，也是防止管辖权滥用的一种方式，这种法律管辖的例外，也是国际礼让原则的具体体现之一。

包括国际执法安全合作在内的任何国际合作的出发点和落脚点都是维护国家利益，在考量和权衡国家利益的过程中，必然会遇到国际关系学中经常提到的一对概念——“绝对利益”和“相对利益”。简单地说，就是关注眼前利益或是关注长远利益。在全球化的今天，国际合作已经成为国家利益的一部分。正是由于在打击国际性犯罪、应对“非传统安全”领域，执法安全合作已经成为世界大多数国家的必然选择，因而今后执法安全合作的原则，将会有越来越多的“求同存异”，从而使执法安全合作朝务实合作的方向发展。

6. 保障人权原则

人权是指一个人作为人所享有或应该享有的基本权利，是人类社会最具有普遍性的权利，主要包括生命权、健康权以及财产权等。在国际交往中，不同国家对于人权保护的途径和具体形式存在着客观差异，而在国际警务执法合作中，由于执法活动具有强制性，如国际侦查协作中需要限制人身自由的事项以及引渡问题，能否正确处理好各国在人权保护上的分歧与争议对于国际执法安全合作的有效开展具有重要意义。

人权保护是国际法的一项重要原则，“尊重人权作为指导国际关系的一项基本原则，不仅要求一国始终持有尊重人权的道德理念，而且要求国家应当在国际和国内层面承担人权保护的法律义务。”①《世界人权宣言》和《经济、社会、文化权利国际公约》等基本的国际人权文件对于人权的保护内容和保护规范都作了规定，理所当然也成为国家之间开展执法安全合作所要遵守的法律义务。

国际刑警组织宪章中开宗明义地指出“在各国现存法律限度内，本着《世界人权宣言》的精神”开展合作。国际执法安全合作是不同国家和地区的警察（内政）机构之间为了执法与安全需要而开展的一种跨越国界的警察事务的合作，一国的警察或内政机构在执法安全合作中代表的是国家，如果违背了上述法律义务，就会产生国际法上的国家责任问题，影响其在国际社会上的声誉和地位，对于执法安全合作的长远发展也会产生不利的影响。当然，国际法上关于人权保护的规定要依靠国内相关法律规范才能真正得以实施。保障人权原则在一定程度上和主权原则具有相当的国际法地位，因此在国际执法安全合作中坚持保障人权原则，必须严格遵守国内法律规定，并以此为基础切实做到尊重对方国家法律以及国际公约中关于人权保障的原则性内容。

（二）工作遵循

国际执法安全合作的工作原则是国家总体安全观在执法安全领域的具体体现，是开展国际执法安全合作的根本遵循。

1. 合作共赢是核心

要坚持互利共赢的开放战略，把合作共赢理念体现在高层交往、团组互访、联合办案、援外培训等执法安全合作的方方面面。紧紧围绕、积极配合国家安全战略和对外工作大局，服从、服务、全力保障我国国家核心利益，坚持以我为主的方针，高举和平、发展、合作、共赢旗帜，积极寻求同各方利益汇合点，要坚持正确义利观，义利兼顾，互利合作。维护国际公平正义，

---

① 张华. 论尊重人权作为国际法的基本原则及其对中国和平发展的影响［J］. 法学评论，2007（2）.

在维护我国核心利益的同时，考虑对方需求。

2. 捍卫利益是原则

要牢牢掌握维护国家安全与发展利益工作主动权、主导权，在涉我重大利益和核心利益上立场鲜明，绝不退让。同时，要注意策略，运用多种资源，多种手段，刚柔相济，灵活务实。

3. 因国施策是手段

世界各国政治体制不同，发展水平不一，对外政策各异，执法能力差距较大，开展合作要有针对性，因国施策，区别对待，并根据国际形势发展变化和中央对外工作大局，动态调整对外合作布局和政策，努力实现我国对外合作效益最大化。

4. 服务大局是目标

“不谋全局者，不足以谋一域。”我们的大局就是要维护国家主权、安全、发展利益，实现“两个一百年”奋斗目标，实现中华民族伟大复兴的“中国梦”。维护国家安全稳定、争取国际安全环境、服务中国特色大国外交、参与全球安全治理是阶段性目标。要达成这些目标，必须统筹国际国内两个大局、境内境外两个战场、国内国际两种资源，从国内需求来思考和处理国际事务；以国际角度来看待和处理国内问题。

5. 统筹协调是策略

坚持整体统筹协调，牢固树立对外合作政治经济一盘棋、中央地方一盘棋、官方民间一盘棋思想，加强内部统筹、资源整合，形成国际执法安全合作整体合力。

第三节 ‖ 我国国际执法安全合作的发展

一、我国执法安全合作的历史沿革

“执法安全合作”这一概念不是在某一历史节点突然出现的，而是由“公安外事工作”“国际警务合作”“国际警务执法合作”等概念逐步发展而来。这一发展过程是国际形势和内政外交更新交替的外在表现。

近年来，公安机关执法安全合作的特点是以理念创新带动概念创新，再以概念创新指引政策创新。这使得中国国际执法安全合作出现了自内而外、自上而下的思想支撑，为从被动应对转向积极作为提供了逻辑基础。因而，理解国际执法安全合作新理念，就能正确理解当前的一系列新举措。

(一) 新中国成立初期至20世纪80年代中期：公安外事工作开始起步

1949年新中国成立，国内政治环境极不稳定，各种颠覆新生政权的破坏活动暗流涌动。与此同时，新中国的外交大门开始向世界打开。这一时期，毛泽东主席先后提出了“一边倒”与“一条线”的对外方针，试图在美苏争霸的国际格局中找准自己的定位。20世纪60年代中后期，中国又提出了“一条线”“一大片”的外交战略，开始联美抗苏，此时的中国在处理国际关系问题上已经逐渐成熟，不再以意识形态的共性作为选择阵营的判断标准。直至70年代，“中间地带”与“三个世界理论”的提出才开启了中国多元化外交战略的大门，中国开始寻找一种不受制衡的、独立自主的国际地位，也终于认识到和平与发展才是时代发展的主题。但这一时期，我国的外交战略依然带有浓重的封闭性与斗争性，没有完全摆脱抵触心态，也没有找准自身在国际社会中的位置。

新中国成立初期，国内政治环境动荡、国际交往压力增加，为了稳定国家政权，这一时期的警务工作主要以军事与政治保卫、打击特务间谍活动为主。1962年，中国发布了《关于福建以及浙江、江苏、江西、上海公安工作战备部署的通知》,[①] 明确指出公安机关应服从军事斗争的需要，配合各部门打击粉碎美国等反共势力在华的活动，将稳固国家政权落实为工作重心。与外交战略相呼应，这一时期的警务合作发展具有很强的封闭性和内向性，工作重心主要集中在国内，与国外警察机构的交流与合作十分有限，几乎为空白。

1978年，邓小平提出了改革开放以及新的独立自主外交政策，对时代主题及其发展趋势做出了正确的判断，帮助中国认清了国际形势，制定出符合时代规律与中国实际的对外政策。党的十二大将经济建设确立为国家发展重心，外交战略也随之调整，回到了为经济建设服务的轨道上。有效控制经济犯罪问题，为经济发展提供一个良好的内外部环境成为公安工作的中心之一。

1979年，中国政府应肯尼亚政府邀请，第一次派代表参加了国际刑警组织第48届全体大会，这是我国与国际刑警组织的首次接触。自此，中国公安机关开始与外国警察机构开展交流，也逐渐意识到国际警务合作的必要性，并将加入国际刑警组织列为一项具有“政治意义”的外交目标。1983年的

① 赵良辰．我国国际警务合作机制的历史分期研究——以国民经济和社会发展计划为视角［J］．河南司法警官职业学院学报，2016（3）：60.

"卓长仁劫机案"是我国改革开放后发生的第一起特大涉外案件,[①]犯罪嫌疑人卓长仁及其同伙劫持了民航296航班后将其迫降于韩国（当时称南朝鲜），而韩方以"与大陆无外交关系"为由，拒绝交付犯罪嫌疑人，并将其送至台湾地区。这一事件充分暴露了当时的中国在国际警务合作机制上、资源上的匮乏，我们也终于意识到国际警务合作的需求迫在眉睫。

在这段时期内，我国对外交往基本上是以社会主义国家为主线。国家对外交往主要为官方往来，民间对外交往受到严格限制，因此，客观上对国际警务合作没有太大的需求。我国开展警务合作主要是与东欧社会主义国家进行一些迎送往来，并没有实质性的业务内容。这一时期的警务合作可以概括为起步、预备期，呈现出业务单一、对象单一、层次不高、作用有限等总体特点。

（二）20世纪80年代末至90年代中期：国际警务合作初步探索

这一时期，世界政治格局依然动荡不断。1989年东欧发生剧变，社会主义阵营瓦解；1990年两德统一，1991年苏联解体，冷战随即宣告结束。苏联的瓦解使得国际格局由两极制衡转变为了多极化发展，世界不同政治力量进行了重新分化组合，中美关系由于受到台湾问题的影响而开始出现不可调和的矛盾，中国的不断强大也让美国警觉，并开始在经济、外交等各方面加大对我国的压力。相比之下，勃列日涅夫在塔什干发表的讲话中认同了中国对台湾地区的主权，使得中苏关系得到缓和。

国际局势由紧张逐渐趋于稳定，但来自国际社会的压力依然存在。这一时期，中国开始践行全新的独立自主外交战略，提倡不以结盟为交往基础，不以社会制度与意识形态为亲疏划分，反对强权政治、反对霸权主义，不当头、不干涉，广交朋友，将经济建设列为国家发展任务的重中之重。此时的中国已经明确了外交战略目标，形成了较为完整的外交战略体系，以独立自

---

① "卓长仁劫机案"：卓长仁原在中国大陆担任监狱管理员，1982年在大陆犯法后，为逃避法律制裁，伙同其他五人，于1983年5月5日劫持沈阳飞往上海的中国民航296号航班，飞往当时尚未与中华人民共和国建交的大韩民国。当时大陆请求韩国将六名嫌犯遣返给大陆（根据属地和属人管辖权，我国都有绝对管辖权），但是韩国以"与大陆无外交关系"为由拒绝大陆的请求。六人后被韩方依劫机罪判处二年到六年不等的有期徒刑，但当时台湾地区中华民国政府出面营救六人并给予政治庇护，六人在韩被羁押一年三个月后，于1984年8月获韩方特赦，被驱逐出境后遣送到台湾地区。六人抵台后，中华民国政府给予高规格接待，给六人冠上"六义士"美名，并依《反共义士起义来归奖励条例》给六人丰渥的千两黄金等巨额奖金。

主为核心，围绕和平与发展的时代主题，与世界各国积极开展友好合作关系，为中国的外交提供源源不断的内生动力。

为服务于独立自主的外交战略，推动建立与世界各国的友好关系，同时也为打击经济犯罪，为经济的快速发展提供一个良好的环境，中国的国际警务合作开始起步。1979 年，赵苍璧部长率中国公安代表团先后对罗马尼亚、南斯拉夫进行了友好访问，开始逐步扩大国际警务的对外交流；1983 年，公安部成立外事局，主管全国公安机关对外交往工作；一些省级公安机关也相继建立相应的工作机构。1984 年 9 月，中国正式加入国际刑警组织，同年 10 月，中国国家中心局成立，并开始在国际刑警组织框架下与各国警察机关开展交流与合作；1987 年 6 月，我国与波兰签订了第一个含有刑事司法协助内容的双边司法协助条约，代表着我国国际警务合作正式在司法领域内得到认可；1993 年 8 月，我国与泰国签订了第一个引渡条约；这一系列举措标志着我国国际警务合作在体制层面上取得了历史性进展，为我国警务合作国际化的融合发展做好了铺垫。

1988 年，“锦鲤鱼案”① 事发，公安部积极与美国缉毒署（DEA）取得联系，并采用控制下交付的方式成功抓获了在美国的数名犯罪嫌疑人，案件的成功告破成为中美两国开展警务合作的案例典范，但最终，犯罪嫌疑人王宗晓被有条件释放并滞留美国，这一结果的产生受到了多种因素的影响，除了引渡条约缺失与司法体制差异的原因，外交关系的紧张也是重要因素之一，台湾问题的纠葛极大地影响了中美双方在国际合作中的表现，也包括警务合作。相比之下，1993 年，中国农业银行衡水支行发生特大信用诈骗案，公安部积极与国际刑警组织进行协调，通过大量境外调查取证，成功追回 100 亿美元的备用信用证，充分体现了有效利用国际资源的优势所在，为我国国际警务合作的发展拓宽了道路。

这一时期是警务合作的转型期，呈现由单纯的外事接待、出访逐步转向务实的国际警务合作的特点。

（三）20 世纪 90 年代末至党的十八大召开：务实的警务执法合作不断发展

这一时期，国际安全形势发展变化迅速，总体情势并不乐观。一方面，

① “锦鲤鱼案”是指 1988 年以王宗晓为首的贩毒团伙利用锦鲤鱼将 3300 克海洛因从上海贩运至美国旧金山的特大跨境贩毒案件，该案经由中国警方和美国缉毒署联合执法，采用新型控制下交付的国际侦查协作手段将犯罪团伙和毒品一网打尽。但值得一提的是在案件最后的刑事司法审判阶段，主犯王宗晓在前往美国出庭作证期间公然翻供并提出政治避难，竟然获得美国地方法院的支持，最终侥幸逃避了法律制裁。

以巴双方冲突不断、伊拉克核武器核查、科索沃战争、东南亚经济危机爆发以及美俄关系的急转直下等一系列国际事件给国际安全形势增添了多重不确定因素；另一方面，非传统安全不断受到侵扰。2001 年“9・11”事件造成美国本土有史以来所遭受的最为严重的一次恐怖主义袭击，震惊了世界。同时，毒品犯罪、武器走私、黑客攻击、环境污染等问题不断发酵，非传统安全威胁因素持续发生演变，在产生新特点的同时也为国际安全形势带来了新的挑战。

世界各国安全观念由此开始转变，传统安全因素趋于稳定，非传统安全威胁逐渐受到重视。2002 年，中国提出了以互信、互利、平等、协作为核心的新安全观，主张建立超越意识形态和社会制度的合作关系，将国家安全与国际安全结合在了一起。这一新观念的提出，是顺应国际形势发展和变化的产物，意在通过“多边主义”构建共存共赢的合作大框架，促进人类共同安全。随后，“和谐社会”“和谐世界”理念的提出为中国新安全观注入了新内涵，将对社会安全、个人安全及其他非传统安全问题的关注度提升到了战略高度，更强调了相互信任与加强合作的重要性。

新安全观的指引作用推动了中国在国际警务合作领域内构建“多边主义”合作框架的进程。2001 年 6 月 15 日，上海合作组织成立（SCO），成为第一个以中国城市名称命名、总部设立在中国的政府间国际组织，以打击恐怖主义、分裂主义和极端主义“三股势力”为核心，在维护区域稳定中发挥了极大的作用。另外，自中国在 1996 年成为东盟全面对话伙伴国后，双方相继在打击贩毒、拐卖妇女儿童、走私、保护海域安全等领域开展了一系列合作，签署了《东盟和中国禁毒行动计划》、针对包括恐怖主义在内的有关非传统安全领域的《联合宣言》《合作谅解备忘录》等。

2005 年 8 月，公安部外事局正式更名为国际合作局，并且把国际刑警组织中国国家中心局从刑事侦查局划归国际合作局，又相继成立维和民警事务处、警务联络官工作处，标志着我国开展国际警务合作又上了一个新台阶，进一步强化了国际警务合作的职能性。通过之前经验的积累，这个时期我国已经全面拓展了开展国际警务合作的范围。除了继续在国际刑警组织框架内进行国际交往合作，还通过开展警务培训、人事训练，以及高层互访增进相互了解，扩大共识。这个时期基本完成从对外友好交往到国际警务执法合作的转型，初步形成了“全面展开，突出重点，以我为主，为我所用”的格局。可以用“重点出击，全面撒网”来概括。国际警务执法合作进入全面发展时期。

2011 年 10 月 5 日，湄公河案件引发了世界关注，流域安全问题受到了各国的高度重视，为了维护区域安全，保障海外利益，中国积极推动创建了中、老、缅、泰四国联合巡逻执法合作机制，建立了统一的指挥部门与各联络点，畅通了情报交流，创新了执法方式，成为一项史无前例的国际合作机制，也成为中国积极承担地区安全义务的开端。

（四）2012 年至今：执法安全合作创新发展

2012 年党的十八大召开，“中国特色大国外交”理念应运而生，以不对抗不冲突、相互尊重、合作共赢为构建新型大国关系的理念核心，用“亲、诚、惠、容”理念塑造周边新外交，营造睦邻友好环境，以“真实亲诚”打造中非、中阿、中拉命运共同体，夯实发展中国家基础。在第三次核安全峰会上，中国提出了“发展和安全并重、权利和义务并重、自主和协作并重、治标和治本并重”的核安全观；在亚信会议第四次峰会上，中国又提出了“共同安全、综合安全、合作安全、可持续安全”的亚洲新安全观，这些新观点、新理念的提出，为中国开展国际合作提供了坚实的框架。

2012 年 12 月 25 日，公安部召开了首次外派警务联络官工作座谈会，并提出了公安工作进入国际化发展新阶段；这一观点顺应全球化发展趋势，也意味着我们要以更加积极主动的姿态与各个国家、国际组织开展执法安全合作，不断提高国际合作的工作质量与服务水平，将国际先进成果与国内公安工作实践相结合，统筹好国内、国际两个大局，积极推进“全方位、宽领域、多层次、务实效”的执法安全合作体系的建设，积极发挥负责任大国在警务领域中的作用。

随着形势的发展，近年来，公安执法工作理念有了很大的变化。在新的历史条件下，公安工作已经和世界紧密相连，要维护好国家安全与社会稳定，仅依靠国内工作是不够的，还需要与世界各国加强联系与合作。部党委提出各级领导干部要树立世界眼光，培养战略思维，准确把握新时期、新阶段我国经济社会发展对公安工作提出的新要求、新挑战，在研究问题、部署工作时要考虑到整个世界的情况，从战略层面上加强公安理论研究，努力把公安工作提高到一个新水平。

2012 年起，历年召开的外派警务联络官工作座谈会提出了一系列新的公安国际合作发展理念。2014 年度的警务联络官座谈会，提出深入把握新形势下执法安全外交和警务联络官工作的规律，积极改革创新；各地公安机关要以“四项建设”为引领，进一步做好国际执法合作工作，有效配合、服务中央对外合作大局。2015 年度的工作会议上，提出要搭建完善执法安全合作平台，进一步加强双多边执法安全合作机制建设，大力加强国际反恐合作和其他执法领域务实合作。要加强改革创新，全面加强公安机关特别是边境地区公安机关国际执法合作工作，启动办理跨国案件扁平化对接机制建设，努力使每一起跨国案件都得到及时高效办理。要扎实做好驻外警务联络官后备人才选拔、培训、输送和管理保障工作，建立管理工作长效机制，加快警务联络官队伍正规化建设，全面提升国际执法合作能力。

2017 年 2 月召开的全国公安国际合作工作会议上，充分肯定了十八大以来，公安部党委坚决贯彻落实党中央决策部署，统筹国内、国际两个大局，统筹境内、境外两条战线，充分发挥中央、地方公安各自的优势，严厉打击跨国犯罪和各类新型犯罪，深化国际执法安全合作，为维护国家安全和社会稳定作出重要贡献。在新形势、新情况下，执法安全合作既面临发展重大机遇，也面临严峻挑战。各级公安机关要以贯彻习近平总书记总体国家安全观为指引，始终坚持党的领导，坚持服务大局，坚持整合资源、合成作战，突出重点、因国施策，完善对外合作战略布局，开拓创新，积极参与全球安全治理，不断提升国际执法安全合作的能力和水平，以优异的成绩迎接党的十九大胜利召开。要求各级公安机关要深入学习贯彻习近平总书记系列重要讲话精神和治国理政新理念、新思想、新战略，坚决贯彻党在新形势下的外交战略，高举和平、发展、合作、共赢的旗帜，坚持统筹国内国际两个大局、发展安全两件大事，积极构建中国特色执法安全合作体系，不断开创公安机关国际执法安全合作新局面，努力为维护国家主权、安全、发展利益作出新的更大贡献。

这一时期，公安机关从战略高度和全局角度出发，坚持统筹国际国内两个大局、境内境外两个战场，大力推进国际执法安全合作，公安机关的对外交往能力、办理跨国案件的能力、保护中国海外安全利益的能力有了显著提高。全方位、立体化、务实效的国际执法安全合作体系逐渐成形，国际执法安全合作已涵盖了维护国家安全和社会稳定、跨国执法办案、策划重大国际执法活动、保护海外安全利益、参与联合国维和行动和配合国家总体外交等内容。这一时期国际执法安全合作有效服务公安中心工作和中国特色大国外交，更好地服务国家主权安全发展利益，在理论上、实践中均有显著突破。

总之，我国执法安全合作的发展趋势大致可以概括为：从简单处理到战略规划；从交流学习到务实合作；从关注个案到构建执法安全合作体系；从关注内部到放眼全球的主动作为。

二、国际执法安全合作的新时代特征

十九大报告提出了中国发展新的历史方位——中国特色社会主义进入了新时代。新时代对公安工作提出了新要求，必须以与时俱进的精神进一步加强和改进公安工作和公安队伍建设。要以习近平新时代中国特色社会主义思想为指导，要牢固树立总体国家安全观，增强忧患意识、强化底线思维，充分估计各种风险挑战，从严从实从细落实保稳定、护安全、促和谐的各项措施，全力做好维护国家安全和社会稳定各项工作。

截至 2017 年 3 月，公安部已与 113 个国家建立了密切的执法合作关系，搭建了 129 个双多边合作机制和 96 条联络热线；同 70 多个国家的内政警察部门签署各类合作文件 400 余份，牵头或参与国际组织、区域组织及相关会议机制 83 个。①

（一）国际执法安全合作理念取得一系列新突破

习近平在国际刑警组织第 86 届全体大会开幕式上的演讲，将亚洲安全观上升为全球安全观；“合作、创新、法治、共赢” 8 个字体现了中国理念，彰显了中国智慧，既是中国执法安全合作的主张，又是全球安全治理的理念；第一次提出中国是世界上最安全的国家之一，展现了中国的制度自信和道路自信；提出了对全球安全形势的新定位，提出中国积极参与全球安全治理的方案，提出了对发展中国家的援助方案。

习主席在演讲中首次阐释“犯罪洼地理论”，对当前的犯罪形势与挑战精准把握，提出地球村如果出现犯罪洼地，就会形成犯罪聚集、外溢，整个世界要承担安全代价，唯有合作才是唯一的应对之策。

在一些西方国家枪击等恶性事件频发，民众对安全的担忧挥之不去时，中国作为一个有着 13 亿多人口、幅员辽阔的发展中大国，长期保持社会大局稳定为世界所瞩目。2017 年，中国是全球命案发案率最低的国家之一，严重暴力犯罪案件比 2012 年下降 51.8%，人民群众对社会治安满意度上升到 95.55%。中国社会安定有序，人民安居乐业，越来越多的人认为中国是世界上最安全的国家之一，更有西方学者将社会大局稳定与经济高速发展并称为中国向世界展示的两大奇迹。②

---

① 张耀宇，石杨．合作共赢，打造国际执法安全合作“黄金时代”［N］．人民公安报，2017-02-26.

② 中国“安全感”带给世界的启示［N］．人民日报，2018-02-05.

在开展周边执法安全合作时，秉承“湄公河精神”，中、老、缅、泰四国创造性地开展湄公河联合巡逻执法，培育了以同舟共济、守望相助、包容并蓄、平等互利为核心的“湄公河精神”，创立了中国东盟执法安全合作的新典范。

执法安全合作越来越紧密地与外交、政治、经济结合，坚持安全促发展，在“一带一路”建设中发挥重要作用。在对外援助的指导思想方面，主张对外援助不遗余力，帮助别人就是帮助自己，力所能及、全力以赴，不设置任何条件，及人所及，雪中送炭的思路越来越明确。在合作理念上不断创新，更加积极有为地配合总体外交；重视培育执法合作文化，核心价值观；注重价值塑造、标准推广、追求制度性权力。

（二）伙伴关系网络进一步拓展，重点领域不断突破

观大势，谋大局，十八大以来，中国外交积极进取，主动作为，构建了全方位、多层次和立体化的全球伙伴关系网络，公安机关国际合作部门也围绕我国总体外交布局，推动建立大国、周边、发展中、多边，全方位外交格局下的全方位执法安全合作格局。

中国公安机关同 100 多个国家和国际组织建立了不同形式的伙伴关系，实现了对世界各个地区、不同类型国家的全覆盖。努力构建总体稳定、均衡发展的大国执法合作关系框架，同主要国家执法合作关系稳中有进。通过外警培训积累人脉，主动运筹、构筑全球伙伴关系网络，围绕反恐、禁毒、追逃等重点领域工作，在务实执法合作方面不断取得突破。

（三）谋篇布局更深、更准，更加积极有为地配合国家外交大局

1. 服务外交大局

国际执法安全合作是国家外交工作的一部分，开展国际执法安全合作必须遵从外交的宗旨和战略布局，服务于国家整体外交工作。

中国外交的宗旨是维护世界和平、促进共同发展。在新时代，推动建设新型国际关系，推动构建人类命运共同体成为中国外交工作的总目标。新型国际关系的内涵包括“相互尊重、公平正义、合作共赢”，而构建人类命运共同体就是要建设“持久和平、普遍安全、共同繁荣、开放包容、清洁美丽”的世界。在这一目标的指引下，中国提出了“大国是关键、周边是首要、发展中国家是基础、多边是重要舞台”的战略布局，即着力推进大国协调和合作，构建总体稳定、均衡发展的大国关系框架，按照亲诚惠容理念和与邻为善、以邻为伴的周边外交方针深化同周边国家关系，秉持正确义利观和真实亲诚理念加强同发展中国家的团结合作，同时积极推动多边外交发展。

在外交目标和战略布局的指引下，中国构建了全方位、立体化、多层次的国际执法安全合作网络。一方面，中国积极推动与各国建立双边合作机制：切实运筹好大国关系、强化周边命运共同体、积极同发展中国家开展合作。另一方面，中国在联合国、国际刑警组织、上合组织等国际和区域性多边合作框架内也发挥了重要作用，形成了大国、周边、发展中国家、多边舞台全面拓展、齐头并进的良好态势，与世界主要大国业已建立良性的执法合作关系以及对话机制；不断夯实与发展中国家合作关系基础，开展高层交往和业务交流；履行大国责任，在国际组织中的话语权不断上升。

2. 围绕主权安全和发展利益谋篇布局

围绕建设“一带一路”，构建连云港陆路论坛，形成连云港至鹿特丹五大合作平台；创建澜沧江—湄公河综合执法安全合作中心，[①] 形成西南战略支点，辐射东南亚地区。

对外方面：警务联络官布点更多；继续加大派遣维和警察；推动国内安保力量“走出去”。

对内方面：继续加大国际刑警地方联络处建设，截至 2017 年年底，已经建成省级地方联络办 13 个，江苏省的地方联络机构已经普及县级——江阴县。继续加大地方联络处建设，争取尽快实现省级联络处“全覆盖”，推动国际刑警组织中国中心局地方联络办负责人兼任中心局副局长或局长助理并加强信息化平台建设已经纳入工作议程。

十九大报告中进一步勾勒了中国外交的未来布局，“中国积极发展全球伙伴关系，扩大同各国的利益交汇点，推进大国协调和合作，构建总体稳定、均衡发展的大国关系框架，按照亲诚惠容理念和与邻为善、以邻为伴周边外交方针深化同周边国家关系，秉持正确义利观和真实亲诚理念加强同发展中国家团结合作”。报告还对人类命运共同体的内涵作了更加明确的阐释，要建设“持久和平、普遍安全、共同繁荣、开放包容、清洁美丽”的世界。

---

① 澜沧江—湄公河综合执法合作中心（The Lancang - mekong Integrated Law Enforcement and Security Cooperation Center，LM-LECC）是澜湄流域第一个综合性的执法安全合作类政府间国际组织。根据《关于建立澜沧江—湄公河综合执法安全合作中心谅解备忘录》，澜湄执法合作中心将根据成员国的执法需求制定行动纲领；在尊重各成员国主权和法律的基础上，逐步将中心打造成一个统筹协调本地区预防、打击跨国犯罪，情报信息融合交流，专项治理联合行动，加强执法能力建设的综合平台；致力于为各成员国提供优质、高效的服务，共同应对地区安全形势的变化和风险挑战，为澜湄国家各领域合作、发展提供安全保障。http：//www.lm-lesc-center.org/pages_ 75_ 180.aspx.

3. 深度经略周边

周边外交成为新时期中国外交的突出重点。由于全球战略重心东移，中国所处的亚太地区战略地位提升，使得中国周边地区成为了世界大国角逐最为激烈的地区之一。十八大以来，周边外交在中国外交总体布局中的分量有了明显提升。

2013年10月，中共中央召开了中华人民共和国成立以来的首次周边外交工作座谈会，明确将周边外交作为中国外交的优先方向。习近平还在会上首次提出了“亲、诚、惠、容”的新时期中国周边外交理念。一年后，在2014年11月举行的中央外事工作会议上，习近平首先强调的也是周边外交，强调要切实做好周边外交工作，打造周边命运共同体，中央对于外界的战略性规划基本做好，因此2014年还被称为“中国特色大国外交元年”。在2014年中央外事工作会议上，习近平强调，中国必须有具有自己特色的大国外交。他还就新形势下不断拓展和深化外交战略布局提出要求，强调了“七个切实”，包括要切实抓好周边外交工作，切实运筹好大国关系，切实加强同发展中国家的团结合作，切实推进多边外交，切实加强务实合作，切实落实好正确义利观，切实维护我国的海外利益等。

4. 承前启后，共谋未来

2017年6月9日，上海合作组织成员国元首理事会第十七次会议在哈萨克斯坦首都阿斯塔纳举行。国家主席习近平同哈萨克斯坦总统纳扎尔巴耶夫、吉尔吉斯斯坦总统阿坦巴耶夫、俄罗斯总统普京、塔吉克斯坦总统拉赫蒙、乌兹别克斯坦总统米尔济约耶夫出席会议。习近平发表重要讲话，强调上海合作组织成员国要强化命运共同体意识，巩固团结协作，携手应对挑战，深化务实合作，拉紧人文纽带，坚持开放包容，携手创造本组织更加光明的未来。会议正式给予印度、巴基斯坦上海合作组织成员国地位，这是上合组织首次扩员。会议决定，上海合作组织成员国元首理事会下次会议2018年在中国举行。下任主席国由中国担任。[①] 习近平在会上发表题为《团结协作 开放包容 建设安全稳定、发展繁荣的共同家园》的重要讲话。习近平指出，2018年是《上海合作组织宪章》签署15周年，也是《上海合作组织成员国长期睦邻友好合作条约》签署10周年。成员国坚定遵循“上海精神”，树立了合作共赢的新型国际关系典范。中方愿同各方一道，强化命运共同体意识，建设

① 正式给予印度、巴基斯坦成员国地位　上海合作组织首次扩员——习近平出席阿斯塔纳峰会并发表重要讲话［N］. 杭州日报，2017-06-11（002）.

安全稳定、发展繁荣的共同家园。习近平就上海合作组织发展提出 5 点建议。

第一，巩固团结协作。要深化政治互信，加大相互支持，加强立法机构、政党、司法等领域的交流合作，构建平等相待、守望相助、休戚与共、安危共担的命运共同体。中方倡议制定《上海合作组织成员国长期睦邻友好合作条约》未来 5 年实施纲要。第二，携手应对挑战。中方支持落实《上海合作组织反极端主义公约》，主张加强地区反恐怖机构建设，倡议举办防务安全论坛，制定未来 3 年打击“三股势力”合作纲要。呼吁各方支持阿富汗和平和解进程，期待“上海合作组织—阿富汗联络组”为阿富汗和平重建事业发挥更积极的作用。第三，深化务实合作。中方和有关各方正积极推动“一带一路”建设同欧亚经济联盟建设等区域合作倡议以及哈萨克斯坦“光明之路”等各国发展战略对接，上海合作组织可以为此发挥重要平台作用。中方倡议逐步建立区域经济合作制度性安排，支持建立地方合作机制，并积极开展中小企业合作。第四，拉紧人文纽带。中方愿同各方继续做好上海合作组织大学运行工作，办好青年交流营、中小学生夏令营，并主办上海合作组织国家文化艺术节等活动，启动实施“中国—上海合作组织人力资源开发合作计划”。中方倡议建立媒体合作机制，将主办本组织首届媒体峰会。第五，坚持开放包容。中方支持上海合作组织同观察员国、对话伙伴以及其他国家开展合作，赞成本组织继续扩大同联合国等国际和地区组织的交流。习近平主席呼吁不忘初心，弘扬“上海精神”，确保上合组织沿着正确的方向向前发展。

2018 年 6 月 9 日—10 日，上海合作组织青岛峰会召开。各国领导人共同回顾了上合组织 17 年来走过的不平凡历程，全面规划了组织未来的路径和方向，并且达成了一系列重要共识。在中方和各成员国的共同努力下，青岛峰会的成果超出预期，是上合组织发展进程中一座新的里程碑，对上合组织的发展具有承前启后、继往开来的重要意义，将积极引领上合组织迈向历史新阶段。

本次青岛峰会是上海合作组织扩员后召开的首次峰会。扩员后的上合组织拥有 8 个成员国、4 个观察员国、6 个对话伙伴国，经济总量超过全球的 20%，人口总量更是占到全球的 40%以上，这使得上合组织成为当今世界幅员最广、人口最多的综合性区域组织。来自 12 个国家的国家元首或政府首脑、10 个国际组织或机构的负责人出席青岛峰会，成员国领导人共签署、见证了 23 份合作文件。此次青岛峰会规模之大、级别之高、成果之多，均创造了一系列上合组织的纪录。

安全合作、经济合作、人文合作是上海合作组织的三大支柱。从上合组织的实际影响和未来发展看，本次上合组织青岛峰会的突出成果主要体现在三个方面。

一是进一步突出了互信、互利、平等、协商、尊重多样文明、谋求共同发展的“上海精神”。习近平主席在峰会上特别强调，上合组织之所以能够保持旺盛生命力，根本原因就在于始终践行“上海精神”。青岛宣言也重申，正是遵循“上海精神”，上合组织才经受住了国际风云变幻的考验，才成为当今充满不确定性国际局势中一支极为重要的稳定力量。“上海精神”的突出特点就在于超越了文明冲突、冷战思维、零和博弈等陈旧观念，揭示了国与国之间交往应当遵循的基本准则。“上海精神”完全符合联合国宪章的宗旨和原则，已经并将继续对各国构建新型国际关系产生积极和深远的影响。

二是在继续强调注重安全合作的同时，突出强调了经济合作的重要性。习近平主席在闭幕会上的讲话中特别强调，我们一致指出，经济全球化和区域一体化是大势所趋。各方将维护世界贸易组织规则的权威性和有效性，巩固开放、包容、透明、非歧视、以规则为基础的多边贸易体制，反对任何形式的贸易保护主义。各方将继续秉持互利共赢原则，完善区域经济合作安排，加强“一带一路”建设合作和发展战略对接，深化经贸、投资、金融、互联互通、农业等领域合作，推进贸易和投资便利化，打造区域融合发展新格局，为地区各国人民谋福祉，为世界经济发展增动力。

三是提出了全球治理的上合主张。习近平主席指出，我们要坚持共商共建共享的全球治理观，不断改革完善全球治理体系，推动各国携手建设人类命运共同体。青岛宣言也强调，上合组织将以平等、共同、综合、合作、可持续安全为基础，推动国际秩序更加公正、平衡。在上合组织提出全球治理，将全球治理作为上合主张，既是成员国基于共同需要达成的政治共识，也是成员国基于对全球经济形势发展所达成的经济共识。习近平主席在闭幕会上指出，我们一致认为，当今世界正处在大发展大变革大调整时期，世界多极化、经济全球化深入发展，国与国相互依存更加紧密。世界经济复苏艰难曲折，国际和地区热点问题频发，各国面临许多共同威胁和挑战，没有哪个国家能够独自应对或独善其身。各国只有加强团结协作，深化和平合作、平等相待、开放包容、共赢共享的伙伴关系，才能实现持久稳定和发展。为此，要求上合组织为完善全球治理贡献上合智慧，上合组织有责任也有能力为此发挥建设性作用。①

在周边战略布局方面，积极推动澜沧江—湄公河合作机制，突出务实高效，聚焦民生改善，创造了澜湄效率，培育起澜湄文化，致力于打造澜湄国家命运共同体。

（四）负责任大国形象不断凸显，执法软实力不断提升

随着我国综合实力和国际地位的提高，我国关于国际执法安全合作的理念以及在其中的扮演角色也发生了变化，中国已经从国际执法安全合作的参与者、规则的遵循者进一步转变为合作的倡导者、理念的塑造者。

中国高度重视与国际组织开展执法安全合作，取得了良好效果：2000 年以来，截至 2017 年 10 月，中国共向海地、利比里亚、南苏丹等 9 个联合国维和任务区和联合国总部派遣维和警察 2609 人次。同时，中国积极履行大国责任，认真落实习近平主席在联合国维和峰会上的庄严承诺，已组建起两支 300 多人规模的常备维和警队，随时准备奔赴联合国任务区开展维和行动。

参与联合国维和行动，是公安机关服务国家外交大局、参与全球安全治理的重要举措。维和警察不畏艰险，忠诚履职，不辱使命，维护了地区和平稳定，创造了“无一违纪、无一遣返、无一战斗伤亡”的骄人成绩，为祖国和人民赢得了崇高荣誉，树立了中国负责任的大国形象，体现了大国责任担当。2015 年 9 月，习近平主席在联合国维和峰会上向全世界庄严承诺：“为支持改进和加强维和行动，中国将加入新的联合国维和能力待命机制，率先组建常备成建制维和警队（Permanent FPU；Permanent Peacekeeping Police Squared）。”随后公安部顺利完成 2 支常备成建制维和警队组建工作，并通过了联合国甄选验收，被联合国列为世界首支具备快速部署能力的常备维和警察力量。②

随着中国对外开放水平的不断提高，中国和世界各国的合作在广度和深度上都有显著增长。正是在不断扩展和深化国际合作中，中国参与了全球的、区域的以及双边的国际制度建设。由于国际制度的形式设计直接关乎国家利益的增减，制度设计问题在中国外交中的重要性日益显现。尽管国际制度的变迁具有很强的路径依赖特征，但全球和地区权力结构所发生的变化仍为中

① 周晓晶．青岛峰会成果引领上合组织迈向历史新阶段．参见中国网，2018-06-13.

② 平安中国网络访谈：公安部国际合作局局长廖进荣．参见公安部网站，2017-03-21.

国推动本国制度设计方案的实现提供了“机会窗口”。①

小智治事，大智治制。随着中国外交由应激—反应式向“创造性介入”转型，彻底摆脱了国际制度缺席者或可有可无的角色，甚至被广泛认定为从“主要受援国”位置转向“重大资助方”或“决策者”的方位。②中国在国际执法领域的国际话语权进一步提升。2016 年，公安部领导人当选国际刑警组织新一任主席，不仅为推动国际刑警组织发展创造机遇，也能切实维护我国在国际执法界的影响力和话语权。

此外，中国还积极与地区性国际组织开展执法安全合作，例如，中国推动建立了湄公河流域执法安全合作机制，并开展了多次“平安航道”联合扫毒行动。

（五）境外行动能力显著增强，国际合作基层化趋势越发明显

中国与多个国家积极开展执法安全合作，共同打击跨国犯罪：近年来，中国先后与东南亚、非洲、欧洲等 10 多个国家深入开展了打击跨国电信诈骗犯罪合作，与越南、缅甸等东南亚国家持续开展了反拐联合行动，与美国联合 10 多个国家开展了打击儿童网络色情的“天使行动”，同时深入开展禁毒国际合作，连续开展“猎狐”追逃专项行动，都取得了明显成效。此外，2016 年 5 月以来，中国警察先后两次赴意大利与意警方共同开展联合巡逻。国际执法合作能力已经成为检验公安机关工作水平的重要标志之一，基层公安机关的国际执法合作能力建设不断增强。

从过去的实践看，基层办案单位办理跨国案件往往周期过长，亟须进行机制创新加以改进。对此，公安部积极开拓创新，坚持用改革的办法解决前进中的问题，目前正在部分省市开展办理跨国案件扁平化对接机制试点工作，实行公安部与省、市、县三级地方公安机关办理跨国案件扁平化运转，旨在进一步简化规范跨国案件办理流程，解决办理跨国案件环节多、周期长等问题，进一步提高打击跨国犯罪效率，提升国际执法合作水平。从已有的试点情况看，基层办案单位对此非常欢迎，一些积案有了明显进展，个别案件实现了突破。下一步，公安部将在总结试点工作经验的基础上，加快扁平化对接机制的信息化和规范化建设，尽快实现跨国案件网上直报联动；同时加强部、省、市国际合作部门与各业务警种的沟通机制建设，进一步畅通案件信

---

① 田野．中国参与国际合作的制度设计：一种比较制度分析［M］．北京：社会科学文献出版社，2017：179.

② 王易舟．创造性介入：中国外交的转型［M］．北京：北京大学出版社，2015：9.

息流转渠道。

三、习近平新时代外交思想是公安国际合作工作的根本遵循

2018 年 6 月 22 日—23 日，中央外事工作会议在北京召开，会议确立了习近平新时代外交思想的指导地位，是新时代我国对外工作的根本遵循和行动指南。

（一）习近平新时代外交思想的丰富内涵

十八大以来，以习近平为核心的新一届中央领导集体高瞻远瞩，深刻把握新时代中国和世界发展大势，在对外工作上进行一系列重大理论和实践创新中形成了以“七个坚持”“十个方面”“三种观念”“四点把握”“六个重点”等为主要内容的习近平新时代中国特色社会主义外交思想，回答了新时代对外工作的政治保证、历史使命、实践宗旨、理念原则、战略布局、发展方向等基本问题，其思想博大精深、内涵丰富，既有理论引领，又有实践指导，立意高远，目标清晰，具有很强的针对性和指导性，为我国总体对外工作导航定向。

（二）新时代公安工作国际化的积极作为

“当今世界不确定不稳定因素增多，我国发展面临的机遇和挑战并存。”要维护好国家主权、安全、发展利益，必须未雨绸缪。面对波谲云诡的国际形势、复杂敏感的周边环境，时刻准备防范和抵御风险，才能掌握化险为夷、转“危”为“机”的战略主动。十八大以来，全国公安机关在部党委的带领下，主动适应国际安全形势新变化、新特点，以总体国家安全观为指引，始终坚持党的领导，坚持服务大局，坚持开拓创新，坚持合成作战，坚持因国施策，统筹国际、国内两个大局，统筹发展、安全两件大事，统筹境内、境外两条战线，统筹中央、地方两个资源，不断深化拓展务实国际执法安全合作关系，完善对外合作战略布局，健全工作体制机制，加强合作战略保障，加快境外力量建设，积极参与全球安全治理，全面推进合作共赢为核心的中国特色大国执法安全合作，积极构建中国特色执法安全合作体系，全面深化公安国际执法合作工作，公安工作国际化取得了显著的成绩。新时代全方位外交为公安国际合作提供了更广阔的空间，同时，公安国际合作工作也积极有为，有力地服务、策应了总体外交。

（三）习近平新时代外交思想对公安国际合作工作的引领

1. 举旗定向，提升政治站位

坚持以维护党中央权威为统领，加强党对对外工作的集中统一领导是习

近平新时代外交思想的灵魂，不仅为公安国际合作确立了政治方向，也指明了维护国家政治安全的重大意义和根本任务。把履行好维护国家政治安全任务摆在首位是公安国际合作工作的首要目标，也是公安国际合作工作的政治生命线。

2. 导航定位，服务国家大局

统筹国内、国际两个大局，牢牢把握服务民族复兴、促进人类进步这条主线，推动构建人类命运共同体，坚定维护国家主权、安全、发展利益，积极参与引领全球治理体系改革，打造更加完善的全球伙伴关系网络，努力开创中国特色大国外交新局面是新时代中国外交的总目标。服务新时代中国特色大国外交，服务公安中心工作，是公安国际合作工作的战略定位。

3. 统筹谋划，筑牢安全屏障

坚持战略谋划和全球布局，坚持以深化执法安全合作布局为依托打造全球伙伴关系是公安国际合作工作的着力点。新时代公安国际合作工作要在习近平外交思想的指引下，统筹规划公安机关国际执法安全合作战略布局。

精心运筹，着力构建以合作共赢为核心的新型大国执法安全合作关系。借助中美现有合作机制和平台，将中美执法及网络安全高级别对话机制打造成为中美增进互信的加速器、培育合作的孵化器、管控分歧的润滑剂，为中美关系不断累积“新亮点”。发挥中俄全面战略协作伙伴关系成熟、稳定、牢固的政治优势，深入开展执法安全各领域合作，共同积极参与全球安全治理，为推动建设新型国际关系、构建人类命运共同体发挥中流砥柱的作用，推动中俄关系与日俱进、与日俱新。继续深化落实中英、中加、中德、中澳等高级别安全对话成果，使执法合作上升为国家间政治安全外交重要议程。

深度经略周边，打造安全纵深和屏障。秉持亲诚惠容理念，切实强化周边合作，强化安全促发展理念，发挥中国东盟合作的传统优势，运作好澜沧江—湄公河综合执法安全合作中心，进一步培育以同舟共济、守望相助、包容并蓄、平等互利为核心的“湄公河精神”，创立中国东盟执法安全合作的新典范，努力打造周边安全命运共同体，“让命运共同体意识在周边国家落地生根”。

夯实发展中国家合作基础，巩固“朋友圈”。按照“真实亲诚”的对非政策理念和正确义利观，全面夯实我国与非洲、拉美和南太等发展中国家执法安全合作基础，支持发展中国家执法能力建设，通过外警培训厚植人脉，在对外警务援助上力所能及、全力以赴，不设置任何条件，急人所急，雪中送炭。

切实用好多边平台，积极参与全球安全治理变革，努力营造更加有利的外部环境。围绕“一带一路”建设，构建执法安全合作新机制、新平台，深入推进打击各类跨国犯罪合作，共同维护安全稳定、促进繁荣发展。以天下为己任，履行大国责任，积极参与联合国维和行动，提升维和警务的参与层次与水平，用好世界首创的常备维和警队，为维和行动部决策岗位推送更多的人才，扩大决策话语权。推动创造更加公正、合理的执法安全合作环境，提供更多的安全领域“公共产品”，用更多的“中国方案”引领执法安全合作方向，构建我国在国际执法界的话语体系。

4. 规划行动路径，提升执法安全合作能力

继续深化双多边务实执法安全合作，公安机关要走出国门，境外作战，严厉打击各类针对我国公民的违法犯罪活动，有效保护我国公民合法权益，巩固既有的联合巡逻、执法机制，创新技战法，推动我国执法力量的正当延伸，增强境外行动能力。

加强机制建设，发挥好国际刑警组织、上合组织、澜湄中心、连云港论坛等合作平台的资源优势，共建执法安全命运共同体，为“一带一路”建设保驾护航。推广跨国案件扁平化对接机制改革试点经验，增强基层公安机关国际执法合作能力。

加快执法联络力量建设，优化外派警务联络官工作布局，逐步构建覆盖全球、布局合理、运转高效的境外执法联络网络。统筹地方国际合作力量资源，形成“一盘棋”工作格局。推动保安公司“走出去”，维护我国海外利益。

加强队伍建设和人才储备，为公安国际合作工作提供持续、优质的人力资源。加强理论研究，统筹国内研究力量，加强法律政策和战略研究，及时总结经验得失，汲取理论营养，为提升我国运筹国际关系、经略安全合作能力引领方向、提供智力支撑。

5. 指明发展方向，构建中国特色执法安全合作体系

中国已经前所未有地接近世界舞台中心。公安国际合作工作从没有像今天这样与国家对外战略息息相关；从没有像今天这样与公安中心工作紧密结合；从没有像今天这样与国家安全息息相关。近年来，在理论探索和实践创新中逐渐培育出“公安工作国际化、国际合作实战化、实战合作（联合行动）常态化”的工作理念。

新时代要有新作为，公安国际合作工作积极有为地配合总体外交，不仅是一种认识统一，更是一种行动自觉，显现出一系列创新：理念上，高举和平、发展、合作、共赢旗帜，推动构建人类命运共同体，秉持总体国家安全观，坚持共建共享共赢原则。目标上，从建立执法合作关系，发展到由点及面开展全方位对外交往；从追求务实的案件合作，提升到构建中国特色执法安全合作体系；从维护自身安全稳定，到构建人类安全共同体。价值取向上，执法安全议题越来越频繁地纳入首脑会晤议题，执法安全合作的分量越来越重，统筹发展、安全两件大事的共识得到凝聚。从战略高度、全球视野，打造更安全的世界的站位来谋划公安国际合作工作。角色上，从国际执法安全合作的跟随者、学习者到参与者、引领者转变，更多地追求制度性权力和长远安排。主动配合总体外交，高层引领作用凸显，如杨某珠等案件在高层引领下得以解决。能力上，真正实现执法触角的正当延伸，境外行动能力明显增强，国际合作基层化趋势明显。

潮平岸阔，风好扬帆。新时代的征程上，公安国际合作工作将坚决维护核心，贯彻落实习近平总书记外交思想，努力构建全方位、立体化的中国特色执法安全合作体系，更加积极进取，奋发有为。

四、未来趋势

（一）执法安全合作的范围不断扩大

随着“走出去”战略的深入推进，我国的海外利益已经成为国家利益的重要内容。本着“国家利益发展到哪里，安全保护就跟进到哪里”的原则，我国公安机关充分利用国际警务合作的渠道解决现实利益保护问题。例如，根据党中央大力反腐的要求，公安机关积极推进境外追赃追逃工作，2014 年以来，公安机关连续三年开展“猎狐”行动，共从 80 多个国家和地区缉捕遣返 2000 余名外逃嫌疑人。①如此高效地追捕外逃经济犯罪嫌疑人在世界国际警务执法历史上是绝无仅有的。

在一如既往打击传统犯罪的基础上，近年来执法安全合作的亮点还有很多。诸如打击人民群众深恶痛绝的电信诈骗犯罪，不仅有效惩治了犯罪分子，还彰显了我国公安机关敢于亮剑，虽远必诛的能力和自信，树立了良好的国际形象。毋庸置疑的是，随着我国经济崛起的步伐加快，国际执法安全合作

---

① “猎狐”三年从 80 多个国家和地区缉捕遣返两千余嫌犯［EB/OL］. http：// news. xinhuanet. com/2017-03/23/c_ 129516079. htm.

面临的挑战与日俱增，未来的执法安全合作必定是全方位的，甚至不可预期。这需要我国公安机关深谋远虑，完善顶层设计，以加强国际执法安全合作为抓手，加强与世界各国的互信协作。

（二）合作模式更加多样化

为有效化解国际执法安全合作中可能遇到的障碍，我国公安机关不断总结成功经验，有针对性地采取灵活多变的合作模式推进与各国的务实合作。在面对没有签署刑事司法协助条约或者适用相关条约时间漫长、程序烦琐的不利情况下，我国公安机关大胆创新，主动与合作国协商，对犯罪嫌疑人进行出入境管理、社会治安违法情况审查、移民资格审查等方面的审核。努力创造遣返、驱逐出境等引渡替代措施的条件以节约执法成本。在已经抓获的39 名“百名红通”人员中超过半数的犯罪分子通过遣返、劝返等方式迫使其归案，大大提高了境外执法的效率。

2016 年 5 月 2 日，中国警察亮相意大利街头开展联合巡逻执法活动，这是中意两国政治高度互信的表现。这次中意两国警方为期 12 天的联合执法意在保护旅意中国游客的人身财产安全，也丰富了我国国际执法安全合作的模式。尽管联合执法活动可能会涉及一国国家主权、刑事管辖权等核心敏感问题，但是从我国多次成功执法的经验来看，联合执法所体现的价值已经远远超过了联合巡逻本身。联合巡逻执法活动对于促进合作双方的友好交往、政治互信都起到了极大的推动作用。联合执法既是执法合作，更是警务外交行为，在我国国际执法安全水平快速提高的情况下，相信未来会有更多符合警务发展需要的执法新模式出现。

（三）开展警察国际化培训

为协调国际执法安全合作中的障碍，统一执法标准，提升警务执法人员的能力，警察国际化培训工作由来已久。目前国际化培训体系较为成熟，主要有三个层面的项目培训。在国际层面，国际刑警组织在法国总秘书处通过研修班、实践体验等方式向其成员国提供关于国际刑警组织系统和服务资源利用的培训，其面向全球招募的志愿者实习岗位也是进一步理解其组织的独特渠道。互联网科技的利用也成为其远程培训的一种重要渠道，主要内容包括了数据保护、语言、警务技能和行政管理等专题。区域层面的国际化警务培训在 20 世纪 90 年代就已经出现，伦敦警察学院是最早开展侦探课程的国际机构。据统计，2008 年欧洲警察学院提供 85 门课程和研讨班，共有来自 8

个国家的762名讲师为1900多人提供了业务培训。[①] 以国家为中心的培训也扮演着越来越重要的角色，如美国禁毒局开展的国际禁毒培训，联邦调查局国际警务执法学院提供的打击跨国刑事犯罪培训等。

随着我国国际影响力的显著提升，我国公安机关逐渐意识到，参与国际警察培训是增强执法互信、建立合作友谊、扩大执法朋友圈的一条重要途径。自2009年下半年开始，公安部党委启动了一个为期三年的国际化培训项目。[②] 将从全国选拔的公安机关优秀领导干部人才送出国门，培养一批能和国际接轨，具有国际化执法管理水平的警务工作者。同时为了承担更多的国际责任，交流宣传我国的执法理念，截至2016年12月，我国已邀请相关专家1万多名来华研修，结合外方需求主动提供刑事侦查技术、刑事科学技术、禁毒、大型活动安保等一系列精品培训项目，取得了良好的效果。警察国际化培训工作顺应了当代“和平、发展、合作、共赢”的历史潮流，是一种优质高效的国际警务公共产品，也必然成为今后国际执法安全合作的发展趋势。

（四）高层互访成为推动国际执法安全合作的关键力量

国际执法安全合作在性质上属于中央事权的内容，完善顶层设计是国际执法安全合作的动力之源。早在我国加入国际刑警组织之初，警务执法合作就已经成为双边、多边国家领导人会晤的重要议题。1995年国际刑警组织大会在北京召开，江泽民同志出席大会并致辞，表达了我国期待与世界各国加强合作的诚心和坚持打击跨国犯罪的决心，为我国国际警务执法合作奠定了友好的国际基础。时至今日，国际社会发展面临的挑战有增无减，群体性、突发性、暴力性犯罪成为威胁世界各国国家安全的重要因素，高层互访推动的强力推动成为国际执法安全合作中的一大亮点。

2015年9月，时任习近平主席特使、中共中央政治局委员、中央政法委书记孟建柱率团访美，就与美方关于网络安全执法达成了5点重要共识。[③] 同年12月，时任国务委员、公安部部长郭声琨再次赴华盛顿参加中美打击网络

① ［加］弗里德里克·勒米厄著．国际警务合作的理论与实践［M］．曾范敬，译．北京：中国人民公安大学出版社，2016：35-37.

② 公安部将启动国际化培训 送公安局长出国门培训［EB/OL］．http：//news. xinhuanet. com/legal/2009-06/09/content_ 11511309. htm.

③ 孟建柱访美就共同打击网络犯罪开展执法合作［EB/OL］．http：//politics. people. com. cn/n/2015/0913/c1001-27577204. html.

犯罪高级别联合对话，[①] 从此网络安全执法合作成为中美合作的新亮点；2016年9月，时任国务委员、公安部部长郭声琨在河内与越共中央政治局委员、公安部部长苏林举行会谈，并共同主持中越两国公安部合作打击犯罪会议。[②] 高层会晤机制还包括新亚欧大陆桥安全走廊国际执法合作机制、湄公河流域执法安全合作机制等。高密度的高层会晤机制的建立有效凝聚了各方共识，深化执法合作互信，已然成为推动国际执法安全合作的关键力量。

（五）国际执法安全合作与外交战略互动更加紧密

当前，国际社会正处于变幻交织的格局之中，出其不意的美西方国家“黑天鹅”事件屡屡发生。大国战略竞争加剧，国际形势体制性、结构性、根本性的变动令人眼花缭乱。另一方面，中国等新兴国家成为推动引领全球治理变革，冲击美西方主导的国际体系的重要力量，国际格局东升西降与当前东稳西乱相叠加。我国前所未有地接近世界舞台中心，从国际规则的接受者走向制定者，任何一个涉及我国的问题特别是执法安全合作问题都有可能被聚焦放大，处理稍有不慎就有可能引发连锁反应成为“中国威胁论”等反华言论的口实甚至引发外交交涉。国际执法安全合作始终要服从、服务于我国外交战略的需要，当下国际执法安全合作对国家传统友好外交战略的影响比历史上任何时期都深远得多。

正是意识到国际执法安全合作与外交工作的紧密联系，我国公安机关深入贯彻习近平总书记治国理政新理念、新思维、新战略，努力把国际执法安全合作工作打造成巩固友好外交关系的新抓手。2016年我国驻菲律宾警务联络官敏锐察觉到新任菲律宾总统杜特尔特上台后菲方着力打击毒品犯罪的新趋势，故迅速向国内汇报了这一情况。中菲禁毒合作就此展开并迅速扩大成果，成为扭转中菲外交关系的关键环节之一。国际执法安全合作为向世界展示我国改革开放成果提供了视角，成为我国展现大国责任，体现大国担当的重要舞台。中国警方将乘着全面深化改革的东风，继续为世界的安全与稳定提供中国方案、中国智慧。

展望未来，中国执法安全合作将以更加宽广的视野、更加周密务实的布局、更加淡定自信的心态、更加自觉的国际担当、更加积极主动的姿态，实

---

① 刘子阳．郭声琨将赴美国主持首次中美打击网络犯罪及相关事项高级别联合对话［N］．法制日报，2015-11-30（1）．

② 廖威．郭声琨与越南公安部部长共同主持中越公安部第五次合作打击犯罪会议［EB/OL］.http://news.xinhuanet.com/world/2016-09/25/c_1119620819.htm.

现新时代的新突破。积极发展全球执法安全合作伙伴关系，扩大同各国的利益交汇点，推进大国协调和合作，深化同周边国家关系，加强同发展中国家团结合作；遵循共商共建共享原则，积极参与和引领全球安全治理体系改革和建设，提供新的“全球公共产品”，推动全球安全治理体制朝着更加公正合理的方向发展；本着以和平合作、开放包容、互学互鉴、互利共赢为核心的丝路精神，点面结合推进“一带一路”，打造国际执法合作新平台，增添共同发展、共同繁荣的新动力。

第四节 ‖ 国际执法安全合作理论综述

一、国内相关学术研究梳理

（一）国内相关研究的学术史及研究动态

20 世纪 90 年代初期，随着我国改革开放的深入，公安执法环境国际化特征开始凸显，我国学者开始关注国际警务合作的相关研究，到 20 世纪 90 年代末，主要集中在国际警务合作的概念、特征、合作原则、合作机制、合作意义和法律依据等基础研究。如中国人民公安大学向党教授撰写的《国际警务合作研究》专题文章，对国际警务合作做了基本概述，将其定义为不同的国家警察机关之间，根据本国法律或者参加的国际公约，在惩治国际性犯罪，维护国际秩序领域相互提供援助，协调配合的一种执法行为，一种跨国界的警察事务交流。并进一步对国际警务合作机制、国际侦查协作和中外警务合作的现状和趋势等展开了阐述。赵宇教授主编的《国际警务执法合作》一书又将打击恐怖主义活动、维护国家安全、经济安全、社会稳定以及应对加入世贸组织以来新的犯罪形式的挑战加入到国际警务执法合作的意义当中。另外，王莉、赵宇主编的《国际警务合作理论研究综述》一书对国际警务合作概念的概念挑战、障碍等进行了系统和详细的阐释。张杰教授的《国际警务合作成本论》一文利用经济学的研究方法对国际警务合作的影响因素进行了阐释，在文中论述道：“共同利益和依赖关系是警务合作产生的前提，但是共同利益和依赖关系并不意味着一定发生警务合作关系”“要促进警务合作的发生和不断向前发展，当务之急是要抓紧制定完善法律机制的战略计划，积极寻找共同关注点。”

21 世纪以来，随着全球化的推进，犯罪的国际化特征愈加突出，在此背景下，我国与一些国家在个案合作上取得不断突破，有关研究也大量增加。

此时的研究主要集中于打击跨国犯罪的国际合作、以个案为例的警务合作困境分析、国际警务合作领域拓展和加大国际警务合作的必要性等方面。例如，江苏警官学院沈惠章教授提出我国应在国际刑警组织框架下开展双边和多边合作，运用国际侦查协作、简易引渡等国际警务合作手段，全力拓展中国公安机关与国外司法机关合作的新领域，形成一个广泛的警务合作机制。同时，国际警务人才培养和国际警务合作教学研究也成为专家学者关注的焦点。

随着合作领域和参与主体的不断增加，传统的国际警务合作与交流不断向务实的国际执法合作转型，对知网数据库中的文献材料进行关键词指数分析可以看出，2004 年起便有相关学者对国际执法合作展开了研究，且相关研究逐年递增，与此同时，有关国际警务合作的研究进入平缓期。到 2014 年，习近平主席提出总体国家安全观，构建人类命运共同体，多次在国际场合提出国际执法安全合作，国际执法安全合作研究被广泛纳入国际关系和国际政治学领域。

国际执法安全合作是国际警务合作在实践和理论的相互反馈中不断发展与完善的反映，受全球化趋势、国家安全环境和国际关系发展的影响，与国家发展战略和外交理念紧密联系，国际执法安全合作理论研究在国际政治学、国际关系学、公安学、国家安全学等领域也有所涉猎。如学者谢斌认为，通过执法能力建设提高国际执法安全合作水平有利于为“一带一路”建设保驾护航，服务于国家发展战略和外交举措，为全球治理做出积极贡献。

进入新时代，国际执法安全合作以统筹两个大局，服务外交与公安中心工作为目标，相关研究逐渐勃兴，主要可以分为以下几类：

1. 国际执法安全合作的基础理论研究

（1）公安工作国际化研究。公安工作国际化是近年来公安部党委提出的新的公安工作发展战略。自 2012 年公安部首次外派警务联络官工作座谈会提出公安工作进入国际化的提法以来，对于国际化的探讨也逐渐进入研究视野，赵宇的《公安工作与国内国际两个大局浅析》（2013），指出统筹国内、国际两个大局战略思想是公安工作适应全球化趋势下打击国际性犯罪和世界警务发展的历史必然，也是队伍建设的迫切需要，是新时期推动我国公安工作发展的必然要求。在《公安工作国际化的内涵及战略应对》（2014）一文中，作者指出公安工作国际化是一种区别于以往的战略认识，是大势所趋，潮流所向；是一个国际协调过程且各国都会参与到协调过程中；也是一个艰难而漫长的过程，其进程不可逆转。为应对公安工作国际化，应加强战略思维，统一思想认识，统筹好国际、国内两个大局，谋划战略布局，深化合作机制，进一步加强执法安全合作顶层设计；提升执法合作能力，融入国际机制，主动有为，深化务实合作。

（2）国际执法安全合作的发展阶段及趋势研究。如王君祥（2017）在《论国际联合执法安全合作》中指出，近年来，我国与相关国家开展的国际执法合作呈现出两个发展趋势：一是联合行动成为国际执法合作的主要方式，二是国际执法合作以维护非传统安全为目标。因此，国际执法就兼具执法合作与安全合作的双重特征，联合执法安全合作成为一种全新的国际执法合作模式。

赵良辰的《我国国际警务合作机制的历史分期研究——以国民经济和社会发展计划为视角》（2016），结合国民经济和社会发展计划的部署，将我国国际警务合作的历史整体上划分为排斥期、预备期、起步期、发展期与提升期，归纳出相应的标志性时间节点，并总结了各个历史时期不同的发展特点与规律。

王吕玄子的《中国执法安全合作发展研究》（2018），结合我国外交战略的演变，梳理了执法安全合作的历史发展沿革，以历史经验为依托，把握执法安全合作发展的内在规律，提出了以总体国家安全观为指导、以深度参与全球安全治理为方式方法，以打造普遍安全的人类命运共同体为战略目标的全球治理范式下中国特色执法安全合作体系的构想，对未来我国执法安全合作发展的战略目标、合作原则、战略布局等方面进行了探讨。

2. 国际执法安全合作的发展策略研究

如王志的《认同与互动视角下中国国际执法安全合作研究》（2016）对国际执法安全合作的概念和内涵进行了阐述，并以国际关系理论建构主义学派中的认同与互动作为理论工具来考察中国国际执法安全合作的发展历程，提出了国际执法安全合作是国际警务合作发展的高级形态的观点，对影响国际执法安全合作中认同的因素进行了全面分析，并提出国际执法安全合作中认同的培育与建构路径，以期推动中外执法安全合作朝着深化认同、良性互动的方向发展，王志认为，我们应利用我国不断增长的综合国力和国际影响力，在现有的基础上，改变我国对国际执法安全合作体系的单向认同与被动反应式互动的现状，积极发出中国关于国际执法安全合作的声音，对外传播我国国际执法安全合作价值观，对国际执法安全合作体系存在的问题开出中国药方，推动我国国际执法安全合作转型升级。

李建的《软实力视域下的国际警务合作》（2015）借助国际关系理论，论述了软实力在国际警务合作中发挥的独有作用，软实力的提升对于提高我国总体的执法安全合作能力，维护我国国家安全、提升我国国际影响力有着重要价值和意义。

韩宏宇的《国际警务合作动因探究》（2016）借助恩格斯的历史合力理论和国际关系结构现实主义理论提出国际警务合作动因分析框架，通过历史回顾和关键事件讨论，提取对国际警务合作进程具有重要影响的要素，建立分析框架，为解释和判断国际警务合作的历史进程提供了新的理论视角和思路。

中国人民公安大学陆晶教授在《中国与“一带一路”沿线国家执法安全合作新型价值范式建构》（2017）中从认同与安全的关系出发，对国家间的执法安全合作进行了理论分析，提出中国与周边国家只有通过建构身份认同、良性安全认同以及在此基础上制定相关国际法规范，才能更好地开展国际执法安全合作，推动区域经济发展。该理论的应用也为我国国际执法安全合作理论的研究提供了新的范式。

3. 国际执法安全合作机制建设研究

如熊安邦在《“一带一路”发展战略背景下的国际执法安全合作机制》（2015）中，对中国现有的执法安全合作机制进行了分析，包括国际执法安全合作模式、途径和形式，将其合作模式分为双边、区域和全球三个大类，并对其中的具体合作框架进行了分析，提出了相应的完善建议。

黄丽娜在《非传统安全视角下中国与东盟的警务执法合作机制研究》（2014）中对中国与东盟现有的执法合作机制进行了研究分析，提出中国与东盟各国须共同完善在非传统安全领域的警务执法合作机制，以提升中国与东盟各国警察共同应对非传统安全威胁的能力和水平。这一合作机制包括：中国与东盟部长级会议与高官会议机制化；整合中国与东盟域内外事警察体制；强化中国与东盟互派警务联络官工作；开展中国与东盟各国警察国际化培训等。

4. 国际执法安全合作的实证研究

如刘萍在《大湄公河次区域的安全保障国际执法合作》（2014）中对多边国际执法安全合作的法律依据、会晤机制、情报和信息交流、防逃和追逃机制并结合欧盟区域刑事合作经验和国际打击海盗犯罪的成功经验，从签订《湄公河流域安全合作协定》、建立四国执法联合指挥部长效机制、建立情报和信息交流网络中心、建立警务联络官制度等角度，探讨了最终建立大湄公河次区域安全保障国际合作执法机制的可行性。

5. 对于中国积极参与国际警务合作组织方面的研究

秦跃文在《中国参与周边区域警务合作研究》（2014）中通过对“上海

合作组织下区域警务合作”“湄公河流域开展区域警务合作”和“中国—东盟（南海）区域警务合作”三种典型的区域警务合作进行分析，试图提炼出我国在开展相关国际警务合作中的几种模式和特点，并且做一次尝试性的总结。在分析每一种警务合作模式时，详细分析了各自开展合作所处的环境、时代特点、现实状况及面临的困难，随之有针对性地提出了部分解决方法，为今后我国参与国际、区域性警务合作指出了改善和发展的方向。

李建和赵宇在《中国在警务合作国际组织中的地位与作用浅析》一文中将我国参与警务合作国际组织的历程分为起步期、转型期和发展期三个阶段，并对我国参与警务合作国际组织的必要性和制约因素进行了阐述，提出中国参与警务合作国际组织，是打击国际犯罪和提高我国国际地位和国际威望的客观需要，但存在不少制约因素。应明确我国在警务合作国际组织中的总体发展战略目标，开展警务外交，推进警务体制改革，加强警务价值理念宣传，重视国际化警务人才培养，促进世界和平与稳定。

在《中国警察参与联合国维和行动面临的挑战及对策》一文中，孙梅指出中国警察参与联合国维和行动所面临的挑战主要存在法律依据不足、决策力偏低、参与力度有限、安全风险凸显、理论研究薄弱和工作机制不完善六个方面，并据此提出加强中国维和警察工作的对策建议，希望通过加强立法工作、完善工作机制、提高决策能力、重视理论研究、强化安全防范等对策，进一步加强与联合国常任理事国、安理会及区域组织的合作，共同应对联合国维和行动面临的挑战，共同推动联合国维和行动的改革和发展，合作解决联合国维和行动存在的问题。

二、国外相关学术研究梳理

近几年，“国际执法安全合作”一词被我国领导人广泛用于各种公开会议的表达中，是具有中国特色的表达，国外并没有与之完全对应的表达，多是从警务合作、打击跨国犯罪和刑事司法协助等角度进行相关的研究。

1. 有关国际警务合作的研究

澳大利亚学者邓肯·查佩尔认为研究警务合作模式对促进学术进步至关重要，更重要的是为实践和政策提供信息。在《跨境警务合作》中，邓肯提出了解区域内的基本规则（正式和非正式合作框架）对于决定如何构建和改革与不同系统的合作至关重要，并通过对欧洲和澳大利亚的警务合作的比较评估，试图为当代世界各国执法机构之间的有效和持久的国际合作提供一个蓝图。此外，欧洲和全球警务的杰出学者西里尔·菲尼奥特教授在该书的前言中指出，世界不同地区的警察都需要知道其他地区的警察如何合作，以调整和同化他们的合作方式。

在《欧洲和北美的警察合作和情报交流机制：实证比较研究》一文中，加拿大学者马克·阿兰以警官的发言为基础，探讨了为什么旨在确保官方跨国警务的合作条约和信息交流机制在欧洲和北美都未得到完美应用的原因。马克认为，最初警察代表关心的是如何在一个内部框架内采取管理和控制措施，但这些被外来警察组织的官员所纠正，他们将警察机构之间的沟通和合作方式正式化，这在两大洲都发生过。原本是为了效率和问责制而设计的正式化沟通机制，结果却与实际的警察工作相去甚远，最终，巡警和侦探并没有放弃他们已经习惯使用的非正式网络。这只是增加了错综复杂的沟通渠道，或许并没有显著改善公民的安全。

1995 年以来，詹姆斯·谢普蒂基（James Sheptycki）一直在研究全球警务议题。20 世纪 90 年代，严重的和有组织的犯罪成为国际警务议程的首要议题。作者撰写了许多关于全球警务的书籍，包括其主编的《跨国警务问题》（2000）（*Issues in Transnational Policing*）。该书中构建了一个三层架式的警察分类，其余编者对各警务类型做出了具体讨论。在个别章节和案例研究中提炼的分析见解形成的新的综合理论，填补了跨国警务的理论空缺。《跨国警务问题》的独特之处在于它从不同的角度提供了警务跨国化在实践中发生变化的方式和细节。全球的未来是交织在一起的，该书还提出了西方世界以外其他各国警务学者有关的广泛问题，为全球警务的发展做出了理论贡献。

2002 年，詹姆斯·谢普蒂基在《探索跨国警务：以社会学的角度看全球警务》（*Search of Transnational Policing: Towards a Sociology of Global Policing*）中提出了一项民族志研究，内容是 20 世纪 90 年代中期在英吉利海峡运作的跨国警察合作网络。他借鉴了其他欧洲国家的比较数据，追溯了该网络 1968 年至 1996 年的演变，以“知识工作”为特征的跨国警务工作；并在对警察档案内容分析的基础上，提出了警察档案的亚文化、结构特征、与政治制度的关系等理论。结束语将讨论扩展到“9·11”事件后的世界秩序，将恐怖分子定义为在全球范围内受到监管的“他者”。

马修·戴弗雷姆（Mathieu Deflem）在《世界警察社会：国际警察合作的历史基础》（*Policing World Society: Historical foundations of international police cooperation*）中，从社会学角度分析了 19 世纪中叶至二战末期国际警察合作的历史，涉及美国、德国以及其他欧洲国家的警察机构的国际合作战略。该研究对国际警务史的许多方面提供了实证描述，为了解释这些历史变迁，此书以马克斯·韦伯的社会学和全球化理论为基础，建立了官僚主义的理论模型。有人认为，国际警察合作是通过警察机构逐渐从其各自国家的政府中获得相对独立地位的历史进程得以实现的。此外，该书还表明，国际警察合作依赖于有关国际犯罪的专家知识体系，各国警察机构开发和共享这些知识体系。

马修·戴弗雷姆在其《国际警务合作的历史》（*History of International Police Cooperation*）一文中提出，警察部门的职业化成为推动国际警务合作的重要原因；并以国际刑事警察委员会为例，指出早期的政治警务是国际警务合作的严重阻碍。通过梳理文献资料中国际警务合作的影响因素，梳理归纳了了16个影响因素：国际层次打击跨国犯罪、维护共同利益、国际组织发展和合作机制的成熟、全球化程度不断加深、国家间政治关系。地区层次：改善地区安全环境、地区层级的合作和交流机制、共同的文化渊源和相似的文化背景、合作解决区域内突出问题。国家层次：保护国家公民生命财产安全、维护国家统治秩序、国家的政治考量、维护国家利益、国家总体外交格局、国家法律制度完善、警务部门的实践工作。并将影响因素归纳为5项基本内容，即国家安全、法律关系、全球化、警察职业化、警察文化。

丹尼尔·J. 克宁和第勒普·K. 达斯（Daniel J. Koenig and Dilip K. Das）主编的《国际警察合作：一种世界的角度》（2001）（*International police cooperation : a world perspective*）一书就1997年第四届维也纳国际警察执法研讨会的主要议题——国际警察合作进行了讨论，涉及当前存在的国际警察合作形式、合作活动的优势、挑战和问题、未来国际警察合作项目的规划，以及未来加强国际警察合作的经验教训。该书汇集了多位专家学者的讨论，审查了关于专题讨论会提出的问题的调查表的结果，该结果虽然反映了国际警察合作的主题得到了广泛的支持，参与者的观点也得到了广泛的认同，但同时表明有相当多的人对国际警察合作知之甚少或一无所知。

弗雷德里克·勒米厄（Frederic Lemieux）主编的《国际警务合作的理论与实践》（*International police cooperation : emerging issues, theory and practice*）从国际警察合作的理论与实践出发，分析了国际警察合作中出现的关键问题。此书特别关注在实践中促进警察合作有效开展工作的因素和遇到的问题，汇集了研究机构所采取的机会和主动行动（所引入的实践和过程）以及外部法律、政治和经济压力的影响的研究。从国家和国际层面探索新出现的倡议和挑战。它们采用了各种不同的方法和理论框架，以便更广泛地了解警察合作的当前和未来问题。在犯罪学、伦理学、组织科学、政治学和社会学等学科的基础上，研究了警察合作的形式和犯罪控制的趋势。

美国学者约翰·凯西在《世界警务》一书中阐述了他所认为的国际警务合作动力与障碍。他认为动力包括世界的民主化进程，全球化，打击跨国犯罪的需要，合作的阻碍来自于警察机构的腐败和私人警务模式的发展。因此，他提倡对警察的管理体制进行改革，重塑警察形象，并且为民众提供更多的公共服务。

2. 有关打击跨国犯罪的研究

在由亚当·爱德华兹和彼得·吉尔共同编写的《跨国有组织犯罪：全球安全的视角》（2003）一书中指出，在过去的十年里，政治家、政策制定者和社会科学家对西方国家的跨国有组织犯罪（TOC）威胁表现出浓厚的兴趣。这本书中的几篇论文，最初是为 1999 年至 2001 年由英国经济及社会研究理事会（ESRC）资助的关于对跨国有组织犯罪采取政策对策的一系列研讨会准备的。此书对跨国有组织犯罪的起源进行了考察分析，对有组织犯罪的定义与发展进行了解析，并对解释有组织犯罪的研究工具进行了理论分析；还通过对欧洲有组织犯罪活动的个案研究，探讨利用不同的方法打击跨国犯罪，以及重新预测跨国有组织犯罪当前和未来的政策反应。

由美国匹兹堡大学学者菲尔·威廉姆斯（Phil Williams）和联合国国际预防犯罪中心（Centre for International Crime Prevention）专家迪米特里·维拉西斯（Dimitri Vlassis）共同编写的《打击跨国犯罪的概念、活动和对策》一书中，二人指出跨国犯罪组织的出现既是国际关系变化的症状，也是其结果。并且跨国有组织犯罪的发展还将强烈地影响到国际关系的变化，并加剧全球治理的困难。该书明确指出 20 世纪 90 年代的有组织犯罪和今天完全不是一种类型，当前的跨国犯罪结合了企业文化和犯罪文化，具有大量财富和商业技能的跨国犯罪企业给政府带来巨大的问题，尤其是在发展中国家和转型经济体。该书总结了跨国有组织犯罪的新特征，并在新的环境条件下提出了打击跨国有组织犯罪的对策和建议。

2011 年出版的由曼加伊·纳塔拉詹（Mangai Natarajan）主编的《国际犯罪与国际司法》（*International Crime and Justice*）一书从全球视角审视了国际犯罪和国际司法是一个新兴领域，涵盖了国际犯罪和跨国犯罪，并表明这些犯罪并不是主流犯罪学或刑事司法的重点。它介绍了国际犯罪和跨国犯罪的性质，以及有助于理解全球化、移民和文化冲突导致的犯罪机会的兴衰与社会变化之间关系的理论观点。它还讨论了在遏制、发现和应对这些罪行的努力中实现正义和获得国际合作所面临的挑战。从法律的角度为预防和打击国际犯罪提供了新的视角。

3. 有关国际刑事司法的研究

俄亥俄州立大学刑事司法科学系的舍沙·凯斯尼（Sesha Kethineni）教授在她的《比较和国际警务、司法和跨国犯罪》（*Comparative and International Policing, Justice, and Transnational Crime*）一书中既包括了国际刑事司法的基本和传统主题，也包括其他相较于刑事司法教科书没有涉及的一些重要和新兴的领域，如书中第四、五、六章以警务为主题，对国际刑警组织和欧洲警察署进行了探讨，还讨论了警察自治是如何被第一次世界大战等事件打断的。全方位的描述使读者对国际刑事司法制度、跨国犯罪以及国际和国内的司法和警务机构在过去、现在和未来预防犯罪方面的作用有了更深的了解。

乔治·安德里奥洛斯（George Andreopoulos）、露丝玛丽·巴博瑞特（Rosemary Barberet）和詹姆斯（James P. L）2014 年主编的《国际刑事司法：评论观点和新挑战》（*International Criminal Justice : Critical Perspectives and New Challenges*）一书中，讨论了围绕这一追求所涉及的关键机制和过程中的一些最重要的辩论，并评价了在促进国际司法规范方面的竞争办法的优点。在这个日益相互依存的世界中，一些为了发展而做出的努力，都面临着司法议程的挑战。该书有助于当前关于挑战和机遇的辩论。

4. 有关国际组织警务合作的研究

俄罗斯学者拉度·布洛克（Ludo Block）在《俄罗斯的国际警察：欧盟成员国和俄罗斯联邦之间的警察合作》中，考虑了欧盟和俄罗斯联邦（RF）之间警察合作的当代做法。从描述欧盟—俄罗斯警察通过国际刑警组织和欧洲警察署的合作开始，特别关注警察联络官的角色以及代表欧盟成员国开展警务合作的日常实践。讨论了俄罗斯相关执法机构以及合作的障碍。与此同时，还对可能影响欧盟—俄罗斯警察合作的两项欧盟政策工具进行了密切审查。调查结果显示，欧盟—俄罗斯警察的合作主要是双边性质的，没有任何改变的动机。国际刑警组织在这一领域发挥着重要作用，而欧洲警察署却没有。

米歇尔·圣地亚哥（Michael Santiago）2000 年主编的《欧洲警察署在欧洲的警务合作》（*Europol and Police Cooperation in Europe*），以欧洲刑警警察署（Europol）和欧洲警务合作为背景，研究欧洲警察署的起源和发展。这项研究审查了欧洲警察署和特定成员国之间信息和情报交换过程中集中信息交换模式的应用，清晰地区分了对警察情报和信息的理解，并表明警方合作面临的一些主要问题，例如，实践发展不按照正式协议，警务合作与司法合作紧密相关，该书还对主要北欧国家的制度进行了有价值的比较。

5. 其他相关的研究

2013 年，莫妮卡·德恩·布尔（Monica den Boer）和拉度·布洛克共同主编的《联络官：跨国警务的必要行为体》（*Liaison Officers: Essential Actors in Transnational Policing*）中，探讨了联络官在警察合作中的使用情况。该书的撰稿人，无论是杰出的学者还是经验丰富的从业者，都从广泛的观点展示他们的发现。该书从正式制度到非正式制度，从社会学到心理学，详细的叙述构成了一个关于联络官当代实践的集合，不仅是原始的实证研究，也为当前的警务联络官工作提供了参考范例。

在由恩加·雅库布（Anja P. Jakobi）以及一些研究者们联合主编的《暴力和犯罪的跨国治理：非国家安全行为体》（*Transnational Governance of Violence and Crime: Non-state Actors in Security*）中提到国家对武力的垄断日益受到非国家行动体的挑战，这似乎导致失去控制和保障安全所需的资源。然而，非国家行为体不仅是问题的根源，它们还有助于保证安全。作者回顾了非国家行为体在治理暴力和犯罪方面的作用。这本书展示了非国家行为体如何参与支持政府目标，他们贡献了什么，限制在哪里或者应该在哪里。它表明，即使在国家的一个核心领域，跨国管理也可以通过各种行动者的活动实现，包括非政府组织和企业等。为安全治理主体的多元化提供了新的范例。

艾塞克斯大学（University of Essex）的埃米尔·柯克纳（Emil J. Kirchner）和托马斯·查（Thomas Chr）在 2016 年主编的《中国与欧盟的安全关系：从融合到合作》（*Security Relations between China and the European Union: from Convergence to Cooperation*）一书中表明，过去 10 年，欧盟和中国的关系已从关注经贸问题扩大到安全领域。该书以广义的安全定义、多学科的方法、比较的视角（包括欧洲和中国的学者），深入分析了欧盟和中国在某些程度上不仅表达了类似安全威胁的关切，或就共同应对作出声明，而且在追求安全合作方面采取了具体措施。作者探讨了中欧安全合作领域的一系列关键主题，如核扩散、国际恐怖主义威胁和网络攻击。除了概述存在安全合作的领域以外，还强调了中欧双方趋同和产生分歧的方面，以及出现这些问题的原因，为当前研究中欧安全合作做了较为详细的概述。

2014 年，玛丽·海伦·马拉什（Marie-Helen Maras）在其《跨国安全》（*Transnational Security*）一书中指出，全球化和人员、武器和毒品更容易跨越国界的流动已经将安全转变为一种跨国现象。防止跨国安全威胁已被证明是世界各国政府和机构面临的一项非常艰巨的挑战。这些问题是每一个全球安全专业人员议程的最前沿。该书分析了当前最紧迫的跨国安全威胁，包括大规模杀伤性武器、恐怖主义、有组织犯罪、网络犯罪、自然灾害、传染病、粮食安全、水和能源安全等。它评述了适用的国际法，并回顾了主要国际组织如何处理这些问题。作者结合理论和实际事例说明了安全风险的跨国性质。详细介绍了不同的威胁、对策，以及它们对许多不同领域的影响——法律、公共政策和行政、安全和犯罪，对学者和实践工作者来说具有极大的参考价值。

三、小结

综上，国内外对国际执法安全合作的基本概念和演变、法律基础、困境及对策都有所研究，尽管如此，至少目前国内对于国际执法安全合作还未形成清晰、系统的理论体系。国内现有的研究中，解释、说明的较多，但是对于基础理论和预测性的研究偏少。因此，为进一步加强国际执法安全合作，统筹国内、国外两个大局，服务国家外交和发展战略，更好地参与全球安全治理，需要创新国际执法安全合作理论，构建完整的理论体系，以期更好地为国家有关执法机关的实务工作提供理论参考，为推动构建中国特色执法安全合作体系添砖加瓦。

专题二
国际侦查合作

第一节 ‖ 国际侦查合作概述

一、国际侦查合作的概念

国际侦查合作，是指各国侦查机关在跨国犯罪和国际犯罪侦查领域，依据国际公约、双边条约和各自国内法律，坚持互惠原则，为获取犯罪证据、抓获犯罪嫌疑人，针对特定刑事犯罪案件进行各种形式的协同与配合。国际侦查合作是国际执法安全合作的重要组成部分，是国家域外刑事管辖权的具体体现。

警察及内政机关的执法行为从性质上来说与国家主权紧密相关，根据国家主权原则，一国警察不能在另一国家领域内行使侦查权力，因而合作范围限于交换情报或者委托调查的框架内，具有“委托性”的显著特征，实际上，案件的主要刑事侦查工作是由请求国和协查国独立完成的，不需要进行实时的交流与通报，乃至共同在一国境内采取行动，开展侦查主要遵循本国刑事诉讼法律，请求方对于侦查过程不能提出异议。以此为形式的侦查合作更多地表现为一种“协作”。

国际社会惩治犯罪斗争的迫切需要和各国之间友好关系的深入发展，使主权国家意识到在执法合作领域限制乃至“让渡”部分主权的重要性，这使得各国警察机关能够在平等互惠原则的基础上开展联合侦查，国际侦查合作的范围逐步扩大，画地为牢的传统工作格局被打破，侦查活动真正意义上从本国领域延伸到另一国境内，当事国双方相互授予对方警察机关的侦查人员入境侦查的权力，使国际侦查合作由间接协作向直接合作发展。

国际侦查合作是当前各国开展国际警务合作的重要实质性内容，和引渡犯罪者、诉讼转移等同属于各国警察机关执法合作的范畴。根据不同的需要和具体合作基础，间接协作和直接合作的形式均得到了世界各国警察机关的广泛使用。国际侦查合作有利于防控和打击日益猖獗的跨国犯罪和国际犯罪，促进国家间乃至区域间侦查资源的优化配置，能够有力提升跨国案件的侦查效率。

二、国际侦查合作的特征

国际侦查合作不仅是国际执法安全合作的重要组成部分，而且体现着各国警察机关相互协作的深度和广度，成为国际执法安全合作中的一项专门活动。与其他合作方式相比，国际侦查合作具有如下特征：

（一）国际侦查合作以惩治国际性犯罪为核心任务

国际侦查合作的适用对象和适用范围都有一定的限制，根据不同案件，限制条件不同，如严格限制在两国或多国签订条约所规定的惩治对象或侦查范围，或者严格按照双方或多方临时商议规定惩治对象或侦查范围，任何一方都不能随意变更。出于双方或多方共同利益的需要，国际侦查合作大都以协助双方打击跨国犯罪、国际犯罪等刑事案件为主。合作方共同的目标是凝聚共识的基础。

（二）国际侦查合作过程具有互动性

国际侦查合作的实施需要双方互通情报、互相配合。侦查协助需要双方定期联络，交换证据、研究嫌疑人等的调查程度与案件侦破进度，以便各方更有针对性地分别采取行动，联合侦查则更需要强调互动性，各方需要分别立案、统一步骤、协调行动，开展密切的交流，并共同采取相应的侦查措施才能使案件侦查形成有利局面。严密的协调是国际侦查合作取得有效成果的关键。无论跨国刑事案件只是在一国进入了刑事侦查程序，还是有关各国均进入了刑事侦查程序，所有参与方都应建立有效的协调和沟通渠道，尤其是联合侦查开展前各方必须充分交流意见，就共同行动将要采用的程序、步骤、战略战术进行明确约定并达成一致，以免行动过程中因分歧影响案件的侦破，后续具体侦查工作中各方还需要根据案件实际侦查进度及时调整行动方向，而且国际侦查合作中的一些具体侦查措施单靠一方无法开展，如控制下交付的实施需要各方通力合作、实时交流，从布控到收网进行全过程的监控。

（三）国际侦查合作以所在国侦查机关为主

国际侦查合作有多种形式，其中最有效、最直接的合作形式即为联合侦查，但在合作中也有主次之分。当事国各方在充分互动、交流、协商的基础上共同办案，但由于侦查工作往往是在他国境内开展，出于对所在国国家主权的尊重，必须以所在国侦查机关为主，以其为指挥中心，别国派遣的侦查人员在境外没有执法权，只能以辅助的身份在严格遵守当地国国家法律、依据国际法规则的前提下参与合作，类似于准侦查人员的角色，不能喧宾夺主。同时，接受派遣的侦查员具有哪些权限，可以参加何种侦查活动等，都必须依照事先的约定或协定进行，尽管有时在具体活动上是独立的，但也要在相互尊重彼此配合的基础上，按照约定或协定的协作制度进行自我约束，随机处置，达到最终共同破案的目的。

（四）国际侦查合作的主体具有多样性

国际侦查合作确定了不同国家侦查主体之间的合作关系，执行侦查协作的主体是这种合作关系维系、发展的必要前提。国际侦查合作的主体组成比较复杂。除了不同协作方的国内侦查机关，还包括在联合侦查过程中组建的临时联合侦查机构，如联合侦查工作组和联合指挥部。多种联合侦查主体在实际合作过程中的地位、分工以及权力义务需要各方提前以书面协定的形式具体规定。

（五）国际侦查合作是最直接的警务合作

各国警察机构之间的国际合作存在多种形式。既有国际刑警组织框架内的合作，又有双边国家之间的执法合作；既有国家之间的刑事司法协作，又有警察机构之间的警务合作。与国家之间的刑事司法协作相比，警察机构间的侦查协作则更加直接、更具有效率。

在合作程序上，国际侦查合作简化了与中央机关之间的联络与协商，不需经由外交途径解决。有关警察机构之间可以直接开展对话，即时联络，立即实施。因此，这种侦查协作，特别是在打击跨国走私、贩运毒品、武器、货币犯罪方面，更符合刑事犯罪侦查工作的“抓住战机，积极侦查，即时破案”的指导方针。

（六）国际侦查合作依靠协议保障实施

由于涉外刑事侦查活动涉及国家主权，一国不能允许另一国警察任意入境开展与刑事诉讼有关的活动。因此，任何一次域外侦查活动，都必须是以双方所签署的警务合作协议为基础实施的，同时，双方也必须严格遵守协议的有关规定，在协议限定的框架内开展合作，严格遵守契约精神是持续合作的基础。

（七）国际侦查合作是刑事管辖权在双方之间的相互转移

长期以来，国际社会囿于国家主权，任何一国的警察机构都难以在本国主权所及的范围以外行使刑事管辖权。这种情况严重制约了各国在应对国际性犯罪斗争中的努力。但随着犯罪形势不断国际化的发展，各国警察及其他司法机关仍然固守传统观念，把管辖权严格限定在本国国境以内显然是极不合适的，需要适当的“妥协”和“让渡”。因此，各国积极探讨或者开展了各种形式的侦查合作，尤其是在同国际恐怖活动和跨国贩运毒品犯罪的斗争中。在尊重各国主权的同时，按照国际礼让原则，在互惠对等的基础上，通过个案合作的形式，相互授予或获得对方的刑事管辖权，以便更好地开展侦查破案工作。所以，在别国境内办案的一国侦查人员是不享有独立完全的刑事管辖权的，一国侦查人员绝不能超越别国的主权对刑事犯罪实施完全的管辖。在国际侦查合作中，虽然拥有部分刑事管辖权，但也只能在有关国家法律许可的限度内行使。

三、国际侦查合作的形式

传统的国际警务合作，大都是通过国际刑警组织或外交途径进行的。然而，近年来，越来越多的警察机构开始跨越国界直接建立联系，日益增多的双边警务合作协议的诞生，使国家间警察机构的联系与合作更加经常化、效益化和制度化。随之多种国际侦查措施开始不断运用于对跨国犯罪或国际犯罪的监视、追踪活动中。以联合侦查为代表的国际侦查手段，已成为许多国家警察机构协同破案的有效形式。

总体来说，国际侦查合作有狭义和广义两种。从广义上讲，国际侦查合作包括三种模式：一是双边协作模式；二是多边合作模式，即区域合作；三是国际刑警组织协作模式，国际刑警组织在相当长的一段时间内一直是多边国际侦查合作的主要平台。从狭义上讲，国际侦查合作仅指双边合作模式，它是以两国签订的双边协定为依据进行的侦查协作，是一种以个案侦查合作为特征的警务合作，是各国普遍采用的合作模式。

随着时代的发展，跨国犯罪和国际犯罪出现了两种新的表现形式：一种是重大刑事犯罪分子在本国犯罪后为了逃避打击逃往国外藏匿，另一种是重大刑事犯罪分子在外国犯罪后逃回本国进行躲藏。根据不同案件形式需要，国家间警察机构的合作模式需要根据案情灵活应变，一种侦查模式需要他国侦查机关在境外协助缉捕、通缉犯罪嫌疑人，扣押物证，同时国内侦查机关在境内开展相应的侦查工作；另一种侦查模式需要双方互派侦查人员或集结双方侦查人员在一方境内，提供直接有效的协助。这不仅体现了国际社会预防和惩治犯罪的迫切需求，也是各国间友好关系发展的一项重要内容。

联合侦查（Joint Investigations）是当前国家之间开展国际侦查合作的最主要形式，它包含了以上两种模式的侦查合作，是打击跨国犯罪最有效的合作方式。联合侦查即指两个或两个以上国家的警察机关，围绕特定的跨国犯罪案件，联合开展调查取证、缉捕罪犯或犯罪嫌疑人的一种活动形式。

根据《联合国反腐败公约》第四十九条规定：联合侦查是指缔约国应当考虑缔结双边或多边协定或者安排，以便有关主管机关可以据此就涉及一国或多国侦查、起诉或者审判程序事由的事宜建立联合侦查机构。如无这类协定或者安排，可以在个案基础上商定进行这类联合侦查。有关缔约国应当确保拟在其领域内开展这种侦查的缔约国的主权受到充分尊重。

联合侦查可以保障国际侦查活动的有效开展，如可以通过协议约定有关国家的侦查机关在他国境内直接开展侦查活动，进行现场勘查，获得原始犯罪证据；直接对受害人和知情人等进行调查询问以及直接面对犯罪嫌疑人进行审讯。通过犯罪情报的即时交流，以便于随时调整侦查方向和侦查措施，便于在最短的时间内侦破案件，缉捕犯罪嫌疑人。同时，经过联合侦查、共同办案，可以加强不同国家侦查机关的业务交流、技术手段交流及情报交流，提高本国警察机关侦破国际犯罪案件的能力。

例如，2004 年中国和柬埔寨联合侦破“12・14”跨国绑架杀人案中，以张×东为首的犯罪团伙，自 1995 年以来，在境内外抢劫、绑架杀人作案 15 起致 17 人死亡，其中在柬作案 10 起致 12 人死亡。他们作案前进行精心预谋，准备枪支刀具等凶器，中国籍的老乡、朋友和游客往往成为他们的主要侵害目标。“12・14”案件，成为公安部挂牌督办的第四号案件，也成为外交部及我国驻柬使馆高度重视的案件。“12・14”案件，是新中国成立 55 年来我国最大的一起跨国系列绑架杀人案件。破获案件最大的难度在于调查取证。江苏警方派专案组赴柬，柬埔寨王国内政部警察总署成立了特别行动队对中国警方给予支持。

柬埔寨警方向我方提供了现场勘查记录。但这个记录与我国刑事诉讼法的要求相差甚远。如果把这样的记录和鉴定结论拿到法庭上，犯罪嫌疑人可能会因证据不足而逃脱我国法律的惩处。在公安部和我国驻柬使馆的直接领导下，赴柬专案民警通过两国警务合作渠道，直接从柬埔寨押解回国犯罪嫌疑人 23 名，在柬埔寨勘查现场及相关部位 42 处，绘制现场图 34 张，形成现场勘验和检查笔录 42 份，提取了一批痕迹物证，经生物技术检验直接认定犯罪；围绕犯罪嫌疑人实施犯罪的各个环节，经多方查找目击证人和知情人，搜集证人证言 90 多人次。调取了柬埔寨警方提供的原始接报案登记等原始证据材料，经使馆和柬警方确认，形成的证据材料超过12万字之多，最终成功侦破此案。

虽然我国国内法没有规定联合侦查的条款，但我国和有关国家签署的警务合作协议，大都涉及了合作侦破犯罪案件的问题。例如，《中国公安部与吉尔吉斯斯坦共和国内务部合作协议》规定，双方在侦破犯罪案件方面进行业务合作，包括使用技术手段方面的合作；《中华人民共和国黑龙江省公安厅和俄罗斯联邦滨海边疆区内务局合作议定书》中规定，根据刑事案件的突出特点，双方对走私、贩毒、犯法偷渡等跨国犯罪，可派省区级刑事警官率员到对方境内协助打击和清剿本国的犯罪分子；《中华人民共和国公安部国际合作局和美利坚合众国国土安全部移民与海关执法局谅解备忘录》第六章“联合执法侦查合作”第2条规定：“双方建立和使用联合行动组，作为方便联合侦查和交换证据材料的交流机制。根据备忘录交换的所有执法信息、情报和证据材料均受中华人民共和国和美国各自适用国内法律的保护。”

联合侦查的形式较为灵活，直接合作与间接合作并存，有时还会同时使用，这是由国家间关系和具体犯罪活动的特征所决定的，针对特定的跨国犯罪案件，分别采用适合的合作形式才能达到最好的效果。

（一）双边侦查合作与多边侦查合作

根据联合侦查涉及国家的多少，可以将其分为双边合作和多边合作。很多跨国犯罪通常只涉及两个国家，因此只要两个国家实施双边合作即可开展行动，但是近年来，一起跨国犯罪经常会涉及多个国家，如一些毒品犯罪，在一个国家加工，贩运过程中从一些国家过境，最后走私到不同的国家进行出售。在各方达成共识的情况下，所有的涉案国家可以一起共同实施联合侦查。

（二）专项联合行动与专案合作

根据我国与有关国家签订协议的规定和近年侦查的实践，目前，大多数联合侦查的开展采用直接合作的形式。具体来说，主要有两种方式：一是专项联合行动，即在一定时期就某一类特定案件联合开展侦查活动；二是专案合作，即因某一特定案件的需求，应对方请求提供协助，共同破案。

（三）多地分别行动与一地共同行动

从联合行动的地域角度来看，也可以分为两种形式：一种是就某一案件在一国境内联合行动。例如，2012年，中安警方联手摧毁一批侵害在安哥拉中国公民合法权益的违法犯罪团伙；另一种是围绕某一案件，各方在各自国家里分头侦查，同时行动。合作各方可以通过现代信息技术手段或专门建立的联络渠道、联络热线随时将案件进展信息传递到协同侦查双方，这种合作方式在中国与西方国家的执法合作中得到了广泛应用。在专案联合方面，例如，2011 年中国公安部与美国联邦调查局联合摧毁了全球最大中文淫秽色情网站联盟“阳光娱乐联盟”；2012 年中国公安部与美国移民海关执法局通过联合调查方式联手成功破获特大跨国走私武器弹药案；2017 年中国公安部与美国司法部、国土安全部分别开展侦查合作破获特大跨国走私可卡因和侵犯知识产权案件。专项联合行动方面，如中国和澳大利亚自 2015 年 12 月起每年开展的中澳“火焰”联合缉毒行动，行动开展一年，双方就交流了情报信息 171 条，联合侦办毒品案件 72 起。

（四）湄公河执法安全合作框架下的联合侦查模式

湄公河“10·5”案件的侦破使一种新的机制化的联合侦查模式走入人们的视野。这种机制化的协作模式建立了固定、优化的情报交流渠道，简化的协作申请与审查程序，各国侦查机关在跨国案件发生时可以通过协作机制快速地展开侦查，及时打击处置犯罪，并同时震慑具有犯罪动机的犯罪分子，产生预防犯罪与及时追究犯罪的双重效果。

2011 年 10 月 5 日上午，两艘中国船只“华平号”和“玉兴 8 号”在湄公河水域被金三角最大的武装贩毒集团——糯康集团武装劫持，13 名中国籍船员惨遭杀害。这一惨案产生了巨大的社会影响，为迅速侦破案件并增强对澜沧江—湄公河流域长期以来存在的社会治安问题的治理水平，中国随即与老挝、缅甸、泰国三国开展协商，共同建立了湄公河流域执法安全合作机制，搭建 24 小时情报联络渠道，并进行联合巡逻，与此同时，中国就该案件成立了专案组，并借助机制下的各种渠道开展国际侦查合作，中方境内成立了指挥部，负责案件侦办的总体调度、情报分析和后勤保障，先后组织 200 多名警力，向泰、老、缅三国派出 6 个工作组，负责与相关国家警察机关就案件侦破进行联络，并开展秘密侦查和调查取证，经过各方努力，案犯糯康等人被成功抓获并移交给中国，案件成功告破，在案件进入司法程序后，专案组又在其他国家侦查部门的协助下获取了大量证人证言、书证和犯罪嫌疑人的供述与辩解、现场勘验检查笔录、现场照片和鉴定笔录等，为案件后续诉讼、惩办犯罪分子提供了极大帮助。

“10·5”案件成功侦破后，各国进一步将合作机制深化和完善，充分利用机制化优势开展国际侦查合作，取得了突出战果，2012 年 5 月，中泰联手摧毁了一个跨境非法贩卖武器的犯罪组织，主犯李×楷被遣返回我国；中方协助泰方摧毁专门针对泰国民众实施诈骗犯罪的跨国电信诈骗团伙并将犯罪嫌疑人移交给泰国；2013年5月，中老两国开展联合巡逻执法期间，发现一个专门利用湄公河水路进行大宗毒品贩运的跨国贩毒集团，该贩毒集团组织机构严密，长期盘踞在金三角地区利用水路进行非法毒品贸易，对流域社会治安造成了极大威胁。利用湄公河执法机制已有的情报交流机制，中老双方细致梳理了相关案件线索，分别组成专案组进行案件前期侦查工作，此后，中方派出工作组赴老挝开展与老警方开展联合侦查，最终，中老双方利用联合巡逻执法队伍组织了抓捕力量，从孟莫执法联络点出发，在水上将目标船只控制，缴获毒品冰毒片剂达580千克，抓获犯罪嫌疑人5名。

从以上跨国犯罪案件的侦破过程可以看出，湄公河流域执法安全合作机制框架下的国际侦查合作有其独特特点。首先，它建立在固定化的情报交流机制的基础上，情报的收集与分析形成了固定的模式，各国侦查机关既通过情报信息研判流域治安状况，又能够及时、准确地掌握具体刑事案件的情报，而且两者相结合能使侦查人员有针对性地提出侦查策略，掌握侦查主动权。其次，侦查合作与联合巡逻执法紧密结合，联合巡逻执法时流域内各国具有创新性的执法合作方式探索，各国派遣专门的执法人员参与行动，配备了快艇等专门的执法船只，通过各个联络点加强联系，这些资源使得国际侦查合作的开展能够更加顺畅、有效。此外，根据情报交流，各国侦查机关定期梳理重点刑事案件进行侦查合作，在一定程度上发挥了侦查合作对于跨国犯罪的震慑作用，是对于国际侦查合作机制化的有益探索。

根据中外警务合作协议的规定和多年的执法实践，开展联合侦查，一般要采取下列措施：签订具体协议，规定行动范围，制定行动准则和具体实施步骤；建立固定的联络渠道，随时保持沟通信息，协调行动计划；分别或共同建立专项行动指挥部，作为指挥中心；精心挑选派遣人员，除业务过硬的侦查人员外，还应配备一名精通外语的外事警察或抽调驻外警务联络官，以便协调有关外事工作。

四、国际侦查合作的原则

国际侦查合作的基本原则，应当是“被世界各国所公认、能够普遍适用于立法和司法实践，调整国际侦查合作活动并构成其基础的基本原理和准则”。①

当前世界各国开展侦查合作主要依据以下原则：

① 吴瑞．国际侦查合作基本原则概论［J］．云南警官学院学报，2009（5）：84.

（一）国家主权原则

国家主权原则是国际法最重要的基本原则。国际法上所称的主权是指国家独立地处理本国国内外事务、管理本国的最高权力。《联合国打击跨国有组织犯罪公约》第 4 条“保护主权”规定，在履行其根据本公约所承担的义务时，缔约国应恪守各国主权平等和领土完整原则和不干涉别国内政原则，本公约的任何规定均不赋予缔约国在另一国领土内行使管辖权和履行该另一国本国法律规定的专属于该国当局的职能的权力。

对于国际侦查合作来说，当一国在合作方境内实施侦查活动时，尊重所在国的主权和法律制度是侦查活动顺利进行的基础性保证。《联合国反腐败公约》第 49 条规定，在实施联合侦查时，如无相关协定或者安排，可以在个案基础上商定进行这类联合侦查。但“有关缔约国应当确保拟在其领域内开展这种侦查的缔约国的主权受到充分尊重”。在实际交往中，被请求方可以依照原则对请求方提出的申请加以拒绝，多数国家的合作条约中都对此种情况进行了说明。此外，我国的相关法规也明确规定在司法合作中应相互尊重国家主权，如《公安机关办理刑事案件程序规定》第 340 条规定，公安机关应当在相互尊重国家主权和平等互惠的基础上，与有关国家的警察机关相互进行刑事司法协助和警务合作。

（二）不干涉内政原则

不干涉内政是国际侦查合作的又一项基本原则。在国际侦查合作特别是联合侦查过程中，由于一方可以根据协议规定进入对方境内开展侦查活动，必须小心谨慎，避免因侦查活动而被指责干涉别国内政，如果有所僭越，小则导致侦查活动失败，大则影响国家间关系。因此，在国际侦查合作中，有关国家必须坚持不干涉内政原则，避免使“联合执法”成为“跨境执法”。[①] 具体来说，一国不得强迫另一国办理刑事侦查事务，不能利用侦查合作之机刺探另一国政治和外交等方面的情报，不能以此为手段插手另一国的政治、军事、宗教或种族事务。否则，将直接影响双方在执法合作议题上的互信水平，使之后的侦查合作再难开展。《联合国反腐败公约》与《联合国打击跨国有组织犯罪公约》都将不干涉别国内政原则写进了公约，特别强调不赋予一国在他国行使管辖权和具有他国国内法的职能的权力。

---

① “跨境执法”是指一国执法机关在未取得别国同意的情况下，擅自跨越别国国境开展执法行动。2018 年 4 月，5 名全副武装的法国警察搭乘一列火车进入意大利北部，并抓捕了一名嫌疑人。此事件影响恶劣，引发法、意两国外交争端。

（三）平等互惠原则

平等互惠原则是国家主权原则的自然延伸和必然结果，可以分解为平等和互惠两个原则，是国家之间平等互利进行司法合作的基本要求。国际侦查合作中的平等原则是指参与合作的国家无论国家大小、人口多少、综合国力强弱，一律享有平等的地位，任何国家不得要求超越他国的特权，各国在调整国际侦查合作的国际法面前一律平等，平等地享有权利和承担义务；而互惠原则要求参与合作的国家在实现自己刑事司法利益的同时，也要满足对方国家相同范围、相同程度的刑事司法利益的要求。平等原则与互惠原则是相辅相成的，平等是互惠得以实现的前提条件，而互惠原则则是平等在实践中的具体表现。

互惠原则在国际侦查合作中具有十分重要的作用，在多数合作国家间没有签订相关条约的情况下，互惠原则顺理成章地成为开展合作不可或缺的重要依据。实践中，很多案件的侦查合作其实都是在个案协商的基础上实施的，因此平等互惠原则得到了充分贯彻。

（四）双重犯罪原则

双重犯罪，是指国际侦查合作所针对的应当是根据合作各国的法律规定均构成犯罪的行为。它是罪刑法定原则在国际侦查合作中的具体体现和基本要求，是包括国际侦查合作在内的国际刑事司法合作领域内特有的现象，对于防止法律的滥用、保护公民的权利具有极其重要的意义。[①] 只有当事国都认为正在侦查的案件是犯罪案件，才能保证合作诸方顺利地进行合作。如果一方认为的犯罪，根据另一涉案国的法律规定不构成犯罪，提出侦查合作的请求往往就会遭到拒绝。

（五）特定犯罪不合作原则

特定犯罪不合作原则是不干涉别国内政原则在侦查合作议题上的具体延伸，是指某些特定的犯罪行为被排除在国际侦查合作的范围之外，最典型的就是政治犯罪和军事犯罪，它们都带有极强的政治性与排他性，各国经常会避免在政治犯罪上的合作。同样，政治犯罪和军事犯罪不引渡也一直被视为引渡的基本原则之一。中国与外国签署的第一个包含国际侦查合作内容的双边协定——《中波民事和刑事司法协助协定》规定：“如果被请求的缔约一方认为该项请求涉及的犯罪具有政治性质或为军事犯罪，则可以拒绝提供刑事司法协助。”

---

① 崔家国．跨国犯罪联合侦查研究［M］．北京：军事谊文出版社，2013：175.

（六）相互尊重原则

开展国际侦查合作，合作方必须相互尊重，尤其是对于对方的法律和公共秩序，不能以任何手段或方式加以破坏。一方侦查人员到别国取证，必须遵守该国法律，调查取证时必须有别国侦查人员在场，并以他们为主导。《欧洲刑事司法（联合调查组）规定》，联合侦查组组长应严格遵守本国法律赋予的权限，小组成员应严格按照联合侦查实施地国家的法律规定。跨境调查人员如果违反所在地国家的法律，就会因此承担相应的刑事或民事责任，这在一些国家的联合侦查相关法律中作出了明确规定。除尊重法律制度外，在合作过程中，各方还应互相尊重对方国家的社会制度、政治制度、经济制度、文化制度和宗教信仰及居民的公序良俗。

五、国际侦查合作的法律基础

（一）国际法依据

1. 联合国系统法律文件

联合国系统法律文件是根本性的刑事司法准则，具有基本法的属性。主要包括1945年《联合国宪章》、1948年《世界人权宣言》和1966年《公民权利和政治权利国际公约》等，这类国际法律文件载有一些保障基本人权促进司法公正和打击控制犯罪维护法治秩序的条款，为国际侦查合作指明了基本原则、共同目标和最低标准。《联合国反腐败公约》第49条规定："缔约国应当考虑缔结双边或多边协定或者安排，以便有关主管机关可以据此就涉及一国或多国侦查、起诉或者审判程序事由的事宜建立联合侦查机构，如无这类协定或安排，可以在个案基础上商定进行这类联合侦查，有关缔约国应当确保拟在其领域内开展这种侦查的缔约国主权受到充分尊重。"

2. 国际组织章程

国际组织作为国际合作的主体之一，在国际侦查合作中起着重要的协调与联络作用，早期严格意义上的国际侦查合作是在主权国家之间开展的，现代国际法的发展使得某些特定的国际组织作为国际侦查合作主体的地位得到承认，最为突出的当属国际刑警组织，《国际刑事警察组织章程和总规则》明确突出了国际刑警组织成立的目的与意义，即参与国际警务合作，构建更安全的世界，其自成立以来，已逐步发展为国际侦查合作的重要平台。

3. 区域性刑事司法合作公约

区域性公约对区际侦查合作起着基础性作用。对区际侦查合作作出规定的区域性合作公约缔约国家，通常都是因地缘、历史等因素，政治经济关系较为紧密的国家。世界范围内典型的此类区域合作条约有1992年《美洲刑事司法互助公约》、2000年《欧盟成员国间刑事司法协助公约》等。欧洲地区国际刑事司法合作的法律文件更是自成体系，包含着大量规范国际侦查合作的条款，如《欧洲引渡公约》《欧洲刑事司法协助公约》《欧盟成员国间刑事司法协助公约》《欧盟成员国间简易引渡程序公约》等，特别是《欧盟成员国刑事司法互助公约》规定“联合调查组”这种新的合作形式，《欧盟成员国刑事司法互助公约第二附加议定书》又进一步对建立联合侦查组程序作出了较为详细的规定，呈现出体系化的特征，为欧洲区域内的国际侦查合作实践提供了法律依据。

4. 包含国际侦查合作内容的双边条约或协定

20世纪后半期，国际犯罪和跨国犯罪的激增促使很多国家加大了对外缔结国际刑事司法合作双边条约或协定的力度，客观上使得这类国际法规范迅速增加，如美国与西班牙签署了《打击跨国犯罪和国际恐怖主义司法与引渡条约》，约定在鉴定银行信息、建立联合调查组、使用快速联系手段、互相提供便利和保护资料秘密等方面进行合作。自1987年与波兰签订了第一个包含刑事司法协助内容的双边协定以来，中国迄今与外国签订的包含国际侦查合作内容的双边条约或协定已近百件。2006年《中华人民共和国公安部国际合作局和美利坚合众国国土安全部移民与海关执法局谅解备忘录》就将“联合执法侦查合作”单列为一章。

（二）国内法依据

1. 各国普通刑事法律规范

这是指除去针对国际刑事司法合作专门立法以外的以刑法和刑事诉讼法为内容的法律以及规范性法律文件。实体法层面，国际侦查合作本身就是对特定刑事案件的侦查事项而相互提供协助、支持和配合的一种刑事司法活动，这与国家刑事实体法所规定的内容不谋而合。如我国《刑法》第6~10条规定，“在中华人民共和国领域内犯罪及在中华人民共和国领域外犯罪，需要依照中国刑法追究刑事责任的，都适用中国刑法对其定罪量刑。”涉外刑事诉讼适用中国法律，是我国独立行使刑事司法管辖权的标志，因此，我国司法机关无论是立案、侦查、起诉、审判涉外案件，还是同外国司法机关联合调查取证、查获犯罪人，都必须适用中国法律；程序法层面，国际侦查合作的国内程序部分必须依据国内普通刑事程序法对于侦查程序的各种规则，此外，某些普通刑事程序法还包含着专门规制国际侦查合作的条款，如我国《刑事诉讼法》就授权司法机关根据中国缔结或参加的国际条约或按照互惠原则可以与外国司法机关相互请求刑事司法协助。

2. 专门立法

随着国际侦查合作的不断深入，世界各国都逐渐加强了在此领域的专门立法。中国于2000年通过了《引渡法》，这是我国第一部以国际刑事司法合作为调整内容的法律。另外，我国适用于国际侦查合作的国内法更多见于部门规定，包含在警务合作的范畴中，如《公安机关办理刑事案件程序规定》对于侦查合作作出了规定。

六、国际侦查合作的困境

（一）司法理念方面存在差异乃至冲突

不可否认，国家之间社会制度及司法理念方面的差异是客观存在的，这种差异在一些情况下会直接导致难以签订实施国际侦查合作的条约或协议。以我国为例，虽然我国已经签署了《联合国打击跨国有组织犯罪公约》和《联合国反腐败公约》，并先后经全国人民代表大会常务委员会批准，但从我国目前的实际来看，世界上一些国家由于对我国的司法和执法工作理念缺乏必要了解，在司法合作议题上对我国还存有不少偏见，担心在与我国进行侦查合作时，会受到不应有的干扰，甚至担心中国籍的犯罪分子被引渡回国后会受到不公正待遇。例如，中国与美国近年来在实施国际侦查合作，打击跨国贩毒、跨国侵犯知识产权等犯罪方面有很多成功的案例，但在打击恐怖主义方面，美国对于侦查方面的合作则所多持保留态度。

（二）对于跨国犯罪的刑事管辖权存在冲突

跨国犯罪严重危害主权国家的公民和国家利益，出于保护本国公民和国家利益的考虑，各主权国家为争取对于特定跨国犯罪的刑事管辖权，纷纷通过立法的形式扩展本国司法机关的域外刑事管辖权。世界各国对于域外刑事管辖权的普遍追求一方面有效集结了全球范围内打击跨国犯罪的制度性权力，使跨国犯罪在世界各个角落都能受到有力制约；另一方面不同国家在刑事管辖权上的冲突也为有效打击跨国犯罪造成了客观阻碍，如果不能妥当协商处理，甚至会损害国家之间的国际关系乃至国际秩序。这种冲突在国际侦查合作中主要表现为一国司法机关为了维护国家主权，过度强调国家的刑事管辖权，忽略了惩治跨国犯罪的效率和程序性要求，制约了刑事诉讼的有效开展，具体来说，主要会影响到证据的收集、犯罪嫌疑人的引渡以及其他当事人和诉讼参与人的出庭，不利于跨国案件的侦查、起诉与审判。

（三）涉及国际侦查合作内容的国际、国内法律有待完善

其一，国际条约和协议在保障、推动和约束国际侦查合作的规范实施方面起着基础性作用。如果没有法律文件的保障，合作多只能通过外交渠道或者以个案协商的形式开展，缺少制度化的程序，既耗时又费力。目前，专门规定国际侦查合作内容的国际、多边条约仍然较少，不够细致。世界范围内，国家之间虽然签订了众多国际司法协助条约，但对于国际侦查合作、联合侦查的内容却鲜有规定。

其二，国内立法是保证国际侦查合作能够得到有效、规范执行的必要保障，目前，各国仍缺乏针对合作打击跨国犯罪的专门国内立法。以我国为例，涉及国际刑事司法合作方面内容的除了刑事诉讼法中所确认的国际司法协助基本原则，无其他国内法律可循。在实践中，开展国际侦查合作的主要依据是合作各方在开展合作之前协商确定的临时性规定。至于国际侦查合作的内容、范围、原则与程序等都没有法律作出具体规定。虽然我国签署的《联合国反腐败公约》和《联合国打击跨国有组织犯罪公约》都规定了联合侦查措施，但我国国内法的具体规定与以上两公约之间还具有一定的差距，这在一定程度上制约了为打击跨国犯罪而与有关国家开展的国际侦查合作。甚至使侦查合作的开展面临阻碍，其中最突出的是国内程序不具体，主管机关职责和分工不明确，对于特殊侦查措施缺乏规定等。

（四）法律制度及其完善程度存在差异

国家之间法律制度存在的差异，是国际侦查合作实施的最大障碍，其最直接的影响是使联合侦查的成本大幅提高、侦查效率和效果受到严重影响。一些由法律制度差异带来的“漏洞”甚至会被犯罪分子加以利用，逃脱法律制裁。很多跨国犯罪分子借国家之间在政治犯不引渡原则、死刑不引渡原则等原则性内容上的法律差异，打着“政治避难”等旗号，在国外申请长期居留权，这样就给案件侦查工作带来了很大困难，例如，英国和卡塔尔两国曾向车臣恐怖分子以“政治避难”的名义提供了避难保护。①此外，死刑问题也是横亘在很多国家之间的一个障碍，以我国为例，在我国刑法中，仍然存在较多的死刑条款，这是由我国的基本国情和长期以来形成的法律制度所决定的，但与此形成鲜明对比的是，西方许多国家都已经废除了死刑或在实践中极少适用死刑，一些性质极其恶劣的犯罪甚至也不会受到死刑的惩罚，2011

---

① 陈春．俄提交联大议案阻止滥用政治避难庇护恐怖分子［N］．中国日报，2004-09-24.

年因枪杀77人而震惊世界的挪威极右翼枪手布雷维克，最终只被判有期徒刑21年。跨国犯罪是国际侦查合作的打击对象，其往往具有较为严重的危害后果，面对大量的外逃犯一旦被引渡或遣送回中国就有可能被判处死刑的情况，西方各国也因此不愿与中国实施对这类犯罪的联合侦查。众所周知的赖昌星案，经过12年的谈判加拿大才将其遣送回中国，这其中是否判处死刑就曾是重要的争议问题。①

此外，国家之间侦查证据规则的差异也是一大阻碍。与一国之内发生的刑事犯罪相比，跨国犯罪更具复杂性，国际侦查合作对取证规则的统一性和协调性也相应地提出了更高要求，各国的国际侦查活动需符合国际惯例。以我国为例，截至2018年9月，我国已与76个国家缔结司法协助条约、资产返还和分享协定、引渡条约、打击“三股势力”协定及移管被判刑人条约共159项，对于打击跨国犯罪起到了重要作用，发挥了突出效果。但同时也应看到，目前还没有从刑事侦查、证据收集、国际合作的角度进行国内立法，对于在国际侦查合作中获取的证据，其效力或相互认证都存在一定问题。这源于我国刑事诉讼法在取证程序方面与国际通用规则之间的客观差异。在国际侦查过程中，如果一国侦查机关的取证方式不能严格依照国际惯例程序，则往往在侦查请求阶段就会遇到阻碍。通常，在证据提取上存在瑕疵的国家会被要求需提供符合国际标准的证据，以充分证明跨国犯罪行为的存在。在一方提供证据后，涉案国还需通过一定程序对证据进行认可。如果不符合该国证据规则的规定，可能还是会出现不认可，因而不愿意进行合作的情况。实际上，这本身也是程序正义的要求，无可厚非，然而实践中因为证据规则的不同，合作各方对于证据出现相互不认证的情况时常出现，如果这一情况出现在审判阶段，更是会直接打击双方再次开展侦查合作的信心。

第二节 ‖ 国际侦查合作措施

一、情报收集与分享

情报主导侦查（Intelligence-led investigation）是目前犯罪侦查领域流行的理念。在跨国犯罪案件的侦破过程中，情报的有效收集以及收集后的及时分享起到了至关重要的作用。犯罪情报通常包括确定犯罪嫌疑人的具体人数、

① 崔家国．跨国犯罪联合侦查研究［M］．北京：军事谊文出版社，2013：167.

身份、藏匿地点，相关人员的身份信息，犯罪嫌疑人的活动轨迹，犯罪收益等各方面与犯罪有关的信息。

国际侦查合作中的情报信息分享主要有如下特点：一是保密性。犯罪情报信息是引导侦查工作的一项重要因素，因此加强情报信息的保密工作至关重要。在国际执法安全合作之中，情报信息的交换往往借助互联网的传输网络，自然面临着黑客攻击、计算机病毒等网络威胁，这就需要根据互联网协议，运用加密、病毒保护、访问控制以及互联网保护技术来保护各种警用信息的安全。二是及时性。执法活动的特殊性要求如指纹、DNA、照片、证件、车牌号码等犯罪信息获取的及时性，以便在较短时间内将其与数据库内的信息进行搜索、比对并确认。三是功能性。这主要是指侦查合作过程中所使用的情报信息交流系统的数据库尽可能囊括更多、更广泛的犯罪信息，而且被授权的用户能够随时对信息进行补充和完善。

国际侦查合作尤其是联合侦查高度强调协同配合的重要性，这是由国际侦查合作的性质特点决定的，缺少及时、可靠的情报，不仅会贻误战机，直接导致联合行动的失败，还会使犯罪分子更加警觉，继续跨国逃窜，使案件侦破的难度陡升。特别是在侦破一些需要采取控制下交付等特殊侦查措施的案件中，首要前提便是情报信息的实时共享，建立畅通的联络渠道和完备的联络机制成为必然选择，这又对国家间在执法安全合作议题上的互信程度提出了较高要求。

国家间在开展侦查合作时所进行的情报收集与分享有多条渠道，一是外交渠道，通常的程序是一方侦查机关将国内收集到的情报信息及时通报到本国驻合作方国家的使领馆，再由使领馆通报给对方中央主管机关，反馈回来的情况通报使领馆再传回国内。二是警务联络官渠道，警务联络官是一国派驻在另一国使领馆专门负责协调警务合作事宜的工作人员，通过警务联络官分享有关跨国犯罪案件的情报是对外交渠道的有益补充，有利于发挥警务联络官在日常工作中积累的资源优势和其自身的语言、沟通能力，同时结合外交资源，能使情报的收集更加准确、传递更加及时。三是国际刑警组织渠道，国际刑警组织在情报的传输方面具有制度性优势，其最主要的工具是“I-24/7”系统。该系统以现代通信技术为支撑，能够在保证情报传输安全性的前提下迅速地将有关信息传输到各个国家的国家中心局，当前国际刑警组织的成员国已达194个，这使得世界各国都能够利用其情报传输系统开展合作。四是根据合作协议规定的方式和程序进行，合作各方按照协议约定的程序和方式提供情报，在合作实践中，各方或约定由共同组建的侦查合作指挥机构交换，或指定由参与合作的各方中央主管机关和具体负责执行合作的侦查机关直接按照约定程序进行情报信息交换。

国际刑警组织的“I-24/7”系统可以说是国际警务合作中情报传输系统的典范，它是一套全天24小时，每周7天，永不停息的“全天候”信息处理系统，它根据互联网协议，运用加密、病毒保护、访问控制以及互联网保护技术。在千分之一秒内获取相关信息，为所有执法人员提供联系的手段和实时信息查询，使其能够共享犯罪分子和犯罪活动的重要资料。在侦查活动中，各国的侦查人员可以通过该系统在看似毫无关联的情报信息中建立联系，从而协助侦查破案。授权用户可以直接进入嫌犯或通缉犯数据库、失盗旅行证件数据库、失盗机动车数据库、指纹、DNA等数据库，并在几秒钟内搜索、确认信息。2002—2004年。美国加州发生了一系列暴力强奸案。警方利用从犯罪现场提取的DNA在国内进行调查未能找到线索。2009年12月，美国警方将案件相关DNA信息提供给国际刑警组织，经比对后发现该信息与奥地利警方曾提供过的一份DNA资料吻合，随即该嫌疑人在奥地利被逮捕并被引渡至美国，被判处40年监禁。

二、跨境监视

跨境监视是指一国在刑事犯罪侦查中，对某些特定人员依据一定程序向另一个国家提出请求，在得到该国家许可后，遵守有关专门指定机构的命令，继续对该人员进行监视。跨境监视是一国侦查机关外线侦查工作在境外的延伸，有利于确定跨国犯罪的性质、查明并有效控制侦查对象、发现和扩大侦查线索，甄别、证实案件情况以及获取有利于刑事诉讼的相关证据，从而为抓捕犯罪分子进行有效铺垫。

跨境监视是国内监视手段的有效补充，除联合国相关公约外，《申根公约》、欧洲理事会2000年缔结的有关打击跨国犯罪的公约、《欧盟成员国海关当局刑事互助公约（那不勒斯）》、英国《2003年刑事司法（国际合作）法案》等国际、区域和国内法律文件都对跨境监视的内容和程序作出了规定。这一侦查措施在欧洲国家间开展的侦查合作中得到了广泛的应用。

1990年《申根公约》第40条对跨境监视进行了具体规定。普通跨境监视的对象包括犯罪嫌疑人以及和犯罪嫌疑人有接触的人员及有重要理由认为能够协助识别、追踪犯罪嫌疑人的有关人员；《申根条约》将这种侦查措施限制在打击谋杀、贩毒、贩运人口等“可引渡犯罪”范围内，这充分体现了该侦查措施的“跨国”属性。根据相关法律文件的要求，执行监视的执法人员除了遵守有关跨境监视的规定，还应当遵守执法地国家法律和当地有权机关的指令，并且应随身携带已经获得授权的文件，以随时证明自己的官方身份。执法人员只能进行监视活动，既不得讯问，也不得逮捕被监视人员。值得一提的是，执法人员在境外监视期间被允许携带武器，只能在“合法自卫”的情形下才能使用。此外，第 40 条第 2 款还对特别紧急情形下的跨境监视措施作出了规定：在紧急情形发生，不可能事先向另一国家提出授权请求的情况下，执行监视的执法人员在遵守特定条件的前提下，有权继续跨境监视跨国犯罪人员。这些细致入微的规定从侧面体现了跨境监视这一国际侦查合作措施在执法合作议题上的深度。

三、跨境追缉

跨境追缉，是指对潜逃国外的罪犯或犯罪嫌疑人，在有关国家警察机关的配合下，按照其越境逃跑方向进行追捕的一项侦查措施，是惩治跨国犯罪，特别是惩治在本国境内犯罪后潜逃外国的犯罪嫌疑人的有效措施，它不仅可以加快案件的侦破速度、及时打击严重的犯罪活动，而且可以避免产生新的危害，防止犯罪嫌疑人继续实施犯罪活动。

跨境追缉与跨境监视都具有地域性的显著特点，受地缘因素的影响较大，常在友邻国家之间开展。申根区内各国对跨境追缉进行了深入探索，1990 年《申根公约》第 41 条对跨境追缉的适用范围、一般性要求作出了详细规定。由于跨境追缉容易侵犯国家主权，欧盟各国对此制度措施的适用仍然具有选择权，这在中国与周边国家的合作规定中也有体现，例如，《中华人民共和国公安部朝鲜民主主义人民共和国国家安全保卫部关于在边境地区维护国家安全和社会秩序的工作中相互合作的议定书》规定，一方对逃入对方境内的犯罪嫌疑人员，不准越入对方境内追捕和搜查，可委托对方调查缉捕。

一般来说，跨境追缉的实施须具备下列要素：

首先，必须在协定授权的条件下进行。没有双边协定，或者虽有协定但未授权可以进入对方境内追捕，是不能适用这一侦查措施的。

其次，事先通报。利用边防会晤会谈制度，征得对方同意后，才能进入对方领域开展追捕，并需协同行动。

最后，必须具备法律手续。例如，有关司法机关出具的逮捕令或具有法律效力的文书证明。

《中国公安部与越南内务部友好合作协定》规定，根据双方职权范围，组织侦查和搜捕犯罪嫌疑分子。中国和老挝两国签订的边界制度条约也作出了类似的规定。近年来，中国、越南、老挝、缅甸等国警察机关利用跨境追缉这一侦查措施抓获了一批又一批重大犯罪嫌疑人，例如，1993 年，经过中、越两国侦查人员的共同努力，贪污 3000 多万元的罪犯薛根和在逃亡越南后被捉拿归案，并被处以极刑。

四、控制下交付

控制下交付（Controlled delivery）是一种成熟的侦查措施与侦查技术，是指在一国或多国警察机关的控制或监督下，允许国际运输的货物中非法夹带或隐匿毒品运出、通过或运入其国境，并且最终控制贩毒集团的交货场所，进而查明全部涉及毒品犯罪的不法分子，在打击跨国犯罪特别是跨境毒品犯罪方面能够发挥独特的作用。

控制下交付是一种典型的国际侦查手段，是在惩治毒品犯罪领域开展国际警务合作的一种重要形式，是各国警方围绕特定案件进行侦查合作的有效措施，也是许多打击跨国犯罪国际公约推荐使用的一种侦查手段。通过这种措施，合作各方能够将跨越各国国境的贩运毒品活动全过程纳入警察机关视线之内，从始至终全过程跟踪，直至人赃俱获，一网打尽。它是一种欲擒故纵的高级侦查手段，也是一种国际级别的侦查方法，其实质乃是国内侦查手段在国际侦查中的扩大运用。对于一国境内的毒品犯罪案件来说，线人提供的情报往往起着关键作用，而在跨国毒品犯罪中，这种侦查手段存在法律规定和沟通等方面的客观障碍，开展控制下交付就成为侦破案件、逮捕毒品犯罪分子的必要手段。毒品的跨国投送运递活动一旦开始，执法机关所做的各种决策都会影响最后的逮捕行动，为此，各方执法机关需要对毒品交付的预期收货人和毒品贩运的整个过程进行不间断监控，并即时交换情报信息，随时调整侦查方向和相应的具体侦查策略。

《联合国禁止非法贩运麻醉药品和精神药物公约》第 8 条专门对控制下交付的实施条件、方式和程序等有关要素作出规定，为在国际间有效地实施这一联合侦查手段提供了法律基础。根据《联合国禁止非法贩运麻醉药品和精神药物公约》的规定，各国警察之间实施控制下交付，必须遵循下述各项条件：

（一）达成实施协定

在国际间开展侦查联合活动，必须遵守各国的国内法律，即在本国法律允许的前提下开展这一侦查活动。因此，《联合国禁止非法贩运麻醉药品和精神药物公约》规定在其国内法律制度基本原则允许的情况下，缔约国应在可能的范围内采取必要措施，根据相互达成的协定或安排，在国际一级适当使用控制下交付。相互达成协定或者作出安排常常涉及两个以上的国家，即毒品运出国、过境国和最终运入国。三方经过协商，取得一致的合作意向，在可能的范围内采取必要措施。例如，相互提供广泛的法律协助，及时准确地提供详细的有关资料情况，特别是过境国和最终运入国都要尽可能地提供有效的侦查协助。

相互达成协定或作出安排，一般需要通过外交途径或者国际刑警途径进行联系。由双方代表就采取措施的时间路线、交付地点及毒品控制方法等环节作出具体安排，拟订实施方案。例如，2004 年，我国公安机关与菲律宾警方联手破获的“9・2”跨国贩毒大案，实施控制下交付，共缴获冰毒 296 千克，价值近亿元人民币，中国警方还成功地抓获了 5 名犯罪嫌疑人，捣毁了以肖某成为首的贩毒集团。

为了加强侦查协作情报的传递，在美国和一些国家都建立了正式的联络渠道，在驻外使馆中派遣有禁毒联络官。2012 年 6 月，为进一步畅通边境合作渠道，加强合作打击跨境贩毒犯罪活动，中、越两国禁毒部门经多次沟通磋商，决定从双边层面恢复、新建中越边境地区东兴、凭祥、河口、老街 4 个禁毒联络办。

（二）逐案实施侦查协助

《联合国禁止非法贩运麻醉药品和精神药物公约》规定使用控制下交付的决定应在逐案基础上作出，并可在必要时考虑财务安排和有关缔约国行使管辖权的谅解。有关国家的警察机构之间开展控制下交付合作侦查，只能在个案基础上作出决定，即实行“一案一议”“一案一决”的原则。因为控制下交付毕竟是一种特定的侦查手段，并不是每件毒品犯罪案件都适合应用的。

一般而言，当一国的警察机关发现了跨国贩运毒品的活动，是采取没收毒品、即时破案的方式，还是采取控制下交付、“放长线钓大鱼”的方式，主要取决于两点，一是案件本身有无采取控制下交付手段深入侦查的必要。例如，毒品的种类数量多少，有无利用的价值，如果属于精神毒品，且数量很大，就存在作为诱饵，继续深入侦查的必要。二是货物运输过程涉及的国家能否予以合作。控制下交付需要多个国家的警察机关通力合作，有关国家合作的法律、意向及相互沟通建立联络系统等，这些条件缺一不可。鉴于此，只能采取个案合作的方式，不可能就某类案件在某一时期合作，作出通盘决定。同时，因涉及各国合作，货物在一国警察监控下，经过一个国家以上的国境，必须涉及他国的管辖权问题，相互间还应当通过协商对管辖权问题作出谅解性安排，即暂时授予他国刑事管辖权。

（三）确认毒品监控实施方法

按照公约的规定，对控制下交付的毒品实行监控的方法主要有两种。一种是将毒品原封不动地继续运送，从中进行严密监视。另一种是将其完全或部分取出或替代后继续运送，同时，实施全程控制，以确保这些货物安全抵达目的地，防止中途被人调包而不见踪影，致使侦查合作前功尽弃。《联合国禁止非法贩运麻醉药品和精神药物公约》第 11 条第 3 款规定，在有关缔约国的同意下，可以拦截已同意对之实施控制下交付的非法交运货物，并允许将麻醉药品或精神药物原封不动地继续运送。究竟在案件实施中采取何种方法，是原封不动地继续运送，还是取出或替代后继续运送，这些也都需要有关国家的警察机关在最初商定时作出安排。例如，2004 年，我国公安机关与菲律宾警方联手破获的“9・2”跨国贩毒大案，实施控制下交付时就是将货物，即藏在货柜里的木板条中的 290 千克冰毒，原封不动地继续运送到菲律宾的马尼拉港。而 1989 年 3 月间与美国、加拿大警方实施的控制下交付，则是采取部分取出的方法，由我国侦查人员监押一小部分海洛因抵达加拿大多伦多市，最后将收货人等抓获（39. 34 千克的海洛因混杂在 300 个自动尼龙伞的纸箱中）。可见，具体的监运方式也是因案而异的。无论采用何种方式，都以确保诱饵有效为宗旨。因为在实施控制下交付的过程中，必须保证货物在符合海关规则的前提下，使货物安全通过国境，顺利到达最终入境国，从而在交货过程中或者取货后将罪犯缉拿归案。

从国际公约的规定和我国公安机关的侦查实践中可以看出，控制下交付，已经不是简单地没收货主不明、夹带或隐匿着毒品的货物和获该货物所涉及的发货人或押运人员，而是通过有关国家侦查机关之间的协商和配合，运用种种必要的侦查技术在严密监视和控制下，允许隐匿或夹带着毒品的货物在国际间继续运输和照常规进行交付，最终依靠各有关国家之间的合作在交付地点抓获收货人，进而查明所有涉及毒品犯罪的人。

这种侦查手段的实际运用通常是在发现国际托运货物中夹带毒品时经过周密策划和安排，使之原封不动或者稍作变动，在不使非法贩运者察觉的状态下，在国与国之间继续运行，在有关国家连续监控的状态下运行，最后，利用这种国际诱饵诱捕国际贩毒分子。这种侦查措施的运用，可以有效地查明跨国走私毒品的幕后指使者，发现毒品犯罪的源头和主谋，对于跨国毒品犯罪活动是一种具有威慑力的侦查手段。今后，随着国家间侦查协助的深入发展，这一条约也可以扩大适用到同其他跨国犯罪作斗争的过程中，如同走私文物犯罪的斗争等。

五、追缴犯罪收益

追缴犯罪收益，是指有关国家的警察机构或其他司法机构在惩治国际犯罪活动中，对犯罪分子在国际间转移的非法收入联合采取追查、冻结或扣留及没收等一系列措施。

有的文件也将追缴犯罪收益译为追踪犯罪资产。这是国际警务合作的一个新的领域，是一种初步形成并不断完善的联合侦查措施。它是预防和打击有组织犯罪及特定犯罪的一项十分有效的强制措施。

追缴犯罪收益，对于侦破特定的犯罪案件具有重要意义。这种措施同时兼备战略和战术意义。作为一种战略措施，让犯罪分子丧失再次犯罪的资本，削弱犯罪组织的发展基础。作为一种战术武器，它是一项没收手段，侦查目标明确具体，不必花费太多的人力、物力，易于取得较大的成果。

追缴犯罪收益，是一种在国际间获取证据的技术合作方法。在国际间转移犯罪所得，既是刑事犯罪手段，又是刑事惩罚的证据。控制犯罪收益的首要环节，就是追查犯罪资产，调查有关的金融交易，并设法获得有助于追回犯罪收益的证据，通过冻结或扣押最终实现没收。一方面掌握了对犯罪分子定罪量刑的证据，另一方面又切断了犯罪分子生存和发展的经济条件。追缴犯罪收益，是针对犯罪分子进行跨国境资金转移的不法行为而制定的一项国际侦查手段，是发现和收缴在国际间转移的非法收入的法律手段。简言之，是对付洗钱犯罪的一种专门手段。按照我国的法律来说，追缴犯罪收益就是追缴赃款、赃物。《中华人民共和国刑法》第 64 条规定。犯罪分子违法所得的一切财物，应当予以追缴或者责令退赔。这里法律规定的“应当予以追缴”是犯罪分子违法所得的一切财物，就是指赃款、赃物，也就是国际法上所说的犯罪收益。控制也就是追查和收缴，简言之，即追赃。

追缴犯罪收益，是一种战略性的法律措施。各国在立法中为实施控制犯罪收益，授予司法机关以更大的职权，侦查人员可以在世界任何地方调查犯罪分子的贩毒或其他犯罪活动，法院被授权可以推定被告所拥有的全部财产都是贩毒或其他犯罪的非法所得，从而可以收归国有。

追缴犯罪收益是一种在不同国界内实现追查、扣押、没收犯罪所得的国际机制。它需要不同国家的侦查机关或其他司法机关相互配合、联合办案。国际社会通过的各种条约为各国警察机构采取共同行动提供了准则和法律依据。联合国预防犯罪和刑事司法委员会已通过了一个关于追查和没收犯罪收益的国际司法协助条约文本，期望在更广泛的国际范围内实施这一合作机制。

如上所述，追缴犯罪收益的重要性主要表现在以下几个方面：

第一，查获犯罪分子从事不法活动的证据；

第二，削弱或摧毁犯罪分子继续犯罪的经济条件；

第三，维持国际金融秩序，保障国际经济正常发展；

第四，授予司法人员更大的侦查权力。

（一）追缴犯罪收益的适用范围

追缴犯罪收益，这一国际侦查措施的确立，最初是由联合国在 1988 年 12 月 19 日通过的《联合国禁止非法贩运麻醉药品和精神药物公约》中确立的。此后，一些双边或多边公约都不断涉及这一问题。欧洲在 1990 年制定的《关于洗钱及所有犯罪所得的侦查、扣押、没收的公约》规定了各缔约国之间相互协助追查和扣押并没收犯罪收益的义务。2000 年《联合国打击跨国有组织犯罪公约》在联合国大会通过，2003 年中国签署该公约，该公约第 14 条第 2 款作了原则规定，即被请求国应在本国法律许可的范围内，根据请求优先考虑将没收的犯罪所得或财产交还请求缔约国，以便其对犯罪被害人进行赔偿，或者将这类犯罪所得或财产归还合法所有人。可以看出，公约将最后决定权交给了缔约国。外逃犯罪分子的非法财产属于赃款，《中华人民共和国刑法》规定应当没收或者追缴。《联合国打击跨国有组织犯罪公约》第 14 条第 1 款规定，缔约国依照本公约第 12 条或第 13 条第 1 款没收的犯罪所得或财产应由该缔约国根据其本国法律和行政程序予以处置。第 14 条第 3 款规定，被请求国在一定条件下，可以根据本国法律或行政程序，经常地或逐案地与其他缔约国分享这类犯罪所得或财产或变卖这类犯罪所得或财产所获款项。

2017 年 12 月 22 日，十二届全国人大常委会第三十一次会议审议中华人民共和国国际刑事司法协助法草案，拟设置国际追赃合作中对涉案财物进行查封、扣押、冻结和对违法所得进行没收、返还、分享的新规定，以破解国际追赃合作中的法律难题。改革开放以来，随着互联网的广泛运用、国际金融贸易以及人员往来日益频繁，涉外严重刑事案件不断增多，一些严重腐败和经济犯罪分子携巨款逃往国外，有的国内外犯罪组织相互勾结，进行跨国诈骗、洗钱、贩毒等犯罪活动，将涉案财物藏匿在中国境内。因此，在国际刑事司法合作中，查封、扣押、冻结涉案财物和没收、返还、分享违法所得的司法协助请求也随之增多。在刑事司法协助实践中，由于我国法律尚未对查封、扣押、冻结涉案财物和没收、返还、分享违法所得的国际合作作出规定，我国司法机关开展此类国际合作存在法律障碍。为此，草案规定了我国向外国提出查封、扣押、冻结涉案财物请求和没收、返还、分享违法所得请求的程序和要件，同时规定了外国向我国提出此类请求的审查、执行程序。司法部相关负责人认为，草案创设性的规定填补了法律空白，为我国开展此类国际合作奠定了法律基础。[①]

《联合国打击跨国有组织犯罪公约》中的有关犯罪收益规定是没收战略的最新发展，这些条款虽然只限于毒品犯罪，但是，联合国的其他一些文件和一些国家之间的多边和双边条约正在吸收这一战略和战术措施的规定原则。各国的立法机构正越来越多地在本国法律中引入或扩展关于没收资产的立法，而且并不仅仅限于毒品犯罪。凡是具有经济动机和经济效果的犯罪形式都要采取没收犯罪资产的制裁。采取国内国外联合没收资产的战略措施，可以确保追查、冻结、收缴或没收被犯罪分子转移的国家财富。例如，法国、瑞士、意大利、美国等国家，在惩治毒品资金清洗行为的基础上，又将毒品外资金清洗行为列为打击对象，惩治特定犯罪所得的洗钱行为，是许多国家刑法的发展趋势。

按照这些公约或有关国家刑法的规定，犯罪收益的概念与适用范围，与我国的刑法规定是相似的。例如，根据《联合国禁止非法贩运麻醉药品和精神药物公约》的解释，“收益”是指直接或间接地通过法律确定的犯罪而获得或取得的任何财产，包括由收益转化或变换的财产，或者是已与收益相混合的财产。《联合国打击跨国有组织犯罪公约》第 2 条术语的使用中规定，“财产”，是指各种资产，不论其为物质的或非物质的、动产或不动产、有形的或无形的，以及证明对这些资产所有权或权益的法律文件或文书。“犯罪所得”系指直接或间接地通过犯罪而产生或获得的任何财产。又如，我国颁布实施的《中华人民共和国禁毒法》第 28 条和《中华人民共和国刑法》第 64 条所作出的规定，在适用范围上都是一致的。

综上所述，无论是国际公约，还是我国的刑事法律，对犯罪收益或财物的确认，都是按照广义加以认定的。这里的所谓财产主要是固定资产、流动资产和知识产权等，包括房屋、机器设备等固定资产和现金存款、金银首饰、有价证券、家用电器等流动资产，专利权、商标权、著作权等知识产权以及保险、赠与等所有权或债权凭证。

国际公约和各国法律规定有两种形式的没收，一是有条件的没收，可以

① 国际刑事司法协助法草案拟用“查扣冻”新规破解国际追赃难题，参见司法部官网。

没收犯罪所得。二是无条件的没收，可以没收犯罪工具或者犯罪所得的利润。对于毒品犯罪及毒品洗钱大都实行无条件没收。《联合国打击跨国有组织犯罪公约》第 12 条没收和扣押中规定缔约国应在本国法律制度的范围内尽最大可能采取必要措施，没收公约所涵盖的犯罪嫌疑人的犯罪所得或价值与其相当的财产和用于或拟用于本公约所涵盖的犯罪嫌疑人的财产、设备或其他工具没收部分或全部转变或转化为其他财产的犯罪所得；犯罪所得已与从合法来源获得的财产相混合，在不影响冻结权或扣押权的情况下，没收与其犯罪所得的估计等值没收犯罪所得、犯罪所得转变或转化而成的财产或已与犯罪所得相混合的财产所产生的收益。

（二）追缴犯罪收益的实施程序

根据联合国公约的规定，一国警察或其他司法机关需要另一国给予配合实施控制犯罪收益措施时，应当按照国际合作程序并根据本国法律规定程序提出请求：

（1）请求国在提出请求时，应当通知被请求国犯罪收益可能置于其管辖范围的依据。

（2）请求国应当在请求书中附有对没收财产的详细说明、法律依据和有关事实的陈述。

（3）提供主管当局按照法律程序发出的财产没收令的副本。

被请求国收到追缴犯罪收益的合作请求后，应当采取下列方法予以有效配合。收到上述符合法律要求的请求文件后，如认为不违背本国法律规定，应当根据请求国提供的有关线索开展追查工作，调查有关的金融交易，设法取得保证追回犯罪资产的证据。一般的方法是责令金融机构提供一切必要信息，以便追查资产线索，包括关于某个人的账户细节，并要求金融机构报告可疑的或者是异常的现金交易情况。如果发现请求国指称的犯罪资产，应在法律允许范围内采取强制措施，如冻结或扣押，防止此种可疑的犯罪资产作出任何交易、转移或处置。执行请求国司法当局作出的关于没收或查抄犯罪资产的最终命令，或者按照请求国的要求，采取其他适当行动以保障该犯罪资产的安全。对于已经没收的犯罪资产，应当按照协议移交给请求国，由请求国按照本国法律规定作出最终处理。

专题三
国际刑事司法协助

第一节 ‖ 国际刑事司法协助概述

国际刑事司法协助也被称为国际刑事司法合作，是指主权国家之间依据有关国际条约或双向互惠原则，协助或代为履行一定的刑事诉讼程序或刑事实体权力的活动。①《联合国反腐败公约》与《联合国打击跨国有组织犯罪公约》中对刑事司法协助的表述是“mutual legal assistance”，《欧洲刑事司法协助公约》中的用语是“mutual assistance in criminal matters”，也有一些国家的在国内法中称其为“legal assistance in criminal matters”。可以看出国际刑事司法协助的本质是“协助”（assistance），即是国家间带有援助性质的帮助行为，因而主权国家间的合作意愿是开展国际刑事司法协助的前提；平等互惠是国际刑事司法协助的首要原则；请求与被请求关系是国际刑事司法协助的基本关系；代为执行是国际刑事司法协助的显著特征。

随着全球化进程的发展，跨国犯罪、国际性犯罪以及犯罪分子的跨国流动日益频繁，越来越多的刑事犯罪带有多国因素，超越了单一主权国家的管辖范围，需要一种国际合作形式解决具体犯罪案件中多国刑事司法管辖权的冲突与协调配合问题。由此，国际刑事司法协助作为一种国家间的友好互惠活动得以发展起来，国际刑事司法协助是一国司法权的域外延伸，是权衡本国国家利益与尊重他国正当权益的基础上的选择。国际刑事司法协助与国际刑法、国际关系、外交学等学科联系紧密，是主权国家法治发展与国际形象的直接体现。

经过长期的发展，国际刑事司法协助工作积累了大量的实践经验，形成

① 成良文．刑事司法协助［M］．北京：法律出版社，2003：9.

了一系列科学的理念、原则、程序等成熟理论并逐步融入国际公约和多双边国际条约中，在友好互惠性质的基础上又增加了更多的强制性。为回应时代需要，解决国际刑事犯罪问题，《联合国打击跨国有组织犯罪公约》和《联合国反腐败公约》都以大量的篇幅规范刑事司法协助问题，成为公约的主体内容之一。具体而言，每部公约中的司法协助条款都超过了 30 条，足以显示国际刑事司法协助在国际关系与国际合作中的突出地位。当前对于国际刑事司法协助的研究已较为成熟，国际刑事司法合作实践也已成为影响国家间外交关系的重要因素，对世界的和平与稳定意义重大。

一、国际刑事司法协助的概念

广义的国际刑事司法协助也被称为国际刑事司法合作或国际刑事法律合作，是指包括了引渡、狭义刑事司法协助、相互承认与执行刑事判决和刑事诉讼移管等内容的刑事实体法和程序法方面的国际互助合作。[①] 按照广义国际刑事司法协助理论，一些国家将引渡、相互承认与执行刑事判决、刑事诉讼移管作为刑事司法协助国内法的调整对象，如 1982 年的德国《国际刑事司法协助法》、1981 年的瑞士《联邦国际刑事司法协助法》。这些国家最大限度地将国家间的刑事司法合作统称为国际刑事司法协助，在广义刑事司法协助概念中再细分成四个不同的领域。

根据联合国早期关于国际刑事司法合作的法律体系，国际刑事司法合作法律规范分为四个组成部分，分别是《引渡示范条约》《刑事司法协助示范条约》《关于移管外籍囚犯的模式协定》《有条件判刑或有条件释放罪犯转移监督示范条约》，由此，国际刑法学中产生了对国际刑事司法合作占主导地位的“四分法”，即国际刑事司法合作可以分为四个范畴：（1）引渡；（2）刑事司法协助；（3）刑事诉讼移管；（4）承认和执行刑事判决。[②]狭义的国际刑事司法协助即是国际刑事法学四范畴的内容之一，是指实践合作中的刑事诉讼文书的送达、调查取证、移交物证书证、冻结或扣押财产、提供法律情报等。大多数国家国内法和双边刑事司法协助条约中的刑事司法协助都是指狭义刑事司法协助，随着社会生活的日益丰富，国际刑事司法协助的内容仍在进一步发展当中，追缴犯罪所得、分享犯罪资产、远程视频作证等带有时代特色的国际刑事司法互助行为不断扩大国际刑事司法协助的表现形式。

---

① 陈雷．反腐败国际合作理论与实务［M］．北京：中国检察出版社，2012：32.

② 吴瑞．国际侦查合作基本特征简论［J］．河南警察学院学报，2012（4）.

根据不同的研究视角和实践需要，还有学者将国际刑事司法协助进一步区分为狭义、广义、最广义并分别赋予特定内涵。2018 年 10 月 26 日第十三届全国人民代表大会常务委员会第六次会议通过的《中华人民共和国国际刑事司法协助法》第二条规定：“本法所称国际刑事司法协助，是指中华人民共和国和外国在刑事案件调查、侦查、起诉、审判和执行等活动中相互提供协助，包括送达文书，调查取证，安排证人作证或者协助调查，查封、扣押、冻结涉案财物，没收、返还违法所得及其他涉案财物，移管被判刑人以及其他协助。”可以看出我国的国际刑事司法协助偏向于狭义刑事司法协助概念，但又不仅限于狭义刑事司法协助——将被判刑人移管纳入其中。无论如何划分，国际刑事司法协助都带有明显的国家主权性、刑事司法性、互惠合作性三种基本属性，是促进世界和平繁荣、增进国际关系、维护公平正义的重要渠道。

二、国际刑事司法协助的发展历史

（一）古代至近代

国际刑事司法协助是随着国家建立、国家主权诞生、犯罪和刑罚制度的发展而在国际交往中逐步发展起来的。在古代，刑事司法协助与刑罚密不可分，根据中外史书记载，引渡罪犯是最早的刑事司法协助形式。公元前 1280 年，埃及法老和赫梯王缔结的同盟条约中就有关于相互遣返逃到对方境内罪犯的规定。中国史书记载，远在周朝时期，引渡逃犯在诸侯国之间就已经十分普遍。春秋战国时期，诸侯国之间互派使者传达文书以及交换罪犯的现象更为普遍，边界变动和部族纠纷引发的驱逐异国国民的事件也时有发生。《左传·鲁襄公十一年》记载，晋侯与 12 国诸侯于亳北相会，缔结盟约称：“毋保奸，毋留匿”，诸侯国即达成不庇护罪犯，将其驱逐出境的约定，这可以看作最早的国际刑事司法合作条约形式。

随着欧洲各国海上贸易的发展，15—16 世纪海盗活动猖獗，一些海上贸易大国如葡萄牙、英国、西班牙、荷兰等对海盗行为采取了严厉的打击措施，海盗行为的跨国性使得各国在引渡合作方面取得广泛共识，引渡刑事司法合作逐渐也从引渡海盗向其他严重刑事犯罪领域扩展。1625 年格劳秀斯的著作《战争与和平》中就有关于国家间对海盗的引渡等阐述。这些历史痕迹反映了国际刑事司法合作是由社会生产需要与社会秩序的维护需要发展起来的，带有一定的历史印记，反映了特定历史阶段的社会生活真实面貌，为今后引渡制度的发展和完善奠定了坚实基础。

（二）近代至第一次世界大战

理论界普遍认为，真正意义上的国际刑事司法协助始于近代，近代史上第一个涉及引渡问题的条约当属 1689 年的《中俄尼布楚条约》。该条约第二条规定，“有一、二下贱之人，或因捕猎，或因盗窃，擅自越界者，立即械系遣送各该国境内官吏，审知案情，当依法处罚”。该条款规定了可引渡的罪行，也规定了引渡的程序，即先行逮捕交由其国籍国有关官方按其本国法处置，是比较完备的引渡条款。①

西方近代史上较早涉及引渡的条约为 1794 年英国和美国签订的《杰伊条约》。该条约第 27 条专门规定，双方承诺负责遣返一切被指控在各自管辖范围内犯有杀人或伪造罪并向另一国寻求庇护的人。这种遣返必须有合法的犯罪证据，并依缔约国的法律进行。②

19 世纪上半叶，欧洲各国签订了大量的引渡条约。这些条约中除了规定有关引渡事项，有的还涉及其他司法协助形式。例如，瑞士与奥地利、法国等国的引渡条约中规定移送被引渡的人时必须有安全保障，荷兰与比利时、法国的引渡条约中载有关于司法协助的责任条款。1833 年 10 月，比利时颁布了《比利时引渡法》，被认为是世界上第一部引渡法。该法具体列明了引渡的原则和程序，其中第 6 条创制的“政治犯不引渡”原则对各国影响很大，已成为国际法中关于引渡的一项基本原则。③

19 世纪下半叶，刑事司法协助在许多方面都取得了广泛发展。例如，比利时与意大利、法国的引渡条约中载明了有关证人的询问及调查取证的条款，法国与巴伐利亚的引渡条约中规定了互相协助收集证据的条款。④

到 19 世纪末，引渡及其他形式的司法协助制度已正式建立，成为刑事司法制度的重要部分，为 20 世纪现代刑事司法协助制度的发展开辟了道路。

（三）第一次世界大战以后

第一次世界大战以后为现代刑事司法协助制度的形成和发展时期，大致可以分为两个阶段：第一个阶段是从第一次世界大战至第二次世界大战，第二个阶段是从联合国成立至今。

在第一个阶段，国际刑事司法协助的发展并不平衡。以《美洲国家引渡公约》为标志，美洲国家在刑事司法协助特别是引渡方面取得了很大进展，

① 赵永琛．国际刑法与司法协助［M］．北京：法律出版社，1994：160.

② 於典．我国刑法保护性管辖中的双重犯罪原则［J］．法制与社会，2017（32）．

③ 黄风．引渡问题研究［M］．北京：中国政法大学出版社，2006：48-50.

④ 刘玉贤．国际刑事法院调查的特征［J］．政法学刊，2016：21-28.

而在亚洲、非洲等国家则发展缓慢。这一时期刑事司法协助的规模比 19 世纪要大得多，但其形式和范围仍基本局限于引渡和调查取证等传统领域。这种情况与这一时期国际政治、国际关系有关。经历了两次世界大战的战火，各国政府和人民忙于医治战争创伤，整顿发展经济，无暇顾及各国间的司法合作问题，国际刑事司法协助不可能有很大的进展。

联合国成立后，国际刑事司法协助进入蓬勃发展时期。随着联合国的成立，以及纽伦堡军事法庭和东京军事法庭审判第二次世界大战战犯的践行，国际社会要求加强国际合作，共同惩处罪犯维护世界和平的呼声日益高涨。刑事司法协助不仅在理论上，而且在司法实践中得到了全面发展，各国不断探求通过国家间司法协助以更好地预防和惩治危害国际社会安全的犯罪活动。

在这一阶段，订立了许多涉及刑事司法协助的公约，包括由联合国大会及某些国际组织主持制定的涉及刑事司法协助原则，如《妇女政治权利公约》《公民及政治权利国际公约》等，以惩处国际犯罪为主的司法协助方面的系列公约，如《防止及惩治灭绝种族罪公约》《关于在航空器内犯罪和其他某些行为的公约》《1961 年麻醉品单一公约》等，以及涉及刑事司法协助具体制度的公约，如《关于战争罪及反人类罪不适用法定时效的公约》等。这些公约可以直接为各缔约国在从事刑事司法协助活动中直接引用。

在这一阶段，刑事司法协助的范围日益扩大，在协助过程中使用的手段和措施也有很大进展。除引渡、调查取证、文书送达等传统业务外，现代刑事司法协助扩展至物证的扣押和移送、刑事诉讼移转管辖、外国刑事判决的承认与执行、犯罪案件协查等。①

刑事司法协助由地区化发展到全球范围。20 世纪 50—70 年代，刑事司法协助的地区化发展十分明显，一些地域相近、具有相似历史文化背景和社会制度的国家之间签订协议，同意相互给予刑事司法协助，如 1962 年 6 月比、荷、卢签订了关于《比荷卢引渡和刑事司法协助公约》，美洲国家也在本地区开展引渡及其他司法协助活动。随着贩毒、劫机、劫持人质及其他恐怖主义跨国犯罪活动的发展，迫使各地区、各国家必须在世界范围内共同采取措施进行打击和遏制，全球性的刑事司法协助进入快速发展时期，世界各国纷纷签订关于刑事司法协助的双边或多边条约，尤其是国际刑警组织的成立及其会员国合作的加强，为各会员国在世界范围开展司法协助提供了便利条件。

---

① 赵永琛．国际刑法与司法协助［M］．北京：法律出版社，1994：160.

三、国际刑事司法协助的特征

（一）国家主权性

国际刑事司法协助是主权国家间的平等互助行为，无论其执行主体是哪一国家的代表机关，其真正的主体都是特定的国家而非执行主体本身。从请求国的角度来看，刑事司法协助请求即是一种委托请求，委托被请求国代替请求国执行一定具有法律意义的行为，这种委托是一个主权国家主动的积极的法律行为，服务于特定的司法目的，国际刑事司法协助的“委托”性同时表明了国际刑事司法协助并非将本国的司法权让于他国。从被请求国的角度来讲，司法协助表现为接受刑事司法协助的委托。但被请求国是否接受委托，决定权同样由被请求国的司法主权与法律制度决定。被请求国在互惠基础上，依照本国法律和国际法，适当考虑国家间关系的实际情况，基于尊重政府间请求的习惯，酌情决定是否接受请求或委托以及决定协助的程度。这种决定是独立的、排他的，不受请求国或第三国的干涉。比起涉外民事案件，涉外刑事案件更多地关系到国家政治利益和主权。无论是从请求国还是被请求国的角度看，国际刑事司法协助都始终体现出国家主权属性——“对内最高统治权与对外独立权”。

国际刑事司法协助的国家主权性还集中体现在国际刑事司法管辖权的分配方面。一般而言，跨国刑事案件都带有诸多涉外因素，有涉外因素就会引起多国刑事管辖权的冲突。为解决国际刑事管辖权的冲突，国际社会公认四种原则作为确定刑事管辖权的标准，分别是属地管辖原则、属人管辖原则、保护管辖原则与普遍管辖原则。以上四种原则与国家主权中的刑事司法权管辖原则一脉相承，从根本上讲，国际刑事司法协助是一国司法主权的域外延伸，更是国家主权的对外拓展，所以国际刑事司法协助具有鲜明的国家主权性。

国际刑事司法协助的国家主权性不具有“至高无上”的特点，更强调平等与妥协。国与国之间的刑事司法合作只能建立在相互尊重和平等自愿的基础上，以国际社会的繁荣与发展作为开展刑事司法协助的目标，强调公平正义而减少政治偏见与民族歧视，特别是在司法管辖权上要相互协调。维护国家主权是刑事司法协助中必须坚持的立场，强行的“域外司法管辖”是不可取的。

（二）服务性和中立性

平等互惠基础上的国际刑事司法协助具有显著的服务性特点。从宏观层面来看，被请求国或采取措施积极协助请求国完成刑事司法活动，或容忍请求国在本国开展司法活动都是服务于请求国的司法诉求，这种利他的司法活动带有明显的服务性特点。从微观层面来看，请求国对外提出的刑事司法协助请求也是国家机关服务于当事人司法诉求的体现，这种服务性不仅对于审理案件的司法机关是不可或缺的，而且对于保障犯罪嫌疑人或被害人等各方当事人刑事诉讼的顺利进行和维护当事人正当权益也具有积极的意义。例如，协助送达诉讼文书不仅是在帮助司法机关完成有关的通知行为，也有助于受送达人了解请求国的诉讼进展情况并且使之有可能及时采取对策以便维护自己的权益，是对诉讼当事人知情权的有效维护。

与这种服务性相联系的是狭义刑事司法协助的中立性，即特别强调客观公正、不偏不倚。这一特性尤其体现在协助勘验、检查、鉴定等与调查取证有关的活动中，无论是国内还是国际，推进司法进程都要以客观事实为依据，所以客观中立是国际开展刑事司法协助的基点。通过国际刑事司法协助，不仅可能取得证明有关人员有罪或者罪重的证据，而且可能得到证明其无罪或者罪轻的证据。因此，狭义的刑事司法协助应当立足于客观事实，而不应当受控方或辩方成见或者倾向性的影响。

上述服务性和中立性使得狭义的刑事司法协助可能不具有鲜明的强制性和追诉性，所以一些在引渡、相互承认与执行刑事判决或诉讼移管中普遍适用的原则和规则在这里受到一定程度的柔化。[①] 具体地讲，虽然双重犯罪原则、政治犯罪例外原则适用于狭义的刑事司法协助，但对比引渡、诉讼判决移管等其他国际刑事司法合作行为，在狭义刑事司法协助行为中，被请求国则拥有比较宽泛的自由裁量权，当它认为提供协助有助于澄清事实和公正司法时，可以不顾上述禁条的约束而决定提供刑事司法协助。例如，在我国接收到的送达文书请求中，部分案件违法事实在我国并不认为是犯罪，或者犯罪情节轻微，应当免予处罚，按照“双重犯罪原则”我方可以拒绝予以送达，但是本着送达文书的服务型与中立性，以及保障当事人的知情权与参与诉讼的权利，一般情况下我方都会动用国内司法资源将文书及时送达给当事人。由于以上缘故，在我国与外国缔结的双边刑事司法协助条约中，一般都使用“可以”一词来柔化被请求国依据双重犯罪原则或者政治犯罪例外原则等理由行使的拒绝协助权。相反，在引渡条约中，则均使用“应当”一词来强化被

① 黄风，董书丽．狭义刑事司法协助中“死刑限用”问题探析［J］．人民检察，2010（23）．

请求国依据双重犯罪原则或者政治犯罪原则行使的拒绝引渡权。

当然，在狭义的刑事司法协助中也有一部分行为是具有强制性的，也就是说，表现为对有关当事人的人身权利或财产权利的限制，如搜查、检查、冻结或扣押财产等。但从另一方面讲，这些协助行为通常也以公正司法为目的，或者是必要的预防和保全措施。搜查对于被搜查人来说是一种强制措施，在执行时对该人具有一定的消极影响，然而，在稍晚的时候或者它能够证明被搜查人是清白的。因此，刑事司法协助的服务性和中立性是十分明显的，对于其他广义的国际刑事司法协助行为而言其强制性较弱，但在以保障司法公正为目的的情况下并不拒绝或限制强制措施的适用。

（三）开放性与互动性

与引渡、相互承认与执行刑事判决以及诉讼移管不同，狭义的刑事司法协助还可以在未收到有关请求的情况下由一国向另一国主动提供。关于这种可能性，《联合国打击跨国有组织犯罪公约》第 18 条第 4 款规定：“缔约国主管机关如认为与刑事事项有关的资料可能有助于另一国当局进行或顺利完成调查和刑事诉讼程序，或可促成其根据本公约提出请求，则在不影响本国法律的情况下，可无须事先请求而向该另一国主管机关提供这类资料。”这一规定表明狭义的刑事司法协助具有比较鲜明的开放性，允许各国基于公正司法的理念积极采取行动。

刑事司法协助的开放性还可以从另一事实中得到证明，国际公约中关于刑事司法协助的条款一般都可以成为缔约国开展此类协助的直接法律依据，即便对于那些持条约前置主义立场的国家来说也不例外。例如，1988 年《联合国禁止非法贩运麻醉品和精神药物公约》第 5 条在相互协助没收犯罪所得问题上明确规定：“如某一缔约国要求采取本款（a）项和（b）项所述措施必须以存在一项有关的条约为条件，则该缔约国应当将本公约视为必要而充分的条约依据。”《联合国反腐败公约》关于“司法协助”问题的第 46 条第 7 款规定：“如果有关缔约国无司法协助条约的约束，则本条第 9 款至第 29 款应当适用于根据本条提出的请求。”这些规定中使用的“应当”（Should）一词特别有助于在无双边条约可循情况下开展刑事司法协助。相反，上述国际公约的“引渡”条款中则只规定“可以”（May），将有限公约视为开展合作的法律依据。此外，一些国家关于刑事司法协助的法规还允许在不符合“互惠”条件的情况下提供司法协助。例如，葡萄牙《国际刑事司法合作法》第 4 条第 3 款规定：在下列情况中，缺乏互惠将不妨碍接受有关的合作请求：

第一，根据事实的性质或者鉴于打击某些形式的严重犯罪的需要，开展合作看起来是合情合理的；第二，开展合作有助于改善有关人员的处境或者有利于其重返社会；第三，合作所能帮助证实的事实将为对葡萄牙国民的指控提供依据。瑞典《国际刑事司法协助法》也允许在一定情况下不以互惠为条件开展国际刑事司法协助。从理论上讲，国际刑事司法协助可以分为积极的和消极的。在积极的协助中，被请求方以自己的积极作为向请求方提供便利、帮助或合作；而在消极协助中，被请求方则是以一种消极的不作为或较"容忍态度"提供协助，例如，一国主管机关允许外国司法人员在本国境内调查取证。这后一种消极的不作为虽然只表现为不反对和不制止的态度，却为外国司法机关在其司法管辖范围之外履行司法职能提供了至关紧要的便利，因此它的意义有时不亚于积极的协助。在有些国家消极的刑事司法协助是较为常见的默认合作形式。当然，消极的容忍不等于不管不问，它同样以不超过法律限度为基本条件。我国与外国缔结的许多刑事司法协助条约都含有这样的规定："一方可以通过其派驻在另一方的外交或领事官员向在另一方境内的本国国民送达文书和调查取证，但不得违反驻在国法律，并不得采取任何强制措施。"

四、我国刑事司法协助的发展

我国国际刑事司法协助起步较晚。20 世纪 50 年代，我国开展的国际刑事司法协助范围仅限于文书送达和罪犯引渡两方面，主要是通过外交途径进行。

改革开放以后，随着国际交往的增多，跨国犯罪也随之增多，我国的国际刑事司法协助得到了迅速发展。从 1987 年中国对外缔结第一个司法协助条约到 2010 年，中国对外缔约数量已经"破百"。[①]截至 2018 年 2 月，我国已与 71 个国家缔结司法协助条约、资产返还和分享协定、引渡条约和打击"三股势力"协定共 138 项（116 项生效）。具体如下：民刑事司法协助条约 19 项（全部生效）；刑事司法协助条约 41 项（35 项生效）；资产返还和分享协定 1 项（尚未生效）；民商事司法协助条约 20 项（18 项生效）；引渡条约 50 项（37 项生效）；[②] 打击"三股势力"协定 7 项（全部生效）。2018 年 10 月《中华人民共和国国际刑事司法协助法》通过全国人民代表大会常务委员会的审议正式生效，

---

① 检察机关 4 年办理国际刑事司法协助案 632 件［N］. 法制日报，2017-09-09（001）.

② 我国对外缔结的司法合作类条约［EB/OL］. https://www.fmprc.gov.cn/web/ziliao_674904/tytj_674911/wgdwdjdsfhzty_674917/t1215630.shtml.

标志着我国国际刑事司法协助工作法治化发展又上了新的更高台阶。

我国签订的国际刑事司法协助条约规定的协助事项通常包括相互代为送达刑事方面的文书，询问当事人、犯罪嫌疑人、罪犯、证人、鉴定人和其他诉讼参加人，进行鉴定、搜查、检查、勘验以及其他与调查取证有关的诉讼行为，一国境内的证人、鉴定人或在押人员到另一国境内出庭作证、移交赃物、通报刑事判决等。其中与土耳其签订的司法协助条约中还规定了刑事诉讼转移方面的内容。

为了保证刑事司法协助的正常进行，我国相继颁布了一些法律和法规。1987 年，最高人民法院、最高人民检察院、公安部、国家安全部、司法部联合下发了《关于处理涉外案件若干问题的决定》。1988 年，最高人民法院下发了《关于执行中外司法协助协定的通告》。2000 年，颁布了《中华人民共和国引渡法》。这些法律和法规的颁布，使我国国际刑事司法协助的立法有了极大的发展。随着对外交往的增多，我国所开展的国际刑事司法协助的案件数量也有了大幅提高。

随着我国综合国力的提升，负责任大国的国际形象与日益繁荣的中外交流都迫切要求增强中外合作能力，其中包括国际刑事司法合作能力。党的十八大以来，党中央高度重视国际反腐合作，以反腐败境外追赃追逃为核心的中外刑事司法合作取得了丰硕成果。2017 年 9 月《法制日报》刊载的最高人民检察院数据通报显示 2013 年 1 月至 2017 年 9 月，我国检察机关办理国际刑事司法协助案件 632 件，与相关部门紧密配合，指导有关办案机关成功办理了一批涉外职务犯罪案件，从境外追逃 174 人，追缴涉案资产人民币 19 亿元。我国检察机关组织高层出访团组 29 个 190 人次，出访国家 51 个，累计接待来自 20 多个国家司法检察机关的高官访问团组 57 个 575 人次。与外方检察机关签署了各种形式的合作“计划书”。我国检察机关与外方就打击和防范包括网络、腐败、洗钱、恐怖主义、毒品犯罪达成高度共识，取得了良好的打击效果。

第二节 ‖ 国际刑事司法协助的内容

理论上国际刑事司法协助概念有狭义、广义之分，且各国在确定国际刑事司法协助范围时都会受到本国司法制度与实践的影响，所以国际社会对刑事司法协助内容的认识尚不统一。《联合国禁止非法贩运麻醉品和精神药物公约》规定的国际刑事司法协助内容较为全面，是国际层面较早对国际刑事司法协助具体规范作出规定的国际公约。

该公约第7条第2款将刑事司法协助的内容归纳为：(1) 获取证据或个人证词；(2) 送达司法文书；(3) 执行搜查及扣押；(4) 检查物品和现场；(5) 提供情报和证物；(6) 提供有关文件及记录的原件或经证明的副本，其中包括银行、财务、公司或营业记录；(7) 识别或追查收益、财产、工具或其他物品，以作为证据。

在《联合国禁止非法贩运麻醉品和精神药物公约》中所列举的国际刑事司法协助形式大致涵盖了采取强制措施、开展调查取证以及送达司法文书三个方面的活动，所以国际刑事司法协助又可以进一步划分为审前调查活动与审后司法活动。审后司法活动涉及广义刑事司法协助，如条约或互惠基础上的犯罪嫌疑人和罪犯引渡、刑事诉讼移管乃至外国刑事判决的承认和执行等事项。这里我们仅以我国新出台的《中华人民共和国国际刑事司法协助法》为依据介绍我国国际刑事司法协助概念所包含的主要内容。我国国际刑事司法协助法的第三章至第八章分别规定了送达文书、调查取证安排证人作证或者协助调查，查封、扣押、冻结涉案财物，没收、返还违法所得及其他涉案财物，移管被判刑人，综合起来可以概括为送达文书、调查取证、被判刑人移管三个主要方面。

一、送达文书

（一）送达文书的概念和内容

国际刑事司法协助中的送达文书（又称域外文书送达），是指在涉外刑事诉讼中，请求国依法律规定的方式，将司法文书和司法外文书交由被请求国，由被请求国交付或通知受送达人。送达文书的作用非常重要，司法文书是法律意志的直接体现，是严格履行法定程序，以程序正义保障诉讼相关人合法权益的直接手段。特别是在跨国司法案件中，物理空间的隔离致使相关权益人有效参与司法活动难度巨大的情况下，司法文书是当时人获知诉讼进程，主张正当权益的重要载体。送达司法文书是一类较为简单的国际刑事司法协助事项，很多国家都有意识地降低送达司法文书国际合作的条件以实现最大程度的公平正义。从国家司法机关的角度来看，只有依法送达司法文书，才能保证诉讼活动的进行，法院才能就案件作出判决。域外文书送达是国际刑事司法协助中最常见，也是世界上最广泛的合作事项之一。

国际刑事司法协助送达文书的种类包括：司法机关出具的判决书、逮捕令、搜查和扣押证明、通知书、传票、委托鉴定书、讯问和询问笔录、勘验搜查笔录、身份证明、公证书、被害人损失或受伤害的证明材料和其他证据材料。需要说明的是，各国对如何送达法律文书都有明确的规定，以我国留置送达、直接送达为例，各有不同的适用条件和相应的法律程序，法院是送达司法文书的主要载体，而在很多国家法律文书由警察机关、社区组织送达同样具有法律效力。为此在文书送达的互动请求中要特别注重注明送达方式和送达程序方面的要求。需要进一步说明的是，邮寄送达也是国际上一种常见的送达方式，如英国和欧盟各国都是允许通过邮寄方式送达司法文书的国家。而我国 1991 年 3 月 2 日批准《关于向国外送达民事或商事司法文书和司法外文书公约》的决定声明："反对采用公约第 10 条所规定的方式在中华人民共和国境内进行送达。"刑事司法文书比民商事司法文书的要求更加严格，所以我国是不承认邮递送达司法文书的。

（二）域外文书的送达途径

从国际司法实践来看，送达的方式主要通过外交途径、领事途径、国际刑警组织途径和临时协商等方式。通过领事途径送达文书的受送达人必须是领事国国民、不能实施与送达行为无关的强制性行为、送达行为要严格遵守所在国的法律规定。其他具体操作根据双方之间有没有签订条约来规定。如果有条约规定的送达方式，则严格按条约规定的方式送达；如没有签订条约，一般采取个案处理的方式。

国际刑事司法协助中的域外文书送达包括两方面，一是送达我国请求外国协助诉讼文书，二是接受外国请求将外国诉讼文书送达在我国域内的收件人。国际刑事司法协助的文书送达和民事、商事司法协助的文书送达有一些区别，但在送达方式上，我国在对外缔结的有关国际刑事司法协助条约中一般都规定刑事方面文书送达的请求方式和送达方式，根据《中华人民共和国民事诉讼法》《中华人民共和国国际刑事诉讼法》和《中华人民共和国商事诉讼法》对域外送达文书的原则处理。

二、调查取证

（一）调查取证的概念

在国际刑事司法协助中，相互代为调查和收集有关涉外刑事案件的证据也是经常采用的合作形式，也是广泛的国际合作事项。在调查取证方面提供司法协助，本质上是国际侦查协作的范畴，一般由国内公安部门和检察部门等在刑事追诉阶段完成。但在传唤证人出境到法庭作证，则需要在法院之间进行。许多国家在审判前实行法官预审制度，因此侦查阶段有些调查取证的对外请求可以由法官裁定后提出。在有关调查取证的国际公约中，较有影响的是《海牙民事诉讼程序公约》，该公约第 8～16 条专门规定了调查取证事项。我国与外国缔结的刑事司法协助条约中，关于刑事司法协助的范围，主要限定于刑事诉讼过程中与调查取证有关的诉讼行为。[①] 调查取证是我国缔结的条约中进行刑事司法协助的确定的主要方式之一。随着社会生活的发展，互联网技术的进步，国际刑事司法协助中远程视频作证方面的合作逐渐增多。远程视频作证可以降低国际刑事司法合作成本，简化合作程序，提高合作效率，是未来国际刑事司法合作调查取证方面新的发展方向。

（二）调查取证的内容

由于法律制度及社会文化的差异，各国对于跨国调查取证活动的认识不尽相同。有些国家坚持只有本国司法机关工作人员可以在本国领土内开展司法调查工作；而有些国家认为，外国司法人员在本国司法工作人员的陪同下在本国境内开展调查取证工作也是合法的。与外国进行有关刑事犯罪调查取证合作时，各国往往会比较慎重，提供给被请求国的证据材料还要经过行政审查和司法审查。一般情况下，如果不涉及国家安全或关系到重大国家利益的刑事犯罪证据，被请求国会酌情商请求国。常见的调查取证行为包括查找或辨认有关人员、调取书证材料、委托询问证人、解送在押人员出庭作证、以及联合调查等行为。因为调查取证国际刑事司法合作的“委托”与“代为执行”的关系，取证的范围一般仅限于请求书中所列明的事项。在执行有关请求时，应当充分按照请求书中要求的程序进行，对取证来源、被调查人身份、司法文书格式以及时间场所等特别规定都应该加以说明，并详细记录在调查结果当中。随着国际合作关系的提升，联合调查行动、派员调查、特殊侦查措施等由请求国直接参与域外调查取证行为的情况更加频繁。远程视频作证技术的发展也将进一步简化国际刑事司法合作中的调查取证内容，是新的国际合作趋势。

（三）调查取证实施中的限制

刑事司法协助中的调查取证不同于民事案件、商事案件的调查取证。各国在对外缔约及提供司法协助的实践中，带有许多限制，通常包括提供刑事证据方式的限制，如应对方要求对涉及国家核心机密或主权、安全及社会公共利益的案件采用保密方式代为调查及移管证据；对证据的使用进行限制，

---

① 孟庆恩．论我国企业海外贿赂犯罪的法律规制［D］．合肥：安徽大学，2015：25-28.

如对证据用途的限制和对证据公开性的限制；归还证据上的限制等。从国际法原则出发，被请求国拥有对本国领土内的一切事务管辖和支配的权利，有权要求归还被移管的证据。如果没有对此作出明确规定，也不意味着请求国将来没有义务承担这项责任。我国对这一问题作了规定。例如，《中华人民共和国和土耳其共和国关于民事、商事和刑事司法协助的协定》第 33 条第 2 款中规定“提出请求的缔约方应将执行调查委托书时移管的任何物品、记录或文件的原件，尽快归还给被请求一方，但被请求的一方放弃归还要求时除外免于作证”，在涉外案件的实践中，有些当事人由于特殊的身份、职业或其他原因享有免于就刑事案件作证的特权，如国家机要人员、银行工作人员等。从各国实践来看，普遍主张不应该对这类人员实施调查取证的行为。但是对享有特权和豁免的人员，各国做法不同。多数国家比较谨慎，尽量避免对这类人员实施调查取证的行为，我国也是如此。有的则采取主张对外交特权和豁免的人实施调查取证。例如，美国与荷兰、意大利、哥伦比亚、土耳其等缔结的刑事司法协助的条约中就作了类似的规定。

在赖昌星案件中，中加两国在长达 12 年的警务合作与刑事司法合作中进行了大量的送达文书与调查取证刑事司法合作。无论是中方向加方提供的关于赖昌星涉嫌走私等犯罪的证据材料，还是后期加方向中方通告的有关赖昌星申请难民保护、政治避难申请以及司法诉讼的情况资料都是中加两国刑事司法协助的重要组成部分。在赖昌星案件中多次开展了证人出庭作证的取证形式，这是我国公民跨国出庭作证的案例。参与远华走私案查处的吴建平警官、李永军检察官和负责李纪周案件起诉工作的王忠华检察官，国内著名刑事法学家赵秉志等作为加拿大公民移民部邀请的事实证人出席了聆讯庭。相对而言证人出庭作证比一般的书面文字的证明力更强，但是由于我国公民到境外出庭作证难度较大，对证人的选择与证人的法律素养要求较大且需要针对性的出庭作证技巧，当前只有在影响重大的案件中才使用这种调查取证方式。[①]

（四）调查取证中限制性措施的使用

调查取证必然伴随着一定的强制措施，各国都在本国国内法中对刑事司法协助中可能涉及的查封、扣押、冻结等执法行为甚至会对涉案人员采取一定的人身强制措施，如临时性羁束措施和强制遣返等。综合来看，调查取证中用到的强制措施因对人或对物的差别而有很大的不同，且对人强制措施的使用会有严格的限制条件。一般情况下，被请求国在使用相关强制措施前会

① 钟文．赖昌星与厦门远华走私案［N］．检察风云，2001（10-14）．

对我国司法机关提供的证据材料进行深入审查，对犯罪嫌疑人适用强制措施会涉及当事人的人权保护问题，而保护人权既是国际法上的一项基本原则，也是绝大多数国家国内法规定的重要内容。

1999年从泰国引渡陈满雄、陈秋园夫妇时，虽然二陈夫妇已经被泰国警方羁押，但是由于其二人临时逃脱，并惊动了当地的新闻媒体，泰方一度处于极其被动的局面当中，我国也面临着巨大的外交压力。最终原定引渡计划无法实施，二人也成为公众关注的焦点，为后续的追逃工作增添了障碍。

对物的强制性措施包括查封、扣押、财产保全等一系列活动，主要对当事人财产的使用权和支配权造成影响。相对于对人的强制措施，对物的强制性措施的适用容易很多，这是因为，对物的强制措施一般不影响财产权的归属问题，即使强制措施适用错误也会有后续的财产补偿机制给予充分的补偿，而对人身权的侵犯是一个不可逆的过程，即使有经济补偿，其先前行为带来的影响也已经无法挽回。所以很多国家在规定对财产的约束性措施时要求当事人提供相应的担保，在申请人提供的证据使裁判人员形成初步内心确信的情况下，法官往往会裁定对财产采取临时性强制措施。一旦使用人采取强制措施，那么离最后的成功也就不远了；而境外追赃强制措施的使用更加方便快捷，但同样是采取了强制措施，可能会是国际刑事司法合作千里之行中的一小步。

结合各国国际刑事司法协助互助条约来看，从各国缔结的刑事司法协助条约及实践看，大多数国家对调查取证时的强制性方式持肯定态度。一些条约中通常明确规定，被请求的缔约方在执行请求的方式问题上有权依照本国法律提供司法协助。根据我国刑事诉讼法的有关规定，司法机关在调查取证事项上可采取的强制性方式主要有搜查、扣押物证或书证以及对被告人身体进行强制检查等。但在我国缔结的双边条约中对此采取比较谨慎的态度，一般不包括强制性的取证方式，对调查取证的范围通常具体列举出来。① 例如，我国与波兰、蒙古国签署的司法协助条约中没有明确地提出适用强制措施的要求，而是具体列举了调查取证的范围方式，包括询问当事人、犯罪嫌疑人、罪犯、证人、鉴定人和其他诉讼参与人，进行鉴定和勘查检验等。我国与俄罗斯、土耳其和罗马尼亚缔结的司法协助条约中，则采取适当放宽的态度，明确规定允许使用搜查方式。②

---

① 张兰图．国家刑事管辖权研究［D］．长春：吉林大学博士论文，2004：122-127.

② 王俊民．内地司法机关派员在港澳地区直接取证的规范性分析［J］．法学，2009（7）．

三、被判刑人移管

（一）被判刑人移管的概念及内涵

被判刑人移管，又称为外国囚犯移管、被判刑人移管，是指一国将由本国判刑的外国囚犯移送回其本国即国籍国服刑的一种司法协助活动。

被判刑人移管涉及两个国家，即判刑国（或称移管国）和执行国（或称接收国）。移管对象为具有外国国籍的囚犯，接收国为该囚犯的国籍国。移管的目的是使被判刑人在其熟悉的环境中并且在较易获得亲友帮助的条件下服刑，以减少其在国外服刑遇到的文化和生活习惯方面的困难和障碍，有助于其教育改造，也符合人道主义原则。从某种意义上讲，是外国刑事判决承认和执行的继续。①

在被判刑人移管这一司法协助形式中，有时很难确定到底是谁协助谁。从判刑国的角度说，把外国囚犯送回“老家”既减轻了“包袱”又有助于顺利执行本国的判决；而对于执行国或接收国来说，把本国国民接回国内服刑，有利于实现对本国国民的保护。因此，不同于只给请求国带来直接好处的引渡，被判刑人移管不但更符合现代刑事政策所倡导的刑罚目的和人道主义原则，而且更能充分体现互助互利这一司法协助的根本宗旨和目标，因而较易为各国所接受。②

正是因为被判行人移管的这一特点，被判刑人移管的请求既可以由判决国提出，也可以由执行国提出，在一定情况下还可以首先由被判刑人提出，这是被判刑人移管程序的独特之处。

在国际刑事司法协助理论界，与被判刑人移管紧密相关且十分相似的活动还有移送管辖、对外国刑事判决的承认、对外国刑事判决的执行等内容，下面将逐一介绍。

（二）移送管辖

所谓移送管辖，即指刑事案件转交由其他国家管辖。移送管辖是指在管辖权发生冲突的情况下，根据国家间的条约、协定由一国请求将其拟进行的或已在进行的刑事诉讼转移到另一国司法当局完成。③

---

① 李院炯．关于韩国被判刑人移管法律制度研究［J］．知识经济，2011（19）．

② 赵秉志．我国内地与港澳特区之间被判刑人移管机制构建探讨［J］．环球法律评论，2009（5）．

③ 王铮．国际刑事司法协助及中国的实践［J］．政法论坛，1995（3）．

在每一个跨国犯罪案件中，都可能涉及管辖权冲突问题。为了解决管辖权冲突，当事国可以通过刑事诉讼移转管辖的方式将案件移至某个国家管辖，委托其代理本国进行审判和处罚。这实际上是一国刑事管辖权的转移，一国将刑事案件转移给他国诉讼的过程实际上就是国家转让管辖权的过程。①

主权国家通常不会将本国的司法主权拱手让给他国，刑事诉讼移转管辖是国际合作预防和惩处犯罪的客观需要的产物。在司法实践中，各国通常会遭遇如下问题，刑事诉讼移转管辖因而产生：

（1）甲国公民在乙国犯罪后逃回本国，乙国要求引渡此人，甲国拒绝引渡本国公民；（2）甲国公民在本国犯罪后逃至乙国，因罪行较轻，引渡的时间成本和司法成本过高，甲国不愿付诸复杂的引渡措施，宁可委托乙国对其进行起诉和审判；（3）甲国公民在乙国损害甲国利益而构成犯罪，因其主要证据和证人多在乙国，甲国出于诉讼上的便利考虑，委托乙国进行管辖；（4）甲国公民在乙国损害了第三国，第三国要求引渡，但依乙国法律禁止引渡时或第三国未提出引渡请求，而委托或要求乙国进行起诉等。

可见，刑事诉讼移转管辖可以弥补引渡程序中的缺陷，通过委托更便宜的他国对案件进行管辖处理，请求国可以实现追惩罪犯的目的，有利于更快地处罚犯罪，同时有利于节省当事国开支，符合诉讼效益原则。

（三）对外国刑事判决的承认

对外国刑事诉讼判决的承认和执行，是指根据国际条约或者互惠原则，一国承认他国法院作出的刑事诉讼判决在本国具有法律效力，并根据到决的请求执行该项判决。对外国判决的承认和执行起源于国际商法上对于外国民事判决的承认与执行，后增加一定的限制和修改逐渐运用到国际刑事司法领域。

对外国刑事诉讼判决的承认和执行涉及两个问题；一是对外国刑事判决本国是否承认其效力；二是对于犯罪人已经在外国执行的刑期，本国是否承认。②在跨国犯罪及涉外刑事诉讼中，针对一国领域内的犯罪人的有罪判决是否予以承认和执行，以及位于域外的犯罪嫌疑人和罪犯被成功引渡后的追诉和执行刑罚以及刑事犯罪移管中，都可能涉及对外国刑事判决的承认和执行问题。

一个主权国家的法院依照其本国法律对刑事案件进行了审理终结后作出的法律判决，依法定程序生效后，即具有了法律拘束力、其本国司法机关可

① 周觅．论国际刑事诉讼移管与引渡的关系［J］．法制与社会，2013（31）．

② 田彦群，李波．外国刑事判决和执行问题的理论探讨［J］．深圳大学学报（人文社会科学版），2004（5）．

以以强制手段执行已生效的判决。而当该国提请另一国执行其已在国内生效的刑事判决时，被请求国需要依被请求国法律对该刑事判决进行审查，以确定其效力，即对外国刑事判决的承认。

对于外国刑事判决的承认，目前国际刑法学界分歧较大，主要分为两种态度，在实践中表现为两种方式，一种是积极承认，另一种是消极承认。积极承认，即不管是有罪判决，还是无罪判决，对外国的判决都积极予以承认和执行，并对同一罪行不再进行审理。积极承认和执行外国判决在西方国家中比较普遍，美国、俄罗斯、加拿大、意大利、瑞士在其刑法中对承认与执行外国刑事判决的原则、程序、条件以及一些具体的规则作出了肯定性的明确规定，在刑事司法合作开展更为深入的欧盟，表现更为积极，如《欧洲刑事诉讼移送公约》第 35 条规定，当缔约国对同一犯罪已宣告无罪或免除处罚，或刑罚已执行完毕或正在执行，或已实行赦免或因时效已过而不能执行等，另一缔约国均不应再行追诉。

消极承认则不在法律中明确承认外国刑事判决和刑罚的效力，而给予事实考虑。《中华人民共和国刑法》第 10 条规定："凡在中华人民共和国领域外犯罪，依照本法应当负刑事责任的，虽然经过外国审判，仍然可以依照本法追究，但是在外国已经受过刑罚处罚的，可以免除或者减轻处罚。"可见，我国并未根本否认外国刑事判决，而是根据具体情况确定是否采纳外国判决和刑罚，基本上持消极承认的态度。

此外，还涉及全部承认和部分承认问题。全部承认，是指承认国对判刑国的某个刑事判决的全部内容都予以承认。这种承认既包括对主判决书和附则的承认，也包括对判决中所宣示的全部内容的承认以及判决形式的承认。部分承认表明只对某刑事判决的某项内容或某个事实的承认，而不必然导致对整个判决的承认。承认国实际上已对判决中的某些部分提出了保留，无论是全部承认还是部分承认，都可由承认国根据实际情况和本国意愿自行决定。

（四）被判刑人移管与引渡及驱逐出境的区别

被判刑人移管不同于引渡。引渡的对象既可以是请求国国民，也可以是第三国国民，而被判刑人移管的只能是接收国的国民。引渡程序特别复杂，而被判刑人移管程序相对简单。此外，移管主体、移管请求的目的及被移管人的法律地位方面，与引渡有所不同。

被判刑人移管与驱逐出境的不同之处更为明显。首先，性质不同。被判刑人移管属于刑罚执行的一种特殊措施，而驱逐出境既可以作为刑罚手段，还可以作为一种行政处罚措施以及外交惩罚手段而得到适用。其次，适用对象不同。驱逐出境的对象不仅包括犯罪的外国人，也可以是具有违法行为的外国人，还可以是不受欢迎的外交人员。再次，适用方式不同。驱逐出境可以是限期自动离境，或被军警押送强制出境，而被判刑人移管必须在移管国和接收国的安排下依法定程序予以交接。最后，被遣送人地位不同。被驱逐出境的人离开驱逐国后可以自由前往任何国家，只要目的地国允许其入境。而被判刑人只能遣送回其国籍国，并且需要在其本国服刑期满后才能恢复自由行动。

2018 年 7 月 11 日，在中央反腐败协调小组国际追赃追逃工作办公室的统筹协调下，外逃 17 年之久的“开平支行案”主犯许某凡被移管至我国内地。许某凡涉嫌贪污挪用中国银行资金 4. 85 亿美元，2001 年外逃美国，在中美国际刑事协助通力合作下 2009 年许某凡在美国被判处 25 年有期徒刑。[①] 由于许某凡案案情重大，对我国的社会稳定及经济安全带来了十分恶劣的影响，我国相关外交、司法、执法等国家机关多次要求将许某凡移管中方管辖。在我方锲而不舍的努力下中美司法合作最终取得了令人满意的成果。

同样是通过国际刑事司法合作的途径 ，从新加坡遣返回国的李某波与许某凡有着本质区别。李某波被遣返的原因在于其在新加坡使用虚假身份和事由骗取永久居留身份，因而涉嫌行政违法。在被遣返之前李某波已经受到新加坡司法机关 15 个月监禁的刑事处罚，因而遣返李某波回国后他还将接受我国法律的制裁。对比李某波与许某凡，我国对于被判刑移管的许某凡行使的是因其在美涉嫌犯罪的刑事处罚，但我国司法机关依然有权在其处罚执行完毕后追究其在我国境内犯罪的刑事责任。而对于李某波而言我国正在追究其在我国境内构成犯罪的刑事责任。

第三节 ‖ 国际刑事司法协助的执行

一、我国国际刑事司法协助的主管机关

我国《国际刑事司法协助法》第六条规定：“国家监察委员会、最高人民法院、最高人民检察院、公安部、国家安全部等部门是开展国际刑事司法协助的主管机关，按照职责分工，审核向外国提出的刑事司法协助请求，审查处理对外联系机关转递的外国提出的刑事司法协助请求，承担其他与国际刑

---

① 刘必华，吕静．中行开平案八年追诉始末［N］．法制参考，2009：18（47-49）.

事司法协助相关的工作。在移管被判刑人案件中，司法部按照职责分工，承担相应的主管机关职责。”

实际工作中我国的国际刑事司法协助工作主要由司法部、公安部、最高人民检察院、最高人民法院承担，以上四个部门均设有独立的国际合作局负责本部门职责范围内的涉外事务。国家监察委员会是开展国际刑事司法协助的新兴力量，主要针对职务犯罪、贪污腐败犯罪等国家公职人员的犯罪行为开展工作。其他工作机关如外交部、各驻外使领馆、驻外警务联络机关等对具体案件提供参考意见和协助。

司法部是大多数中外双边刑事司法协助条约中规定的中方中央国家机关，即我国对外开展国际刑事司法合作的主要责任机关。司法部国际合作局负责我国刑事司法协助的联系协调工作；公安部国际合作局是中外警务合作的主要中央国家机关，通常由警务合作渠道参与缉捕犯罪嫌疑人，分享犯罪信息，协助调查取证、搜查扣押等国际刑事司法协助事务；最高人民检察院国际合作局负责职务犯罪、贪污腐败犯罪的调查取证、起诉以及对外检察业务合作方面的司法协助；最高人民法院主要承担法律文书传递、量刑承诺等方面的司法协助事务。

特殊情况下外交部条法司及负责各地区业务的处室也会参与到条约审核、个案联络等中外刑事司法合作工作中。实践证明，国际刑事司法合工作是一个统一协调的整体，需要各部门的高度配合才能实现维护国家司法主权与保障当事人合法权益的最终目的。

二、国际刑事司法协助的途径

由于国家间政治体制、社会背景、法治体系千差万别，国家之间开展的刑事司法协助必须按照事前协定的程序规范来进行。因请求协助的内容不同或者事先所签订条约的规定不同，取得联系的专门途径也有所区别。截至2018年年初，我国对外签订的国际民事和刑事司法条约共60项（54项生效），中外引渡条约48项（36项生效）。综合以上中外国际刑事司法条约规定的流程，国际刑事司法协助一般可以通过外交、领事、主管部门、国际刑警组织、中央机关等途径开展合作。[①]

---

① 王青．国际警务合作与国际刑事司法协助之耦合关系论［J］．湖北警官学院学报，2015（3）．

（一）外交途径

在没有条约关系的情况下，或者条约未指定专门的联系机关时，国家之间开展刑事司法协助一般都要通过外交途径进行。在两国没有订立司法互助条约又无共同参加的国际公约的情况下，由一国负责办案主管机关将委托事项制成请求书交本国外交部，由外交部转送请求国的外交代表，再由该代表转给该国有管辖权的司法机关。①但这种方式存在一定的弊端，环节较多，速度较慢。我国早期与外国开展的司法协助都是通过外交途径取得联系，近年缔结的有关引渡的条约中也有相应的规定，如中国和俄罗斯、白俄罗斯、泰国签署的引渡条约中，把外交途径作为条约指定途径的一种辅助方式。

（二）领事途径

领事途径比外交途径更为简便，但通常以两国间存在双边领事条约为依据。一般由一国法院或其他主管机关将委托书交给本国驻被请求国的领事，由该国领事转送驻在国有管辖权的司法机关。采用领事途径开展的国际刑事司法合作在送达诉讼文书和调查取证方面运用较为成熟。在被请求国法律允许的情况下，并在遵守所在国法律、不采取强制措施的前提下，领事可以直接向驻在国境内的本国国民送达文书或调查取证。在《中华人民共和国和土耳其共和国关于民事、商事和刑事司法协助的协定》总则的第 11 条中这样补充："缔约一方可以通过派驻缔约另一方的外交或领事机构，在缔约另一方境内向本国国民送达文书和调查取证，但不得违反缔约另一方的法律，亦不得采取任何强制措施。"

（三）中央机关途径

为适应国际社会对司法合作的迫切需求，海牙国际会议成员国在拟定 1965 年《关于向国外送达民事或商事司法文书和司法外文书公约》时，创设了"中央机关"制度，便利了各国间民事协助的往来。此后，多数国家将该制度移植到刑事司法协助领域中，并逐渐成为世界各国刑事司法合作的共识。随着各国刑事司法协助条约的不断增多，"中央机关"已成为代表国内各不同主管机关对外提出和接受刑事司法协助请求的协调中枢。其具体职能是接受其他缔约国提出的刑事司法协助请求，并对请求进行初步审查，将其他缔约国的请求转递本国主管机关以执行协助事项，向请求国通知执行情况，将本国司法机关向外国提出的刑事司法协助请求转递有关缔约国，负责与缔约国互相交换法律情报，了解对方的法律规定等。

---

① 张明．中国国际刑事司法协助的理论与实践［J］．中国司法，2001（12）．

我国加入《关于向国外送达民事或商事司法文书和司法外文书公约》后，指定司法部为中央机关。随着我国与外国司法协助关系的增强及合作事项的扩大，特别是刑事方面合作的发展，这些年缔结的民事刑事司法协助条约中指定的中央机关也有所扩展。从我国的实践来看，在指定司法协助中央机关问题上，我国遵循的是以指定司法部为主并根据需要适当考虑增加其他部门这一方针，在多数双边司法协助条约中，我国司法部一般被指定为中央机关，但也存在同时指定两家甚至三家中央机关的情况。①

1. 除指定司法部为中央机关外，还同时指定司法部和最高人民检察院为中央机关

例如，我国与西班牙、意大利、波兰、比利时等国签署的双边条约都规定，缔约双方的中央机关为各自的司法部，指定司法部为双方中央机关的中外刑事司法条约共有 22 个。我国与俄罗斯、哈萨克斯坦、越南、哥伦比亚等国签署的双边条约都规定双方司法部和最高人民检察院为“中央机关”。例如，中国与罗马尼亚签署的《民事刑事司法协助条约》第 8 条第 2 款规定中央机关“在中华人民共和国方面系指司法部和最高人民检察院”，在罗马尼亚方面指“司法部和总检察院”。中国和俄罗斯、哈萨克斯坦、越南、哥伦比亚签署的有关条约中也有相应规定。一般带有刑事内容的司法协助条约，大多同时对等地规定上述两机关为中央机关。

2. 同时指定司法部和最高人民法院为中央机关

当前仅有中国与蒙古国的双边刑事司法条约是如此规定。

3. 同时指定司法部、公安部为中央机关

例如，中国与巴基斯坦和日本的刑事司法条约即如此规定。

4. 主管部门途径

双方司法主管部门在互惠的基础上，可以直接就有关合作事项进行联系。实际上，协议指定的主管部门同时承担着刑事司法协助中央机关的职能和主持完成协助事项的任务。在我国没有与外国缔结双边条约时，多采用外交途径，有时涉及法院等简单司法事务的，可以由法院直接将委托书邮寄给被请求国管辖的法院。主管部门途径在刑事司法协助中主要适用于起诉前的侦查事项。在我国，主要指公安部与外国警务部门之间的直接合作联系。1986 年我国公安部与朝鲜保卫部签署了《关于在边境地区维护国家安全和社会秩序

① 孔繁勇．刑事司法协助中的中央机关［J］．中国人民公安大学学报（社会科学版），2010（1）．

的工作中相互合作的议定书》。其中规定了由双方对“跨国犯罪的委托调查取证、逮捕和移交罪犯、通报罪犯”等事项进行处理。

中国和朝鲜警察双方的首席代表及各级代表间可以用电话、书信、派人等方式直接联系，形成了一套边境公安、安全代表制度。双方认为必要时，还可通过外交途径联系。1992 年我国公安部和俄罗斯联邦内务部签署的合作协议中，重点规定了涉外案件和国际犯罪方面的刑事合作。其中规定，双方将促进边境地区的公安机关和内务机关之间建立和发展直接的联系。双方根据协议进行的具体合作内容、时间及实施办法，由我国公安部和俄罗斯内务部商定。[①] 合作协定指出就打击非法贩运武器、毒品，拐卖妇女儿童，有组织犯罪，国际经济犯罪，走私等方面开展合作，并建立双方警方的直接联系。如果涉及引渡、相互承认刑事判决等重大措施，则需要根据其他双边条约所指定的主管机关或中央机关途径进行联系。

如果在条约中规定了中央机关作为刑事司法协助的途径，主管机关则只是负责执行协助事项或通过中央机关向外国提出协助请求机关。在我国缔结的刑事司法协助条约中一般都规定了中央机关为联系途径，这时，主管机关则包括法院、检察院和其他主管民事和刑事案件的机关。

5. 国际刑警组织途径

我国 1984 年加入国际刑警组织后，在公安部设立了国际刑警组织中国国家中心局。多年来中国国家中心局刑警组织密切配合，在调查取证、缉捕罪犯、引渡等方面，取得了卓有成效的战果，有力地打击了跨国犯罪。

三、国际刑事司法协助的基本程序

（一）国际刑事司法协助请求

尽管在实践中甚至在国际法律文件中出现了未经请求的协助，如《联合国反腐败公约》中规定了一国认为某事件可能会引起另一国向其提出协助，但另一国尚未提出，该国可主动向另一国作出相应的协助行为，但是目前进行的国际刑事司法协助基本还是需要当事国预先提出请求，但是基于国际刑事司法协助“委托”与“被委托”的关系性质和国际刑事司法合作的严肃性、正式性，提出国际刑事司法协助请求被认为是国际刑事司法合作的首要程序，被请求国在接到请求书后才可进行必要的司法协助。

① 陈龙鑫．国际禁毒合作中的控制下交付手段研究［J］．净月学刊，2013（5）．

1. 刑事司法协助请求的含义

刑事司法协助请求是一国就特定的刑事事务向另一国提出希望给予某种帮助的一种意思表示。由一国有权作出司法协助请求的主管当局提出，为了特定的司法问题的解决而提出要求给予某种解决，并经适当的途径予以送达，方具有法律效力。

2. 请求书的内容

在国际公约和国家间的刑事司法协助条约中一般都规定了请求书的要件，请求书应当符合这些要件的要求。请求书的要件主要包括请求书出具机关的名称，受委托机关的名称，请求提供司法协助的事项，犯罪嫌疑人或被判刑人的姓名、性别、出生日期、职业、住址、国籍、体貌特征等信息，请求协助事项的内容，实施犯罪行为的认定及犯罪性质、手段、过程、结果等相关犯罪事实情况，请求书的效力，出具请求书的官方签字和盖章、签发日期等。

3. 请求书的送达

国际刑事司法协助请求书的送达有两种方式，即书面方式和口头方式，主要以书面方式为主。请求书一般应由请求国的主管当局按照当事国缔结或参加的国际条约所规定的途径以书面形式送达，没有条约关系的，通过外交途径送达。这种国际刑事司法协助请求书对被请求国而言，相当于受托依据，接受请求书的国家以此考虑是否提供所请求的司法协助事项，据此行使被请求事项所涉及的司法权，与被请求国形成委托—代理关系，受托国从中获得相应的权利和承担相应的义务。另外，在紧急情况下，请求书可以先以口头形式提出，然后以书面形式确认。例如，美国和加拿大的刑事司法协助条约就是如此规定的。

根据《关于向国外送达民事或商事司法文书和司法外文书公约》，请求书必须以公约规定的标准格式提出。请求书及其附件的语言应使用请求一方的官方文字书写，并附有被请求国的官方语言或英文、法文的译文，依双边国际刑事司法协助条约的不同规定而各异。

（二）国际刑事司法协助请求的审查和受理

国际刑事司法协助请求的审查。对于刑事司法协助的请求，被请求国依照条约规定、国际法准则及国内法的规定进行审查，以决定是否接受请求，国际上通行的是双重审查制度，即“司法审查”和“行政审查”。“行政审查”是审查国际刑事司法协助请求的形式要件是否符合要求，如是否提供了合格翻译文本，是否满足提出刑事司法协助的主体资格，所请求的案件是否明确等。“司法审查”侧重于对刑事司法协助请求的实质审核，如依照我国法律是否构成犯罪，请求事项是否涉及我国重大利益，请求途径是否符合双边刑事司法条约的规定。①经过“双重审查”后，如果作出拒绝协助的决定则应该通知请求国；如果主管机关作出同意的请求，则将报告交给指定的中央机关，从政治外交方面进行研判，并决定最终的执行机关，该决定具有最终执行力。对于不符合“双重审查”标准的刑事司法协助请求，应当告知其补充相应的内容或依据平等互惠的原则通过外交途径向我国外交部提交请求。

实践中“双重审查”也可能会变成综合会审，即外交部门和主管司法机关“会审”，由外交部、最高人民法院、最高人民检察院、公安部共同审查。在案情较大的国际刑事司法协助案件中，除考虑与刑事司法协助相关的法律规定还要考虑两国的外交关系、案情的国际影响、案件的诉讼时效等对案件有重大影响的因素，或有多个请求需要不同国际机关来执行时，被请求国司法机关就需要多部门之间以往来公文的途径沟通意见综合裁量。根据刑事司法协助审查的基本职责分工，如果涉及缉捕罪犯、采取侦查措施、诉讼引渡等事项，应该由公安部或最高人民检察院作出审查决定；如果涉及刑事诉讼移转管辖的，应该由最高人民检察院作出司法审查决定；关于传唤证人、承认和执行外国刑事判决事项的，由最高人民检察院作出审查决定；对于囚犯转移管辖和交接、交换法律情报、互通犯罪情报的，可以由司法部和公安部共同审查决定。

（三）刑事司法协助请求的拒绝

刑事司法协助请求可能被拒绝，在我国对外签署的双边刑事司法协助条约中拒绝请求国的刑事司法协助请求的规定分为两类，一是“可以拒绝”，这是绝大多数中外刑事司法协助条约中所用的表述。关于可以拒绝的情况包括损害被请求国主权、安全，政治犯罪，军事犯罪，不构成双重犯罪，涉及被请求国重大社会利益，涉及宗教或种族问题等十余种情况。还有一种较为少见的拒绝请求国刑事司法协助请求的情况是“应当拒绝”，如我国与澳大利亚的双边刑事司法协助条约中就有“应当拒绝”相关条款，包括了危害国家主权、安全、重大社会利益，政治犯罪、军事犯罪等情况。在为数不多的“应当拒绝”的强制性拒绝刑事司法协助请求中都会另外规定“可以拒绝”的若干情况。总而言之，刑事司法协助请求遭到拒绝是一种正常合法的情况，请求国只能根据被请求国拒绝协助的理由作相应的补充。因社会文化的差异，在对外提出刑事司法协助请求时应充分考虑被请求国的社会情况，避免因政

① 陈璐．腐败犯罪境外追赃法律机制研究［D］．武汉大学，2017：28-31.

治、宗教等因素引起不必要的外交纠纷。

刑事司法协助请求的拒绝是国家主权范围内的权力，各主权国家可以自行决定，而不受其他国家干涉。一般情况下，本着友好互惠原则，一国拒绝他国提出的刑事司法协助请求，会向请求国说明理由。但对明显干涉内政、侵犯主权的恶意司法协助请求，被请求国在认为必要的情况下，也可以不予理睬乃至提出抗议，这在国际法上是允许的。

（四）国际刑事司法协助的执行

1. 刑事司法协助请求的认可和执行

被请求国经过审查，认为请求符合双方协议要求，将予以认可。被请求国认可了请求后，即立案受理，被请求国将按照本国国内法执行程序请求协助事项。通常做法是由接受请求国的主管机关确定办案单位；主管机关将请求书发往办案单位；办案单位办理各项委托事项后，将结果报告指令机关；最后，由主管机关和负责向国外联络的中央机关将结果转告请求国。与此同时，执行机关可以就请求事项和该事项引发的权利义务问题接受请求国的查询。

2. 特殊方式执行

外国提出采用特殊方式执行的，可以在不损害本国法律原则和国家利益的前提下，满足其愿望。我国的做法是，一般法律未明确禁止的，尽量满足特殊要求。司法协助中涉及的当事人若另有民事纠纷在被请求国正处于诉讼之中，被请求国如果执行对方请求可能影响本国这一诉讼的进行，被请求国可以推迟执行请求，必要时可以某种理由拒绝协助，但应该将推迟和拒绝的理由通知请求国。

3. 保障外国人相应的权利和地位

外国请求的诉讼过程中，赋予在本国境内的外国人以与本国人同等的法律地位，即他可以和该国公民一样诉诸该国司法机关寻求保护。同时，保护一切诉讼参与人享有该国诉讼法规定的诉讼权利。1994 年 9 月 10 日，国际刑法协会 15 届大会通过了《关于刑事诉讼中人权问题决议》和《国际刑法的区域化决议》，重申了提供国际刑事司法协助中各国国内诉讼程序应把保护人权的义务置于首位，并可以因侵犯人权、酷刑、非法取证、剥夺辩护权等而拒绝提供刑事合作。《中华人民共和国刑事诉讼法》几经修订，不断提高和加强了刑事诉讼中的人权保护水平，为我国开展国际刑事司法协助提供了有力的保证。

4. 费用承担

国际刑事司法协助中的费用问题按国际惯例，一般由请求国承担。例如，在《中华人民共和国和土耳其共和国关于民事、商事和刑事司法协助的协定》中对司法协助费用问题的规定是，缔约双方在本协定的范围内相互免费提供刑事司法协助，但为鉴定人支付的费用除外，为鉴定人支付的费用应依被请求的缔约一方的规则和法规确定。刑事被害人、证人、鉴定人应请求国要求到该国参加诉讼和作证，其旅费和有关报酬应由请求国支付。

(五) 刑事司法协助的终止和撤销

1. 终止

由于发生了某种情势而使得无法执行该刑事司法协助请求或执行该请求已失去意义，当事国可以结束正在进行的刑事司法协助程序，终止可以由请求国提出，也可由被请求国自行决定。

通常情况下，发生以下任何一种情况时，均可认为终止刑事司法协助的条件已经成立：

(1) 当事国一方发生了政府更替，新政府不承认旧政府签订的刑事司法协助条约；

(2) 当事国双方发生了战争，处于交战状态；

(3) 当事国之间断绝了外交关系；

(4) 当事国决定不再追诉请求事项涉及的行为；

(5) 当事国大赦或特赦请求事项涉及的当事人死亡，当事国不再追究其法律责任，在执行请求期间追诉时效到期；

(6) 请求引渡的罪犯已逃往第三国；

(7) 请求事实已灭失，无法执行该请求；

(8) 请求国撤销了请求；

(9) 其他应拒绝执行的请求。

终止刑事司法协助程序的法律后果是，请求国不再援引该请求，执行程序到此终结，被请求国不再办理该请求所涉及的事务。

2. 撤销

此外，刑事司法协助还可以被撤销。由于存在或发生了某种情况，当事国宣布放弃刑事司法协助请求权或执行权，称为刑事司法协助的撤销。就请求国而言，一旦发生了下列情况，就可以宣布撤销请求。

(1) 刑事案件已审理终结；

(2) 被通缉的罪犯已由本国逮捕，无须再请求逮捕或引渡该罪犯；

(3) 本国大赦或特赦原请求事项涉及的案犯；

(4) 其他类似终结刑事司法协助的情形。

对被请求国来说，如果在接受了司法协助请求后发生了任何可拒绝受理或执行刑事司法协助的情形，或者出现了可终止受理或执行刑事司法协助的任何情形时，被请求国可根据实际情况予以撤销。被请求国宣布撤销接受某项司法协助请求后，就无须再予以协助。被请求国可以将其撤销决定通知请求国，以便请求国能够采取某种必要措施，完成其特定的司法任务。[①]

四、国际刑事司法协助与国际警务执法合作

（一）相同点

1. 适用原则相同

国际刑事司法协助和国际警务执法合作，都是各国司法机关之间通过签订条约等方式开展刑事司法合作的重要形式，同时也是国家间友好合作关系的一个重要体现，在惩治国际性犯罪领域发挥着越来越重要的作用。虽然开展协作的主体不同、合作的范围不同、协助的方式不同，但其所遵循的基本原则是相同的。相互尊重国家主权和意愿、平等互利、信守国际条约是国际刑事司法协助和国际警务执法合作都必须共同遵循的基本原则。

2. 协作的性质相同

无论是国际刑事司法协助，还是国际警务执法合作，都属于刑事诉讼程序中的一个重要环节。例如，域外调查、搜查、扣押、赃款赃物的移交、追捕逃犯等，都与刑事诉讼程序密切相关。借助于国家之间的执法合作或刑事司法协助，保证诉讼程序的顺利进行是其目的。因此，国际刑事司法协助和国际警务执法合作都具有刑事诉讼的性质。

此外，不同国家的司法机关之间开展协助的过程，以及本国不同级别、不同类型的司法机关之间进行协调的过程，包括作出批准与否的决定等，也都是一种行政程序。因此，国际刑事司法协助和国际警务执法合作都具有行政性质。所以，国际刑事司法协助和国际警务合作都具有刑事诉讼性质和行政性质的双重属性。

3. 协作的目的相同

作为国际司法合作的重要组成部分，国际刑事司法协助和国际警务执法合作都是惩治国际性犯罪的一种预防和控制措施，因而有效预防和惩治国际性犯罪是其共同的行动目标。

---

① 蒋秀兰，王梅．论没收国际合作中的保全［J］．政法学刊，2015（2）．

（二）不同点

尽管国际刑事司法协助和国际警务执法合作有密切的联系，但是它们之间仍然存在很多不同之处。

1. 实施合作的主体不同

因对国际刑事司法协助的含义认识不同、法律制度不同、司法体制的不同，各国负责联络国际刑事司法协助的合作主体是不同的。有的是法院，有的是检察院或司法部。[①]

我国在开展国际刑事司法协助时，实施合作的主体也因相互协作的国家不同而不同。例如，《中华人民共和国和哈萨克斯坦共和国关于民事和刑事司法协助的条约》规定，中央机关在中国方面系指司法部和最高人民检察院。又如，《中华人民共和国和加拿大关于刑事司法协助的条约》规定中央机关在中国方面系指司法部。总之，因相互协作的国家不同，司法部、最高人民法院、最高人民检察院、外交部四个不同类型的机关，都可作为实施国际刑事司法协助的主体。

与国际刑事司法协助不同的是，我国参与的国际警务执法合作中，实施的主体具有唯一性，即公安部。在国际警务执法合作体系中公安部起着十分重要的作用。它既要负责与世界各国的警察内政机构进行国际联络，又要协调国内各地公安机关和其他司法机关开展警务合作。同时，其他司法机关在办理刑事案件中，需要外国警察机关提供协助的，公安部负责进行联络。

2. 开展合作的机制不同

开展国际刑事司法协助的依据是国家间缔结的刑事司法协助条约。由于政治体制不同、法律制度的差异，我国缔结的刑事司法协助条约相对较少，而且与西方国家缔结的刑事司法协助条约更少，协助对象和协作空间相对有限。开展国际刑事司法协助不能仅仅依靠中央机关进行协调，还需要通过外交途径和其他方式进行协调。相对而言，国际刑事司法协助比较松散，缺乏时效性和空间性。

国际警务执法合作的开展主要是通过国际刑警组织渠道进行的。国际刑警组织是各成员国政府间进行合作的一个国际性组织，具有一个统一且又能独立开展工作的组织机构，有统一的规则和较为完善的运作程序，是一个比较成熟的国际组织。它通过各个成员国的国家中心局，把世界各国的警察机

① 蒋中慧．论国际警务合作的独立性——以国际刑事司法协助为比较样本［J］．湖北警官学院学报，2012（3）．

构有效地集结在惩罚国际性犯罪领域，形成了一个全球性的警务合作网络，具有很强的时效性和空间性。

3. 提供协助的范围不同

国际刑事司法协助的范围，在国际习惯中通常有狭义和广义之分。[①]狭义的国际刑事司法协助，仅指送达刑事诉讼中的司法文书、询问证人和鉴定人、搜查、扣押、物品的移交等事项的协助。广义的国际刑事司法协助还包括引渡、刑事诉讼移管和被判刑人转移。我国所签订的刑事司法协助条约，所规定的刑事司法协助事项仅限于狭义的协助，不包括引渡等广义的协助事项。

国际警务执法合作则不然，我国与许多国家签订的条约所规定的合作范围相比刑事司法协助的范围要更加广泛。国际警务执法合作的范围主要包括以下几个方面：其中对国际性犯罪和跨国犯罪的预防和惩治是国际警务执法合作的重点，与之相关的刑事案件侦破工作在国际刑事司法协助中由警察机关执行的部分工作，如询问证人和鉴定人、搜查、扣押、物品的移交、跨国追捕和遣返以及引渡中由警察机关负责的部分工作。根据《中华人民共和国引渡法》的规定，警察在引渡程序中的职责主要有查找被引渡人，执行引渡强制措施，移交被引渡人和有关财物，接收外国准予引渡人和财物；国际警务执法合作还包括各国警务机关及人员就先进的技术和经验而开展的交流和培训。

国际刑事司法协助，主要是一方通过另一方代为实施一定的司法行为来实现的。“代为”是国际刑事司法协助最重要的特征。从请求国来说，是委托另一国代为实施某种与诉讼有关的司法行为。从被请求国来说，是接受委托国与刑事诉讼有关的司法活动。关于刑事司法协助的条约都明确规定双方根据请求，相互代为送达司法文书、讯问人犯和被告、询问证人。双方之间是一种委托关系，这是国际刑事司法协助的主要特征。

国际警务执法合作，除了一般以协助方式进行间接的合作，还常常开展直接的合作。互派工作组，设置联络官，域外联合侦查，跨国界追缉，共同办案，已成为国际警务合作的重要方式。这一点得到绝大多数专家学者的普遍认可。

从“李某祥案”看国际警务合作与国际刑事司法合作的异同。李某祥，原广东省南海置业国有公司经理，1998—2001 年，利用职务之便非法挪用政

---

① 黎宜春．“一带一路”反恐司法合作：中国与东盟国家反恐立法比较［J］．学术论坛，2017（3）．

府住房基金4000多万元人民币，并在2003年途经香港外逃至澳大利亚。2004年佛山市南海区人民检察院立案审查并呈报到广东省检察院向澳方驻华警务联络官提出协助请求，经中澳双方多次取证合作，澳方认定李某祥挪用公款事实成立，李某祥通过非法途径向澳大利亚转移资产已经构成洗钱罪。2009年澳方依据澳大利亚《犯罪收益追缴法》将3000余万元人民币返还给广东省检察院用于返还被害单位，我方还一并追回李放置在香港的470多万港元存款。2011年李某祥因涉嫌洗钱罪在澳大利亚被判处26年监禁。

澳大利亚驻华警务联络官在李某祥案件中起到了十分关键的作用。澳大利亚驻华警务联络官是澳方派遣到我国负责对华警务工作的外交官，兼具维护两国合作关系与执法办案双重职能。在李案中，澳方驻华警务联络官直接参与到收集犯罪证据、获取证人证言、通报信息、交换法律文书等具体工作中，获取了支持澳方对李诉讼的有效证据，提高了双边合作的效率。派遣警务联络官制度是对中澳警务合作的新发展，当前澳方在我国北京和广东派驻4名警务联络官是中澳警务合作的重要组成部分。

另外，上述警务合作中涉及的收集犯罪证据、获取证人证言、交换法律文书等活动其本质也就是中澳刑事司法合作的真实再现，即国际警务合作与国际刑事司法合作存在高度交叉耦合的关系。在李某祥案件中，无论是警务合作还是刑事司法协助合作，都是中澳双边外交的重要组成部分，属于双边刑事管辖权的合作，都适用双边外交友好互利的基本原则，针对的对象与所要达到的目的都是相同的。此外，虽然司法部门在李某祥案件中发挥了不可或缺的重要作用，但是公安部门的警务联络制度在此案中发挥了最关键的作用。警务联络与刑事司法协助在办案主体、办案流程、实际操作方面有着明显的区别。

警务与司法合作并用是李某祥案顺利进行的经验之一，这也是当前国际追赃合作行之有效的惯常做法。李某祥出逃早期，广东省检察院径向澳大利亚驻北京的警务联络官提出协助请求，通过警务合作渠道准确快速地掌握了李某祥在澳生活轨迹与资产分布，为后期的追赃追逃工作提供了直接有效的帮助。但是警务合作的行政属性强于司法属性，警察机关并非司法诉讼的主体也缺乏相应的应诉经验，所以在李某祥案的后续调查取证、转移犯罪证据、证人远程视频作证等诉讼活动都是通过中澳刑事司法合作的途径完成的。李某祥案充分运用了以上两种途径的优势，在不同阶段选择不同路径减少了合作中的障碍，这对于我国与其他国家的追赃合作具有很强的借鉴意义。

李某祥案也透视出中澳追赃追逃合作中的不足。回顾该案，李某祥从

2003年出逃到2011年被判刑，前后历经8年，其中耗费的人力、财力成本自然不少，且该案是中澳追赃合作中少有的成功案例，与滞留在澳的大量外逃人员与非法资产相比，中澳追赃追逃合作还有很大的上升空间。1999年9月，江泽民访澳期间签署《中澳关于打击犯罪的合作谅解备忘录》以来，中澳双边刑事司法合作机制快速发展，形成了包括《中澳刑事司法协助条约》《中澳引渡条约》《中澳打击跨国犯罪和发展警务合作的议定书》《中澳打击经济犯罪联合行动方案》在内的一系列强制性法律文件。澳大利亚是我国外逃人员和境外非法资产滞留四大重点国家之一，作为请求国，我国应积极主动在法律机制的框架内发展与澳方的合作关系。在警务合作与刑事司法合作的具体环节上取得突破。理论与实践同时证明缺乏稳定制度性的合作是低效且不长久的，如何在具体案件中形成警务合作与刑事司法合作的合力，探索中澳追缴犯罪资产合作的规律和经验意义深远。①

五、国际刑事司法协助与区际刑事司法协助

由于特定的历史背景，香港、澳门两个特别行政区与我国大陆的法律制度存在巨大差别，台湾地区和平统一还需要继续发挥“一国两制”的优势。我国在法律形态的“一个国家、两种制度、三个法系、四个法域”并存的局面还会长期存在。在其他联邦制国家的各州之间也会出现不同法域间的司法合作与协助。为处理跨法域犯罪的问题，解决法律冲突和司法价值观念的不同，区际司法协助越来越受到学术界和实务界的重视。

区际刑事司法协助是一个主权国家内部不同“法域”的司法机关为共同打击刑事犯罪而进行的协助。其产生是由于在一国之内存在相对独立的立法、行政、司法权，形成不同的“法域”。因而相互之间不仅会产生法律适用上的冲突，而且在刑事诉讼程序上也会提出各地区（州）之间的刑事司法协助问题，即区际刑事司法协助。例如，美国各州之间的刑事司法协助以及我国大陆与港澳台地区之间的刑事司法协助都属于区际刑事司法协助。

国际刑事司法协助和区际刑事司法协助在刑事司法协助的内容上基本相同，都涉及文书送达、调查取证、刑事诉讼移转管辖、刑事判决的相互承认与执行等协助合作事宜。但是，二者的性质却截然不同。国际刑事司法协助性质上属于刑事领域的国家对外事务，主要关涉到国家主权与国际关系。而

① 黄风．中国境外追逃追赃典型案例之经验与反思［M］．北京：中国政法大学出版社，2016：143-146.

区际刑事司法协助主要关涉一个国家内部不同法域之间的合作关系，性质上属于国家内部事务，因此，反映在法律原则及实践操作上，二者都有很大的区别。

（一）司法协助主体不同

国际刑事司法协助的主体是各个主权国家，而区际刑事司法协助的主体是一个主权国家内部各个相对独立的法域。国际刑事司法协助产生于国际社会，它是随着国际交往的发展而发生的，国际刑事司法协助往往涉及各国的司法权。它实质上是国家与国家之间的关系，而且这种协助关系的建立是以国家之间的正常交往为前提的。所以国际刑事司法协助的主体只能是各个主权国家。

区际刑事司法协助产生于国内社会，通常产生于复合法域的国家。所谓复合法域国家（也称多法域国家或法律不统一国家），是指在一个主权国家之内，存在两个以上具有独特法律制度的地区。同一个主权国家内所存在的各个具有独特法律制度的地区，一般称为“法域”。各法域之间的法律冲突即为区际法律冲突，也称为国内法律冲突。它一般发生于国家领土的割让、国家领土的回归、分裂国家的领土回归、国家的兼并和统一等情况中。

一国之内不同法域的存在，必然导致各法域刑事司法制度的不统一，于是区际刑事司法协助问题便由此而产生。在联邦制国家如美国、澳大利亚、加拿大、巴西等，由于组成联邦制的各个州（共和国）立法和司法的相对独立性，必然会产生法律和司法管辖权的冲突，相互间的司法协助就是不可避免的。同样，在内部有不同法域的单一制国家也会产生，如英国属于单一制国家，但是英格兰与威尔士属于普通法系，苏格兰和北爱尔兰却实行大陆法系的法律制度，采取统一立法的形式要求不同法域之间相互认可对方的诉讼行为。如果符合要求就给予司法协助，否则不予提供。同样，我国也在香港与澳门基本法中明确规定香港特别行政区、澳门特别行政区与全国其他地区的司法机关通过协商依法进行司法方面的联系和相互提供协助。这个规定为香港、澳门地区与内地展开区际刑事司法协助奠定了法律基础。

（二）法律适用不同

国际刑事司法协助遵循的是国内法和国际法相统一的原则。它既适用国际法也适用国内法。国际刑事司法协助原则上是一个国家的国内司法行为，但是，由于这种司法行为已延伸到国外，是刑事诉讼国际化的反应，涉及国家与国家之间的关系，需要通过外交途径或其他手段，以取得国际方面的支持，才能保障诉讼活动的顺利进行。因此，这种司法活动具有一定的国际性质，它必然要受到国际公法的原则、制度和规则的制约。

例如，在涉及引渡问题上，要遵循政治犯不予引渡的国际惯例，但同时，因为一国参与国际刑事司法协助的根本目的是实现国家对内对外的主权，而以本国法作为国家活动的根据，是一国维护其主权的重要标志。在国际刑事司法协助中必须遵循适用本国法的原则，其最明显的体现是双重犯罪原则，即刑事司法协助所指向的案犯的行为，只有在请求国与被请求国双方法律均认为是构成犯罪的情况下，才能提供司法协助。如果被请求国法律不认为是犯罪的，则不予提供协助。适用本国法还体现在被请求国在提供司法协助过程中，均按本国法而不按请求国的法律进行。即使应请求国的请求而适用请求国的法律，也以不违背被请求国的法律规定为前提。例如，《中华人民共和国和蒙古人民共和国关于民事和刑事司法协助的条约》第 10 条规定，在不违背本国法律的情况下，被请求机关亦可根据请求机关的请求，适用提出请求缔约的一方的诉讼程序。

区际刑事司法协助的前提是在一个主权国家之内，它显然不会受到国际公法原则、制度和规则的制约，所以，它只适用国内法，不适用国际法，各个法域根据国内统一宪法或国内有关法律的规定，本着平等互利的原则进行相互间的司法协助。例如，英国各法域之间相互引渡逃犯的协作就应遵循英国国内的《逃犯法》，在本法中，它避免使用“引渡”，而以“遣返”代之，并且在引渡领域遵循一些比较特殊的原则，如不适用双重犯罪原则等。

（三）联系途径、审查方式不同

国际刑事司法协助可以通过外交渠道、领事途径、司法机关直接联系等方式进行，在许多情形下实行双重审查制度。而区际刑事司法协助不具有外交性质，只需通过司法途径进行，由各法域司法机关独立审查和实施。

在进行国际刑事司法协助的联系途径上，各国法律和有关条约规定不尽相同，大体上有外交渠道、领事途径、司法机关直接联系、通过各自中央机关相互通知、通过国际组织（如国际刑警组织）进行联系等。

区际刑事司法协助由于属于国家内政问题，所以不可能采用外交途径、领事途径，大多数国家通常都采用各法域司法机关直接联系的途径进行，如美国各州的司法机关就是根据宪法“充分诚意和信任”条款相互直接提供司法协助的。只有在国家各区域分治的特殊情况下，才有条件地选择个别国际组织居间开展特定的区际刑事司法协助，如台湾警方曾通过国际刑警组织请求大陆方面将查获的向台走私枪支的案犯吴某信送交台方侦办。

专题四
境外追逃

第一节 ‖ 境外追逃概述

全球化时代，国与国之间的距离拉近，国际交往越来越频繁，给犯罪分子创造了逃往境外，利用国境的屏障逃避打击的便利条件，追逃已成为公安机关最棘手的问题之一，而境外追逃更是受各种条件和环境的制约，成为难中之难。境外追逃面临理论和实践的双重挑战，研究切实可行的境外追逃理论和行之有效的追逃措施和手段，成为摆在公安机关面前的重大课题。境外追逃也成为近几年法学界尤其是刑事司法界的一个热门话题。

一、境外追逃的概念

“对于犯罪最强有力的约束力量不是刑罚的严酷性，而是刑罚的必定性。”① 意大利法学家切萨雷·贝卡里亚在其《论犯罪与刑罚》中的论述最能反映境外追逃的意义。犯罪分子在本国境内实施犯罪活动后潜逃境外已成为世界各国面临的共同难题。随着我国对外开放的不断深入，加之在追逃领域国际合作等相对薄弱，仍存在一定的制度漏洞，近年来，此类现象俨然有愈演愈烈之势，成为理论界和实务界关注的热点问题。

所谓境外追逃，并不是一个严格意义上的法律术语，其是在我国境外地域即外国或我国港澳台地区追捕犯罪嫌疑人或逃犯的简称，其定义是指侦查机关针对在本法域犯罪后潜逃到境外的犯罪分子和犯罪嫌疑人，在取得有关法域的同意并在其执法机关的积极配合下，寻找逃犯的逃跑路线、发现藏匿

---

① ［意］切萨雷·贝卡里亚著．论犯罪与刑罚［M］．黄风，译．北京：北京大学出版社，2008：62.

地点，将其缉拿归案的一种侦查行为。[①]

犯罪嫌疑人实施犯罪活动后潜逃境外，长期逃避法律制裁，俨然使境外成为法外之地，严重损害我国社会主义司法权威和社会主义法治国家建设，尤其是党员领导干部携款外逃，严重损害党和政府在人民群众心目中的威信，对潜在的外逃贪官也是一种变相鼓励。因此，境外追逃是我们维护法律尊严和司法正义、打击犯罪的一项艰巨任务，同时，也因涉及许多国际法和外国法问题，要求我们以坚定的决心和具有创造性的态度采取有效措施，以克服和解决境外追逃国际合作中遇到的各种困难。

二、我国犯罪嫌疑人外逃现状分析

境外追逃工作是一项实践性极强的工作，追逃对象往往在出逃前对出逃路线、出逃方式、资金转移、出逃后生活等方面做了精心准备。习近平总书记指出，“要强化基础工作，摸清外逃腐败分子底数，建立和完善外逃人员数据库。要建立统计数据动态更新机制，对外逃腐败分子的情况做到数字准、情况明、并及时上报中央”，[②] 因此，只有摸清外逃犯罪嫌疑人底数和基本情况，才有可能将外逃人员绳之以法。

目前，我国已经成为仅次于美国的世界第二大经济体，在经济、政治、文化等各方面成为全球体系中不可或缺的一环，形成了你中有我，我中有你，互联互通的对外开放新格局，并引领全球化发展新进程。正是在这种大背景下，一些犯罪分子利用自身的有利条件，将犯罪所得通过洗钱等各种方式转移至国外，并通过各种非法或合法手段获得出入境证件，一旦东窗事发便逃之夭夭，给国家和人民造成了巨大的财产损失。目前，随着十八大以来我国反腐败斗争不断向纵深推进，针对腐败分子的境外追逃追赃工作受到舆论的高度关注，几乎成为境外追逃的代名词，但需要注意的是，除了外逃贪官，外逃经济犯罪嫌疑人的数量也不容小觑。这两种类型的外逃犯罪嫌疑人在外逃前往往都掌握大量社会资源，外逃“资本”雄厚。职务犯罪外逃嫌疑人由于多是党政领导干部、国有企事业单位人员，外逃“失踪”后容易被党政机关和司法部门掌握，在人数统计上也具有很强的可操作性。目前，“外逃贪

---

① 赵宇主编．浅谈新时期我国公安机关境外追逃问题［M］．北京：中国人民公安大学出版社，2014：133.

② 中共中央纪律检查委员会，中共中央文献研究室编．习近平关于党风廉政建设和反腐败斗争论述摘编［M］．北京：中央文献出版社，中国方正出版社，2015：131.

官”现象早已引起广泛关注，并提上反腐败议事日程。

关于外逃贪官数量，权威部门一直尚未给出确切的数据。中国社会科学院2011年发布的报告称，20世纪90年代以来，我国外逃贪官数量约为1.8万，卷走资金约8000亿元。[①] 北京大学廉政建设研究中心统计报告显示：1998—2000年的十多年，我国外逃犯罪嫌疑人1万多人，裹挟犯罪资产6500亿元人民币。[②] 虽然关于我国外逃贪官的数量版本众多，众说纷纭，但可以肯定地说，我国外逃贪官虽然相对比例不大，但绝对数量不少。

外逃贪官现象危害很大，不仅对我国造成恶劣的政治影响和巨大的经济损失，而且带来负面的社会影响，对社会稳定构成威胁，甚至影响民心向背，损害我国执政基础，而且对国内的腐败者产生负面“示范”，从根本上讲是对我国法律尊严的践踏。

对此，习近平总书记指出：“这些年，我们追回了一些重要外逃人员，但总体看，还是跑出去的多，抓回来的少，追逃工作还很艰巨。”[③]对于经济犯罪外逃嫌疑人来说，其被司法机关发现往往要通过群众举报、受害人报案等渠道，在准确出逃时间、出逃国家等情况掌握上存在一定的滞后性，且由于此类犯罪嫌疑人分布广泛，来源多样，目前缺乏全国性的统计数据。综上，随着对外开放的进一步深入，外逃现象大有愈演愈烈之势，境外追逃依然任重而道远。

三、境外追逃案件特点分析

由于境外追逃具有明显的涉外性特点，涉及不同国家、地区或法域，因此复杂敏感；碍于国境屏障和司法主权呈现出被动性，往往不能主动出击，而只能寻求国际司法合作。其法律依据具有多重性，既要依据本国法律，又要依据国际法、相关国际条约、双边条约、对方的国内法等。境外追逃涉及的部门众多，国内办案单位具有追逃任务和职能的部门多，国外需打交道的对口合作部门也五花八门，协调难度大。国际政治的风云变幻也使得国家间的合作关系脆弱和易变，很受到国际政治和外交关系的冲击，成为国家间博弈的“牌”或“筹码”。

---

① 岳菲菲．中国如何编织海外“反腐网”［N］．北京青年报，2014-11-24（A04）．

② 基督教科学箴言报：中国设法阻止官员携款外逃，参见中国网，2008-11-06.

③ 中共中央纪律检查委员会，中共中央文献研究室编．习近平关于党风廉政建设和反腐败斗争论述摘编［M］．北京：中央文献出版社，中国方正出版社，2015.

正是由于境外追逃依据多元、成本巨大、旷日持久，因此呈现出复杂性、艰巨性，无现成经验可循，只能一案一议，没有“包打天下”的方程式。但由于合作的法律依据、效力，双方的权利、义务都被规范，使得国际司法合作才是最正规的追逃途径。

（一）案件性质分析

按照外逃犯罪嫌疑人触犯刑法罪名分析，境外追逃案件涉及的犯罪种类可以分为职务犯罪和非职务犯罪两种类型。党政机关、国有企事业单位要害部门的领导干部进行权力寻租，谋求不正当利益后潜逃境外；非职务犯罪中又以经济类犯罪居多，因为从事这类犯罪的犯罪嫌疑人往往智商高、掌握大量资金，具备出逃条件。近年来，随着国内腐败与反腐败形势的变化，“小官大贪”也逐步加入了外逃的行列。外逃官员的级别从高到低蔓延。[①]

（二）外逃时机分析

习近平总书记指出：“近年来，党员干部携款外逃事件时有发生。有的腐败先是做‘裸官’，一有风吹草动，就逃之夭夭；有的跑到国外买豪车豪宅，挥金如土，逍遥法外，有的跑到国外摇身一变，参与当地选举。”[②]习近平总书记一针见血地指出了包括部分腐败分子在内的大部分犯罪嫌疑人外逃时机，即多是长期准备，早有预谋。案发前通过各种合法或非法手段获取出入境证件，将非法所得的巨额资金提前转移出境，一些腐败分子或者通过留学、移民等方式，将家人先行转移至境外，在国内成为所谓的“裸官”，一旦有风吹草动或准备工作完成就立即出逃。

（三）从外逃目的地分析

经济领域犯罪嫌疑人和外逃官员往往在国内聚敛了大额资金，在工作中积累了广泛的人脉和社会资源，此类人员在出逃国家的选择上，往往青睐西方发达国家，如美国、加拿大、新西兰、澳大利亚等，而这些国家正是我国外逃犯罪嫌疑人的聚集地和追逃重难点国家；[③] 而案值小、身份地位较低的犯罪嫌疑人，大多出逃到就近国家，如泰国、缅甸、马来西亚等；有的还以我国香港和澳门地区以及非洲为跳板，再转逃其他国家。

---

① 毛一竹，姚玉洁，陈文广．低级别、冷衙门官员畏罪潜逃现象值得警惕［EB/OL］．新华网，2013-08-26.

② 中共中央纪律检查委员会，中共中央文献研究室编．习近平关于党风廉政建设和反腐败斗争论述摘编［M］．北京：中央文献出版社，中国方正出版社，2015.

③ 人民网．我国发布红色通缉令缉拿百名外逃人员（表）［EB/OL］.http://legal.people.com.cn/n/2015/0422/c42510-26888423.html.

（四）从案发区域分析

根据现有的公开资料分析，目前我国潜逃高发地区主要集中在辽宁、河北、山西、浙江、广东等省市，其中大多是在沿海地区或经济发达地区。表4-1是2015年我国发布的“百名红通”人员名单，仅广东、浙江、江苏等六省市外逃人数就占据“半壁江山”。

表4-1　我国发布“百名红通”外逃人员案发地人数示意表

案发地	外逃人数（人）
广东	15
浙江	8
江苏	7
山东	6
河北	7
北京	7
其他	50

（五）外逃情形和方式分析

目前我国犯罪嫌疑人外逃的情形主要有四种：一是因欠巨额债务无法偿还、民事纠纷等原因脱岗外出躲避；二是因挪用公款无法偿还等违法犯罪行为败露而畏罪潜逃；三是分管财务的人员利用职务之便携款潜逃；四是贪腐官员畏罪潜逃，或因其他原因叛逃。

而犯罪后潜逃主要有以下几种方式：一是借因公出国考察的机会外逃。官员借考察的名义出离国境，再以各种“莫须有”的理由拒绝回国，上演了一出出畏罪潜逃的把戏。二是通过旅行团出境转逃第三国及偷渡国外。随着我国与南亚、东南亚国家商贸、旅游来往增多，出入境极为便利，这就为一些贪官潜逃提供了客观条件。三是使用伪假证件出离国境。四是与黑社会性质组织勾结起来出逃。

四、境外追逃应遵循的原则

（一）毫不动摇坚持党对境外追逃工作的绝对领导

境外追逃工作必须毫不动摇地坚持党的领导，这是由其肩负的特殊使命和境外追逃工作自身特点决定的。

首先，党的十八大以来，以习近平同志为核心的新一届党中央领导集体以巨大的政治勇气，刮骨疗毒，坚持“苍蝇老虎一起打”，高度重视反腐败和反腐败境外追逃工作。在党的十九大报告中，习近平总书记明确强调：“当前，反腐败斗争形势依然严峻复杂，巩固压倒性态势、夺取压倒性胜利的决心必须坚若磐石……不管腐败分子逃到哪里，都要缉拿归案，绳之以法。”①将反腐败斗争向纵深推进是以习近平同志为核心的党中央决胜全面建成小康社会的重要战略部署，反腐败境外追逃是国内反腐败斗争的必然延伸，是遏制腐败蔓延的重要一环。坚持从政治的高度去认识、思考、谋划和推进追逃追赃工作，充分发挥制度优势，将反腐败追逃追赃工作纳入党风廉政建设和反腐败工作总体部署，坚决完成这项神圣而光荣的重要政治任务。②因此，境外追逃工作必须毫不动摇坚持党的领导。在中国特色社会主义事业进入新时代的历史背景下，境外追逃工作坚持党的领导就是坚持以习近平总书记对境外追逃工作作出的系列讲话为指引，将境外追逃作为党的一项重要任务来完成。

其次，境外追逃工作具有鲜明的涉外性质，追逃工作对象身处境外，我国追逃工作人员需要在当地司法或执法机关的配合或默认下开展工作，这些都需要以一定的外交关系为基础，因此，境外追逃工作既是一项法律工作，同时兼具政治性，必须牢牢把握坚定的政治方向；在办案过程中，中方人员需要和境外警方、检务、法院等进行密切的业务往来，且部分复杂案件耗时长，办案人员不可避免地会受到境外各种思潮、社会环境的影响，因此，必须坚持党的领导，筑牢思想防线；长期以来，部分西方发达国家对于我国刑事法治建设不断进步，人权保障不断完善的现状置若罔闻、视而不见，极度贬低中国刑事法治制度。③ 如著名的“赖昌星案件”，赖昌星之所以能够潜逃境外长达十几年时间，就在于加方移民法院等机构认为赖昌星回国后可能受到酷刑和不公正待遇有密切关系。部分境外媒体借机抹黑我国的司法制度。因此，境外追逃工作必须始终牢牢坚持党的领导，同各种歪曲、抹黑我国形象的西方错误思潮和舆论作有礼有节的斗争。

（二）主权原则

主权（sovereign）起源于拉丁文中的“super”和“superanus”两个词，其意为“最高的权力”。后来特指国家固有的权力，表现为对内最高的统治管

① 习近平．全面决胜建成小康社会 夺取新时代中国特色社会主义伟大胜利［N］．人民日报，2017-10-28（001）．

② 杨晓超．推动反腐败国际合作和追逃追赃向纵深发展——写在“一二·九国际反腐败日之际”［N］．人民日报，2016-12-09.

③ 赵秉志．我在加拿大赖昌星聆讯庭上作证［J］．凤凰周刊，2011（23）．

辖权、对外独立权和防治侵略的自卫权。[①]目前，主权国家仍是当今国际社会的基本组成单位和活动主体，国家主权是一个主权国家赖以存在和发展的基础。境外追逃涉及一国的司法主权，尊重国家主权是开展国际合作的必要前提。

国家主权原则的体现之一就是国家具有保护本国国民的责任，任何人都拥有在本国范围内未经法定程序不受逮捕的权利。因此，从被请求国来说，限制他人人身自由的权力只能由其本国司法机关来行使，任何外国及其执法人员都不得在其境内限制自然人的人身自由。追逃人员在境外开展工作时由于不具有执法权，只能依靠劝说、协商等“软方式”来开展工作，确有必要使用限制人身自由的强制措施时，就必须求助于所在国的司法机关。而从我国自身来讲，维护司法主权同样是境外追逃中所要坚持的首要原则。首先，作为我国刑事管辖权的自然延伸，我们要牢固树立开展境外追逃属于我国内政的坚定理念，独立自主地开展国际合作。其次，在合作中要坚持以我为主，主动工作，把握境外追逃工作的主动权，在对涉及司法主权和国家主权的事宜上保持坚定的政治立场，维护我国主权完整和利益。

（三）平等互惠与对等合作原则

境外追逃的基础在境内，战场在境外，中方追逃工作人员在境外并不具有执法权，追逃工作必然要在当地执法或司法机关的默认或配合下进行，从这个角度来说，境外追逃工作是国际合作的一种特殊类型，也必然要遵循国际合作的一般原则。

平等原则是指在追逃工作中，无论国家大小、贫富、地缘等因素，在国际法上一律是平等主体，享有国际法上主权国家拥有的一切权力。在开展合作时必须遵循平等原则，不得以大欺小，倚强凌弱。所谓互惠原则，是指双方在没有签订相关条约的情况下，互相给予对方一定的优惠承诺，甚至暂时让渡一部分利益。我国境外潜逃人员分布地区极为广泛，既有欧美发达国家，也有越南、老挝、斐济等发展中国家。在开展境外追逃寻求合作时，我国各级司法机关应坚持平等原则，在逃往国法律框架内开展追逃工作，尊重当地法律和风俗习惯。而对等原则是指在同相关国家开展追逃合作时，如果对方国家作出了满足我国追逃请求的承诺，或者赋予我国在其国家开展境外追逃工作时一定的权力，那么未来我国面对同样请求时，也应当在我国法律规定范围内作出性质相同的承诺或满足其相对等的权力；反之，如对方国家未作

① 赵可金．外交学原理［M］．上海：上海教育出版社，2011：78.

出满足我国境外追逃的承诺或者对我国境外追逃工作设置了一定的限制，在未来我国可以对等措施予以回应，在特定情况下，也可在其他领域实施交叉回应。

平等互惠与对等合作原则是我国坚持和平共处五项原则在追逃领域的体现。尊重他国主权和司法独立既是追逃工作获得相关国家支持的前提条件，也是追逃工作得以顺利进行的有力保障。

（四）顺应国际司法发展潮流，积极融入国际司法合作规则体系

境外追逃之所以难就在于我国的执法人员不可能像在境内一样对追逃对象采取强制措施，追逃能否成功，在很大程度上取决于境外司法机关对追逃的合作态度。引渡虽然是目前国与国之间移交犯罪嫌疑人最为正式、运用最为广泛的一种方式，但受到诸多原则的限制。我国外逃犯罪嫌疑人集中地是美国、加拿大和澳大利亚等在引渡问题上奉行严格的“条约前置主义”的国家，而短期内我国还不具备与这些国家签订引渡协议的条件。一些国家在审查我国的引渡请求时以死刑不引渡、双重犯罪等原则作为条件，要求最高人民检察院、最高人民法院作出追诉和量刑承诺。这种情况事实上使我国司法机关无法严格按照国内法律对外逃人员定罪处罚。如果坚持严格的“属人管辖”原则，按照我国法律对犯罪嫌疑人量刑处罚，毫无疑问将难以从这些国家引渡或遣返外逃人员，这样一来外逃人员就会继续得以逍遥法外，利用犯罪所得在国外过上花天酒地的生活，相比以刑罚的让步换取被请求国同意引渡请求，这样的结果不但是非正义的，而且是对国家主权的一种变相损害。囿于国内法规和其他因素的制约，我国拒绝采用“死刑不引渡”原则。但在开平银行余某东案和赖昌星案的处理中，我国政府向相关国家作出了不判处二人死刑的承诺，采取了灵活务实的处理策略。从某种程度上说，这虽然是“无奈之举”，但在废除死刑逐渐成为国际司法发展方向的大趋势下，不失为一种顺应国际司法发展潮流的明智选择。

第二节 ‖ 境外追逃的途径和方法

一、境外追逃的途径和方法

（一）境外追逃的途径

研究境外追逃的途径，可以帮助追逃机关根据案件的不同情况，做到一案一策，科学合理使用追逃手段。根据不同的分类标准，可以将境外追逃的一般途径分为以下几种：

1. 直接途径和间接途径

根据是否需要借助国际条约或国际组织，可以分为直接途径和间接途径。所谓直接途径，是指相关国家之间根据已生效的条约、达成口头协定、给予互惠待遇等直接进行合作，无须借助国际条约或者国际组织。间接途径是指相关国家之间没有建立外交关系、未达成有关追逃协议或约定，难以直接开展追逃合作，可以在《联合国反腐败公约》《北京反腐败宣言》等国际条约或国际刑警组织等国际警务合作组织框架内开展追逃合作。

2. 警务机构之间的合作和非警务机构之间的合作

根据合作主体不同，可以分为警务机构之间的合作和非警务机构之间的合作。涉及境外追逃的案件往往复杂多变，案件发生时间和侦破难度千差万别，处于不同的刑事司法程序。有些案件发现及时，尚未进入司法程序，警务机构之间的合作高效便捷。2015 年 8 月 14 日，泛鑫保险高管陈某携款 5 亿元潜逃至斐济，中国警方和斐济执法部门通力合作，在斐济成功抓获涉嫌经济犯罪的上海泛鑫保险代理有限公司实际控制人陈某，用时不到 5 天。而有些案件已经进入司法程序，而且旷日持久，只能依赖于检察院、法院等非警务机构之间开展合作。

（二）我国境外追逃的常用途径

境外追逃工作是一项法律性极强的工作，必须以追逃双方的国内法和相关国际法、国际公约和国际条约为基础。近年来，我国法治建设取得长足进步，党的十八届四中全会首次以全面推进依法治国为主题，明确了建设社会主义法治国家的基本方略和战略目标，全面依法治国向纵深推进，为丰富境外追逃途径提供了坚实的法律基础。目前，我国境外追逃主要采用以下途径：第一，警务合作途径，即警务机构直接开展合作；第二，国际公约，在《联合国反腐败公约》《G20 反腐败宣言》框架内开展合作；第三，国际警务合作组织途径，通过国际刑警组织、欧洲警察署等国际警务合作组织开展合作。

二、境外追逃的具体实施办法

境外追逃的具体实施办法是指将犯罪嫌疑人缉拿归案的具体实施办法，包括引渡和引渡的替代措施。

（一）引渡

引渡是目前国际上国与国之间移交犯罪嫌疑人运用最广泛也是最正式的一种方式。它是指一国政府请求犯罪嫌疑人所在国政府将其追诉的犯罪嫌疑人移交给犯罪行为地国家或其国籍国的一种国际司法合作。截至 2017 年，我国已经与法国等约 50 个国家签署了引渡条约，但不包括美国、加拿大等我国外逃犯罪嫌疑人集中的发达国家。在和我国签署双边引渡条约的国家中，仅有西班牙和葡萄牙两个发达国家，法国和澳大利亚两国虽然已经签署相关引渡条约，但迟迟未获其国内立法机构的批准。对目前我国境外追逃的需求来说，无论是在数量上还是引渡条约的覆盖范围上都是远远不够的。在“猎狐 2015”行动中，全国公安机关共从 63 个国家和地区抓获各类外逃人员 627 名，然而通过引渡到案的仅有 4 人，远远没有发挥引渡在境外追逃中应有的地位和作用。在这种情况下，引渡的替代措施受到了实务界和学界的追捧。

（二）引渡替代措施的概念

在公开的资料范围内，首次正式使用“引渡的替代措施”这一术语是黄风教授于其《中国引渡制度研究》一书当中。[①] 他认为：“‘或者引渡，或者起诉’原则为可引渡的犯罪规定了引渡的替代措施，实际上也是为有关的被请求国规定了在不引渡情况下开展其他国际司法合作的义务。”[②]但是，何为引渡的替代措施，该书也未予以明确。随着我国引渡实践发展的需要和理论研究深度的拓展，黄风教授在《引渡问题研究》一书中系统论述了引渡的替代措施，并明确地将“引渡的替代措施定义为：在无法诉诸正式的引渡程序或者引渡遇到不可逾越的法律障碍的情况下所使用的手段，它既包括对在逃人员的异地追诉，也包括采用外国移民法手段对非法入境或拘留者的遣返；它的目的是实现对在逃人员的境外缉捕或羁押，剥夺他们在躲藏地国家的居留权，创造将其遣返回国的条件和可能性”。[③] 分析以上定义不难发现，黄风教授对引渡的替代措施设置了前置条件，即“无法诉诸正式的引渡程序或者引渡遇到不可逾越的法律障碍”；列举了异地追诉和非法移民遣返两种引渡的替代措施；对于引渡替代措施是否需要具有合法性该定义也没有提及。

引渡的替代措施是和引渡相对的一个概念，其产生在引渡之后。引渡是目前国际上国与国之间移交犯罪嫌疑人最为正式的一种方式。目前关于引渡

① 黄风，赵琳娜主编．境外追逃追赃与国际司法合作［M］．北京：中国政法大学出版社，2008：106.

② 黄风．中国引渡制度研究［M］．北京：中国政法大学出版社，1997：47.

③ 黄风．引渡问题研究［M］．北京：中国政法大学出版社，2006：119.

没有统一的定义。[①] 概括来讲，引渡是指应有管辖权的他国的请求，根据国际条约及国内法的有关规定，或互惠、礼让原则，一国将在该国境内被他国追捕、通缉或判刑的人，根据有关国家的请求移交给请求国审判或处罚的一种制度。[②]其最终要实现的目的是将引渡对象移交给请求国审判或处罚，从这个意义上，引渡的替代措施可以理解成为达到缉捕、审判或处罚犯罪嫌疑人之目的，在无法开展引渡合作或者出于其他目的而采取的非法移民遣返、异地追诉、劝返等方式。随着我国国际刑事司法合作的发展，引渡的替代措施在实践中又有了新的发展。

（三）引渡的常规替代措施

根据引渡替代措施是否具有合法性，可以将引渡的替代措施分为常规替代措施和非常规替代措施。常规替代措施一般包括以下几种方式：

1. 非法移民遣返

非法移民遣返又称递解出境，是指在无法开展引渡合作或出于其他目的，由请求国向外逃人员所在国提供其违法犯罪证据，所在国依据本国移民法规定，将被请求对象强制遣返至第三国或请求国的一种追逃合作方式。“由于这种方式造成了和引渡相同的效果，因此又被称为事实引渡。”[③]从法律关系上讲，引渡和非法移民遣返是两种截然不同的法律制度。引渡是国与国之间开展国际刑事司法协助的一种方式，而非法移民遣返则是将不具有合法居留身份的外国人遣送回国，是遣返国根据本国移民法规定主动为维护本国安全主动采取的行为。

2. 异地追诉

异地追诉，是指在无法开展引渡合作或者非法移民遣返遇到困难时，追逃请求国的司法机关向被请求国司法机关提供追逃工作对象触犯该国法律的犯罪证据，由该国司法机关根据本国刑事诉讼法律对其实施缉捕或提起刑事诉讼的一种方式。使用异地追诉是在无法将追逃对象转移至国内，退而求其次的一种方式，一方面，这样做可以使犯罪嫌疑人受到法律制裁，不再逍遥法外，对已经逃往和企图逃往尚未与我国签署引渡协议国家以逃避打击的犯

---

① 《中华人民共和国引渡法》已由中华人民共和国第九届全国人民代表大会常务委员会第十九次会议于2000年12月28日修订通过，自2000年12月28日起施行。该法中未对引渡进行明确定义。

② 赵宇．国际警务执法合作［M］．北京：中国人民公安大学出版社，2014：137.

③ 黄风，凌岩，王秀梅．国际刑法学［M］．北京：中国人人民大学出版社，2007：212.

罪嫌疑人是一种极大的震慑；另一方面，追逃对象经过刑事诉讼程序，由被请求国定罪量刑，可以为使用非法移民遣返等措施创造条件。

3. “劝返”

“劝返”是近年来我国执法部门和司法机关在境外追逃实践中逐步摸索出来的一种具有中国特色的引渡替代措施。劝返的核心在“劝”，国内执法、纪检部门或司法机关在当地司法机关的配合或默认下，在定罪量刑等方面对犯罪嫌疑人作出一定的承诺，在境外对外逃犯罪嫌疑人晓之以理，动之以情，劝说其自愿回国接受处罚。相比引渡、非法移民遣返等强制措施，劝返是一种“软方式”，在实践中起到了良好效果。

引渡是国与国之间移交犯罪嫌疑人最为正式的方式，碍于条约前置主义、引渡条约签署数量等方面的原因，目前难以将引渡应用到所有案件中，引渡的替代措施在境外追逃中发挥了不可替代的巨大作用。关于引渡的替代措施，每一种都有其适用范围和局限性，具体使用何种方式需要根据案件具体情况具体分析。案件的受关注度、国与国之间的关系、追逃对象的具体情况都是需要考虑的因素。在一起案件中，既可以单独使用一种方式，也可以多种方式配合使用。其最终目的都是服务境外追逃工作，服务反腐败斗争大局。在“广东开平银行案件”中，美方根据中方提供的余某东涉嫌贪污犯罪的证据将其羁押，欲对余某东提起追诉。在对抗无望的情况下，余某东接受中方人员的劝说，与美方达成协议，自愿回国接受处罚。而拒绝接受劝返滞留美国的余案同案犯许某凡、许某俊经美国法院审理，分别被判处 22 年和 25 年有期徒刑。这一案例是异地追诉手段同劝返相结合的最佳注释：美国强大的刑事追诉压力使余某东走投无路放弃抵抗，使其心理状态发生了从抱有侥幸心理企图逃脱处罚到自愿回国接受法律制裁的巨大转变，为我国司法人员对其进行劝返创造了现实条件；而余案同伙负隅顽抗、拒不回国，受到了美国法律的严厉刑事制裁，和余某东回国后的情况形成了鲜明对比。[①]从该案的效果来看：第一，主犯之一的余某东自愿回国，同案犯也受到了严厉的刑事制裁，实现了境外追逃的直接目的；第二，将异地追诉和劝返这两种方式有机地结合起来，为劝返工作提供了一个新的操作模式；第三，通过余某东和其同案犯的不同刑事处理结果，无形中提高了劝返——这一体现我国宽严相济刑事政策追逃方式的巨大感召力，为外逃犯罪嫌疑人接受劝返提供了可供参考的

---

① 余某东回国后于 2006 年 3 月 31 日被广东省江门市中级人民法院判处有期徒刑 12 年，没收个人财产人民币 100 万元。

范本。更重要的是，余案成为中美执法安全合作的里程碑式事件，使双方在境外追逃领域的合作迈向了一个新的层次，实现了历史性突破，有力地震慑了外逃犯罪分子，回应了人民群众治理腐败的热切期盼。可谓一举多得，实现了法律效果、社会效果和政治效果的统一。

4. 异地抓捕

异地抓捕，是指根据案件实际情况精心选择有利于递解遣返的目的地进行抓捕。例如，弗里曼案件。弗里曼系美国国土安全部移民海关执法局十大通缉犯之一，国际刑警组织“红通”对象，2006 年潜逃进入我国，在苏州工业园区工作、居住。2007 年年初，接美方协查通报后，公安部国际合作局通报苏州市公安局，迅速查明此人下落并立即开展了对该人的监控，及时掌握其动向。但此人在我国并无犯罪记录，而且我国大陆与美方没有引渡条约。得知此人将去香港地区的信息后，我方及时通知美方，该人于 2007 年 5 月 2 日在香港地区被成功抓获，并根据香港地区与美国的相关罪犯递解协议被引渡回美国。弗里曼被抓获后，美国国土安全部官员在公安部国际合作局的陪同下，两次来苏州调取该人在苏州遗留物品及有关证据，并向苏州市公安局赠送了成功合作纪念碑和感谢信。此案的成功加强了中美执法机关的合作，双方签署了《中国公安部国际合作局和美国国土安全部移民海关执法局谅解备忘录》。

（四）引渡的非常规替代措施

引渡的非常规替代措施，也叫引渡的非法替代措施，主要是指绑架或“诱骗”，是指因无法通过开展引渡合作或者无法使用引渡替代措施，为维护重要的国家利益，追逃主体直接从其他国家或地区将追逃对象强制缉拿回国的一种措施。与引渡的常规替代措施相比，绑架具有以下明显特点：第一，破坏追逃对象所在国的国家主权，引发国与国之间的紧张关系和外交冲突。非法移民遣返、异地追诉等方式都具有明确的国内法和双边条约规定，绑架则完全是一国为维护自身利益，单方面采取的破坏别国主权的非法行为。也正因为如此，只有在为维护重大国家利益时，才能考虑使用这种方式。第二，绑架具有暴力强制色彩，是一种以国家实力为基础的“硬手段”。与法律手段相比，绑架需要追逃国家直接或通过他国主管机关缉拿犯罪嫌疑人，需要追逃国家掌握大量的政治、外交和经济资源，只有以强大的国家实力为基础才能使绑架得以进行。目前，采用绑架较多的是美国、以色列等国家。

诱骗是指设置圈套引诱被告人离开某一外国，以便能够在本国、国际海域或国际空域将其逮捕，或者将其引诱至某第三国，以便从那里将其引渡或驱逐出境后遣返。美国人说：诱骗既可以表现为复杂的连环套，也可以表现为简单地通过电话邀请逃犯来美国参加一次聚会。诱骗大致分为两类：诱骗抓捕和诱骗引渡。

2007 年美国将中国公民袁某伟诱骗至英国并请求从英国实行引渡，就是典型的“诱骗引渡”。美英两国不仅被认为侵犯了中国的国家利益、司法主权和中国公民的基本人权，而且被认为对世界司法秩序产生了消极影响，成为“危险的先例”。无独有偶，2010 年，又有一名中国公民被美国诱骗至匈牙利被逮捕，并准备引渡至美国。

第三节 ‖ 境外追逃工作展望

2017 年 10 月 18 日，中国共产党第十九次全国代表大会开幕会上，习近平总书记代表十八届中央委员会向大会作报告时强调，要坚持无禁区、全覆盖、零容忍，坚持重遏制、强高压、长震慑，坚持受贿行贿一起查，坚决防止党内形成利益集团。在市县党委建立巡察制度，加大整治群众身边腐败问题力度。不管腐败分子逃到哪里，都要缉拿归案、绳之以法。推进反腐败国家立法，建设覆盖纪检监察系统的检举举报平台。强化不敢腐的震慑，扎牢不能腐的笼子，增强不想腐的自觉，通过不懈努力换来海晏河清、朗朗乾坤。

一、增强国际舆论引导能力

习近平总书记指出：“落后就要挨打，失语就要挨骂。当前世界范围内的舆论格局总体是西强我弱，西方社会掌握主动权。由于我们的话语体系还没有建立起来，不少方面还没有话语权，甚至处于‘无语’或‘失语’状态，所以别人就是信口雌黄，我们也往往有理说不出，或者说了也传不开。”①

当前，我国境外追逃面临着我国的国际刑事法治形象难以满足境外追逃需求的突出矛盾。由于政治制度的巨大差异，美国等西方国家长期以来戴着有色眼镜观察我国的司法制度尤其是刑事司法制度，利用国际舆论优势，有意无意歪曲、诋毁我国的司法制度，对我国在法治建设、保障人权方面取得

---

① 中共中央宣传部编．习近平总书记系列重要讲话读本［M］．北京：学习出版社，人民出版社，2016：210.

的进步视而不见。在一些引渡合作、非法移民遣返案件中表现尤甚。[①]改善我国国际刑事法治形象，需要从国内、国际两方面着手。首先，坚持以习近平新时代中国特色社会主义思想为引领，坚持“四个全面”，全面推进依法治国建设，深化司法体制改革，增强我国司法机关的透明度和公信力。根据经济社会发展和法治水平逐步减少死刑罪名，将非暴力犯罪排除在死刑范围之外。其次，提高反腐败国际话语引领能力和议题设置能力，讲好中国反腐追逃故事，加强和重点国家司法机关交流，宣传和展示我国法治建设和人权保障方面取得的进步，改善我国国际刑事司法形象认知，减少合作阻力。

二、加强境外追逃能力建设

腐败分子外逃始于20世纪80年代，1991年最高人民检察院的工作报告披露中国进出口公司武汉分公司保成路商场原经理陈某国“策划携款潜逃”，这是官方首次公开腐败分子外逃。[②]随后，随着腐败分子外逃愈演愈烈，我国开始启动境外追逃工作，由此可见，我国开展境外追逃工作的历史不长，且经验欠缺。

发达国家经历上百年的法治建设，境外追逃相关法律完备、经验丰富，熟悉刑事司法合作国际规则，同这些国家以及我国境外追逃的存量相比，我国司法机关追逃能力仍很欠缺。加强我国司法机关境外追逃能力建设是当前亟待解决的一个问题。首先，提高追逃人员的外语能力，追逃人员在境外办案，难度大，环境陌生，办案时机转瞬即逝，如果仅依靠一般翻译，很容易贻误战机；其次，加强对相关国家追逃追赃法律研究，通晓国际规则，提高利用国际警务合作资源的能力；最后，着力提高地方公安机关境外追逃追赃能力。大部分外逃案件，发案在基层，发现在基层，地方公安机关掌握案件大量第一手资料，提高地方公安机关的境外追逃能力，有利于提高追逃的实效性，减轻公安部的工作压力。

---

① 在“赖昌星案件”，赖昌星利用加拿大法院和舆论对中国刑事司法制度的不信任，以回国后可能受到不公正待遇等为由，多次对移民局作出的遣返决定提出诉讼，致使案件延宕长达12年之久。

② 王春英．反腐的双动力机制：境外追逃与境内反腐［J］．人民论坛，2015（19）：48.

三、追赃防逃与追逃并重

目前，通过“猎狐行动”“天网行动”，发布“百名红通”等专项行动，境外追逃工作成绩斐然，然而和境外追逃取得的成绩相比，境外追赃步履艰难，没有和境外追逃形成合力。境外追赃要和境外追逃并重。不管是一般外逃犯罪嫌疑人还是外逃贪腐分子，往往都在外逃前向境外转移大量资金，隐匿犯罪所得，满足出逃后生活需要，以期高枕无忧。对于潜在的外逃犯罪嫌疑人，境外追赃就是要斩断其侥幸心理；对于已经出逃国外的犯罪嫌疑人，综合运用刑事、民事等没收制度收缴违法所得，掐断其生活来源，挤压其在境外的生存空间，为将其缉拿归案创造条件。实际上，不少贪官是抱着所谓“一人坐牢，幸福几家人；腐败我一个，幸福几代人”的冒险心理，而彻底追回赃款赃物才能给予贪官的这种心理以致命一击，否则很难产生好的打击效果。①同时，客观看待目前国际流行的“资产分享”制度，加快国内相关立法建设，建立符合我国国情的“资产分享”制度，提高域外国家加强追赃合作的积极性。

在建立不敢逃的追逃机制的同时，更应该将境外追逃和境内筑堤相结合，建立不能逃的防逃机制，内外联动，推进反腐败斗争和廉政建设。首先，建立严格的国家工作人员护照统一管理制度，党员领导干部办理、使用因公或因私护照都应经过组织审查，在使用后统一上交保管。其次，完善党员干部个人事项报告制度，②建立党员领导干部财产公示制度，重大事项报告制度，实现公安、金融、航空、房产等领域的信息互通，加大对党员领导干部报告事项的审查核实力度，瞒报、漏报的要说明情况，不能说明情况的要依法依规处理。

第四节 ‖ 党的十八大以来我国境外追逃工作实践

一、十八大以来境外追逃工作取得丰硕成果

党的十八大以来，以习近平同志为核心的新一届党中央领导集体高度重

---

① 刘武俊．追逃和追赃要双管齐下［N］．人民法院报，2014-10-23（002）．

② 王春英．反腐的双动力机制：境外追逃与境内反腐［J］．人民论坛，2015（19）：48.

视境外追逃工作，将其作为国内反腐败斗争，党风廉政建设的重要组成部分，取得了一系列实践成果和制度成果。

（一）实践成果

“猎狐行动”开始以来，在中央反腐败协调小组的统一领导下，5年来，公安机关通过“猎狐行动”，共从120多个国家和地区抓获在逃境外经济犯罪嫌疑人3317名。[①]截至2017年5月31日，通过“天网行动”先后从90多个国家和地区追回外逃人员3051人，其中国家工作人员541人，追回赃款人民币90.98亿元，[②]战果丰硕。2014年4月，按照“天网行动”统一部署，国际刑警组织中国国家中心局公布了100名涉嫌犯罪的外逃国家工作人员，集中力量在全球范围内攻克一批案情重大、影响广泛的代表性案件。2018年12月28日，随着百名“红通”人员84号嫌犯王某伟回国投案自首，“红通”百人大名单已有56人归案。党的十八大以来，境外追逃工作取得显著成效，初步遏制了外逃势头，为国内反腐赢得了时间。

（二）制度成果

国内方面，在中央层面成立中央反腐败协调小组国际追逃追赃工作办公室，协调纪检、警务、外交、金融、检务、司法等多部门，形成合力；在地方成立地方层面追逃办，初步形成境外追逃工作体系。出台《关于敦促职务犯罪案件境外在逃人员投案自首的公告》，[③]在实践中逐步探索出境外追逃的劝返模式，并初步形成规范。在国际层面，2016年9月4日—5日，二十国集团（G20）杭州峰会成功召开。G20各国领导人一致批准通过《二十国集团反腐败追逃追赃高级原则》《二十国集团2017—2018年反腐败行动计划》并在华设立G20反腐败追逃追赃研究中心，取得了重要反腐败成果。[④]在国际反腐败斗争中增强议题设置能力和话语能力。近年来，我国共与法国、意大利等48个国家签署了引渡条约，与美、加、澳、新等59个国家签订了刑事

---

① 公安部．“猎狐行动”五年追逃3317名经济犯罪嫌疑人［EB/OL］．观察者网，https://www.guancha.cn/FaZhi/2017_11_03_433429.shtml.

② 中央纪委监察部．有逃必追 一追到底——写在中央追逃办成立三周年之际［EB/OL］．http://www.ccdi.gov.cn/special/ztzz/ztzzjxs_ztzz/201706/t20170628_101835.html.

③ 中央纪委监察部．关于敦促职务犯罪案件境外在逃人员投案自首的公告［EB/OL］．http://www.ccdi.gov.cn/special/ztzz/ztzzjxs_ztzz/201811/t20181119_183630.html.

④ 新华社．勠力构建国际反腐新秩序——二十国集团杭州峰会取得重要反腐成果［EB/OL］．http://www.xinhuanet.com//world/2016-09/06/c_1119521632.htm.

司法协助类条约，与美国等 42 个国家和地区签署金融情报交换合作协议。[①]在双边、多边合作领域构建起具有中国特色的境外追逃体制机制，强化国际刑事司法合作，破除合作上的法律障碍。

二、十八大以来境外追逃工作取得成绩的原因

在日常生活中，人们常用“万事俱备，只欠东风”中的“东风”来比喻事物发展过程中起决定性作用的关键因素。中国传统文化中，也讲求“顺势而为”。老子在《道德经》中写道：“道生之，德畜之，物形之，势成之。”强调了“势”对事物发展的重要影响。“势”是事物发展过程中所处环境的一种客观状态，是时间和空间的交点，往往对事物的发展起着决定性作用。近年来，国内、国际形势的发展使得反腐败朝着更加有利的方向发展，成为境外追逃可以借助的有利之“势”。

（一）国内方面

党的十八大以来，新一届中央领导集体作出了反腐倡廉，全面推进依法治国的重大决策。在国内、国际两个战场向腐败亮剑，将反腐败斗争向纵深推进，向人民群众表明了对腐败现象“零容忍”的坚定态度，也向国际社会展示了中国政府有腐必反，有贪必究，有逃必追的强大政治决心。一把把“达摩克利斯之剑”高悬于境外潜逃犯罪嫌疑人的头顶之上。

2014 年，中纪委第三次全体会议将“反腐败国际合作”作为主要议题，习近平同志强调：“不能让国外成为一些腐败分子的‘避罪天堂’，腐败分子即使逃到天涯海角，也要把他们追回来绳之以法，5 年、10 年、20 年都要追，要切断腐败分子的后路。”[②] 2014 年 10 月召开的十八届四中全会，通过了《中共中央关于全面推进依法治国若干重大问题的决定》（以下简称《决定》），《决定》旗帜鲜明地提出：加强反腐败国际合作，加大海外追赃追逃、遣返引渡力度。以党的全会公报形式将境外追逃上升到国家层面，在境外追逃乃至反腐工作中尚属首次。

2015 年 9 月 22 日，习近平主席在美国华盛顿州西雅图市出席华盛顿州当地政府和美国友好团体联合举行的欢迎宴会并发表演讲，他指出：“中国将继

① 中央纪委监察部．有逃必追 一追到底——写在中央追逃办成立三周年之际［EB/OL］．http：//www. ccdi. gov. cn/special/ztzz/ztzzjxs_ ztzz/201706/t20170628_ 101835. html.

② 习近平关于“海外追逃”的 11 条意见［EB/OL］．http：//www. xinhuanet. com/politics/2015-08/13/c_ 128125096. htm.

续推进反腐败斗争。中国愿同国际社会积极开展反腐追逃合作。中国人民希望在这方面得到美国支持和配合，让腐败分子在海外永无‘避罪天堂’。”习近平主席的表态不仅是寻求与美国在反腐败领域继续开展务实合作的期待，也是向全世界宣示中国将继续开展反腐败国际合作的政治意愿。

（二）国际方面

境外追逃工作兼具司法性和行政性。在坚持司法公正和司法独立原则的前提下，双边的外交关系也是合作成功与否的重要因素。改革开放以来我国的综合国力极大增强，成为世界第二大经济体，国际地位大幅提高，国际话语权不断提升，塑造国际秩序和维护国家利益的能力不断增强，这些都为实现我国在境外追逃领域的国际主张提供了坚实的现实保障，从而使我国在开展追逃合作时有能力有底气提出自己的要求和主张。反过来，上述合作主张的落实又能进一步促进境外追逃工作。

2014 年 APEC 会议在北京召开，在我国的大力倡导下，会议审议并通过了《北京反腐败宣言》，这是第一个由我国倡议并主导起草的反腐败国际宣言，会议还决定成立亚太经合组织反腐败执法合作网络（ACT-NET）。

在中美、中加、中澳、中斐等双边元首会晤中，习近平主席多次谈及境外追逃工作，加强反腐败执法合作。在 2015 年 5 月访俄期间，习近平主席和俄罗斯总统普京签署了并发表《中华人民共和国和俄罗斯联邦关于深化全面战略协作伙伴关系、倡导合作共赢的联合声明》，加强两国反腐败合作则被写入了联合声明，这是十八大以来中国首次将加强反腐败合作写入双边联合声明。

在党和政府的不懈努力下，反腐败斗争赢得了全党上下和人民群众的一致支持，为境外追逃打下了坚实的国内基础；在国际上也获得了相关国家的理解和支持，凝聚起了反腐追逃的国际共识，为境外追逃工作营造了必不可少的外部环境。可以说，在国内、国际的舆论压力下外逃犯罪嫌疑人已经成为“过街老鼠”。毫无疑问，反腐追逃的巨大声势给外逃犯罪嫌疑人施加了巨大的压力，发挥出了政策的攻心作用，击溃了其侥幸心理的最后一道防线。这三者的共同作用，正是境外追逃得以成功的“势”的保障，渗透到境外追逃工作的方方面面。

从 2013 年“庄园会晤”到 2014 年的“瀛台夜话”，中美两国领导人举行了一系列“没有礼炮、不打领带”的别开生面的会晤，构建 21 世纪中美新型大国关系逐步浮出水面，在两国领导人亲自关心和过问下，中美执法安全合作在两国合作中的地位显著上升。困扰中美双方多年的杨某军案和杨某珠案可谓峰回路转、柳暗花明。在中美两国执法机关和外交部门的密切协作下，外逃美国长达14年的原温州市明和集团公司法人代表兼总经理杨某军被美方强制遣返。杨某军的姐姐，原浙江省建设厅副厅长杨某珠在辗转新加坡、荷兰后，结束长达11年的海外逃亡生涯，于2014年9月被美国移民与海关执法局羁押，并启动了相关遣返程序。美国遣返杨某军案，以及杨某珠被羁押，都是中美合作的大势所致。

相关部门应该乘“势”追击，善于把握我国对外关系发展中的有利时机，集中办理一批有重大影响的疑难案件，以个案合作为突破，巩固双边合作成果。在“乘势”的同时，我们应更加注重主动“造势”。长期以来，美国以“人权”“公平”等普世价值为幌子，在国际上对我国人权状况、司法领域和官员腐败持续攻击，利用其在国际舆论中的优势地位，抹黑我国的国际形象。然而，真正的事实却是以美国为代表的西方发达国家成为我国外逃经济犯罪嫌疑人和外逃贪官的主要目的地，根据来自最高人民检察院的信息，一半以上的中国外逃贪官都集中在美国，还有很多外逃贪官分别在加、澳、英、法、德、荷等发达国家。[①]在我国深入开展国际追逃合作之际，据《纽约时报》2015年8月16日报道，奥巴马政府指责中国追逃人员在美国从事“秘密活动”，借此向中国施加压力。美国的这种态度一方面表明在刑事司法透明公正问题上我国和西方发达法治国家尚有一定差距，但也说明了美国以此为借口干涉我国正常的境外追逃工作。在境外追逃不断走向常态化的今天，我们应主动作为，牢牢把握国际舆论主动权，提高对国际舆论的引导能力，抢占反腐追逃的国际道义制高点，使国际环境朝着有利于我国的方向发展。同时，深入推进司法体制改革，提高司法透明度，重视证据在境外追逃合作中的重要作用和地位，形成国内、国际良性互动的新局面。敢于打硬仗、啃骨头，继续做好杨某珠等案件的后续工作，深挖战果，继续就疑难案件加强国际合作，赢得境外追逃工作的新胜利。

---

① 转引自赵秉志．中国反腐败刑事法治领域中的国际合作［J］．国家检察官学院学报，2010（18）：29.

专题五

国际刑警组织

国际刑警组织（INTERPOL）是全球覆盖范围最大、成员数量最多、代表性最广的国际执法合作组织。百年来，以增进互信协作、促进世界安全为己任，遵循“让世界更安全”的理念，为凝聚世界各国警方共识、深化国际执法安全合作、共同打击犯罪发挥了不可替代的重要作用。作为专业领域的政府间合作组织，截至2018年11月，共有194个[①]成员国，成员国数量已经超过联合国，成为世界上最大的政府间合作组织。

第一节 ‖ 国际刑警组织概述

一、国际刑警组织概况

（一）国际刑警组织的概念与特性

国际刑警组织的愿景是联合全球警察创造一个更加安全的世界，凭借其先进的警务技术和广泛的警务行动支援帮助各国应对21世纪不断增长的打击犯罪的挑战。

其一，国际刑警组织为全球警方提供行动支援。国际刑警组织确保全世界的警察能够通过其提供的工具及服务更有效地工作，并且提供针对性的培训、刑事侦查专家支援、相关专业数据库服务以及安全的加密通信渠道。这些综合的支援使得一线警方人员能够更好地了解犯罪趋势，分析犯罪信息，开展警务行动，最终捉拿犯罪分子。

① 2018年11月20日，在阿联酋迪拜召开的第87届国际刑警组织全体大会上，经投票，接纳基里巴斯、瓦努阿图为国际刑警组织新成员，使其成员国总数达到194个，已经超过了联合国。

其二，中立性是国际刑警组织的生命线。[①] 根据其宪章，其目标是便利国际警务合作，即便特定国家间不存在正式的外交关系，也可以借助其平台开展合作。所有行动的开展必须在各国现存法律框架内并且秉承《世界人权宣言》的精神，其宪章严禁涉及政治、军事、宗教或种族类的案件。

其三，国际刑警组织全球存在。国际刑警组织的总秘书处位于法国里昂，另外有俗称“二总部”的位于新加坡的全球综合创新中心（IGCI），另有7个地区局，以及分别设立在非盟（AU）、欧盟（EU）和联合国（UN）的特别代表办公室（Special Representative offices）。每个成员国都设有国家中心局（NCB）。

其四，国际刑警组织历史悠久，声名显赫，是值得信赖的合作平台。其遍及全球的合作范围以及独特的专业资源和行动能力是执法安全领域无可替代的；其先进的警务理念和尖端警务技术一直是引领世界警务发展的重要驱动力，成为全球执法领域国际合作的通信中心、信息中心和合作中心，成为全球警务行动的协调者，警务理念和警务技术的引领者，犯罪趋势和情报分析的提供者。

其五，来自各成员国的法定会员费构成国际刑警组织的主要收入来源。2016年其收入达到5270万欧元。本组织也受益于成员国的实物（捐赠）支持，包括向国际刑警组织总秘书处借调本国警察官员。2016年，实物（捐赠）支持总值是3320万欧元，其中人员借调占到2000万欧元。

2017年，国际刑警组织的综合收入为1.243亿欧元，包括实物捐助。这包括：经常预算及其他贡献（包括实物）3680万欧元；经常预算成员国法定供款5440万欧元；外部资金3310万欧元；总收入1.243亿欧元。[②]

经常预算（Regular Budget）是指成员国根据成员商定的比例规模支付年度强制性法定缴款，并由大会每年投票一次。成员国的捐款资助了总秘书处及其附属办事机构的运作费用，以及根据本组织的战略和组织优先事项开展的警务、培训和支持活动。

---

① 现任秘书长施托克在其《国际刑警组织2020战略：化愿景为影响力（全球警务倡议）》要点中说：正如《宪章》所珍视的那样，国际刑警组织是一个非政治性组织，为国际警务合作提供中立的平台，即便成员国之间没有正式外交关系，也是它的力量源泉之一。

② 2015年，国际刑警组织的预算赤字为320万欧元。经过两年的财务整顿，国际刑警组织在2017年实现了210万欧元的盈余。2017年，超额法定供款总额为6990万欧元，而2014年为4840万欧元。这一显著增长是由于公共部门资金的增长。参见国际刑警组织2017年年报。

额外的自愿捐款包括货币捐赠和实物援助，还包括借调人员，软件许可以及免费使用设备或办公场所。

外部资金（External funding）是指来自不同部门的外部捐助者的捐款使国际刑警组织能够开展更多的活动，补充经常预算资助的活动。这些捐款与经常预算分开管理和报告，并由专用信托基金（国际刑警组织国际警察合作基金 INTERPOL Fund for International Police Cooperation）或特别账户持有。这笔资金支持事先与提供者已商定的不同类型的活动。

（二）愿景与使命

国际刑警组织的愿景（Vision）是联合全球警方打造更安全的世界。国际刑警组织希望全球每个专业执法机构都能够随时随地通过其加密的通信系统区查询、分享重要的警务信息，并且通过持续不断的创新，提供警务领域应对全球安全挑战的尖端警务技术与解决方案。

国际刑警组织的使命（Mission）是为了实现其愿景，加强警务领域合作与创新，预防和打击国际性犯罪。为此，国际刑警组织为所有执法机构提供尽可能广泛的互助便利，确保全世界的警务机构能够进行安全的通信联络、分享数据信息，并且提供特定优先关注犯罪领域的行动支援。为了提高全球警方有效预防和打击犯罪所必需的知识与能力，国际刑警组织持续开展能力建设，不断在警务领域进行创新。

中国代表在第 86 届全体大会开幕式上表示：迄今为止，我们是全球成员最多的政府间警察合作组织，仍然处于世界警务的核心位置，领导地位和独特作用仍然不可替代。合作共赢、中立包容、专业严谨、自我完善的核心理念和联系全球警察的组织结构，是组织历经百年风雨而屹立不倒的“传家宝”，也是我们迎接新挑战的基石，我们要把它们发扬光大。

秘书长施托克在 2017 年年报序言中表示：“展望未来，国际刑警组织展望未来，我们将在 2017 年取得进展的基础上继续发展，因为我们将继续与成员国携手合作。我们将在已经取得进展的基础上继续发展，与成员国携手合作，通过创新、协作和发展为国际警务开辟新的道路。”①

（三）国际刑警组织价值观

“合作是组织的基因，中立是组织的生命。国际刑警组织是各国警方合作的平台，而不是争夺利益的场所。这是组织的特有优势。我们要像保护生命

---

① Annual Report, 2017 [EB/OL]. https://www.interpol.int/News-and-media/Publications2/Annual-reports2.

一样，保护组织的合作精神和中立性原则，它们使我们能够站在全人类利益的立场上，从而占据道义制高点。它们也是组织团结的基石。国际刑警组织是谁？是全体成员国警方。各个成员国都应站在组织的立场上，自觉排除各种政治因素干扰，自觉排除各种不利于团结合作因素的干扰，维护好组织的大局和根本利益。”①

国际刑警组织人员价值观是引入《2017—2020 战略框架》内的一项新的内容。它直接源自国际刑警组织官员道德规范。2015 年 11 月，执行委员会采纳了该道德规范。作为国际刑警组织的成员而生的荣誉感催生了个体行为准则，而这种准则的发展正是上述道德规范所鼓励的。

国际刑警组织价值观为国际刑警组织的战略和行动提供了一个规范，并且给该组织的工作以启发。要求组织的所有成员皆遵循所述的价值要求，并且把这些价值要求在日常学习和工作中予以践行，以实际行为和表现捍卫这些价值要求。

尊重（Respect）——组织要求其成员在面对警察从业人员和执法官员时，要表现出最大限度的尊重和周到，特别是要认识到警察的存在就是为了保护人民和执行法律。多样性应被视为一项资产。在国际化的大环境下，平和友好的工作环境必不可少，只有通过规制和包容多样化才能获得。

正直（Integrity）——组织要求其所有级别的官员都要合乎职业道德要求。他们必须要表现出诚实、诚信、公正、廉洁和负责。组织致力于在一切行动中保持最高标准的正直、透明和担当。

卓越（Excellence）——为了保持组织的高效率和竞争力，必须要进行专业知识和技能的学习。国际刑警组织工作的质量和可靠度以及信息的贡献度是成功实现组织目标的关键。

团队（Teamwork）——通过交流分享相关信息和珍视每个成员的优点，来鼓励同事们体现团队精神。为培养这种团队精神，组织非常重视团结、专业性的贡献以及同事间经验的分享。

创新（Innovation）——一个不断创新的过程对于激发并维持国际刑警组织成员和合作伙伴的兴趣必不可少。因此，组织鼓励在项目管理、成员需求预期及新服务开发上要有创新意识。鼓励成员的自主创新，以此激发成员的个人成就感。

国际刑警组织官员道德守则中规定的工作人员价值观提供了基于价值观

① 参见国际刑警组织执委会文件 CE-2015-3-DOC-20。

的一般原则，这些价值观除了对强制性规则的必要尊重外，还应引导模范的个人和职业行为。

（四）机构与管理体系（Structure and governance）

在治理主体和法定会议的清晰框架内，国际刑警组织的活动由成员国驱动。其法律背景由《国际刑警组织宪章》（第五条）定义。

1. 战略决策层面（Strategy）

全体大会和执行委员会组成国际刑警组织的治理主体。

全体大会（General Assembly）。全体大会由成员国政府任命的代表组成。作为国际刑警组织的最高决策机构，全体大会一年举行一次，就所有对全局性政策、国际合作所需资源、工作方法、财政及项目方案有影响的重大决定开展讨论并作出决议。

执行委员会（Executive Committee）。大会投票选举产生执行委员会。总的来说，全体大会在形成决议方面采取简单多数的形式。每个参加会议的成员国代表持有一票。

执行委员会每年召开 3 次会议，制定机构政策和工作方向。执行委员会委员本身处于其本国的警务领域的高层，带着他们多年积累的经验和知识，为组织提出建议与指导。它的职责在于：监督全体大会决议的执行；准备全体大会的会议日程；向全体大会提交任何其认为有用的工作计划或项目；监督行政管理工作及秘书长的工作。

执行委员会的人员构成。执行委员会由全体大会选举产生，由 1 位主席、3 位副主席、9 名代表，共 13 位来自不同国家的代表构成。主席的任期 4 年，副主席任期 3 年。他们不可以连选连任同一职位或者执行委员会委员。

主席（Prisendent）。国际刑警组织的主席担任执行委员会主席，由全体大会投票选举产生，任期 4 年。国际刑警组织的宪章要求主席履行下列职责：主持全体大会和执行委员会的会议，并主持讨论；确保本组织的活动遵循全体大会和执行委员会的决议；尽可能地保持与本组织秘书长直接、长期的接触。

2. 战略决策实施机构（Implementation）

国际刑警组织战略决策的日常实施由总秘书处和各国家中心局负责。

（1）总秘书处（General Secretariat）。设在法国里昂，全年 365 天，全天 24 小时，不间断运行。

为了将区域内的警察机构聚集起来，分享经验，处理共同的犯罪问题的价值，总秘书处在全球范围内设立了 7 个区域办公室（regional offices）：阿根廷布宜诺斯艾利斯［Argentina（Buenos Aires）］、喀麦隆雅温德［Cameroon（Yaoundé）］、科特迪瓦阿比让［Côte d'Ivoire（Abidjan）］、萨尔瓦多圣萨尔瓦多［El Salvador（San Salvador）］、肯尼亚内罗毕［Kenya（Nairobi）］、泰国曼谷［Thailand（Bangkok）］、津巴布韦哈拉雷［Zimbabwe（Harare）］。

另外，设在纽约联合国总部、布鲁塞尔欧盟总部、非盟亚的斯亚贝巴（Addis Ababa）总部的特别代表办公室（liaison offices）加强了国际刑警组织在国际舞台上的作用。特别代表办公室与联合国、欧盟、非盟各部门及其下属各机构密切合作，共同履行预防和打击跨国犯罪的使命，共同努力提高区域及全球的安全。

为了进一步加强在世界各地的实质性存在，国际刑警组织在新加坡设立了国际刑警组织全球综合创新中心（IGCI，正式成立于 2015 年 4 月）。以全球综合创新中心为中心开展的工作包括针对犯罪鉴定及对罪犯身份识别技术的研究与开发，基于创新的能力建设，以及全天候的警务行动支持。

（2）国际化的工作人员。在总秘书处及区域性办事处有来自约 100 个不同国家的工作人员，其中有许多是从他们本国的行政管理机构借调或者借用（seconded or loaned）来的执法人员，这反映了成员的多样性。在世界各地区建立这样的联系确保了国际刑警组织能够为任何有需要的地方提供更好的支持。

职员们用本组织的 4 种官方语言开展工作：阿拉伯语、英语、法语和西班牙语，国际刑警组织还开发了新的工具、数据库和服务来帮助各成员国打击各类犯罪活动，鼓励国家中心局之间的交流与合作。

（3）国家中心局（NCB）。在每一个成员国的核心城市都设有一个国家中心局，将各国警察机构与国际刑警组织的全球网络连接起来。国家中心局通常是该国国家警察机构或调查机构的一个部门，并作为国际刑警组织在该国所有现场工作活动的联络点。

各国家中心局是国际刑警组织的命脉，他们配有训练有素的警官，为国际刑警组织的犯罪数据库作出贡献，在跨境调查、行动及逮捕人犯方面开展合作。

鉴于有组织犯罪的跨国性质，各国国家中心局越来越以区域性合作为基础。在世界各地区，成员国将各自的资源和专业技能整合起来，成功地干预、打击了各自受影响最大的犯罪领域——从打击南美洲的假冒和盗版商品，到打击在亚洲的非法赌球行为和非洲的象牙走私活动。

在过去的十几年中，各国国家中心局在打造国际刑警组织的活动和计划中变得更积极。开始于 2005 年的国家中心局局长联席会议提供了一个建立合作关系的独特论坛，可以通过这一论坛分享信息，寻找应对共同挑战的解决方案。

3. 监督层面（Oversight）

顾问（Advisers）。顾问由德高望重的专家组成，由执委会推荐，经全体大会确认。

档案管理委员会（Commission for the Control of Files，CCF）。确保个人数据的处理，如姓名和指纹等符合国际刑警组织相关规则。为保护个人的基本权利和各国警方之间的国际合作，这一工作是在清楚定义了的法律框架内开展的。

该委员会是一个独立的监督机构。它根据一系列的正式规则和文件开展工作，并有3项主要职能：（1）监督本组织的数据保护规则在国际刑警组织处理个人数据时的应用；（2）就有关个人数据处理的任何行动或项目向本组织提供建议；（3）处理查阅国际刑警组织文件的申请。

有4项权力：

（1）独立权。履职过程中不得向任何个人或机构请教，也不得接受任何个人或机构的指示。

（2）访问权。对国际刑警组织处理个人信息的系统享有最高访问权，不受地域、形式或介质的限制。

（3）质询权。可向总秘书处质询并要求听取其代表的陈述，也可向相关国家中心局或其他相关信息来源方，甚至执委会质询有关情况。

（4）检查权。在处理请求过程中，可随时进行抽查，总秘书处应积极配合，提供其需要的信息或允许其查阅相关文件。

2008年，国际刑警组织全体大会通过投票修订了宪章，将档案管理委员会纳入国际刑警组织的内部法律架构，从而确保了它作为本组织官方机构的独立性。

（五）总秘书处

总秘书处是国际刑警组织的常设行政管理和协调机构，负责该组织的日常事务，并协调各成员国之间以及国际刑警组织与其他国际组织之间的联络与合作。

国际刑警组织现任秘书长为德国籍的于尔根·施托克（Jürgen Stock）。总秘书处下设办公厅（Cabinet，CB）、法律事务办公室（Office of Legal Affairs，LA）、战略规划局（Strategic Planning，SP）等直属机构。同时，总秘书处在联合国总部和欧盟总部、非盟总部也分别设有国际刑警组织特别代表处（Special Representatives to UN/ EU &AU）。

二、战略优先事项（Priorities）

（一）战略优先

《2017—2020 战略框架》（*The Strategic Framework* 2017-2020）（见图 5-1）为国际刑警组织的全球行动规划了路线图。包含组织愿景、使命、价值观、目标和任务等，规划确保其所有活动得到优化、执行和评估。

设定四年周期的战略规划框架是由最高决策机构全体大会审批确认的。国际刑警组织的战略框架设定一定时期的优先事项和目标。它提供了专注且有效的架构，以指导国际刑警组织在此期间的项目和活动，并报告进展和成果。

例如，2013 年 10 月，国际刑警组织第八十二届全体大会通过了 2014—2016 年战略框架。该框架包含 4 项战略性的优先事项和 2 项全局性的优先事项。这些优先事项与国际刑警组织的愿景和使命是一致的，也反映了 21 世纪国际警务的动态环境和挑战。

（二）战略目标（Strategic goals）

1. 战略性优先事项

全球加密警务信息系统。国际刑警组织运行的全球加密警务信息和支持系统连接所有 194 个国家中心局（NCB），以及其他经授权接入此系统的执法机构和战略合作伙伴，使他们能够即时访问、请求和提交重要数据。国际刑警组织致力于使这些工具和服务在未来更高效、更有效。尤其注重维持并加强为所有成员国服务的基础设施（国际刑警组织加密云，INTERPOL Secure Cloud），同时确保尽可能多地接入其产品。国际刑警组织也将重点关注数据共享以及国际刑警组织和其他系统之间的互通性。

全天候警务及执法支持。国际刑警组织为成员国提供全天候的支援和广泛的行动协助，包括紧急情况和危机应对。致力于进一步缩短反应时间，后续跟进行动，提高应对的综合性。

在支持各国家中心局的发展和能力建设，支持由指挥协调中心提供的服务，新的调查专业技能的开发，以及各专业紧急事件应对小组的派遣、重大活动安保事务、灾害受害者身份识别的过程中，国际刑警组织始终围绕着自己的目标和活动。

创新、能力建设和研究工作。国际刑警组织致力于加强在执法培训领域提供工具和服务，致力于提高国际警务和安全基础设施的标准。将继续提供高级培训和技术协助，充分利用执法专业技能和资源。

国际刑警组织将发展警务和安全事务方面的专业认证、鉴定和标准，并

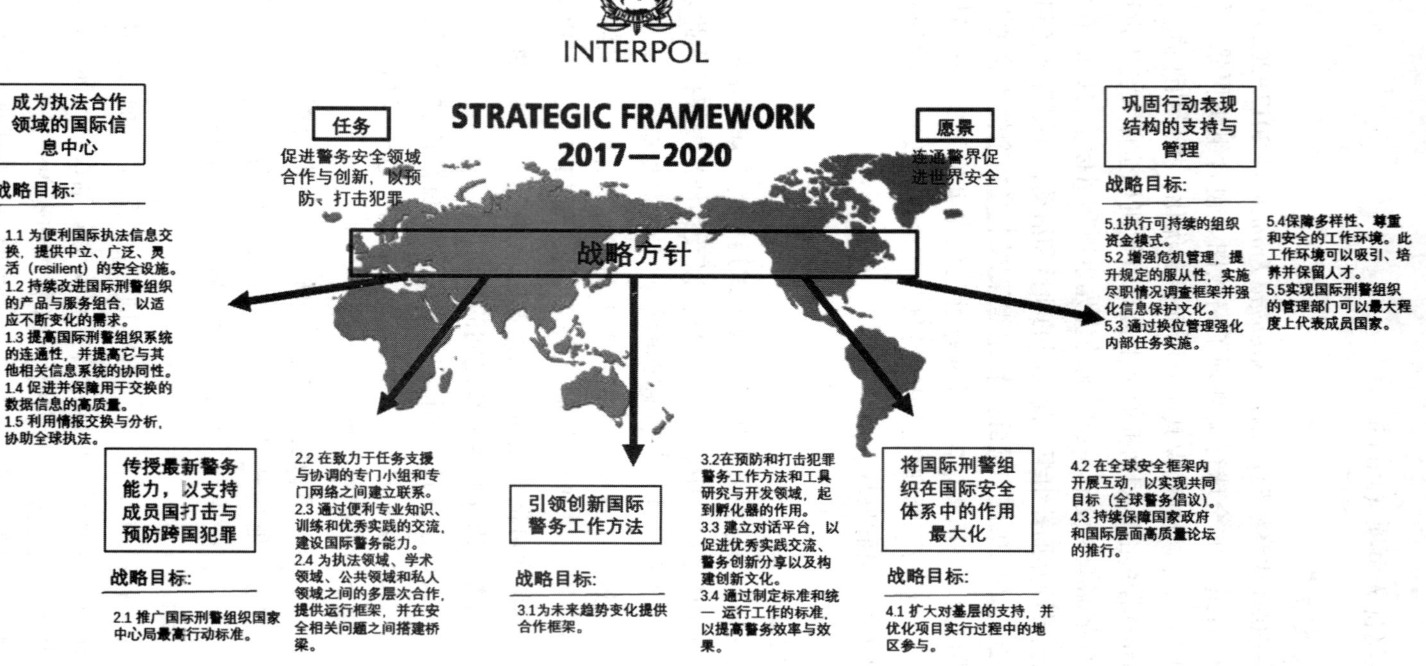

图5-1　国际刑警组织2017—2020战略框架

以提供网络犯罪培训和数字取证协助的形式支持执法人员处理新型犯罪。此外，在安全问题方面，将寻求增加更多的合作伙伴，开展更多的研究和创新，在冲突后区域和高风险区域持续加强能力建设方面的努力。

协助确定犯罪和鉴定犯罪人员身份。国际刑警组织提供最高质量的数据库服务，分析能力及其他创新型工具，在预防犯罪、逃犯及逮捕跨境犯罪人员身份识别、定位及逮捕方面予以协助。国际刑警组织的目标是进一步改进犯罪信息数据库，更好地支持数据库的整合，以及改进分析、调查的手段和机制。

国际刑警组织将围绕提高数据库信息的质量和数量、向成员国提供行动上专业的调查支援、发展全球性的综合性边界管理、提供一个基于技术应用的包括网络犯罪及各类威胁在内为中心设定目标，开展活动。

2. 全局性优先事项

确保本组织的健康和可持续性。国际刑警组织将加强组织健康和各类支援机制，以确保核心产品和服务的有效供给。在这方面的一个关键举措，是自 2014 年 9 月于新加坡实施的国际刑警组织全球综合创新中心。国际刑警组织还致力于改善人力资源战略，以最大限度地吸引和留住人才，同时促进多样性是国际刑警组织的关键实力之一。与不断发展的筹资模式一致，国际刑警组织将继续与有关伙伴合作，无论私营还是公共的，同时确保本组织的安保措施到位，以保护组织的透明度和独立性。

巩固制度性框架。国际刑警组织认识到有效治理机制的重要性，制定本组织的战略和地域拓展的需要，并找到创新的解决方案以补充国际刑警组织的资金。在这种情况下，一个全面综合的沟通策略对提高国际刑警组织的公众形象和大众对本组织的了解起着重要作用。这一制度性的努力需要坚实的法律基础。国际刑警组织将继续作出努力，加强其国际活动的法律稳定性和基础工作。最后，国际刑警组织进一步强调与其他国际组织建立合作网络的重要性。

3. 战略目标清单

（1）成为全球执法机构开展合作的信息枢纽（hub）。警务信息的交换是国际刑警组织任务的核心。国际刑警组织管理着安全的通信沟通渠道，连接所有成员国的国家中心局，以及其他授权的执法机构和合作伙伴，并提供对一系列刑事犯罪数据库的访问。

国际刑警组织一直在努力加强技术基础设施的建设，拓展对其服务产品访问的渠道，并实现与其他相关信息系统的交互操作性。支持成员国提高交换数据的质量并进行分析，以使执法机构能够作出明智的战术、行动或战略决策。

（2）提供最先进的、最高水平的警务能力（policing capabilities），支持成员国预防和打击跨国犯罪。大量的警务能力建设项目，如刑事鉴定和培训是国际刑警组织打击犯罪全球行动计划（反恐、网络犯罪、有组织和新兴犯罪）的基础。国际刑警组织力求成为全球、区域和国家执法工作的催化剂。

特别是国际刑警组织直接与国家中心局和专门机构合作，也通过多学科小组，成为公认的提供专业知识、促进最佳实践交流、举办专业培训的中心。最终，这些功能将结合起来，提供最佳的运营结果。

（3）引领全球警务创新。国际刑警组织致力于增强其提供的工具和服务，并作为研究和开发国际警务解决方案和标准的孵化器。努力确保创新成为其工作文化的一部分，并在本组织的各个层面得到维护。国际刑警组织强化作为全球警察智库和专家级交流论坛的角色，关注重点是未来趋势和战略远见。

（4）最大限度发挥国际刑警组织在全球安全架构中的作用。该目标旨在弥合全球安全架构中的信息鸿沟，加强相关部门和实体之间的合作，提高对国际刑警组织计划的政治意识和支持。

国际刑警组织力求围绕共同的安全目标联合国际社会，加强区域和基层层级的方案和能力的实现，以实现这些目标。这也可能需要加强本组织的法律基础，以便更有效地提供服务。

（5）整合资源和治理结构，以提高运营绩效。为了适应不断变化的执法环境，国际刑警组织将继续使本组织的结构和流程现代化，以确保有效提供资源和服务。

国际刑警组织将致力于为本组织实施可持续的筹资模式，解决组织层面的风险，促进变革管理，促进可持续的人力资源战略，以及重新评估我们的治理框架。

三、名称与标识

（一）正式名称和缩写

国际刑警组织的正式名称是“ICPO - INTERPOL”。官方简称“ICPO”代表“国际刑事警察组织（International Criminal Police Organization）”。法语缩写是“O. I. P. C.（法语正式名称 Organisation Internationale de Police Criminelle 的缩写）”。

“INTERPOL”是“international police（国际警察）”的简写，并在 1946 年用作电报挂号。1956 年之前，本组织被称为国际刑事警察委员会。

（二）徽章

本组织徽章自1950年起开始使用，包括以下要素：

一个地球的标志，表明国际刑警组织的活动范围是全世界；地球两侧的橄榄枝象征和平；在地球的下面，橄榄枝的中心位置是本组织简称“INTERPOL”；地球的背后是一把垂直的剑，象征着警察的行动。地球上方剑的两侧分别有本组织的缩写“OIPC”和“ICPO”；橄榄枝下的天平象征正义。

图5-2　国际刑警组织徽章

（三）旗帜

图5-3　国际刑警组织旗帜

旗帜自1950年沿用至今；以浅蓝为底色；徽章在正中间；四条闪电对称地设置在徽章周围，象征电子通信和警察行动的迅速。

（四）国际刑警组织独特标志的保护

作为国际组织，国际刑警组织独特的标志受1883年签订的《保护工业产权巴黎公约》的保护。根据此公约第六条，被国际刑警组织大部分的成员国批准，签署国同意对未经授权的在政府间组织及国家名称及缩写中、盾形纹章、旗帜及其他徽章中使用的国际刑警组织的标志及缩写不予注册并禁止其使用。

另外，本组织的徽章和“INTERPOL”这一名称已经注册为欧盟和美国的商标。

（五）使用国际刑警组织标志的授权

根据国际刑警组织名称、缩写、徽章和标志使用指南的规定，其他组织只有在特殊的情况下，出于推广宣传的目的，并受到某些条件的限制下，方可得到允许使用国际刑警组织的名称和标志。

使用本组织标志的授权限于以下范围：授权给特定的，经过确认的项目使用；授权使用持续的时间明确；授权使用标志不意味着赋予任何专属权力。

国际刑警组织的标志不得修改或改变，并且在适当情况下，使用本组织标志的媒体（文件、电影等）在发布之前必须要向组织请求批准。当发现该项目有可能损害国际刑警组织的声誉或形象，本组织将会自动撤销对使用本组织标志的批准。

在一定情况下，如当本组织与其他组织、部门或警察机构共同组织某一次活动或发行某一个联办项目出版物的时候，国际刑警组织的标志可以与第三方的标志一起使用。

第二节 ‖ 国际刑警组织总秘书处机构设置及职能

国际刑警组织总秘书处现有警务服务部（Executive Directorate Police Services，EDPS）、资源管理部（Executive Directorate Resource Management，EDRM）、战略管理部（Executive Directorate Strategy & Governance，EDSG）、全球综合创新中心（Executive Directorate INTERPOL Global Complex for Innovation，IGCI，简称“第二总部”）四大常设机构，以及法律事务办公室（Office of Legal Affairs，OLA）、国际刑警 2020 战略部（INTERPOL 2020）、内部审计办公室（Internal Audit，INA）、数据保护办公室（Data Protection Office，DPO）、企业团体合作审查办公室（Due Diligence Office，DDO）等 5 个直管部门。

秘书长（Secretary General）是国际刑警组织总秘书处首席专职官员，负责监督国际警务合作的日常工作，以及执行大会和执委会的决定。秘书长由全体大会选举任命，任期 5 年，可连任。现任秘书长斯托克（Jürgen Stock）当选于 2014 年 11 月摩纳哥（Monaco）国际刑警组织第 83 届大会。斯托克就任后，积极推动国际刑警组织总秘书处机构改革，合并、削减职能部门，缩紧财务开支。

一、四大常设机构

（一）警务服务部（Executive Directorate Police Services，EDPS）

警务服务部负责国际刑警组织所有警务活动和犯罪数据库事务，下设 5 个部门：

1. 支持办公室（EDPS Support Office，EDPS SO）

办公室的主要职责为：一是协助总体经营管理警务服务部的协调、组织、培训和行政事务；二是协助监督和跟进具体项目和警务活动的执行；三是为警务服务部主官及管理层提供政策建议；四是协调监测与欧洲警察署（EUROPOL）的合作和信息交流；五是准备警务服务部的各类发言、演讲和具体项目研究。

2. 反恐怖司（Counter-Terrorism，CT）

反恐怖司的主要职能是打击恐怖主义威胁，下设 3 个部门：恐怖分子网络局（Terrorist Networks Sub-Directorate）、海洋安全局（Maritime Security Sub-Directorate）、核生化等易受攻击目标局（CBRNE[①] Vulnerable Targets）。

3. 全球拓展与地区支持司（Global Outreach & Regional Support，GORS）

全球拓展与地区支持司的主要职能是支持、提高成员国的专项能力，包括：支持、协调中心局工作；协调国际刑警组织地区局和曼谷联络处；协调区域内合作协议的执行；执行区域会议和项目方案的执行。目前，该司下设非洲、美洲、亚太地区、欧洲、北非和中东 5 个局，阿比让、布宜诺斯艾利斯、哈拉雷、内罗毕、圣萨尔瓦多、雅温得 6 个地区局，以及曼谷办事处。

4. 行动支持和分析司（Operational Support & Analysis，OSA）

行动支持和分析司的主要职能为支持执法人员“实时”（Real Time）应对国际性犯罪。这种支持包括 7×24 小时调查、危机应对、警方取证、生物识别技术、新的识别技术、警用数据和信息管理、逃犯调查支持、边境管理和重大体育赛事的支持等。该司下设 4 个局和 3 个项目团队。

（1）指挥和协调中心（Command and Co-ordination Centre，CCC）。负责连接总秘书处和所有 192 个成员国及地区办事处的国家中心局，它支持包括重大活动和紧急事件响应。

（2）追逃调查支持局（Fugitive Investigative Support，FIS）。旨在减少为逃避法律惩处、在世界各地自由流窜的“红通”逃犯数量。

（3）警务数据管理局（Police Data Management，PDM）负责警用数据库的专业化管理，处理国际合作请求（通告，Diffusions）并发送到秘书处，开发数据库应用连接服务，向成员国提供现代化数据库功能。

（4）警务取证局（Police Forensics，PF）负责维护枪支、指纹、DNA 图

① CBRNE 是核生化和高爆炸药的专用缩略语 Chemical，Biological，Radiological，Nuclear and Explosives（CBRNE）。

谱和面部识别数据库，协助各成员国警察连接世界各地的犯罪分子和犯罪现场。此外，该局还提供培训和援助前线人员灾难受害者鉴定工作（DVI）。

（5）边境管控工作组（Integrated Border Management Taskforce，IBMTF）致力于建立国际刑警组织集中的边境管理活动、专项行动或项目。IBMTF 协助建立机构、协调参与机构和团队之间的培训和专项行动等。

（6）I-Checkit 项目组。该项目允许航空公司、银行、酒店、邮轮客户旅行证件信息与 SLTD 和 TDAWN 数据库进行筛选比对。该项目目前处于试点阶段，而且将继续进行测试直至完成评估。评估后该项目将成为国际刑警组织的核心服务之一。该项目也将广泛用于产品安全信息来帮助确定诸如电子产品、奢侈品、医药、烟草等产品是否为伪造的、是否非法进口或未经授权销售的。这项服务将在全球范围内通过一个用户友好的 Web 或移动应用程序进行使用，目前仍在开发中。

（7）"体育场"（STADIA）项目组。该项目由卡塔尔资助、国际刑警组织建立，旨在创建一个优秀和良好的实践平台，帮助国际刑警组织成员国在规划和执行重大体育赛事时进行安全准备。该项目期限为 10 年，项目最终将终止于卡塔尔 2022 足球世界杯。

（二）资源管理部（Executive Directorate Resource Management，EDRM）

主要负责支持组织的日常活动，通过提供基础设施和所需的服务，以确保有效地运作。下设 5 个机构：

1. 国际刑警组织旅行证件组（INTERPOL Travel Document Initiative，IT-DI）

国际刑警组织旅行证件组负责管理国际刑警组织护照的制作、使用和确认。国际刑警组织护照目的是为各成员国提供快速援助，促进国际官员利用国际刑警组织平台执行公务。

2. 国际刑警组织文件管理委员会（Commission for the Control of INTERPOL's Files，CCF）

国际刑警组织文件管理委员会是独立于国际刑警组织的部门，负责监控既定数据保护规则在国际刑警组织处理个人信息资料中的应用；向有关涉及个人信息处理方面的业务或项目部门提供建议；处理访问国际刑警组织文件的请求等。

该委员会由 1 名数据保护专家、1 名电子数据处理专家及 5 名律师共 7 人组成，任期 3 年，由全体大会选举产生。国际刑警组织赋予该委员会审核红色通报的权力，是维护自身利益的需要，为有关个人提供相对独立的投诉和救济渠道，对"红通"申诉进行更加严格规范的审核，目的是减少组织被诉上法庭的风险。

3. 财务和支持服务管理司（Financial & Support Service Management，FSSM）

财务和支持服务管理司主要负责支持国际刑警组织的财务和支持服务管理活动，为组织提供基础设施和所需的服务，确保组织有效运作。

4. 人力资源管理司（Human Resource Management，HRM）

人力资源管理司主要负责国际刑警组织招聘、人事管理、工资和时间管理、健康/人寿保险和退休金计划、员工福利、员工规章制度和政策的执行。

5. 信息系统与技术司（Information Systems & Technology，IS）

信息系统与技术司的职能是制定和实施组织的信息管理战略，向国际刑警组织内部和外部用户（包括成员国）推广使用国际刑警组织工具和数据库，并确保数据和信息的安全。下设 3 个局和两个部门。包括：

（1）应用局（Applications Sub-Directorate，IS/APP）。包括两个部门：开发项目，IT 项目和产品。

（2）运行局（Operations Sub-Directorate，IS/OPE）。包括基础设施和全球支持两个部门，负责配置、管理和维护国际刑警的核心技术基础设施，统一管理内部和外部的用户支持系统。

（3）服务局（Services Sub-Directorate，IS/SVC）。负责促进和开发国际刑警组织在成员国和地区及国际组织中的服务项目。

（4）安全质量和总司服务局（Security，Quality & Directorate Support，IS/SQDS）。负责信息安全和风险管理，以及 IT 合同、预算和报告，还负责 IT 采购联络员等事务。

（5）工程办公室（Engineering Office，ENGO）。负责 IT 架构战略发展、标准等，确保 IT 产品遵照 IS 的战略标准。

（三）战略管理部（Executive Directorate Strategy & Governance，EDSG）

该部门于 2015 年成立，旨在为秘书长和成员国在战略和治理方面提供统一支持，并提高其组成单位之间的协调、沟通和灵活性。主要职能：一是就政策、战略、沟通和治理方面的问题向秘书长提供意见；二是管理秘书长的日程安排和信件；三是准备秘书长的简报和演讲；四是领导与战略规划“国际刑警组织 2020”和风险管理；五是监测主席和执委会的关系；六是提高组织的活动和关键信息的意识，使不同群体使用同一通信渠道；七是协调法定事件和贵宾访问；八是监测国际刑警组织与非洲联盟、欧盟和联合国之间的关系；九是通过全球推广确定合作伙伴和融资机会。下设 9 个机构：

1. 内阁（CABINET）

内阁的角色是支持秘书长日常工作，协调相关决定的作出、任务执行、贵宾访问等，并负责协调组织高级管理人员和成员国的沟通。

2. 新闻办公室（Communications）

旨在提升国际刑警组织活动信息的发布和宣传组织意识。包括媒体发布、多媒体产品和创新、出版物、预防犯罪运动 4 大子部门。

3. 协议、会议和语言服务（Protocol，Conferences and Language Services，PCLS）

负责协调所有会议（大会、地区性会议、NCB 中心局首脑会）和会议后勤保障工作，包括处理会议和活动要求。

4. 项目办（Project Portfolio Management Office，PPMO）

负责集中了解所有正在进行的项目和举措，确保监测和支持决策。

5. 战略规划/国际伙伴发展（Strategic Planning / IP&D，SPD）

负责细化国际刑警组织规划过程，加强其战略规划能力，确保年度计划更好地调整以适应成员国需求的优先事项。此外，还负责执行发展战略架构、重要活动的研究和分析，支持国际刑警组织围绕组织使命进行执行、管理和决策。该部门为未来战略分析和发展提供重要的执法支持工具。

6. 国际刑警组织欧盟特派代表（SRIEU）

国际刑警组织欧盟特派代表于 2008 年正式派驻欧盟。其职能为提高国际刑警组织对欧盟机构和参与执法活动的管理机构的知名度；促进与欧盟在执法领域的合作，以避免重复；在欧盟论坛上的特权合作伙伴，参与欧盟与执法有关的举措；管理欧盟资助的项目。

7. 联合国特派代表（SRIUN）

国际刑警组织驻联合国特别代表处位于纽约，于 2004 年 11 月开始办公，作用是提高国际刑警组织的影响力，与联合国确定共同利益的领域，并探索与联合国的合作机会，研究战略优先事项等。

8. 非洲联盟特派代表（SRIAU）

旨在提高国际刑警组织在非洲的影响力，与非洲联盟确定共同利益领域、发展合作机会。

9. 国际刑警组织基金联络处（Liaison Office to the INTERPOL Foundation，LOIF）

主要负责加强国际刑警组织基金和国际刑警组织总秘书处的联系。

（四）全球综合创新中心（INTERPOL Global Complex for Innovation，IGCI）

1. 执行主任（Executive Director）

前任执行主任为中谷昇（Noboru NAKATANI，日本政府借调官员），其任期至2018年年初结束。

2. 执行办公室（Executive Office，EO）

执行办公室旨在辅助执行主任的管理工作。此外，执行办公室还可代表执行主任参与国际刑警组织内部或外部会议。其主要职责：一是制定创新中心的相关策略和政策；二是管理和监督IGCI业务计划和项目活动；三是协调执行主任的内部和外部事务；四是代表执行主任出席内部或外部会议；五是管理和监督IGCI的交流和出版物；六是执行特殊的任务和项目。

3. 网络犯罪司（Cybercrime Directory，CD）

根据国际刑警组织2020战略，网络犯罪司主要承担打击网络犯罪职能，其下设网络汇聚中心、网络犯罪调查局。

网络汇聚中心（CFC）承担涉网情报的汇总和梳理分析工作，其将情报划分为网络犯罪和网络辅助犯罪，并由下设两个分中心分别处理。主要职能为收集汇聚各类网络安全威胁数据，研究分析新型网络犯罪模型，帮助各成员国发现和应对新型网络犯罪。

网络犯罪调查局（DIS）下设调查处、培训处和战略拓展处。主要职能为：一是指导、协调成员国开展网络犯罪调查工作。包括搭建跨区域打击网络犯罪执法合作平台、指导协调跨国（地区）网络犯罪的侦查打击工作、增进区域合作交流及其他案件和专项的支持和协调工作；二是为成员国提供应对网络犯罪能力评估、国际性和地区性培训等活动，提高各成员国打击网络犯罪的能力；三是在应对跨国（地区）网络犯罪领域发掘并建立合作伙伴关系，制定应对网络犯罪中长期发展战略，协助成员国规划打击网络犯罪领域行动指南，为成员国提供预防和打击网络犯罪长期战略支持服务等。

4. 创新中心（Innovation Centre，IC）

创新中心专注于涉警务的高科技研究和创新工作。下设预见和解决局（F&S）承担国际刑警组织全警务的创新和科技研究工作。其下设研究处主要从事涉警务科技的创新工作，现研究课题有比特币、暗网、无人机等前沿科技领域，其研究成果将为国际刑警组织成员国全警种提供技术预见和解决服务。

数字取证实验室（DFL）原隶属于网络犯罪中心，现从网络部门中整体迁移出来，旨在为国际刑警组织成员国全警种提供取证技术和培训支持。

5. 能力建设培训司（Capacity Buildingand Training，CBT）

能力建设培训是国际刑警组织的核心战略目标之一，该司旨在通过各种形式的警务培训以全方位提高成员国的警务能力。培训内容的设定多是依据成员国在警务执行方面面临的挑战及所需要的知识和技能，广泛提高和缩小各国家和地区之间的警务能力、国际执法合作的差距。能力建设培训司因其项目众多、资金充足，其在国际刑警组织促进国际警务合作的总体工作中发挥着重要作用。

主要职能：一是中心局能力建设。国家中心局是国际刑警组织连接各国执法机构的核心机构，中心局能力建设旨在提高中心局对国际刑警组织数据库、工具、法律规定以及各项服务的理解和使用，以提高中心局在国际执法合作中的作用。二是能力建设培训研究和培训机构与课程认证。为成员国设计、规划、制定和认证针对执法人员和相关受益人的有针对性的、标准化的能力建设。这些培训既包括国际刑警组织工具和服务模块化培训，还包含专门犯罪领域培训方法等。三是针对国际刑警组织总秘书处工作人员的职业发展培训。包括对国际刑警组织职员（合同制和政府借调职员）的能力培训建设，如入职基础培训和管理层培训。

6. 其他部门（隶属于 EDPS 部门，在 IGCI 办公）

（1）亚太地区事务局（ASP）。指导和协调亚洲及南太平洋地区中心局的警务协作事务；为本区域各中心局提供行动支援和推动日常联络；协调与区域间执法合作组织的合作协议的拓展和执行；监督指导区域中心局长会议等有关提议的落实，组织地区会议及其他会议等。我国派驻人员姜水曾担任该局局长。下设 3 名地区专员。

（2）指挥控制中心（CCC）新加坡分中心。协调里昂总部和布宜诺斯艾利斯两个分中心 7×24 小时无缝衔接指挥控制中心事务。

（3）非法物品及环境安全局（ILM）。旨在应对跨国非法物品交易及环境犯罪等事务。该部门将陆续搬迁至创新中心办公，目前已有部分人员搬迁完毕。

（4）犯罪情报分析（CAS）。隶属于 EDPS 项目支持司（Operation Support）。目前，该部门的犯罪情报分析员在 IGCI 办公。

（5）曼谷办事处（LOBANG）。配合亚太地区事务局协调亚太地区警务合作事务。办公地点位于泰国警察总部大楼内。

（6）全球健康安全事务处（Global Health and Safety）。目前该部门犯罪情报分析官在 IGCI 办公。

(7) 大型运动项目官（Group Major Sport Events）。目前该部门专业项目官员在 IGCI 办公。

二、五个直管部门

(一) 法律事务办公室（Office of Legal Affairs，OLA）

法律事务办公室主要承担为总秘书处及下辖机构提供实质性的法律意见的职责，是国际刑警组织任务执行、管理运作等法律方面的指导监督机构，负责组织内部的所有法律问题。此外，还负责围绕加强国际执法合作、保护特定数据等重点问题制定、修改国际刑警组织法律程序。由总法律顾问为大会、执委会、主席、秘书长和管理层提供战略和专家指导意见，确保所采取的决策具有可行性，以避免或减少组织的风险。其下设机制事务、风险冲突预防、数据保护项目三个部门。

(二) 国际刑警 2020 战略部（INTERPOL 2020）

该部门由斯托克就任后设立，旨在围绕国际刑警组织 2020 战略，协调推动各业务部门依据战略目标实施具体项目。

(三) 内部审计办公室（Internal Audit，INA）

任务是为国际刑警组织提供保证和咨询活动，其主要目的是向秘书长报告有关该组织的活动情况，确保国际刑警组织的计划实施或有效地使用资源，合理使用成本。

(四) 数据保护办公室（Data Protection Office，DPO）

旨在对国际刑警组织数据进行风险控制和管理。依照国际刑警组织数据处理规章（RPD）等相关法律规定，对国际刑警组织数据的正确运营、组织、渠道等进行监督管理，并负责在组织内部宣扬数据保护文化。该办公室直接向秘书长汇报。

(五) 企业团体合作审查办公室（Due Diligence Office，DDO）

旨在评估来自私营企业和部门的外部贡献是否符合国际刑警组织价值观。该部门确定和判断与私营机构合作是否存在影响组织形象和声誉的潜在风险。国际刑警组织内部的任何部门如果想发展与私营机构的合作，必须按照相关流程呈交该部门处理。

三、综合创新中心成立的背景及意义

(一) 背景

为应对现代化犯罪的新挑战，研究发展打击犯罪的新手段，增强全球警

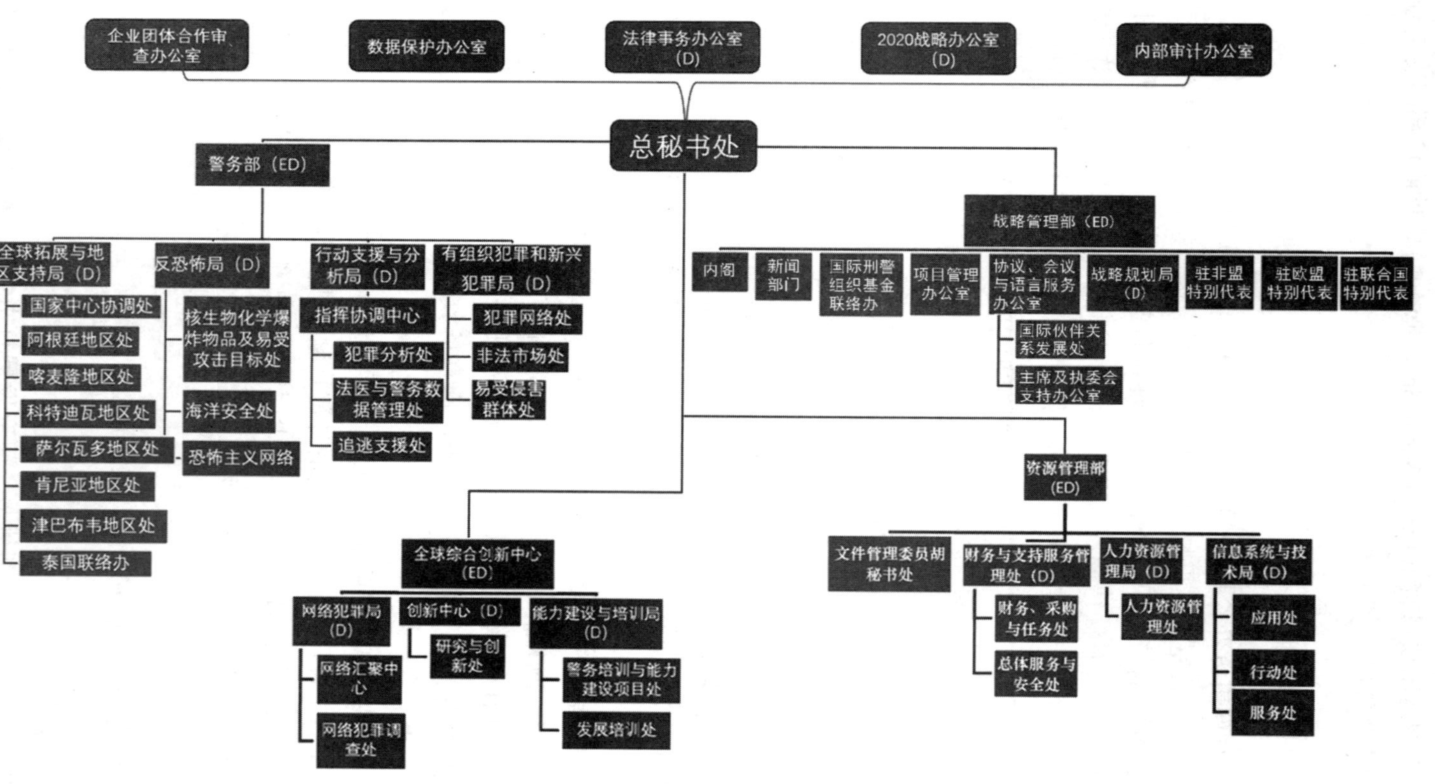

图5-4 国际刑警组织直管部门架构图

务合作的能力并确保其在世界警务发展中的引领地位，2009 年年底，国际刑警组织执委会提出了在亚洲设立第二总部的设想。通过时任国际刑警组织主席、新加坡警察总监邱文晖（KHOO Boon Hui）从中积极推动，2010 年 11 月，在卡塔尔多哈举行的第 79 届全体会议上，新加坡政府表示将为第二总部免费提供全新办公场所，大会决定第二总部将落户新加坡。

2011 年，第二总部正式命名为“国际刑警组织全球综合创新中心”（INTERPOL Global Complex for Innovation，IGCI，简称第二总部）。2011 年 2 月 11 日在新加坡举行了第二总部奠基仪式。2012 年 1 月 16 日，来自日本的中谷昇（Noboru Nakatani）被任命为第二总部的首任执行主任，任期 3 年，任命从 2012 年 4 月生效。中谷昇是日本警察厅长官的特别助理，兼日本警察厅跨国有组织犯罪办公室主任，曾担任国际刑警组织总秘书处信息系统和科技处主任。

总秘书处曾就全球综合中心的选址问题做过内部评估，综合考虑诸如行动领域扩展、全球经济与地域政治发展趋势以及未来综合中心需要建立在科技、创新环境成熟的区域等因素后，确定亚太地区为最合适的区域并最后确定将全球综合中心组建于新加坡。中心大楼的最终选址确定为新加坡的使馆区，周边有完备的生活、医疗、休闲与公共交通设施。中心大楼结构设计为 7 层，预计可以容纳 300 余人同时办公。大楼的设计具有现代创新气息，在材料、能源、环保等方面均采用最高环境标准。中心大楼具有防爆设计，安装了高端进出人员及车辆监控系统，楼内还有紧急避险室，确保了大楼对安全方面的最高需求。考虑到中心大楼所处区域发达的公共交通设施，大楼仅预留 48 个停车位。

（二）功能定位及重点工作领域

根据大会决议，第二总部的组建目的是支持和辅助总秘书处处理全球事务，更有效地应对跨国网络犯罪等新型犯罪的新挑战，积极发展打击犯罪的新手段，切实增强全球警务合作能力和服务实战能力。第二总部将凭借高科技手段和亚洲的地缘优势，帮助国际刑警组织努力提高在高科技侦查方面的领先地位和全球行动支援能力。此外，第二总部还将与公共及私人机构展开广泛合作，以便向国际刑警组织成员国提供更全面的服务。

第二总部的功能设定为三方面：引领刑事技术（包括法医科学、数据库功能、犯罪与罪犯识别技术等方面）的发展与创新；解决技术以及创新能力培养方面的培训需求；增强国际刑警组织对全球警务行动全地域、全时段的无缝支援能力。

第二总部工作的重点领域：

第一，除了在突发或群体性事件中快速提供专业力量支援，第二总部还将在打击造假犯罪、亚洲有组织犯罪及环境犯罪等方面发挥积极作用；

第二，在打击网络犯罪领域发挥主导作用，与相关企业、院校等非执法部门充分合作，以借鉴、吸收用于打击网络犯罪的信息、方法及技术；

第三，在维护体育赛事的公平、公正方面发挥作用，通过提供专业的培训，加大全球打击以赛事结果操控为手段的大型跨国有组织犯罪的力度；

第四，第二总部将提供全新的高科技通信手段，将国际刑警组织与公、私实体部门间实时、全面的通信联络技术提升到全新的层面，实现“联结全球警察，维护世界安全”的目标。

（三）战略意义

随着亚洲国家的不断崛起，国际刑警组织内部的权力结构和博弈格局也发生着变化，其在亚洲建设第二总部的时代背景正源于此。当前亚洲安全格局正在发生历史性变化，第二总部的建成将对我周边区域安全执法合作格局产生深远影响。有助于各成员国更为有效地应对 21 世纪犯罪问题所带来的挑战，是一项各方合作共赢的项目。

首先，进一步扩展国际刑警组织警务服务领域，共同应对各类犯罪问题。国际刑警组织的宗旨是团结各国警察，维护世界安全。面对日趋复杂的犯罪形势，如何克服全球时区差异，为成员国警方提供 24 小时全天候的支援是一个亟待解决的问题。在新加坡成立的环球创新中心，将和阿根廷的布宜诺斯艾利斯、法国里昂的国际刑警组织中心一起，接力形成全球 24 小时的工作状态，可以有效打破时间限制，随时为成员国提供服务。国际刑警组织的官员表示：“总是有人认为在新加坡建立的环球创新中心是试图削弱国际刑警组织影响力的举动。但恰恰相反，这正是在强化国际刑警组织在全球的作用，巩固其地位。”

其次，环球创新中心对于亚太地区具有现实意义。该中心将成为国际刑警组织设于亚太地区的一个区域性警务服务区，有效扩大国际刑警组织在亚太地区的影响力，有效团结亚太执法力量，便于国际刑警组织及时应对亚太地区的重大毒品犯罪、恐怖袭击、自然灾害等应急突发事件的发生。为适应全球犯罪形势的变化，更好地为成员国提供服务，国际刑警组织的发展应该是一种分散性的走向，在所有地区建立分中心。此次在亚太地区建立的新加坡环球创新中心，开创了国际刑警组织历史的新篇章，顺应国际刑警组织未来的发展趋势。

最后，通过协同创新增强应对高科技犯罪能力。通过警务技术的前沿研究，警务服务模式、方式的创新发展，各国先进执法理念的交流融合，增强国际刑警组织日常警务服务能力，提高警务支持的机动性和时效性，有助于全球执法机关提高应对21世纪犯罪挑战的能力，特别是网络犯罪所带来的新挑战。正如原秘书长诺布尔所言："新加坡的环球创新中心达到了国际先进水平，表明了我们打击虚拟犯罪（网络犯罪）的决心。"

总之，环球创新中心将超越传统的应激反应式警务执法模式，该中心将积极提供在最新领域内的前瞻性研究和培训技术，并付诸最新开发的培训项目之中，目的是不仅为全球警方带来更加实用的技术工具，而且切实提高警务人员的执法能力，从而应对更加狡诈、更加复杂的刑事犯罪挑战。①

更积极地参与第二总部事务，更好地借助国际刑警组织丰富的国际安全执法合作资源和新加坡地缘战略重要地位，努力塑造对我国有利的周边安全形势，借助该平台提升影响力，积极宣传我国执法安全领域取得的成就、理念和先进工作模式，拓展合作空间，积累人脉，紧跟现代警务科技发展脚步。对构建中国特色执法安全合作体系具有重要的战略意义。

第三节 ‖ 国际刑警组织的发展历史

2014年11月3日—4日，国际刑警组织百年庆典及部长级会议在摩纳哥蒙特卡洛（MONTE CARLO，Monaco）举行，来自国际刑警组织190个成员国以及有关国际组织的近千名代表与会，其中部级代表100余名。中国代表团也出席会议并作主旨发言。

中国代表在开幕式主旨发言中表示，国际刑警组织经过百年发展，已成为世界各国开展执法合作最广泛、最有效的平台。面对下一个百年的机遇与挑战，我们应认真思考如何确定正确的方向。中国公安部十分重视并积极推动与国际刑警组织的务实合作，高度赞赏其为保护包括中国在内的各国人民福祉与安全所做的努力和贡献。中国公安机关愿继续深入参与国际刑警组织各项工作，与各成员国一道，共同应对各类新安全威胁。中国代表强调，当前全球和地区安全形势日益严峻复杂，恐怖主义、网络犯罪、毒品犯罪等已成为各国共同面临的新的重大挑战。中方愿与各国全面深化务实执法安全合

① 赵宇．国际刑警组织组建环球创新中心意义探析［J］．山西警官高等专科学校学报，2015（23）．

作，适时开展反恐情报交流和联合行动，严厉打击“东伊运”等暴恐势力和网络恐怖主义，坚决封堵恐怖分子流动和融资通道；全力推进境外追逃追赃合作，联合开展全球追逃追赃专项行动，依法打击外逃犯罪嫌疑人。希望国际刑警组织发挥全球犯罪情报信息平台的优势，为各国打击暴恐活动和外逃犯罪嫌疑人提供更大的支持。

该会议形成了一份《部长级宣言》（Joint Declaration），旨在巩固全球打击犯罪和恐怖主义的努力，更有效地开展合作，共同应对21世纪新的犯罪挑战。

时任国际刑警组织秘书长罗纳德·诺布尔（Ronald K. Noble）说，部长级宣言为推进执法合作提供了前瞻性战略：“我们的世界已经发生了天翻地覆的变化，我们面临的犯罪威胁和挑战也是如此。为帮助成员国应对这些挑战，国际刑警组织一直在不断调整和改进其支持能力和手段，以确保警察在他们最需要的时间、最需要的地点获得所需的工具。这项部长级宣言与全体大会的工作相结合，以及之前奠定的坚实的基础工作，将确保未来100年的国际警务合作同样有效。”①

在大会开幕式上，摩纳哥的阿尔贝托二世亲王（HSH Prince Albert II of Monaco）致辞说，与我的重曾祖父阿尔贝托一世王子1914年（Prince Albert I）召集第一届国际刑警大会（International Criminal Police Congress）时相比，犯罪、犯罪集团已经发展演化，意味着国际刑警组织协调世界警察的作用比以往任何时候都更加重要。“经济贸易的增长和人民的自由流动，需要警方超越国家边界作出强有力回应，以免不法之徒滥用全球化的优势。今天，国际刑警组织是打击跨国有组织犯罪最有效的框架。你们的交流和讨论将评估过去几年所采取的措施，特别是为了提高警方使其方法适应与技术进步有关的新型犯罪的能力。”他总结道。

时任国际刑警组织主席米雷耶·巴雷斯特兹（Mireille Ballestrazzi）女士表示，这次历史性聚会强调了全球领导人的愿景，他们在第一届国际刑警大会上创建了国际刑警组织，将世界警察联合起来作为一支统一的力量来应对不断变化的犯罪威胁。“恐怖主义威胁从未如此强烈，而网络犯罪正在整个虚拟世界蔓延。我们的环境、人口的健康也受到寻求获利的贪婪贩运者的威胁。面对这些新威胁，执法机构已动员起来。他们组织得更好、装备更好、训练

---

① 参见《国际刑警组织部长级宣言旨在巩固全球打击犯罪和恐怖主义的努力》（INTERPOL Ministerial declaration looks to underpin global efforts in fighting crime and terrorism），2014-11-4.

更好、更专业。充分利用科技进步以适应形势发展。”①

一、1914—2014 年的国际刑警组织：国际警务合作一百年

成立国际刑警组织的理念产生于 1914 年，第一次国际刑警大会在摩纳哥举行的时候，该次会议使 24 个不同国家的警官和司法代表汇聚一堂，为的是找到打击犯罪的合作方式，尤其是在逮捕、引渡程序、鉴定技术和集中刑事记录这些方面。

与会代表们提出了 12 点关于未来国际警务合作的愿景。这些原则直至今日仍对国际刑警组织的工作起着支持作用。

在过去的一百年间，随着犯罪和犯罪分子越来越多的跨境情况出现，国际上警察机构之间在实践中的合作已经日益牢固。

国际刑警组织正式成立于 1923 年，其成员国的数目逐年稳定增长。直至 2018 年，已有 194 个成员国加入，每天共同工作，使用国际刑警组织提供的数据库、工具和加密通信系统。

国际刑警组织的愿景和使命与 1914 年会议提出的最初目标一致，不但不忘初心，而且本组织仍在不断演进，对来自成员国的新型犯罪趋势出现所引发的科技创新的新需要及时地作出了反应。

二、十二点愿景：过去与现在

1914 年在摩纳哥举办的首届国际刑事警察大会的参会人员表达了他们对未来国际警务合作的 12 个愿望。在过去的一百年中，犯罪现象发生了巨大的改变，与此同时，技术和警务工具也发生了巨大的变化。尽管有不断变革的背景，不少 1914 年以来最早的原则仍然是当下国际刑警组织工作的基础。

以下是现今国际刑警组织的工作与 1914 年会议中提出目标的对比。

（一）各国警察力量之间的联系（CONTACTS BETWEEN NATIONAL POLICE FORCES）

1914 年，大会希望提高各个国家警察力量之间的直接联系，以推动跨国调查。

---

① 参见《国际刑警组织全体大会在摩纳哥开幕，聚焦应对当代犯罪威胁》（INTERPOL General Assembly opens in Monaco to address contemporary crime threats），2014-11-3.

2014 年，国家中心局（NCBs）已经成为国际刑警组织的命脉。它是所有国际刑警组织一线活动的联络点，在各国警察机构与本组织搭建的 192 个成员国间的全球网络之间建立重要联系。

国家中心局在跨国调查、行动以及逮捕方面共同合作，在日常工作中互相分享重要的警务信息。国际刑警组织还通过行动会议、工作组和会议等方式使警察机构能够与其他专家之间建立直接的、个人的联系，方便他们讨论普遍问题并共享专业技能。

（二）国际警务通信交流（INTERNATIONAL POLICE COMMUNICATIONS）

1914 年，当时大会认识到为了快速定位以及逮捕罪犯，各国之间的迅捷交流是必要的。大会希望司法及警察机构能够免费使用国际邮政、电报和电话服务。

2014 年，通信技术在过去的一个世纪中取得了不可估量的进步。1935 年，国际刑警组织启用了其第一个无线通信网络，为各国刑事警察机构提供了一个专用电信通信系统。

莫尔斯电报已经完全成为了过去，现在国际刑警组织是通过 I-24/7 这一基于网络的加密警务通信系统来联系世界各地的警察的。到 2014 年，每年有超过 1750 万条信息通过 I-24/7 来传输，也正是 I-24/7 使得各国家中心局能够实时进入国际刑警组织的各类数据库。对于 1914 年的警察来说，很难想象在这一领域里发生的巨变。

（三）语言使用（LANGUAGES）

1914 年，大会认识到确定一门共同使用的语言的必要性，为的是统一国与国之间的交流。指定法语为国际语言，作为未来共同使用的可能性，同时也提到了世界语，如果它得到足够广泛的传播的话。

2014 年，尽管从未采纳世界语，法语仍和英语、西班牙语、阿拉伯语一起作为官方语言。在总秘书处和区域性机构，来自约 100 个国家的工作人员展现出明显的语言多样性。

尤其是指挥协调中心的职员们，他们可以流利地说多种语言（包括非官方语言），能够向面临危急情况的国家提供即时答复，并推动各国警察部队之间的交流。

（四）培训与发展（TRAINING AND DEVELOPMENT）

1914 年，不管是对法律系学生的法庭科学培训，还是对警察的侦查培训，都至关重要。

2014 年，国际刑警组织提供一系列培训课程，内容广泛，从帮助警察机构使用本组织提供的工具和服务，到专业的犯罪和侦查领域都有涵盖。2013年，约11000名警察参加国际刑警组织协调的培训课程，并从中受益。

国际刑警组织还设有在线学习入口——国际刑警组织全球学习中心（IGLC），用网络学习模式补充了传统训练方式的不足。这对于需要跨越地理边界和时区的国际刑警组织成员国而言特别有效。

例如，2017年9月在北京举行的国际刑警组织第86届全体大会上，习近平主席提出加大对该组织的支持力度，加强全球执法能力建设，为发展中国家提供更多的警务能力培训。作为贯彻落实该项主张的重要举措之一，中国公安部国际合作局2018年7月12日—22日在浙江警察学院举办全国首届国际刑警组织警务能力认证培训班，并邀请该组织专家授课，意在为今后的外警培训培养符合资格认证的师资队伍，这也是国际刑警组织总秘书处首次为一个国家单独举办这么大规模的教官认证培训。邀请的专家来自该组织全球综合创新中心。①

（五）罪犯身份识别（IDENTIFYING CRIMINALS）

1914年，由于罪犯经常改变他们的外貌或者使用伪造证件潜逃，大会认为有必要建立罪犯的生物特征档案。

2014年，对于国际侦查而言，法庭科学技术和数据交换越来越重要。国际刑警组织维护着指纹和DNA数据库，使得世界各地的警察通过数据库将罪犯和犯罪现场联系起来。

如今，指纹数据库已包含超过198000枚指纹记录，2013年确认了1200多人的身份。国际刑警组织的DNA数据库建于2002年，建立之初只有一条记录，截至2013年年末，它已经含有由69个成员国提供的超过140000条DNA档案。除此之外，采用人脸识别软件的新项目正在发展中。

（六）国际记录（INTERNATIONAL RECORDS）

1914年，考虑到各国应用的分类系统各式各样，大会意识到建设标准化的、集中化的国际记录系统的必要性。

2014年，为成员国提供了迅速、直接的渠道进入囊括数百万条记录的犯罪数据库，这些记录由全球各地的国家提供。

数据库有姓名，被盗和遗失旅游证件，被盗艺术作品，被盗机动车，DNA、指纹，儿童性侵案件以及枪支等各种详细信息。数据库的信息能够实时获取，也为在战略性位置，如机场和国境线工作的一线警察提供技术解决

① 作者是学员之一，并已获得秘书长签发的教官资格认证证书。

方案。

2013 年国际刑警组织的成员国进行了超过 12 亿次的犯罪数据库搜索，意味着平均每天 330 万次搜索，每秒 38 次搜索。在使用卡片索引文件进行编排和分析数据的年代，这样的结果是不可想象的。

2017 年，成员国查询数据库的次数总共达到 40.6 亿，结果比中 100 万次，平均每秒搜索达到 146 次。[①] 这些数据反映了国际刑警组织成员国访问数据库的数量、比中结果和访问频率有明显的上升趋势。

（七）引渡（EXTRADITION）

1914 年，引渡是大会讨论的重点，有四个愿望与这个主题相关。参会人员看到了拟定引渡条约样本、引渡请求快速传输以及引渡请求为临时逮捕提供依据的需求。

2014 年，红色通报（Red Notice）可能是国际刑警组织最具象征性的工具。红色通报是应成员国的请求，为了引渡或者类似法律行为而查找被通报人员并逮捕他们而发布的。2013 年共签发了近 9000 份红色通报。到 2017 年，共签发红色通报 13048 份，在公共互联网上公布 6620 份，依然生效的红色通报有 52103 份。[②]

尽管通报是通过加密的警务渠道以电子形式传递的，但是作为司法程序，国家与国家之间实际的引渡请求在很大程度上仍依赖于传统的通信模式，如邮政方式或外交邮袋不安全，也并不高效。国际刑警组织正在开展一项“电子引渡”方案，在确保传输过程中信息的绝对安全性、对法律和制度实践尊重的前提下，帮助规范和简化传输过程。

三、国际刑警组织大事记

“国际刑警组织”这一概念产生于 1914 年在摩纳哥举行的第一届国际刑事警察大会。1923 年以国际刑事警察委员会的名称正式成立，直到 1956 年定名为国际刑警组织。

1914 年，第一届国际刑事警察大会（First International Criminal Police Congress）在摩纳哥举办。来自 24 个国家的警官、律师以及治安官出席会议，重点讨论逮捕程序、鉴定技术、集中的国际犯罪记录以及引渡程序。

---

① 参见《国际刑警组织 2017 年年报》，（Annual Report 2017）[EB/OL]. https：//www. interpol. int/News-and-media/Publications2/Annual-reports2.

② 同上。

1923 年，在维也纳警察局主席约翰尼斯·舒博尔博士（Dr Johannes Schober）的倡议下，国际刑事警察委员会（ICPC）在奥地利维也纳设立总部并正式成立。通缉令首次刊登在国际刑警组织的公共安全杂志上。

1926 年，在柏林举办的全体大会提议每个国家在其警察机构内建立一个集中联系点，即国家中心局（NCB）的前身。

1927 年，通过成立国家中心局的决议。

1930 年，成立专门部门处理伪造货币、犯罪记录以及伪造护照的问题。

1932 年，在舒博尔博士去世之后，组织的新章程决定设立秘书长一职。第一任秘书长是奥地利警察局局长奥斯卡尔·德雷斯勒（Oskar Dressler）。

1935 年，本组织的国际无线广播网启动，成为独立的电信系统，专门为国家层面刑警机构提供服务。

1938 年，在迈克尔·斯顾堡（Michael Skubl）被免职之后，纳粹控制了本组织。大多数成员国停止参与本组织的活动，作为国际组织，国际刑事警察委员会实际上名存实亡。

1942 年，国际刑事警察委员会完全受德国的控制，总部迁至柏林。

1946 年，二战后，比利时领导了本组织的重建。在巴黎设立了新总部，选用“INTERPOL”作为本组织的电挂代号，确立通过民主程序选举产生主席和执行委员会制度。

创设现今所用的国际刑警组织以颜色为代码的通报系统，在国际层面发布第一份针对通缉人员的红色通报。

1949 年，联合国将国际刑警组织认定为具有咨商地位（consultative status）的非政府组织（non-governmental organization）。

1956 年，在通过现代宪章之后，国际刑事警察大会更名为国际刑警组织，缩写为 ICPO-INTERPOL 或者 INTERPOL。本组织以向成员国收取会费和投资为主要的支持方式而自治。

1958 年，修改了成员国会费份额，通过财务规则。

1963 年，第一次区域性大会在利比里亚首都蒙罗维亚举行。

1965 年，全体大会正式规定了国家中心局的责任及运行方针。

1971 年，联合国将国际刑警组织认定为政府间国际组织（intergovernmental organization）。

1972 年，与法国签订的总部协议（Headquarters Agreement）认定国际刑警组织为国际组织。

1982 年，为监督国际刑警组织有关数据收集的内部规则执行情况，设立了一个独立的机构。这一机构于 2003 年成为档案管理委员会（CCF）。

1989 年，国际刑警组织将其总秘书处迁至法国里昂。

1990 年，发布 X. 400 通信系统，使国家中心局能向总秘书处及相互直接发送电子信息。

1992 年，开始使用远程自动搜索国际刑警组织数据库的设备。

1995 年，作为区域化项目的一部分，全体大会通过了成立与运行区域性分局的指引。

1998 年，设立国际刑警组织犯罪信息系统数据库（ICIS）。

2002 年，启用基于互联网网络的 I-24/7 通信系统，在很大程度上为国家中心局拓宽了进入国际刑警组织数据库及获取其他服务的通道。加拿大是第一个连接到该系统的国家。建立了遗失及被盗旅游证件数据库（SLTD）。

2003 年，总秘书处的指挥协调中心（CCC）正式投入运行，实现了本组织的每天 24 小时，每周 7 天的不间断运行。

2004 年，国际刑警组织纽约联合国总部联络处正式运行，任命第一位特别代表。

2005 年，针对联合国对“基地”组织和“塔利班”制裁的个人的第一份国际刑警组织与联合国特别联合通报发布（INTERPOL-United Nations Special Notices）。

启用移动/固定（MIND/FIND）技术，使一线工作的警官可以直接连接国际刑警组织系统。

2009 年，驻布鲁塞尔欧盟总部特别代表办事处正式启用。

2015 年，位于新加坡的国际刑警组织全球综合创新中心（IGCI）正式启用。它的职能是打击网络犯罪，并通过创新与培训帮助全球警察机构处理新型风险。

2016 年，聚焦于反恐、网络犯罪和新型有组织犯罪的 3 个全球方案确定了工作重点，为每个方案制定的综合战略确保工作协调、集中和有效。

2017 年，在北京举行的第 86 届全体大会批准了包含 7 项警务目标的《全球警务倡议》，聚焦解决与恐怖主义、边境安全、脆弱社区、网络空间、全球诚信、非法市场和环境安全有关的犯罪问题。这些目标旨在通过协调活动和提供明确的预期结果来指导参与全球安全的所有利益攸关方。

第四节 ‖ 国际刑警组织法律规则

一、概述

国际刑警组织法律规则是在其框架下开展国际警务合作法律方面的指引。为了有效地完成跨国行动，国际刑警组织遵循国际法的规定。国际刑警组织被联合国认定为国际组织，因此，通过与法国政府签订的总部协议确认在其领土范围内活动的权力。

《国际刑警组织宪章》（以下简称《宪章》）是一项国际协定，确认 1956 年参与通过的所有国家均为成员国，并为 1956 年不是成员国的国家提供申请加入国际刑警组织的程序。

作为国际刑警组织的主要法律文件，《宪章》概况了国际刑警组织的宗旨和目标。它确立本组织的使命为最大限度地确保各国刑事警察机构之间的合作，并打击普通法律犯罪。

《宪章》定义了组织的架构，规范了国际刑警组织各部门的职能，并规定了预算，以及国际刑警组织与其他组织的关系。值得注意的是，《宪章》具体规定，国际警务合作是在《世界人权宣言》的精神内开展的。例如，通过与国际法庭及审判庭的合作，以及对个人数据的谨慎处理，体现了组织对维护人权的承诺。

在类似的主题方面，国际刑警组织确立了清晰的中立立场的指导方针。国际刑警组织严厉禁止任何涉及政治、军事、宗教或种族性质的活动。

二、具体法律规则

（一）基本法律文本

除了《宪章》，还有一些其他的基本法律文本构成了国际刑警组织的法律框架。包括：

《国际刑警组织总规则》（The General Regulations）；

《国际刑警组织全体大会程序规则》（Rules of the Procedure of the General Assembly）；

《国际刑警组织执行委员会程序规则》（Rules of the Procedure of the Executive Committee）；

《国际刑警组织财务规则》(Financial Regulations);

《国际刑警组织信息处理规则》(Rules Governing the Processing of Information);

《信息控制及接触国际刑警组织文件规则》(Rules on the Control of Information and Access to INTERPOL's Files)。

(二) 层级控制

国际刑警组织设有多级管控，以确保所有规则都得到遵守。这涉及国家中心局、秘书处和档案管理委员会（CCF）的监督。

此外，国际刑警组织 194 个成员国之间的数据交换是根据严格的指引(guidelines) 进行的，以确保信息的合法性和质量，以及对个人数据的保护。

为了打击国际性犯罪，国际刑警组织重视与其他组织开展合作的需求。因此，国际刑警组织与其他国际组织，包括联合国、欧盟和非盟等，缔结了多项合作协议。此外，若干国际公约和双边条约均提及可以将国际刑警组织作为传递敏感、机密犯罪情报的途径。

三、法律规则的特征

(一) 遵循国际法的组织

《国际刑警组织宪章》是一项国际协议。鉴于警务活动是构成国家主权的一个基本领域，只有当国际刑警组织遵守国际法时，本组织的跨国行动才有可能实现。没有这个前提，就不能形成真正的全球影响力。因此，了解一个国际组织各个法律方面及国际刑警组织成员国的政治体制非常重要。

1956 年国际刑警组织全体大会通过的《宪章》可以被视为简化版的协议。它采用条约形式的文件措辞，并包含为成立其他国际组织而签订的条约中的标准条款。

此外，国际刑警组织已加入维也纳公约关于国家和国际组织或国际组织间的条约法。

《宪章》授权国际刑警组织缔结国际协议（第 41 条)。在这一条款的应用方面，国际刑警组织已与其他国际法主体缔结了大量的国际协议，包括 40 项与国际刑警组织在不同国家境内的特权和豁免权有关的协定，包括设立区域局、组织全体大会或区域会议，或为警务行动派遣人员到现场的权力。

国际刑警组织也与联合国缔结了一份总体性合作协议。

(二) 国际刑警组织成员资格

《国际刑警组织宪章》第 45 条规定，在 1956 年参与通过宪章的国家政府参与了国际刑警组织的制宪过程。1956 年时不是成员的国家申请加入本组织的要求，由宪章第 4 条规定。

申请成为国际刑警组织的成员这一决定，应当是由适当的政府机构根据 1969 年的维也纳公约做出。根据各国国情，政府机构可以是该共和国总统、国家元首、政府总理，外交、内政、司法部门的部长或者总检察长，或者总统办公室秘书长等。

尽管如此，某些缔约方依然选择依照批准国际条约的内部程序来批准这一法律文书。因此，所有缔约方都因其通过宪章及其后的行为，认同其作为国际法律文书的约束力。

虽然“任何国家可以派出任何职责与活动框架一致的正式警察机构为本组织成员”，但这些机构仍受各国政府指定。

《宪章》通过全体大会代表团团长的委任确保缔约方的政府代表权（第 7 条），并确认通过法定会费分摊来为本组织提供资金（第 38 条）。

每个国家都将为维持在本组织内代表其成员国地位机构应缴纳的会费纳入国家预算。各成员国定期向本组织缴纳分摊会费符合宪章的规定。

（三）内部规则

《宪章》规定了本组织通过全体大会制定次级立法［第 8（d）条］的立法资格。

与所有其他国际组织一样，国际刑警组织自主派遣总秘书处的工作人员，且工作人员受一系列员工规则的约束，这些规则构成次级立法。本组织的工作人员具有国际公务员身份，受《预防与惩治针对国际应受保护人员犯罪行为》国际法的保护，以此保证他们的独立性。

（四）作为国际组织法律身份的演变

国际刑警组织是逐渐发展演变为政府间国际组织的。

1949 年，联合国授予国际刑警组织具有咨商地位的非政府组织身份。

1971 年，联合国认可国际刑警组织为政府间国际组织。

1972 年，与法国的总部协定承认国际刑警组织为国际组织。

1996 年，联合国大会赋予国际刑警组织观察员地位。

四、基本规则文本

（一）本组织的成立

国际刑警组织的架构和内部规则受宪章和一系列附加规定的制约。这些规则与国际组织的若干重要方面有关，包括：

本组织的各个机构、各个机构的职能、关于投票选举和甄选委员的内部程序、财务规则、信息处理以及保密规则。

本组织的地位部分地受本组织与法国政府和其他其领土上本组织拥有房产的国家政府缔结的总部协议调节。

（二）正式文件

现行的《宪章》是1956年通过的，同时还有一系列自1923年国际刑警组织成立后就一直作为组织法律依据的立法。《宪章》是国际刑警组织最基本的法律依据。

《总规则》规定了本组织最高权力机构——全体大会的组织工作。此外，《总规则》还与执行委员会委员和秘书长的甄选、预算方案的通过和表决，以及其他本组织重要的事务性功能均有相关性。

更具有事务性特点的规则是《全体大会程序规则》和《执行委员会议事规则》。这些规章制度规定了这些机构的议程、各成员国的代表权、议案的提出、会议上的发言权、表决系统和被选举的资格（执行委员会委员）。

国际组织总部及其各类设施的法律地位是由该组织和所在国之间的总部协定来确定的。因此，国际刑警组织与法国政府和在其领土上国际刑警组织拥有地产的其他国家政府缔结了总部协议。这些协议明确了受到主办国认可的本组织的权力，特别是在本组织制定自己的规则和规范，并在自己的设施内应用的权力方面，以及主办国为了本组织能够完成使命而授予本组织的特权和豁免权。

最后，国际刑警组织的财政事务及其管理是由《财务规则》规定的。这些规则规定了许多问题，如哪个机构有权作出带有财务后果的承诺、预算的起草、执行、本组织的资产资金和审计。

（三）数据处理规则

国际刑警组织内部对数据的处理受《国际刑警组织数据处理规则》（INTERPOL's Rules on the Processing of Data）的制约。

这一系列规则规范国际刑警组织警务信息系统的运行，并设立数据保护的原则，适用于国际刑警组织各成员国的行动范围之内，在信息系统中处理警务信息，如进入、记录、各类通报的发布、修改和撤回等的条件。还包括有关此类处理过程中的监督控制，以及保密和确保信息数据安全的条款。

这些规则建立了一个独立于任何其他警察机构和司法机构合作机制（无论其是区域性的还是双边的）的体制，并且这些规则适用于所有通过本组织的渠道传递的警务数据。但是，数据处理规则关注的是本组织对数据的处理，个人数据的控制和个人对信息的访问则受到信息控制和接触国际刑警组织文件规则（the Rules on the Control of Information and Access to INTERPOL's Files, RCI）的制约。

五、规则遵守

作为国际组织，国际刑警组织不受任何国家立法的限制。然而，与任何其他组织一样，国际刑警组织有义务尊重国际法的普通标准和个人的基本权利。因此，国际刑警组织通过其自身的规则和规章确保其所有活动都尊重这些原则，且不超出本组织的使命范围。

国际刑警组织规则中关于本组织使命最基本的条款是宪章第 2 条和第 3 条。这就把本组织的活动范围限制在仅针对普通法罪行，而不包括政治性质的活动，并明确这些活动必须在尊重人权的前提下开展（详见第 3 条及其解释）。

除此之外，还增加了关于数据处理程序的详尽规则，这是所有成员国在通过本组织渠道交换信息时确保其遵守相同的关于数据共享和数据保护的原则。

为了确保这些规则都得到了遵守，本组织已经建立了适当的分层级控制制度。

（一）第一层级：国家中心局的控制

国家中心局（NCBs）对他们提供给国际刑警组织数据库或信息系统的所有信息负责。他们应确保信息的准确性、相关性和时效性，同时确保其处理程序遵循国际刑警组织的宪章及其本国的国家法律。

此外，国家中心局还对其授权查询警务信息的单位和人员负责。因此，任何国家中心局之外的国家机关使用或访问国际刑警组织的信息时都是受到各自国家中心局监督的。

最后，各国家中心局对其他国家中心局负有监督职责，例如，他们怀疑另一个国家中心局不遵守规则时，可以向总秘书处报告，总秘书处将采取适当的措施来纠正这种情况。

（二）第二层级：总秘书处的控制

总秘书处对其接收或收集的信息的处理负有责任，并负责确保通过本组织渠道对信息的任何处理过程中都遵守规则。因此，它不仅对其自身的活动负有责任，在一定程度上也对各国家中心局负有责任。

在这方面，本组织已制定服务标准，为各国家中心局遵守规则提供实用的信息和建议。如有疑问，总秘书处可采取一切适当措施，以防止由于组织或其成员国不正确的数据处理而导致的任何直接或间接损害。措施包括但不限于，删除该国家中心局提供的信息或暂时限制访问。

（三）第三层级：国际刑警组织文件控制委员会的控制

除了总秘书处和国家中心局的控制，规则的遵守情况还受到本组织独立机构——档案管理委员会（CCF）的控制和监督。该委员会的职能是由信息控制和接触国际刑警组织文件规则（RCI）所决定的。该委员会的监督作用基本上高于总秘书处，但其结论和建议通常对国家中心局有直接后果。

该委员会有责任检查信息的获取、处理和存储是否与国际刑警组织规则和规章及其所述目的一致。它可以做到，例如，开展抽样检查或者对于就其认为需要改进的问题提供建议。

该委员会还有权接受来自个人的行使其对国际刑警组织数据库中记录的关于其本人的信息的访问的请求。根据具体情况的不同，这种访问权包括使信息得到更正或删除的权力。

六、中立性

（一）背景

国际刑警组织秘书长施托克曾经说过：中立性是国际刑警组织的生命线。国际刑警组织的首要目标是推进国际警务合作。鉴于其成员国的多样化，它很早（1946 年）就确定，其行动重点是预防和打击普通法犯罪，而非政治、军事、宗教和种族犯罪。将本组织的职能限制在普通法犯罪的决定是基于宪章第 2 条和第 3 条的规定。

根据《宪章》第 3 条，“严禁本组织进行政治、军事、宗教或种族等性质的干预或活动”。第 3 条的主要目的是确保：（1）国际刑警组织决议（AG-2006-RES-04 号）重申的组织独立性和中立性；（2）体现国际引渡法；(3)保护个人免受迫害。

为了持续执行第 3 条和承认被称为纯粹的政治、军事、宗教和种族犯罪的存在，但也要承认普通法罪行也可能存在政治、军事、宗教和种族的背景，国际刑警组织采用优势测试（AGN/20/RES/11 号决议）解决这一问题。这一测试个案应用，以确定案件是否为政治、军事、宗教或种族因素主导。

第 3 条的解释遵循国际法，特别是一般法和引渡法的发展。1984 年国际刑警组织全体大会通过一项决议（AGN/53/RES/7 号决议），使本组织在某些特定情况下可以参与涉及恐怖主义的案件。尽管恐怖主义一向带有政治色彩，但采取这一立场与国际引渡法实践的发展是一致的：从引渡的目的来看，恐怖主义不再被认为是政治犯罪，从而成为国际引渡法中政治犯罪不引渡的例外。国际刑警组织参与打击恐怖主义犯罪的范围在 2004 年扩大到对恐怖主义组织成员的指控（Ag-2004-RES-18 号决议）。

关于第 3 条的解释的另一个值得关注的政策变化发生在 1994 年，国际刑警组织全体大会通过一项决议（AGN/63/RES/9 号决议），允许本组织在特定情况下参与违反国际人道法的案件。这项决议允许本组织与国际法庭在有关南斯拉夫和卢旺达的案件方面积极合作，其后与其他法庭，如国际刑事法庭，也是如此。这也使得各成员国利用国际刑警组织渠道在这类案件上相互合作。

（二）第三条的解释框架

第三条中的禁止条款对本组织整体适用。这就意味着国际刑警组织所有部门及其成员国在本组织的任何活动中或使用本组织工具和服务过程中必须遵守第三条。

正如《国际刑警组织数据处理规则》第 34 条所规定，为了确定每项请求是否在第三条范畴内，所有与案件相关的信息都要进行评估，包括以下因素：

犯罪的性质，即指控的罪名和潜在的事实、相关人员的身份、数据来源的确认、其他国家或其他国际实体（如国际法庭）表达的立场、国际法规定的义务、组织的中立立场、案件的总体情况等。

基于解释和实施第 3 条的长期经验，国际刑警组织开发了第 3 条实践知识库。该知识库为国际刑警组织对第 3 条规定在多种情况下予以应用的演变和发展提供指导，包括政客和前政客的犯罪行为；违宪篡权中发生的违法行为；军事、宗教或种族方面的犯罪，以及违反国家安全的犯罪。

第五节 ‖ 国际刑警组织的国际合作伙伴

一、概述

为了应对共同的挑战，国际刑警组织认为与其他相关公共或私营机构建立合作伙伴关系至关重要。由执法机构单独应对跨国犯罪问题是不可能的。通过建立跨部门的合作伙伴关系，可以分享专业技能、技术和资源，切实增强联合反应处置的能力。

与外部组织的合作可以为国际刑警组织的活动提供新的维度和有价值的视角，他们的贡献对拥有 194 个成员国的国际刑警组织合作网络带来益处。

二、跨部门合作

国际刑警组织与若干公共部门的合作伙伴有着紧密的合作关系，并在联合国总部、欧盟总部以及非盟总部设有特别代表办公室。

其他公共部门合作伙伴包括世界海关组织（WCO）、中非国家经济共同体（CEMAC）以及大量的政府机构（government agencies）。

国际刑警组织还与经过筛选的私营部门建立合作伙伴关系，包括营利性或非营利性机构，如非政府组织和基金会等。

三、公共机构合作伙伴

在公共机构中，国际刑警组织与各种实体合作——包括国际组织和政府机构，为的是有效实施打击国际性犯罪的倡议。这种合作伙伴关系使得国际刑警组织能够与拥有相似目标和价值观的组织共同努力，同时避免重复劳动。通过采用集约简化和相互协调的方式，提高在全球层面的执法能力。

（一）国际组织（International organizations）

1. 联合国（UN）

国际刑警组织与联合国的合作伙伴关系，早在1997年就通过签订合作协议正式化，协议内容包括相互给予对方各自全体大会的观察员身份，这一合作关系在2004年纽约联合国总部设立国际刑警组织特别代表办事处之后得到进一步增强。

另外，2009年签署了关于制裁委员会的补充协议，随后于2014年与联合国安保部（UNDSS）又签署了补充协议。

国际刑警组织与联合国的合作伙伴关系有很长的历史，1997年的合作协议的签署使之正式建立，随后签署的补充协议进一步加强了这一合作伙伴关系。

两个组织在很多打击国际犯罪的项目和倡议上有合作。因为两个组织有很多共同利益，国际刑警组织与联合国的很多部门和机构都有紧密的合作。

（1）国际刑警组织驻联合国总部特别代表办事处（Office of the Special Representative）。2004年11月，国际刑警组织驻纽约联合国总部特别代表办事处开始办公。该办事处增强了联合国对国际刑警组织提供的工具和服务的认识，确定了共同利益领域，探索符合彼此战略性优先事务的合作机会。

在联合国总部的出现以及与联合国机构和联合国常驻使团的定期接触，

办事处努力确保全球执法部门关注的问题能够在国际倡议、声明、决议、报告和决策中得到充分体现。

（2）合作的主要领域。2005 年，国际刑警组织和联合国安理会将联合国制裁决议与国际刑警组织完善的通报系统结合起来。最终出台了针对受联合国安理会制裁的个人和实体的国际刑警组织—联合国安理会特别通报（Special Notices）。

联合国与国际刑警组织的最早合作始于 1267 号决议委员会（成立于 1999 年，与“塔利班”和“基地”组织有关），但是现在已经扩展至其他制裁委员会。特别通报的主要目的是警示全球范围内的执法部门，通报中的个人或实体是受到联合国安理会制裁的，借此确保制裁的效果。特别通报包含许多详细的信息，协助执法人员根据其国内法采取恰当的行动。

（3）联合国安理会决议（UNSC Resolution）。2014 年 9 月，联合国安理会一致通过了 2178 号决议，承认国际刑警组织在应对外籍恐怖主义战斗人员（FTFs）威胁方面的全球性作用。

（4）打击恐怖主义方面（Counter-terrorism）。支持 2006 年 9 月全体成员国一致通过的联合国全球反恐战略，国际刑警组织与联合国各反恐部门及其他组织一起合作。这些部门及组织包括联合国反恐执行工作队①（CTITF）以及联合国安理会反恐委员会②（CTC）。

国际刑警组织也参与联合国反恐委员会执行局③（CTED）的专家任务，到成员国帮助其确认在实施联合国安理会第 1373 号决议（2001 年）下国家反

① 联合国总秘书处、各机构、基金和项目以及附属组织通过各自的任务和反恐执行工作队（CTITF）的成员资格，为执行“联合国全球反恐战略”作出贡献。反恐执行工作队（Counter-Terrorism Implementation Task Force）由 37 个国际实体和国际刑警组织组成，主要目标是提供一个帮助成员国实施全球战略四大支柱的一体化来最大化每个实体的比较优势。反恐执行工作队通过工作组和反恐相关项目组织其工作，这些项目使联合国系统内的行为体之间的合作为执行“战略”增加价值。参见 https：//www. un. org/counterterrorism/ctitf/zh/node/20。

② 联合国安理会反恐怖主义委员会（The United Nations Security Council Counter-Terrorism Committee），反恐委员会在安理会第 1373（2001）号和第 1624（2005）号决议的指导下，致力于加强联合国会员国防止其境内和区域内的恐怖主义行为的能力。它是在美国发生“9·11”恐怖袭击之后建立的。反恐委员会由反恐怖主义委员会执行局（CTED）协助，执行局执行委员会的政策决定，对每个会员国进行专家评估，并为各国提供反恐技术援助。参见 https：//www. un. org/sc/ctc/。

③ 同上。

恐战略方面的最佳实践及需要改进的领域。

通过反恐专家间的信息共享及交换，国际刑警组织协助推动联合国反恐委员会执行局向成员国提供反恐方面的技术支持。

（5）打击海盗（Maritime piracy）。国际刑警组织打击海盗特遣队（INTERPOL Maritime Piracy Task Force）与联合国以及其他组织紧密合作，以改进证据收集，推动信息交换，以及构建区域性打击海盗的能力。

国际刑警组织参与联合国打击海盗工作组（United Nations Sub Working Group on piracy），定期向联合国秘书长提供有关海盗组织的报告信息。国际刑警组织还参与打击索马里海盗联络小组（CGPCS）的全体会议，并参加5个小组中4个小组的工作。

（6）联合国维和行动（United Nations peacekeeping operations）。2009年10月，国际刑警组织和联合国维和行动部（DPKO）组织了首次维持和平及建设和平行动中警察作用的部长级会议。这次会议促成国际刑警组织和维和行动部签订了犯罪预防和刑事司法领域合作协议。

国际刑警组织与维和行动部一起强化了国际警察维和的职能，确定了能力建设联合项目、区域支持以及信息共享等。

（7）与其他联合国机构的合作（Cooperation with other United Nations entities）。为了提高国际刑警组织数据库的接入访问、培训和能力建设项目，以及其他倡议，国际刑警组织与下列联合国机构开展联合项目：

联合国毒品与犯罪办公室（UN Office on Drugs and Crime）；

联合国安保部（UN Department of Safety and Security）；

联合国环境规划署（UN Environmental Programme）；

联合国教科文组织（UN Educational，Scientific and Cultural Organization）；

联合国1540委员会（UN 1540 Committee）；

联合国内部监督局（UN Office of Internal Oversight Services）；

联合国开发计划署审计和调查办公室（UN Office of Audit and Investigation of the UN Development Programme）；

联合国人口基金会（UN Population Fund）；

联合国特别法庭（UN Ad Hoc Tribunals）

2. 欧盟（European Union）

国际刑警组织和欧盟在共同利益方面紧密合作，分享资源和专业技能，共同应对执法挑战。

（1）特别代表办公室。2009年，国际刑警组织驻欧盟布鲁塞尔总部特别代表办公室（SRIEU）设立。并且和许多欧盟机构合作，尤其是欧盟的执法机构欧洲警察署（EUROPOL）的合作。

国际刑警组织在欧盟的特别代表办公室推动并扩大了与欧盟组织的合作，其工作目标是：

提高国际刑警组织在欧盟内部机构以及其他相关执法机构的可视性（visibility）；促进与欧盟执法机构的合作，避免重复劳动，并发展具有创新性的协同配合；在欧盟论坛和欧盟执法领域相关倡议上充当特权伙伴（Privileged Partner）。

（2）欧盟资助的项目。国际刑警组织正在参与几个由欧盟资助的关于新技术使用和数据保护的研究项目。这些项目旨在加强安全性，同时尽量减少对隐私等基本权利的影响。例如：

SIIP——声纹鉴定综合项目（Speaker Identification Integrated Project）；

EVIDENCE——欧洲法庭与证据信息数据交换框架（European Informatics Data Exchange Framework for Courts and Evidence）；

E-CRIME——网络犯罪经济影响（Economic Impacts of Cybercrime）；

MAPPING——管理隐私权、财产权和互联网治理的替代方案（Managing Alternatives for Privacy, Property and Internet Governance）；

欧盟还为其他几个国际刑警组织项目提供资金，包括：

欧盟—东盟移民和边境管理项目 II（EU-ASEAN Migration and Border Management Programme II）；

WAPIS——西非警务信息系统（West African Police Information System）；

CRIMLEA——东非重要海上航线执法能力建设（Critical Maritime Routes Law Enforcement Capacity Building in East Africa）；

ICCWC——国际打击野生动植物犯罪共同体（International Consortium to Combat Wildlife Crime）等。

3. 非盟（AU）

西非警务信息项目（WAPIS Programme）。该项目的总体目标是加强区域内执法机构的信息交换和协调能力，这些能力是应对影响该地区安全的毒品走私、人口贩运以及恐怖主义的关键。

该项目分 3 个层级执行：国家级、区域级、全球级。

（二）政府机构（Government agencies）

在打击国际性犯罪方面，成员国的政府机构形成一个整体，通过共同努力，能够更好地找准全球执法界的需求，开展具有全球视野的项目与行动。

公共部门的关键合作伙伴有：欧洲委员会（European Commission），卡塔尔2022年最高委员会（Qatar 2022 Supreme Committee），中部非洲国家经济共同体（Economic Community of Central African States），加拿大外交、贸易与发展部（Canada DFATD），美国国务院（US Department of State）。

（三）私营机构合作伙伴（Private partners）

为了更好地将全球警察连接起来，实现打造更安全的世界的愿景，国际刑警组织与私营机构形成了合作伙伴关系。这些合作伙伴关系包括：与私营行业以及非营利性机构，如非政府组织和基金会的合作。来自合作伙伴的捐赠可以是货币，也可以是其他非货币实物。

1. 互惠互利（Mutual benefits）

国际刑警组织通过与私营实体的合作，可以从中获得专业技能、技术和其他从公共部门获取不了的资源。私营实体可以使我们随时了解最新的技术和解决方案，如弹道、生物识别和网络安全等领域的技术，可以用来为成员国和执法机构提供帮助。

这种合作伙伴关系对企业的好处包括接触到执法领域关键决策者或相关全球网络，并让更多的人看到他们为更安全的世界所做的贡献。

2. 实物捐赠（In-kind contributions）

来自私营部门合作伙伴的捐赠并不一定是提供资金的形式，也包括工作人员的借调、软件许可、设备和建筑的使用，及其他实物捐赠。

3. 尽职调查过程（Due diligence process）

国际刑警组织设立了相关保障措施，以确保私营部门的捐赠（财政上的或其他形式的）得到妥善管理。

尽职调查过程是对所有私营部门中所有潜在合作伙伴进行的，而捐赠的接受程序是由国际刑警组织的法律法规所规范的。

尽职调查过程旨在确保以下几点：

合作伙伴或潜在合作伙伴与国际刑警组织具有相同的基本价值观和原则；合作伙伴的活动与国际刑警组织的原则、目标和行动相一致；捐赠的来源在金融上和法律上不存在缺陷；捐赠的目的与国际刑警组织的原则、目标和行动相一致。

四、战略合作伙伴

为了更有效地打击国际性犯罪，国际刑警组织已经与一些合作伙伴建立了更深层次的合作关系，即战略合作伙伴关系。

国际刑警组织与其中的四个战略合作伙伴密切合作，以实现无法独立完成的目标。战略伙伴关系能够帮助弥补差距，或向国际刑警组织成员国提供他们本不可能获得的服务或专业技能。这些合作关系的性质专注且具体，促进对国际刑警组织成员国以及更广泛范围的执法机构有益的创新性工具、服务或活动的联合开发。国际刑警组织的 4 个战略合作伙伴包括：[①]

天诚安信数字证书（Entrust Datacard Group）、塞福隆鉴证与安全（莫弗公司）［Safran Identity & Security（formerly Morpho）］、日本电气股份有限公司（NEC）、趋势科技（Trend Micro）

第六节 ‖ 国际刑警组织的警务专业资源与服务

一、总览

作为全球最大的执法合作平台，国际刑警组织集合了 194 个国家的执法机构，能够为他们提供专业的警务资源和服务，不仅是国际刑警组织区别于其他组织的显著特征，更是其存在的理由。

（一）技术工具（TECHNICAL TOOLS）

国际刑警组织的 194 个成员国通过 I-24/7 加密通信系统相互联系，能够为警察提供实时的数以百万计的犯罪数据记录。我们特殊的通报系统则是用来提醒各成员国逃犯、危险的犯罪分子、失踪人员及武器威胁的情况。

（二）24 小时应急系统（24-HOUR RESPONSE）

国际刑警组织指挥协调中心（CCC）是全天候运行的。任何一个成员国遇到危急情况，都能第一时间与组织联系。国际刑警组织能够派遣特别应急小组（response teams）去往重大犯罪或灾害现场，或者辅助重大国际事件的安保准备工作。

（三）调查技能（INVESTIGATIVE SKILLS）

法庭科学专家为成员国提供指纹、DNA 分析和灾害遇难者身份鉴别的专业支持。犯罪情报分析员监控和分析特定犯罪领域和犯罪组织的情况并告知成员国事件发展的态势和模式。

（四）警察培训（POLICE TRAINING）

国际刑警组织致力于通过培训和在线学习中心来提升世界警察的能力。

---

① 根据国际刑警组织官方网站 2018 年 9 月 1 日的查询结果。

国际刑警组织培训的内容上至以高级警官为对象的高级管理项目，下至以一线警察为对象的特定犯罪领域和调查技能实务课程。

二、培训和能力建设

（一）介绍

国际刑警组织旨在促进国际警务合作，而警察培训则在其预防和打击国际性犯罪使命中扮演重要的基础角色。国际刑警组织帮助成员国培养他们警察的能力，使其具备应对当今警务挑战的知识、技能和最佳实践。范围广泛的课程，为的是弥补国家间及国际性的能力差异，帮助执法部门最大化地利用国际刑警组织提供的服务。

与公共与私营机构之间的合作确保了培训课程一直以来的相关性，并且能够了解最新的理念和专业技能。

（二）全面的培训方式（A comprehensive approach）

行动性培训课程涵盖了特定的犯罪领域，如恐怖主义、贩卖毒品、贩卖人口，以及调查辅助性工具，如刑事科技技能和使用国际刑警组织网络和数据库的技能。

其他项目则针对那些负责国际警务合作的高级警官，以及回到各自管理岗位之后能够为所在机构带来变革和改善的人。

国际刑警组织培训质量保障部门[①]（TQA）能够确保培训课程的有效开展，它确保总秘书处的培训项目符合必要的标准，培训周期能够严格遵守以达到最佳效果，并且所有资源都得到有效利用。

国家中心局是国际刑警组织和各国警察的纽带。随着国际刑警组织活动范围的扩大，他们扮演着越来越重要的行动性角色。一套核心能力指南（Core Competency Guidelines）概述了国家中心局工作人员所需的五方面的技能和经验。这套指南由分别代表国际刑警组织不同区域的国家中心局志愿者与总秘书处的代表共同完成。

国际刑警组织正在加强区域局[②]（RB）对国家中心局的支持力度，并协调区域警察局局长和其他组织机构的合作。每个区域局都配备了现代培训设施并指派了地区培训官（Regional Training Officer）来配合和提高地方培训服务。

---

① Training Quality Assurance（TQA）.

② Regional Bureaus（RBs）.

国际刑警组织全球学习中心[①]（IGLC）是一个基于网络的门户网站，授权用户有权使用丰富多样的在线学习课程。该中心面向国际刑警组织的国家中心局以及世界范围内的警察群体。其目标是鼓励国际刑警组织成员国之间的知识分享和合作，并且为交互式的网络学习提供机会。该学习中心包括一系列在线学习课程和一个在线图书馆，可以链接到各执法机构的报告、文件和网站。同时它还有来自于其他机构如大学、警察学院、学术团体和培训机构的资料作为补充。

（三）培训活动

能力建设和培训在国际刑警组织加强国际警务合作的总体使命中发挥着关键作用。国际刑警组织对成员国的警察给予支援，赋予他们应对当今警务挑战所需的知识、技能和最佳实践。为了建立一个国际性学习共同体，实施了一系列措施，旨在扩充知识、促进跨国合作和能力培养。

国际刑警组织的培训理念是聚焦所有方面的国际合作，尤其是机构之间（执法机关）和个人参与者之间的合作。最终目标是增长知识、鼓励创新，将训练转化为行动实践。

1. 面向国家中心局和执法机关的能力培养课程

国际刑警组织的能力培养课程着眼全球，涵盖所有区域，将国家中心局、警察部门以及其他各种执法机关（检察机关、海关、移民局）的官员召集到一起。所有的课程方案都旨在增长知识，充分利用国际刑警组织的工具和服务，以开发、教学和分享国际合作中的最佳实践为基础。

国际刑警组织的培训项目在区域层面开展，使参与者能够建立宝贵的联系网络，以便在未来的调查中提供相互协助。在美洲，项目重点侧重于打击有组织犯罪和贩毒，在非洲之角和萨赫勒（Sahel）地区侧重于反恐；在亚洲，重点是反恐和防止偷运移民。国际刑警组织与警察培训机构、全球执法部门、学者和相关主题专家合作，提供最新的专业信息和警务技术。

多亏了专注于提升教学和演讲技能的“教官培训”[②]（TOT）模块，国际刑警组织致力于创造一个可持续的培训机制，确保尽可能多的受训学员能够将他们的所学传授给他们各自国家的同事。

---

① INTERPOL Global Learning Centre（IGLC）.

② TOT：Train of trainer.

2. 面向国家中心局的警察培训项目

（1）国际刑警组织中心局警察发展项目①（IPD / NCBs）。这个为期两周的课程专为国家中心局的职员和执法机构合作伙伴设计，训练他们如何运用国际刑警组织的系统和数据库，优先考虑区域性的需求和优先事务。学员同时能够掌握有效的演讲和教学技能，增强信息安全的意识。

（2）国际刑警组织移动警务培训课程②（IMPTP）。这个为期 3 周的课程旨在培训来自于国家中心局和其他执法机构的官员，使他们能够了解如何有效利用国际刑警组织的工具和服务。此课程在不同地区开办，侧重于各地区的不同需求，旨在加强国际合作。前四期课程在拉丁美洲和加勒比地区开展，来自 40 多个国家的警官参与了此课程。第五期和第六期在阿拉伯国家展开，中东和北非的 13 个国家从中受益。

（3）特别犯罪领域培训课程。国际刑警组织开发了一些关于专门犯罪领域和调查技巧的资源，并定期开办培训课程。在线大学向知识产权犯罪调查员讲授最新的调查程序；生化恐怖主义桌面推演提高了调查人员应对此类事件的知识和能力；犯罪现场勘查培训涵盖了指纹、DNA 检索及证据保全的训练。

（4）广泛的培训课程。国际刑警组织美洲有组织犯罪能力建设项目、国际刑警组织东南亚预防偷渡和非法移民能力建设课程、国际威胁评估和情报工作研修项目、国际刑警组织非洲之角反恐能力建设课程、国际刑警组织亚洲反恐能力建设课程、萨赫勒地区反恐怖主义的国际刑警组织能力培养课程、国际刑警组织关于联合国安全理事会制裁及其在国家和国际一级执行情况的培训研讨会、关于加强国际刑警组织通报的补充培训等。

（四）培训认证（Training Accreditation）

国际刑警组织启动了培训认证政策，该政策适用于：可根据要求获得国际刑警组织认可的国家或国际执法培训课程或项目。

1. 认证宗旨

保证国际刑警组织和成员国有效利用培训资源，并获得培训投资的回报。

2. 认证目标

通过审查成员国的培训课程或计划，加强与警察培训实体的合作，促进全世界培训政策的一致性；加强公众、捐助者和利益攸关方对执法培训的诚

① INTERPO L Police Development Programme for NCBs（IPD/NCBs）.

② INTERPOL Mobile Police Training Programme（IMPTP）.

信、专业和效率的信心；对已具有培训质量认证的组织，进行培训课程或计划的评估。

3. 认证过程

该程序旨在评估培训课程或计划是否符合国际刑警组织的培训标准。评估覆盖培训系统的每个步骤：培训需求分析、项目设计、项目开发、项目交付和项目评估。

4. 认证课程清单

《体育安全高级管理培训课程》（Sport Security Senior Management Training Course），美国南密西西比大学，国家观众体育安全和安保中心（National Center for Spectator Sports Safety and Security，NCS4），2017 年 10 月 16 日。

《讲师发展课程》，国际刑警组织能力建设和培训，2017 年 12 月 7 日。

5. 认证程序标准

2018 年 1 月 1 日，国际刑警组织能力建设与培训部发布了《国际刑警组织培训项目认证程序标准》（Standard Operating Procedure on INTERPOL Training Programme Accreditation），其中强调：国际刑警组织的总体使命是促进国际合作，战略重点之一是能力建设和培训。其目的是帮助成员国的官员以及总秘书处的工作人员，通过提高他们应对日益全球化和复杂的犯罪的能力，以提高其业务效率。该《标准》（SOP）提供透明和标准化的指令，用于请求、审查和提供国际刑警组织执法相关培训项目或课程的官方认证。认证计划还有助于确定和采用警察培训的最佳做法。

作为覆盖全球的国际组织，促进培训质量保证有特殊要求。特别是必须考虑到所有成员国的文化、语言、历史和政治局势的多样性。培训质量保证政策必须具有普遍性、实用性和高质量，以便为每个国家提供实施该政策的可能性。

国际刑警组织制定的培训标准是为支持全球培训质量保证政策而制定的，并收录在《国际刑警组织有效培训指南》（*INTERPOL Guide to Effective Training*）中。从 2008 年开始，这些标准已经过欧盟执法培训局①（CEPOL）、联邦调查局（FBI）、联邦执法培训中心②（FLETC）、中国香港警务处和南部非洲警长协会③（SARPCCO）的审查。从那时起，国际刑警组织

① European Union Agency for Law Enforcement Training (CEPOL).

② Federal Law Enforcement Training Centers (FLETC).

③ Association of Chiefs of Police in Southern Africa (SARPCCO).

的培训标准每年都会更新，以囊括培训方面的最佳做法。

2018 年 6 月 26 日—28 日，第 21 届国际刑警组织警察培训研讨会（21st INTERPOL Police Training Symposium）在韩国牙山（Asan）举行。国际刑警组织警察培训研讨会是全世界执法培训领域中领先的活动之一。研讨会是世界各地执法和学术界高级官员交流他们关于制订和实施执法培训计划的见解、经验教训和最佳做法的平台。讨论将有助于代表们掌握知识和合作资源，以改善培训工作。

2018 年的主题是“全球执法培训架构”（The Architecture of Global Law Enforcement Training），该项目将围绕以下主题进行阐述：将执法教育作为一个“系统”；尖端技术对执法培训的影响；执法培训全球化；国家案例研究。

（五）战略规划

《国际刑警组织 2017—2020 能力建设与培训战略规划》[①]确定了 3 个包含相关目标的行动步骤：行动第一阶段：优化培训的有效性；行动第二阶段：加强国际刑警组织警务能力的影响和推广；行动第三阶段：加强组织培训能力。

每年，国际刑警组织都会为成千上万的执法人员提供能力建设和培训活动。2017—2020 年国际刑警组织能力建设和培训战略旨在指导整个组织在能力建设和培训活动的设计、实施和评估方面的工作。国际刑警组织将通过既定的培训标准和绩效管理实现这一目标。

有效的能力建设计划将加强警方的合作，并鼓励利益相关者和捐助者在未来为新项目提供资金。

战略规划文件的目的是解释新的国际刑警组织当代执法能力建设和培训战略框架。成功的培训需要建立：1. 培训标准和活动的集中治理模式；2. 分散培训交付模式，任何计划提供外部培训的单位都能够这样做。通过这种方法的实施，国际刑警组织能够通过由公认的国家、区域和国际警察培训合作伙伴的支持，成为国际刑警组织全球学院（INTERPOL Global Academy）。

国际刑警组织全球培训由能力建设与培训班（CBT）集中管理。通过所有内部单位和已建立的警察区域培训合作伙伴分散提供培训。这一方法的实施将得到“国际刑警组织全球学院”的支持，这是一个由专门从事执法培训的公认的全球、区域和国家行动者的综合网络。

国际刑警组织将加强全球能力建设方法，其方案将扩大国际警务合作，

① *CAPACITY BUILDING AND TRAINING STRATEGY 2017-2020.*

并鼓励捐助者在未来为新项目提供资金。

国际刑警组织全球学院通过一个公认的警察培训合作伙伴网络，在总秘书处和所有地区的所有单位开展工作，将形成本组织引领全球培训的方法，由能力建设与培训部集中管理，并由国际刑警组织部门的所有人进行分散的培训。

三、数据交换

国境线对于犯罪分子来说越来越无意义，及时、有效的跨境警务交流比以往更加重要。国际刑警组织的优先事项之一便是使世界范围内的警察能够安全快速地交换信息。实现此目标有两个工具：

（一）I-24/7 全球加密警务网络，把警务合作提高到新的水平

国际刑警组织开发的 I-24/7 全球警务通信系统连接所有成员国，使授权用户能够全天候、安全地与全球同行分享敏感和紧急的警务信息。

I-24/7 是基于网络的通信工具，便于调查人员访问国际刑警组织的专业数据库。授权用户可以在几秒内搜索和交叉检索数据。目前所有成员国国家中心局都安装了该系统，可以直接访问数据库。并且，通过系统拓展，并提供综合的技术解决方案，可以使一线警务人员、重要关卡以及其他执法机构人员检索数据库。

I-24/7 网络系统是国际刑警组织所有行动性活动的基础，从边境口岸的例行检查到针对不同犯罪地域的专项行动；部署专门的事件响应小组（specialized response teams）到追踪国际逃犯（international fugitives），成为全球警察之间信息交流的基础。该系统拓展了对国际刑警组织服务的访问。虽然 I-24/7系统安装在中心局，但许多成员国选择在关键部位扩大与其他国家执法实体的联系，如过境检查点、机场、海关和移民局等。

通过向一线执法实体提供国际刑警组织服务，可以为警察开展日常打击犯罪活动提供极大支援。如今，世界上任何一个国家在任何时间，都可以直接或间接地访问 I-24/7 系统，帮助机场移民官员检测旅行证件是否为被盗证件；允许边境或海关官员搜索车辆的识别号码，确认车辆是否列入被盗报告；提醒国家当局通缉正在试图通过空中或海上进入该国的人是否为通缉对象。

由于犯罪分子和犯罪组织通常涉及多种犯罪活动，I-24/7 从根本上改变了全球执法机构的合作方式。它使侦查人员能够及时使用国际刑警组织的尖端工具，并在看似无关的信息之间建立联系，从而促进调查并帮助解决犯罪问题。授权用户可以在几秒内搜索和交叉检索数据，可以直接访问涉嫌犯罪

分子或通缉犯、被盗和丢失的旅行证件、被盗的机动车辆、指纹、DNA 档案、被盗的行政文件和被盗的艺术品等数据库。

其增强功能使用户能够使界面适应他们自己的语言，并允许国家中心局的官员在数据库中添加和修改他们自己的数据。一个专门的由技术娴熟人员组成的 I-24/7 支持中心，为一级授权用户提供全天候和量身定制的帮助。

截至 2017 年，有 165 个国家将 I-24/7 系统拓展至中心局之外。①

（二）I-link：将数据交换提升到新的水平

世界各地的成员国执法人员每天都会使用 I-24/7 交换成千上万的信息，这些信息往往是紧急的。有效管理这些信息至关重要。I-link 是一个独特的动态操作系统，可集中并持续增强数据库功能。通过识别共同线索，它还有助于在看似无关的调查之间建立联系。中心局（NCBs）的官员和其他授权用户可以通过 I-24/7 网络访问 I-link。

它的主要特点是：按照国际结构化通信标准，确保记录和交换的警务数据的一致性和操作相关性；提供适应性强的结构化表格，使国家之间能够无缝传输信息，从而提高可用信息的质量和数量；可以将警务信息直接记录到国际刑警组织的刑事数据库中，从而缩短信息处理时间；准许立即访问实时（real-time）警务信息；提供阿拉伯语、英语、法语和西班牙语 4 种国际刑警组织官方语言。

它还可以发布即时国际警报。所有针对通缉犯的国际警报，无论以红色通报（Red Notice）或通告（Diffusions）的形式都可以通过 I-link 提交。只需几秒，成员国就可以起草并提交寻求逮捕被通缉犯的警报，并将信息立即记录到本组织的中央数据库中，全世界的警察都可以立即查阅。通过 I-link 还可以获得黄色通报、绿色通报和蓝色通报（分别针对失踪人员，警告和协查信息）。

I-link 已经成为成员国之间进行刑事信息传递和通信的枢纽，从而成为 21 世纪应对犯罪的利器。I-link 的技术开发仍在继续，某些功能已经到位，其他增强功能正在完善。最终目标是通过国际刑警组织交换的所有犯罪信息将以结构化、高度可搜索的信息形式完成。

每个中心局保留其信息的所有权，并能够适当地修改或删除其数据。I-link内的信息管理符合国际刑警组织关于数据处理的规则（RPD），并由全面的文档和用户培训课程提供支持。

① 参见《国际刑警组织 2017 年年报》，Annual Report 2017。

很多犯罪跨越国界，但侦查人员可能还没有意识到一种犯罪行为与其他犯罪的关联，I-link 提供了弥补这一差距并识别共同线索（如银行账户、电话号码或地址）以将犯罪联系在一起的机会。

四、专业数据库及应用

（一）国际刑警组织专业数据库设立背景及发展

数据库服务（Databases）与全球加密警务通信系统（I-24/7：Secure Global Police Communications System）、行动支援（Operational Support）以及培训与发展（Training & Development）并列为国际刑警组织的四大核心功能，是预防和打击国际性犯罪的独门绝技和撒手锏。尤其是在当今大数据时代，实施警务大数据战略，实现警务能力提升，树立大数据思维，加快推进数据流、业务流、管理流融合，从海量的数据资源中挖掘内在价值，善于以大数据应用助推警务机制变革意义更加重大。随着该组织专业数据库的日益发展和完善，能够为全球执法机构提供更多的服务和支援。

回溯 1914 年，第一届国际刑警大会（The First Criminal Police Congress）在摩纳哥举行的时候，24 个不同国家的警官和司法代表汇聚一堂，为的是找到打击犯罪的合作方式，尤其是在逮捕、引渡程序、刑事鉴定技术和集中刑事记录这些方面。考虑到各国应用的记录分类系统各式各样，大会意识到建设标准化、集中化的国际犯罪记录系统的必要性，虽然那个时代还没有出现数据库的概念，但可以看作是国际刑警组织建设数据库的最初理念。

1998 年，国际刑警组织设立了犯罪信息系统数据库[①]（ICIS）。

2002 年，启用基于互联网的 I-24/7 通信系统，采用 VPN 技术，不仅为成员国提供了安全便捷的通信系统，也极大地提高了访问数据库的速度和效率，而且在很大程度上为国家中心局拓宽了连接国际刑警组织数据库及获取其他服务的通道。加拿大是第一个连接到该系统的国家。同年，国际刑警组织建立了遗失及被盗旅行证件数据库（SLTD）。

网络技术的发展使得国际刑警组织能够为成员国提供迅速、直接的渠道进入囊括数百万条记录的犯罪数据库，这些记录由全球各地的国家提供。数据库的信息能够实时（real-time）获取，也为机场、港口和边境线等一线警察提供了查询数据的技术解决方案。

2013 年国际刑警组织的成员国进行了超过 12 亿次的犯罪数据库搜索，意

① ICIS：INTERPOL Criminal Information System.

味着平均每天330万次搜索，每秒38次搜索。与使用卡片索引文件进行编排和分析数据的年代相比，这样的结果是不可想象的。

根据《国际刑警组织2016年年报》，当年成员国查询数据库的数量达到20.95亿次，结果比中703980次，平均每秒有94次搜索。2017年，成员国查询数据库的次数总共达到40.6亿，结果比中100万次，平均每秒搜索达到146次。[①] 这些数据反映了国际刑警组织成员国访问数据库的数量、比中结果和访问频率呈明显的上升趋势。

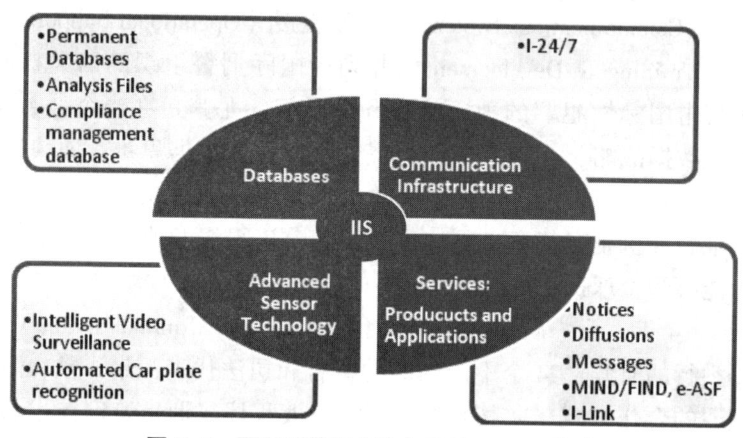

图5-5　国际刑警组织信息系统（IIS）构成

（二）数据库的种类及功能

国际警察侦查的成功取决于最新全球数据的可用性。国际刑警组织为成员国提供即时、直接访问刑事数据库的机会。这些不断增长的数据库目前包含了数以百万条记录，由各成员国提供，通过该组织渠道最大范围地共享。除国际刑警组织弹道信息数据库（IBIN）外，所有数据库都可通过I-24/7网络实时访问，该网络连接所有国家中心局（NCB）。该组织开发的网络服务器解决方案，可以实现中心局之外的拓展访问，范围扩展到一线执法人员，如边防人员，允许他们搜索被通缉者、被盗和丢失的旅行证件以及被盗的机动车辆等数据库。

数据库是国际刑警组织信息系统（INTERPOL Information System，IIS）的四大支柱之一。数据库（Databases）、通信基础设施I-24/7（Communication Infrastructure）、先进的自动视频监控感应技术（Advanced Sensor Technology）、

① 参见《国际刑警组织2016年年报》，Annual Report 2017。

服务：产品及应用（Services：Products and Application）构成了完整的信息系统（IIS）。该系统独立于现有的其他模式，具有强大的辨识度。按照组织规则，信息系统受《国际刑警组织数据处理规则》（Rules on Processing Data，RPD）的管理和监管。需要注意的是，国际刑警组织信息系统等同于该组织通过其渠道处理数据所使用的所有手段和资源的集群。

数据库（Database）是按照数据结构来组织、存储和管理数据的建立在计算机存储设备上的仓库。数据库中的数据是为众多用户所共享其信息而建立的，摆脱了具体程序的限制和制约。不同的用户可以按各自的用法使用数据库中的数据；多个用户可以同时共享数据库中的数据资源，不同的用户可以同时存取数据库中的同一个数据。数据共享性不仅满足了各用户对信息内容的要求，也满足了各用户之间信息通信的要求

截至2018年，国际刑警组织一共创建了17个永久性专业数据库和2个参考数据库。

1. 数据库的种类

按数据库的性质划分，可以分为永久性警务数据库（Permanent Police Databases）、合规管理数据库（Compliance Management）、分析档案数据库（Analysis Files Databases）三大类，其中，在永久性警务数据库之下，又分为行动性数据库（Operational Databases）和参考性数据库（Reference Libraries）（见图5-6）。

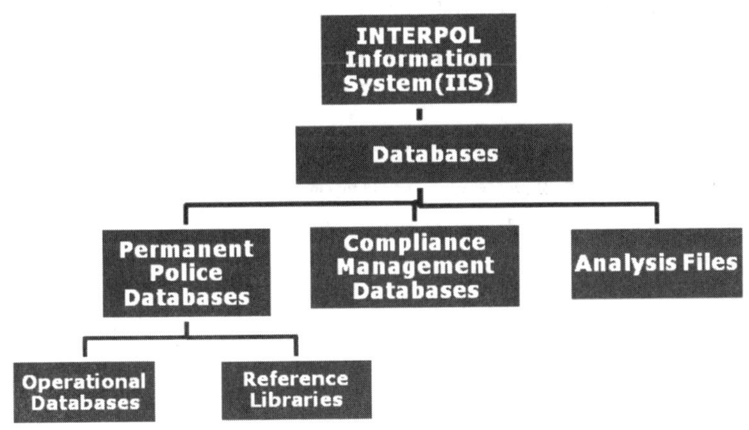

图5-6 国际刑警组织信息系统中的数据库

按照功能和作用划分，可分为人员及通报类数据库（Individuals and Notices）、刑事技术类数据库（Forensic Data）、旅行证件类数据库（Travel and

Official Documents)、失窃物品类数据库（Stolen Property）、武器贩运数据库（Firearms Trafficking）、有组织犯罪网络数据库（Organized Crime Networks）以及放射性和核材料数据库（Radiological and Nuclear Materials）等七大类。

2. 数据库的功能（见图 5-7 国际刑警组织专业数据库）

（1）国际刑警组织犯罪数据库（INTERPOL Criminal Information System，ICIS）

创建于 1998 年，用于发布警告、追逃请求、侦查协作以及寻找失踪人员。国际刑警组织的通报系统（System of Notices）用于向逃犯、犯罪涉嫌人、与正在进行的刑事调查有关人员、受联合国安理会制裁的人员和实体、潜在威胁、失踪人员和无名尸体发出国际警报。详情存储在国际刑警组织刑事信息系统的数据库中，该系统还包含个人数据和受国际警察合作请求的人的犯罪记录。

（2）性侵儿童数据库（International Child Sexual Exploitation，ICSE）

创建于 2009 年，该数据库使用复杂的图像和视频比较软件在受害者、虐待者和场所之间建立联系。目的是确认、查找和逮捕犯罪者，并避免受害者再次受到伤害。成员国的认证用户可以直接和实时访问数据库，立即得到与儿童性剥削调查有关的查询反馈。

2017 年，国际刑警组织在欧洲委员会（European Commission）资助的“我关心”（I-CARE）项目，致力于开发 ICSE 数据库的下一个版本，该项目于 2018 年中期启动。它将允许国家的儿童性剥削数据库直接与 ICSE 数据库互联，增强功能包括一个独立的工具，用于将儿童性虐待图像和视频直接上传到数据库中。

2017 年年初，该数据库达到了一个里程碑，当时第 1 万名儿童性虐待受害者通过 ICSE 数据库被识别出来，这个成绩是该数据库创建 7 年之后就达到了。截至 2017 年 12 月 31 日，经该数据库确认了 11988 名受害者，平均每天约有 5 名儿童被解救，全年有 5617 名犯罪者被确认。①

（3）指纹自动比对数据库（Automated Fingerprint Identification System，AFIS）

成员国的授权用户可以通过自动指纹识别系统（AFIS）查看、提交和交叉检索指纹数据库中的记录。创建于 2000 年。截至 2017 年，指纹数据库包含 180000 多条记录，每年支持超过 40000 次搜索。2017 年，以此数据库在全

① 参见《国际刑警组织 2017 年年报》，Annual Report 2017。

球范围内识别确认了1700多个身份识别。

(4) DNA数据库(Deoxyribonucleic Acid, DNA)

创建于2002年,该数据库包含来自罪犯、犯罪现场、失踪人员和身份不明尸体的DNA档案。但是国际刑警组织不存储任何将DNA样本与任何个人联系起来的数据。

(5) 人脸识别数据库(Facial Recognition Database)

2016年11月,国际刑警组织启动了人脸识别数据库,该数据库提供一个专用平台,使警方能够分享和比较数据,以便识别逃犯、失踪人员以及对照片、媒体图库和其他已知图像感兴趣的个人。

人们越来越认识到生物识别技术是应对跨国犯罪的一种重要工具。第一届国际刑警组织指纹和人脸识别研讨会(1st INTERPOL Fingerprint and Face Symposium)2017年12月召开,汇集了来自58个国家、私营部门合作伙伴和学术界的125名专业人员,共同探讨执法界对于指纹鉴定和人脸识别这些最新的生物识别工具和技术的应用。

(6) 失窃旅行证件数据库(Stolen and Lost Travel Documents, SLTD)

创建于2002年。该数据库包含丢失、被盗和被注销的旅行证件的记录,如护照、身份证、联合国通行证(UN laissez-passer)或签证印章,包括被盗的空白旅行证件等。

2016年该数据库的样本数量从2015年的5.5亿增加至7.06亿,增长幅度为28.5%。[①]

截至2017年,国际刑警组织的SLTD数据库保存了168个国家被盗或丢失的近7.41亿份旅行证件的信息。全年检索20.65亿万次,平均每天检索726万次,平均1~2秒就会收到查询请求。该数据库使国际刑警组织国家中心局和其他授权实体,如移民和边境管制官员,能够在几秒内检查可疑旅行证件的有效性。目前正在进行拓展,以扩大筛选范围,包括国际刑警组织红色通报或国际通缉人员的警报。

(7) 电子警告参考数据库(Digital Alert Library Document, Dial-Doc)

创建于2013年,用于国家一级关于新发现的文件假冒形式进行警报的记录。

(8) 失窃文件数据库(Stolen Administrative Documents, SAD)

记录用于识别被盗的特定官方文件,例如,车辆登记文件和进出口许可

① 参见《国际刑警组织2016年年报》,Annual Report 2016。

证等。

（9）EDISON 数据库（Electronic Documentation And information System On Investigation Networks with information on Travel Document，EDISON）

创建于 2011 年，提供真实旅行证件的图像样本以及防伪点的描述。主要为边检人员识别旅行证件真伪提供参考。

（10）失窃机动车数据库（Stolen Motor Vehicles，SMV）

创建于 1996 年，该数据库包含来自所有类型的机动车辆（汽车、卡车、拖车、重型机械、摩托车）的数据，以及据报被盗的可识别备件的广泛识别细节。

（11）失窃船只数据库（Stolen Vessel Database，SVD）

创建于 2013 年，该数据库是用于追踪和查找被盗船只和发动机的集中工具。

（12）失窃艺术品数据库（Works of Art，WOA）

创建于 1995 年，该数据库包含成员国、国际博物馆理事会（International Council of Museums）和联合国教科文组织（UNESCO）等国际合作伙伴报告的丢失文物的描述和图片。包括在阿富汗、伊拉克和叙利亚危机期间被抢劫的艺术品。

（13）非法武器记录和追查管理系统数据库（INTERPOL Illicit Arms Records and Tracing Management System，iARMS）

创建于 2013 年，是唯一的全球性执法平台，通过跟踪和记录非法枪支，包括丢失和被盗的，以及加强执法机构之间关于恐怖主义的信息交流与合作，支持跨国追查和其他涉枪犯罪。

该系统是一个最尖端的工具，促进执法机构之间就非法武器的国际流动进行信息交流和调查合作。世界各地的警察可以记录该系统中的嫌疑人并搜查被查获的武器，以检查是否被报告为丢失、被盗、被贩运或走私。这有助于确定世界不同地区犯罪之间的潜在联系，以及查明可能的贩运或走私路线。2017 年，该数据库包含 849443 条记录，查询 281600 次，提交追踪请求 28361 件，反馈追踪请求 5030 件。①

（14）枪支参考表数据库（INTERPOL Firearms Reference Table，IFRT）

创建于 2008 年，国际刑警组织枪支参考表（INTERPOL Firearms Reference Table）是一种交互式在线工具，允许用户自动导入枪支的唯一标识符以进行搜索或发出跟踪请求，提供识别和描述枪支的标准化方法，使成员

---

① 参见《国际刑警组织 2017 年年报》，Annual Report 2017。

国能够确保执法人员确认、识别枪支的准确性，增加成功追踪跨境调查的成功可能性。截至 2017 年，包含了超过 150000 个武器参考数据以及超过 49000 个武器图片。[①]

（15）弹道信息数据库（INTERPOL Ballistic Information Network，IBIN）

创建于 2009 年，用于弹道学数据的比较，是世界上唯一一个通过弹道成像信息的集中链接、存储和交叉比对向执法机构提供情报线索的大型国际弹道数据共享网络，以便建立可能仍未被发现的不同国家的犯罪之间的联系。截至 2017 年，共有 974281 条记录，全年搜索 28248 次。[②]

对弹道信息数据库（IBIN）和非法武器数据库（iARMS）数据的综合分析，会显著提高执法机构预防和打击与枪支有关的犯罪的能力，特别是通过这些检索确认，查明枪支贩运者和其他罪犯。

（16）“盖革项目”数据库（Gieger）

创建于 2005 年，盖革项目数据库用于整理和分析有关非法贩运和涉及放射性和核材料的其他未经授权活动的信息。它整合了国际原子能机构（International Atomic Energy Agency）的数据、开源报告和执法机构的报告。

（17）全球海盗犯罪数据库（Maritime Piracy Global，MPG）

创建于 2011 年，该数据库存储与海盗和海上武装抢劫案件有关的情报，包括个人数据、电话号码、电子邮件地址、海盗案件、地点、企业和财务信息等。

数据库的目的是改进情报信息的收集和交换，支持侦查活动，更好地分析犯罪网络，从而识别和逮捕其头目和资助者。

（18）外籍恐怖主义战斗人员数据库（Foreign Terrorist Fighters，FTFS）

创建于 2015 年的参考性数据库。用于存储和查询有关外籍恐怖主义战斗人员的相关活动及信息。截至 2017 年，国际刑警组织掌握了 40000 多名外籍恐怖主义战斗人员的详细信息，使其成为世界上最大的警察信息库，这些信息对确认“回流者”至关重要。

（19）“千禧项目”数据库（Millennium）

创建于 2017 年的参考性数据库。用于存储和查询有关苏联和东欧国家有组织犯罪集团的信息。

---

① 参见《国际刑警组织 2017 年年报》，Annual Report 2017。

② 同上。

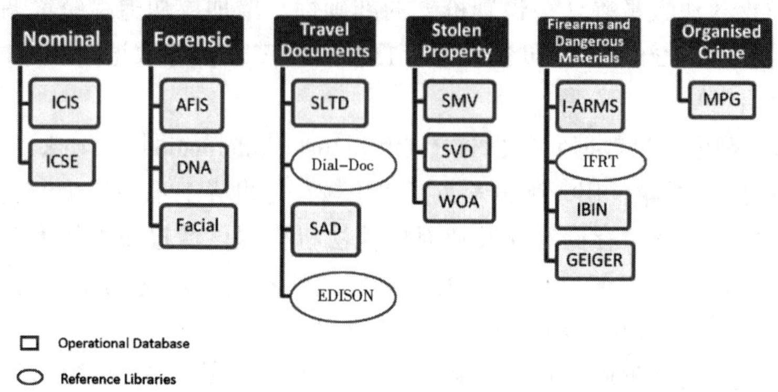

图 5-7　国际刑警组织专业数据库

（三）数据库的应用

国际刑警组织数据库应用是指为授权用户提供的网络资源和相关软件，以便通过国际刑警组织专用通信渠道处理数据、获得产品服务以及形成通信网络的方式和手段。服务产品是指通过应用数据库所能提供的各类服务与支持。国际刑警组织尽可能地为成员国执法机构提供简便、快捷、多样的手段去应用数据库及服务。总秘书处负责管理数据，设计数据库应用程序并管理数据库应用。

I-24/7 和 I-link 是基础工具，此外国际刑警组织开发了多种其他访问数据库的应用方式（见图 5-8）。

图 5-8　国际刑警组织数据库应用方法

1. e-ASF

电子自动检索（Electronic Automated Search Facility，e-ASF），可用于边境执法人员查验证件，也可以检查比对失窃机动车、文件、艺术品等。

2. WISDM

成员国在“国际刑警组织安全云”（INTERPOL Secure Cloud）中管理其数据的技术界面，可以插入、更新或删除数据，统计记录数量和数据管理活动信息。可以访问失窃证件、文件、机动车数据库等。

3. TDAWN

访问带有旅行或身份证件数据的通报（Notice），应注意比中结果可能与失窃旅行证件或逃犯数据库匹配，TDAWN 点击是与通报相关联的失窃旅行证件数据库搜索，适用于电子自动检索、固定式、离线式访问以及批量检索。

4. FIND

固定式访问国际刑警组织网络数据库方式（Fixed INTERPOL Network Databases，FIND）。可以集成到现有的数据库系统中，适应各个国家的要求，因为处理过程保持不变，因此没有语言限制问题。可以访问逃犯、失窃证件、机动车、TDAWN 数据库等。

截至 2017 年，有 74 个成员国使用 FIND 系统。①

5. MIND

离线式访问国际刑警组织数据库方式（Mobile INTERPOL Network Databases，MIND），是一种安全的“移动”数据库，包含国际刑警组织专业数据库的副本，用外部硬盘通过 USB 端口连接到专用工作站，内部硬盘插入中央单元。

截至 2017 年，53 个成员国使用 MIND 系统。②

6. INSYST

访问 I-24/7 网站的界面，允许中心局管理自己的密码和 I-24/7 的访问权限，由安全官（Security Officer，SO）提供访问权限，并且创设 INSYST 账户和电子邮件域名。

7. I-Batch

国际刑警组织开发的批量自动检索工具，可以在很短的时间内处理和检查数千个数据。可用于检索逃犯、失窃旅行证件、失窃机动车等数据库。

---

① 参见《国际刑警组织 2017 年年报》，Annual Report 2017。

② 参见《国际刑警组织 2017 年年报》，Annual Report 2017。

例如，2008 年北京奥运会安保中，曾经使用该工具检索入境人员旅行证件，对于核查证件和入境人员背景帮助很大。2010 年南非世界杯安保期间，通过 I-BATCH 直接访问数据库，国际刑警组织重大事件应急小组（IMEST）批量搜索处理了数千个目标航班的乘客身份详细信息，并且拒绝了一批劣迹斑斑的有暴力犯罪史的南美足球流氓入境。

8. I-Checkit

筛选补充和加强国家边境安全解决方案的系统，与私营部门值得信赖的合作伙伴如航空公司、海事公司合作，检索失窃旅行证件数据库，比中结果将发送给国际刑警组织指挥协调中心（CCC）、中心局和相关国家实体。正在研发用于酒店和银行业。

通过 I-Checkit，经认证的私营部门合作伙伴可以充分利用国际刑警组织的警务能力，帮助检测身份欺诈并为旅游业建立更强大的安全基础设施。鼓励公共和私营部门合作，通过促进信息交流来提供帮助检测身份欺诈，阻止犯罪分子使用被盗或遗失旅行证件。

I-Checkit 允许可信赖的合作伙伴早在办理登机手续时，提交旅行证件比对国际刑警组织数据库，尤其是对于旅游部门，这种识别发生在乘客抵达机场、港口或边境之前。通过 I-Checkit 认可的私营部门合作伙伴可以从国际刑警组织的关键警务能力中受益，协助他们保护自己的业务活动。它是一种简单的集成解决方案，可在乘客到达机场之前检查旅行证件的有效性。通过筛选三个关键数据：旅行证件号码、签发国家和类型来检索国际刑警组织失窃旅行证件数据库，如果身份证件与该数据库中的记录匹配，则会生成“点击通知”，然后将其发送到国际刑警组织指挥协调中心、相关中心局、航空公司的指定联系人。

后续行动通常包括在登机前在登机口进行二次检查，以确定受试者是否为所报告的被盗、丢失或撤销的旅行证件的真正持有人。

9. HTTPS 方式

国际刑警组织加密网站，通过 HTTPS 访问允许访问的数据库。可访问失窃艺术品、枪支参考表、证件、电子警告参考数据库等。

10. Easy Form

对于数据的管理应用，插入、编辑、搜索或删除。可访问失窃证件、机动车、文件数据库等。

数据库只有在成员国充分检索并提供高质量的数据样本的情况下才能发挥作用。数据库作为信息和数据交换的安全平台，极大地促进了国际警务执法合作。

及时获取数据库资源支持，分享关键警务情报信息对于执法机关的意义不言而喻。国际刑警组织正是承担了这一关键的职责。无数成功的行动已经证明了其数据库资源的实用价值。

海量的数据库需要不断地充实和积累，丰富全面的数据才能使数据库资源功能更加强大。国际刑警数据库的数据样本从何而来？全部来自成员的贡献。这也正好反映了该组织与成员国的关系：国际刑警组织的发展依靠成员国，国际刑警组织的发展为了成员国。

如图 5-9 所示，横射线表示国际刑警组织服务及授权用户不断增加；竖射线表示成员国不断将国际刑警组织资源整合至国内警务系统；折线表示国际刑警组织服务能力不断增长。

随着成员国提供的数据数量的积累及国际刑警组织授权用户的不断增加，成员国更多地把国际刑警组织的资源整合到国内警务系统，由此带来的积极结果是国际刑警组织为成员国所能提供的工具和服务能力与日俱增。按照“用进废退原理”，更多的执法机构认识到数据库资源的价值，更多、更有效地使用这一工具，才能使其功能不断增强。

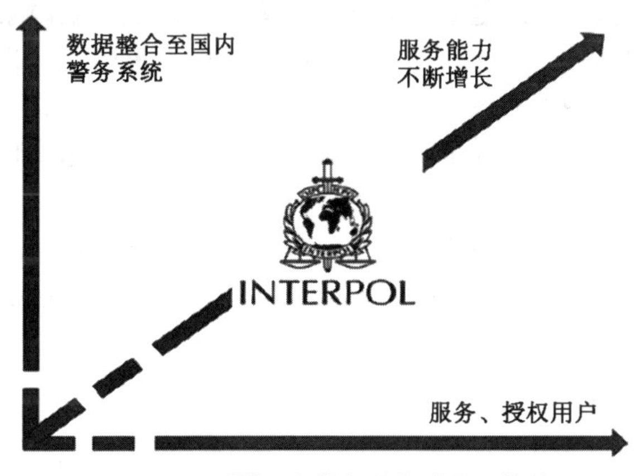

图 5-9　国际刑警组织数据库与成员国的关系

打造更加安全的世界是国际刑警组织的愿景，[①] 与我国构建人类命运共同体的宗旨高度契合。1984 年，中国加入国际刑警组织，正式融入国际警务执

① The vision：Connecting police for a safer world. https：//www. interpol. int/About-INTERPOL/Overview.

法合作的大家庭。随着我国日益走进世界舞台中心和国际执法安全合作的发展进步，我们在该组织框架内的角色逐渐从学习者、适应者向引领者、主导者转变。但总体而言，也存在对国际刑警组织资源认识不足，利用不够的问题。“工欲善其事，必先利其器”，只有充分了解国际刑警组织特有的警务资源，才能更好地“为我所用”，从而更好地统筹国际国内两个大局、境内境外两种资源，更好地适应公安工作国际化的形势需要，提高我国执法安全合作能力，服务公安中心工作和外交战略大局，维护国家主权、安全和发展利益。

五、国际刑警组织通报系统

国际刑警组织通报（Notice）是国际性的合作或预警请求，使各成员国的警方能够分享重大犯罪活动的信息。通报由总秘书处应国家中心局和其他授权组织的请求发布，并能以本组织任何一种官方语言发布：阿拉伯语、英语、法语和西班牙语。

根据《国际刑警组织数据管理规则》（RPD）第一章第 13 条，国家中心局或国际实体提交的任何有关国际合作的请求或国际警告，或是由总秘书处发起的通报，将由国际刑警组织发往所有成员国。

若是红色通报，指的是基于逮捕令或者法院裁决，某国家司法机关出于控告或者使其服刑之目的而通缉相关人员。国际刑警组织的作用是协助各国警方识别和定位涉案人员以便对其进行拘捕、引渡或采取其他类似的法律行动。另外，联合国、国际刑事法庭和国际刑事法院也利用通报追查在他们管辖范围内作案的通缉犯，主要是种族灭绝犯罪、战争罪和反人道罪。

国际通报制度创设于 1946 年，刚开始时有 6 种颜色的通报，2004 年增加了橙色通报，2005 年创设了国际刑警组织—联合国安理会特别通报。2015 年开始试行银色通报。

（一）通报类型及作用

1. 红色通报（Red Notice）

目的为对通缉犯进行定位和拘捕以便于进行引渡或采取其他类似的法律行动。

根据《国际刑警组织数据管理规则》第 82 条，发布红色通报必须满足以下条件：所涉犯罪属于严重的普通法罪行，有最低刑罚标准，有警务合作意向，最低限度的身份识别信息，最低限度的相关司法信息。

如果是以起诉为目的的，最低刑期应该大于或等于 2 年；如果以服刑为目的，则余刑刑期应该大于 6 个月。另外，还必须提交最基础的个人信息，如姓名、生日、性别等，指纹、照片、DNA、护照号码要至少提供一项。

2017年应成员国请求，总秘书处共发布红色通报13048份，在公共网站上公布6620份。截至2017年，仍有52103份红色通报有效。[①]

2. 黄色通报（Yellow Notice）

目的为帮助定位失踪人员，通常是未成年人，或帮助识别那些不能证明自己身份的人。

特别发布要求：失踪或被发现的人是已经报警的；警察不了解被报告人的下落或身份；如果涉及成年人，则需要遵守相关国家隐私法；有关个人的充足信息；最低限度的身份辨识。

如果针对失踪人：需要姓名、性别、生日（最少到年）；还应该有体征描述、高质量照片、DNA、指纹等。如果是确认身份：需要体征描述、性别；还应该有高质量照片、DNA、指纹等。

3. 蓝色通报（Blue Notice）

目的为收集涉案人员身份、地点、活动等额外信息。

蓝色通报发布的必备条件：发布蓝色通报的案件基于已经起诉的案件，或关于嫌疑人、证人或受害人；关于案件或个人的充足信息。

至少需要提供姓名、性别、生日（至少具体到年）、有质量的照片。或者提供体态描述、DNA、指纹、身份文件。但是姓名、父母姓名、照片不能显示的特殊体征、DNA、指纹、有质量的照片至少要提供其中一项。

4. 黑色通报（Black Notice）

目的为查证无名尸体的信息。

特别发布条件：发现尸体的情况已经向警方报告；尸体无法辨认；有此具尸体和发现环境的详细数据；有强制性要求的信息，如照片、指纹、DNA样本。

5. 绿色通报（Green Notice）

目的为提供进行过刑事犯罪并有可能在其他国家再犯此类罪行人员的警告和情报。

发布条件：针对的个人是由某国家的执法机构评估将对公共安全构成威胁的人；基于以前的起诉或合理证据；有充足的信息；最低限度的身份识别。

必须提供姓名、性别、生日（最少到年），或者提供体态描述、DNA、指纹、身份文件（护照或身份证）。姓名、父母姓名、照片不能显示的特殊体征

① 参见《国际刑警组织2017年年报》，Annual Report 2017。

至少提供一项。

6. 橙色通报（Orange Notice）

目的为就即将严重威胁公共安全产生的活动、人员、物品或进程发出警示。

具体发布条件：如果是针对个人，有迹象显示一项紧急的威胁；正在准备实施基于普通刑法的严重犯罪；国家执法机构已经作出评估；结论基于一项或多项定罪。

如果针对物品、手段、活动，对公共安全构成重大威胁；国家执法机构已经作出评估。

7. 国际刑警组织—联合国安理会特别通报（INTERPOL - United Nations Security Council Special Notice）

发布联合国安理会制裁委员会制裁的对象，包括团体和个人如“基地”组织、“塔利班”等。被发布特别通报的团体或个人将面临旅行限制、财产冻结或武器禁运。

8. 紫色通报（Purple Notice）

查询或提供犯罪分子惯用的手法、作案工具、设备和隐藏手段等方面的信息。

具体发布条件：基于未处于侦查的事实：犯罪手法复杂而独特；为防止再次作案；有充足的信息关于犯罪分子的手段、目标、工具和隐藏位置。

基于正在侦查的事实：是一种严重的罪行；为引起成员国的关注；有充足的信息可以建立关联。

2017 年，应成员国请求，总秘书处共发布 187 个紫色通报，截至 2017 年仍有 623 个紫色通报有效。

9. 银色通报（Silver Notice）

2015 年，在卢旺达的基加利举行的国际刑警组织第 84 届全体大会上，通过一项决议《关于专门用于追查和追回资产的新类别通报的试点项目（银色通报）》①（*Resolution No. 1 AG-2015-RES-01*），决定试行银色通报。

决议表示：认识到打击恐怖主义、网络犯罪、腐败和有组织犯罪的最有效手段之一是追查、冻结、扣押、追缴和没收犯罪所得和工具，以便剥夺犯罪分子非法获得的收益。在过去几年中，只有 3%~5%的全球非法资金流动被

---

① Pilot project concerning a new category of notice specifically devoted to the tracing and recovery of assets（“Silver Notice”）.

扣押和没收，从而增加了改善关于资产追踪和追缴的国际合作机制的必要性，特别是通过更好的信息共享和创造新的法律和行动工具。考虑到国际刑警组织近年来已经进行的资产追缴的行动努力，鉴于其性质和通过其国际通报、公告和信息制度，国际刑警组织能够通过促进及时的信息交流，在国际和多重司法管辖的情况下，对资产追缴调查作出重要的贡献。

根据关于“促进查明，定位和扣押资产的国际行动”①的决议（*AG-2013-RES-03*），大会设立了一个工作组，负责“在国家和国际层面对现有法律框架进行研究，并就今后将在这一领域采取的步骤提出建议”。工作组正在研究题为“查明、定位和扣押资产专家工作组的活动和成果——介绍针对刑事资产的新的国际刑警组织通报”的报告（*AG-2015-RAP-11*），综合工作组的最后结论以及国际刑警组织档案管理委员会（CCF）的意见，决定：创立一种新的刑警组织关于追查和追缴犯罪资产的通报，命名为“银色通报”（Silver Notice）；核准大会报告（*AG-2015-RAP-11 附录 1*）所列的新通报的专用法律条款草案，并将其用于指导试点阶段。要求总秘书处创建新通报的模板，起草一般规格，并在 2016 年为新工具的开发和实施制定精确的成本估算；向大会下届会议提交关于试点阶段可行性的进度报告，具体时间表和费用估计数，如果有适当预算，可创设新通报并实施和测试，初步为期两年，根据成员国和国际授权实体的要求发布，以确定其有用性，有关它的规定是否适当，是否需要任何调整；创建关于资产追缴的分析档案，以便集中来自国际刑警组织的通报、公告和格式化信息的所有数据，以促进分析结果输出，例如，交叉映射或交叉匹配可用数据，以确定可导致证据发现的模式、趋势、可能的联系和相互关系；呼吁在国家法律允许的范围内并根据适用的国际条约，所有国家中心局参与试点，以确保拟议的新的国际刑警组织通报的效用、质量和有效性；请求所有参与试点阶段的成员国，在试点阶段与总秘书处分享其最佳经验、意见、建议和困难；向全体大会报告在执行试点阶段期间的进展，在试点阶段完成和评估后，根据收集的经验，对法律规定提出必要的调整；在试点阶段完成后，向全体大会提交特别针对新通报的最终法律规定，以便批准并纳入国际刑警组织关于通过本组织渠道处理信息的法律框架。

（二）通报的发布（Publication）

只有那些被批准可以公开传播的通报才可以出现在公共网站上（授权用

① Resolution AG-2013-RES-03 on “Promoting international action in the identification, location and seizure of assets”.

户可以通过国际刑警组织的信息系统看到全部通报），国际刑警组织通报的任何个人，在被判定有罪之前都是清白的。

任何未经授权对国际刑警组织通报的任何部分作出变更都被认为是违法的，将会遭到法律控告。

（三）法律依据（Legal basis）

只有通报满足有关信息处理的所有条件时才会发布出来。例如，如果某通报违反国际刑警组织宪章中的第三条则不能发布，该条禁止国际刑警组织介入或从事任何与政治、军事、宗教或种族性质的活动。

所有的通报都是根据国际刑警组织的数据处理规则[①]（RPD）来处理的，该规则确保信息的合法性和质量，并保护私人数据。

红色通报的法律依据是由相关国家的司法机关发布的拘捕令或法庭指令。国际刑警组织的很多成员国都把红色通报看作是临时拘捕的有效请求。另外，在很多的双边或多边引渡条约中，国际刑警组织都被认为是传送临时拘捕请求的官方渠道，包括《欧洲引渡公约》[②]《西部非洲国家经济共同体引渡公约》[③]（ECOWAS）和《联合国引渡示范条约》[④]。

（四）通告（Diffusions）

1. 概念

与通报类似的另一个合作和预警请求是通告。它没有通报那么正式，但也是用来请求对个人进行拘捕和定位，或者请求获得与警方调查有关的额外信息。通告是由国家中心局向其选择的成员国直接发出的，或者传递给国际刑警组织所有成员国并且同时记录在国际刑警组织的信息系统（IIS）内。

根据《国际刑警组织数据管理规则》第一章第14条的规定，任何来自成员国中心局或国家实体的国际合作请求或国际警告，都可以直接发给一个或多个中心局或国际实体，同时，将自动记录在国际刑警组织数据库中。

2. 发布通告的目的

对定罪者或被指控者实行逮捕、拘留或限制行动自由；定位或追踪个人；获得更多信息；确认身份；警示某人的犯罪活动；提供信息。

如果是以逮捕为目的，则必须经过总秘书处的合规审查。

---

① INTERPOL's Rules on the Processing of Data.

② *European Convention on Extradition.*

③ Economic Community of West African States（ECOWAS）Convention on Extradition.

④ *United Nations Model Treaty on Extradition.*

3. 什么时候采用通告的形式?

中心局或国际实体希望自己发布的信息只在有限的合作方之间传递;该项请求还不具备申请发布通报的条件。

4. 通报与通告的区别

通报(Notices)	通告(Difussions)
数据可传递给所有成员国	数据仅限于一些国家
可翻译成四种语言	从不翻译
可在国际刑警组织公共网页显示(红通、黄通)	从不在公共网页显示
强制身份识别(身份证、照片等)	非强制性身份识别,仅需生日
所有通报在发布之前需要经过合规审查	只有逮捕通告在发布前需要经过合规审查

(五)信息(Massages)

根据《国际刑警组织数据管理规则》第一章第15条,国家中心局或拥有侦查或起诉刑事犯罪权力的国际实体,如果有国际合作请求、国际警告或其他数据,则需要通过国际刑警组织信息系统有选择性地发送给一个或几个国家中心局或者国际实体,可以直接发送信息。但是,该信息不会自动记录在国际刑警组织信息系统中,除非有特别的明示。

特点:该信息不会自动记录在总秘书处的某个数据库中;只有在要求时或者总秘书处作为信息接收者的情况下才会被记录;仅授予收件人访问权限;不能撤销或延期。

通报、通告、信息的区分

通报(Notices)	通告(Difussions)	信息(Massages)
应中心局、国际实体请求或总秘书处自行发布	由中心局或国际实体直接发送	由中心局或国际实体直接发送
数据事先被记录到数据库中	数据自动被记录到数据库中	除非发布者要求,数据不会被记录到数据库中
发往所有成员国	发往一个或几个中心局或国际实体	发往一个或几个中心局或国际实体
没有访问限制	可能设置访问权限	限制发送者和接收者

六、指挥协调中心

（一）概况

指挥协调中心（CCC）是国际刑警组织的行动室，为所有寻求紧急警务信息或面对危急情况的成员国提供联络点。指挥协调中心全年无休，工作人员都是来自不同背景、不同国籍，并且能流利使用数国语言。

除最初设在法国里昂总秘书处的行动室以外，指挥协调中心为了加强其全球应对能力，又在国际刑警组织阿根廷布宜诺斯艾利斯的地区分局和新加坡国际刑警组织全球综合创新中心（IGCI）增设了行动室，分别设立于2011年和2015年。这样，指挥协调中心就能更好地跨时空提供全天候行动支援，并在地区层面上提供更直接的协助和沟通。

（二）服务和活动

指挥协调中心通过以下职能来增强世界各国警察的应对能力和行动效率。

评估总秘书处收到的所有信息并评估、确定其优先等级。

即时核对国际刑警组织的所有数据库；分配信息并立即回答所有紧急查询。

监控开放资源，对威胁进行评估，确保无论何时何地，只要需要，所有资源都能待命可用。

协调重要行动、专家小组、地区办事处及外部合作伙伴所需的情报和信息交换。

当危险迫在眉睫时发布警示和通报，包括警告警察机构和公众潜在危险的橙色通报和提供关于犯罪手段信息的紫色通报。

在重大事件，如恐怖袭击中起到危机管理的作用，以事件应急小组（Incident Response Team）的形式协调特别协助。集合各方专家的力量，如法庭科学、DNA、毒品犯罪等。指挥协调中心能够派遣应急小组来协助危机事件或重大犯罪活动的调查。

在具有国际性影响的重大事件中部署援助小组，以协助各国警察机构做好安全保障。

七、追逃

逃犯对全世界的公共安全构成严重威胁。这些机会主义者往往是流动的，通常借助被盗或虚假旅行证件在国家之间旅行，经常通过进一步的犯罪活动为他们继续逃脱法律惩罚提供资金。

逃犯也破坏了世界刑事司法系统。他们可能被指控违反法律但未被捕。他们可能借保释的机会逃离以逃避起诉，或者可能已逃出监狱。当逃犯逃离时，案件无法予以裁决，被定罪的罪犯不履行义务，犯罪受害者得不到正义。

（一）国际刑警组织的作用

国际刑警组织向成员国和其他国际实体提供积极和系统性的援助，以便定位并逮捕跨越国界的逃犯。活动包括：为成员国进行国际逃犯调查提供调查支持；制定和实施诸如“红外线行动”（Infra Operation）等重点举措；协调逃犯调查领域的国际合作；组织培训和会议；整理和传播最佳实践和专业知识；为国际刑警组织成员国、联合国法庭和国际刑事法院对种族灭绝、危害人类罪和战争罪所通缉的个人进行搜查提供行动支持和协助。

（二）行动项目

1. EL PAcCTO 项目

欧洲—拉丁美洲跨国有组织犯罪援助方案：法治和公共安全[①]（EL PAcCTO，原文为西班牙语）是一个由欧盟资助的为期 3 年的项目，旨在建立和发展拉丁美洲地区的逃犯调查的永久机制。它与国际刑警组织的伙伴关系涉及以下目标：在国际刑警组织红色通报和蓝色通报以及通告的支持下，建立和发展一个独立的、专门的区域性逃犯调查网络，以识别和确定优先级别并瞄准高风险罪犯。建立一种标准化机制，以分析和交换与高风险罪犯相关的数据。提供有关逃犯调查的能力建设和培训。扩大国际刑警组织全球工具和服务的使用范围，以改善国际警务合作。

参与的成员国有：玻利维亚、巴西、哥伦比亚、厄瓜多尔、巴拿马和秘鲁。

2. 卢旺达种族灭绝逃犯项目（Rwandan Genocide Fugitives Project）

该项目于2004 年由卢旺达国家检察署和联合国卢旺达问题国际法庭（ICTR）创立，目标是这两个机构通缉的未决逃犯。自那时以来，已有超过40 名作为国际刑警组织红色通报对象的逃犯被捕。

国际刑警组织支持追查和逮捕联合国卢旺达问题国际刑事法庭仍然通缉的其余九名逃犯的倡议，这些人是联合国国际刑事法庭机制的最优先事项。

---

① Europa-Latinoamérica Preogramade asistencia contra el crimen transnacional organizado: por el Estado de.

3. 基础项目（Project Basic）

该项目是对严重国际犯罪的扩大分析，针对种族灭绝罪、战争罪和危害人类罪所通缉的逃犯。在这一框架内，国际刑警组织与国家当局和国际机构合作，查找、逮捕有关涉嫌这些罪行的个人。

2013 年，有 50 多个因不同国家战争罪而被通缉的人被逮捕或被定位于世界的各个角落。

（三）针对通缉者的红色通报

红色通报是国际刑警组织追踪国际逃犯的最有力工具之一。旨在临时逮捕被通缉者以便引渡，并在所有成员国向警方分发。“红通”包含有关被通缉人的身份详情和司法信息。

案例 1：

“红通”发布，促进全球猎捕杀人嫌犯

2018 年 5 月 25 日，应英国中心局的请求，国际刑警组织在公共网站和加密警务通信网络发布涉嫌谋杀英国公民逃犯的红色通报，开展了一场“全球狩猎”。通报对象为沙恩·奥布莱恩（Shane O’Brien），此前，国际刑警组织已经获得该人在 2015 年谋杀 21 岁的乔希·汉森现场的提取物。

英国方面将此人列为头号通缉逃犯之一。嫌疑人随后逃离英国，并被认为已经有了假身份、新国籍，并改变了容貌，包括伪装文身。据信这名逃犯是使用 Enzo Melloncelli 和 Enzo Machado 的意大利别名在欧洲旅行。执法机关最后一次见到他是在 2017 年 2 月，因涉嫌刑事损害和殴打而被拘留在捷克共和国。这名逃犯使用假身份证件和意大利别名，布拉格警方当时保释奥布莱恩，等待进一步调查。

公众可以全面协助警方追逃，6000 个红色通报的摘要在国际刑警组织的公共网页上可供公众咨询。

虽然一些成员国选择公开摘要，但大多数红色通报仅限于执法机关使用。红色通报分发给 194 个成员国的每个国家，是国际刑警组织追踪国际逃犯的最有力工具之一。国际刑警组织红色通报载有关于被通缉者的身份证明细节和司法信息，并向警方通报该人是被通缉的，并要求将嫌疑人置于临时逮捕状态以等待引渡。

包括红色通报数据在内的国际刑警组织全球数据库的发展，目前在全球范围内每秒查询近 170 次，这些数据库已成为本组织为其成员国提供预防和调查犯罪的关键能力。

英国警方已提供奖励，以获取有关逮捕和起诉沙恩·奥布莱恩的信息。如果罪名成立，奥布莱恩将面临终身监禁。

案例 2：

红色通报促成俄罗斯引渡毒品贩运头目

2018 年 5 月 23 日，在国际刑警组织框架下，俄罗斯和比利时合作将一名因严重全球贩毒的被通缉逃犯逮捕并引渡到莫斯科。

据称，Guido Guillermo Wolters 是世界上最大的毒品卡特尔之一，他们从拉丁美洲走私可卡因到欧洲，经常使用俄罗斯作为转运点。这名 58 岁的荷兰国民是 2013 年俄罗斯根据贩毒和有组织犯罪提出红色通报的对象。俄罗斯中心局向比利时中心局发出警告，称这名逃犯可能藏匿在他在比利时的家人之处，比利时警方追逃小组一年之后找到了他。

在与俄罗斯中心局的密切合作下，比利时中心局于 2018 年 4 月安排将逃犯引渡到莫斯科。目前该人在俄罗斯等待审判，如果罪名成立，将会因有组织犯罪和贩毒罪被判 20 年徒刑。

国际刑警组织的红色通报联合 194 个国家帮助某个国家追踪逃犯并协助将他们逮捕以便引渡。红色通报是国际刑警组织追踪国际逃犯的最有力工具之一。

八、应急处置

应成员国要求，组织能提供特别小组来协助各国警察机构。小组分为两种类型，每种都由相关领域的专家组成。

（一）事件处置小组（Incident Response Teams）

在紧急情况下，应成员国的请求，部署国际刑警组织事件处置小组（IRT）。事件处置小组分为两种类型：

灾难事件：对于人为或自然灾难的紧急应对。事件处置小组将所有注意力集中在由灾难或危机引发的紧急问题上，并集中所有国际刑警组织的资源。

犯罪事件：成员国遭遇重大或者严重问题时，部署专业人员给予支援。罪案处置小组提供专业技能协助和调查支援。

无论在世界上的任何地方，罪案发生后 12~24 小时之内，事件处置小组都能收到简报，做好准备，出发进行支援。

专家协助：一个典型的事件处置小组是由警务专家和支援人员组成的，

根据灾难或者罪案的特性以及向国际刑警组织请求提供的援助类型量身定制。

在事发现场，在总秘书处的协调下，事件处置小组能协助提供一系列的调查和分析支援，例如：

发布国际通报，通缉成员国正在寻找的在逃恐怖分子；

从指纹数据库查询信息快速识别嫌犯；

接入遗失被盗旅行证件数据库；

提供反洗钱方面的专业技能；

通过广泛的国际专家和实验室网络进行灾难受害者身份识别应急处置的协调，识别受害者身份。

在巴厘岛发生恐怖炸弹袭击之后，第一个事件处置小组于2002年10月被派遣至印度尼西亚。截至2016年4月，已经向世界各国派遣了109个小组。

（二）重大活动支援小组（Major Event Support Teams）

在举行重大活动时，国际刑警组织会派遣重大活动支援小组（IMEST）协助各成员国进行安保的准备、协调和实施工作。

重大活动指的是高级别会议或大型体育赛事，届时会吸引大量公众或大批媒体报道。同样地，它们也会吸引为了个人原因或犯罪企图而扰乱秩序的个人或团体前来，以此来引起注意。

1. 快速、直接的数据接入服务

重大活动支援小组团队成员协助国内以及外国警务联络官高效利用国际刑警组织各类数据库。他们推动各成员国之间的信息和重要警务数据的实时交换，包括指纹、照片、通缉令以及与遗失被盗旅行证件、被盗机动车辆相关的数据。

重大活动支援小组能够在活动之前和活动期间根据成员国的需求量身定做，并且集结国际刑警组织的所有服务资源投入到即将到来的活动中。在有需要的时候，全球加密警务通信系统（I-24/7）也能得到改进，并覆盖全球范围内的执法团体。

2. 确保公共安全

如果重大活动中发生危机情况，重大活动支援小组也有能力和资源立即转变为国际刑警组织应急处置小组。

近年来，重大活动的计划、准备和支援工作大幅度增加。恐怖主义威胁和破坏分子的威胁迫使主办国为这些活动投入更多的时间和资源。不仅在活动前的准备，包括活动期间，越来越多的成员国请求获得国际刑警组织的支持。

第一个重大活动支援小组于2002年派遣至美国盐湖城举办的冬季奥运会。截至2018年，已经向世界各国部署了110个小组。

3. 体育场（Stadia）项目

体育场项目努力建设一个卓越中心，以帮助国际刑警组织成员国为重大体育赛事进行物理安保和网络安全准备的计划及执行工作。这个方案集中了成功举办过重大国际体育赛事的成员国的成功经验和教训。这样，这个方案能向未来的主办国分享最佳实践和全球性的专业技能，以增强他们自己的安保准备工作。

这个为期10年的工程是由国际刑警组织创立，卡塔尔资助的，将在2022年的卡塔尔世界杯结束时终止。

九、刑事科学技术服务

对于国际侦查来说，刑事科学专业技术和数据的交换是关键的。国际刑警组织维护了一个指纹、DNA档案和人脸识别数据库，允许全球警方将罪犯和罪案现场联系起来。也为成员国警方提供培训，来确保前线警官具备以符合最佳实践的方式评估、保存和共享证据所需要的知识和技能。

（一）指纹（Fingerprints）

1. 生物识别数据交换的新格式

国际刑警组织正在更新其指导方针，使成员国用户理解应如何执行国家标准与技术研究所[①]（NIST）生物识别数据交换标准。国际刑警组织指纹自动识别专家工作组（AFIS Expert Working Group）审查了当前的实施准则，并提出了更新版本。

2. 指纹

指纹证据在刑事侦查中起着至关重要的作用。由于一个人的指纹是独一无二且终生不变的，因此它们可用于快速有效地确认或否定某个人的真实身份，如在边境口岸核查嫌疑人身份的时候。

此外，还可以在罪案现场收集指印，这样就有了将一系列犯罪联系起来并案的可能性，或者确认某一名嫌疑人在现场。在发生诸如飓风、地震、爆炸或其他袭击等灾难后，指纹在识别受害者身份方面发挥着同样重要的作用。

3. 国际刑警组织的指纹数据库（INTERPOL's fingerprints database）

截至2017年12月，国际刑警组织管理着一个指纹数据库，包含超过

① National Institute of Standards and Technology（NIST）.

181000 个指纹记录和近 11000 个潜隐指纹（latent fingerprints）。

成员国的授权用户可以使用国际刑警组织全球加密警务通信网络 I-24/7，通过用户友好型的自动指纹识别系统（AFIS）来查看、提交和交叉比对指纹记录。

执法人员可以使用电子设备提取指纹，也可以用油墨和纸手工提取，然后用一个特殊的扫描仪扫描之后以合适的格式把数据以电子的方式保存下来。然后就可以把数据提交给总秘书处，以便上传到数据库。记录以美国国家标准与技术研究院（简称 NIST）设定的格式保存并交换。

国际刑警组织鼓励成员国根据《国际刑警组织数据管理规则》尽可能广泛地使用该数据库，并增加系统中相关指纹的数量。

4. 指纹数据质量

为了帮助成员国提高提交给指纹自动识别系统（AFIS）的指纹记录的质量和数量，国际刑警组织编写了两份文件：《指纹传输指南》（*Guidelines concerning Fingerprints Transmission*）和《指纹犯罪现场标记传输指南》（*Guidelines concerning transmission of Fingerprint Crime Scene Marks*）。

2017 年，由于成员国增加了数据共享和比较，国际刑警组织提供了 2000 多个标识。

5. 创新——AFIS 网关

国际刑警组织指纹处提供一种称为 AFIS 网关的服务，各成员国可以对国际刑警组织 AFIS 系统远程提交指纹搜索请求（符合 INT-I 标准的文件）并收到自动反馈。我们在 2010 年实施了一个新的 AFIS 系统，可以搜索掌纹并生成掌纹档案及潜隐掌纹标识。

引进了自动的十指纹认定功能，能够支持对国际刑警组织指纹库每天 1000 个的大量搜索能力，该指纹库每天 24 小时，每周 7 天运行。

6. 共享最佳实践

每两年召开一次国际指纹研讨会（International Fingerprint Symposium）。由各国管理指纹机构的负责人，国际刑警组织的代表及私营公司的代表参会，该研讨会为全球各国的专家们提供共享最佳实践及最新发展的机会。除了研讨会之外，国际刑警组织还组织了一个指纹自动识别专家工作组①（IAEWG）。该工作组是一个讨论新技术、认定程序及培训需求，并确保国际刑警组织的各个系统负荷必要标准的论坛，每两年开会一次。

① AFIS experts’ working group（IAEWG）.

(二) DNA 数据库

脱氧核糖核酸（DNA）分子含有人体功能所需的所有活性细胞的信息。他们还控制父母到下一代的遗传特征。除了同卵双胞胎，每个人的 DNA 都是与众不同的。这就使得 DNA 对于查清罪案、确认灾难受害者的身份以及定位失踪人员方面也是有用的。

1. DNA 在查清罪案方面的作用

在查清罪案方面，DNA 分析起着关键的作用，因为它具有把一系列罪案串联起来，或者确定犯罪嫌疑人在罪案现场中位置的潜力。DNA 在帮助证明嫌疑人清白方面同样重要。

获取 DNA 档案以供比对的第一步是从罪案现场搜集样本，以及从嫌疑人身上搜集参考样本。这些样本都是从血液、头发或者体液中获取。DNA 技术的进步使得从罪案现场发现的越来越小的 DNA 痕迹中获取样本成为可能。

使用刑事科学的方法，可以对样本进行分析，得到可以与数据库中的其他 DNA 图谱进行比对的 DNA 档案。这就创造出了比中的机会：人物到场景、现场到现场或人与人之间的匹配，此前并不知道相互的关联。

2. 国际刑警组织的 DNA 数据库

成员国警方可以把违法人员、罪案现场、失踪人员及无名尸体中获取的 DNA 档案提交至国际刑警组织的自动 DNA 数据库。该数据库 15 分钟内提供搜索比对结果。

该数据库被称为 DNA 网关，于 2002 年启动。截至 2017 年 12 月，它包含 84 个成员国提供的超过 173000 个 DNA 样本。

参与国把 DNA 网关当作刑事调查的工具积极使用，该系统经常探查到与成员国提交的 DNA 档案的潜在联系。自 2015 年 1 月—10 月，成员国对该系统的搜索比对，比中 72 个跨国案件。

成员国可以通过该组织的 I-24/7 全球警务通信系统访问该数据库，在接收到请求之后，可以将访问权限扩展到成员国国家中心局以外的法庭技术中心和实验室。

3. 数据保护

国际刑警组织仅充当信息共享和比对的渠道，不会保留与任何个人相关联的 DNA 档案数据。DNA 样本只是基于个体 DNA 模型的数字列表，产生可用于区分个体的数字代码。

该样本文件不包含有关某人的身体或心理特征，疾病或疾病易感性的遗传信息。使用 DNA 网关的成员国拥有这些档案数据的所有权，并控制其提交、其他国家的访问以及根据其国家法律的销毁。

4. 推广标准、道德及最佳实践

国际刑警组织主张应用国际技术标准和系统，以增加成功的跨境合作机会。例如：

DNA 网关的开发符合其国际公认标准，以促进国际刑警组织与其成员国之间 DNA 数据的电子传输。该网关与欧盟 PruemDNA 数据交换网络兼容，并为使用 CODIS（美国联邦调查局 FBI 设计的 DNA 匹配软件）的国家选择国际 DNA 配置文件输出。

为了在八国集团之间就档案进行交流，八国集团 DNA 搜索请求网络使用国际刑警组织的 I-24/7 系统和 DNA 标准。

除 DNA 网关之外，国际刑警组织还通过各种其他活动强烈支持在国际警察调查中更多地使用 DNA 分析。

监测专家组是一个刑事科学技术专家和高级调查员小组，为国际刑警组织提供咨询，并鼓励成员国当局实施或扩大国家 DNA 数据库。

最佳实践原则：建立国家 DNA 数据库的建议。

国际刑警组织最佳做法原则：关于利用 DNA 识别失踪人员和身份不明人类遗骸的建议。

组织区域和国家国际刑警组织 DNA 研讨会，以通过国际刑警组织 DNA 网关鼓励和促进国际 DNA 交换。

国际刑警组织 DNA 双向匹配器——一个供两个或更多伙伴国家间进行 DNA 档案比对的安全的私立平台。

5. 已查清国际案件案例

（1）正在进行的调查：国际刑警组织 DNA 数据库继续揭开犯罪联系。2007 年以来，国际刑警组织 DNA 数据库已经把各种不同的犯罪联系起来——武装抢劫、越狱、使用伪造旅行证件——跨越数个国家，包括克罗地亚、丹麦、法国、意大利、列支敦士登、瑞典、瑞士和阿拉伯联合酋长国。这些罪案和一组被称为“粉红豹”（Pink Panthers）的跨国珠宝盗窃团伙有关，他们已经偷窃了估值 3.2 亿欧元的珠宝。

（2）2013 年 4 月：两名集体强奸罪犯被引渡。国际刑警组织的 DNA 数据库把一名在奥地利因为盗窃被捕的斯洛伐克公民与 2008 年发生在挪威的暴力集体强奸案联系起来。以此次比中为基础，该罪犯被引渡到挪威，后通过警方调查，确认了另外一名同伙。后来发布了针对第二名嫌犯的国际刑警通缉令，最终被定位并引渡给挪威。

(三) 灾难受害人身份鉴定[①] (DVI)

通过视觉识别鉴定重大灾害事故，如恐怖主义袭击或者地震的受害人身份很少有行得通的。为了获得确凿的身份鉴定，把受害者的数据与数据库中保存或者从受害者随身物品中提取的指纹、牙医记录或者 DNA 样本进行比较通常是必要的。随着人们旅行越来越多，灾难中死亡的国民来自很多其他国家的可能性也很高。

1. 国际协调

重大灾难发生的时候，单单某个国家可能没有充足的资源来处理大规模的伤亡情况。在某些情况下，该事件可能会破坏或者摧毁该国现有的应急反应基础设施，使得受害者身份鉴定工作越发困难。

发生恐怖主义袭击事件时，国际社会的协调努力能够大大加快受害者康复和身份鉴定的过程，使得受害者家庭的伤痛能够开始愈合，也使得社会能够重建，还能协助调查人员确定可能的袭击者。

2. 广泛支持

在灾难发生之后成员国可以立即呼叫请求国际刑警组织在灾难受害者身份鉴定方面予以协助。国际刑警组织提供的服务包括：可供下载的灾难受害者身份鉴定指引；来自位于法国里昂的国际刑警组织总秘书处指挥协调中心的协助，一天 24 小时用阿拉伯语、英语、法语或者西班牙语在各个国家中心局之间传递消息；派出事件应急小组（Incident Response Team），根据请求提供进一步协助，如现场调查支持或者连接国际刑警组织数据库。

3. 多种方式

国际刑警组织灾难受害者身份鉴定活动是由灾难受害者身份鉴定指导小组和常务委员会支持的，二者均由刑事科技和警务专家组成。指导小组形成国际刑警组织灾难受害者身份鉴定政策和战略规划，常务委员会定期开会讨论对灾难受害者身份鉴定事务有关程序和标准的改进。下列领域的政策和指引已经制定，并有以下培训项目支持：灾难事件受害者照顾及家庭支持；灾难事件受害者专业照顾；符合国际标准和刑事科技质量控制体系；信息共享与交换；向缺乏灾难事件受害者身份鉴定能力国家提供行动协助。

(四) 人脸识别 (Facial recognition)

1. 概述

人脸识别是重要且发展迅速的生物识别科学，它为识别个人身份和解决

① Disaster Victim Identification (DVI).

罪案提供了新的机会。

国际刑警组织在战略合作伙伴莫弗集团（Morpho）的支持下，于 2016 年 11 月推出了面部图像数据库。该工具使全球执法界能够共享和比对数据，以便：确定逃犯和失踪人员；确认不知姓名人士的身份；确认公共媒体中面孔的身份；鉴定收到的需要与数据库比对的面部照片的身份。

在未来的项目中，计划通过移动设备提供选定的图像，以协助现场的操作和调查。这将使国际刑警组织能够针对特定的观察名单实时进行面部识别比对。

2. 标准推广和最佳实践分享

人脸识别专家工作小组每 2 年开会一次，并充当国际刑警组织此生物特征科学领域的咨询小组。此小组已经制定了图像质量、格式和传输最佳实践指引，用于国际刑警组织的面部识别系统。此指引将帮助提高数据的质量，提高面部识别的准确性和有效性。

2015 年 10 月，主办了首届面部识别研讨会，以提高这一领域的意识，鼓励成员国为新的数据库提供面部图像。

十、刑事情报分析

无论是行动层面还是战略层面，刑事情报分析都是有效警务的重要组成部分。

分析师研究与犯罪分子、犯罪嫌疑人、事件、问题及趋势有关的数据。通过收集与分析这些数据，他们可以确定在不同地方发生的各种犯罪之间的关系或者联系。分析结果可以用来推动或者支持执法调查、行动及战略制定，并影响政府政策制定与决策。

（一）主要目标

刑事情报分析的中心任务如下：

第一，帮助官员们——高级执法官员、政策制定者们及决策者们更有效地应对不确定因素及新挑战；第二，提供及时的威胁警示；第三，为行动性任务及复杂的调查活动提供支持。

（二）情报分析种类

犯罪情报分析分为行动级（或称战术级）和战略性分析。

尽管要求的基本技巧是相似的，这两类分析在具体情况、产品设计面对的客户种类方面是不同的。

行动性分析的目的是产生具体的执法结果。这可以是逮捕、资产或者犯罪所得金钱的查抄或者没收或者犯罪团伙的瓦解。

行动性分析支持包括如下内容：

第一，确定犯罪嫌疑人与他们对犯罪及犯罪活动的参与度之间的关联性；第二，确定在调查或者信息获取中关键的欠缺；第三，提供已知罪犯或者犯罪嫌疑人的档案。

战略性分析的意图是为更高层的决策者提供信息，获益是长远性的。

意图是在处理新型犯罪问题的前期组织与准备中，为高级决策者提供早期威胁预警与支持。包括把资源分配给处理不同类型犯罪的单位，或者加强有关某些具体的打击犯罪技巧的培训。

战略性分析包括确认以下方面：

第一，作案手段；第二，犯罪趋势及模式；第三，新型威胁；第四，外部因素，如科技、人口或者经济等对犯罪的潜在影响。

（三）执法支援

国际刑警组织的犯罪情报分析组为打击犯罪有关的项目、调查及行动提供行动性的和战略性的分析支持。典型的方式是提供有关特定区域、特定犯罪类型或者新发现犯罪手段的报告。

分析师也为成员国警方提供咨询服务及培训，通常是作为比较大型的针对反恐或者人口走私之类的问题开展的能力建设项目的一部分开展。此外，分析师也会被派遣到一线，在正在进行的调查或者行动中直接协助警方。

（四）情报分析产品

在支援国际刑警组织各部门及各成员国执法部门过程中，国际刑警组织提供种类繁多的情报分析产品：第一，行动性分析报告；第二，某地区或者特定犯罪的威胁评估；第三，情报发布（以简报或者每月报告的方式）。

十一、创新中心

随着有组织犯罪集团变得更加复杂和相互关联，国际刑警组织致力于确保世界警察机构从最新的创新中受益，以便发现、预防、处置和调查国际性犯罪。

国际刑警组织的创新中心以新加坡全球综合创新中心为基础，是执法部门的重要合作伙伴，可以与其合作，以补充其战略规划和技术创新。创新中心汇集了来自各种公共、私营和政府部门的专家，以研究、开发和实施警务领域的动态解决方案。

（一）战略和应用创新实验室

该中心的4个实验室试验和测试警务技术，指导关于战略、理念和工具方面的全球讨论；便利国际跨部门合作，并开发增量和突破性的安全解决方案。

1. 未来与远见实验室（Futures and foresight lab）

预测未来的警务需求、形势和情景。从组织、立法和道德角度审视全球变化如何影响警务，适应和倡导新的警务策略。

2. 自适应警务实验室（Adaptive policing lab）

根据国家、区域和国际执法的需要制定警务解决方案；制定全球警务标准和规范；举办全球活动，以促进创新和战略规划；提供国际刑警组织192个成员国通过数字协作平台提供的新兴技术和创新目录。

3. 网络空间和新技术实验室（Cyberspace and new technologies lab）

开发并保持对网络空间和新技术的全面了解；领导一个专家组对新兴数字犯罪趋势和威胁进行应用分析；研究和测试新技术以及犯罪分子如何使用它们。

4. 数字取证实验室（Digital forensics lab）

利用数字证据建立一个针对罪犯的更强有力的案例；促进数字取证标准和操作程序；制订培训和指导计划。

（二）与创新中心合作

鼓励执法专家、私营部门成员或希望参与该倡议的学术界联系创新中心。

十二、I-Checkit 项目

（一）创新性边境管理能力

有组织犯罪集团和恐怖分子利用偷来的旅行证件隐瞒自己的身份，穿越边境却查不出来。考虑到这一威胁，以及面临的国际旅客数量的增长，各国都亟须加强他们的边境控制及身份管理措施。

I-Checkit是一种创新性的解决方案，可以补充和加强国家边境安全系统。它允许私营部门的可信赖合作伙伴与执法界合作，实时核查乘客信息。

鉴于恐怖分子，有组织犯罪集团和旅行性犯罪者能够轻松获得正规化的旅行路线，迫切需要进一步扩大I-Checkit。2015年11月，国际刑警组织各成员国批准了I-Checkit航空公司解决方案，将其视为本组织全球边境管理战略的关键组成部分。

这一决定是在与亚洲航空公司开展了为期16个月的试点项目之后做出的，试点显示I-Checkit在降低假冒身份背后的犯罪风险以及收集警务情报方面的价值，特别是在没有综合边境管理系统的国家作用极大。

（二）与值得信赖的航空公司和海运合作伙伴合作

2016 年 11 月，在与嘉年华公司（Carnival Corporation）完成为期 3 个月的试点项目后，国际刑警组织的成员国认可了 I-Checkit 作为海事部门的一项筛查能力。这补充了与航空公司的现有合作伙伴关系，并强化了 I-Checkit 作为国际刑警组织全球边境管理战略的关键组成部分的重要性。

（三）该方案如何运作

I-Checkit 使承运人能够提交旅行证件信息，以便根据国际刑警组织的被盗和遗失旅行证件数据库进行筛查。筛查数据不包括个人姓名。

数据库匹配会触发即时警报，以便调查情况。通知将发送到总秘书处的指挥协调中心（CCC）、当事国国家中心局，以及其他相关国家执法实体，在某些情况下，这一高度安全的筛查程序会警示航空公司内部安保组的人员，使他们能够在登机口再次核查有问题的证件。

（四）在其他行业进行试点

现在在酒店业和银行业的少数公司进行的测试将会继续，并在这些行业的少数公司进行测试。

I-Checkit 未来的计划包括在其他容易被犯罪分子以被盗身份并利用其进行非法交易的行业对其进行测试。2016 年，I-Checkit 系统已经在海运行业进行试点。2017—2018 年，I-Checkit 将根据智能城市的概念进行评估（利用数码技术改进传统网络和服务，增进市民和商界的福祉）。

（五）给旅行者的建议

请勿尝试携带您已经报告丢失或被盗的文件旅行。一旦您将您的旅行证件遗失或被盗报告给国家当局，它将被取消并被视为无效。该文件的细节将被传递给国际刑警组织，并进入被盗和遗失旅行证件（SLTD）数据库。成员国的边境官员可以直接针对被盗和遗失旅行证件数据库筛查乘客信息。选定的运营商可以通过 I-Checkit 提交文件详细信息进行筛查。

如果您尝试携带无效文件，则将被拒绝入境或登机。旅行证件将被扣押以防止再次使用，您可能将无法旅行。

十三、边境管理

通过有效的边境管理打击恐怖主义和跨国犯罪。

（一）背景

在我们这个日益全球化的世界，人员和物品比以前更容易跨越空中、陆地和海洋边界。犯罪嫌疑人和恐怖分子也是如此。青年男女前往冲突地区加入恐怖主义团体；儿童性犯罪者从其本国旅行，去侵害剥削国外的受害人；走私者和贩运者利用日益增长的跨境人流来隐藏他们的非法货物和非法移民。逃犯逃往国外逃避正义。有效的边境安全是打击跨国犯罪的重要组成部分。

国际刑警组织提供一系列的工具和服务，帮助成员国改进他们自身边境安保的程序，把他们的努力与其邻国的努力融合起来。

（二）国际刑警组织边境管理综合专项团队

国际刑警组织边境管理综合专项团队[①]（IBMTF）是国际边境安保行动的中心联络点和协调机构。该专项团队为边境安保前线的执法官员提供以下支持：为他们提供国际刑警组织工具和服务的接入；提供能力建设课程和培训课程；协调行动。

该专项团队可以有效地利用国际刑警组织内部各部门及国际合作伙伴的专业技能。

（三）系统

国际刑警组织国家中心局的执法官员通过全球加密警务通信系统相互连接并与国际刑警组织数据库相连。

技术解决方案将国际刑警组织数据库的访问范围扩大到机场、海港和陆地过境点的前线执法人员。与现有国家边境安全系统的互操作性确保了效率和易用性。

通过访问国际刑警组织数据库，边防官员可以对全世界成员国提供的数百万条记录进行人员、货物、车辆和船只的筛查。

1. 一线检查行动性数据库

（1）被盗和遗失旅行证件数据库里有已报告的被盗、空白、作废了的旅行证件信息；

（2）通报（Notice）：国际刑警组织以颜色分类的国际警示或者合作请求系统；犯罪人员数据库：与合作请求相关个人的数据及前科记录；

（3）与通报相关的旅行证件数据库；

（4）被盗机动车和可查证零件数据库；

（5）被盗船只及发动机数据库；

（6）非法枪支数据库（IARMS）。

① Integrated Border Management Task Force，IBMTF.

2. 二线核查刑事科技数据库

（1）Edison：正宗旅行证件样本，帮助鉴定伪假证件；

（2）Dial-Doc：各国发出的关于最近查出的证件伪造形式警示；

（3）指纹数据库；

（4）DNA 图谱数据库；

（5）IBIN：弹道数据库。

（四）行动

在国际合作伙伴和成员国的合作下，国际刑警组织协调与支持各项边境安保行动，旨在打击那些试图在穿越边境时使用伪造证件掩饰其真实身份的犯罪嫌疑人。这些行动的目标是隐藏真实身份的欺诈性文件，带有国际刑警组织通报（Notice）和通告（Difussion）的旅行者，以及其他在边境具有重要意义的犯罪领域。

通过长期性或者临时性向机场、海港和陆路口岸开放国际刑警组织各大数据库，以及利用国际刑警组织在刑事科学、特别培训及调查技能等方面的专业技能实现。

1. 边境地区专门犯罪

针对边境地区专门犯罪，国际刑警组织开展了一些有针对性的行动和演习，包括偷渡；人口走私、被盗/丢失旅行证件，伪造文件和更改文件；外籍恐怖主义战斗人员（FTF）；毒品、枪支、非法货物、被盗机动车辆和被盗船只；走私化学、爆炸、核、生化和放射性物质。

反偷渡培训行动项目针对的是偷渡、非法移民及犯罪嫌疑人的跨境流动。这个项目将重要但是能力较弱的机场、海港及陆路口岸的筛查行动与对当地执法官员进行国际刑警组织数据库使用及边境控制技巧培训结合起来。

行动案例：“太阳鸟”项目（Project Sunbird）

该项目是一项为期三年（2017—2020 年）的国际刑警组织倡议，旨在提高整个东盟（ASEAN）区域警察在打击恐怖主义和有组织犯罪方面的技能。该项目有四大支柱：

（1）行动。在该地区关键的海上、空中和陆地边境检查点开展实地跨边境安保行动，以便将培训课程中教授的技能立即付诸实践。

（2）警务能力。培训课程聚焦如何使用国际刑警组织的警务能力，包括刑事数据库、数据处理和反恐侦查技能。

（3）刑事科学技术。提升刑事科学技术领域的各项技能，使用国际刑警组织的刑科技数据库，已被确定为该地区执法机构的主要需要。

(4) 妇女参与维持治安。将当前和未来的女性警务领导人聚集在一起,培养她们的领导能力和管理技能,努力提高该地区执法机构的性别平等。

太阳鸟项目以国际刑警组织关于改善东盟成员国反恐和国际合作的能力建设计划(CT-ASEAN)的成果为基础,在加拿大政府的支持下实施。在2017年3月和4月根据该项目开展的第一次太阳鸟行动中,来自所有10个东盟国家的警察、移民和海事当局使用国际刑警组织的数据库中筛查了35个陆地、空中和海上边境点的旅行者护照。行动期间进行了大约800万次检索,有17人被捕,110本护照比中国际刑警组织被盗和丢失旅行证件(SLTD)数据库中的记录。

被捕者中有一名被怀疑为外籍恐怖主义战斗人员的马来西亚籍人员,被从土耳其驱逐到吉隆坡。一名斯里兰卡国民被印度尼西亚移民局在巴厘岛拦截,他持有失窃与被盗数据库中登记的被盗空白意大利护照,被怀疑购买自吉隆坡的犯罪组织。

2. 重大活动边境安保

国际刑警组织重大活动支援小组(IMESTs)的部署是为了协助成员国准备、协调和实施体育比赛或政治峰会等重大活动的安保。

边境管理项目不仅支援主办国国内的此类活动,也支援其周边国家及合作伙伴国国内的活动,帮助他们建设在该地区更大范围内的边境安保能力。

(五) 能力建设

国际刑警组织的能力建设项目协助成员国改进边境安保程序及工作技能。通过设计实时行动把这些技能投入实践,基础安保措施培训班及打击特定犯罪技能培训班得到了加强。为了帮助建设在未来的行动中的全国性的领导及协助能力,还开展教官培训[①]项目。

(六) 合作伙伴关系

确保全球边境安全需要国际刑警组织与许多不同部门的广泛利益攸关方保持密切协调,共同提高数据共享能力和基层的边境管理专业技能。合作伙伴包括但不限于:加拿大外交,贸易和发展部(DFATD)、欧盟(EU)、欧盟边境管理局(Frontex)、国际航空运输协会(IATA)、国际民用航空组织(ICAO)、国际移民组织(IOM)、联合国毒品和犯罪问题办公室(UNODC)、世界海关组织(WCO)等。

---

① Train-the-trainer programmes.

（七）被盗和遗失旅行证件数据库（SLTD）

国际刑警组织被盗和遗失旅行证件数据库（SLTD）使各国家中心局及其他已授权执法机构，如移民及边防官员，能够在数秒钟之内判断旅行证件（护照、身份证、签证）的有效性

美国2001年9月11日发生恐怖袭击之后的2002年，被盗和遗失旅行证件数据库建立了，可以帮助各成员国确保其边境安全，保护他们的公民免遭使用伪假旅行证件的恐怖主义分子及其他具有危险性的犯罪嫌疑人所带来的伤害。

1. 使用方法

被盗和遗失旅行证件的详细信息由各国家中心局及执法机构通过全球加密警务通信系统直接提交至被盗和遗失旅行证件数据库。只有颁发了该证件的国家才可以将其添加至该数据库。

各国家中心局的执法官员和其他通过I-24/7系统接入国际刑警组织数据库的地方，如机场及陆路边境口岸的执法官员，可以到该数据库查询跨国旅行的个人的护照，并能立即判断该证件是否为被盗或者遗失，然后就可以采取必要的行动。

全球各地发生护照盗窃案件之后，国际刑警组织并不会自动得到通知，被盗和遗失旅行证件数据库也并没有与各国被盗和遗失护照清单连接起来，因此，只能直接请求相关国家提供全国统计信息。

2. 统计数据

从开始时的仅仅10个国家提供的数千条记录，被盗和遗失旅行证件数据库一直呈指数倍增。

已有170个国家向该数据库贡献数据，现有数据超过6800万条；2015年1—11月，该数据被查询1575万次，有12.5万次比中。2016年1—9月，搜索次数超过1243万次，有超过11.5万次正面回复或比中。

3. 扩展被盗和遗失旅行证件数据库接入范围

尽管有接入被盗和遗失旅行证件数据库的潜在可能性，但并不是所有的国家都系统性地检索该数据，以判定某个人是否使用伪假护照。

为了提高该数据库在全球的使用，国际刑警组织鼓励各成员国扩展I-24/7系统的接入，扩展到重要的机场、陆路边境口岸及其他具有战略性意义的地方，以获得接入包括被盗和遗失旅行证件数据库在内的犯罪数据库。这需要安装技术设备及专用软件。

为了帮助识别并阻止犯罪嫌疑人抵达机场或者边境之前就使用被盗、遗

失旅行证件，国际刑警组织开发了 I-Checkit，这一项目使航空行业的受托合作伙伴在顾客订购机票的时候就可以提交旅行证件到被盗和遗失旅行证件数据库中进行筛查。如果比中就移交给执法机构，他们会采取必要的措施。

4. 给旅客的建议

不要尝试使用已经报告过的遗失或者被盗证件旅行。一旦向本国相关机构宣称旅行证件被盗或者遗失，它就将被取消并被视为无效。该文件的细节将传递给国际刑警组织并输入 SLTD 数据库。成员国的边境官员可以直接针对 SLTD 数据库筛选乘客信息。选定的航空公司可以通过 I-Checkit 提交文件详细信息进行筛选。如果您尝试携带无效文件，则会被拒绝入境或登机。旅行证件将被扣押以防止再次使用，您将无法旅行。

（八）欧盟—东盟移民与边境管理项目Ⅱ（EU-ASEAN Migration and Border Management Programme Ⅱ）

该项目的目的是改善整个东南亚的边境安全，以解决偷渡和人口贩运等跨国犯罪问题。项目由欧盟资助，旨在加强东南亚国家联盟（ASEAN）10 个国家区域交通枢纽的执法网络和合作。东盟 10 国是文莱、柬埔寨、印度尼西亚、老挝、马来西亚、缅甸、菲律宾、新加坡、泰国和越南。

为期三年的项目于 2015 年 10 月在雅加达启动。它以一个试点项目的成功为基础，该项目在 16 个地点（柬埔寨 8 个、越南 8 个）扩大了对国际刑警组织工具和服务的使用。

该项目的两个主要组成部分是能力建设、培训和行动；研究简化该地区的签证要求。

1. 能力建设和培训

目的是提高处理东盟边境管理的执法机构的技能和知识。活动包括国际刑警组织全球加密警务通信系统的技术和业务扩展（I-24/7）；关于专门领域的培训，例如，使用国际刑警组织的综合工具和服务；国际执法交流和互助以及偷渡和人口贩运；教官培训，以确保执法机构内部共享技能和知识，以进一步增强他们的能力；涉及一系列利益相关者的综合业务活动。

2. 研究项目

一项学术研究将评估东盟和非东盟国民简化签证程序的可能性，以促进整个地区人员的流动。这项以大学为主导的研究还将对欧洲签证制度进行深入分析，并提供适合在东盟实施的建议。东盟成员国将为本研究文件做出贡献，以期制定和加强其实用建议。

（九）合作

国际刑警组织与欧盟边境局[①]（Frontex）之间的合作包括为以情报驱动（Intelligence-driven）的联合行动提供互助，促进研究与开发，产出联合情报产品（报告、威胁和风险评估）以及组织联合培训活动和会议。

1. 行动

2009年以来，国际刑警组织与相关中心局及边境管理机构密切合作，协助了许多欧盟边境局在欧盟内的空中、陆地和海上边界开展的行动。

仅在2017年，国际刑警组织就与欧盟边境局一起组织了五次联合行动，利用国际刑警组织数据库检索了100多万次，其中35次比中与逃犯、恐怖分子和其他严重罪犯有关联，如果没有国际刑警组织参与，如果边境地区没有系统地使用国际刑警组织数据库，这其中的22人就不会被发现。

行动表明，需要在边境地区更多地使用国际刑警组织数据库，并在边境当局与国家中心局之间建立新的沟通渠道。

2. 国际刑警组织的工具和服务

国际刑警组织在边境安全方面的作用不仅限于数据共享和全球数据库。

---

① 欧洲边境和海岸警卫队机构Frontex根据欧盟基本权利宪章和综合边境管理概念，促进、协调和发展欧洲边境管理。支持欧盟成员国和申根国家管理欧盟的外部边界及打击跨境犯罪。该机构是欧盟外部边境控制活动的卓越中心，与所有欧盟成员国以及受移民趋势和跨境犯罪影响的邻近非欧盟国家分享情报和专业知识。该机构负责协调边境和海岸警卫队以及船只、飞机、巡逻车和其他设备在欧盟国家的部署。Frontex是欧盟努力保障自由、安全和正义领域的基石。为了保护欧洲的内部安全，Frontex已经开始在所有欧盟成员国进行定期的漏洞测试，并且已经与国家当局和欧盟机构分享了它的第一个调查结果。该机构在移民执法方面也发挥着越来越重要的作用，同时在业务指导和返回监测等领域正在加强基本权利保护。新的Frontex比以往任何时候都更具可操作性。该机构目前在欧盟的海陆空边界部署了约1700名军官，协助欧盟成员国进行监视、登记、指纹和安全检查。在发生边境紧急情况时，Frontex拥有快速反应能力储备，由1500名军官组成，还有其他海上船只、飞机、车辆和其他设备。Frontex官员还参与搜救行动，仅在2017年1—11月就在中地中海地区挽救了33000人的生命。

在联合国反恐执行工作队[1]（UN-CTITF）机制的框架下，国际刑警组织主持与反恐有关的边境管理工作组，在为成员国实施必要的法律、体制和实际边境管制措施提供指导方面发挥了关键作用。

国际民航组织（ICAO）也认可国际刑警组织的标准。它建议缔约国及时向国际刑警组织报告有关被盗、遗失和撤销旅行证件的准确信息，以便列入其被盗和遗失旅行证件数据库（SLTD），并应在入境和出境边境管制点查询国际旅行证件与数据库的比对。

此外，国际刑警组织正在若干外部资助项目下开展边境安全活动，其中包括能力建设和培训内容，以及与捐助者和边境实体合作开展的业务活动。

国际刑警组织和欧盟边境管理局正在加强合作，以加强警察和边防官员验证旅行证件和身份证件的能力。

随着人员和货物跨境流动性的便利也促进了犯罪嫌疑人的流动，国际刑警组织和欧盟边境局将利用和加强边境管制及执法当局之间的国际合作，以应对文件欺诈带来的全球安全挑战。

这两个组织将扩大其各自的 Dial-Doc 数据库使用和证件快速检查计划（Quick Check Cards Initiatives），以改进前线文件检查和处理文件欺诈，从而打击人口贩运和恐怖主义等严重犯罪。

十四、长期项目

国际刑警组织协调多年期规划方案，旨在提高不同地区警察处理各种形式跨国犯罪的技能。这些规划通常包括培训、行动和技术援助。

---

① 反恐执行工作队（CTITF）于2005年由联合国秘书长设立，并得到2006年大会协商一致通过的联合国全球反恐战略的认可。反恐执行工作队的任务是加强联合国系统反恐努力的协调和一致性。工作队由38个国际实体组成，这些实体因其工作与多边反恐努力有关。每个实体都根据自己的授权作出贡献。反恐执行工作队的主要目标是通过提供一个帮助成员国实施全球战略四大支柱的一体化来最大限度地突出每个实体的比较优势。四大支柱是：解决恐怖主义蔓延条件的措施；预防和打击恐怖主义的措施；建设各国预防和打击恐怖主义的能力以及加强联合国系统作用的措施；确保尊重人权和法治是打击恐怖主义的根本基础。虽然实施全球战略的主要责任在成员国，但反恐执行工作队确保联合国系统适应会员国的需要，为其提供必要的政策支持并传播对该战略的深入了解，必要时，加快提供技术援助。反恐执行工作队通过工作组和反恐相关项目和活动组织其工作，这些项目和活动是联合国系统行为体之间的合作，可以为执行“战略”增加价值。——参见 https：//www.un.org/counterterrorism/ctitf/en.

（一）美洲网络犯罪能力建设项目[①]（2018—2021 年）

国际刑警组织正在实施一项为期三年（2018—2021 年）的项目，由加拿大政府资助，旨在提高拉丁美洲和加勒比地区某些成员国打击网络犯罪的能力。

通过美洲网络犯罪能力建设项目，国际刑警组织以拉丁美洲和加勒比地区（2015—2017 年）网络犯罪能力建设项目试点项目的成功为基础，并利用现有网络和最佳做法加强国际警察在网络犯罪相关案件方面的合作。此外，该项目还通过提供专业培训，访问移动教室的网络取证设备以及协调网络犯罪活动，使 35 个参与国能够进行沟通和协作。

这项为期三年的项目包括以下四项主要活动：新兴网络犯罪单位的需求评估和指导、训练课程、行动性活动、提升公众意识倡议。

（二）西非警务信息系统项目[②]（WAPIS）（2012—2022 年）

西非警察信息系统项目（WAPIS）的总体目标是加强该地区执法机构之间的信息交流和协调。这对于打击目前影响该区域的贩毒、人口走私和恐怖主义罪行至关重要。

该项目将使西非国家的警察能够从其国家刑事数据库和该地区各国的数据库中获取重要的警务信息，从而改善对犯罪嫌疑人的识别并支持正在进行的侦查。

该项目能够更好地分析该地区面临的跨国有组织犯罪和恐怖主义问题。通常，它将有助于更好地了解源自西非的过境犯罪情况。

项目将允许在该地区、欧盟和世界其他地区的刑事事务中加强警方和司法机构的合作。

该项目将支持国家当局和西非经济共同体（ECOWAS）在改善西非公民安全方面的努力，并正在三个层面实施：国家、区域和全球。

1. 国家层面

该项目将为当地执法当局创建一套国家警察电子信息系统，使他们能够创建、管理和共享与犯罪有关的文件数据。数据包括刑事案件或事件；嫌犯、受害者和证人；法律诉讼；武器和器具；汽车；身份证明文件等。

2. 区域层面

国家系统将联网成为区域警察的信息共享平台。这将允许在该区域各国

① Cybercrime Capacity Building Project in the Americas（2018—2021）.

② West Africa Police Information System（WAPIS）是由欧盟资助的旨在加强西非区域执法机构信息交换能力的项目。

之间快速交换经授权的警务数据，从而加强合作并迅速开展警务行动。

这种集中式系统的另一个优点是警方将能够更容易地收集整理犯罪统计数据，并分析影响该地区的犯罪趋势，这些见解将用于制定有效的打击犯罪战略。

3. 全球层面

每个国家的警察数据系统将通过国家中心局与国际刑警组织全球加密警务通信系统（I-24/7）连接。因此，官员将能够在全球共享授权的国家数据，并检索国际刑警组织的数据库。

这种能力有可能揭示以前不可能发现的犯罪与罪犯之间的联系，例如，某国官员对涉嫌贩毒者的姓名进行检索的时候，可以发现该人是否被该地区以外的其他国家通缉，进行过类似的犯罪活动。

与国际刑警组织的I-24/7系统相互联系，将有助于加强西非执法部门与世界其他地区之间的业务联系，这对有效打击跨国有组织犯罪和恐怖主义至关重要。

4. 欧盟资助

该计划自2012年年初开始由欧盟全额资助，首先是根据欧盟非洲紧急信托基金（EU Emergency Trust Fund for Africa）提供的促进稳定与和平的文书①（IcSP）。2015年7月，欧盟和西非经济共同体同意进一步支持在第11届欧洲发展基金（欧盟—西非区域指示计划，EDF）下，在所有西非经共体国家和毛里塔尼亚全面推出WAPIS系统。该系统自2017年11月开始，将提供55个月的服务，并将涵盖所有西非国家经济共同体国家和毛里塔尼亚的活动。与G5萨赫勒和乍得的活动将继续在欧盟非洲紧急信托基金下进行，直至2018年11月。

第七节 ‖ 关于国际刑警组织的相关思考

一、关于国际刑警组织合作资源的思考

牢固树立统筹国际国内两个大局理念，充分利用国际国内两种资源，适应推动公安工作科学发展的现实需要，必须具备“世界眼光、战略思维”，这是新时期公安部党委对公安工作提出的新要求。能力建设是贯穿公安工作始

① Instrument contributing to Stability and Peace，IcSP.

终的一根主线。其中，国际合作能力是公安机关能力建设的重要一环。

早在2012年8月28日，孟建柱同志在安哥拉中国公民权益犯罪专案座谈会上强调，继续加大国际警务执法合作力度，坚决打击侵害海外中国公民权益犯罪活动。面对新形势、新任务提出的新要求、新挑战，各级公安机关要以与时俱进的精神审视自己、以改革创新的勇气改进工作，着力转变工作理念、推动机制创新、强化科技应用，坚持打信息战、科技战、合成战，努力推动警务合作向各项公安业务延伸、向基层一线延伸、向国际合作延伸，进一步提升公安机关的核心战斗力。各级公安机关要牢固树立合作就是资源、合作就是战斗力的理念，把在实践中形成的有效做法总结提升为工作机制，努力形成打击犯罪的强大合力。对国际刑警组织及警务合作资源的研究，既是有效提升国际警务合作能力的前提之一，也是形成强大战斗力的必要途径。

对国际刑警组织警务合作资源的现状进行分析，以利用其合作资源所打击的犯罪领域不断拓展为依托，基于该组织资源应用现状，分析发挥各项资源效能的瓶颈因素，结合成员国资源应用需求及基础条件，探讨如何扩展国际刑警组织资源应用深度及广度，以期在世界各国联系日益紧密的今天，将该组织日益丰富的警务合作资源、灵活高效的警务合作方式与我国公安工作实际相联系，以求对接、匹配、适应，最终“为我所用”，避免“未蒙其利，先受其害”。为开辟具有中国特色的国际警务合作方式及途径作出应有的贡献，为更好地打击跨国犯罪，参与全球安全治理，构建人类安全共同体打下基础。

（一）关于国际刑警组织的基础性研究

1. 目前相关研究的成果及不足

现阶段，大多数关于国际刑警组织的研究停留在基础性研究上，或者是对于其功能和作用的简单列举，缺乏明确统一的概念，论述难免重复交叉；再者，该部分内容多属于普遍性研究，缺乏成员国依据各国实际情况，建立、维护、更新相应的配套机制，充分有效利用刑警组织资源的相关研究。对于国际刑警组织发展的研究应该更有针对性、目标性和现实应用性，通过对其独特警务合作资源的应用研究达到“工欲善其事，必先利其器”的目标。

在全球化不断加深的今天，不断扩展其业务范围，不断更新其技术手段的国际刑警组织与时俱进、顺势而为进行了相应的战略革新。对其研究应置于一定的社会历史条件下，以便更好地理解国际警务执法合作资源的不断丰富完善的成因。

2. 加强对警务合作资源的研究

作为平台和工具，国际刑警组织的警务合作资源是该组织为各国执法机构提供的产品及服务。国际刑警组织所提供的资源型服务，其四大核心职能包括提供安全的全球警务通信服务、提供操作性数据服务及数据库、配备动态的警务协助系统、开展警务培训与发展等。

3. 对警务合作资源未来发展方向的前瞻性探析

国际刑警组织将继续作为促进国际警务合作的独一无二的国际组织，呈现出区域行动增多、工作手段智能化、关注的犯罪领域细化、行动理念与技术与时俱进等特征。这也表明，随着全球化的进一步加深，该组织的业务范围势必要进一步扩大，而不断更新的技术手段将会提供更为全面丰富的警务合作资源。与此同时，其丰富的合作资源也会促进国际刑警组织技术手段的更新换代，两者彼此作用、互相促进、相得益彰，为该组织在新形势下更好地履行自己的使命提供强大的后盾和支持。

（二）国际刑警组织重点关注的犯罪领域的研究

自成立以来为了应对国际性犯罪形势不断变化的新形势和新情况，该组织确定了开展国际协调和合作优先关注的犯罪领域。

目前，该组织优先关注的犯罪领域包括毒品犯罪、有组织犯罪、金融及高科技犯罪、腐败犯罪、人口走私犯罪、跨境追捕、恐怖主义犯罪等。针对各种类型的犯罪开展了各种专项行动并研发了特种技术手段。优先关注的犯罪领域是其合作资源发挥作用的主战场，随着该组织所关注的犯罪类型和领域的不断扩大，警务合作资源的内涵也不断地丰富和深化，合作手段也不断更新，使之更加适应现实的全球犯罪形势。

例如，针对毒品犯罪，国际刑警组织借助全球警务通信系统，发布毒品犯罪情报、调查案例、犯罪手段更新变化等毒品犯罪领域出现的新情况、新问题、新趋势等。此外，还与联合国及其控制毒品问题专门机构以及其他地区级、国际级组织保持密切合作关系，例如，与世界海关组织合作开展毒品控制活动等。

国际刑警组织不仅通过广泛的国际警务合作打击传统犯罪，而且随着形势的变化，顺时而动，不断更新优先关注的犯罪领域，如高科技及金融犯罪、恐怖主义犯罪、腐败犯罪等。国际刑警组织的警务合作资源发展至今，已不再是单纯的各国警察系统之间的联合，而是融合成为与其他国际组织、民间机构、高校科研院所等专业组织互通有无的一个庞大的国际性、全方位性质的海量资源库。

如腐败犯罪，虽然经常发生于一国国内，但是它的影响远不仅仅在一国范围内，危害后果可能波及全世界，其潜在的威胁十分巨大。国际刑警组织始终战斗在国际反腐败斗争的前线，反腐败是该组织优先关注的犯罪领域之一。国际刑警组织反腐败专家组（IGEC）是其反腐败斗争的利器，成员来自世界各国，通过协调各国和地区的反腐败行动来研究和开发更有效打击腐败犯罪的手段。同时，为了整合各界反腐败资源及提高反腐败的效率，该组织与联合国于2008年10月13日签署协议，合作成立全球第一个国际反腐败学院，在国际刑警组织的资助与领导下与该组织及其他下属的专业性反腐败机构联合工作。它接纳专业反腐败执法人员和其他学员参加各种关于反腐败的专业培训、理论研究和实地调研。

为了更好地应对恐怖主义的威胁，国际刑警组织不遗余力，通过“融合行动力量”计划（TFT）、“盖革”计划（Project Geiger）等多项联合行动，整合各国各部门的资源，有力地打击恐怖主义犯罪，取得的成就也是很喜人的。此外，该项目中的相关培训对跨部门及跨境合作应对生化恐怖袭击（如运用细菌、病毒或真菌生物介质）亦有重要意义。

国际刑警组织关注的犯罪领域的不断扩大，使其合作资源也日益丰富和完善，开展警务合作的平台和载体也日益健全。而合作资源及其应用的日益完备也相应地促进了该组织所关注的犯罪领域的进一步拓展，有助于更有力地打击新形势下产生的新型犯罪。

（三）合作流程分析

国际执法安全合作是国际刑警组织合作资源应用的重要途径和通道，通过对于执法安全合作的研究，可以为未来国际刑警组织合作资源的应用打开更为广阔的视野。而合作资源的进一步丰富和发展也为未来开展更为多种多样的执法安全合作，更好地履行使命、践行诺言打下良好的基础。

1. 国际刑警组织开展警务合作的原则

国际刑警组织开展警务合作的原则主要有尊重国家主权原则、保障人权原则、最广泛合作原则、工作方式多样性原则、执行普通刑事法律的原则五大原则。

2. 警务合作问题研究

国际刑警组织框架内的警务合作问题包括合作的方式、程序和内容等问题。合作方式主要有直接和间接合作、专案合作、联络官制度以及定期会谈制度等。国际刑警组织开展国际合作，主要有两个程序：一是请求程序，二是协助程序。二者都要通过本国的国家中心局来完成。刑事案件的执法合作是国际刑警组织开展国际合作的主要内容，包括通过各国中心局传递、交换犯罪信息、协查犯罪事实、搜集与送达相关证据、协调引渡罪犯以及发布国际通报等。刑事案件侦查外的合作也在该组织开展合作的范围内，主要包括执法人员专业培训、国际研讨、调查研究、技术合作、项目合作等。

国际刑警组织国际警务合作领域的拓展，包括该组织与联合国、政府机构、其他国际组织、公共部门和私营机构的合作等部分。通过合作领域的拓展可以看出，其合作的范围已经由单一的主权国家执法机关之间的执法合作转变为主权国家之间、主权国家与国际组织、国际组织之间、民间与官方之间的全方位、多层次、立体化的多维合作。

通过客观观察和冷静分析我们发现：经一个多世纪的发展，该组织已经成为一个拥有 194 个①成员国的“庞然大物”。在今后的发展中如何处理大与强、专与强的关系等问题，该组织至少还需要重点解决以下矛盾。

首要矛盾依然是国际刑警组织的警务合作能力，与不断增长的预防和打击国际性刑事犯罪的需要之间的矛盾。矛尖盾厚？抑或矛钝盾薄？就像“猫鼠游戏”是一个永恒的话题，这也正是该组织不断在矛盾中发展上升的不竭动力。在次要矛盾中，如何处理好组织不断发展壮大和避免“大而无当”“尾大不掉”等问题。要解决好下列关系：

组织规模与运作效率。国际刑警组织的成员国数量几乎已经到了极限，在这种情况下，如何继续保证高效运作值得关注，可能涉及其体制机制方面的不断创新和改革。

行动能力与财政保障。由国际刑警组织组织协调的行动能力及于全世界，因而必须得到充足的财政支持。目前，该组织的运作主要依赖会员国会费及赞助，显得捉襟见肘，与国际足联这样的国际组织相比，显然财政还不宽裕。

成功合作与成员国合作意愿。按汉语的字面来看合作的“合”字，是一人一口，也就是说，既然合作肯定有利益牵涉其中，都会追求双赢、互赢甚至多赢。但是，妨碍国际合作包括执法安全合作的重要因素之一，依然是合作意愿问题。合作的事情，剃头挑子一头热是不可能的。

专业限制与政治影响。国际刑警组织的客观性、中立性、权威性来自其宪章三：不卷入政治、军事、宗教、种族类的犯罪，只关注普通刑事犯罪。但是，通过近些年的观察发现，从 2004 年伊拉克战争中通缉萨达姆的女儿，到利比亚内战后期对卡扎菲亲属的国际通报，这些是否涉及政治因素？如果

① 2018 年 11 月 20 日，在阿联酋迪拜召开的第 87 届国际刑警组织全体大会上，经投票，接纳基里巴斯、瓦努阿图为国际刑警组织新成员，使其成员国总数达到 194 个，已经超过了联合国。

是，那么令人忧虑。在波诡云谲的国际政治斗争的舞台上，如果该组织沦为某些势力集团的工具，其发展前景的不确定性必然增加。

核心职能与领先优势。目前，该组织的四大核心职能作用所提供的服务与工具处于领先地位。但是，随着形势的发展，专业领域的细化，会不会出现一些其他机构在理念、技术方面的领先？如果是这样，那么失去领先优势，也就失去了存在和发展的保证。继续发挥好核心职能，保持竞争优势，增强正能量并且不断发展进步理应同步进行。

区域协调与一体化进程。今后国际刑警组织将开展更多的区域合作。但是，世界上不同地区的区域化程度是不均衡的。在一体化程度高的地区，国际合作相对顺畅，相反，在一些一体化程度不高，或者是经济欠发达地区，开展国际合作的难度可能相应增加。

社会效益与经济效益。联合全球警察机构共同预防和打击国际性犯罪，维护国际社会秩序和安宁的宗旨，不仅符合国际社会共同利益，也使国际刑警组织占据了道德制高点。但是，世界上没有永远免费的午餐，该组织不可能只关心社会效益而对经济效益无动于衷。例如，它与财大气粗的国际足联（FIFA）在打击非法赌球行动中的合作，能否借助合作方在经济方面的优势来发展壮大自己，值得研究。

对于国际刑警组织以及其合作资源的研究可能还远远不够。目前，我国基层公安机关对于国际刑警组织资源的了解以及应用“要么严重不足，要么不切实际”是客观存在的，对基层公安机关依然需要 ABC 式的知识普及。对于该组织及相关资源的研究还需要继续从广度、深度、锐度等方面积极努力。

用发展的眼光看，国际刑警组织与其他国际组织一样具有自身的鲜明特点，但是也并非完美无瑕。例如，有些欧洲国家抱怨该组织效率低下、有时出现信息误差等。但是，在全球化的今天，在正视当今世界依然处于“无政府”状态基本事实的前提下，作为世界上最大的警察合作中心、信息中心、通信中心，该组织在预防和打击国际性犯罪方面所发挥的作用从某种程度上来说依然不可或缺。国际刑警组织本身及其警务合作资源的发展依靠的是成员国，反过来说，该组织的发展壮大也会惠及成员国。

按照“用进废退”原理，成员国的合作意愿、合作能力、合作需求、合作效能是国际刑警组织发展的不竭动力。如果将其视为一种工具，就应该不断加强科学合理运用它的理论研究和实践探索，聚集正能量，削减负能量（影响），最终达到集合全球的警务合作力量，实现国际警务合作资源效能的最大化，使我们有一个更加安全的世界。

二、关于联合国与国际刑警组织的合作

2016年11月22日，联合国大会（以下简称联大）通过《联合国同各区域组织及其他组织的合作》决议，肯定了国际刑警组织打击跨国犯罪的独特作用。国际刑警组织与联合国有悠久良好的合作关系并逐步深化。联大决议尽管只有政治影响力，没有法律约束力，但联合国和国际刑警组织的合作具有合作基础良好，双方优势互补、相得益彰，合作前景广阔等有利条件，双方应在决议框架内强化打击犯罪合作，共同维护世界安全稳定。

（一）双方合作背景

联合国和国际刑警组织是目前世界上两个最大的政府间国际组织（Intergovernmental Organization），分别有193个会员国和194个成员国，其中187个国家同时被这两大组织接纳。仅为联合国会员国的有密克罗尼西亚、朝鲜、帕劳、所罗门群岛、图瓦卢5个国家；仅为国际刑警组织成员国的有阿鲁巴、库拉索、圣马丁（均为荷兰王国的自治国）、梵蒂冈（Holy See，现为联合国观察员国）4个国家。国际刑警组织是联合国永久观察员，二者合作已有近70年历史。面对当前复杂多变的政治、经济和安全形势，加强合作，以最少花费、较高效率和一致行动来化解各种安全风险挑战是各国的一致要求。

联大是联合国的主要审议、监督和审查机构，由全体会员国组成，每年举行一届常会。大会审议的事项非常广泛，根据《联合国宪章》第十条规定，“大会得讨论本宪章范围之内任何问题或事项，或关于本宪章所规定任何大会之职权；并除第十二条所规定外，得向联合国会员国或安全理事会或兼向两者，提出对该问题或事项之建议”。任何会员国或会员国集团（如阿拉伯国家联盟、77国集团等）都可以起草联大决议草案。在新一届联大召开之前，秘书长要汇总、整理各类议案，经过联合国总务委员会筛选并协商达成一致后提交大会，作为年会的“临时议程”。总务委员会提交给联大的议案，还要通过联大全体会议的投票，多数通过后，才能被正式列入联大议程，根据其所属范围交由专门委员会讨论，每个会议国都有权派代表参加该委员会的辩论和审议。最后，经过专门委员会通过的决议，再交联大全体会议表决。根据惯例，像联合国与国际刑警组织合作这类问题，通常仅需要到会并投票的会员国过半数决定。

2016年，泰国、瑞士、约旦、卢旺达、牙买加、阿根廷6个国家自发组成议案核心小组，分别就草案征求所在地区重要国家的意见，拟于10月在联大双年度议题“联合国与地区和其他组织的合作”下提交联大组织会员国磋

商，争取推动联大于12月通过该决议。2016年11月22日，联合国大会第六十七次全会通过《联合国同各区域组织及其他组织的合作》（A/71/L17，议程项目第126号）决议（以下简称《决议》），呼吁加强联合国与国际刑警组织的合作。在大会辩论环节，《决议》获得压倒性支持，包括中国在内的56个国家联署提交该《决议》草案。

《决议》草案回顾了国际刑警组织与联合国合作的历程，确认国际刑警组织通过加强成员国间合作及在警务和安全事务方面创新来预防和打击跨国犯罪的作用，表达了两个组织加强合作、实现可持续发展的意愿，提出共同探索应对全球安全挑战的解决方案，即加强在反恐、打击跨国有组织犯罪、能力建设、联合行动等方面合作，鼓励联合国成员国系统性地使用国际刑警组织现有的能力、工具及服务等。

（二）联合国决议的主要内容及各方立场

1.《决议》的主要内容

《决议》回顾了自1996年，联合国批准国际刑警组织作为永久观察员参与其会议和工作的历程。认可国际刑警组织在打击犯罪领域的独特作用，认识到支持一线执法的重要性。确认双方的合作可以预防和应对犯罪并提高成员国的执法能力。

联合国肯定国际刑警组织作为一个非政治性和中立的国际组织，一直是促进和推动国际警务合作的关键行为体，对全球安全架构作出了突出贡献。欢迎该组织及成员国中心局发挥作用，成为连接各国执法力量的合作中心。认可国际刑警组织与联合国维和行动部（DPKO）根据已有的安排所开展的合作，确认双方在打击跨国犯罪领域的合作，符合《联合国2030年可持续发展议程》的精神，希望国际刑警组织及成员国执行《联合国全球反恐战略》。①

联合国方面认为，根据各自组织章程及相关国际法，扩大双方的合作，符合双方的原则，将有助于实现两个组织各自的宗旨，并且再次呼吁加强合作。

该《决议》草案系首次提出，旨在加强国际刑警组织与联合国的合作，找到解决共同问题的方案。因提出议案的核心小组的六个国家同为两大组织成员，且泰国和阿根廷两国都设有国际刑警组织分支机构，因此该草案应当

① 2006年9月8日，联合国大会一致通过了有关在全球范围内打击恐怖主义的《全球反恐战略》，以协调和加强联合国各个成员国在打击恐怖主义方面的努力。这是联合国192个成员国第一次就打击恐怖主义的全球战略达成一致意见。《全球反恐战略》由一份决议和一个行动计划组成。

已经获得国际刑警组织总秘书处背书。

2. 有关各方立场

国际刑警组织角度。此举既可以提高各方对国际刑警组织作用的重视程度，有利于会员国政府高层对其加强了解，从而在筹款等方面得到更大支持，解决组织当前所面临的财务危机，又可推动各国更多利用国际刑警组织全球网络、数据库等资源，扩大组织影响力及在全球安全事务中的话语权。

联合国角度。为了在面对恐怖主义、网络犯罪、新型跨国有组织犯罪等威胁时，掌握更多的解决方案和选择手段，联合国可利用国际刑警组织的专业手段，把强大的政治意愿迅速转变为行动能力，提高联合国的效率和声望。

各会员国角度。两大组织联手可以补齐短板，避免重复建设和投资，实现会员国缴纳会费的边际效应最大化。此举在客观上也将加强国际刑警组织各国家中心局在本国政府系统中的地位和受重视程度，有利于破解一些长期制约中心局发展的瓶颈问题。

3. 中国的立场

此《决议》草案顺应历史潮流，照顾到各方诉求，符合中国国家利益且无不利影响，中国应予以支持。2016 年，中国向联合国缴纳的会费及维和摊款比额现已分别列第 3 位（占 9.68%）和第 2 位（占 10.2%），两项年费合计达 10.4 亿美元;① 中国向国际刑警组织缴纳会费 174 万欧元,② 以占 3.3% 的比额列第 7 位。中国在两大国际组织中都是缴费大国，从政治角度看，随着我国日益走进世界舞台中心，势必要力争优势互补，加强在两个组织中的影响力和话语权，更多地参与规则制定，追求更多的制度性权力，这本身也是中国深度参与全球治理的重要抓手；从经济角度看，可以督促两个组织实现资源共享，减少不必要的重复建设支出，节省资金；从安全角度看，可以把联合国的政治意愿与国际刑警组织的专业手段有机结合，不仅可以维护世界和平与安全，助力构建人类命运共同体，还可以集中精力解决对我国威胁较大的恐怖主义和网络犯罪威胁等，更好地维护我国主权、安全和发展利益。

（三）双方合作历程简要回顾

国际刑警组织与联合国保持着长期的合作关系。

1949 年，联合国认可国际刑警组织作为非政府组织的咨商地位（Consult-

① 参见 http://www.un.org/zh/members/2016.shtml.

② 参见 https://www.interpol.int/About-INTERPOL/Funding/Member-country-contributions.

ative Status)。1971 年，联合国认可国际刑警组织政府间合作组织地位。1972 年，国际刑警组织作为政府间合作组织与法国政府签订了总部协议。①

1997 年 7 月 8 日，联合国维和行动部与国际刑警组织缔结了一项合作协定，根据该协定第 9 条，缔约方可在必要时为执行合作协定订立补充协议。

2001 年 9 月，国际刑警组织第 70 届布达佩斯全体大会通过了《与联合国维和警察合作》(AG-2001-RES-08) 决议，敦请秘书长与联合国签订相关协议，规定维和警察有限使用国际刑警组织警务通信网络和数据库的规则。2002 年 11 月 22 日，维和部、科索沃维和特派团 (UNMIK) 与国际刑警组织签订预防和打击犯罪的合作谅解备忘录，授权维和警察部分或全部使用国际刑警组织的通信和信息工具。

2002 年，时任联合国秘书长安南在致国际刑警组织第 71 届大会的贺信中说："国际刑警组织在推动国际合作和促进法治方面发挥了独特和宝贵的作用，符合联合国的最高理想"，他期待"加强国际刑警组织与联合国的合作，特别是在全球反恐斗争中"。②

2004 年 11 月 8 日，国际刑警组织向联合国派遣了首名特别代表卡斯滕 (Kersten，德国籍)，他获得了安南的全权证书。国际刑警组织时任秘书长诺布尔评价说：在联合国总部设立办事处 (Office of the Special Representative to the United Nations，SRIUN) 的决定是基于这样的信念：国际刑警组织的国家中心局和成员国的警察可以对安理会决议产生实际影响。③

2005 年 9 月，国际刑警组织大会通过创立新的通报的决议，随后，第一份国际刑警组织—联合国特别通报 (The INTERPOL - UN Security Council Special Notice) 发布，专门用于针对受联合国决议制裁的基地组织和塔利班。

2005 年 9 月，国际刑警组织第 74 届柏林全体大会批准了支持联合国利比里亚维和特派团 (UNMIL) 的决议 (AG-2005-RES-06)，认为这种支持及协助，对于维和警察更好地履行维和义务极为重要。

2006 年 8 月 8 日，安理会第 5507 次会议通过第 1699 号决议，肯定了国

---

① 在与法国政府签订的协议中，法国政府承认了国际刑警组织作为政府间合作组织的法律地位，并赋予国际刑警组织在其境内的相应司法豁免权等特权。

② UN chief wants closer cooperation with INTERPOL[EB/OL][2017-05-13].https://www.interpol.int/News-and-media/News/2002/PR026.

③ INTERPOL appoints special representative to United Nations[EB/OL]. https://www.interpol.int/News-and-Events/News/2004/INTERPOL-appoints-special-representative-to-United-Nations.

际刑警组织—联合国特别通报的建设性作用，并敦请秘书长采取必要步骤，增进与国际刑警组织的合作，为联合国各委员会更有效地完成其任务提供更好的工具；鼓励会员国利用刑警组织提供的工具，特别是 I-24/7 全球警务通信系统。

2007 年 2 月 23 日，在国际刑警组织的协助下，联合国反恐委员会（UN Counter-Terrorism Committee）制定了第一份《联合国反恐怖主义在线指导手册》，旨在加强各国政府打击恐怖主义的能力。

2009 年 1 月 15 日，联合国高级警务顾问安德鲁·休斯（Andrew Hughes）访问国际刑警组织总秘书处，[①] 确定加强联合国维和部和国际刑警组织之间的合作方式。双方确定在打击跨国有组织犯罪，特别是打击西非贩毒方面的合作和相互支持，还侧重讨论了国际刑警组织在冲突后环境中可以发挥的作用。

2009 年 3 月，时任联合国秘书长潘基文与时任国际刑警组织秘书长诺布尔在纽约会谈，讨论加强在全球安全方面的合作，双方一致认为警察在危机或冲突后环境中的作用是巩固和平和建立可持续安全的关键。国际刑警组织在警务合作、行动支持和技术援助领域的独特专长是对联合国维和部部署能力的重要补充。潘基文赞赏国际刑警组织与联合国合作的态度，认为这次合作是真正具有开创性的倡议。

为了在最高政治决策层面提出维持和平合作问题，2009 年 10 月，国际刑警组织新加坡大会期间，召开了主题为“国际警务在建设可持续安全中的作用”的部长级会议，批准了一项特别宣言，加强在维和行动中的合作，为维和警察充分发挥作用，应对维和行动挑战制定路线图。潘基文表示，世界上最不安全的部分需要“更加尊重法治”，将国际刑警组织描述为解决战后稳定和实地挑战的“自然伙伴”（a natural partner）。

2014 年国际刑警组织纪念成立一百周年，潘基文在其贺信中表示，国际刑警组织与联合国合作密切，二者坚强的合作伙伴关系表明，国际警务在塑造和加强全世界可持续安全方面的固有作用。

2016 年 11 月 21 日，联合国通过进一步加强与国际刑警组织合作的决议。国际刑警组织秘书长施托克在联大发言时表示：“这项决议标志着我们的旅程向前迈出了重要的一步。我们更加接近支持国际刑警组织建立一个更安全世界的愿景。”

---

① Head of UN Police Peacekeeping visits INTERPOL to strengthen mutual co-operation [EB/OL].https://www.interpol.int/News-and-media/News/2009/N20090115.

（四）联合国《决议》与国际刑警组织“2020战略”的关系

1. 国际刑警组织“2020战略”简介

技术创新和全球化正在改变这个世界，“大数据”和“云科技”时代带来了急剧的变革。与此同时，我们所处的社会也显现出脆弱的一面。恐怖主义、跨国犯罪和有组织犯罪正在借机肆虐，网络犯罪也演变成对全球安全最大的威胁之一。国际刑警组织各成员国面临着无数的挑战，对刑事案件专家和技术装备的需求正在急剧增长，特别是在追查赃款流向及电子证据采集上尤为明显。在这种大背景下，国际刑警组织“2020战略”应运而生。

犯罪问题的跨国化和犯罪威胁的不断演变，要求警务工作要适应新的安全需求。全球性的犯罪问题需要在双边及地区的层面上予以应对。国际刑警组织可以通过提供必要的协调反应，来弥合全球安保领域的缺口，为各国提供支持。随着犯罪威胁的变化，本组织的作用及全世界对本组织的期待也在演变，要求国际刑警组织确保其提供给成员国的警务能力始终在相关领域达到优秀的全球标准。国际刑警组织与各成员国一起审视并提高在支持全球执法方面的核心业务及作用，提出“2020战略”的综合性倡议，以确保在服务警务及安保需求方面具有重大意义。

2014年11月7日，在国际刑警组织第83届全体大会上，秘书长于尔根·施托克（Jürgen Stock）向全体大会提交了他对该组织未来发展的愿景报告，列举了组织未来需要重点关注的核心业务、创新、伙伴关系和良治原则4个方面，目的是发展组织潜力并满足成员国需要。实际上是2016—2020年的战略发展规划和路线图，形成了一个新的国际刑警组织运行模式（Operating Model），新模式精简高效，增强了组织的灵活性和反应能力。确定了应当优先关注的三大领域：恐怖主义、新兴有组织犯罪、网络犯罪。

为推进“2020战略”，2016年5月18日，总秘书处发布了《国际刑警组织2020战略：化愿景为影响力（全球警务倡议）》，进一步明确了组织的筹资机制、保持中立性以及全球警务战略目标。《国际刑警组织2020战略各地区总体性目标分解表（草案）》细化了各地区的具体目标。全球警务目标要与联合国2030可持续发展议程一致，且持续有效至2030年。

2. 联合国《决议》及国际刑警组织“2020战略”

（1）《决议》正式认可了国际刑警组织在打击犯罪方面的独特价值和作用，认可了《国际刑警组织章程》确定的关于该组织的性质和任务。呼吁在已有合作的基础上扩大、加强联合国及其会员国与国际刑警组织的合作。

（2）双方的合作依据是《联合国宪章》《国际刑警组织章程》及相关国

际法，目的是相互促进合作、更好地实现各自宗旨和目标。

（3）国际刑警组织在制定“2020 战略”时充分考虑了协助、配合联合国 2015 年 9 月通过的《联合国 2030 年可持续发展议程》（以下简称《2030 议程》）。积极争取、扩大与国际组织尤其是联合国这样最为重要国际组织的合作，是国际刑警组织 2020 年改革方案中的战略重点之一。

（4）“2020 战略”与《决议》中的主要内容相互契合、互相呼应，为扩大、加强合作奠定了制度基础。

首先，《决议》呼吁扩大和加强合作的内容与“2020 战略”已确定的优先关注的打击恐怖主义犯罪、打击新兴有组织犯罪、打击网络犯罪三大领域基本一致。其次，“2020 战略”确定的全球警务目标与《2030 议程》相吻合。《2030 议程》包含 17 项可持续发展目标和 169 项具体目标的行动计划，其宗旨是通过可持续发展的经济、社会和环境的维度来根除贫穷、战胜不平等和促进和平。

作为“2020 战略”的重要组成部分，2016 年《国际刑警组织 2020 战略：化愿景为影响力》确定了全球警务目标，明确指出：全球警务目标要与联合国 2030 议程设定的目标一致，且有效持续至 2030 年。

2016 年 3 月《国际刑警组织 2020 战略：各地区总体性目标分解表》中，专门详细列明了国际刑警组织“2020 战略”中优先关注的三大领域与联合国 2030 可持续发展议程的相互对应关系。

（5）“2020 战略”中的全球警务能力建设为扩大、加强合作指明了方向。

国际刑警组织全球警务能力建设主要包括：①分析工具及犯罪分析；②提高联合国特别通报效力；③追逃；④充分发挥指挥协调中心（CCC）的快速反应及协调作用；⑤加强各国灾难受害者身份识别工作；⑥其他包括加强法庭科学（指纹、DNA、面部识别）建设、打击涉枪犯罪、加强边境安全、增强国家中心局在利用国际刑警组织渠道中的作用、建设警务培训卓越中心、增强地区局在能力建设和培训活动中的作用、智库建设与研究开发等主题。

同时，国际刑警组织分别为非洲、美洲、亚洲、欧洲等地区设定了具体的行动目标、行动任务和行动计划。这些内容为加强和扩大合作指明了方向。

（五）合作前景分析

联大《决议》认可了国际刑警组织的性质、价值和作用，肯定了已有合作成果，表达了加强和扩大合作的意愿，与国际刑警组织改革和发展战略契合且互为补充。但根据《联合国宪章》，联大决议只具有政治影响力，并没有法律约束力，与联合国安理会的决议不同，安理会决议具有强制性，相关国家必须遵守。总体而言，此《决议》为加强、扩大合作奠定了基础，既肯定了国际刑警组织的贡献，也对其未来发展抱有更高的期待。

联合国与其他国际组织开展合作应有助于充分发挥各自的比较优势，相互补充而不是重复劳动，相互促进而不是彼此冲突。

1. 职能耦合，合作基础良好

同为世界上具有影响力的重要国际组织，在当前国际形势复杂多变，各种全球性挑战层出不穷的背景下，作为最具代表性和权威性的政府间国际组织，联合国的作用备受期待；各国对国际刑警组织的赞许和期待也日益高涨。双方加强合作，各施其长，符合历史发展潮流。双方宗旨和使命相似，价值观相近，合作理念吻合，是天然的合作伙伴。符合全球安全治理的大势，顺应合作共赢的新型国际关系的潮流。

2. 优势互补，相得益彰

国际刑警组织作为预防和打击犯罪的专业性国际组织，拥有无可比拟的警务资源和专业技术，可以帮助联合国更好地实现可持续发展目标；联合国在维护世界和平与发展方面始终处于主导地位，是集体应对全球挑战的有效平台，也是各国合作处理国际事务的核心机制。面对乱象丛生的世界，各国对联合国的期待是上升而不是下降，联合国的作用应当加强而不是削弱。国际刑警组织可以借助联合国的普遍号召力，获得更多的政治支持；联合国也可以借助国际刑警组织的专业警务资源去落实安全领域的具体问题。联合国的“博”和国际刑警组织的“专”可以互为补充，珠联璧合，将产生化学效应。国际刑警组织的战略目标如果能与联合国2030年可持续发展议程契合，则能够更好地扩大影响，体现该组织希望的“全球存在”。

双方的更密切合作不仅有利于两个组织的健康发展，更重要的是惠及更广泛的公众，其意义实现了“1+1>2”，并且能够产生协同倍增效益。

3. 合作前景广阔

双方的合作具有悠久的历史和良好的开端，且双方的合作关系并不构成实质性的竞争矛盾。今后，仍需要在提高合作层次、扩大合作领域、丰富合作内涵、落实全球项目等方面继续加强。按照联大《决议》指明的方向，继续在打击犯罪、加强协作、有效利用国际刑警组织资源、拓展国际刑警组织服务4个方面加强务实合作。双方加强合作不仅有利于两个组织的健康发展，而且对加强国际合作也将产生示范效果，带来积极的连带效应。

4. 中国的立场

联合国和国际刑警组织都是中国多边外交的重要舞台。中国一向肯定联合国的作用，支持联合国的改革，并且支持联合国在引领全球反恐、开展维和行动、维护网络信息安全、落实2030年可持续发展议程等领域的作为。

当前，国际形势正在发生深刻且复杂的变化，世界多极化和国际关系民主化深入人心，经济全球化、社会信息化深刻改变着世界，国与国相互依存更加紧密。与此同时，国际社会仍面临诸多挑战。各种传统安全威胁和非传统安全威胁相互交织。南北发展差距依然突出，全球治理机制有待完善。联合国是最具普遍性、代表性和权威性的政府间国际组织。《联合国宪章》的宗旨和原则构成当代国际关系的基石。作为各国维护世界和平、促进共同发展、共谋互利合作的重要平台，联合国承载了世界人民共商、共建、共享合作共赢新型国际关系，打造人类命运共同体的殷切期盼。解决全球性难题和挑战，需要联合国广大会员国携手努力。当前形势下，联合国应继续在国际事务中发挥核心作用，顺应时代潮流，倾听各国人民声音，团结并引领世界各国实现持久和平与发展繁荣。①

2017年9月26日，习近平主席在国际刑警组织第86届全体大会开幕式上发表《坚持合作创新法治共赢　携手开展全球安全治理》主旨演讲，明确表明国际刑警组织是全球覆盖范围最大、成员数量最多、代表性最广的国际执法合作组织。肯定国际刑警组织成立近百年来，以增进互信协作、促进世界安全为己任，遵循让世界更安全的理念，为凝聚世界各国警方共识、深化国际执法安全合作、共同打击犯罪发挥了不可替代的重要作用。中国愿同广大成员国、国际组织和机构密切配合、通力合作，积极参与全球安全治理，为促进人类和平与发展的崇高事业作出新的更大的贡献。②

2015年9月28日，习近平主席在纽约出席联合国总部联合国维和峰会并发表演讲，充分肯定联合国维和行动的作用，并表示将继续加大对联合国维和行动的支持力度。③

在中国加大对联合国维和行动支持的背景下，在我国逐渐提升在国际刑警组织中决策地位的情况下，我们也应该顺势而为，借助国际刑警组织资源拓展及能力建设等方面，主动设置议程，引导合作方向，参与规则制定，设计更多

---

① 第72届联合国大会中方立场文件［EB/OL］. http：//www. mfa. gov. cn/web/wjbxw_673019/t1488207. shtml.

② 习近平在国际刑警组织第八十六届全体大会开幕式上的主旨演讲（全文）［EB/OL］. http：//www. xinhuanet. com/politics/2017-09/26/c_ 1121726066. htm.

③ 习近平出席联合国维和峰会并发表讲话［EB/OL］.http://www.xinhuanet.com/world/2015-09/29/c_1116705308.htm.

具有可操作性的合作项目。在加强联合国与国际刑警组织的合作中，我们应该不仅是参与者也是受益者，从促进双方的合作中，更多地发出“中国声音”，提供“中国方案”，更好地实现维护我国安全与发展利益的战略意图。

三、国际刑警组织“2020战略”综述

（一）国际刑警组织“2020战略”简介

2014年11月7日，在国际刑警组织第83届全体大会上，施托克秘书长向全体大会提交了他对国际刑警组织未来发展的愿景报告，列出了他认为国际刑警组织未来需要重点关注的四个方面：核心业务、创新、伙伴关系和良治原则，目的是发展组织的潜力并满足成员国的需要。

2015年，施托克先生担任秘书长的第一年，正式启动了国际刑警组织“2020战略”（INTERPOL 2020）。“2020战略”的实施分为三步：2015年，完成各种工作组的建立，确定行动模式，建立针对恐怖主义、新兴有组织犯罪以及网络犯罪的三个全球性项目；2016年，充分向成员国、合作伙伴咨询建议；2017年，形成全球改革议程。截至目前，围绕“2020战略”已经开展或完成的主要工作如下：

其一，总秘书处已经复审了各项优先事项，结构框架和操作流程，形成了一个新的国际刑警组织运行模式（Operating Model），新的运行模式精简高效，增强了组织的灵活性和反应能力（见图5-10、图5-11）。

其二，确定了优先关注的三大领域：恐怖主义、新兴有组织犯罪、网络犯罪。

其三，2016年已经采取步骤与成员国更为广泛地开展磋商，确定新的全球议程，以打造国际刑警组织更好的未来。巴厘岛大会上提交的第十三号报告《给予警察发言权：国际刑警组织2020咨询结果》，就是磋商、咨询过程和具体内容的体现之一。

其四，为推进“2020战略”，2016年5月18日，总秘书处发布了《国际刑警组织2020战略：化愿景为影响力》，进一步明确了组织的筹资机制、保持中立性以及全球警务战略目标。《国际刑警组织2020战略各地区总体性目标分解表（草案）》细化了各地区的具体目标。

其五，为实现愿景和推进“2020战略”，总秘书处形成并在2016年巴厘岛大会上向大会提交了《国际刑警组织2017—2020战略框架》，设定了未来4年的工作方案。

其六，2017年北京大会上通过了全球警务议程。

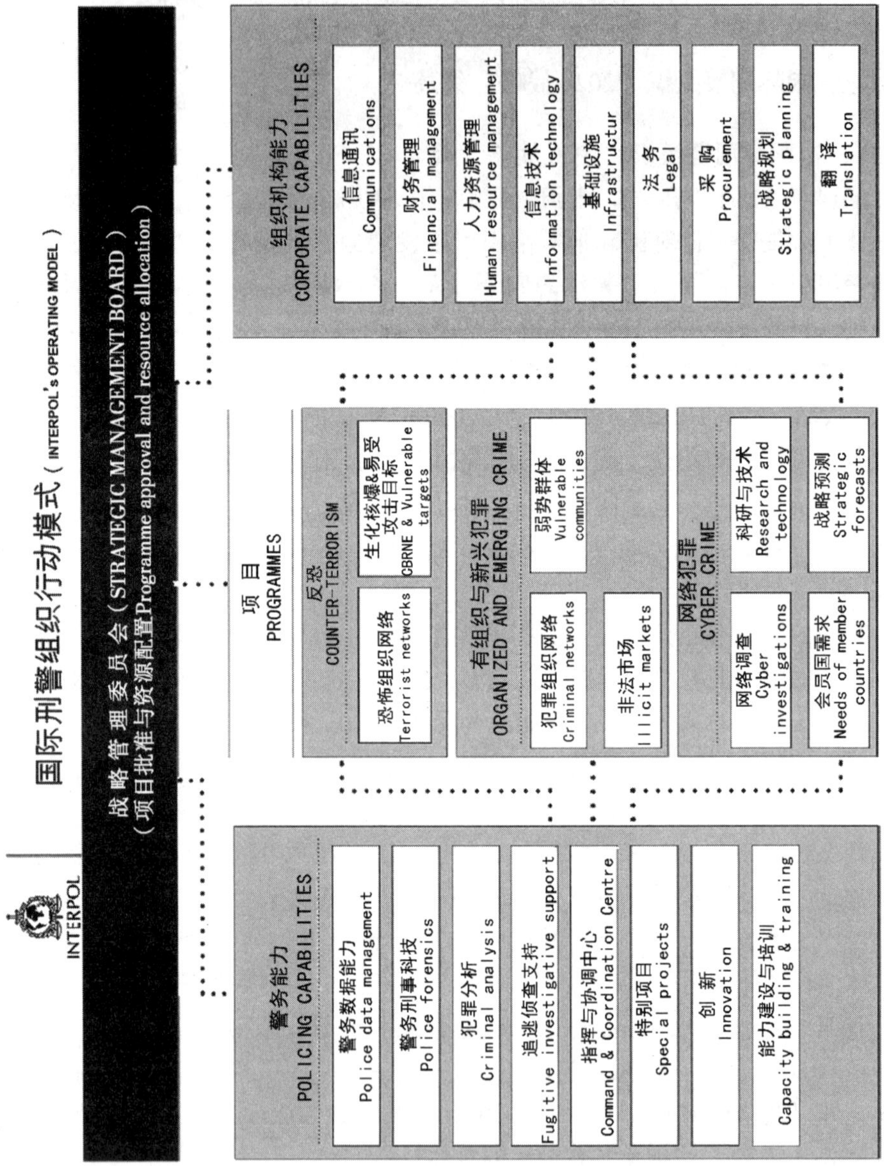

图5-10　新的国际刑警组织运行模式

图 5-11 国际刑警组织“2020 战略”

（二）国际刑警组织“2020 战略”的基本内容

依据《国际刑警组织秘书长关于“2020 战略”愿景的说明》，包括以下基本内容：

1. 组织应当关注的 4 个主要方面

第一，做好核心业务。信息是最重要的因素，应继续将国际刑警组织打造成全球性的警务信息交流中心；组织应提供基础性和前瞻性的培训，并增加装备援助；能力建设依然是优先战略；跨国行动协调与支援应积极扩大。组织将继续扩大这些核心功能，并确保它们处于技术发展水平的前列。

第二，充当创新驱动者。应致力于使警务工作适应未来的发展，并且充当创新驱动者。组织应成为全球警务智库，并提升对话平台；必须持续创新，不仅为成员国提供目前的支持，也包括未来的支持；创新中心是数字转型时代的特殊角色，应成为警务理念和工具研发的孵化器，尤其在应对网络犯罪方面。

第三，重视伙伴关系，形成联合作战（a joint approach）。秘书长将坚持在与公共或者私人机构联合打击跨国犯罪的行动中，承担更加积极主动的协调职能。各类区域警务合作组织，应当逐步形成一个互补的、强劲的全球性安全体系架构，应当继续扩展警务联络战略。未来的组织应当是一个多边合作共同体。

第四，奉行良治原则（good governance）。良好的治理为组织发展提供坚实的基础。应根据成员国需求制定战略目标，坚持渐进式财政战略（Evolving Funding Model）、高素质人才战略。保持与合作伙伴的对话、培育互信是塑造国际刑警组织未来的关键。

2. 实施阶段

第一阶段，到 2015 年，完成各种工作组的建立，确定行动模式，建立针对恐怖主义、有组织犯罪和新型犯罪以及网络犯罪的三个全球项目。

第二阶段，2016 年，充分向成员国、合作伙伴咨询建议。

第三阶段，到 2017 年，形成全球改革议程。国际刑警组织成员国的承诺、行动和竞争力越强，对世界的影响越大。了解他们对总秘书处和各国家中心局提供的服务的需求，使他们加入进来共同规划未来的路线图，对塑造国际刑警组织的未来非常重要。总秘书处将通过一系列的咨询去探求各成员国和合作伙伴的意见和想法，共同确定组织未来的优先事项、面对的挑战及潜在解决方案。

（三）《给予警察发言权：国际刑警组织 2020 咨询结果》要点

1. 背景

“2020 战略”是一个全面的改革进程，按《国际刑警组织章程》第 5 条规定重新评估和调整该组织的不同机构。改革旨在以相关的、可持续的方式满足成员国不断更新的警务需求。这一进程分为不同阶段，构成并贯穿了改革的整个进程，同时不破坏业务的连续性。

该进程第一阶段于 2015 年 1 月开始，关注点是秘书处内部的改革，其评估对象包括国际刑警组织的财务状况、法律框架和接受私营部门的捐赠（金钱和物品）的道德标准。第一阶段建立了新的机构运行模式（于 2015 年 7 月启动），并明确了三个全球性打击犯罪计划：反恐、有组织犯罪和新型犯罪、网络犯罪。2015 年 11 月 2 日—5 日，在卢旺达基加利举行的第 84 届全体大会通报了第一阶段的成果。秘书长同时启动了国际刑警组织“2020 战略”这一全球改革进程的第二阶段：与成员国的协商阶段。在第 84 届全体大会上，一致表决支持第二阶段进程，将以区域协商、特设咨询和电子投稿的形式展开。

2016 年 10 月 18 日，总秘书处发布了《给予警察发言权：国际刑警组织 2020 咨询结果》，作为第二阶段的阶段性成果之一。

2. 协商过程

根据秘书长对加强该组织核心业务愿景的描述，协商的目的是为成员国提供机会，使其为组织的未来建设做出直接贡献。在协商过程中，国家中心局、警察首长和政府高层代表等都是成员国利益的相关方。广泛的参与保证了所有实体的需求可以受到广泛、全面的评估，这些实体有兴趣并有潜在可能参与国际刑警组织的工作。

协商过程为成员国提供了一个空间：提出对国际刑警组织走向的反馈；表达他们对组织向国际社会执法提供警务服务方式的需要。

协商过程采用了三种途径：区域协商、成员国和利益相关方特设协商、在线投稿。最终共有 130 个成员国（近 70%的成员）参加了这一协商过程。

协商的组织架构和主题：设立了三个专题工作组，协商共分为三个主题，覆盖了组织具有战略重要性的事项：技术与创新；治理；合作、宣传、人员和交付。

协商的原则：独立协商，为确保所有国际刑警组织的区域和成员获得一致的机会，避免协商之间相互影响，每次协商都是独立的。

协商结果形成了《国际刑警组织 2020 倡议：意见综述》以及在此基础上形成的提交第 85 届全体大会核准的《整合意见提案》。若第 85 届全体大会核准了《整合意见提案》，秘书处即成为后者的自然保管人，并将开展执行计划的制订和估费工作。对上述建议的执行工作的更新将在随后的执行委员会会议上列明（2017 年 2 月前）。

（四）《国际刑警组织 2020 战略：化愿景为影响力（全球警务倡议）》要点

1. 背景

犯罪问题的跨国化和犯罪威胁的不断演变，要求警务工作要适应新的安全需求。全球性的犯罪问题需要在双边及地区的层面上予以应对。国际刑警组织可以通过提供必要的协调反应来弥合全球安保领域的缺口，为各国提供支持。随着犯罪威胁的演变，本组织的作用及全世界对本组织的期待也在演变，要求国际刑警组织确保其提供给成员国的警务能力始终在相关领域达到优秀的全球标准。

尽管本组织的运行模式是为了以有效且灵活的方式应对这些不断演变的需求而设计的，但是，现在对日益增长的服务期待，超出了现有资源的提供能力。国际刑警组织需要以可持续的方式扩展服务，以发挥其全部潜力。

2. 满足全球警务不断演变的需求：全球警务倡议

各成员国的法定会费构成本组织的主要收入来源，2016 年达到 5270 万欧元。本组织也受益于成员国的实物（捐赠）支持，包括向总秘书处借调本国警务人员。2016 年，实物（捐赠）支持总值为 3320 万欧元，其中人员借调费用占到 2000 万欧元。

国际刑警组织并不依赖各国国家预算的专项资金而存在，各国的年度法定会费通常来自各国警务预算。国际刑警组织现行的筹资模式不足以维持可持续的组织发展。

为了继续履行其使命，成功地满足国际警务期待，并在政治层面上把这些与追求目标统一起来，本组织财政上的可持续增长非常必要，已经采取了内部措施来降低成本提高效率，但是仍然面临资源有限而成员国的期待不断增长的情况。

国际刑警组织的全球性作用使本组织去寻求传统的内政部、司法部、内务部之外的额外的资金来源，更重要的是，创造一个更加平衡的可持续的筹资模式。期待的是一个三层结构的筹资机制：继续采用法定会员费筹资，为国际刑警组织的基本活动提供资金；来自政府资源的资金，支持各个打击犯罪的项目；从民营机构转向更多的公立机构的资金资助，以维持本组织的独立性及强有力的道德规范。

国际刑警组织希望与各成员国最高政府机构建立对话，寻求他们对全球警务倡议的投入和参与，以便能够为本组织建立一个政府性支持者网络。作为国际警务合作的领导者，国际刑警组织能够协调安保需求并划分其优先顺序，开发相应的警务项目并将其与政府机构提供的资金对应起来。

3. 确保独立性

正如《宪章》所珍视的那样，国际刑警组织是一个非政治性组织，为国际警务合作提供中立的平台，即便成员国之间没有正式外交关系，这也是它的力量源泉之一。为了确保本组织运行上的独立性、可持续性及发展，全球警务倡议并不意图改变本组织的性质；本组织将继续作为一个聚焦于行动的警务组织。它的优先事项将继续由其成员国确定，将继续保持其活动及警务能力，且不断加强。

在遇到财务不确定性的时候，本组织有责任为全球执法活动寻求创新性且可持续性的支持，并寻找方法提高执法机构和其他国际安保利益攸关方之间的合作。

国际刑警组织的优先事项和行动项目现在及以后都由全体大会确定，全体大会是由所有成员国的代表组成的最高决策机构。

4. 全球警务目标

作为唯一的全球性警察组织，国际刑警组织在推动及支持国际警务工作方面具有独特作用。要在全球以始终如一的方式做到这一点，就有必要确保全球安保体系中的各个方面都牢记我们共同的目标。国际刑警组织提议设定一套范围广泛的全球警务目标，这些目标将为全球安全作出贡献，并与全球安保体系中其他各方的优先事务保持一致。

2017 年在中国北京召开的第 86 届国际刑警组织全体大会上召开了专门的

部长级会议，陈述国际刑警组织“2020战略”改革倡议议题下的全球警务目标。这些目标将针对一系列需要多边执法机构应对的犯罪及安保相关议题，是各国政府确保其公民安全方面的关注事项的核心，也与外交政策议程一致。这些目标具有普遍意义，且由集体行动予以支撑。

基于组织的经验，这些目标将引领下列最具相关性的7个主题：打击恐怖主义、提高边境完整性、保护弱势群体、促进网络安全、鼓励良治、减少非法市场、保护环境。

制定这些目标是为应对这些重大安保议题，也为国际刑警组织、多边执法及警务合作应起的作用及其实现提供一个国际性共识和政治合法性。这些目标的首要目的是确定国际执法界在未来数年中的优先事项并致力于此。全球警务目标要与联合国2030年可持续发展议程一致，且持续有效至2030年。

国际刑警组织清楚这一任务的规模有多大，因此请求各方提出意见并发送给非警务群体，希望得到外交界群体和专家的建议；希望来自20国集团及其他相关政府性合作伙伴的政治支持；希望得到有关在2017年9月组织召开一次部长级会议并发表声明的建议，以及有关制定并管理一个可持续的筹资机制方面的指导。

（五）《国际刑警组织2020战略，各地区总体性目标分解（草案）》要点

1. 背景

国际刑警组织“2020战略”是一项审查组织的优先权、结构和活动并使其现代化的改革进程，以确保其为成员国提供更好的服务，并将本组织对全球安全的影响最大化。

2016年，该倡议将集中与各成员国协商，使其理解国际刑警组织如何支持他们的各项活动；各成员国需要从本组织获取哪些工具和服务，并确定国际刑警组织的优先事项。这些磋商将围绕三个工作组开展，每个工作组审查一项具有战略重要性的议题：技术与创新；治理；合作伙伴关系、拓展服务、人员和服务等。

与此并行的是，国际刑警组织“2020战略”将建立一个全球警务倡议，它是一项基于政府资金支持的，具有增长性的可持续业务模式。该模式将促使国际刑警组织将其各项活动扩展开来，并根据其战略框架不断调整。

通过国际刑警组织“2020战略”，本组织已经定义了它的警务能力范畴（向各成员国提供核心工具和服务），并且确定了针对具有全球重大意义的犯罪威胁的三项工程：反恐、有组织及新型犯罪、网络犯罪。

总体性目标分解表，为每个领域以及每个能力范畴提供了当前及未来各项潜在活动的总览。这些活动按地区组织，而各地区的优先事项已经确定，或者说，全球性倡议自然具有全球性的本质。每个领域的大概预算也已经标注出来。

当今国际警务已经不是一项独立的活动，而是在本质上与各项全球性活动有关联的，并且与各国更大范围的社会与安全问题联系在一起。考虑到这些方面，目标分解表同样显示了国际刑警组织的各项工程与联合国 2015 年通过的 2030 年可持续发展议程相符。这个议程是一项包含 17 个目标的行动计划，它将通过可持续发展经济的、社会的和环境的维度来根除贫穷和促进和平。

随着与各成员国磋商进程的不断深入，本目标分解表将在地区和主题层面有进一步的发展，这样就能够完善每个领域的具体活动。通过这种方式，国际刑警组织可以在日常工作中对各成员国提供所需的政治和经济上的支持，从而使世界更加安全。

2. 打击有组织及新型犯罪全球计划

（1）打击有组织及新型犯罪全球计划。根据联合国发展目标，围绕打击贩毒与有组织犯罪、侵害儿童犯罪、贩卖人口犯罪、偷渡犯罪、全球性危害健康与安全的犯罪、危害环境安全的犯罪、非法商品贩卖犯罪、腐败犯罪、金融犯罪及体育运动中的诚信犯罪、伪造证件/旅行证件犯罪、盗窃机动车犯罪、艺术品盗窃犯罪等主题，分别为非洲、美洲、亚洲、欧洲、中东北非等地区设定了具体的行动目标、行动任务和行动计划。

（2）全球打击恐怖主义犯罪计划。与联合国发展目标相对应，围绕打击恐怖主义网络、打击外籍恐怖主义参战者、打击轻小武器和核生化高爆制品（CBRNE）犯罪等主题，分别为非洲、美洲、亚洲、欧洲、中东北非等地区设定了具体的行动目标、行动任务和行动计划。

（3）全球打击网络犯罪。围绕打击非法入侵、修改、损害计算机系统犯罪，打击依赖计算机进行的犯罪，针对所有犯罪类型的数字法庭科学及调查支持等主题，分别为非洲、美洲、亚洲、欧洲、中东北非等地区设定了具体的行动目标、行动任务和行动计划。

（4）全球警务能力建设。围绕分析工具及犯罪分析、提高联合国特别通报效力、追逃、发挥指挥协调中心（CCC）快速反应及协调作用、加强各国灾难受害者身份识别工作以符合国际刑警组织的国际标准、法庭科学（指纹、DNA、面部识别）、打击涉枪犯罪、加强边境安全、增强各国家中心局在利用国际刑警组织渠道中的作用、建设警务培训卓越中心、增强地区局在能力建设和培训活动中的作用、智库建设与研究开发等主题，分别为非洲、美洲、亚洲、欧洲、中东北非等地区设定了具体的行动目标、行动任务和行动计划。

（六）国际刑警组织《2017—2020年战略框架》要点

1. 背景和目的

根据《国际刑警组织2020》《国际刑警组织2020全球倡议》以及国际刑警组织已实施或即将实施的改革，2016年6月第189届执行委员会上提出了一项议案，要求制定新的四年战略框架，即《2017—2020年战略框架》（以下简称《战略框架》），目前新的《战略框架》已经形成，并已在2016年大会上提交。

《战略框架》体现了组织战略方向上的最新变化，融入了“国际刑警组织2020全球倡议”的改革过程，组织未来的全球战略。《战略框架》在支持当前运作模式的同时考虑了不断变化的警务全局，目的是“增强全球战略的稳定性和可持续性”，或将成为向未来五年战略（2021—2025年）过渡的第一步，战略期与秘书长任期相同。

《战略框架》是一种内部管理工具，能为秘书处确定工作重点，以确保该组织能以最佳状态实施全球项目战略及一系列相关行动。《国际刑警组织2020》实施的结果已融入且将继续融入组织的战略中去，以确保结果完全符合成员国的需求和期望。

《战略框架》强调指出：

（1）功能相当于一个路线图，不仅可供时常查询及评估某一特定组织的行动，也是组织在整个全球行动设计、执行、监督及评估的基础。

（2）将形成未来几年组织年度行动计划的基础，2017年活动方案已经与其相适应。

（3）该战略框架是一个活的文件，它与《国际刑警组织2020》进程结果和组织发展及其战略环境一致。

2. 主要内容

（1）国际刑警组织的《愿景宣言》及《使命申明》将保持不变：

愿景：团结各国警方，共创安全世界。

使命：通过加强合作、创新警务及安全事项来预防和打击犯罪。

（2）国际刑警组织的价值观。国际刑警组织人员价值观是引入战略框架内的一项新的内容，它直接取自国际刑警组织官员道德规范。2015年11月，执行委员会采纳了该道德规范——尊重、正直、卓越、团队合作、创新。

（3）战略目的和具体目标：

新的战略框架包括 5 个战略目的和 21 个更为具体的战略目标。

战略目的 1：作为世界范围内执法合作的信息枢纽，组织将继续加强其基础服务和产品，致力于连接性和可操作性，以高质量的数据及产品分析来支持成员国。

战略目标 1.1：提供安全的基础设施，这一基础设施是中立的、可扩展的和有弹性的，以促进世界各地的执法信息交流，包括国际刑警组织所维护的设备和系统，如安全云（INTERPOL Secure Cloud）等。

战略目标 1.2：不断改进组织的产品和服务组合（数据库及产品）并推广，以满足不断变化的需求。

战略目标 1.3：改进本组织的连接性和可访问性，并优化与其他相关信息系统之间的相互可操作性。如将移动电话接入国家中心局以外的 I-24/7 网络，直至一线警官和专业单位（到“任何地方、任何时间、任何设备”的战略）。

战略目标 1.4：促进和确保高质量的数据和信息交换。将继续向成员国推广数据加工规则，并通过已启动的法律改革，确保保存在数据库内数据的高质量。

战略目标 1.5：通过刑事情报交流分析协助全球执法。

战略目的 2：提供最先进的警务能力，支持成员国打击和预防跨国犯罪。

组织将与中心局和专门机构合作，通过多学科的协调框架，达到最佳的操作结果，并成为一个枢纽，提供专业知识，促进最佳实践经验的交流，并举办培训项目。

战略目标 2.1：推进国家中心局的最高行动标准。

战略目标 2.2：与专门的单位和专家网络进行业务联系以提供运行支持和协调。组织将在中心局的支持下，鼓励和构建直接接触专业单位内顶尖人士的渠道。

战略目标 2.3：通过提供专家知识、培训和最佳经验交流，建设国际警务能力。

战略目标 2.4：为多学科合作提供一个可操作的框架，在执法、学术界、公共和私人合作伙伴之间搭建与安全相关问题的桥梁。

战略目的 3：引领全球警务创新，突出组织在创新领域中的作用。

战略目标 3.1：为未来发展趋势交流提供一个合作框架。

战略目标 3.2：成为警务方法论研究和发展的孵化器，以预防和打击犯罪。将与多学科行为体合作，并确定如何通过创新和自动化警务方法和工具的对话，最好地服务国际执法社区（如大数据的处理与分析）。

战略目标 3.3：建立对话，交流最佳经验，分享新的警务倡议和营造创新文化氛围。

战略目标 3.4：通过标准设立和现有措施的协调一致，提高警务工作的效力和效率。提供关于信息交换的警务标准，包括收集电子证据和法庭证据的标准，以满足成员国在该领域的要求。

战略目的 4：最大限度地发挥组织在全球安全体系结构中的作用，致力于架起全球安全体系结构中信息的桥梁，加强多边合作，并提高人们对国际刑警组织计划的政治意识和支持，以满足成员国期望。

战略目标 4.1：通过项目实施，扩大基层支持并优化区域的可见度。

战略目标 4.2：在全球安全体系结构中建立互动，以实现共同的目标（全球警务计划），与各成员国保持对话，以确定他们在全球警务倡议中的需求和期望。加强与区域警察组织和其他国际组织的关系，以弥合差距，增强互补性。

战略目标 4.3：确保获得最高级别国家政府及国际论坛的持续支持。将努力争取更大的政治认同，同时争取更多人的参与并支持其活动。

战略目的 5：整合资源与管理结构，提高运行效果。本战略主要关注国际刑警组织的组织建设。2017—2020 年，国际刑警组织的高级管理部门将集中精力实施一项持续性的融资模型。

战略目标 5.1：为组织实施可持续的资金模型，组织需要一个从现在到将来可持续的收入来源，能够计划和提供所需的服务。设想了一个三层级别的资金机制：虽然法定供款（会费）将继续资助秘书处的核心工作，来自政府的大量资金将自愿赞助三个全球计划，优先的私营部门融资将提供额外支持。该新方案要求组织的金融管理得到改进，以确保财政的可持续性。

战略目标 5.2：加强风险管理和监管的合规性并执行尽职调查框架。虽然组织已经在这一方面开发并实施了很多功能（即国际刑警组织文件管理委员会、内部审计部、数据维护员和尽职调查员），但一个不断循环的审查和改进仍是必要的。

战略目标 5.3：通过变更管理加强内部交付，组织将通过它的运行模式，以保持其在不断变化的环境中以灵活的内部方法做出反应的能力。

战略目标 5.4：确保一个多元化、充满尊重和安全感的工作环境，以吸引、发展和留住人才，这一目标是国际刑警组织的人力资源功能的核心。

战略目标 5.5：为了最好地代表成员国而振兴组织的治理机构，组织将审查其法定会议和管理机构，以确定和解决异议或提高效率，并追求组织的章程改革。

四、关于红通制度面临的挑战及对策

2016年，美国《华尔街日报》刊文批评国际刑警组织红通制度，此类动向并非个例，反映出红通制度面临挑战。

（一）红通制度概述

红通是“红色通报”（Red Notice）的简称，是国际刑警组织信息通报载体中的一种。信息通报载体主要有通报（Notices）、协查通告（Diffusions）和信息（Messages）等。通报是根据成员国申请，经总秘书处核准并由其向全体成员国发布的一种合作请求或警报。通告与通报功能类似，但无须经总秘书处审核，各成员国可自行对其他成员国发布，所以效力相较通报略低。信息也是成员国之间通过该组织内部通信系统传递的一般消息。在信息通报载体中，红通具有最高法律效力，系实施引渡前临时逮捕或其他强制措施的最主要依据之一，红通审核也更加严格，申请国必须提供司法机构生效的逮捕令或法庭判决书，并符合组织章程中规定的其他要件。红通经审核通过后，总秘书处通过I-24/7网络向成员国中心局发布。

当针对红通对象的侦查停止时，或有如下情况，则红通将被撤销：对象已被抓获、逮捕证期限已过、起诉期限已过、对象死亡、案件被撤诉、案件不予追究、证据不足、仅限于在本国内追查等。

为了加强监察复核，国际刑警组织设立了独立的档案管理委员会（CCF），确保对个人信息的处理符合组织有关规定。红通对象可以申请获得组织数据库中涉及其本人的信息，并可通过档案管理委员会提出申诉或质疑，该委员会复核后将结果告知申请人和信息来源方。这种对红通申诉更加严格规范的审核，目的就是减少组织被告上法庭的风险。红通申诉审核流程大致如下：

1. 提出申诉

申诉人本人或代理律师提出查阅红通的申诉，待其掌握红通信息后再正式提出申诉，随后其多以违反人权、涉及政治等为由要求撤销红通。

2. 审核

档案管理委员会就是否向申诉人公开红通信息征求红通申请国意见，同时对红通材料的完整性、合法性进行重审。

审核期间，可能要求申诉人、红通发出国、其他第三方提供材料或咨询。

3. 作出裁定

在综合审核评估的基础上，做出是否撤销红通的决定。

一旦做出裁定，将在1个月内以书面形式告知总秘书处，总秘书处需要1个月内执行裁定，随后档案管理委员会将执行结果告知申诉人和数据来源国。

在档案管理委员会裁定撤销红通后，如红通发布国掌握新的证据事实，可在6个月内就裁定结果提出复议。

通常，档案管理委员会在审核红通时主要关注：是否涉及政治因素；足够的事实及法律根据；是否在引渡方面做出努力；是否向申诉人“透露最少量的红通信息”等方面。

（二）客观理性看待红通

1. 红通的作用

红通仅为查找定位、引渡逃犯及为引渡采取的临时羁押措施，可以作为境外追逃的辅助手段，但并非万能。

2. 红通的责任

红通申请是此项工作的开始而并非结束。

总秘书处审核申请，可能需要补充证据材料；申请也有可能被拒绝。

红通发布后，一旦对象触网，办案部门须根据对方国家要求，在24小时内提出引渡请求或派出工作组。

红通对象提出申诉后，在应诉时需要办案部门为主提供支持，包括在限定时间内根据要求补充材料，并需要研究应对口径等。

红通申诉一旦裁定撤销，将面临无法再以相同罪名发布红通，追逃对象和别有用心者将借此炒作抹黑。

3. 红通的局限

承认红通效力的国家有限，是“通报”而非“通缉令”。红通对象的下落明确之后，关键还是要靠双边联络跟进。

很多红通对象资金充裕，善于利用红通审核机制的缺陷，或者借助政治炒作，达到规避红通的目的。

（三）红通制度面临的挑战

随着犯罪国际化的迅猛发展，红色通报在打击跨国犯罪方面发挥着日益重要的作用，但与此同时，面临的挑战也不断增加。

1. 媒体质疑批评

近年来不断有媒体炒作，质疑国际刑警组织不经严格审核就发布红通，产生了一定的消极影响。

2. 法律诉讼风险

国际刑警组织本身并不享有司法豁免权，遭受法律诉讼及财产索赔成为近年来棘手的问题，在红通处理监察机制上的漏洞已成为最大的法律风险，国际刑警组织常常面临高额索赔诉讼，有的索赔官司甚至已打到欧洲人权法院。

3. 执行效力不足

红通并不具备全球强制执行效力，成员国可根据本国法律决定是否对红通对象实施临时性拘捕。红通能否发挥效能，在某种程度上依赖于成员国之间的引渡条约以及两国关系。国际刑警组织内部曾经做过调查，仅个别国家认可红色通报作为引渡前临时性拘捕的有效依据，十几个国家有条件地认可，二十多个国家是以个案为基础对红通采取不同的措施，还有二十多个国家不认可红通。

（四）国际刑警组织的应对举措

通过改革总秘书处相关机构，国际刑警组织努力把红通纠纷问题消化在内部。一是总秘书处设立法律分析团队与通报质保处，加强对红通申请的审核把关，确保其符合组织章程及各项规定。二是修订了《信息控制及使用国际刑警组织档案条例》《信息处理条例》等有关规章制度，规范信息通报要素和流程。三是研究增加专门预算，应对涉及红通的诉讼及可能的赔偿。四是严格控制公开红通内容。通过互联网公开的红通仅限于“严重犯罪”案件，且需请求国书面请求并作出详细说明。

（五）国际刑警组织红通政策调整的影响

“猎狐”“天网”行动以来，中国国家中心局发布的红通数量逐年增加，极大地震慑了外逃犯罪嫌疑人。国际刑警组织针对红通的政策调整带来一些新问题：

1. 红通公开受影响

之前，红通是否在公共互联网公开由各中心局根据需要在申请时决定。根据新规，需书面申请且接受严格的审核。

2. 发布红通将受到严格审查

频繁的申诉一定程度上对国际刑警组织造成压力，迫使其全面收紧红通审核，未来申请发布红通将面临更严格审查。

3. 红通效力亟待确认

目前我国尚无法律法规对国际刑警组织红通的效力进行确认和规范，增加了我国执行红通的法律风险，特别是外国请求我国对红通对象采取引渡前强制措施的，各级公安机关因缺乏法律依据往往不知所从，亟须法律法规加以规范指引。而我方的合作态度也会间接影响到我方向对方提出合作请求时的效果。

（六）国际刑警组织应对挑战的几点思考

国际刑警组织在推动国际执法合作打击跨国犯罪方面发挥着不可替代的重要作用，支持该组织进一步稳健发展，符合我国长远利益，能够提升我国在国际刑警组织中的影响力，成为我国参与全球治理、重塑国际秩序的重要抓手。

1. 对红通的实体审查不宜放弃

一些国家主张国际刑警组织放弃对红通申请的实体审查而只进行形式上的审核，把实体审核的责任交给主权国家。这种做法值得商榷，首先，一旦总秘书处放弃实体审查，成员国发布红通的门槛将大大降低，容易导致国际刑警组织资源被滥用、乱用，不符合组织维护法治精神的立场，也不能排除一些国家对我国公民滥发红通的风险。其次，成员国自发红通必将导致红通效力进一步降低，将极大地削弱国际刑警组织的国际地位和影响。最后，放弃实体审查并不能避免滥诉。即使国际刑警组织只进行形式审核，但只要红通是通过其内部系统进行全球发布，红通对象仍可以对其进行起诉和索赔。

2. 加强对红通的实体审查，明确与通报来源国的责任

一方面，滥诉问题具有一定示范效应，应该严肃对待。另一方面，国际刑警组织也正好借机堵塞漏洞，获得改革和提升的压力和动力，因此要以更加积极的姿态应对滥诉问题。我国应支持该组织设立专项基金，用于应诉和后续可能的赔偿。支持总秘书处设立专门机构，加强对红通申请的实体审核，确保红通发布不违背组织章程和原则。支持在红通中增加免责条款，明确写明通报来源国承担相应法律责任。

3. 努力提升红通执行效力

红通是国际刑警组织的重要品牌和拳头产品，也是维持国际刑警组织影响力的重要依托。红通执行效力说到底是各主权国家的确权问题，需要经过认识、理解、接受进而支持的长期过程。从负责任大国和参与全球治理的角度出发，应推动更多国家承认红通的执行效力。

4. 为国际刑警组织争取国际组织豁免权才是治本之道

国际刑警组织获得司法豁免权，是解决被滥诉问题的最终途径，也是国际刑警组织的里程碑，但注定任重道远。据总秘书处透露，目前只有十几个国家给予国际刑警组织豁免权。

政府间国际组织是国际关系发展到一定阶段的产物，是主权国家为了特定目的以条约的形式建立的一种常设机构。国际组织豁免权是国际组织及其有关人员、财产免受有关国家司法管辖的豁免权。这里的“国际组织”，主要

是指政府间的国际组织。在当代，豁免权已在世界范围内得到广泛公认的国际组织主要是联合国及其专门机构。除《联合国各专门机构特权及豁免公约》关于豁免权的规定外，一些国际组织还在各自的基本组织文件中规定了自己所享有的豁免权。

传统国际法中，只有国家才被承认具有国际人格而成为国际法的主体。随着国际组织日益成为国际关系的重要参与者，其国际人格逐渐为国际法所承认，但是任何国际组织的法律人格及地位都不是其本身所固有的，而是依据组织的基本文件及其制定者的意志，仅来源于基本文件的明示规定，而且来源于国际组织为实现其宗旨所必需的权能。国际组织对外权利能力和行为能力具体体现为下列各项。

（1）缔约权。国际习惯法早已赋予国际组织以缔约的能力。一般来说，国际组织旨在其职权范围内或由于组织存在的必要而与国家或其他国际组织签署条约，这些条约一般称为协定。

（2）对外交往权（使节权）。国际组织具有接受和派遣外交使团的能力。国际组织可以和国家一样，向其成员国、非成员国及其他国际组织和国际会议派遣常设使团或特别使团。目前，国际刑警组织在联合国总部、欧盟总部、非盟总部等都设立了特别代表办公室。

（3）承认和被承认的权利。国际组织通过接纳成员国或观察员，订立协定或邀请参加组织的会议等方式，来承认一个国家、政府、领土主权、民族解放运动或其他国际组织。同时，国际组织又是国际法上承认的客体。成员国或非成员国，当接受组织章程，加入该组织，或者向组织派遣观察员时，都是以对该组织的承认为前提的。

（4）国际索赔和国际责任。具有索赔权利和承担国际责任，是国际法主体法律人格的重要特征，国际组织具备这样的特性。国际法院在其 1949 年关于“赔偿案”的咨询意见中判定，当联合国人员执行公务时受到损害，联合国有权以自己的名义就该组织被害人或其继承人受到的损害，向法律上和事实上的政府提出索赔的要求。自然，其他组织也具有国际索赔的权利。同时，根据权利义务对等原则，国际组织必须对其损害国家及其国民利益的行为承担国际责任。

（5）召集国际会议的能力。随着国际组织的发展，由国际组织取代国家召开国际会议的做法，已成为启动多边国际会议的一种重要方式，因此，也可以说，召集国际会议是国际组织的一项经常性重要权力。

（6）国际组织对外关系方面的其他权力。国际组织作为国际法律人格者，在组织解散时会产生继承权问题。国际组织使用自己的旗帜印章和绘制的权力等。

政府间国际组织根据其基本文件规定的宗旨行使职能并具备必要的机关，能够在国际社会中进行独立的活动，具有独立的法律人格。它的法律地位不一定需要在该组织构成的条约中明确地赋予，该组织同样具有为了最有效地履行其职能所必要的暗含的法律地位。政府间国际组织的法律地位来源于成员国间达成的条约、制定的规章所赋予，并受政府间国际组织本身职能、宗旨的制约。它的法律地位具有其独有的属性和特征，与国家和非政府间国际组织的法律地位都有所不同。

政府间国际组织只能在其章程、宪章规定的范围内享有权利，承担义务，具有独立性，但与主权国家不同，政府间国际组织的权利能力和行为能力来源于主权国家达成条约和章程的授予，具有派生性和限制性。与主权国家相比，它主要有以下三个特征：

首先，政府间国际组织具有非主权性，它只是主权国家创造的产物，是主权国家之间的组织，既不是国家之内的机构，也不是凌驾于国家之上的超级国家组织，其国际活动的权利能力和行为能力来源于国家的授权。

其次，政府间国际组织的活动主要通过决议来实现，但其决议通常只具有建议性，对成员国和非成员国都没有强制性，是为维护成员国利益服务的。决议通常要通过其成员国立法机构的承认后才能在成员国内发生法律效力。

最后，政府间国际组织没有固定的居民和领土，没有主权，也没有强制性，因此它不能像国家那样征收税收来应付开支，所以没有稳定的收入。

政府间国际组织没有国家的基本属性，不可能具有像国家那样的法律地位，它拥有自己的权利能力和行为能力，是为了更好地实现其宗旨和职能，因此它有独立的法律地位。权利和义务是统一的、相对的，既然政府间国际组织享有提出国际索赔的权利，必然有承担国际责任的义务，表现在如具有国际赔偿请求权和司法诉讼权，但对其本身或工作人员违反国际义务的不法行为承担国际责任。

政府间国际组织相对于其他国家和组织是独立的，政府间国际组织之间同样是相对独立的。总的来说，其法律地位的独立性主要表现在行为能力和权利能力两个方面。政府间国际组织是一种介于主权国家之间的多边合作产物，是主权国家创造的产物，不具有与主权国家相同的法律人格。其法律人格只是成员国通过条约或其他方式授予的，离开了主权国家的授权，任何政府间国际组织在法律上的权利能力和行为能力都是不可能存在的。因此，政府间国际组织是一种派生的国际主体，它的法律地位具有派生性。

首先，权利能力和行为能力的派生性。政府间国际组织是多边国家体系合作的产物。它的存在不是为了削弱和取代国家主权，而是为了帮助国家更好地发挥国家职能，行使国家职权，特别是在那些无法独自处理和解决的问题和领域方面。政府间国际组织是在现行国际法框架下产生的，作为国际法主体，它必须遵循国际法的基本原则、规则和制度，其中包括尊重和维护成员国的国家主权。它的法律地位与国家是有很大区别的。国家的国际法律人格是与生俱来的、固有的、客观的，是国家在国际法上基于主权的一种基本属性，是一般国际法所普遍承认的，只要国家建立，它普遍的、固有的法律人格就会随之而来，并不需要通过某种形式赋予。而政府间国际组织所拥有的权利能力和行为能力都是通过各成员国共同制定的条约、章程以及国际公约所赋予的或者是其职能和宗旨所暗含的权利。也就是说，取决于该组织约章所标明或暗含的，或在实践中发展起来的组织宗旨和职能，并不是政府间国际组织所固有的、与生俱来的。因此与国家的权利和法律地位相比较而言，政府间国际组织的法律地位和权利能力具有明显的派生性，它所具有的一切法律人格必须通过成员国制定规章，达成条约协议赋予，否则就没有这些权利能力，也就是说它的法律地位和权利能力都是派生而来的，不是天生的。主权国家是主要的、典型的国际主体，具有完全的国际人格，而政府间国际组织只是在有限的范围内是国际法的主体和国际人格者，是不完全的国际人格者，具有限制性、条件性，而非一般的国际人格。它的法律人格具有明显的相对性。国际组织的人格来源于其组织约章，如果一国际组织的约章中没有规定其享有国际人格，那么该国际组织就不具有法律人格。一旦一国际组织享有国际法律人格，那么其人格便是对世性的，无须其他国际法主体的承认。

从以上政府间国际组织的属性和特征来看，国际刑警组织要想真正获得组织豁免权，为其所承担的法律责任建一道防火墙并不是一件很容易的事情，首先，需要在组织内部形成广泛一致的共识；其次，需要与更多成员国签订协议的方式来固定其豁免权；再次，还需要成员国立法机构确认法律效力。在目前该组织已经成为世界最大的政府间国际组织的情况下，取得广泛认可，履行完整法律程序并获得成员国立法机构确认还有很长的路要走，不但要克服观念性障碍，也要处理很多技术障碍。但是我国作为有影响力的国家致力于推动该组织的豁免权的过程，即扩大我国国际影响力的过程。应参照《联合国特权和豁免公约》，制定国际刑警组织豁免国际公约，并利用各种机会，推动各成员国给予国际刑警组织尤其是红通豁免权。

专题六

国际警务联络

第一节 ‖ 国际警务联络概述

一、国际警务联络的含义

（一）联络

在几何学概念之中，联络是一点所对应的空间与另一点所对应空间之间的转换。现代汉语中联络是指互相之间取得联通关系；彼此交接；接上关系等含义。

（二）国际警务联络

国际警务联络是指不同国家警察内政部门以及其他国际警务执法安全合作行为体之间，根据相关协议和特定安排，为达成警务合作，实现特定的警务目标而开展的各种联系交接。

二、国际警务联络的方式

（一）联络形式

国际警务联络的方式有很多种，可以分为以下几种：

1. 直接联络

根据我国与相关国家签订的政府间合作条约，或者公安部与相关国家内政警察部门或其他执法机构的合作协议，双方就国际警务执法合作与交流安排特定的联系方式，包括热线联络等。例如，《中华人民共和国公安部与澳大利亚联邦警察关于打击跨国犯罪和开展警务合作的议定书》（2005 年 12 月 2 日，堪培拉）中第四章关于措施的规定，第 1 条就处理重大犯罪行为的信息进行交流，其第2款规定："双方将合作制定具体措施，巩固并发展现有的联络渠道，建立机制，加强有关重大犯罪信息的交流与处理。"

2005年9月27日在日本神户签订的《中华人民共和国和日本国海上保安厅会谈纪要》中，用专门的条款规定：为完善两部门情报信息交换的联络渠道，经双方商定，对现有的联络窗口进行了修改。公安部规定了联络窗口，内容包括负责日常业务交流与联系的公安部国际合作局警务合作处的联系电话、传真号码、24小时值班电话等，以及负责打击海上偷渡，非法买卖毒品、枪支、弹药的公安部边防管理局海警处的联系方式。

2002年2月25日在利马签订的《中华人民共和国政府和秘鲁共和国政府关于加强禁毒合作的议定书》第4条规定：双方根据需要，可以在各自授权的执行机关之间通过电话、传真及其他方式直接进行联系。

2. 间接联络

间接联络，指通过国际组织、区域性组织等居间协调的一种联系方式，通常根据国际、区域组织的有关章程规定以及各自的国内法规定，通过国际组织居中协调，传达、接受合作请求与意向，达成合作目的。相关的国际组织主要有：联合国毒品与犯罪问题办公室、欧盟内政司法机构、国际刑警组织、世界海关组织等。

在间接联络的方式中，作为世界上最大的警察合作组织，国际刑警组织为194个成员国提供了一种快捷安全的联系方式，就是通过基于互联网的I-24/7加密警务通信系统，各成员国可以迅速、方便、安全地进行通信联络，不仅便利了成员国之间的警务合作，而且也是国际刑警组织作为合作中心、情报中心、通信中心的地位的体现。

3. 定期会晤

主要指根据合作双方的协议安排，双方的警察内政部门的相关人员，形成定期会晤的机制，面对面地交流沟通，以深化合作。例如，根据2001年3月23日在北京签订的《中华人民共和国公安部和巴基斯坦伊斯兰共和国内政部合作谅解备忘录》第10条的规定：双方按照商定的日期轮流在北京和伊斯兰堡举行会晤，交流履行本谅解备忘录的情况和讨论下一步的合作计划。

1998年7月4日在北京签订的《中华人民共和国和泰王国内政部合作协议》第9条也规定：缔约双方每两年一次轮流在北京和曼谷交流履行本协议的情况和讨论下一步的合作计划。

公安部和朝鲜国家安全保卫部的《关于在边境地区维护国家安全和社会秩序的工作中相互合作的议定书》规定：中朝边境公安、安全首席代表会议每三年召开一次；边境公安、安全总代表会议每两年召开一次。会议地点，采取双方轮流制。会议主席，由会议所在地的一方代表担任。

4. 外交渠道联络

在国际执法安全合作中，通过外交途径进行联系，也是一种特定的合作形式。外交途径是指双方或多方的外交机关之间进行会晤、洽谈、协商、传达合作的意愿和条件。

在国际执法安全合作实践中，由于各国法律制度存在差异，或者是因为双方相互间执法合作关系资源有限，有的国家相互以条约为依据开展合作；有的国家则需要在无条约状态下进行合作。在这种情况下，按照国际惯例，一般都要通过外交途径进行联络进而开展合作。即使是在有条约状态下开展合作，合作的范围和方式也有一定的限制，有时在具体的执法行为中，也难免会产生歧义或争议，所以也需要外交途径加以协调解决。惩治国际性犯罪的国际机制中，外交合作是一种十分重要的途径，也是一条“兜底”渠道。

5. 互派联络官

根据具体协议和双方特定安排，两个国家专门向驻在国使领馆派驻专门的执法联络官员，以加强联络，就具体的执法事宜直接快捷地沟通协调。

（二）国家之间警务联络的具体方式

1. 会晤、会见

会晤有相见、会面晤谈、领会、解悟的意思，这里主要指国家领导人之间的会面。通过会晤，可以进一步确认双方已经达成的共识，并且再次强调双方的合作意愿。会晤、会见通常既是两国高层领导人进一步确认合作共识的场合，又是一种重要的对外宣示，对执法安全合作有着重要的引领作用。

例如，2016 年 9 月 14 日，习近平主席在人民大会堂会见来华出席中俄执法安全合作机制会议和中俄战略安全磋商的俄罗斯联邦安全会议秘书帕特鲁舍夫。① 习近平指出：“不久前我同普京总统在二十国集团领导人杭州峰会期间举行了 2016 年第三次会晤，就进一步深化两国合作达成重要共识。我们一致同意，中俄要加大在重大问题上相互支持，巩固政治互信。开展好‘一带一路’建设同欧亚经济联盟建设对接合作，深化利益交融。密切在国际和地区事务中的协调配合，加强战略协作。无论国际形势和外部环境如何复杂变化，双方都要努力实现两国共同发展振兴的目标，维护好世界和平稳定和国

① 刘华．习近平会见俄罗斯联邦安全会议秘书帕特鲁舍夫．参见新华社网站，2016-09-14.

际公平正义。”

习近平强调，在当前形势下，开展好中俄安全领域合作更加迫切，也更为重要。希望双方发挥现有合作机制作用，不断深化各领域各层级安全磋商和交流。帕特鲁舍夫表示，在普京总统与习近平主席引领下，俄中全面战略协作伙伴关系提升至历史最高水平，双方各领域交往密切，合作成果丰硕。俄中两国在重大国际和地区安全问题上、在联合国等多边机构中密切沟通，成为国际事务中的重要稳定因素。俄方重视“一带一路”倡议，愿同中方进一步密切在广泛领域的战略协调和互利合作。

2017 年 9 月 26 日，时任国务委员、公安部部长郭声琨在北京分别会见了来华出席第 86 届国际刑警组织全体大会的马来西亚副总理兼内政部部长扎希德，俄罗斯内务部部长科洛科利采夫、联邦调查委员会主席巴斯特雷金，牙买加安全部部长蒙塔古。①

在会见扎希德时，郭声琨表示，在两国领导人的战略引领下，中马全面战略伙伴关系不断深化，中马执法安全合作成效显著。中方愿与马方认真落实两国领导人重要共识，进一步加强在反恐、网络安全、打击电信诈骗等方面的务实合作，努力取得更多合作成果，共同维护好两国安全稳定和人民福祉。扎希德表示，愿进一步加强执法安全合作，推动两国关系深入发展。

郭声琨会见俄罗斯内务部部长科洛科利采夫、联邦调查委员会主席巴斯特雷金时表示，习近平主席和普京总统保持密切交往，推动中俄全面战略协作伙伴关系持续高水平发展。中方愿与俄方一道，积极落实两国元首重要共识，不断深化各领域执法安全合作，共同应对恐怖主义等全球性威胁和挑战，为维护两国及地区的安全稳定做出更大的贡献。科洛科利采夫和巴斯特雷金表示，俄中执法合作成果显著，愿不断深化务实合作，共同维护两国及两国人民的安全利益。

郭声琨会见牙买加安全部部长蒙塔古时表示，牙买加是中国在加勒比地区的重要合作伙伴，中牙合作有着广阔的发展空间。希望两国执法部门进一步加强沟通交流，积极推动在追逃追赃、能力培训、打击毒品犯罪等领域的务实合作，不断提升双方的执法合作水平。蒙塔古表示，愿同中方加强执法领域合作，推动双方执法合作水平登上新台阶。

会晤，在外交词汇中，一般是指国家最高领导人之间的见面。在国际执法安全合作中，会晤即指工作会晤机制。与会谈的作用相似，会晤的目的主

① 参见 http：//www. mps. gov. cn/.

要是通过洽谈或者谈判的方式，就某些具体业务或者问题进行双边或者多边的协商以达到共同合作执法的目的。

会晤一般定期轮流举行。例如，2012 年年底以来，中国公安部与瑞典、挪威、芬兰、丹麦等北欧国家执法部门正式建立执法合作年度工作会晤机制，并于北京举行了首次会晤，其后分别在丹麦、青岛、芬兰及上海等地轮流举行。与此类似的执法合作会晤制度还有中英、中法、中柬执法合作工作会晤等。

2. 会谈

会谈是指双方或多方就某些重大的政治、经济、文化等问题，或者其他共同关心的问题交换意见，也可以指洽谈公务或就某些具体业务进行谈判。一般来说，会谈的内容较为正式，政治性或专业性较强。

会谈按照形式可以分为单边会谈、双边会谈以及多边会谈，实践中常见于双边会谈和多边会谈。双边会谈就是指两个国家就相互间的经济、安全等方面或者就某些问题进行一对一的谈判。例如，2011 年 7 月 5 日在昆明召开的中缅禁毒合作双边会议，2012 年 9 月 5 日，时任国务委员、公安部部长孟建柱在北京与老挝公安部部长通班・显阿蓬举行的会谈等。

多边会议是指由两个以上国家参加或参与的，或者是同一国际组织或某个活动的多个国家之间的会议或谈判。例如，2015 年 9 月 23—26 日，应欧洲警察署邀请，公安部派出以国际合作局局长廖进荣为团长的代表团出席了在荷兰举行的欧洲警察领导人会议，与美国、德国、英国、法国、西班牙、澳大利亚、芬兰等国执法部门和国际刑警组织、欧洲警察署等国际组织负责人举行了会谈和交流。

3. 会议

会议是指人们怀着各自相同或不同的目的，围绕一个共同的主题，进行信息交流或聚会、商讨的活动。除确认共识、表达合作意愿之外，通过会议还可以总结过往、展望未来，会议中一般会就相关问题作出具体安排，有时还会签署相关法律文件。

例如，2017 年 7 月 27 日，中俄执法安全合作机制第四次会议在北京举行。时任中共中央政治局委员、中央政法委书记孟建柱同俄罗斯联邦安全会议秘书帕特鲁舍夫共同主持会议。[①] 孟建柱指出，推动共同发展、共同繁荣的事业把中俄两国和两国人民紧密联系在一起。在习近平主席和普京总统的战

---

① 伍岳，吴嘉林．孟建柱和帕特鲁舍夫主持中俄执法安全合作机制第四次会议[N]．人民日报，2017-07-28（03）．

略引领下，当前中俄全面战略协作伙伴关系持续健康发展。执法安全合作是中俄关系高水平的重要体现。双方要把两国元首加强执法安全合作的重要共识落到实处，用好执法合作机制平台，巩固和推进执法、反恐、检察、司法等领域务实合作，合力应对传统和非传统安全威胁挑战，共同维护各自国家及地区安宁。帕特鲁舍夫表示，当前国际和地区形势复杂多变，俄方愿同中方密切配合，深化执法安全合作，维护共同安全利益。

再如，2018 年 7 月 3 日，国务委员、公安部部长赵克志在北京钓鱼台国宾馆与缅甸内政部部长觉瑞共同主持中缅第六次执法安全合作部长级会议。赵克志指出，近年来，特别是中缅第五次执法安全合作部长级会议以来，两国执法安全部门全面落实双方共识，不断深化务实合作，在联合打拐、联合扫毒、边境联合执法、湄公河流域联合巡逻和执法培训等方面取得丰硕成果，有力维护了两国和地区安全稳定，推动了中缅关系深入发展。赵克志表示，习近平主席同缅甸领导人多次会面，为推进新时代中缅关系指明了方向。中方愿同缅方共同努力，认真落实两国领导人共识，不断提升中缅全面战略合作水平。希望双方执法安全部门以共同打造中缅执法安全合作升级版为目标，大力弘扬“湄公河精神”，充分利用部长级会议机制和禁毒、反拐、边防等部门会晤机制，不断深化在打击毒品犯罪、电信诈骗、枪支贩运、人口拐卖、网络赌博、绑架勒索和有组织非法出入境等方面的务实合作，继续做好湄公河流域巡逻执法、“平安航道”联合扫毒行动和执法培训等工作，大力加强“一带一路”建设项目安保合作，并切实将共识转化为行动、将行动转化为成果，共同谱写中缅执法安全合作新篇章，不断为推进中缅全面战略合作伙伴关系注入新动力。[①] 觉瑞表示，缅方高度评价双方执法安全合作成效，愿同中方进一步完善合作机制，深化执法安全务实合作，全力维护两国边境稳定，更好地造福两国人民。会后，赵克志和觉瑞签署了会议纪要等合作文件。

4. 对话

在汉语中，对话指两个或更多的人用语言交谈。在这里，对话主要指国家之间建立的针对特定事务进行交流的合作机制。对话一般采取定期举行的方式，并会就特定领域内的具体事务作出详细安排。

例如，首轮中美执法及网络安全对话。2017 年 10 月 4 日，中国国务委员、公安部部长郭声琨和美国司法部部长杰夫·塞申斯、国土安全部代理部

① 中缅第六次执法安全合作部长级会议举行　赵克志与缅甸内政部部长觉瑞共同主持［EB/OL］. http://www.mps.gov.cn/n2253534/n2253535/c6164602/content.html.

长伊莲·杜克共同主持了首轮中美执法及网络安全对话。中美执法及网络安全对话是习近平主席和特朗普总统2017年4月在海湖庄园举行首次会晤时达成共识的4个对话机制之一，是两国政府推动双方在执法和网络安全领域合作的重要平台。双方就以下议题进行了讨论：非法移民遣返、禁毒、网络犯罪和网络安全、追逃等。尽管存在分歧，但双方努力在上述事项上取得切实进展，并争取在2018年举行对话予以评估。

2016年6月13日，中英举行首次高级别安全对话在北京举行，双方就打击恐怖主义、网络犯罪、有组织犯罪等领域合作以及共同关注的国际和地区突出安全问题深入交换意见，达成重要共识。中共中央政法委秘书长汪永清与英国首相国家安全顾问马克·格兰特共同主持对话。①

中英双方一致认为，举行首次中英高级别安全对话，是落实2015年10月习近平主席访英时中英两国发表的《中英关于构建面向21世纪全球全面战略伙伴关系的联合宣言》的重要举措，具有重要的开创性和示范意义。双方同意本着“平等互利、坦诚务实”的原则，加强两国安全合作，共同应对全球性安全威胁。在对话中，双方就打击恐怖主义、网络犯罪、有组织犯罪以及非法移民等领域合作深入交换意见，确定了未来合作的方向。双方有关部门还举行了对口会谈。②

关于打击恐怖主义，双方一致认为，当前国际社会反恐怖斗争形势越发严峻，在反恐怖领域开展合作符合双方共同利益，双方将在反恐怖合作中认同彼此对重大安全利益的关切，就应对共同和各自面临的恐怖威胁开展务实合作。

双方同意，围绕保护两国公民、外交机构和海外经济利益及时建立合作机制，开展有效协作。在切断恐怖组织活动资金链方面分享采取的措施，交换反恐怖立法信息，包括生效和执行情况。深入交流双方反恐怖领域的有益经验，包括通过“二轨对话”，共同探讨解决恐怖主义和极端主义的根源。

在打击网络犯罪及相关事项上，双方同意，不从事或者支持网络窃取知识产权、贸易秘密或者商业机密以获得竞争优势。通过中英高级别安全对话机制以及中英年度打击犯罪合作工作会议等方式，讨论打击网络犯罪及网络安全相关事项，交流打击网络犯罪相关情报和经验。同时，通过“我们保护”（We Protect）峰会等方式合作共同打击网上儿童色情。双方将增强网络安全相关事件和紧急情况的合作，同意依据各自国家法律和有关国际义务，就恶

① 蔡长春．中英举行首次高级别安全对话［N］．法制日报，2016-06-13.

② 首次中英高级别安全对话成果声明［N］．法制日报，2016-06-13.

意网络活动提供信息或协助的请求及时做出回应，包括在中英安全对话机制下增进相互交流，建立解决问题的升级途径。

双方同意，在中英高级别安全对话机制下，加强执法合作，共同防范和打击利用互联网煽动、招募、资助或者策划实施恐怖活动。通过中英外交部网络对话机制，密切沟通，增进共识。双方欢迎联合国信息安全政府专家组2015年报告，确认国际法，特别是《联合国宪章》，适用于国家使用信息通信技术的行为。双方认识到提高各自国家自身机构和人员网络安全技能的必要性，并将在这一领域分享经验。

双方同意，上述共识为双方取得进展提供了良好的基础。两国秉持平等互信、坦诚务实的态度不断加深合作，共同推动在这个重要领域的合作取得可持续和可测评的进展。双方同意，将定期评估进展情况，并在未来双方共同关切的新领域中继续加深对话和合作。

在打击有组织犯罪方面，双方同意，进一步发挥中英执法合作工作会晤机制的作用，加强在禁毒、打击包括金融犯罪在内的经济犯罪、非法移民，以及其他双方共同关心领域的执法合作。双方将积极寻求务实高效的案件协查模式，推动开展联合调查、联合行动。积极落实《中英刑事司法协助条约》，及时反馈对方的协助请求，加强追逃追赃、资产返还、打击洗钱犯罪等方面的合作。双方支持中国人民银行所属的中国反洗钱监测分析中心与英国国家打击犯罪总局反洗钱监测分析中心商签合作谅解备忘录。加强合作打击非法移民和人口贩运，积极研究引入新的科技手段，优化核查遣返的工作方式，共同应对非法移民身份核查遣返工作面临的挑战。加强在打击有组织非法移民活动领域的信息交流、案件管理分享，重点就确认和抓捕有组织犯罪集团开展合作，并就涉及双方重点个案开展联合调查。根据各自法律，推进引渡犯罪嫌疑人方面的个案合作。

关于国际地区安全问题合作方面，双方就共同关心的叙利亚、伊拉克、阿富汗等国际地区安全问题交换意见，并达成重要共识。双方一致同意就上述问题保持密切沟通，共同致力于维护国际地区和平与稳定。

根据两国领导人达成的共识，中澳首次高级别安全对话于2017年4月21日在悉尼举行。中共中央政法委书记孟建柱和澳大利亚外长毕晓普、总检察长乔治·布兰迪斯共同启动对话机制并出席首次对话开幕式。双方就两国领导人确认的反恐、打击网络犯罪、打击跨国犯罪、司法和法律事务以及其他与安全相关的重要议题进行了讨论。双方代表团同意，根据并在尊重两国法律和法规的前提下，在以下领域开展合作：司法和法律事务、网络安全、打击恐怖主义、打击跨国犯罪、第二次对话。

5. 联络热线

热线一词的本意是指为了便于马上联系而经常准备着的直接联通的电话或电报线路。这里指两国领导层为了就特定领域的紧急、重大事务进行便捷、及时的交流而建立的联络渠道。

例如，中美打击网络犯罪及相关事项高级别联合对话联络热线。在首轮中美执法及网络安全对话中，双方重申，2015 年以来三次中美打击网络犯罪及相关事项高级别联合对话达成的共识和合作文件依然有效。双方同意保留并用好已建立的热线机制，根据实际需要，就所涉及的紧急网络犯罪和与重大网络安全事件有关的网络保护事项，及时在领导层或工作层进行沟通。

2016 年 8 月 26 日，公安部副部长陈智敏通过热线电话，分别与美国国土安全部副部长斯波尔丁、美国司法部助理部长帮办斯沃茨和美国联邦调查局代表进行通话，宣布中美打击网络犯罪及相关事项高级别联合对话联络热线正式启用。

为落实习近平主席与原美国总统奥巴马在 2015 年 9 月就网络安全合作达成的重要共识，中美两国建立了打击网络犯罪及相关事项高级别联合对话机制。在此对话机制框架下，双方在打击网络犯罪和网络保护领域开展了一系列务实合作。根据两次中美打击网络犯罪及相关事项高级别联合对话成果安排，双方决定建立热线联络渠道，及时就重大网络案（事）件进行沟通交流。双方有关部门交换了热线联络方式，并就热线工作程序达成一致。通话中，双方积极评价了第二次中美打击网络犯罪及相关事项高级别联合对话以来的合作成果，就下一阶段中美双方关注的执法合作事项交换了意见。

中美打击网络犯罪及相关事项联络热线的开通，将进一步加强双方在网络安全案（事）件上的沟通交流，有利于双方快速判明情况，采取有效措施，共同消除网络危害，打击网络犯罪，维护两国网络安全。

6. 设置联合工作组/互派工作团组

联合工作组是合作各方为了加强特定领域的合作而设置的由各方相关人员构成的联络机构，一般定期召开会议。互派的工作团组则是由合作各方向他方派出的常驻联络机构。其作用主要在于协调和沟通，便利各方开展常态化合作。

例如，1998 年成立的中美执法合作联合联络小组（China - U. S. Joint Liaison Group on Law Enforcement Cooperation，JLG），是中美双方就执法合作进行协调和沟通的主要机制和平台，通常每年轮流在两国召开一次会议，讨论执法合作中的重要事项。

中美执法合作联合联络小组的历史可以追溯到1997年10月时任国家主席江泽民访美期间与原美国总统克林顿发表的《中美联合声明》，如今该小组已经涉及中美双方共同关注的全球性执法领域，如网络犯罪、腐败犯罪、侵犯知识产权、毒品、非法移民遣返、追逃等。对话还持续关注新出现的问题，例如，双方共同主持了关于打击走私野生动物犯罪的会议。

根据《中美联合声明》，中美双方自1998年开始在执法合作和法律交流领域的合作有所增强，具体合作情况如下：为落实联合声明中有关法律交流的内容，1998年1月5—9日，中美双方代表团在北京进行商谈，并就成立联合联络小组的谅解备忘录达成协议。法律交流联合联络小组于1月9日正式成立。

1998年5月11—13日，中美执法合作联合联络小组首次会议在华盛顿召开。双方经过商谈，就《关于建立中美执法合作联合联络小组的谅解备忘录》达成一致意见并正式签署，标志着联络小组正式成立；双方还确认了在本国驻对方大使馆内互派负责缉毒事务的法律官员。1998年5月19—21日，中美法律领域合作联合联络小组第一次会议在北京召开。在此次会议上，中美双方签署了《关于建立法律领域合作联合联络小组的谅解备忘录》，并确认了双方在法律交流领域的具体合作项目。

1998年6月17—19日，“中美法学教育的未来研讨会”在中国人民大学举办。

1998年9月8—10日，中美刑事司法协助协定第一轮谈判在北京举行。1998年9月11—12日，中美执法合作联合联络小组首次分小组会议在北京举行。双方就一些执法领域的具体合作项目达成了共识，并商定将根据工作需要定期或不定期举行会晤，就有关合作中遇到的问题或其他共同关心的问题进行讨论。

1998年12月11—13日，“中美人权法律保障研讨会”在华盛顿举行。

1999年3月8—15日，中美刑事司法协助协定第二轮谈判在华盛顿举行。双方就第一轮谈判遗留的问题逐一进行了讨论，并就协定所有条文达成一致。

1999年3月16—17日，中美执法合作联合联络小组分小组第二次会议在华盛顿召开。双方采取工作组讨论的方式就遣返逃犯、打击毒品犯罪、打击计算机犯罪、打击贪污贿赂犯罪、知识产权保护、打击非法移民等议题进行了广泛而深入的讨论。

2000年6月19日，中美执法合作联合联络小组第二次会议在北京召开。双方回顾了联络小组成立以来的工作情况，讨论了下一步工作的重点及可能合作的项目，包括中美刑事司法协助协定的执行问题、双方在引渡或遣返逃犯方面的合作以及我国国有资产流失问题。此外，双方还就禁毒、打击非法移民、打击海上犯罪以及加强两国在多边立法活动中的合作等问题交换了意见。

2000 年 6 月 19 日，《中美刑事司法协助协定》在北京正式签署。双方分别由时任外交部部长助理张业遂和美驻华使馆临时代办马继贤代表各自政府签署了该协定。

2000 年 6 月 20—21 日，中美执法合作联合联络小组第三次分小组会议在北京召开。2000 年 6 月 21—23 日，中美法律援助研讨会在北京召开。

2010 年 11 月 30 日—12 月 2 日，在北京召开了中美执法合作联合联络小组第八次会议。

“中美执法合作联合联络小组”这个机制由外交部牵头，中美之间现在有 100 多个双边机制，但是能够延续 20 年之久，不管哪个政党上台都能生存，甚至不断发展的为数不多。这说明两国有这个需要。这个机制对于我们在美国追逃追赃发挥了很大作用。

2016 年 11 月 21—22 日，为期两天的中美执法合作联合联络小组（JLG）第十四次全会在北京举行。中国外交部副部长刘振民、美国驻华使馆临时代办阮大为出席全会开幕式并致辞。会议回顾了一年来的执法合作情况，并就双方关注的执法合作问题交换意见，包括反腐败追逃追赃合作、打击网络犯罪、禁毒等诸多热点问题，并规划了下一步合作的方向。

再如，中澳针对司法和律师事务合作、网络安全合作互派工作团组。中澳首次高级别安全对话于 2017 年 4 月 21 日在悉尼举行，双方代表团同意，根据并在尊重两国法律和法规的前提下，在以下领域开展合作：司法和法律事务、网络安全、打击恐怖主义、打击跨国犯罪、第二次对话。在司法和律师事务合作中，双方同意通过双边高级别安全对话、法律对话、互派团组和培训交流进行经常性磋商。在网络安全合作中，双方将互派网络安全团组，通过工作会议、个案交流等方式，交换相关法律法规文本，了解对方法律环境、执法程序等相关情况，增进双方的友谊和互信。

7. 联络官机制

警务（执法）联络官是指派驻驻外使领馆，以外交人员身份开展警务（执法）联络等项工作的专职人员。核心目的是追求国际执法合作联络中的“直接快捷、务实有效”。如果说传统的国际警务联络的方式只是搭建起点对点之间的联系线路，那么派驻警务联络官这种联络方式就是设置专门的机构、派遣专门的人员、从事相对固定的工作，这种联络方式显然比点对点式的联络更加立体、更加快捷、更加稳固、更加专业，也更加有成效。

8. 博览会

博览会指规模庞大、内容广泛、展出者和参观者众多的展览会。博览会的作用主要在于为相关组织、机构、人员提供展示和交流的平台，以促进该领域的发展。

例如，中国国际警用装备博览会是公安部主办的国际性警用装备展示平台。在部党委高度重视以及部相关业务局指导支持下，已发展成为中国警用规模最大、最具权威性的展会。“警博会”自 2002 年成功举办以来，吸引了来自几十个国家的数千个参展单位和近 20 万名嘉宾，为相关科研机构、企业提供了一个展示和交流警用装备新技术、新产品、新动态的高端平台，为推动我国警用装备行业发展发挥了重要作用。

再如，2018 年 10 月 23—26 日，中国国际社会公共安全产品博览会（以下简称安博会，Security China）在北京召开。安博会是由中国公安部、商务部批准，中国安全防范产品行业协会主办并承办的科技型展会。1994 年创办以来，安博会每两年在北京举办一届，是一个全方位、多角度展现安防行业发展成就，展示安防领域新产品、新技术的科技型产业博览会，已成为中国安防行业的高端品牌展会和具有全球影响力的重要国际安防博览会之一。本届博览会展览总面积约 10 万平方米，展位数量超过 5000 个，吸引了来自国内外的上千家安防企业参展。其中，海外参展企业 200 余家，主要来自美国、加拿大、英国、德国、法国、以色列等 20 多个国家。安博会的国际论坛还邀请了俄罗斯、以色列、新加坡等安防协会负责人介绍、交流相关安防应用与市场情况。展会内容丰富多彩，是一次对安防行业发展具有巨大推动作用和全面展示我国公安科技重要成果的盛会。①

9. 外交渠道

外交途径是指双方或多方的外交机关之间进行会晤、洽谈、协商，传达合作的意愿和条件。通过外交途径进行联系，也是一种特定的合作形式。在国际警务执法合作实践中，在各国法律制度存在差异、双方相互间执法合作关系有限等情形下，按照国际惯例，一般都要通过外交途径进行合作。在具体的执法中，有时难免会产生歧义或争议，也需要外交途径加以协调解决。所以，外交渠道也是一种十分重要的国际警务联络方式。

---

① 冯威．2018 年中国国际社会公共安全产品博览会在京召开［J］．现代世界警察，2018（11）．

10. 国际警务合作组织

国际警务合作组织是不同国家为开展警务领域的合作而共同建立的机构。按照不同的分类标准可以划分为全球性、区域性的合作组织及官方的、民间的合作组织等。国际警务合作组织为各国之间开展合作提供了重要的沟通和协调的平台，在国际警务合作中发挥着越来越重要的作用。

中国自 1984 年正式恢复在国际刑警组织中的合法席位以来，逐步建立起以国家中心局为核心、多个地方联络处为支撑的组织架构和运作机制，迅速成长为国际刑警组织中举足轻重的成员，多年来在国际执法合作中发挥了积极作用。目前，中国公安机关每年通过国际刑警组织渠道，与外国警方相互求查案件约 3000 起，其中约 90%为中国帮助外国警方协查的案件。

三、开展国际警务联络的作用

（一）建立合作基础

对于国际合作而言，任何合作的起点首先应该是联络，无论通过何种方式进行联络，都能使合作方通联、对接。因此，警务联络是国际警务执法合作的起点，也是基础工作。

（二）达成合作共识

在国际警务联络对接之后，随着合作方的持续沟通交流，逐渐会形成利益汇合点，从而产生合作共识。“共同利益的存在以及对共同利益的追求是促成国际合作的根本动因”，共识的产生就是在合作方的联络中寻找共同利益的过程。

（三）化解彼此疑虑

就像其他领域的国际合作一样，国际警务执法合作能否达成，不仅取决于权力的大小、利益的多少，还受到认同的影响。通过警务联络，可以在互动中阐明合作意图，强调共同预防和打击国际性犯罪的共同利益，逐步培养出相互信任和身份、观念的良性认同，从而产生对对方意图的可靠预期，进一步为合作提供基础。

（四）拓展合作深度

通过警务联络建立了相对稳固的互动关系之后，合作方在沟通、交流、协商的过程中增进彼此的了解，有利于更深层次的务实合作的开展。

（五）形成合作机制

单纯出于利益考虑或迫于外部压力而没有认同支撑的合作是暂时的、表面的，只是权宜之计，只有建立在良性的身份认同和观念认同的基础上的合作才是稳定的，合作不再是收益成本下的理性取舍，而是国际社会的一种基本的行为方式。认同可以极大地促进合作，同时一次成功的合作又是下一次合作行为的起点，两个过程不断重复螺旋上升，形成合作机制。

第二节 ‖ 警务合作国际组织

一、概述

国际组织作为独立的国际关系主体，是国际社会政治经济发展到一定阶段的产物，是国家间多边关系发展的产物。[①] 全球化进程的不断加深使世界各国成为紧密联系的整体，在这个过程中，跨国犯罪也日益猖獗，严重危害了国际社会的安全和利益。为打击跨国犯罪，世界各国开展了卓有成效的警务合作。为克服国家间法律、警察体制差异给国际警务合作带来的障碍，各种警务合作国际组织应运而生，为世界各国搭建了更加广阔与便利的合作平台。

21 世纪以来，全球治理面临着前所未有的机遇和挑战：一方面，国际组织作为重要的全球治理主体之一，扮演着无法替代的全球治理角色；另一方面，包括国际组织在内的各治理主体正面临新旧参与者的复杂博弈和各种治理“赤字”。作为当今世界最大的新兴经济体、安理会常任理事国中唯一来自发展中世界的大国，中国需要在完善与发展以国际组织为主体的全球治理方面做出更大的贡献。

警务合作国际组织是指在执法安全合作领域以警务工作为主或与警务工作相关的国际组织。因此，警务合作国际组织这一概念既涵盖了国际刑警组织、欧洲警察署等专业性的国际警务合作组织，同时也包括中国—东盟（10+1）、上海合作组织，甚至联合国等涉及警务执法合作的综合性国际组织。我国参与国际组织起步较晚，改革开放以前，我国的国际警务合作主要是通过个案开展双边警务合作。改革开放后，我国打开国门，走向世界，与世界各国的合作与交流开启了新的局面。[②]

① 饶戈平. 论全球化进程中的国际组织［J］. 中国法学，2001（6）：126-136.

② 李建，赵宇. 中国在警务合作国际组织中的地位与作用浅析［J］. 广西警官高等专科学校学报，2015，28（2）：24.

二、分类

根据不同标准，可以将警务合作国际组织划分为不同类型。

以成员国地域特点为标准，可以划分为全球性警务合作组织和区域性警务合作组织，前者如国际刑警组织，后者如欧洲警察署等，区域性警务合作组织的成员国都是特定区域内的国家，具有一定的排他性，但这种排他性并不排斥同域外国家和相关国际组织就打击跨国犯罪开展合作。

以职能范围为标准，可以划分为专门性警务合作组织和非专门性警务合作组织，专门性警务合作组织是指其宗旨和职能为单一的打击跨国犯罪，促进国际警务合作；非专门性警务合作组织主要是指综合性国际组织中承担打击犯罪和警务合作职能的附属机构，如联合国毒品和犯罪问题办公室。对警务合作国际组织的类型进行划分，有助于我们科学全面地了解和认识警务合作国际组织，从而提高我国公安机关对警务合作国际组织资源的利用效能，提高我国在警务合作国际组织中的地位和话语权。

三、全球性警务合作组织

全球性警务合作组织目前主要有国际刑警组织和联合国及其下属的承担打击犯罪和警务合作职能的附属机构。

（一）国际刑警组织（INTERPOL）

国际刑警组织是当今全球最大的警务合作国际组织，截至目前共有 194 个成员国，成员国数量已经超过了联合国。

中国 1984 年加入国际刑警组织，同年 10 月，成立了国际刑警组织中国国家中心局。中心局负责协调国际刑警组织相关事务；指导协调派驻国际刑警组织工作人员以及中心局地方联络处、驻外警务联络官的业务工作；就执法合作事宜联络外国驻华警务联络官；综合归口、协调案件协查、刑事司法协助事宜；承办涉及港澳台地区案件、跨地区案件和专案；负责提供国际刑事犯罪情报信息、调研和相关法律支持。①

---

① 深化国际警务合作 服务世界城市建设 市公安局成立国际刑警组织中国国家中心局北京联络办公室［EB/OL］. http://www.bjgaj.gov.cn/web/detail_getArticleInfo_327059_col1168.html.

（二）联合国毒品与犯罪问题办公室

联合国毒品和犯罪问题办公室（United Nations Office on Drug and Crime, UNODC）是联合国下属的一个专门协调成员国预防和打击国际性犯罪的部门，总部设在联合国维也纳办事处内。该组织建立于1997年，由联合国药物管制规划署（United Nations Drug Control Programme）和国际预防犯罪中心（Centre for International Crime Prevention）合并而成。联合国毒品和犯罪问题办公室在全球150多个国家设置了办事处（包括地区办事处、专项办事处、联络办事处等），该组织90%以上的预算资金来自各成员国政府的捐款。[①]

当前联合国毒品与犯罪问题办公室主要围绕替代发展、[②] 反腐败犯罪、反毒品犯罪、人口贩运犯罪、洗钱犯罪、有组织犯罪、海盗犯罪、恐怖主义犯罪、环境犯罪、伪假药品犯罪、艾滋病（HIV）预防等领域开展工作。当前联合国毒品与犯罪问题办公室的执行主任为2010年7月9日上任的尤里·费多托夫（Yury Fedotov），联合国毒品与犯罪问题办公室的最高指挥机关是执行主任办公室，其下属行动部、条约部、参谋部和行政部四大业务部门，其组织框架如图6-1所示。

由于在组建联合国毒品与犯罪问题办公室时，中国不仅已恢复联合国合法地位，而且已是安理会常任理事国之一，所以我国自然成为该组织的成员国之一。2003年《联合国反腐败公约》制定以来，该办公室一直是在全球范围落实公约效力的关键部门，近年来中国与该办公室的沟通及合作都得到了进一步的加深，在接受新华社记者采访时，费多托夫高度评价中国开展的“猎狐行动”。长期以来，中国与联合国毒品与犯罪问题办公室一直保持良好合作关系。20世纪80年代以来，该组织向中国提供了约3000万元人民币援助。中国与其在区域禁毒合作机制中合作较好，如东南亚次区域禁毒合作谅解备忘录以及东盟和中国禁毒合作行动计划等。[③]

---

① 联合国毒品和犯罪问题办公室［EB/OL］. http：//www. un. org/zh/aboutun/structure/unodc/.

② 替代发展（Alternative Development）是由联合国为抵制毒品种植而采取的一种长久措施，是在持续的国民经济增长和可持续发展战略的背景下，通过制定符合农村地区实际的发展措施，防止和清除含有致幻剂和精神麻醉作用的违禁农作物的种植的一个过程。

③ 联合国毒品和犯罪问题办公室［EB/OL］. http：//www. chinanews. com/gj/zlk/2014/01-15/34. shtml.

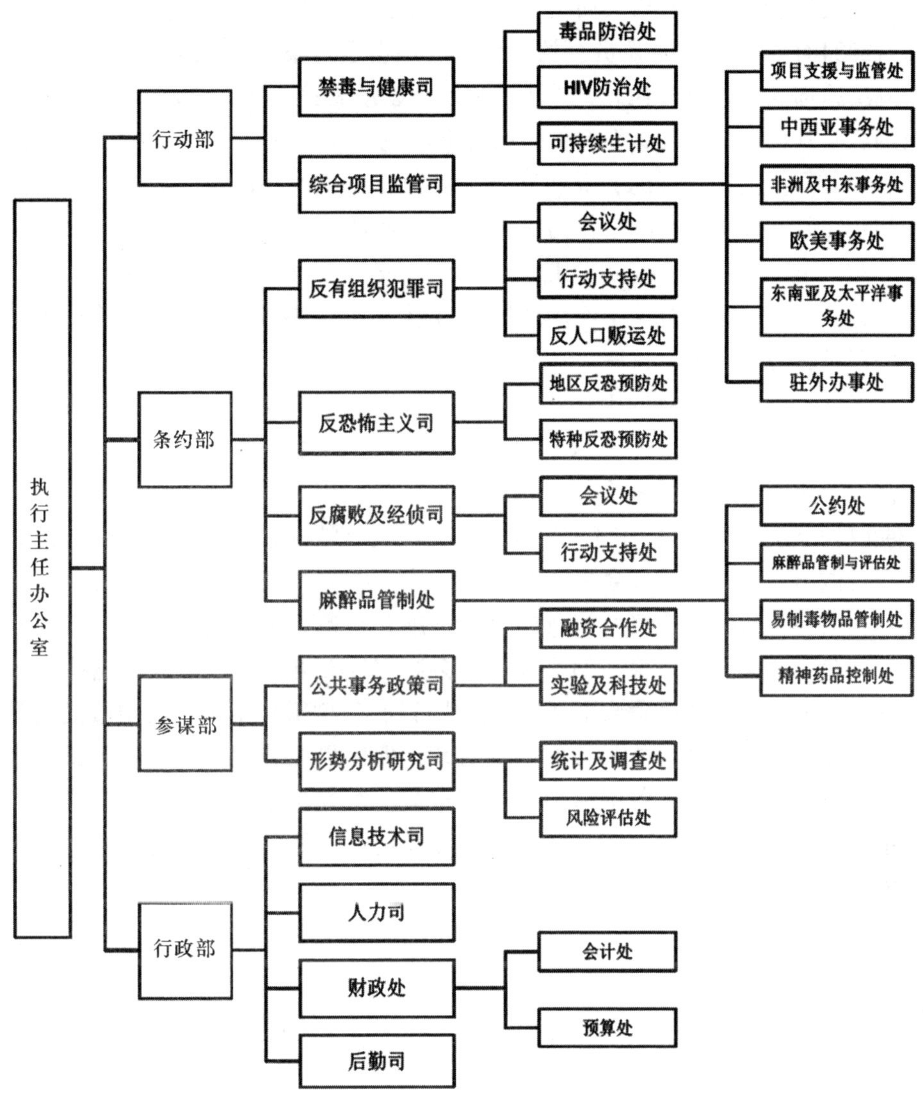

图 6-1　执行主任办公室组织框架

（三）联合国反恐怖主义委员会

2001 年 9 月 11 日美国发生恐怖袭击以后，联合国安理会一致通过第 1373（2001）号决议。该决议的条款规定所有国家应把协助恐怖活动定为犯罪，制止资助恐怖分子，不给予恐怖分子安全庇护，并交流有关策划恐怖袭击组织的信息。同时成立了反恐怖主义委员会（UN Counter-Terrorism Committee，UNCTC），最终目的是提高各国打击恐怖主义的能力。但委员会不是一个制裁机关，委员会由安全理事会所有 15 名成员组成，分为三个小组委员会。

2004 年，为了提振委员会的工作，安理会通过第 1535（2004）号决议，成立反恐怖主义委员会执行局[①]（CTED），以便就第 1373（2001）号决议涉及的所有领域向反恐委员会提供专家咨询意见。成立反恐执行局的目的还有：便利向各国提供技术援助，促使联合国系统各组织内部以及区域和政府间机构相互之间开展更紧密的合作与协调。

2005 年 9 月联合国世界首脑会议期间，安理会第三次召开国家元首或政府首脑一级会议，通过关于煽动恐怖行为第 1624（2005）号决议，着重指出各国有义务遵守国际人权法。

安理会监督委员会的工作，每隔 3 个月审查一次委员会的结构、活动和工作方案。委员会通过主席给安理会主席的信，并通过在安理会关于国际和平与安全所受威胁的公开会议上通报情况，向安理会报告工作。此外，当委员会收到会员国关于第 1373（2001）号决议实施情况报告，或者当委员会对此报告做出答复时，委员会主席需通知安理会主席。

委员会将其任务授权所涉及的分析各国关于各项决议实施情况报告的任务分配给三个小组委员会，而小组委员会则定期召开会议，审议给这些报告的回信草稿。信函由反恐怖主义委员会执行局（CTED）草拟，其中所提问题是为了加深有关国家与委员会之间的对话，促使更充分地实施各项决议。作为这一进程的一部分，各国可以要求与有关小组委员会举行会议，澄清就本国报告所提及的事项。信函草稿移交给委员会，供委员会全体会议通过并转递给相关国家。

2005 年，根据安理会第 1535（2004）号决议，在征得会员国同意后，开始对会员国进行一系列访问，以便与各国官员直接合作，更好地推动为实施第 1373（2001）号决议和第 1624（2005）号决议提供技术援助。这些访问由反恐执行局专家进行，参与访问的还有世界海关组织、欧洲联盟、联合国毒品和犯罪问题办公室、国际民用航空组织、国际刑事警察组织和反洗钱金融行动特别工作组（FATF）等国际组织和机构，以及欧洲安全与合作组织（欧安组织）和非洲恐怖主义问题调查研究中心等区域机构。

国际、区域和次区域组织可在协助各国执行第 1373（2001）号决议方面发挥重要作用。各组织将在这种合作框架内集中发挥本身的特长、避免工作上的重复和资源的浪费并加紧执行本身的任务和主动行动，区域和次区域组

① Counter-Terrorism Executive Directorate，CTED.

织则将确保其成员国政府在第1373（2001）号决议的框架内高度优先注意反恐行动。

2005年9月，联合国反恐工作发生了一起具有历史意义的重大事件。各国领导人在纽约举行世界首脑会议，确认恐怖主义是“对国际和平与安全的最严重威胁之一”，并明确谴责一切形式和表现的恐怖主义，而不论其动机为何，在何时何地发生，何人所为。各国领导人还决心在大会第60届会议期间完成关于国际恐怖主义的全面公约的起草工作，包括制定恐怖行为的法律定义。这一成就标志着围绕各项建议，包括秘书长科菲·安南《大自由报告》所载建议长达数年的谈判和辩论正式结束。

秘书长在《大自由报告》中紧急呼吁通过与威胁、挑战和改革问题高级别小组报告相似的恐怖主义定义。高级别小组在报告中指出：“任何原因或不满都不能成为袭击或蓄意杀害平民和非战斗人员的理由或使之合法化，任何旨在对平民或非战斗人员造成死亡或严重身体伤害的行动，如其目的在本质或背景上是为了恫吓人民或强迫政府或国际组织从事或不从事某种行动，均构成恐怖主义行为，不能以任何理由为之开脱罪责。”

各国领导人还对秘书长2005年3月在马德里发表的讲话表示欢迎。秘书长在讲话中提出了以劝说、剥夺、阻止、发展和捍卫为基础的反恐战略，并认为大会应该把这五个要素发展成反恐综合战略。包括各机构、基金和方案在内的联合国大家庭，将继续致力于全球反恐大业，打击核恐怖主义，制止核武器扩散，并为各国批准和执行反恐法律文书提供技术援助。

为使联合国系统的反恐工作更加协调一致，秘书长于2005年设立了联合国反恐执行工作队①（CTITF），并获得2006年大会通过的联合国全球反恐战

① The Counter-Terrorism Implementation Task Force，CTITF.

略的支持。该工作队由工作性质与多边反恐努力息息相关的38个国际实体组成,[①] 每一个实体都根据自身使命作出相关贡献（见图6-2）。反恐执行工作队的任务是加强联合国系统反恐努力的协调和统一。主要目标是，通过一体行动，最大限度地利用每个实体的比较优势，以便帮助会员国实施该战略的四大支柱，即①消除有利于恐怖主义蔓延的条件的措施；②防止和打击恐怖主义的措施；③建立各国防止和打击恐怖主义能力以及加强联合国系统在这方面的作用的措施；④确保尊重所有人的人权和实行法治作为反恐斗争根基的措施。

会员国负有执行《全球战略》的首要责任，而反恐执行工作队则确保联合国系统发现会员国的需求，以便向它们提供必要的政策支持，深入宣传该战略，并在必要时加快提供技术援助。

反恐执行工作队通过工作组和联合国系统机构相关反恐项目的合作开展工作，加强战略执行的力度。联合国秘书处、各机构、基金和方案，以及各附属组织通过各自的具体职责范围及其反恐执行工作队成员身份为《全球战略》的执行做出贡献。

工作队由38个国际实体和国际刑警组织组成，因为自身工作的原因，它们都在多边反恐努力中享有利益。每个实体根据自身的职责范围做出贡献。

---

① 38个国际实体是：1. 基地组织/塔利班监察组（1267 Committee Monitoring Team）；2. 1540委员会专家组（1540 Committee Expert Group）；3. 国际原子能机构（CTBTO）；4. 反恐执行局（CTED）；5. 安全和安保部（DSS）；6. 联合国经济和社会事务部（DESA）；7. 联合国维和行动部（DPKO）；8. 联合国政治事务部（DPA）；9. 联合国新闻部（DPI）；10. 联合国秘书长报告厅法制股（EOSG RoL）；11. 国际民航组织（ICAO）；12. 国际刑警组织（INTERPOL）；13. 国际劳工组织（ILO）；14. 国际海事组织（IMO）；15. 国际移民组织（IOM）；16. 人道主义事务协调厅（OCHA）；17. 裁军事务厅（ODA）；18. 信息和通信技术办公室（OICT）；19. 法律事务厅（OLA）；20. 人权事务高级专员办事处（OHCHR）；21. 秘书长青年问题特使办公室（Youth Envoy）；22. 禁止化学武器组织（OPCW）；23. 预防种族灭绝问题特别顾问办公室（Special Adviser on POG）；24. 在反恐怖主义过程中促进和保护人权与基本自由问题特别报告员（Special Rapporteur on HR & CT）；25. 负责儿童与武装冲突问题秘书长特别代表办公室（SRSG on CAC）；26. 关于冲突中性暴力问题的秘书长特别代表（SRSG on Sexual Violence in Conflict）；27. 联合国妇女署（UN Women）；28. 联合国不同文明联盟（UNAOC）；29. 联合国开发计划署（UNDP）；30. 联合国教科文组织（UNESCO）；31. 联合国难民署（UNHCR）；32. 联合国培训与研究所（UNITAR）；33. 联合国区域间犯罪和司法研究所（UNICRI）；34. 联合国反恐办公室（UNOCT）；35. 联合国毒品与犯罪问题办公室（UNODC）；36. 联合国非洲问题特别顾问办公室（UNOSAA）；37. 世界海关组织（WCO）；38. 世界卫生组织（WHO）。

2014 年 6 月发布的秘书长的报告中包含反恐执行工作队各实体近期为执行《全球战略》而开展的活动汇编。

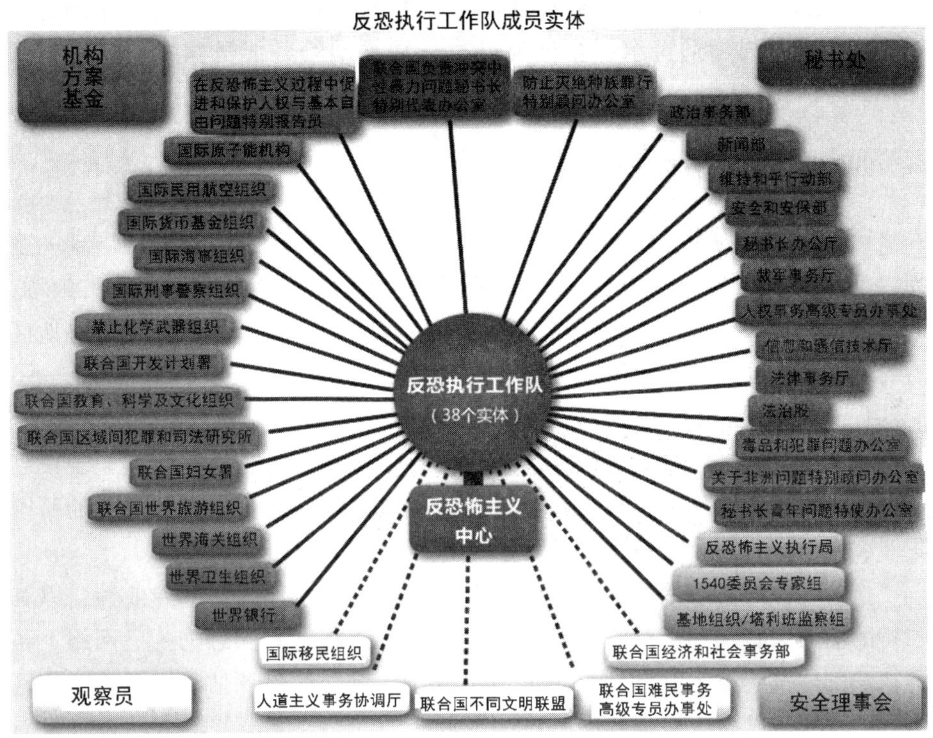

图 6-2　联合国反恐执行工作队成员实体

资料来源：联合国官网。

国际刑警组织在 2006 年 9 月所有成员国通过的联合国全球反恐战略下与联合国反恐委员会开展合作。国际刑警组织充当联合国反恐委员会保护脆弱目标及边境管理工作组实施特遣队的联席主席，还是其他工作组的核心成员，发起了数个项目建议，并积极参与机构间能力建设，为各成员国提供技术支持。

联合国安理会认可了国际刑警组织在打击恐怖主义，特别是打击外籍恐怖主义战斗人员（Foreign Terrorist Fighters，FTFs）方面作为关键行动平台的作用，这已经由 2014 年 9 月通过的联合国安理会 2178 号决议所确定，该决议认可在遏制和打击外籍恐怖主义战斗人员的威胁方面，国际刑警组织为具有战略性意义的组织，并强调利用国际刑警组织的工具和网络来监控和防范外籍恐怖主义战斗人员流动。

国际刑警组织还积极参与联合国反恐执行局（CTED）各成员国的专家任务，帮助确定最佳实践，以及在“9·11”事件后一致通过的联合国安理会1373号决议实施国内反恐战略方面需要改进的领域。通过反恐专家之间分享和交换信息，国际刑警组织帮助反恐执行局推动给各成员国提供反恐技术协助。

四、区域性警务执法合作组织

区域化已成为当前国际社会的一个重要发展趋势，五大洲相继出现一系列以空间联系为纽带、以一体化为宗旨的国际组织。① 伴随着全球化的浪潮，地区化成为世界发展的重要趋势，为加强区域间警务合作，世界各主要地区纷纷成立了本地区的警务执法合作组织。

（一）欧洲警察署（EUROPOL）

欧洲警察署是欧盟下属执法机构，成立于1999年，任务是为欧盟公民创造一个更加安全的环境，职责是支持欧盟成员国预防和打击各种严重的跨国犯罪、有组织犯罪、网络犯罪以及恐怖主义。

作为欧盟的信息网络中心，欧洲警察署利用其工作人员的专业性，以其独特的能力去鉴别和追踪欧洲各国最危险的犯罪嫌疑人和恐怖主义网络。各国执法部门都受益于欧洲警察署的情报分析、综合危险评估、安全的信息网络（SIENA）以及行动协调中心对跨国调查的支持。欧洲警察署的警官没有执法权，但是他们通过收集、分析和评估信息支持成员国执法，并通过一个联通650多个执法机构的技术平台来协调行动。

欧洲警察署现有工作人员900多人，分别来自警察、边境警察、海关和警卫等不同执法机构。其中包括200名由欧盟成员国、伙伴国家和国际刑警组织借调来的联络官。他们的派驻确保了在个人联系和相互信任基础上能够开展快速有效的合作。每个欧盟成员国在这里都有一个指定联络处，它是欧洲警察署与其欧盟成员国有关部门间的一条纽带。

1. 治理和责任（Governance & Accountability）

与任何欧盟机构一样，欧洲警察署在控制（controls）、制衡（checks）和平衡（balances）系统运作的基础上进行民主管理。欧盟司法和内政部长、②

---

① 黄凤志，金新. 地缘政治学理论的困境与创新［J］. 国际论坛，2012（3）：1-6，79.

② EU justice and interior ministers.

欧洲议会议员（MEPs）、其他欧盟机构，来自所有欧盟成员国的管理委员会都在管理欧洲警察署方面发挥重要作用，并确保其成为负责任的机构。[①]

欧洲警察署2010年以来一直是欧盟的一个机构，它最终对司法和内政部长理事会[②]负责，该理事会由所有欧盟成员国的相关部长组成。理事会负责欧洲警察署的主要控制和指导，并任命该机构的执行主任（Executive Director）和副主任（Deputy Directors）。与欧洲议会[③]（EP）一起，理事会批准欧洲警察署的预算（欧盟一般预算的一部分），并通过与其工作相关的法规（Regulations）。

欧洲议会在监督欧洲警察署方面发挥着重要作用。除通过该机构年度预算之外，还会通过指示该预算执行期限结束的方式来解除其管理特定预算责任的欧盟委员会[④]（EC）的决定。议会根据理事会的建议批准解散。在通过有关欧洲警察署新的条例规定时也需要咨询欧洲议会。

2. 欧洲警察署管理委员会（Europol Management Board）

作为欧洲警察署行政和管理结构不可分割的一部分，管理委员会是本组织的主要治理机构和首要利益攸关方。它提供了一个独特的论坛，以确保欧洲警察署作为值得信赖的合作伙伴持续发展，成功地满足欧盟执法界的需求和期望，并在此过程中为更安全的欧洲做出贡献。其主要职责是向本组织提供战略指导，监督其任务执行情况，通过年度计划、多年规划以及年度预算，并行使任命权。它由签署欧洲警察署章程的欧盟成员国的一名代表、欧洲委员会的一名代表（管理委员会成员）组成。丹麦具有观察员地位（Observer Status）。

管理委员会每年平均召开4次会议，而其两个关于本组织事务[⑤]（WGCM）和信息管理的工作组[⑥]（WGICT）全年定期举行会议。管理委员会秘书处向主席、理事会、工作组和委员会提供支持。

3. 欧洲警察署的领导体制（Europol Directorate）

日常运作中，在理事会获得管理委员会的意见后，欧洲警察署由一名执行主任（Executive Director）领导，执行主任由司法和内政部长理事会（the Council of Ministers for Justice and Home Affairs）的一致决定任命。执行主任任

---

① https：//www. europol. europa. eu/about-europol/governance-accountability.

② the Council of Ministers for Justice and Home Affairs.

③ the European Parliament，EP.

④ the European Commission，EC.

⑤ Working Groups on Corporate Matters.

⑥ Working Groups on Information Management.

期4年，属于借调人员（second），主要负责监督欧洲警察署的管理；了解分配给欧洲警察署的任务执行情况；监督人员管理；法规规定或管理委员会交办的其他任务。欧洲警察署现任执行主任是凯瑟琳·德·波利（Catherine De Bolle），比利时籍，她于2018年5月就职。

执行主任由3名副主任协助工作，副主任也由理事会任命，任期4年，也属于借调人员。现任副主任维尔·范·格莫特（Wil van Gemert）负责行动；欧德里奇·马丁（Oldrich Martinu）负责管理；路易斯·德·尤色比奥·拉莫斯（Luis de Eusebio Ramos）负责能力建设。

4. 数据保护和透明度（Data Protection & Transparency）——平衡欧洲警察署的运营需求和个人数据保护权

欧洲警察署提供创新的技术互联平台，连接来自欧洲及其他地区的500多家执法机构。该平台通过其在大型社区中连接和收集数据的能力，以及在欧洲警察署总部的信息中心应用数据分析的能力来运作。

显然，收集和处理数据（最重要的个人数据）是欧洲警察署活动的核心。这就要求采用最高标准的数据保护和数据安全。因此，该机构已经将一个最强大的数据保护框架置于执法领域。这既是一项重要的资产（asset），与此同时，量身定制的规则必须适用于欧洲警察署的业务需求，并且满足个人数据有效保护的基本权利。在这方面，主要挑战是将数据保护框架应用于该机构的日常运作。欧洲警察署内部的数据保护功能①（DPF）可确保数据处理操作与适用法律框架的合法性和合规性。除数据保护官②（DPO）的保证活动之外，还有欧洲数据保护主管③（EDPS）的监督。

数据保护功能是欧洲警察署不可分割的一部分，也是所有涉及数据保护问题的初始联系点。该部门由欧洲警察署管理委员会任命的数据保护官领导。它具有独立的功能，与欧洲警察署的工作人员密切合作，根据个人数据处理的最佳实践提供建议和指导。对于欧洲刑警组织和欧盟成员国之间的数据处理和交换，数据保护官员确保适用的数据保护规则适用于所有形式的个人数据交换。

数据保护功能可以访问欧洲警察署以及所有内部场所处理的所有数据，其主要活动是确保遵守本组织规定的法律文书。截至2017年5月1日，欧洲

① the Data Protection Function，DPF.

② the Data Protection Officer，DPO.

③ the European Data Protection Supervisor.

警察署理事会[①]2009年4月6日的决定（ECD）确定了在处理个人数据方面的任务，包括欧洲警察署的工作人员数据。截至2017年5月1日，欧洲警察署条例[②]（ER）废除了上述决定（ECD），并随后加强了适用于在处理运营和行政数据方面活动的更加强有力的数据保护制度。

当今的挑战、技术发展和全球化需要反思，为与欧盟整体数据保护改革理想同步，欧洲警察署对其法律制度进行了修改。根据“欧洲警察署条例”,[③]该机构不仅加强打击恐怖主义、网络犯罪和其他形式的严重有组织犯罪的努力，而且还加强了数据保护保障、民主控制、议会审查以及作为犯罪情报和信息交流中央枢纽的作用。

此外，在其活动背景下，欧洲警察署的数据保护功能还建立了一个在线协作平台——欧洲警察署数据保护专家网络[④]（EDEN）。主要目标是在各个利益相关方群体中交流专业知识和最佳实践，包括执法专家、相关私人团体、学术界、非政府组织等。

任何个人都可以获得有关欧洲警察署是否处理与其相关的个人数据的信息。该机构有法律义务向数据主体提供有关他（她）的个人数据是否被欧洲警察署所处理的信息。为了行使访问权，个人可以通过成员国主管当局向欧洲警察署提出申请。数据保护功能将在欧洲警察署内部进行必要的检查。

欧洲数据保护主管（EDPS）。数据保护主管虽然在执行任务时是独立的，但却是组织的一个组成部分，负责外部监督，分别向欧洲警察署提供有关数据保护事宜的建议、进行检查并调查个人的相关投诉。

数据保护主管是欧盟的独立数据保护机构，在实践和法律层面，作为执行和加强欧盟数据保护和隐私标准的卓越中心。由主管和助理主管领导，并由律师、信息专家和管理员提供支持。这些专家在数据处理方面经验丰富，他们从数据保护的角度监督欧洲警察署的活动，有权随时检查所有欧洲警察署的文件，在欧洲警察署数据保护功能的密切配合下，到其驻地视察访问。检查涵盖了欧洲警察署的所有数据处理操作，并在这些检查的基础上，提供关于欧洲警察署监督活动的广泛而详细的报告，其中包括调查结果和建议。

除上述数据保护功能和欧洲数据保护主管的检查外，每个成员国都有自

① the Europol Council Decision，ECD.

② the Europol Regulation，ER.

③ the Europol Regulation，ER.

④ the Europol Data Protection Experts Network，EDEN.

己的国家监督机构。根据其国家法律，每个成员国都会检查与欧洲警察署之间的个人数据传输。每个国家监督机构的成员也可以检查派驻到欧洲警察署的联络官的文件和房舍。

此外，欧洲警察署条例还设立了一个具有咨询职能的合作委员会。它独立行事，由每个成员国国家监督机构的代表以及欧洲数据保护主管的代表组成。

5. 欧洲警察署的理念（THINKING）——努力实现安全战略（Working Towards a Strategy for Safety）

使命（Mission）：作为欧盟的执法机构，欧洲警察署的使命是支持其成员国预防和打击一切形式的严重的国际有组织犯罪和恐怖主义。①

愿景（Vision）：致力于提供一套独特且不断发展的业务产品和服务来贡献于打造更安全的欧洲，支持所有成员国的执法机构。②

欧洲警察署 2016—2020 年战略③是其日常运营和支持欧盟执法合作的参考框架。为了实现这一雄心勃勃的战略，正在应对其面临的最重要挑战，并利用一切机会取得进展并带来切实利益。

价值观（Values）。欧洲警察署相信，它将通过其工作人员的努力履行其承诺。根据其使命和愿景，它重视 5 个最能体现其文化和工作人员的价值观：

（1）服务（Service）——对会员国、同事和合作伙伴尽职尽责，尽可能地提供最佳服务，以便有效和高效地满足他们的需求。

（2）诚信（Integrity）——坚持强有力的道德原则，以可靠的方式做正确的事。行为准则（Code of Conduct）为道德规范奠定了基础。

（3）问责制（Accountability）——对提案、行动和决策负责，愿意将其行为与组织的需求、优先事项和目标保持一致。

（4）主动（Initiative）——通过推广和开展特定领域以及组织和合作伙伴相关的新事物，不断努力提高绩效。

（5）团队合作（Teamwork）——在欧洲警察署内部跨越团队、组织和文化的界限，以开放的态度建立良好的工作关系和合作。

这些价值观强调了该机构对欧盟公共服务原则的承诺。欧洲警察署的价

---

① As the EU's law enforcement agency, Europol has a mission to support its Member States in preventing and combatting all forms of serious international organised crime and terrorism.

② Europol's vision is to contribute to a safer Europe by providing a unique and evolving set of operational products and services to support law-enforcement authorities in all Member States.

③ Europol's Strategy for 2016 to 2020.

值观为其道德规范奠定了基础，该道德建立在欧洲警察署的行为准则基础之上，并为所有工作人员提供了避免利益冲突的具体内部指导，并辅以举报安排以维护高治理标准。

欧洲警察署的战略指导其实现主要目标和愿景，并为欧盟提供独特的运营服务。三个主要目标是：

（1）成为欧盟犯罪信息中心（hub），为成员国的执法当局提供信息共享能力。会员国之间在确定共同信息差距和调查优先事项方面的合作至关重要，并将得到加强。欧洲警察署的独特能力为其提供了以下机会：成为欧盟关于犯罪的信息中心；解决这些信息差距和调查优先事项，并建立一个能够促进对关键安全威胁采取更有效的业务响应的信息平台。进一步发展其安全信息交换网络应用程序①（SIENA），将使欧洲警察署更接近执法的第一线。

（2）通过开发和使用全面的服务组合，为成员国的调查提供最有效的业务支持和专业知识。欧洲警察署将在与欧洲安全议程（European Agenda on Security）相一致的三个关键优先领域为成员国的调查提供高质量的业务支持：严重和有组织的犯罪（Serious and Organized Crime）、网络犯罪（Cybercrime）和恐怖主义（Terrorism）。为了实现最积极的影响和最大化的运营结果，欧洲警察署将动态调整其行动交付模式以及如何使用人力资源。

（3）成为一个有效治理和良好声誉的高效组织。鉴于在预算限制范围内运营的重要性，欧洲警察署的目标是在以下每个领域实现最高水平的有效性和效率：人力资源（Human Resources）、财政（Finance）、设施管理（the Management of Facilities）、信息和通信技术（Information and Communications Technology）等。

作为一个公共组织，欧洲警察署将继续坚持最高水平的问责制和治理标准，并努力实现效率的进一步提高。

6. 展望未来（Looking Ahead）

《里斯本条约》（*The Lisbon Treaty*）、欧洲警察署理事会的决定（the Europol Council Decision）以及该机构自身的战略规划和改进能力有助于提升欧洲警察署在欧盟舞台上的地位。欧洲警察署已成为欧盟执法机构的独特合作伙伴，也是欧盟决策过程的重要贡献者。该组织一直在寻找机会，使打击有组织犯罪和恐怖主义的斗争更加有效。

近年来，欧洲警察署启动了专注于欧盟面临的特定威胁的专门中心：欧

① Secure Information Exchange Network Application，SIENA.

洲网络犯罪中心（European Cybercrime Centre）、欧洲移民偷运中心（European Migrant Smuggling Centre）、欧洲反恐怖主义中心（European Counter Terrorism Centre）以及知识产权犯罪协调联盟（Intellectual Property Crime Co-ordination Coalition）等。

欧盟网络犯罪中心（EC3）成立于2013年；欧洲移民偷运中心（EMSC）、欧洲反恐怖主义中心（ECTC）和知识产权犯罪协调联盟（IPC3）成立于2016年，同年，一个支持欧盟金融情报机构[①]（FIU）打击洗钱和资助恐怖主义的分散和复杂的计算机网络成为欧洲警察署的业务，此举有助于进一步缩小金融情报差距，并在所有处理成员国金融情报的团体之间创造更多协同效应。

2017年5月1日，新的欧洲警察署条例（ER）生效，使该机构能够加强打击恐怖主义、网络犯罪和其他严重的有组织犯罪形式。欧洲警察署的新权力伴随着更多的数据保护保障、民主控制和议会审查。该规定使欧洲警察署能够更容易地建立专门单位，以迅速应对新出现的恐怖主义威胁和其他形式的严重有组织犯罪。

由于严重犯罪、有组织犯罪以及恐怖主义不会止步于欧盟边界，欧洲警察署已经与一些国家和国际性组织签署了一系列双边行动协议或战略合作协议，欧洲警察署借调自己的联络官到国际刑警组织（里昂和新加坡）以及美国（华盛顿特区）工作，截至2016年已经与14个国家[②]以及欧洲司法合作组织（Eurojust）、欧洲边境管理署（Frontex）、国际刑警组织签署了允许交换个人数据的行动合作协议。此外，还与4个国家、[③] 欧洲警察学院（CEPOL）等几个欧盟机构以及欧洲反欺诈办公室（OLAF）、联合国毒品和犯罪问题办公室（UNODC）和世界海关组织（WCO）等签署了不能交换个人数据的战略合作协议。此外，欧洲警察署还致力于与区域性合作机构加强联系，并首先于2014年与美洲警察组织签署了合作意向书。

（二）非洲警察合作机构（AFRIPOL）

非洲警察合作机构[④]于2015年12月在阿尔及尔设立总部并开始运作，其目标是通过风险评估、犯罪情报分析、规划和执行来加强非洲地区警察机构

---

① the Financial Intelligence Units，FIUs.

② 阿尔巴尼亚、澳大利亚、加拿大、哥伦比亚、冰岛、列支敦士登、前南斯拉夫、马其顿共和国、摩尔多瓦、摩纳哥、黑山、挪威、塞尔维亚、瑞士、美国。

③ 波黑、俄罗斯、土耳其、乌克兰。

④ Afripol：African Mechanism for Police Cooperation.

在战略、行动和操作层面的协调。

非洲警察合作机构的成员是非洲联盟委员会（AU）54个会员国[①]的警察部门，其将成为非盟下设的一个专门机构。

图6-3 非洲警察合作机构Logo

非洲警察合作机构致力于加强会员国的警务合作以面对各种形式的新型安全威胁、跨国有组织犯罪、恐怖主义以及环境犯罪。一旦实现全面运作，该机构将会制定协调一致的非洲战略，以打击犯罪并评估国际组织支持帮助非洲警察项目的执行情况。

关于非洲警察合作机构地位的草案已由本组织特别委员会提交非盟进行审核，该委员会由阿尔及利亚和乌干达担任共同主席。

（三）美洲警察组织（AMERIPOL）

1. 概述

美洲警察组织[②]于2007年11月12—15日在哥伦比亚波哥大（Bogotá，Colombia）举行的第三届拉丁美洲和加勒比地区警察局长会议期间成立，是一个致力于西半球警务合作综合性协调机构。

图6-4 美洲警察组织Logo

其任务是加强在科技、培训和有效交换信息情报方面的警务合作，协调并提高美洲地区执法及相关机构在刑事侦查和司法协助方面的行动能力。总而言之，美洲警察组织的目标就是统一各

① 阿尔及利亚、安哥拉、贝宁、博茨瓦纳、布基纳法索、布隆迪、喀麦隆、佛得角、中非共和国、乍得、科摩罗、刚果（布）、科特迪瓦、吉布提、刚果（金）、埃及、赤道几内亚、厄立特里亚、埃塞俄比亚、加蓬、冈比亚、加纳、几内亚、几内亚比绍、肯尼亚、莱索托、利比里亚、利比亚、马达加斯加、马拉维、马里、毛里塔尼亚、毛里求斯、摩洛哥、莫桑比克、纳米比亚、尼日尔、尼日利亚、卢旺达、圣多美和普林西比、塞内加尔、塞舌尔、塞拉利昂、索马里、南非、苏丹、斯威士兰、坦桑尼亚、多哥、突尼斯、乌干达、西撒哈拉、赞比亚、津巴布韦。

② AMERIPOL：The Police Community of the Americas.

国警察规则和价值体系，预防和制止本地区的犯罪行为。美洲警察组织的规约确认了其创建、组织和运作，作为美洲地区警察合作类型的第一个机制，将成为一种明确、有效、实用和永久的合作工具。

美洲警察组织成员包括25个国家①和26个观察员组织的33支警察队伍，由董事会领导，并由其选出主席和秘书长，现在这两个职务分别由恩里克·塞巴雷斯（Enrique Francisco Galindo Ceballos）和迪亚哥·瓦伦西亚（Diego Alejandro Mejia Valencia）担任。

使命（Mission）：美洲警察组织是一个半球性合作机制，其目的是促进和加强警方在科学技术、培训、信息交流、法律援助和经验分享等方面的合作，为应对公共安全和公民安全面临的威胁进行战略和行动方面的指导。②

愿景（Vision）：美洲警察组织将努力成为警察合作的卓越机构，针对美洲地区的有组织犯罪和跨国犯罪，在各个警察机构以及相关机构的支持下，部署共同的战略，确保公民的安全。

座右铭：融入公民保护和安全。③

美洲警察组织执行秘书处与各警察机构通过以下4个协调处开展合作：①教育和规则协调处；②信息交流协调处；③技术合作—警务科技协调处；④刑事侦查及司法协助支援协调处。

2. 33个成员机构④（截至2018年12月）

美洲国家区域内的警察机构和相关执法机构自愿加入，其加入将通过管理委员会成员的协商或美洲警察组织的普通或特别会议的全体会议上通过参加人数的绝对多数投票来批准。任何成员自愿退出时，必须通过给本组织主席发送正式信函的方式及时通知。

---

① 截至2018年12月，有25个成员国：安提瓜、阿根廷、巴西、玻利维亚、智利、哥伦比亚、哥斯达黎加、古巴、厄瓜多尔、萨尔瓦多、波多黎各、圭亚那、海地、洪都拉斯、牙买加、墨西哥、尼加拉瓜巴拿马、巴拉圭、秘鲁、多米尼加、圣基茨和尼维斯、圣卢西亚、乌拉圭、特立尼达和多巴哥。

② Mission: The Police Community of the Americas - AMERIPOL is a hemispheric mechanism of cooperation, which purpose is to promote and enhance police cooperation in terms of technical-scientific facts, training, exchange of information and progress in terms of legal assistance to guide strategic and operational work against threats to public and citizen safety.

③ Lema: Integración para la protección y seguridad ciudadana，原文为西班牙语。

④ http://www.ameripol.org/.

表 6-1 美洲警察组织的 33 支警察队伍

序号	成员机构	西班牙语名称
1	安提瓜和巴布达皇家警察部队	Fuerza de Policía Real de Antiguay Barbuda
2	阿根廷国家宪兵	Gendarmería Nacional Argentina
3	阿根廷联邦警察总局	Policía Federal Argentina
4	阿根廷海军	Prefectura Naval Argentina
5	阿根廷机场安全警察局	Policía de Seguridad Aeroportuaria Argentina
6	伯利兹警察局	Departamento de Policía de Belice
7	玻利维亚警察总局	Policía Boliviana
8	巴西联邦警察局	Policía Federal de Brasil
9	智利警察总局	Carabineros de Chile
10	哥伦比亚国家警察总局	Policía Nacional de Colombia
11	哥斯达黎加公共安全力量	Fuerza Pública de Costa Rica
12	哥斯达黎加司法调查局	Organismo de Investigación Judicial Costa Rica
13	古巴国家革命警察	Policía Nacional Revolucionaria de Cuba
14	厄瓜多尔国家警察总局	Policía Nacional del Ecuador
15	萨尔瓦多国家民警总局	Policía Nacional Civil de El Salvador
16	美国缉毒署	DEA：Drug Enforcement Administration
17	波多黎各警察总局	Policía de Puerto Rico
18	危地马拉国家民警总局	Policía Nacional Civil de Guatemala
19	圭亚那警察总局	Policía de Guyana
20	海地国家警察总局	Policía Nacional de Haití
21	洪都拉斯国家警察总局	Policía Nacional de Honduras
22	牙买加警察总局	Fuerza Constabularia de Jamaica
23	墨西哥联邦警察总局	Policía Federal de México
24	尼加拉瓜国家警察总局	Policía Nacional de Nicaragua

续表

序号	成员机构	西班牙语名称
25	巴拿马国家警察总局	Policía Nacional de Panamá
26	巴拿马国家边境服务署	Servicio Nacional de Fronteras
27	巴拉圭国家警察总局	Policía Nacional del Paraguay
28	秘鲁国家警察总局	Policía Nacional del Perú
29	多米尼加共和国国家警察总局	Policía Nacional de República Dominicana
30	圣基茨和尼维斯皇家警察部队	Fuerza de Policía Real de San Cristóbaly Nieves
31	圣卢西亚皇家警察部队	Fuerza de Policía Real de Santa Lucia
32	乌拉圭国家警察总局	Policía Nacional de Uruguay
33	特立尼达和多巴哥警察总局	Servicio de Policía de Trinidady Tobago

3. 26 个观察员组织（截至 2018 年 12 月）

被认可为观察员地位的组织可以行使发言权，但不能行使表决权；当他们自愿决定退出美洲警察组织时，必须通过向本组织主席发送正式信函等方式及时通知本组织。

表 6-2　美洲警察组织的 26 个观察员组织

序号	机构名称	名称外文对照
1	德国联邦刑侦总局	BKA（Oficina Federal de Investigación Criminal de Alemania）
2	加拿大皇家骑警	RCMP-GRC（Real Policía Montada de Canadá）
3	拉丁美洲及加勒比警务情报委员会	CLACIP（Comunidad Latinoaméricay del Caribe de Inteligencia Policial）.
4	中美洲、墨西哥、加勒比和哥伦比亚警察局长委员会	Comisión de Jefes/as, Directores/as de Policía de Centroamérica, México, el Caribey Colombia
5	西班牙国家警察总局	Cuerpo Nacional de Policía Nacional de España
6	西班牙国民卫队	Guardia Civil Española
7	欧洲警察署	Europol（Oficina de Policía de Europa）

续表

序号	机构名称	名称外文对照
8	意大利财政警察局	Guardia de Finanzas de Italia
9	国际警察局长联合会	IACP（Asociación Internacional de Jefes de Policía）
10	意大利宪兵	Carabinieri de Italia
11	意大利禁毒总局	Dirección Central del Servicio Antidrogas de Italia
12	美洲国家组织	OEA（Organización de los Estados Americanos）
13	国际刑警组织	INTERPOL（Organización Internacional de Policía）
14	区域安全学会	RSS（Sistema de Seguridad Regional）
15	法国内政部	Ministerio del Interior de Francia
16	荷兰警察总局	Cuerpo de Servicios Policiales de Holanda
17	瑞士联邦警察总局	Policía Nacional de Suecia
18	葡萄牙公共安全警察总局	Policía de Seguridad Pública Portuguesa
19	美国国土安全调查局（隶属于ICE 美国移民海关执法局）	Homeland Security Investigations
20	安道尔警察总局	Policía Principat d'Andorra
21	澳大利亚联邦警察总局	Policía Federal Australiana
22	德国海关司法调查局	Policía Judicial Aduanera de Alemania ZKA
23	联合国毒品与犯罪办公室	UNODC（Oficina de las Naciones Unidas contra la Drogay el Delito）
24	以色列国家警察总局	Policía Nacional de Israel
25	罗马尼亚警察总局	Policía Rumana
26	俄罗斯联邦内政部	Ministerio del Interior de la Federación Rusa

4. 简要历史

2008 年 4 月 17 日，在哥伦比亚波哥大市举行了美洲警察组织执行秘书处总部的落成典礼，一些国家的大使、警察总监、法律专员、联络官、安全机构代表和媒体代表60多人参加了会议。

2008年4月25—26日，在智利圣地亚哥市举行了第一届美洲警察组织峰会，吸收了新的成员国和常驻观察员，为加强合作机制开辟了空间，并加强了与拉丁美洲和加勒比警察情报委员会（CLACIP）的合作。

2009年8月27日，第二届美洲警察组织峰会在巴西的巴西利亚举行。作为会议的一部分，拉丁美洲警察局长开会讨论了联合打击跨境有组织犯罪问题。

2010年10月8日，在墨西哥城召开的美洲警察组织第三届峰会上，审议了2010—2011年行动计划的进展情况，以及培训计划取得的进展。此外，还分析了该区域警察打击贩毒活动、情报部门和警察部署的有效性、警察技术培训方面取得的进展等。

2011年6月5—6日，第四届美洲警察组织峰会在萨尔瓦多圣萨尔瓦多举行。与美洲国家组织签署了合作协议，旨在促进和协调加强该地区安全机构的能力，讨论了在执行秘书处内部建立预期中心的重要性；重申其对社会的承诺；强调了三个基本思路：对价值的尊重、在法律框架内实行民主治理、预防和打击有组织犯罪。

2012年11月29日，在多米尼加共和国圣多明各市举行了第五次峰会，签署了“美洲警察组织共同体打击跨国有组织犯罪宣言”，该宣言允许每个签署国扩大合作范围，共同制定发展战略，以有效行动遏制跨国犯罪，应对21世纪警察机构面临的挑战。在峰会期间，批准了美国国土安全部指派的联络官。

2013年12月13日，在哥斯达黎加圣何塞举行美洲警察组织第六次首脑会议，目的是巩固本组织成为一个有特点的和可操作性的组织，尤其是在教育和理论学说管理、信息交流、技术合作和刑事调查以及司法协助等方面。

2014年8月5—6日，第七届峰会在厄瓜多尔基多举行。商定了打击贩毒、人口贩运和网络犯罪等战略。厄瓜多尔警方提议设立一个性别暴力和家庭暴力的专门单位，由该地区的女警官整合。会议同意建立一个网络安全中心，评估“可能的威胁”并分析“早期预警”等。

2015年11月11—13日，第八届峰会在墨西哥召开，强调本组织已成为通过信息交换机制打击跨国犯罪的有效合作平台，并希望找到在推进区域一体化进程中更好地保护所有居民的途径。会议建议加强警务合作：①加强团结；②任命总部联络官；③将本组织纳入美洲国家组织体系的永久性后续行动；④执行区域安全整体计划；⑤签署信息交流协议（AMERIPOL -SIPA 的警察信息系统）。

2016 年 9 月 21—23 日，第九届峰会在巴拿马巴拿马城举行。33 个警察机构成员的负责人就区域内共存的公民安全方面的不同威胁以及打击跨国犯罪的指导方针进行了讨论，强调了维持国家间合作的重要性。

2017 年 10 月 23—25 日在智利的圣地亚哥举行第十届峰会。讨论了与每个警察机构组织结构内整合模式有关的问题、高效的信息交流、在本组织框架内提供学术建议、技术公报建设、综合区域安全计划、促进总部联络官任命，进一步明确本组织的需求和优势。建议从该组织角度提出了网络安全战略愿景。

2018 年 7 月 31 日—8 月 1 日，第十一届峰会在阿根廷布宜诺斯艾利斯举行。执行秘书处根据警察合作机制的 4 个基本支柱报告了美洲国家警察机构（UNA）的统计数据和管理合规情况。会议承诺和建议：有效整合组织资源到每个警察机构；加快信息交流，及时有效回应；分享理论成果和技术发展；整合区域安全规划等。

（四）东盟警察首脑会议（ASEANAPOL）

1. 概述

东南亚国家联盟警察首脑会议（The Southeast Asian Nations Association of Chiefs of Police，ASEANAPOL，以下简称东盟警察首脑会议）成立于 1981 年，其目的是确保东盟警察首脑会议决议得到有效执行；作为一个协调和沟通机构使各成员保持交流的渠道畅通；培养成员间的相互协助和合作；努力加强区域合作打击跨国犯罪。

东盟警察首脑会议的首次正式会议于 1981 年 10 月 21—23 日在菲律宾马尼拉举行，讨论执法和犯罪控制问题。一个国家成为东盟警察首脑会议成员的基本要求是该国首先应成为东盟成员国，申请应提交大会批准。初始成员是马来西亚、新加坡、泰国、印度尼西亚和菲律宾。

图 6-5　东盟警察首脑会议 Logo

东盟警察首脑会议秘书处在轮流的基础上，由成员国轮流主办东盟警察首脑会议，并自动承担本年度秘书处的职责。在印度尼西亚巴厘举行的 25 届会议期间，签署第 25 次联合公报，明确表示需要建立东盟警察首脑会议永久秘书处。

东盟警察首脑会议于2010年在吉隆坡设立了永久秘书处，其职能为规范东盟警察机构的协调交流机制；就东盟警察首脑会议公告通过的决议开展调研；建立机制负责监督和跟进决议的实施情况；把通过的决议变为东盟警察首脑会议行动规划和工作计划。

东盟警察首脑会议有南亚地区10个会员国。① 第35届东盟警察首脑会议由海蒂（Badrodin Haiti）警将（印度尼西亚）任主席，由阿布·贝卡（Tan Sri Daro'sri Khalid Bin Abu Bakar）警察总长（马来西亚）任副主席。该组织还与9个对话伙伴②建立了合作关系。

2. 治理架构

全体会议（Aseanapol Conference）每年在成员国之间轮流举行，成员国警察首脑将出席会议。

执行委员会（Aseanapol Executive Committee）由出席年度会议的代表团副团长组成。应在会议召开之前每年举行一次会议。东盟警察首脑会议秘书处执行主任应向执行委员会提交其活动报告，其中包括财务执行、工程采购、供应和服务以及合同控制和管理等问题。执行委员会应在会议和大会闭幕全体会议上向代表团团长提供秘书处活动的摘要报告。

执行主任（Executive Director），秘书处执行主任由东盟警察首脑会议根据轮换提名，按字母顺序任命，任期两年。执行主任应为上校及以上职等的高级警官。执行主任将由负责警务行动的副主任和负责战略计划等副主任协助，这两名副主任也应为高级警官或同等职等。

3. 东盟警察首脑会议的目标（Objective of Aseanapol）

加强警察的专业性；加强区域区域警务合作；促进成员国警察之间的持久友谊。

4. 总秘书处的目标和职能（Objectives and Functions of the Secretariat）

目标：确保有效执行东盟警察首脑会议通过的所有决议；作为一种协调和沟通机制，建立并维护成员之间的互动渠道；促进成员之间的互助与合作；加强打击跨国犯罪的区域合作努力。

职能：准备并实施工作计划，以有效执行在东盟警察首脑会议签署的年

① 文莱、柬埔寨、印度尼西亚、老挝、马来西亚、缅甸、菲律宾、新加坡、泰国和越南。

② 澳大利亚、中国、日本、韩国、新西兰、俄罗斯联邦、土耳其、东盟秘书处、国际刑警组织。

度联合公报中通过的所有决议；促进和协调情报信息跨国共享和交流合作；促进和协调涉刑事调查，建立并维护东盟警察首脑会议数据库，开展培训和能力建设，开发侦查工具，提供科技和刑事科学技术支持；组织本组织的会议；每季度向东盟警察首脑提交关于计划和活动的提案；准备本组织活动和支出的年度报告，该报告将在会议召开之前提交给执行委员会，并分发给所有成员国；承担本组织所有文件和记录的保管工作。

5. 愿景和使命

愿景（Vision）：“我们一起维护地区安全”（Together We Keep This Region Safe），体现了本组织存在的实质理由和愿望——加强区域警务合作，确保地区安全。

使命（Mission）：“通过更紧密的合作关系以及更有创造性的政策合作来预防和打击跨国犯罪。”共同促进和协调警务资源和专业知识，有效地阻止有组织和新兴的国际犯罪企业，建立一个更安全的东盟共同体。①

（五）海湾合作委员会警察机构（GCCPOL）

海湾合作委员会警察机构（Gulf Cooperation Council Police，GCCPOL，以下简称海合会警察机构），于2014年12月根据海合会国家领导人的决定成立。海湾合作委员会内政部长于2014年11月在科威特举行的会议上首次通过了设立海湾合作委员会警察机构的决定，该决定于12月获得海湾合作委员会最高委员会的批准。从那时起，海湾合作委员会的成员国一直致力于该项目，由六个国家组成。②

图6-6 海湾合作委员会警察机构Logo

海合会警察机构总部位于阿联酋阿布扎比，是海合会总秘书处下设安全事务部的组成部分。海合会委员会内政部长委员会是监督安全事务协调合作的主管机构。海合会警察机构的主要职责（角色）是：犯罪和安全分析及情报中心；犯罪信息和安全数据中心；警察和安全通信中心；协调、安全行动和警务支持中心；与区域性和国际刑事

① http：//www. aseanapol. org/about-aseanapol/vision-and-mission.

② 阿联酋、巴林王国、沙特阿拉伯王国、阿曼苏丹国、卡塔尔、科威特。

机构伙伴关系中心；地区和国际犯罪与安全政策支持中心。

海合会警察机构在安全领域的目标由组织章程设定：在安全和打击犯罪领域内使海合会成员国达到协调、统合和互换支持；通过共同安全行动来共享责任，保持海合会成员国安全和稳定，保护其公民和社区免受犯罪威胁；通过加强各国警队合作推动海合会成员国间进一步加强团结合作，确保安全，维护公共秩序。

为达到上述目的，要根据他们的宪法、宪章、国内立法、地区性和国际性的双边和多边协议，条约及其他形式的合作，在海合会成员国间建立联合安全机制、项目和架构。以前在安全合作方面的努力促成海合会警察机构的建立。该机构旨在加强内部安全和打击犯罪方面的合作协调，发展海合会成员国警察机构间的安全合作，以保护他们的公民和社区免受犯罪和罪犯的侵扰。

2015 年 6 月，海湾合作委员会（GCC）秘书长阿扎雅尼（Abdullatif Al-Zayani）再次强调加强情报职能和安全信息共享以打击犯罪，全力支持加快建立共同海湾合作委员会警察机构。他还表示，“海湾合作委员会总秘书处愿意提供包括物流在内的所有支持，以建立海湾警察机构，”他表示，“海湾合作委员会内政部长正在全力关注旨在促进海湾一体化和安全领域相互依赖的项目。”他补充说，已经指派一个内政部长工作组负责审查该项目的组织、财务和行政事务。海湾合作委员会警察机构将加强和扩大该地区安全部门之间的合作，因为海湾国家之间加强协调已成为打击犯罪的必要条件。[①]

（六）经济合作组织警察机构（ECOPOL）

经济合作组织警察机构（The Economic Cooperation Organization Police, ECOPOL）于 2011 成立于德黑兰，目的是加强经济合作组织成员国警察部门之间的合作，共同应对恐怖主义、有组织犯罪、毒品生产和贩运、武器走私、贩卖人口和计算机犯罪。

该机构由经济合作组织秘书长马里菲（Mohammed Yahya Maroofi）领导，会员由经济合作组织的 10 个会员国[②]构成。

经济合作组织（ECO）是一个政府间区域性组织，由伊朗、巴基斯坦和土耳其发起，它继承了 1964—1979 年存在的区域发展合作组织（RCD），旨

① 扎亚尼支持联合海湾合作委员会警察部队的创建［EB/OL］. http：//www. arabnews. com/featured/news/789076.

② 伊朗、巴基斯坦、阿富汗、阿塞拜疆、哈萨克斯坦、吉尔吉斯斯坦、塔吉克斯坦、土库曼斯坦、乌兹别克斯坦、土耳其。

在加强成员国间的经济、技术和文化合作。

经济合作组织由秘书长和向其负责的7个局构成，具体情况如下：

（1）贸易和投资局（巴基斯坦）

（2）交通和通信局（伊朗）

（3）农业、工业和旅游局（土耳其）

（4）能源、矿业和环境局（阿塞拜疆）

（5）工程、经济研究及统计局（哈萨克斯坦）

图 6-7 经济合作组织警察机构 Logo

（6）人力资源和可持续发展局（土耳其）

（7）毒品及有组织犯罪协调处（伊朗）

（七）上海合作组织地区反恐机构

上海合作组织地区反恐机构（Regional Anti-Terrorist Structure of the Shanghai Cooperation Organization）是上海合作组织的一个分支机构，是上合组织成员国共同应对区域内恐怖主义犯罪和其他严重有组织犯罪的警务合作机构。

上海合作组织是 2001 年 6 月 15 日在中国上海宣布成立的政府间国际组织，成员国包括哈萨克斯坦共和国、中华人民共和国、吉尔吉斯共和国、俄罗斯联邦、塔吉克斯坦共和国、乌兹别克斯坦共和国，上海合作组织成员国总面积近 3018.9 万平方千米，占欧亚大陆面积的 3/5，成员国人口总计约 15 亿人。

上合组织的前身是“上海五国”机制，在 20 世纪 90 年代的“上海五国”时期，中国、俄罗斯和中亚国家对恐怖主义、极端主义、分裂主义的危害达成了共识，开始围绕打击“三股势力”展开磋商与合作。从 1998 年阿拉木图会晤开始，“上海五国”的合作重点由边界、军事互信等传统安全领域转向反恐等非传统安全领域。1999 年 8 月，“上海五国”元首会晤决心联合打击恐怖势力，并组建了“比什凯克小组”，即安全执法部门领导人的会晤机

图 6-8 上海合作组织 Logo

制，就维护中亚安全进行经常性的商讨，决定加强跨国合作。2000 年 7 月，“上海五国”元首会晤一致同意尽早签署共同打击“三股势力”的文件，并表示要建立“反恐怖中心”。

2002 年 6 月，六国元首签署了成立地区反恐机构的决定，选定塔什干为机构执委会所在地。经过两年的筹办和建设，2004 年 6 月塔什干上合组织地区反恐机构正式办公，是这个组织框架中，除秘书处之外的唯一的一个常设机构。反恐机构执委会主任均由元首理事会任命，任期 3 年。首任执委会主任是乌兹别克斯坦少将卡西莫夫·维雅切斯拉夫·捷米洛维奇，2013—2016 年，上合组织元首理事会任命中国公安部副部长张新枫为执委会主任。

当前，上合组织地区反恐机构共有成员国 6 个：中国、俄罗斯、哈萨克斯坦、吉尔吉斯斯坦、塔吉克斯坦、乌兹别克斯坦；观察员国 5 个：阿富汗、印度、伊朗、蒙古、巴基斯坦；对话伙伴国 3 个：土耳其、斯里兰卡、白俄罗斯。

执委会是机构的最高决策及行政部门，其主要任务和职能包括同成员国以及相关国际组织保持工作联系；筹备和举办联合反恐演习；组织协调打击恐怖主义、分裂主义、极端主义的联合执法行动；研究并起草涉及打击恐怖主义、分裂主义、极端主义问题的国际法律文件草案；收集、整合、研判各成员国上传的情报信息，建立反恐资料库；参与国际社会有关应对恐怖主义等安全威胁的研讨与交流。

2017 年 9 月 17 日，上海合作组织地区反恐机构理事会第三十一次会议在北京举行，上合组织地区反恐怖机构将继续就打击恐怖主义、分裂主义和极端主义加强合作。印度共和国、哈萨克斯坦共和国、中华人民共和国、吉尔吉斯共和国、巴基斯坦伊斯兰共和国、俄罗斯联邦、塔吉克斯坦共和国、乌兹别克斯坦共和国以及上海合作组织地区反恐怖机构执委会代表参加了会议。①

（八）澜沧江—湄公河综合执法安全合作中心（LM-LECC）②

1. 概述

澜沧江—湄公河综合执法安全合作中心（以下简称“澜湄执法中心”）

---

① 刘奕湛．上合组织地区反恐怖机构将继续加强反恐各领域合作［EB/OL］. http：//www. xinhuanet. com/world/2017-09/17/c_ 1121677389. htm.

② The Lancang-Mekong Integrated Law Enforcement and Security Cooperation Center. LM-LECC，LM 是“澜沧江—湄公河”的缩写，LECC 是“执法安全合作中心”的缩写，参见 http：//www. lm-lesc-center. org。

是澜湄流域第一个综合性的执法安全合作类政府间国际组织。

中国同湄公河五国山水相连、唇齿相依，有着互尊互信、和睦相处、守望相助的良好传统，是天然的合作伙伴和紧密的友好邻邦，包括联合巡逻执法在内的一系列合作是澜沧江—湄公河对话合作机制的重要组成部分。澜湄机制是中国在 2014 年 11 月第 17 次中国—东盟领导人会议上提出的，既是对中国—东盟合作框架的有益补充，又是新时期南南合作的新实践。近年来，该机制创建了有效框架，通过了合作概念文件，确定了政治安全、经济和可持续发展、社会人文三大支柱，以及互联互通、产能、跨境经济、水资源、农业和减贫 5 个优先合作方向。中国在周边外交新理念的指导下，以身作则，推进“一带一路”倡议、亚投行、澜湄合作等重要举措，推动周边外交不断取得新成就，顺势而为创建澜湄合作新机制，有利于激发各国内在发展潜力，升华中国与周边国家合作。

澜湄六国地缘相近、人缘相亲、文缘相通。澜沧江—湄公河就像一条天然的彩练，把我们紧紧联系在一起。2016 年春天，在三亚举行首次领导人会议，全面启动澜湄合作进程。两年来，我们心往一处想、劲往一处使，推动澜湄合作一步一个脚印从倡议变成现实，首次领导人会议确定的早期收获项目绝大部分已完成或取得实质进展，形成了“领导人引领、全方位覆盖、各部门参与”的澜湄格局，创造了“天天有进展、月月有成果、年年上台阶”的澜湄速度，培育了“平等相待、真诚互助、亲如一家”的澜湄文化。①

以联合巡逻执法为例，面对域内传统跨国犯罪与新型跨国犯罪相互交织，区域发展和经贸合作面临安全威胁的新形势、新挑战，中老缅泰不断提升合作层次，开创执法安全合作新领域、新模式、新平台，发挥集体智慧，在案情交流、信息交换、大案协作、联合培训等领域开展积极有益的尝试，努力走出一条共建、共享、共赢的地区安全之路、稳定之路、发展之路。

湄公河沿线国家有先天的合作优势、牢固的合作基础、强烈的合作愿望、巨大的合作潜力。通过高效的政治安全合作机制，沿河合作定能取得更大的成果。澜湄合作是首个由流域六国共同创建的新型次区域合作机制，是共商共建“一带一路”的重要平台。倡导和参与澜湄合作是中国推动构建人类命运共同体的生动实践，也是对亲诚惠容周边外交理念的具体落实。推进澜湄合作是落实习近平主席提出的建设亚洲命运共同体倡议的具体实践，体现了

① 李克强在澜沧江—湄公河合作第二次领导人会议上的讲话（全文），参见外交部官网，2018-01-11。

六国合作的深厚基础和强烈意愿，为促进次区域发展与繁荣贡献了中国智慧、中国方案。

2. 组织架构

中心的决策机构为澜沧江—湄公河流域执法安全合作部长级会议，每两年举行一次会议或视情指派高级别代表召开年度会议，决定中心活动的大政方针，审议中心工作计划、报告和人事、预算等重要事项。澜湄执法中心下设湄公河联合巡逻执法指挥部、情报融合与案件协查部、联合行动协调部、执法能力建设部、综合保障部等。

中心首席执行官为秘书长，任期为3年，负责中心日常运营，并向湄公河流域执法安全合作部长级会议报告工作。各成员国各自派1名代表担任中心副秘书长协助秘书长工作，任期为4年。秘书长和副秘书长由澜沧江—湄公河流域执法安全合作部长级会议任命。各成员国执法部门向中心秘书处派驻常驻或临时派驻官员开展工作，派驻部门、人数和轮换时间由各方协商确定。

3. 澜湄执法中心成立历程

2011年12月，中老缅泰湄公河联合巡逻执法联合指挥部在云南西双版纳关累港码头正式成立，中老缅泰湄公河联合巡逻执法正式启动。

2013年3月，中老缅泰在北京举行湄公河流域“平安航道”联合扫毒行动启动仪式。

2015年，湄公河流域执法安全合作部长级会议在北京召开，倡议建立澜沧江—湄公河综合执法安全合作中心，打造湄公河流域执法安全合作升级版。

2016年3月，澜湄合作首次领导人会议将澜沧江—湄公河综合执法安全合作中心建设正式纳入《三亚宣言》和早期收获项目。中心筹建工作逐步启动。

2016年6月，澜沧江—湄公河综合执法安全合作中心第一次筹建磋商会在海南三亚举行。与会各国积极磋商共绘中心伟大蓝图。

2016年10月，澜沧江—湄公河综合执法安全合作中心第二次筹建磋商会在云南丽江举行。会议就有关建立中心的谅解备忘录达成原则性一致。

2016年12月，中老缅泰湄公河流域执法安全合作机制成立五周年系列纪念活动在华举行。

2017年11月，澜沧江—湄公河执法安全合作机制高级别代表会议在北京召开，会议任命郑百岗（中国国籍）为澜湄执法中心第一任秘书长，任命了4位副秘书长，并通过《会议声明》。

2017 年 12 月，澜沧江—湄公河综合执法安全合作中心启动仪式在云南省昆明市举行，仪式后各国派驻工作人员陆续进驻，澜湄执法中心正式运行。

回顾澜湄执法中心走过的路径，可以明显地看出实践先行—理念引领—共识累积—协定形成—机制固定这样一条内在逻辑。

4. 澜湄执法中心的功能定位与战略思考

根据《关于建立澜沧江—湄公河综合执法安全合作中心谅解备忘录》，中心将根据各成员国的执法需求制定行动纲领；在尊重各成员国主权和法律的基础上，逐步将中心打造成为一个统筹协调本地区预防、打击跨国违法犯罪，情报信息融合交流，专项治理联合行动，加强执法能力建设的综合平台；致力于为各成员国执法部门提供优质、高效的服务，共同应对地区安全形势的变化和风险挑战，为澜湄国家各领域合作、发展提供安全保障。

需要特别提出的是，作为该区域第一个综合性的执法安全合作类政府间国际组织，澜湄执法合作中心的成立和正式运营成为我国推动该区域国际执法安全合作发展的开创性举措，不仅是我国倡导的安全促发展理念的实际成果，也是建设中国特色执法安全合作体系的西南战略支点。中心的诞生曲折复杂，来之不易，必须精心呵护和培育。我国公安机关，尤其是西南边境省份的公安机关应充分思考利用这一重要合作平台的途径和方式，在中心目前运作的多国联合巡逻、平安航道扫毒、协调打击流域跨国犯罪等现有合作内容的基础上不断充实拓展，依托其政府间合作的高层引领特点和国际组织的中立性特点，服务于我国公安机关的国际合作需求，为区域各国发展提供安全保障。

周边外交是新时代中国外交的重要组成部分，在习近平新时代外交思想的指引下，我国周边外交积极有为，不断取得新成就。倡导和参与澜湄合作既是中国推动构建人类命运共同体的生动实践，也是对亲诚惠容周边外交理念的具体落实。面对复杂多变的地区形势，正式运行的澜湄执法中心今后应发扬“湄公河精神”，秉持安全促发展理念，主动作为、积极进取，综合发挥经济、安全等不同手段的作用，推动周边命运共同体建设。

澜湄执法中心产生于各国执法实践的需求，带有天然的区域合作基因，也是以往成功经验的一种固化。澜湄执法中心致力于为本地区各成员国执法部门提供优质、高效的服务，共同应对地区安全形势的变化和风险挑战，为澜湄国家各领域合作、发展提供安全保障。但中国追求主导地位是负责任大国的应尽责任，并不带有偏心和私利，绝不是追求所谓霸权。同时，澜湄执法中心也不是在经营“自己的小花园”，发展自己的“小圈子”，应该有更加开放包容的心胸接纳本地区甚至超越本地区的各方合作者，欢迎联合国、东盟等国际组织参与到中心的建设与发展中。中心的发展应成为构建人类命运共同体宏大交响乐中的一个篇章。

中国未来周边外交将继续改善在周边地区的压力应对、软实力建设、国际形象塑造和国际威望提升上，理应在地区秩序建设中发挥更大和更积极的作用，实现中国与周边地区的共同发展。在维护地区稳定与安全问题上，没有国家可以独善其身，湄公河流域执法安全合作模式的成功经验，印证了合作就是资源，合作就是战斗力的真理。但理念转化为行动，规划付诸落实，要靠一次次的成功合作来印证。中心的发展既要登高望远，更需脚踏实地，如果说澜湄中心是一个有效的平台和工具，则同样适用“用进废退”的原理，只有不断发挥其独特作用，不断打造湄公河流域执法安全合作升级版，才能共谱澜湄合作新篇章。

五、非官方的国际警务合作组织

1.“精英警务”（Pearls in Policing，PIP）

2015年6月13—17日，欧洲司法组织（Eurojust）主席科尼赛克斯（Coninsx）女士参加了由丹麦国家警察局（National Police of Denmark）与精英警务管理者（Pearls Curatorium）合作在哥本哈根举行的第九届精英警务会议。[①]

会议的主题是通过合作伙伴关系塑造创新（Shaping Innovation through Partnerships），并专注于“如何创建一个具有通过伙伴关系促进创新的文化和条件的警察组织？”的问题。

科尼赛克斯女士参与了互动工作组，讨论的基础是工作组以及“国际珍珠渔民行动学习小组”[②]（IALG）和学术论坛的成员所开展的研究，讨论的重点是共同所有权和共同创造是实现有效伙伴关系的关键原则。

通过欧洲司法组织积极参与这项激动人心的精英警务活动，刑事司法层面在执法领域得到了突出体现。

“精英警务”会议（The Pearls in Policing Conference）是一个国际执法网

---

① Pearls in Policing Conference [EB/OL]. http://www.eurojust.europa.eu/press/News/News/Pages/2015/2015-06-19_Pearls-in-policing.aspx.

② International Pearl Fishers Action Learning Group，IALG，国际行动学习小组也称为“珍珠渔民”。

络，将世界各地警察和执法机构的高层管理人员聚集在一起，考虑并制定解决警务所面临的新问题和新挑战的解决方案，为警察领导者提供了一个多层次的论坛，以应对新出现的挑战，制定创新战略并探索新思路。

“精英警务”是由来自不同国家、地区和国际组织的高层执法官员和著名的专家学者组成的一个国际执法工作智囊团。该组织的成立是受“比尔德伯格集团”[①]（The Bilderberg Group）的启发——在非正式的国际论坛中，高级官员们更能够在一个真诚、坦白、有效的环境下就重要问题进行讨论。其初衷是为了发现警务工作中新出现的挑战并通过集思广益想出解决办法。该组织每年召开一次大会，第十一届大会于2017年6月10—14日在加拿大多伦多召开，主题为“脆弱国家，脆弱社区”（Fragile States，Fragile Communities），此次大会共有来自加拿大、荷兰、美国、英国、德国、澳大利亚、巴西、挪威、中国香港等国家和地区以及国际刑警组织等国际警务合作组织的30名高级执法官员参加。

精英警务作为全球性的智囊团，执法部门的高级管理人员会面讨论其组织的战略和个人挑战。在一个小而非正式的环境中，这些执法领导者有机会真正关注他们职业的未来。除了其他方面，国际行动学习小组（IALG）的投入、激烈的辩论、工作组的意见和同行协商，都能从中获得智慧。

执法领域的高层管理人员每天都面临着越来越多的重大挑战。这些挑战和新出现的问题不再能够在国家层面得到解决，需要一个国际平台来制定有效的战略，以便在未来最好地执法。世界各地的高级执法管理人员需要研究新的理念、现实、风险、威胁和机遇以应对挑战，因此，2007年推出了一项名为精英警务的独特项目。第一届精英警务会议在和平、正义与安全之城海牙举行。

精英警务会议的灵感来自国际比尔德伯格会议。因此，该会议有许多比尔德伯格特征：

（1）一个被认可的会议议程。

（2）一年在荷兰举办，下一年在参与的宾客国家举办。

---

① 比尔德伯格集团是一个由欧美各国政要、企业巨头、银行家组成的精英团队，他们在“暗处”操纵着世界。这个秘密组织的诸次会议所讨论的问题包括全球化、国际金融、移民自由、国际警察力量的组建、取消关税壁垒实行产品自由流通、限制联合国和其他国际组织成员国的主权等，往往被认为是西方重要国际会议召开前的预演。这个超国家游说团体，被形象地称为“比尔德伯格俱乐部”。

(3) 适用查塔姆大厦规则[①] (Chatham House Rule)。

(4) 与会者也是发言人。

(5) 干预最多持续 7 分钟。

(6) 没有媒体参与。最后，将发布详细的会议报告。

(7) 通过国际行动学习小组 (IALG) 始终与 (行动) 学习有联系。

(8) 一个小而有效的海牙秘书处保障其连续性。

精英警务由五个标准组件构成：

(1) 年会 (The Annual Conference)

精英警务年会在每年 6 月的第二个周末举行。会议期间，代表们被邀请参加各种工作组介绍、同行磋商和小组讨论。学术界和国际行动学习小组 (IALG) 的参与者有机会展示他们的研究成果。会议持续时间为两天半，最多只能有 35 人参加。每年在荷兰和其中一个参与的嘉宾国家之间轮流主持精英警务会议的责任。

历届精英警务会议主题 (Themes)：

2007 年，在荷兰海牙举行的第一届精英警务会议的主题是 "全球化对安全的影响" (The Impact of Globalisation on Security)。

2008 年，荷兰海牙会议的主题是 "警务未来或未来的警务" (Policing the Future or Future Policing)，会议引入了全球思维的概念，这对许多人来说是一个看似很新的概念。以轻小武器非法贸易为例，说明了警察和法律制度在国际竞争环境中的无能为力。事实证明，高层管理人员不知道发生了什么，更不用说适当地回应了。

2009 年，荷兰海牙会议是对上次会议主题的回应："弥合差距" (Bridging the Gap)。工作组研究了与身份有关的问题，对国际合作进行 "绘图"，并参加了自发的额外会议，讨论了在打击恐怖主义方面的经验教训。

2010 年，澳大利亚悉尼会议的主题是 "未来之路" (Navigating the Way

---

① 查塔姆大厦规则 (Chatham House Rule)：该规则起源于查塔姆大厦，旨在鼓励开放讨论和促进信息共享。该规则现在在世界各地用于帮助自由讨论敏感问题。它为发言者提供了一种私下公开讨论其观点的方式，同时允许公开辩论的主题和性质，并促进更广泛的对话。当会议或其中的一部分根据查塔姆大厦规则举行时，则与会者可以自由使用会议中获得的信息，但不得泄露发言人的身份与所属机构，也不得泄露任何其他参与者的身份。对其解释是，会议不必在查塔姆大厦举行，也不必由查塔姆大厦组织，根据规则举行。在查塔姆大厦举行的会议，活动和讨论通常在 "记录中" 进行，并在相关案件中偶尔援引规则。如果规则不被认为足够严格，则可以 "取消记录" 事件。

Ahead)，提出是什么决定了你的合法性，如何确保公民和当局继续对你有信心等热门话题。

2011 年，荷兰海牙会议上“描绘变革的过程”(Charting the Course of Change) 是中心主题。社交媒体和新技术正在影响警务工作，很明显警察领导人需要在安全方面与其他警务合作伙伴更紧密、更有效地合作。并且“警务的本质”也不会发生变化吗?

2012 年，新加坡会议选择的主题是“为了更安全的世界所开展的警务”(Policing for a Safer World)。在经济危机时期，是否需要新的专业化?强调了集体处理网络犯罪的必要性，以及实现联合“学习规则”的愿望。

2013 年，荷兰阿姆斯特丹会议的主题是“变化世界中的可持续领导力”(Sustainable Leadership in a Changing World)。警察领导人如何应对警务挑战，不仅是短期的，而且还是长期可持续的方式。

2014 年，美国旧金山会议以“新警察，新一代” (A New Police, A New Generation) 为主题：现代警务的需求是什么?如何最好地定位下一代警察领导人以满足这些需求?

2015 年，第 9 届精英警务会议在丹麦哥本哈根举行。以“通过伙伴关系塑造创新”(Shaping Innovation through Partnerships) 为主题。

2016 年，第 10 届精英警务会议 6 月 11—15 日在澳大利亚悉尼举行，会议的主题是“联合全球执法”(Uniting Global Law Enforcement)。

2017 年，第 11 届精英警务会议于 6 月 10—14 日在加拿大多伦多举行，会议主题为“脆弱国家、脆弱社区”(Fragile States, Fragile Communities)，由加拿大多伦多警察局和荷兰的精英警务珍珠秘书处主办。

2018 年，第 12 届精英警务会议于 6 月 23—27 日在哥伦比亚梅德伦举行。以“警务破碎社区” (Policing Fractured Communities) 为主题的会议由哥伦比亚国家警察局和精英警务秘书处主办。

(2) 国际行动学习小组 (The International Action Learning Group, IALG)

国际行动学习小组是世界上现有唯一的行政领导项目。最多 20 名参与者用一年时间完成上一年的精英警务会议上制定的任务。该项目以行动学习为基础，同时进行研究、工作和学习。每年在精英警务会议期间都会公布调查结果。国际行动学习小组由一个财团组织，澳大利亚联邦警察局 (AFP)、精英年会的东道国和荷兰的精英警务管理者参加。

历届国际行动学习小组的任务 (Assignments)：

2006—2007 年：在世界各地寻找鼓舞人心的警察工作和个人（精英比喻

为“珍珠”），忽略任何不言而喻的事情。

任务给予者：精英警务董事会（Pearls Curatorium）。

2007—2008 年：为了解决犯罪全球化问题，当在地方一级维护公共安全时警察领导人的重点是什么？

任命给予者：澳大利亚联邦警察总局（AFP）总警监迈克·基尔蒂（Mick Keelty）。

2008—2009 年：探索未来公共警务的前景，同时考虑到 2007—2008 年学习小组提出的 2020 年情景。

任务提供者：加拿大皇家骑警（RCMP）警监威廉·埃利奥特（William Elliott）。

2009—2010 年：警察如何提高其合法性并建立在公众的信仰基础上？考虑到警察组织的黑暗面，最高执法官员和政治家之间的关系以及对公众关注和媒体关系的关注。

任务给予者：多伦多警察局局长比尔·布莱尔（Bill Blair）。

2010—2011 年：审视社交媒体和相关新技术不断变化的本质；对犯罪和公共安全的影响以及警察在战略上作出反应的相关挑战和机会，并为未来提出建议。

任命给予者：于尔根·施托克教授（Jürgen Stock），德国联邦刑警总局（Bundeskriminalamt，BKA）副局长（现任国际刑警组织秘书长）。

2011—2012 年：警察的真正价值在于什么？新专业化如何使这一价值最大化？全球危机的影响是决定因素。

任务授予人：香港警务处处长曾安迪（Andy Tsang）。

2012—2013 年：建立关键的职能和领导能力（在国家和国际范围内），这对于未来的警务和执法组织高级领导是必不可少的，并制定评估如何发展和系统地维持这种领导力的框架。

任务给予者：新加坡警察局局长吴若熙（Ng Joo Hee）。

2013—2014 年：根据 2013 年联合全球视野工作组（Joint Global Vision working group）确定的全球趋势，国际行动学习小组提出了 3 个近期未来情景（10 年后），包括面临的挑战，要求自己取代领导并考虑人而不是技术，警察要求处理这些情景，以及警察将来如何适应整个社区的反应。此外，学习小组的任务是不仅从反应的角度来看问题，而且还要预防和管理善后事宜。

任务授予者：新南威尔士州警察局局长安得烈·西庇昂（Andrew Scipione）。

2014—2015 年：您如何创建一个具有通过合作伙伴关系促进创新的文化和条件的警察组织？

任务给予者：联邦调查局（FBI）副局长凯文·帕金斯（Kevin Perkins）。

2015—2016 年：执法机构如何防止激进化，建立广泛和包容的伙伴关系，以便更有效地打击激进化？

任务给予者：比利时联邦警察局局长凯瑟琳·德·博勒（Catherine De Bolle，现任欧洲警察署主席）。

（3）学术论坛（The Academic Forum）

一组国际知名学者也关注学习小组所研究的相同任务，并在会议期间展示他们的见解，并参加围绕当年主题的互动工作会议。学术研究的结果被纳入年度精英警务会议报告。

（4）工作组（Working Groups）

每年会议产生多个主题，需要进一步的国际分析和研究，其中三个主题被分配到所谓的“工作组”。工作组由一个驱动者（driver）和几个辅助驱动者（co-drivers）组成，是从会议代表中选出的。工作组对具体指定的主题进行研究，并在下一次会议上介绍他们的发现。

精英警务工作组 2008—2016 年的工作主题：

2008 年：未来的警察领导；“全球”警察服务的普遍价值和标准；轻小武器国际贸易。

2009 年：绘制国际警务合作形式；身份；重新定义“警察”品牌。

2010 年：新媒体；组织变革；从描绘到组织全球的国际合作。

2011 年：确定利用新的专业性改进服务的可能性；探索全球化世界的合作机会。

2012 年：执法中的调查创新，塑造学习的学科（Discipline of Learning）；制定网络犯罪领域合作战略，并在国家和国际一级改进公私合营企业；探索社交媒体中执法的全球概念框架。

2013 年：全球执法联合愿景；与非传统合作伙伴共同创造；有效性的衡量。

2014 年：在一个不断变化世界里的警察与警务；从大数据到智能警务。

2015 年：关于国际警务合作的愿景；满足未来需求。

2016 年：保护最弱势群体的综合战略（如家庭暴力和虐待儿童）；探索边界：在现代执法中，在硬性警务和软性警务，过度监管和监管不足之间取得平衡；继续进行关于国际执法合作与协调的白皮书讨论。

(5) 同行点对点磋商(Peer-to-Peer Consultations)

一些参与者向该组织提出个人的专业困境(Professional Dilemma)。这种困境每年都以不同的工作形式呈现。例如,在过去通过“苏格拉底式对话”①(Socratic Dialogue),通过向群体呈现“棘手的问题”(Wicked Problem)或“讲故事”(Storytelling)。这些困境在小型讨论小组中进行讨论,其中代表们考虑该问题的各个角度,并向主持人提供理念和思路。

参与者:精英警务会议参与者是由顾问委员会提名并由董事会(Pearls Curatorium)挑选的执法高层,由精英警务委员会提名并由其选出。选择过程(仅限邀请)考虑到专业经验、领导素质和创新特征。标准包括地理、人口统计、性别和国家、区域或国际管辖区。会议的官方语言是英语。

2. 国际警察局长协会(The International Association of Chiefs of Police, IACP)

国际警察局长协会(IACP)是全球执法专业协会,创办于1893年,总部位于美国弗吉尼亚州亚历山大市(Alexandria, VA)。120多年来,该协会一直在推出国际知名项目,代表执法部门发声,开展突破性研究,并为全球会员提供示范项目和服务。如今,国际警察局长协会仍然被公认为这些领域的领导者。为了最大限度地发挥成员的集体努力,通过宣传、外展、教育和项目积极支持执法。协会是一个非营利性的非官方组织,其关注的领域包括警察首脑、培训、执法、职业发展和警察等。

通过贯穿公共安全范围的持续战略伙伴关系,协会为成员提供执法政策和运营各方面的资源和支持。这些工具可帮助成员有效、高效和安全地开展工作,同时教育公众了解执法的作用,帮助他们建立可持续的社区关系。②

国际警察局长协会(IACP)是世界上规模最大、最具影响力的警察领导

---

① 苏格拉底式对话是一种采用对谈的方式,以澄清彼此观念和思想的方法。苏氏认为透过对话可使学生澄清自己的理念、想法,使谈论的课题清晰。他认为只要一直更正不完全、不正确的观念,便可使人寻找到“真理”。这种对话模式犹如戏剧,拥有无比的张力。尤其穿插轻松、诙谐的语调,屡屡让人陷入推理的自我矛盾中,达到澄清的效果。苏格拉底认为一切知识均从疑难中产生,愈求进步疑难愈多,疑难愈多进步愈大。苏格拉底的这种方法,在西方哲学史上是最早的辩证法的形式。苏格拉底也常说他的谈话艺术就像为人接生一样。助产士本身并不是生孩子的人,她只是帮助接生而已。同样的,苏格拉底认为他的工作就是帮助人们“生出”正确的思想,因为真正的知识来源于人的内心,而不是来自别人的传授。同时,唯有出自内心的知识,才能使人拥有真正的智慧。

② 参见 https://www.theiacp.org/about-iacp。

人专业协会。[1] 在150个国家拥有3万多名会员，是全球警务领域公认的领导者。1893年以来，该协会一直代表执法部门发表意见，并在全球警务工作中提升领导力和专业水平。协会以致力于塑造警察职业的未来而闻名。通过及时的研究、项目设计和无与伦比的培训机会，正在为当前和新兴的警察领导者及其服务的机构和社区做好准备，以成功解决当今最紧迫的问题、威胁和挑战。

国际警察局长协会是一家非营利性（not-for-profit）组织，总部位于弗吉尼亚州亚历山大市，是《警察首脑》（*The Police Chief*）杂志的出版商，该杂志是执法人员的主要期刊，也是世界上最大的警察教育和技术博览会——国际警察局长协会年会（IACP Annual Conference）的主办方。会员资格对所有级别的执法专业人员以及刑事司法系统中的非宣誓（non-sworn）领导人开放。

使命（Mission）：国际警察局长协会致力于通过宣传、研究、外联和教育推动执法专业。[2]

愿景（Vision）：塑造警务专业的未来。[3]

2017年11月，该协会主席，来自佐治亚州拉格朗日警察局的路易斯·迪马尔（Louis M. Dekmar）局长，在其题为《未来的一年》（*The Year Ahead*）主席致辞中讲：作为我最喜欢的哲学家，苏斯（Dr. Seuss）博士曾经写道："你头上有大脑，鞋子里有脚。您可以引导自己选择任何方向"。[4] 125年来，国际警察局长协会一直引导着执法行业的发展方向，以支持我们遍布全球150多个国家的3万名会员。19世纪后期以来，协会一直是培训、领导力发展和管理模式的黄金标准，在整个警务领域得到认可和采用。随着执法所面临的问题不断变化，引导我们职业的机会也在继续。他指出，1829年以来，公众信任一直是当代警务的基石。过去，一些执法机构在寻求解决犯罪方面对公民权利漠不关心，而另一些则允许对不同种族或族裔的人进行人身攻击或谋杀。像这个领域的每个人一样，我为自己的职业感到自豪，但我认识到这些事件代表了我们最黑暗的时刻。人们早就认识到，关于生命的态度和传统是

① 参见 https：//www.theiacp.org/about-iacp.

② Our Mission：The International Association of Chiefs of Police is dedicated to advancing the law enforcement profession through advocacy，research，outreach，and education.

③ Our Vision：Shaping the future of the policing profession.

④ You have brains in your head. You have feet in your shoes. You can steer yourself any direction you choose.

代代相传的，而我们社区中有些人的个人经历和社会历史导致了对执法的不信任。毫无疑问，有些人会问：警方为什么要讨论或承认过去几代人和个人犯下的蛮横行为？相反，少数族裔社区的人可能会认为任何纠正这种情况的尝试只是掩盖几个世纪的不平等和残忍的另一种空洞的努力。但是，在某些情况下负责的执法机构仍然存在，无论喜欢与否，今天服务的警官们承担着这段历史的负担。我们不能改变历史事实，但我们可以通过在社区内建立信任的垫脚石来改变历史的后果。我期待着参与这项重要的工作。

六、其他组织

此外，还有一些国际组织，虽然它们不是专门的警务合作组织，但是由于其职能中涉及与警务相关的内容，因此也有必要与其进行警务联络。

（一）反洗钱金融行动特别工作组（Financial Action Task Force on Money Laundering，FATF）

反洗钱金融行动特别工作组是西方七国集团（G-7）由其成员司法管辖区的部长们，为专门研究洗钱的危害、预防洗钱并协调反洗钱国际行动，于1989年在巴黎成立的政府间国际组织，是目前世界上在国际反洗钱领域以及反恐融资领域最具权威性的国际组织之一。其目标是制定标准，促进有效地执行法律、规管和运作措施，以打击洗钱、恐怖主义融资及其他对国际金融体系完整性构成的相关威胁。因此，金融行动特别工作组是一个“决策机构”（Policy-Making Body），致力于激发必要的政治意愿，以便在该领域实现国家立法和监管改革。

图6-9　反洗钱金融行动特别工作组Logo

该组织制定了一系列建议书（The FATF Recommendations），被认为是打击洗钱和资助恐怖主义及大规模毁灭性武器扩散的国际标准。它们构成了对金融体系完整性威胁协调反应的基础，并有助于确保公平的竞争环境。最初于1990年发布的建议书于1996年、2001年、2003年进行了修订，最近一次于2012年进行了修订，以确保它们保持最新和相关，并且旨在普遍适用。该组织监督各国在实施建议书方面的进展；审查洗钱和恐怖主义筹资技术和应对措施；并促进在全球范围内采用和实施建议书。建议书规定了各国应采取的全面和一致的措施框架，以打击洗钱和资助恐怖主义以及为大规模毁灭性武器的扩散提供资金。各国有不同的法律、行政和运作框架以及不同的金融体系，因此不能都采取相同的措施来应对这些威胁。建议书制定了一项国际标准，各国应通过适应其特定情况的措施予以实施。金融行动特别工作组的标准包括建议书本身及其解释性说明，以及词汇表中的适用定义。

1990年4月，该组织发表了一份载有一套40条建议的报告，旨在提供打击洗钱所需的全面行动计划。2001年，组织的使命增加了打击资助恐怖主义的标准制定。2001年10月，发布了八项特别建议（Eight Special Recommendations），以处理资助恐怖主义的问题。持续不断的洗钱技术发展使该组织在2003年6月全面修订了标准。2004年10月，组织发布了第九项特别建议，进一步加强了商定的打击洗钱和恐怖主义融资的国际标准——“40+9”建议书。2012年2月，完成了对其标准的全面审查，并发布了经修订的建议书。本次修订旨在通过为政府提供更强大的工具来对付金融犯罪，加强全球保障并进一步保护金融体系的完整性，以应对诸如资助大规模毁灭性武器扩散等新威胁，并在透明度和腐败问题上更加明确。关于资助恐怖主义的9项特别建议已与反洗钱措施完全结合起来，产生了更强大、更清晰的标准。其2012年的建议书为《打击洗钱和资助恐怖主义与扩散的国际标准》（*International Standards on Combating Money Laundering and the Financing of Terrorism & Proliferation*）。

除指定建议书之外，成员之间相互评估过程非常彻底和密集。在一轮评估中，金融行动特别工作组评估了40多个司法管辖区（全球网络中的其他司法管辖区由类似组织或区域机构、国际货币基金组织和世界银行评估）。每次评估需要14个月才能完成。该组织全体会议在其三次年度全体会议的每一次会议上讨论并通过两份相互评估报告。这意味着每个评估周期需要7~8年才能完成。①

金融行动特别工作组监督其成员在实施必要措施、审查洗钱和恐怖主义融资技巧以及应对措施方面的进展，并促进在全球采取和实施适当措施。该组织与其他国际利益攸关方合作，努力查明国家层面的脆弱性，以保护国际金融体系免遭滥用，其决策机构是全体会议（FATF Plenary）每年召开三次会议。

金融行动特别工作组最初旨在审查和制定打击洗钱活动的措施。2001年10月，该组织扩大了其任务范围，除了洗钱，还包括打击资助恐怖主义的努力。自成立以来，该组织一直在其固定的领域内运作，要求由其部长级层面

---

① 参见 http：//www. fatf-gafi. org/.

作出具体决定。目前的任务（mandate）是 2012 年 4 月的部长级会议通过的 2012—2020 年规划（FATF 2012—2020）。

金融行动特别工作组目前由 36 个成员司法管辖区（member jurisdictions）和 2 个区域组织（regional organisations）组成，[①] 代表着全球各地最主要的金融中心。九个准会员[②]（FATF Associate Members），两个观察员（FATF Observers）：印度尼西亚、沙特阿拉伯，还有许多观察员组织[③]（FATF Observer organisations），这些国际组织具有观察员地位，除了其他职能，还具有特定的反洗钱任务或职能。2007 年当地时间 6 月 28 日，在法国召开的金融行动特别工作组全体会议以协商一致方式同意中国成为该组织正式成员。

该组织主席是由全体会议从其成员中任命的高级官员，任期 1 年，从 7 月 1 日开始，到次年 6 月 30 日结束。主席召集并主持全体会议和指导小组的会议，并监督秘书处的工作。

现任主席是美国的马绍尔·比林斯雷（Marshall Billingslea），他于 2018

---

① 阿根廷、澳大利亚、奥地利、比利时、巴西、加拿大、中国、丹麦、欧洲委员会、芬兰、法国、德国、希腊、海湾合作委员会、中国香港、冰岛、印度、爱尔兰、以色列、意大利、日本、大韩民国、卢森堡、马来西亚、墨西哥、荷兰王国、新西兰、挪威、葡萄牙、俄罗斯联邦、新加坡、南非、西班牙、瑞典、瑞士、土耳其、大不列颠联合王国、美国。

② 亚洲/太平洋洗钱问题小组（APG）、加勒比金融行动特别工作组（CFATF）、欧洲委员会反洗钱措施和资助恐怖主义评估专家委员会（MONEYVAL）、欧亚集团（EAG）、东部和南部非洲反洗钱集团（ESAAMLG）、拉丁美洲金融行动特别工作组［GAFILAT，前身为南美洲洗钱问题金融行动特别工作组（GAFISUD）］、西非反洗钱政府间行动小组（GIABA）、中东和北非金融行动特别工作组（MENAFATF）、中非洗钱问题工作队（GABAC）等。

③ 非洲开发银行、法郎区反洗钱联络委员会（CLAB）、亚洲开发银行、巴塞尔银行监管委员会（BCBS）、卡姆登资产追回机构间网络（CARIN）、埃格蒙特金融情报部门小组、欧洲复兴开发银行（EBRD）、欧洲中央银行（ECB）、欧洲司法（Eurojust）欧洲警察署、国际金融中心监管组（GIFCS）、美洲开发银行（IDB）、国际保险监督协会（IAIS）、国际货币基金组织（IMF）、国际证券委员会组织（IOSCO）、国际刑警组织、美洲国家组织/美洲反恐怖主义委员会（OAS / CICTE）、美洲国家组织/美洲药物滥用管制委员会（OAS / CICAD）、经济合作与发展组织（OECD）、欧洲安全与合作组织（OSCE）、联合国（包括毒品和犯罪问题办公室、联合国反恐怖主义委员会执行局（UNCTED）、根据关于伊黎伊斯兰国（达伊沙），基地组织和塔利班及相关个人和实体的第 1526（2004）号和第 2253（2015）号决议，分析支助和制裁监测组、安全理事会第 1540（2004）号决议所设委员会专家组、安全理事会第 1718（2006）号决议所设委员会专家小组、安全理事会附属机构处、世界银行、世界海关组织（WCO）等。

年7月1日担任该组织主席。副主席也是该组织候任主席，由全体会议任命，任期1年，协助主席履行其职责，并在必要时代表主席。来自中国的刘祥民（Xiangmin Liu）担任该组织2018—2019年的副主席。

秘书处由一支积极主动，具有多元文化背景和敬业的专业支持团队和来自世界各地的专家团队组成。它汇集了来自15个国家的专家，拥有10种语言，以及执法和情报机构、金融情报机构、政策顾问和法律专业多年的经验和专业知识，支持其成员和全球网络的实质性工作。

（二）国际民用航空组织[①]（ICAO）

国际民用航空组织是联合国的一个专门机构，由各国于1944年设立，负责《国际民用航空公约》（芝加哥公约）的管理和治理，为促进全世界民用航空安全、有序的发展而成立。确保全世界国际民用航空安全地和有秩序地发展是其宗旨之一，其中就包括反劫机的内容。中国是该组织的创始国和一类理事国。

国际民航组织与“公约”的192个成员国和行业团体合作，就支持安全、高效、经济上可持续和对环境负责的民用航空部门的国际民用航空标准和建议措施[②]（SARPs）和政策达成共识。国际民航组织成员国使用这些标准和建议措施及政策确保其当地民用航空运行和法规符合全球规范，这反过来又允许航空全球网络每天超过10万次航班在世界各地安全可靠地运行。[③]

图6-10 国际民用航空组织Logo

除了核心工作，在其成员国和行业以及许多其他优先事项和方案之间解决以共识为导向的国际标准和建议措施和政策之外，国际民航组织还协调各国的援助和能力建设，以支持众多航空发展目标；制订全球计划，协调安全和空中航行的多边战略进展；监测和报告众多航空运输部门的绩效指标，并审计各国在安全和保安领域的民用航空监督能力。

① ICAO：International Civil Aviation Organization.

② Standards and Recommended Practices，SARPs.

③ https：//www.icao.int/about-icao/.

愿景（Vision）：实现一个可持续的全球民用航空体系。[1]

使命（Mission）：作为国际民用航空的全球论坛。国际民航组织通过会员国及利害攸关方的合作，制定政策、标准，开展合规性审计，进行研究和分析，提供援助和建设航空能力。[2]

航空安全是国际民航组织基本目标的核心。该组织与整个航空运输界密切合作，不断努力，进一步提高航空业的成功安全绩效，同时保持高水平的能力和效率。通过以下方式实现：

制定包含全球航空安全计划和全球空中航行计划的全球战略。

制定和维护适用于国际民用航空活动的标准、建议措施和程序，这些活动包含在16个附件和4个空中航行服务程序中。这些标准得到50多份手册和通函的补充，这些手册和通函为其实施提供了指导。

监测安全趋势和指标。国际民航组织通过其普遍安全监督审计计划审计其标准，建议措施和程序的实施情况。它还开发了复杂的工具来收集和分析大量安全数据，从而识别现有的和新出现的风险。

实施有针对性的安全计划，以解决安全和基础设施方面的缺陷。

对自然灾害、冲突或其他原因造成的航空系统中断进行有效回应。

在所有高度协调的安全活动中，国际民航组织努力实施切实可行的措施，以提高航空运输系统所有部门的安全和效率。这种方法确保航空公司在非常安全和高效的航空运输网络上的互补成就继续在支持全球社会和经济优先事项方面发挥重要作用。

（三）联合国教育、科学及文化组织[3]（UNESCO）

联合国教育、科学及文化组织于1946年11月4日正式成立，是联合国旗下专门机构之一。总部设在法国首都巴黎，现有195个成员，是联合国在国际教育、科学和文化领域成员最多的专门机构。该组织旨在通过教育、科学和文化促进各国合作，对世界和平和安全做出贡献，其主要机构包括大会、执行局和秘书处。

1945年11月1—16日，二战刚刚结束，根据盟国教育部长会议的提议，

---

① Vision：Achieve the sustainable growth of the global civil aviation system.

② Mission：To serve as the global forum of States for international civil aviation. ICAO develops policies and Standards，undertakes compliance audits，performs studies and analyses，provides assistance and builds aviation capacity through many other activities and the cooperation of its Member States and stakeholders.

③ United Nations Educational，Scientific and Cultural Organization，UNESCO.

在伦敦举行了旨在成立一个教育及文化组织的联合国会议（ECO/CONF）。约40个国家的代表出席了这次会议。在法国和英国的推动下，会议代表决定成立一个以建立真正和平文化为宗旨的组织。这个新的组织应建立“人类智力上和道义上的团结”，从而防止爆发新的世界大战。会议结束时，37个国家签署了《组织法》，联合国教科文组织从此诞生。其宗旨是促进教育、科学及文化方面的国际合作，以利于各国人民之间的相互了解，维护世界和平，其中包括关注文物流失、反对文物走私等内容，通过保护遗产和支持文化多样性来实现跨文化理解。联合国教科文组织创立了世界遗产的理念，保护体现优秀的普世价值的遗迹。中国是该组织的成员国。①

图6-11　联合国教育、科学及文化组织 Logo

2018年12月31日，美国退出联合国教科文组织的决定正式生效，这是美国第二次退出联合国教科文组织。

联合国教科文组织被看作是联合国的“智力”机构。目前世界正在寻找建设和平与可持续发展的新方法，人们必须依赖智力与创新的力量，扩展视野、支撑起对新的人文主义的希望。联合国教科文组织将这一创造性才智带入生活，因为正是在人的思想中必须建立起保卫和平的屏障和可持续发展的条件。

“于人之思想中构建和平”是该组织的口号。因此，防止暴力极端主义是该组织关注的主题之一。仅仅打击暴力极端主义是不够的——我们需要预防它，这便需要利用各种形式的“软实力”，对经过曲解的文化、仇恨和无知带来的威胁加以预防。没有人是天生的暴力极端分子，他们都是受到蛊惑煽动，被培养发展出来的。解除激进化武装，必须从人权和法治开始，开展冲破一切界线的对话，增强所有青年男女的权能，尽早从学校课堂抓起。教科文组织会员国通过了具有里程碑意义的决定（第197 EX/46号决定），旨在增强教科文组织的能力，帮助各国精心制定更有针对性的防止暴力极端主战略。教科文组织还对联合国秘书长的防止暴力极端主义行动计划做出承诺，重点关

① 参见 https：//en. unesco. org/about-us/introducing-unesco。

注与教科文组织工作直接相关的优先事项：（1）教育、培训技能和协助就业；（2）增强青年权能；（3）战略通信、互联网和社交媒体；（4）性别平等和增强妇女权能。[①]。

（四）世界知识产权组织[②]（WIPO）

世界知识产权组织是知识产权服务、政策、信息和合作的全球论坛。总部位于瑞士日内瓦，是联合国的自筹资金机构，拥有191个成员国。其宗旨是促进使用和保护人类智力作品，管理着涉及知识产权保护各个方面的24项国际条约。

其使命是领导开发一个平衡有效的国际知识产权（IP）系统，使所有人都能获得创新和创造力。其任务、理事机构和程序载于世界知识产权组织公约，该公约于1967年建立。中国于1980年6月3日加入该组织，成为它的第90个成员国。

图6-12　世界知识产权组织Logo

该组织提供一个全球政策论坛，政府、政府间组织、行业团体和民间社会齐聚一堂，共同解决不断变化的知识产权问题。其成员国和观察员定期在世界知识产权组织各委员会和决策机构举行会议。他们的挑战是谈判确保国际知识产权制度与不断变化的世界保持同步所需的变革和新规则，并继续服务于鼓励创新和创造的根本目的。

第三节 ‖ 中国与警务合作国际组织

一、中国在警务合作国际组织中的地位与作用分析

（一）参与警务合作国际组织的必要性

1. 全球化趋势下打击国际性犯罪的客观需要

全球化时代，安全问题也呈现出相互影响的全球化趋势。国家安全问题不再是单纯的国内问题，外部安全因素因具有了国际性而成为国家安全的重

① 参见https：//en.unesco.org/preventing-violent-extremism。

② WIPO：World Intellectual Property Organization.

要隐患。同时，国内安全形势的波动也极有可能殃及周边国家和地区而形成国际影响，客观上要求各国参与执法安全，而警务合作国际组织是最好的平台和渠道。

2. 我国公安工作国际化发展的需要

公安工作国际化要求我们必须改变公安工作绝对本土化和国民化的固有意识，而代之以国际眼光和全球思维，广泛参与警务合作国际组织，深化国际警务执法合作，提升我国维护主权、安全和发展利益的能力。

3. 提升我国国际地位和影响力的需要

中国已经日益走近世界舞台中央，与各国的联系日益紧密，中国的发展与世界的发展逐渐连为一体，相互影响。中国警方与世界各国开展了广泛的执法安全合作，并广泛参与国际组织框架内的国际合作。但我国在相关警务合作国际组织中并未发挥与国力相匹配的作用，参与程度也有待深化。影响力和话语权等制度性权力有待提升。主动引领合作方向，设置议程，承担更多国际责任，提供更多公共产品方面还需继续努力，参与相关国际组织是必由路径和必经阶段。

（二）参与警务合作国际组织的制约因素

1. 理论缺失

改革开放前我国对于国际组织的参与相对缺乏经验，缺乏关注与重视。改革开放以后，我国开始广泛开展国际交往，积极融入世界。然而，对于警务合作国际组织的参与起步较晚，相关理论研究缺乏，造成我国在参与警务合作国际组织方面的理论缺失，缺乏战略引领和理论支撑，在开展执法安全合作时常常依赖外交努力而缺乏独立的警务合作理念。在构建中国特色执法安全合作体系中，需要进行理论探索和建构，排除国际关系波动的影响，建立与维护在警务合作国际组织中稳固的地位与作用。

2. 警察体制与文化差异性

中国现代警察体制起步较晚，由于中国特殊国情因素，警察体制和制度与西方发达国家警察制度相比，具有自己的特色，也存在一定弊端和问题。当代警务合作国际组织是以西方国家为主导的，其价值观也是以西方现代警察制度和文化为主导，我们还需要学习和适应。

3. 国际力量角逐的影响

国际组织从其形成历史来看是协调国际利益争夺和分配的产物。如今虽然经历了变化，但是国际组织内部大国间的权力、利益争夺从未消失。国际组织中的大国霸权与国际政治角逐，造成国际关系的波动，这对于国际组织功能发挥有着负面影响。中国作为新兴大国，历来反对霸权主义，倡导公正合理的国际新秩序，但依然受到遏制，在国际组织中的主张和诉求易面临反对；同时随着中国的发展和实力的增强，与传统强国的矛盾和摩擦日益凸显。周边一些国家或地区的防范心理也影响正常的交往，间接影响到国际组织中的具体合作。执法安全合作事关国家安全和主权完整，在警务合作国际组织中的一言一行都会引起国际力量的权衡与博弈。

二、中国在警务合作国际组织中的地位与作用发展目标

（一）全球性警务合作国际组织——增强影响力和话语权

虽然我国综合国力在近年来有了显著提升，国际地位和国际形象也有了改善，但是这种综合国力的提升并未使我国立即获得与之相应的国际地位。目前，全球性的涉及警务合作的国际组织主要有国际刑警组织、联合国毒品与犯罪办公室、国际移民组织等。我国已加入了很多警务合作国际组织，但在其中的影响力却很局限。尽管近年来我国已经在一些全球性国际组织当中进入管理岗位，但总体规模和影响力仍然有限。应着力加大人才培养和推送力度，提升整体的影响力与话语权。

（二）区域性警务合作国际组织——建立合作关系与渠道

随着世界区域化的发展，为维护区域共同利益，形成了一些区域性国际组织。跨国犯罪一般涉及的国家和地区也具有地域性，处于特定区域的国家为了更有效地打击跨国犯罪、维护区域共同安全，建立了区域性的警务合作国际组织。由于区域性国际组织具有较强的地域性，在对外合作方面显示出一定的封闭性和排他性。在这些组织中，我国应力争建立合作关系，拓展合作渠道和方式，以双边带动多边，以点带面，推动与区域性警务合作国际组织的全面合作。

（三）地缘优势警务合作国际组织——谋求核心地位和主导权

中国的日渐崛起与强大对于亚太地区的影响力日渐显现。我国具有地缘优势的国际组织主要有上海合作组织、中国—东盟（10+1）、澜湄执法合作中心等。在这些组织里，应力求谋求核心地位和主导权，主动承担大国责任，构建合作框架，发挥主导作用。主导国参与规则制定，引领合作方向。

三、提升我国在警务合作国际组织中地位与作用的对策

（一）开展警察外交，拓展合作关系与渠道

警察外交是指一国政府为打击国际性犯罪，维护国家安全与利益而开展

的一系列对外警务活动的总称。形式多样的警察外交活动，是打击跨国犯罪、维护国家安全的内在要求，也是承担国际义务，建立负责任大国形象的外在体现，对于传播我国警察文化，改善和提升我国警察的国际形象，对于我国警务理念的了解和认同、促进地区乃至世界的和谐有着重要意义。在警察外交战略上，应积极全面地参与国际合作，参与警务合作国际组织，建立警务合作关系。在警察外交实践中，要积极开展双边和多边警务合作与交流，建立和巩固“全方位、多层次、宽领域、务实效”的警察外交工作格局。①

（二）推进警务体制改革，减少制度阻力

警务合作国际组织主要是以西方警务体制为主要合作框架的。我国警务体制与司法制度在国际组织框架内开展具体合作实践中会与其他成员国产生制度上的不适应。因此，要深入学习与借鉴当今世界先进警务制度，根据我国具体国情和警务实际进行完善和修订。扬长避短，更新警务观念。同时，推动我国警务体制与国际接轨，促进我国警务体制现代化。重视警务合作机制的创新，以更加灵活和弹性的警务合作机制减少合作的制度阻力，以促进警务合作的达成。

（三）加强警务文化推广，增强国际认可

国际合作是建立在相同的价值认同和合作理念上的，认同是执法安全合作国际警务合作的基础之一。在国际交往与合作中，我国近年来所倡导的安全共同体意识、人类命运共同体思想、安全促发展理念等，已经逐渐深入人心，广为世界认同，也体现在执法安全合作的价值取向上。另外，提高危机处理能力，丰富国际传播手段，加强公关技巧等对我国在警务合作国际组织中地位的提升起着十分重要的作用。

（四）重视国际化人才培养，夯实队伍基础

警察队伍素质影响着执法安全合作的效率和水平。相对于传统的国内警务工作，国际合作具有一定程度的复杂性与敏感性，对相关人员的素质提出了更高的要求。国际化人才应既具有国家意识，又要有世界眼光；既具有处理普通案件的能力，又具有跨文化交际能力；既要精通警务技能，又要精通国际交流，需要政治可靠、作风正派、学贯中西、德才兼备的复合型、应用型、高素质人才。

随着我国综合国力显著提升，中国在警务合作国际组织中承担更多的责

① 赵宇．我国警察外交的兴起、内涵及动因初探［J］．山西警官高等专科学校学报，2012（4）：34.

任，也是广大发展中国家的普遍期待，中国作用的发挥提升，不仅有利于维护我国家利益，也有利于促进世界和平与稳定。

第四节 ‖ 我国外派警务联络官工作概况

面对新的国际形势，为进一步加强与国外执法部门的直接联系，将对外执法合作的触角延伸到国外，逐步构筑国际执法安全合作网络，严密执法安全布局，我国派遣警务联络官是维护国际和国家安全，进一步扩大和深化国际执法安全合作，主动应对国际化挑战，加强打击跨国犯罪而采取的一项重要举措。对于有效遏制和打击各种犯罪，维护国家主权、安全和发展利益具有重要而深远的意义。

一、警务联络官的概念

警务联络官（Police Liaison Officers）一般是指一国或国际组织派驻到其他国家或国际组织的具有警务人员身份的外交官。一般认为，警务联络官制度起源于 20 世纪 70 年代的欧洲，指一国警察机构派驻到另一个国家或者双方进行固定联系的警官，目的是收集犯罪情报，寻求合作途径。当时主要是为了同毒品犯罪展开有效的斗争。以后，这种做法逐渐推广到世界其他地方。许多国家在其驻外使馆中设立警务联络官或独立的办事机构，了解驻在国的法律和警界同行们的活动，促进双方更直接、更密切的合作。除了有利于个案的侦破，还能在更广泛的执法领域进行协调和沟通，为各国的国际警务执法合作走向具体化、效益化、机制化提供协作保障。

我国警务联络官的含义有广义与狭义之分。狭义的警务联络官是指由公安部派驻到我国驻外使领馆，以外交人员身份代表公安部与驻在国（地区）开展警务联络等工作的公安民警。广义的警务联络官还包括其他被政府借调到相关国际组织任职的警官。

狭义的警务联络官的主体只能是由公安部派驻到国外使领馆工作的公安民警，其职能主要是代表我国公安部与驻在国警方之间开展双边的警务联络与合作。而广义的警务联络官的主体不仅包括我国公安部派驻到国外使领馆工作的公安民警，还应包括我国派驻到相关国际组织，如国际刑警组织总秘书处、上海合作组织总秘书处以及联合国维持和平行动部（DPKO）等国际组织中的在职公安民警。

此外，我国省级公安机关派驻到国外从事警务联络与合作的公安民警，如经公安部授权，由黑龙江省公安厅派驻到俄罗斯联邦滨海边疆区和哈巴罗夫斯克边疆区的公安民警，也应纳入广义的警务联络官主体范围。广义的警务联络官主要职能不仅包括代表我国公安部与驻在国警方之间开展双边的警务联络与合作；还可以代表我国在国际组织内开展成员国之间的多边与双边警务联络与合作；同时，还可以只代表派出的省级公安机关与驻在国对等的地方警察内政机关开展双边警务联络与合作。

我国的外派警务联络官是指由公安部派驻到我国驻外使领馆，以外交人员身份代表公安部与驻在国（地区）开展警务联络等项工作的公安民警。警务联络官接受所在国（地区）使领馆党委统一领导，业务工作由公安部指导，一般任职期限为三年，定期轮换。

根据《维也纳外交关系公约》，警务联络官作为外交官的一员，享有特定的权利和义务。派遣国也赋予外交官一定的职责与任务。我国的警务联络官主要有如下的职责任务：与驻在国警方等执法部门互通情报信息，开展警务交流与合作；研究驻在国治安、执法等情况；了解和掌握驻在国反华势力动向，及时向国内汇报并提出意见和建议；积极联络并协调办理有关涉外案件；关注我国驻外使领馆以及海外公民面临的安全形势并提出工作意见和建议；对外宣传，介绍我国公安执法等情况，增进驻在国人民和警方等执法部门对我国的了解和友谊，扩大公安工作在国际上的影响；完成公安部及驻在国使领馆交办的其他工作等。

警务联络官工作的核心目的是追求国际执法合作联络中的“直接快捷、务实有效”。警务联络官因其自身的特点，在协调和联络工作中能够发挥特有的优势。对外交往、办理跨国案（事）件、保护海外安全利益的能力是警务联络官三个基本的核心能力要求。

第一，身份具有特殊性，既是外交官，同时又是职业警官。警务联络官的主要工作是通过外交程序来解决警务问题，比两国单纯外交途径的联络更加直接，往往是双方的执法人员、警方人员直接面对面接触。同时，警务联络官本身具有公安实践工作经验，熟悉国内公安业务、执法体系和司法程序，在处理涉及警务内容的工作时，能够施展业务所长，发挥其他外交官无法比拟的作用。

第二，职位的专职性。警务联络官的职责和任务围绕执法安全合作这个中心，专职负责合作过程中的沟通、协调与联络，有助于寻找出一种快捷、有效的合作途径，所谓“知己知彼，合作不殆”。

第三，岗位的固定性。警务联络官长期派驻使领馆，保障了工作的相对稳定和连续性，容易促成一种良性的联络、合作的机制化工作模式，可以建立一种相对固定、专门的联系渠道，从而避免工作的盲目性。与临时外派工作团组相比，警务联络官岗位固定，可以拿出专门的精力，去研究国外的法律体制和刑事司法协助体系，不仅有利于促进执法安全合作顺利进行，也有利于借鉴吸收一些能为我所用的先进警务管理理念，掌握世界上警务执法方面的发展趋势，从而推动公安工作的改革创新。

第四，警务联络官工作与使领馆工作的互补性。警务联络官受使领馆党委统一领导，业务上由公安部指导。在掌握反华势力动向，保障使领馆安全，了解海外公民的安全形势方面，其自身具备的警察意识和职业素养，使他们在情报信息分析、评估安全形势等工作中，比一般外交官更加具有职业敏感性。丰富的警务工作经历还可以协助使领馆更好地完成其他外交使命。同时，丰富的外交知识背景和阅历，以及对从业人员的高标准、高素质要求，对警务联络官们也是一种培养和锻炼。[①]

二、警务联络官制度的历史由来

警务联络官制度的历史最早可以追溯到 1914 年倡导成立的国际刑警组织，在国际刑警组织的总秘书处及执行委员会中，历来都工作着许多来自不同成员国的在职警官。这些警察代表各自国家的警方在国际刑警组织内与其他成员国警方开展双边及多边的警务联络与合作。这些在国际刑警组织中工作的各国警察的代表就成为最初派往国际组织中的警务联络官。

我国自 1984 年加入国际刑警组织后，自 1996 年开始，先后有多名在职警官被公安部派往国际刑警组织总秘书处工作，从事国际警务联络与合作等工作，成为我国最初派往国际组织中的警务联络官。[②] 目前仍有多名中国警官在里昂总秘书处和新加坡创新中心工作。

从 1948 年开始，北欧各国就开始开展刑事司法合作，在 1982 年的一次会议中，北欧国家司法部长会议决定加强警察和海关在打击毒品犯罪方面的合作，成立了所谓的“北欧警察与海关合作组织”，并向北欧之外的其他国家

① 赵宇．我国的外派警务联络官工作［J］．现代世界警察，2007-10.

② 1996 年我国首次派遣公安部于澄涛、王东海两名同志到国际刑警组织总秘书处工作，当时称“国际借调人员”（seconded officers），工作是在总秘书处，但是工资待遇由公安部负责，可以称为广义的警务联络官。这个时间比 1998 年我国第一个派往美国的“缉毒联络官”时间还要早——作者自注。

派驻了众多共同联络官，该联络官网络被认为是处理波罗的海地区与犯罪有关之争议的有效手段。①

欧洲警察署（Europol）是根据1992年《马斯特里赫特条约》而成立的旨在提高成员国警察机关与严重的国际有组织犯罪之间斗争的效率性和合作性的欧盟执法组织，是欧盟成员国国家执法机关的跨界协调机构，从本质上来讲，欧洲警察组织是一个进行欧盟成员国信息整理、分析和发布的总机构。欧洲警察署有来自各成员国的联络官代表各自的执法机构，如内政警察、海关、宪兵、移民局等一系列执法机构。②

目前，加拿大皇家骑警（RCMP）向26个国家部署了执法联络官③（LO）和海外分析员④（ADO），是加拿大执法机构与东道国之间的纽带，他们与世界各地同行分享最佳实践并传达皇家骑警的使命、愿景和价值观。当加拿大皇家骑警与另一个国家进行重大案件调查时，联络官执法可以提供帮助，利用对东道国的了解来支持国内和国际合作伙伴。虽然在超出加拿大国界的调查中发挥了重要作用，但他们在国外没有管辖权。只能在获得外国当局批准的情况下推进加拿大的调查。将执法联络官部署到世界各地的战略位置为加拿大提供了一个在当今警务环境中至关重要的国际链接。而且，它还有助于加拿大人的国内安全和保障。联络官的主要职责有：协助加拿大在国外进行重大案件调查；加强与外国当局之间的刑事情报交流；对涉及影响加拿大的调查中的外国机构提供帮助；协调和协助皇家骑警的国际交往；代表皇家骑警参加国际会议和研讨会、帮助国外的培训和能力建设等。海外分析员的主要职责有：在当地发展和培养伙伴关系；确定共同关心的刑事问题；通过与加拿大的联系，生成与正在进行的调查相关的情报；与联络官、国际执法机构和外国合作伙伴合作等。另外，皇家骑警也向国际刑警组织、欧洲警察署、联合国维和行动部派遣联络官并参与和平行动。⑤

据法国内政部国家警察总局国际合作局的同事介绍，自20世纪60年代末，为解决前殖民地脱管之后出现的治安真空，保护侨民利益，法国开始向

---

① 公安部政治部．国际警务执法合作［M］．北京：中国人民公安大学出版社，2006：43.

② 公安部政治部．国际警务执法合作［M］．北京：中国人民公安大学出版社，2006：46.

③ Liaison Officers，LOs.

④ Analysts Deployed Overseas，ADO.

⑤ 参见 http：//www. rcmp-grc. gc. ca/en/international-policing.

国外派遣警务参赞（police attaché）、执法联络官（liaison officers）以及助理（assistants），截至 2018 年 12 月，法国内政系统的 74 个内部安全服务机构（internal security services）对外派遣人员已经覆盖了全球 157 个国家，其中，负责禁毒、有组织犯罪、移民等事务的警务联络官人数大约有 250 人，大多数部署在欧洲和非洲。①

1998 年，我国向美国派出警务联络官，当时称缉毒联络官。1997 年 10 月江泽民对美国进行国事访问，两国元首决定扩大合作领域，其中落实的成果之一就是达成包括互设警务联络官等共识。② 当时主要是为合作打击两国的毒品犯罪。可以说驻美警务联络官的派出是原国家主席江泽民与原美国总统克林顿首脑会晤的重要成果之一，这标志着两国警务执法合作有了新进展。这是我国公安部第一次向驻外使领馆派遣警务联络官，也是我国历史上第一次派遣狭义概念上的警务联络官。此后，由公安部外派到驻外使领馆的警务联络官数量进一步扩大，派往的国家也进一步增多，外派警务联络官工作进入了新的发展时期。

三、外国驻华执法联络官

近年来，国外向我国派驻各类执法联络官员包括警务联络官的规模和力度也在逐步增强。由于各国司法体制各异，有些国家派驻到我国的联络官不一定都称为警务联络官，但是他们所从事的工作与我国警务工作有密切的联系。例如，外国驻华使馆中有些联络人员是海关执法人员、移民官员、法律顾问等。

各国驻华使馆的警务联络官是我国警方进行国际合作的桥梁和纽带。我国与各国驻华警务联络官的友好合作有利于各国驻华使馆的安全，有利于社会安全和反恐等国际性犯罪防控的国际合作。

例如，在北京有一个“驻华海外执法团体”③（FLECC），是一个协会性质的民间团体，共有来自 20 多个国家的 70 多位执法部门代表组成，这些成员代表来自警察、海关、边境保卫等执法部门。通过这个平台共同找出需要合作的问题，从而增强打击跨国犯罪的执法力量。这是一个松散的团体，凝聚这个组织的是共同的利益和关切，该团体为中国公安部、司法部与各国联

① 以上资料是笔者与法国内政部前驻华警务联络官沟通之后了解的情况。

② 孔宪明．中国警官走进美利坚［M］．上海：上海人民出版社，2004：1.

③ Forgein Law Enforcement Community in China，FLECC.

络官之间建立起了一个快速互联的通道，可以顺畅交流意见和想法。当初成立的目的就是密切与驻在国的合作，共同打击恐怖主义、毒品贩运、偷渡、走私等跨国犯罪。在2013年中美联合打击互联网儿童色情犯罪专项行动中发挥了重要的协调作用。

这个团体有三个目标：通过建立团体内更加紧密的私人联系，来加强打击跨国犯罪的共同努力；保持与中方相关部门和人员的业务联系，尤其是在打击严重犯罪领域；向所有打击犯罪部门的代表提供无论是来自集体的或个人的建议、协助、支持和帮助。

四、我国外派警务联络官的职责

（一）开展警务联络

第一，负责就同时涉及我国和驻在国或国际组织内成员国的案件与驻在国相关执法部门或国际组织内相关国家代表进行联络并交换相关的情报信息。

第二，驻国外使领馆的警务联络官还要配合使馆做好高访安保等重要安全警卫工作，与驻在国相关执法、警卫、安全部门进行联络协调。

（二）促进合作与交流

第一，警务联络官需要配合国内缔结、执行两国和两国政府间以及我国与国际组织间的执法合作协议以及公安部与驻在国执法部门间或我国省级公安机关与驻在国当地警方间的有关合作协议（包括执法合作协定、议定书、谅解备忘录、会谈纪要等）。

第二，加强与驻在国执法部门或所派驻的国际组织间的联系，建立经常性的警务联络和情报信息交流机制，推动与驻在国或国际组织内各成员国执法部门的合作与交流。

第三，负责办理国内公安机关和驻在国，地区或国际组织各成员国执法部门间互访以及重要团组的访问安排事宜，并协助和指导国内公安机关派出的访问、考察、研修团组及办案小组顺利完成预定任务。

第四，了解、掌握我国与驻在国或国际组织各成员国之间执法合作与交流活动的成果和经验，及时向国内反馈情况并就执法合作等项工作提出意见和建议。

（三）开展调查研究

第一，调查、研究驻在国和国际组织各成员国社会治安形势、刑事司法体制、执法工作以及与我国公安业务有关的其他基本情况，借鉴先进的经验，改革和加强我们的工作。

第二，搜集、掌握我国逃往国外的犯罪嫌疑人、非法移民及其组织者等情况，及时报告国内并提出工作建议。

第三，驻国外使领馆的警务联络官还要在使馆领导下，就我国驻外使馆以及旅居国外的中国公民面临的安全形势进行调研和评估，并提出工作建议。

（四）进行对外友好宣传

主要宣传、介绍我国公安执法等情况，增进驻在国及国际组织各成员国人民及政府执法部门对我国的了解和友谊，推动执法合作。[①]

（五）开展人脉建设

作为公安机关的一支境外力量，警务联络官的一项重要职责是在驻在国开展人脉建设。既包括当地政府高层、内政警察首脑，也包括基层执法人员，当地华人社团以及友华团体等各个阶层。通过其建立、维护的人脉关系，境外工作能“找得到人，说得上话，办得成事”，将我国的国际执法安全合作事业提升到了新的层次，促进了我国外交事业的总体发展。

第五节 ‖ 我国外派警务联络官工作实践

一、概述

外派警务联络官是我国开展国际执法安全合作的重要桥梁、纽带和实践者。截至 2018 年 12 月，我国已向 35 个国家的 42 个使领馆派驻 72 名警务联络官。我国驻外警务联络官队伍持续壮大，工作成效日益显著，在国际执法安全合作中扮演着越来越重要的角色。警务联络官身处国际执法合作一线，充分发挥情况熟、人脉广、业务精、反应快等优势，在维护国家安全和社会稳定、打击跨国犯罪、开展境外追逃和保护在外中国公民和机构安全利益等方面发挥了不可替代的重要作用。2013 年至今，外派警务联络官共处理 7000 余起案件，协助缉捕遣返外逃人员 4000 余名。2017 年 2 月，全国公安国际合作工作会议明确提出要积极加强驻外警务联络官建设，[②] 驻外警务联络官工作必将在我国国际执法安全合作乃至总体外交工作全局中占有更重要的地位。

---

① 高心满. 联合国警务联络官应具备的基本素质［J］. 武警学院学报，2006（2）：47.

② 全国公安国际合作工作会议在京召开［EB/OL］. http：//www.mps.gov.cn/n2255053/n5147059/c5626929/content.html.

二、服务公安中心工作，打击跨国犯罪

（一）概述

驻外警务联络官就涉及我国和驻在国的刑事案件、恐怖主义事件及其他安全事件，与驻在国相关执法部门开展警务联络，交换相关情报信息，配合国内公安机关打击针对我国政府、公民、法人和其他组织的犯罪活动和敌对势力活动，协助做好遣返、递解和引渡犯罪嫌疑人等工作。此外，还负责就便利双方公民正常往来和打击非法移民活动与驻在国主管部门进行沟通协调，协助国内有关部门开展打击非法移民的组织者和运送者的工作。截至 2016 年年底，我国驻外警务联络官共协助办理各类跨国案件 4460 起。①

（二）打击跨国电信诈骗犯罪的专项斗争

近年来，我国电信诈骗案件高发，严重威胁着人民群众的财产安全，受害范围极广，受害群众极多，造成极为恶劣的社会影响。而在公安机关的严厉打击下，电诈犯罪嫌疑人纷纷向海外转移，利用国际电信、金融网络和互联网工具“遥控”实施犯罪，对其实行有效打击十分困难。经过我国公安、外交等各部门的通力合作，以及警务联络官在一线的大力协调、协助，近年来我公安机关成功破获一系列跨国电信诈骗案。

通过警务联络官的人脉关系细致工作，取得了将大量包括台湾籍在内的犯罪嫌疑人遣返回国的重要成果，极大地提高了公安部门的社会声望。仅 2016 年，我国驻马来西亚、越南、柬埔寨、老挝警务联络官就参与抓获并遣返包括 53 名我国台湾籍人员在内的 193 名犯罪嫌疑人。

2017 年 11 月，在公安部统一部署下，河南公安机关派出工作组赴老挝侦办电信诈骗案件，我国驻老挝警务联络官充分利用积累的人脉关系，通过各种渠道帮助工作组与老挝警方紧密沟通，成功锁定位于万象市等地的电诈犯罪窝点，并克服老挝警方技术手段落后等困难，配合工作组采取走街串巷的传统摸排手段，查清了各个犯罪窝点的具体情况，并会同当地警方先后开展 3 次集中冲击窝点行动，捣毁犯罪窝点 4 个，缴获赃款数百万元及大量作案工具，抓获犯罪嫌疑人 41 人。随后我国警务联络官继续协助工作组与老挝相关

① 全国公安国际合作工作会议在京召开［EB/OL］. http：//www. mps. gov. cn/n2255053/n5147059/c5626929/content. html.

部门商定犯罪嫌疑人移交事宜，成功将全部犯罪嫌疑人押解回国。[①]

2017年1月，在我国驻越南警务联络官大力协助下，公安部派员带队的赴越工作组成功于海防市捣毁一电诈犯罪窝点，抓获5名犯罪嫌疑人，包括台湾籍嫌疑人4人，并全部押解回国。[②]

（三）与跨国犯罪斗争的发展趋势与未来工作重点

犯罪国际化必将愈演愈烈的前景决定了警务全球化的发展趋势，我国公安机关必须积极适应这一形势，将与犯罪斗争的前沿阵地向海外推进。而驻外警务联络官则正是警务全球化"新边疆"的开拓者，打击跨国犯罪的先锋队。

我国驻外警务联络官应广泛吸取发达国家同行在长期打击跨国犯罪斗争中积累的丰富经验，并能创造性地将其与我国国情和体制相结合。同时注意不断总结应用近年来我国驻外警务联络官成功促成打击跨国犯罪国际合作新突破的成功经验，如2013年以来通过促成中美合作打击互联网儿童色情犯罪实现了中美执法安全合作的新突破，并加强了中美在互联网安全领域的互信，进而促进中美关系总体向好发展。驻外警务联络官应充分利用自身作为外交官的优势，扩大与驻在国相关政府部门和社会面的接触范围，充分调查研究，结合国内跨国犯罪的发展动向，促进驻在国与我国在打击跨国犯罪上共同利益的不断增长，在协助我国公安机关开展海外行动时推动提升与驻在国警方联合执法的水平和层次，创新合作机制。如在打击跨国毒品犯罪问题上，随着近年来新型化学合成毒品的泛滥，我国已成为各种易制毒化学品的主要产地及来源地，[③] 华人及中国人跨国制贩毒案件逐渐增多，引起世界各国特别是西方国家的高度关注，其在此方面承受着巨大的社会压力，与我国开展合作的需求十分迫切，此情况应为我所用，经我国驻外警务联络官妥善经营，成为实现我国与西方国家执法安全合作目标的新突破口。

三、发挥"主场"优势，全力配合境外追赃追逃

（一）概述

2013年以来，我国公安机关主要针对外逃经济犯罪及职务犯罪嫌疑人开

---

① 邵可强，彭飞文．去老挝，把那些诈骗犯抓回来［EB/OL］．http://newpaper.dahe.cn/dhb/html/2018-01/13/content_216901.htm.

② 5名电信诈骗嫌犯从越南被押解回国4人为台湾人［EB/OL］．http://news.163.com/17/0104/18/C9V4PK5Q0001875N.html.

③ 外媒：贩毒团伙从中国化工厂购买易制毒化学品［EB/OL］．http://www.cankaoxiaoxi.com/china/20150623/826655.shtml.

展“猎狐”等一系列专项行动，取得了丰硕成果。为追踪逃往境外隐姓埋名的犯罪嫌疑人，我国驻外警务联络官充分发挥一线部署的优势，通过对驻在国有关部门及当地侨社持续开展工作，广泛深入沟通联系，从而能与驻外警务联络官与驻在国警方开展直接、专业、高效的交流合作，及时搜集、掌握我国在外逃犯相关情况，第一时间寻找逃犯下落，并做好境外调查取证、境外缉捕、人员递解等工作。为国内公安机关通过国际警务开展劝返或实施抓捕等工作提供了极大协助。

在与我国关系友好的发展中国家，我国驻外警务联络官充分利用政府部门间的互信和深厚合作基础，以各种灵活方式实现追赃追逃的目标。在与我国存在重大体制差异，政治关系经常出现波动的欧美发达国家，我国驻外警务联络官在深入调查了解、适应驻在国国情的基础上，通过广泛深入的协调沟通，积极促成引渡条约等传统相关刑事司法协助机制的建立和顺畅运转，以及各种追赃追逃国际执法合作新机制、新方式的创立和应用，帮助实现了2015 年西欧国家（意大利）首次向我国引渡犯罪嫌疑人等重大突破。

国家国情各不相同，对华关系处于随时变化中，要成功完成追赃追逃任务需要长期开展复杂、细致、耐心的警务联络工作。如在一些发展中国家，成功实现执法合作目标的关键在于与驻在国执法部门高层或关键岗位人员建立良好的个人关系，通过熟人办事来开展、推进工作。而在欧美等法律比较健全、各种机制较为完善的发达国家，则不仅需要做好人脉基础工作，而且要熟悉、适应驻在国与我国迥然不同的法治文化与制度、体制。一般来说，我们派驻发展中国家的警务联络官在处理追逃时讲究的是趁热打铁、一鼓作气；派驻发达国家的警务联络官则强调要研究明白当地的法律程序，在与对方不断的谈判过程中做工作。在驻外警务联络官的艰苦努力下，近年来我国公安部门已取得劝返红通首犯杨某珠等重大战果。

除职务犯罪、经济犯罪以外，其他各种类型刑事犯罪嫌疑人外逃的情况也越来越常见，这些人员同样也是境外追逃的重要目标，而其中不乏涉枪、杀人等严重暴力犯罪的嫌疑人，我国驻外警务联络官不惧艰险深入一线开展调查工作，帮助国内公安机关对其开展劝返或协调驻在国警方将其抓捕归案。

（二）协助境外追赃追逃的主要成绩

2017 年 3 月，我国驻越南警务联络官根据线索核实发现涉嫌走私的网上追逃对象李某在胡志明市活动，马上启动追逃机制，一方面向国内报告其踪迹，另一方面通报越南警方实施抓捕，并于 4 月 15 日由越警方将其抓获。随后我国警务联络官经与越南有关部门反复协调，将犯罪嫌疑人企图滞留不归的手段一一化解，将其顺利押解回国。此外，我国驻外警务联络官对李某关系人进行主动摸排，发现另一同案在逃犯罪嫌疑人踪迹，通过与国内办案部门沟通迅速核实其信息，协调越方启动追捕程序。同年 5 月，我国驻越南警务联络官协助广东汕头公安机关，经与越南有关部门协调，将前往我国驻越南大使馆自首的三名犯罪嫌疑人顺利遣返回国。①

（三）境外追赃追逃斗争的发展趋势与未来工作重点

近年来，我国党和政府多次郑重宣示“反腐败永远在路上”，而境外追赃追逃工作长期以来一直是反腐败斗争的重要环节。应该看到，尽管“天网”“猎狐”等行动取得了重大成果，但我国外逃经济犯罪、职务犯罪嫌疑人及其转移赃款的存量仍然巨大，而仍然会有新的犯罪嫌疑人试图逃亡国外逃避法律制裁。

我国驻外警务联络官在境外协助开展追逃追赃工作仍然面临巨大挑战，特别是在欧美发达国家，如 2015 年美国公开指责我国执法机关赴美开展“劝返”工作，体现了国家间司法制度和法治环境差异以及背后隐现的国际政治因素对追赃追逃工作的严重阻碍。对此，我国驻外警务联络官应充分发挥身处一线、熟悉情况的优势，在追逃追赃合作中强化对国内公安机关适应对象国司法制度和法治环境的指导，进一步加强与驻在国相关部门的沟通协调，消除其对我国司法系统和追逃追赃工作的误解，促使其采取积极正面的合作态度，同时也要努力探索利用当地侨社、非政府组织、私营安保、侦探机构、“赏金猎人”等民间和社会力量实现追赃追逃目标，避免与对象国强力部门发生矛盾冲突或刺激当地社会舆论，造成不利影响。

此外，我国驻外警务联络官也应随时关注驻在国相关部门的政策动向，抓住有利时机，如利用近年来欧美发达国家对非法移民问题的高度关注，将我方追赃追逃需求与对方当前需求相融合，主动促成实现新的合作机遇。

四、创新合作模式，保护海外利益

（一）概述

随着我国进一步扩大对外开放，特别是“一带一路”战略的实施，我国海外利益不断扩大。2017 年，我国出境旅游达 1.29 亿人次，中企对外承包工程完成营业额 1685.0 亿美元，新签合同额 2652.8 亿美元，派出各类劳务人员

---

① 曾祥龙，黄康灵，高洁．广东公安开展猎狐专项行动　境外追逃人数居全国前列［EB/OL］．http：//gd.qq.com/a/20170706/035706.htm.

52.2 万人。[①]

我国游客海外旅行的目的地国及我国企业“走出去”和国民海外创业的对象国中有很多非传统安全问题比较突出的发展中国家，我国海外利益遭遇各种非传统威胁的风险也日益提升，引起社会各界广泛关注和领导人高度重视。在一些极端主义势力活跃的国家，我国驻外机构和人员以及工程项目已多次遭极端势力袭击；在一些社会治安比较混乱的国家，中国企业和华人华侨成为当地犯罪嫌疑人重点“关照”的对象；在一些政局动荡、政策不稳定的国家，我国企业华人华侨的境遇经常受到政治因素的强烈影响。2017 年，我国共有 695 名国民在海外死亡，虽然其中大多数为感染疾病、交通事故、旅游项目事故及工伤事故的受害者，但社会治安犯罪受害者也多达 126 人。[②]随着我国国民各种海外交往的持续扩大及不断深入，境外安全形势日趋严峻复杂，各种突发事件时有发生，涉及中国公民和企业的安全事件日益增多，远离祖国的警务联络官们不断创新工作方式，积极加强与所驻国沟通联系，发挥熟悉情况、亲临一线、深入基层的优势，探索保护我国境外公民和企业安全方面警务合作新模式。他们将在国内行之有效的工作方法带到国外，会同我国驻外使领馆，积极推动在外华人开展安全自助和互助，提高当地华人华侨的自我防范防护能力，为我国国民的人身财产安全和国家对外发展战略的顺利开展“贴身”保驾护航。

（二）为非洲、拉美等地区的我国国民及机构缔造安全的社会环境

我国有大量国民和各类中资机构在非洲、拉美等第三世界国家生活并从事生产经营活动，而这些国家长期以来社会矛盾突出，治理水平较低，治安环境比较恶劣，使我国海外利益面临较大风险。我国驻安哥拉、南非、阿根廷等国警务联络官，多年来密切配合国内公安机关的各项工作，积极沟通协调驻在国警方及其他相关部门，深入当地侨社，与华侨建立密切联系，与各中资机构紧密合作，积极为其排忧解难，力争创造良好安全的环境。

我国驻南非警务联络官到任后，预先开展、随时跟进风险评估工作，强化驻外中资机构及海外中国公民安防意识，如通过召开治安座谈会、发布安全警示等方式，积极宣传预防犯罪策略，提高我国公民的安全意识和应对突

---

① 2017 年度中国对外投资合作数据抢先看［EB/OL］. http：//www. mofcom. gov. cn/article/i/jyjl/m/201801/20180102701507. shtml.

② 去年 695 名中国人海外死亡　外交部总结“四大”杀手［EB/OL］. http：//www. sohu. com/a/219172039_ 115479.

发事件能力。警务联络官引导、帮助中资机构及当地侨社建立联防、自卫组织并开展相关活动，积极协调其与当地警方的关系，与南非华人警民合作中心建立密切的合作关系，多年来为该中心的运作提供高效的专业指导，协助该中心充分发挥华人社区与南非警方等执法部门之间的桥梁作用，尽力维护我国侨胞合法权益和华侨华人社区安全。目前，在我国驻南非使领馆工作人员特别是警务联络官的大力协助下，南非各省市已成立了 12 家省市级华人警民合作中心，基本实现了对南非各地华侨华人聚居区的全覆盖，我国警务联络官还协助将南非华人警民合作中心的成功经验向莱索托、莫桑比克、坦桑尼亚等国推广，取得了积极成效。我国警务联络官积极支持和协助各地华人警民合作中心与当地政府、警方和其他相关机构、组织建立相应的合作联络机制，协调南非警方设立唐人街警务室，很好地配合了当地警方等执法部门开展安全防范，打击各类犯罪行为，有效震慑了各种针对华侨华人的犯罪。此外，我国警务联络官于 2016 年指导南非侨社成立华人枪会，加强自卫能力。当前南非华侨华人安全环境已有所改善，2017 年南非华人警民合作中心共接到各类求助案件 160 起，与往年相比有所减少，特别是因抢劫遇害的华人大幅减少，只有两人遭枪击不幸遇害。①

我国驻阿根廷警务联络官到任后，当地社会治安形势严峻，华侨华人屡屡受害，我国警务联络官促使当地执法部门专门就保护华侨华人建章立制并成立工作专班，2015 年 7 月—2016 年 11 月底，我国警务联络官共处理在阿根廷华侨华人超市业主反映的被敲诈勒索、纵火、枪击等案件 300 余起，抓捕了一批犯罪嫌疑人，并加入阿根廷警方“貔貅”专案组，为重创在阿根廷最大华人帮派犯罪组织“貔貅”做出重大贡献。在驻阿根廷警务联络官和在阿根廷侨界的共同努力下，在阿根廷侨社治安状况也得到明显改善。但受经济形势恶化的影响，阿根廷整体治安环境仍不容乐观，针对华人的刑事犯罪仍时有发生，我国驻阿根廷警务联络官总能第一时间跟进开展沟通协调工作，与国内公安机关密切配合，促使阿根廷警方全力侦办。2017 年 8 月、9 月间，阿根廷圣菲省罗萨里奥市、布宜诺斯艾利斯省部分地区发生华人超市遭敲诈、勒索事件高发的状况，我国警务联络官协同公安部工作组赴该市督办相关案件，并约谈相关省市安全部门负责人和警察局局长、检察官等强力部门官员，对案件进行分析和交流，要求阿根廷高度重视并加快案件的侦破和审理，并

① 南非华人警民合作中心 2017 年工作总结［EB/OL］. http：//www. nanfei8. com/huarenzixun/shetuanhuodong/2017-11-27/54926. html.

组织当地华侨华人代表召开专题座谈会，普及安防知识，加强在阿根廷侨社安保能力。①

（三）迅速处置威胁我国民安全的突发事件

除社会治安犯罪以外，一些突发事件对我国公民及机构造成的安全威胁也需要驻外警务联络官的高度参与。在近年来发生的此类事件中，重大安全事故如“马航370失联”、马来西亚游轮沉没等事件；重大社会、政治风波如吉尔吉斯斯坦奥什市的骚乱事件、紫金矿业在吉项目组中方人员与当地民众大规模冲突，越南反华打砸抢烧等事件；重大涉华恐袭如多起极端组织劫持、杀害我国公民，泰国曼谷四面佛爆炸案，我国驻吉尔吉斯斯坦使馆遭自杀式爆炸袭击等事件等，我国驻外警务联络官第一时间作出反应并将情况报回国内，身临一线参与应急处置及后续工作，发挥了关键作用。

（四）保护海外利益工作的发展趋势及未来工作重点

近年来，我国海外利益的急剧扩张，反映了我国经济发展的巨大成就和海外影响力的迅速提升，但同时也必须看到，我国公安机关及其他相关政府部门，乃至社会各界，均对我国海外利益所面临的日益复杂的安全环境缺乏充分的思想准备，包括国际执法安全合作在内的各种保障海外利益的途径和手段仍不能适应发展的需要。而部分国家和地区，特别是“一带一路”重点地区安全形势的持续动荡也决定了安全问题将是我国扩大对外开放所面临的长期挑战。

我国驻外警务联络官须尽快扩大队伍规模，增加部署机构，实现对我国国民和机构海外活动范围的更广泛覆盖。在工作中，我国驻外警务联络官应发挥好在中央、地方、驻外使领馆和企业、个人“五位一体”的境外安全保护工作格局中的桥梁和纽带作用，促使各地区境外公民和企业机构安全保护工作联席会议等现有机制平台充分发挥作用，促进风险评估、监测预警、应急处置“三位一体”境外安全保障体系建设。

当前我国驻外警务联络官应更加注重对海外中国国民和机构安全环境、各种风险因素的实时评估，并通过定期座谈、走访等方式为其强化安全措施提供更多的专业指导，以及与国内和驻在国相关部门双向沟通联络的协助，增强我国国民和机构海外活动的安全意识和对海外安全环境的适应性，形成有效的自我安全防范行为习惯和制度机制，加强海外侨社和驻外机构间的组

---

① 驻阿根廷使馆警务联络组陪同公安部工作组赴罗萨里奥市督办华侨华人受侵害案件［EB/OL］. http：//www. sohu. com/a/166947827_ 155500；驻阿根廷使馆警务联络组陪同公安部工作组赴拉普拉塔市督办华侨华人受侵害案件［EB/OL］. http：//www. sohu. com/a/191654314_ 155500.

织联络，建立联防机制和以遵守驻在国法律为前提的自助安保力量，增强应对安全风险和突发事件的能力。在此基础上，伴随着我国总体外交格局的进一步成熟完善和海外力量投送体系的发展，我国驻外警务联络官应充分利用警务外交的途径和方式，将国际执法安全合作与领事保护、军事保护等国家主导的海外利益保护行为紧密结合，并全面参与市场化、社会化及国际组织主导的各种模式海外利益保护行为，拓宽海外利益保护的途径，尽早实现与我国迅速扩张的海外利益规模相适应的综合安全保障体系。

五、促进国际交往，扩大执法安全合作“朋友圈”

（一）概述

作为具有警察身份的外交官，警务联络官是将与驻在国的执法安全合作纳入我国总体外交格局的有效媒介。在日常对外交往中，警务联络官配合国内缔结、执行两国政府间的执法合作协议以及公安部与驻在国内政警察等执法部门间的有关合作协议；加强与驻在国执法部门的联系，建立经常性的警务联络和情报信息交流机制，并配合国内有计划、有目的地推动与驻在国执法部门的合作和交流；根据公安部或使领馆指示，协调办理国内公安机关和驻在国执法部门间互访团组安排事宜；协助国内公安机关派出的访问、考察、研修团组及办案小组完成预定任务，并根据国内和使馆部署参与高访安保等协调工作；了解、掌握、分析、总结我国与驻在国之间执法合作与交流活动的成效和经验，及时向国内反馈情况并就执法合作等工作提出意见和建议。

2012—2016 年，我国驻外警务联络官共协调、联络、接待和参与互访团组近 2800 个，推动建立和落实国际执法合作机制上百个。我国驻外警务联络官的工作更超出了国际执法安全合作的局限，主动服务外交大局，如在 2016 年中菲关系转圜的过程中，我国驻菲律宾警务联络官积极主动的工作发挥了重要作用。

（二）近年来促进国际交往的主要成绩

目前，公安部已初步构建起了全方位、立体化、多层次、讲实效的国际执法安全合作工作格局。[①] 驻外警务联络官的工作将为这些合作机制的顺畅有效运行起到至关重要的作用。

---

① 王传宗．合作共赢　努力构建人类安全命运共同体　全国公安机关国际执法安全合作评述之一［EB/OL］．http：//www.mps.gov.cn/n2253534/n2253535/n2253537/c5785080/content.html.

如我国驻泰国、老挝、缅甸警务联络官多年来通过在各国执法机关和其他相关部门间积极沟通协调，随时化解矛盾解决问题，确保我国主导的湄公河中老缅泰四国联合巡逻执法这一重要国际执法安全合作机制的顺畅运行，有效保障了地区治安秩序，维护了相关各国人民的利益，并为我国进一步开展与东南亚国家的国家执法安全合作，建立新的多边安全合作机制积累了经验，开辟了道路。

除促进我国与驻在国的双边国际执法安全合作等交往外，在一些重要国际组织等多边平台，驻外警务联络官同样对我国积极参与全球安全治理发挥着重要作用。2017 年 9 月，国际刑警组织第 86 届全体大会在北京举行，我国驻外警务联络官在繁重的日常工作之余，为保障会议的成功举办做了大量工作。

（三）促进国际交往工作的发展趋势及未来工作重点

随着新时期大国外交的立体化发展，一方面，外交行为主体更加多元化、分散化，由公安机关所主导的国际执法安全合作的日益活跃便是其表现之一；另一方面，需要包括警务联络官在内的越来越多掌握专业知识的人才充实外交官队伍，以满足外交活动需要。

改革开放以来，中央政府各部级单位都相继设立了国际合作部门，规模不断扩大、功能日益完善，深入参与涉及各自领域的外交活动，“逐渐成为各自领域内的微型外交机构”，外交部则由传统上被认为的主导中国外交事务的唯一部门转变为外交事务的协调者。[①] 外交不再是外交官的专利。由公安部主持的警务联络官工作是公安工作与外交工作全面对接、相互融合的重要体现，公安机关应抓住历史机遇，在我国外交战略转型中全面配合党加强对外交工作的集中统一领导，以警务联络官工作为抓手，积极参与外交新机制的建设，提升国际执法安全合作在总体外交格局中的地位。

六、现存不足与改进建议

（一）当前驻外警务联络官工作面临的主要问题

1. 队伍总体规模不足

2017 年，我国外派警务联络官队伍的规模尚远不及美国 20 世纪的水平。早在 1994 年，美国各个执法机构就已经在全球派驻了近 2000 名联络官，[②] 目

① 张清敏．理解十八大以来的中国外交［J］．外交评论（外交学院学报），2014（2）．

② ［英］本·鲍林．全球警务机制研究［M］．倪铁，译．北京：法律出版社，2014：56.

前仅联邦调查局一个机构就已经在美国驻外使领馆设立了70余个办事处，派驻超过250名联络官。[①] 我国目前已设立的各个驻外警务联络机构一般仅有1~3名联络官，很多机构单兵作战，执行任务时甚至连符合必须两人同时行动的外事纪律要求都难以满足，个人安全尚缺乏基本保障，何谈高效完成各类繁重复杂的警务联络任务。相比之下，美国各执法机构在中国派驻了37人，在泰国派驻约50人，在韩国派驻了25人。即便与英国、法国等次级强国或加拿大、澳大利亚等地区大国相比，我国驻外警务联络官的队伍规模和部署覆盖范围也有所不如或仅仅相当，这与我国作为世界大国的国际影响力和开展国际执法安全合作的现实需求不相匹配。

2. 外派警务联络机构布局过疏

联络官队伍规模过小限制了驻外警务联络机构的海外布局。2017年2月举行的全国公安国际合作工作会议上对国际执法安全合作提出了新的要求：统筹规划公安机关国际执法安全合作战略布局，切实强化周边合作，打造周边安全命运共同体；切实运筹好大国关系，着力构建以共赢为核心的新型大国执法安全合作关系；切实夯实与发展中国家的合作基础，全面发展我国与广大发展中国家的执法安全合作关系，切实用好多边平台，积极参与全球安全治理变革，努力营造更有利的外部环境。

要紧紧围绕“一带一路”建设，积极构建执法安全合作新机制、新平台，深入推进打击各类跨国犯罪活动，共同维护安全稳定，促进繁荣发展。要实现这一要求离不开布局完善的驻外警务联络机构网络。

目前，在与我国交往密切、安全形势与我国息息相关的周边国家中尚存在空白；在极端主义势力活跃、对我国安全形势有重大影响的中东、北非地区，仅在土耳其等五国驻有警务联络官；在有大量发展中国家、与我国各方面合作交流不断拓展深化、中资企业和我国公民大量进驻的撒哈拉以南非洲和拉美地区，仅在南非等三国驻有警务联络官；对“一带一路”沿线60余个国家的覆盖率也远跟不上发展需要。即便是已经派驻的国家，除哈巴罗夫斯克等少数重要城市领馆外，仅在首都大使馆驻有警务联络官，一些我国海外利益分布广泛、华人华侨聚居社区众多的大国，以及极端势力活跃的热点地区难以兼顾。

随着全球安全形势普遍恶化及我国各领域国际交往不断扩大，现有驻外

---

① FBI · Leadership & Structure · International Operations [EB/OL]. https://www.fbi.gov/about/leadership-and-structure/international-operations.

警务联络机构布局的缺陷已逐步凸显。如为做好 2018 年第 31 届夏季奥运安保工作，公安部曾向我国驻巴西使馆、圣保罗领馆派遣临时警务联络官。但临时联络官工作状态不稳定，外交地位不明确，难以充分发挥警务联络的作用，特别是在人脉建设方面掣肘颇多，且目前这些临时联络官均已撤回，先期积累的外交资源难以长期维持。2017 年 3 月马达加斯加发生华人夫妇遇害的恶性刑事案件，2017 年 9 月加勒比海多国遭受严重飓风灾害须紧急撤侨，均在我国驻外警务联络机构覆盖范围之外，如能有警务联络官为公安部工作组或驻外使领馆提供与当地政府强力部门沟通协调的专业协助，则相关工作开展势必事半功倍。要从根本上解决问题，仍需尽快优化驻外联络机构布局，加速形成覆盖重点国家和地区的国际执法安全合作网络。

3. 驻外警务联络官的外交职级偏低

当前我国驻外警务联络官的外交职级普遍偏低，大部分为秘书级，导致一些重要国家的驻外联络机构缺少参赞级主官。造成这种现象的原因一方面是目前出任驻外警务联络官的公安民警比较年轻，在原单位的职衔较低；另一方面则是外交部门对执法安全外交重视程度仍显不够。外交讲对等，开展外交活动与其外交职衔有严格而明确的对应关系，联络官的外交职衔偏低难以满足参与协调较高层级执法安全合作以及与驻在国执法部门高层人士交往的需要。

（二）对策建议

1. 提高对外派警务联络官工作的重视程度

公安部、外交部及其他有关单位应进一步提升对警务联络工作的重视程度，充分认识警务全球化的时代，警务联络官已从早期单纯的警务资讯交流工作，发展为国家间执法安全外交的多面手：既是不同国家、不同层级执法机构，以及相关国际组织之间信息的传递者和管理者，也是为这些国家、机构和组织进行国际执法行动和制定相关政策提供咨询的顾问；既是建立各种国际执法安全合作机制的中介人，也是维持其运转并确保其落实、执行的监督员；既是国家与政府部门利益的代言人，也是为不同国家公民和机构解决实际困难的协调人和委托人；更是亲自参与具体国际案件的侦破与善后者。[①]

警务联络官是国际执法安全合作的桥梁、纽带和实践者，是警务全球化“新边疆”的开拓者，是维护国家安全、打击跨国犯罪、保护海外利益的先锋

① ［加］弗里德里克·勒米厄．国际警务合作的理论与实践［M］．曾范敬，译．北京：中国人民公安大学出版社，2016：41.

队，是“新型国际警察角色的主要承担者”。① 在我国深度参与全球安全治理、构建人类命运共同体的历史进程中，驻外警务联络官必将扮演至关重要的角色。

2. 妥善解决编制瓶颈，健全人才梯队

应设法以各种灵活务实的措施解决驻外警务联络官的编制问题，同时建立科学、完善、规范化、制度化的驻外警务联络人才选拔、培养和后续任用机制，根据2017年中央深改组第32次会议通过的系列改革方案中提出的“健全招录和培养选拔机制，打造一支政治坚定、业务精湛、作风过硬、纪律严明的对外工作队伍”总要求，根据警务联络官的工作特点，人才培养应在公安“专业化”的基础上强调外交“职业化”，可在与地方公安机关充分协调的基础上，从国际执法安全合作所需的公安各警种中挑选具有一定语言基础、适宜担任警务联络官的年轻民警，对其定期开展针对性的外语和国际合作专项业务培训，并适时安排其到部机关或地方公安机关国际合作部门实习，尽可能多参与外派工作团组，以全面提升国际执法安全合作实战能力，作为警务联络官的后备人才。此外，对于特别稀缺的小语种、国际法等专门人才，应根据人民警察招录培养机制改革要求，畅通其入警渠道。对于准备外派的预备人选，则提前借调至公安部国合局熟悉各方面工作及管理，并根据其未来工作重点，有针对性地安排调研考察及参与专项工作，开展“三防”等任前教育培训，为驻外做好充分准备。从而建立一支数量充足、专业能力强、职业化程度高、年龄和职级层次合理，“招之即来、来之能战”的驻外人才队伍。

3. 优化驻外警务联络官队伍管理

结合2017年中央深改组通过的《关于改革驻外机构领导机制、管理体制和监督机制的实施意见》等文件，对深化驻外机构管理体制改革的总体要求，由公安国际合作部门会同人事部门修改完善现行警务联络官管理办法。应进一步明确警务联络官这一专业警种在国内公安体系中的定位，可将经过实践检验的优秀警务联络官人选留在公安部机关稳定从事较高层级的国际执法安全合作工作，为其未来职业发展提供明确的方向和广阔的空间。进一步完善、细化驻外警务联络官选派、轮换的机制和制度，以及与驻外使领馆及联络官原单位的协调工作，确保警务联络官工作在外交与公安两大体系间的顺畅流转，维护执法安全外交资源的持续积累。警务联络官驻外工作期间，在确保使领馆党委集中统一领导的前提下，最大限度地发挥警务联络官的作用，加

---

① Robert Reiner. *Police and Policing*. M. Maguire, R. Morgan, R. Reiner. *The Oxford Handbook of Criminology*, 2nd edn. London: Oxford University Press, 1997. 118.

强对警务联络官的后勤保障工作，为其解除后顾之忧。此外，公安部应与驻外使领馆密切合作，加强对驻外警务联络官的考核、督察，完善工作绩效量化指标体系，作为职衔晋升、回国安置等的重要依据。

4. 抓住历史机遇，提升工作层次

随着主导全球化秩序的西方强国的相对衰落，越来越缺乏履行国际义务的意愿和能力，各种全球性多边安全合作平台在应对各种国际性问题时越来越乏力，亟须探索新的发展途径。与此同时，中国融入世界体系的程度不断加深，国际影响力不断增强，有能力、有需要也有责任进一步参与全球治理。在此背景下，外派警务联络官正随着我国国际执法安全合作的深度和广度迅速增长而发挥着越来越大的作用。

当前，全球安全体系动荡解体，公平合理的新全球安全体系的建立尚处于探索阶段，但全球化的发展使各国政治、经济、文化各领域利益边界彼此渗透、重叠，极端主义、恐怖主义及其他各种刑事犯罪的国际化趋势愈演愈烈。在这一特殊时期，在国际执法安全合作中既能被世界各国广泛承认和接受，又不依附于某个特定合作平台或制度；既能充分代表并严格服从派出国政府，同时又拥有相对自主权的警务联络官发挥着重要的作用。[①] 在相当长的一段时期内，务实的执法安全国际合作可能将主要通过双边或若干关系紧密国家之间某种更加灵活的形式实现，警务联络官的工作将成为合作的润滑剂。

近年来，警务联络官在调查研究驻在国国情、日常信息沟通及对外交往、经营人脉关系扩大“朋友圈”、协调各种国际司法协助事宜及国内公安机关与驻在国相关部门联合执法办案、推进各种国际执法安全合作机制的形成并保障其落实、维护驻在国华侨华人及中资机构合法权、处置各种涉华突发事件、服务高层互访及各类访问团组等各方面工作均已经形成了较为成熟、有效的方式方法，出现了很多值得总结推广的成功案例。在驻外警务联络官的帮助下，我国国际执法安全合作更加高效、务实，在打击跨国犯罪、境外追赃追逃、保护海外利益、促进友好交往等各方面取得了丰硕成果，凡是在驻有我国警务联络机构的国家，无论是我国外交、公安和其他相关政府部门，还是当地华侨华人中资机构，所感受到的便利是实实在在的。

为适应未来严峻形势和繁重任务，亟须加强警务联络官的派驻力度。但是与面临的形势和任务相比，当前我国驻外警务联络官队伍的规模还远远不能满

---

① 李晶，吴新明．我国警务联络官工作当前问题与未来发展［J］．中国人民公安大学学报，2017（5）．

足目前形势的需要。习近平同志指出“世界正处于百年不遇的大变局之中”“中国将积极参与全球治理体系建设，努力为完善全球治理贡献中国智慧，同世界各国人民一道，推动国际秩序和全球治理体系朝更加公正合理的方向发展”，并特别强调“参与全球治理需要一大批熟悉党和国家方针政策、了解我国国情、具有全球视野、熟练掌握外语、通晓国际规则、精通国际谈判的专业人才”。①警务联络官正是这样的人才。国际国内安全环境、公安国际合作工作以及总体外交工作的迫切需求、我国坚持扩大对外开放和海外利益迅速扩张，国际影响力迅速提升的事实、我国对全球安全治理承担更多责任和义务的必然趋势，都决定着未来我国驻外警务联络工作必将进入大发展的新时期。

① 习近平谈全球治理　这一类人未来会吃香［EB/OL］. http：//news. 163. com/16/0929/14/C2504I8B00014PRF. html.

专题七
维和警务

第一节 ‖ 联合国维和行动的背景

一、背景

当今世界正在经历百年未有之大变局。世界多极化、经济全球化、社会信息化、文化多样化深入发展，全球治理体系和国际秩序变革加速推进，新兴市场国家和发展中国家快速崛起，国际力量对比更趋均衡，世界各国人民的命运从未像今天这样紧紧相连。

尽管全球性挑战层出不穷，但和平与发展仍然是两大时代主题，世界多极化、区域合作进程明显，任何一国都不可能脱离外部世界实现自身发展，人类社会日益成为一个你中有我、我中有你的命运共同体。和平与发展是世界各地民众的永恒追求。建立以合作共赢为核心的新型国际关系，是我国立足时代发展潮流和我国根本利益作出的战略选择，反映了中国人民和世界人民的共同心愿。联合国作为当代最重要的国际组织，仍承载着这份沉甸甸的殷切期望。《联合国宪章》的基本准则在今天仍是处理国际关系的黄金准则，具有重要的现实意义。

“我们坚信，和平与发展是当今时代的主题，也是时代的命题，需要国际社会以团结、智慧、勇气，扛起历史责任，解答时代命题，展现时代担当。”①

---

① 习近平．携手共命运　同心促发展——在 2018 年中非合作论坛北京峰会开幕式上的主旨讲话［M］．北京：人民出版社，2018.

二、中国的态度与主张

2015年是联合国成立70周年，也是中国参与联合国事务70周年。联合国是维护战后国际秩序最重要的国际组织，作为联合国创始国和安理会常任理事国之一，中国不仅参加了联合国从筹划到成立的全过程，而且在推动联合国维护世界和平与安全、促进国际社会共同发展以及应对全球挑战方面发挥了重要建设性作用，赢得了国际社会的广泛赞誉。

中国是以联合国为核心的战后秩序的坚定维护者，支持联合国在国际事务中发挥支柱性作用。习近平主席在会晤前联合国秘书长潘基文时强调，中国致力于维护以《联合国宪章》为基础的当代国际秩序，将一如既往地支持联合国，深化同联合国的合作。

中国历来是国际秩序的建设性力量。1945年4月，中国与美国、英国、苏联一起主持制定了《联合国宪章》，规定了联合国的宗旨、原则、权利、义务和主要机构的职权。6月26日，在《联合国宪章》签字仪式上，中国成为第一个在宪章上签字的国家。10月24日《联合国宪章》生效，联合国正式成立，中国正式成为安理会常任理事国。

1971年10月25日，新中国在联合国的合法席位得到全面恢复后，中国始终不渝地为维护联合国宪章的宗旨和原则竭尽自己的努力。在历届联合国大会和安理会会议上，中国坚持独立自主的和平外交政策，坚持原则，主持正义，积极维护发展中国家的权益，谋求重大国际和地区问题的公正、合理解决，发挥了安理会常任理事国的作用。

三、中国的表现

几十年来，中国一贯重视和支持联合国在国际事务中的重要作用，积极参与联合国各领域工作，推动和平解决国际争端，并在朝鲜核问题、阿富汗问题、伊朗核问题、叙利亚问题、乌克兰问题等多个地区热点问题上发挥了建设性作用。

中国积极参加联合国维和行动。1990年4月，中国首次向联合国停战监督组织派出5名军事观察员，正式开启中国军队参加联合国维和行动的序幕。截至目前，中国维和力量已遍布亚洲、非洲、欧洲、美洲四大洲。在安理会常任理事国中，中国是派遣维和人员最多的国家。

2014年12月22日，中国首支维和步兵营举行出征誓师大会。这支700

人规模的维和部队分批启程，部署在南苏丹首都朱巴地区，主要执行保护平民、保护联合国人员设施、保护人道主义救援行动等任务。这是中国首次应联合国正式邀请派出整建制步兵营参加联合国维和行动。此前，中国维和部队主要是工兵、医疗、运输和警卫等勤务分队，这次派出步兵营参加联合国维和行动，表明中国参与维和行动的广度和深度都得到进一步提升，也彰显出中国作为负责任大国的国际担当，国际舆论大多予以肯定，对中国蓝盔高度期待。

迄今已有3万余人次参加了29项联合国维和行动，共有17名中国维和军警在行动中牺牲。中国有近3000名维和人员在包括南苏丹、利比里亚、黎巴嫩、塞浦路斯等9个维和任务区为和平值守。

2016年，中国的联合国维持和平行动摊款仅次于美国，占捐助国摊款比例10.29%，居联合国成员国第二位，在发展中国家中居第一位。

习近平主席2015年9月22日在接受美国《华尔街日报》书面采访时表示：全球治理体系是由全球共建共享的，不可能由哪一个国家独自掌握。中国是现行国际体系的参与者、建设者和贡献者，一直维护以联合国为核心、以《联合国宪章》宗旨和原则为基础的国际秩序和国际体系。世界上很多有识之士都认为，随着世界不断发展变化，随着人类面临的重大跨国性和全球性挑战日益增多，有必要对全球治理体制机制进行相应的调整改革。这种改革并不是推倒重来，也不是另起炉灶，而是创新完善。中国愿同广大成员国一道，推动建设以合作共赢为核心的新型国际关系，完善全球治理结构，共同构建人类命运共同体。

中国奉行独立自主的和平外交政策，愿意为维护世界和平、促进共同发展作出努力。当今世界，中国不可能独善其身，只有世界好，中国才能好。在推动世界经济复苏、政治解决国际和地区热点、应对各种全球性问题和挑战等方面，中国都没有缺席。这是国际社会的希望，也是中国的责任。

2015年9月28日，习近平出席第70届联合国大会一般性辩论并发表题为《携手构建合作共赢新伙伴　同心打造人类命运共同体》的重要讲话，强调继承和弘扬《联合国宪章》宗旨和原则，构建以合作共赢为核心的新型国际关系，打造人类命运共同体。习近平指出，和平、发展、公平、正义、民主、自由，是全人类的共同价值，也是联合国的崇高目标。当今世界，各国相互依存、休戚与共，我们要继承和弘扬《联合国宪章》宗旨和原则，构建以合作共赢为核心的新型国际关系，打造人类命运共同体。

习近平指出，70年前，我们的先辈经过浴血奋战，取得了世界反法西斯战争的胜利，以远见卓识，建立了联合国这一最具普遍性、代表性、权威性的国际组织，集各方智慧，制定了联合国宪章，奠定了现代国际秩序的基石，确立了当代国际关系的基本准则。站在新的历史起点，联合国需要深入思考如何在 21 世纪更好地回答世界和平与发展这一重大课题。当今世界，各国相互依存、休戚与共。我们要继承和弘扬《联合国宪章》的宗旨和原则，构建以合作共赢为核心的新型国际关系，打造人类命运共同体。

习近平再次对外宣示了中国的新安全观，他说："我们要摒弃一切形式的冷战思维，树立共同、综合、合作、可持续安全的新观念。要充分发挥联合国及其安理会在止战维和方面的核心作用，通过和平解决争端和强制性行动双轨并举，化干戈为玉帛。我们要推动经济和社会领域的国际合作齐头并进，统筹应对传统和非传统安全威胁，防战争祸患于未然。"

习近平宣布，中国决定设立为期 10 年、总额 10 亿美元的中国—联合国和平与发展基金，支持联合国工作，促进多边合作事业。中国将加入新的联合国维和能力待命机制，率先组建常备成建制维和警队，并建设 8000 人规模的维和待命部队。中国决定在未来 5 年内，向非盟提供总额为 1 亿美元的无偿军事援助，支持非洲常备军和危机应对快速反应部队建设。习近平强调，在联合国迎来又一个 10 年之际，让我们更加紧密地团结起来，携手构建合作共赢新伙伴，同心打造人类命运共同体。让铸剑为犁、永不再战的理念深植人心，让发展繁荣、公平正义的理念践行人间。

世界大潮，浩浩荡荡。在国际秩序向何处去成为国际社会的"共同焦虑"时，中国作为世界第二大经济体和最大的发展中国家，在国际舞台上发挥着越来越大的作用，中国正能量正成为动荡世界的"定海神针"。正因为如此，中国好，世界就好——已为国际社会普遍认同。中国将始终做世界和平的建设者、全球发展的贡献者、国际秩序的维护者。

2015 年 9 月 28 日，中国国家主席习近平出席联合国维和领导人峰会并发表题为《中国为和平而来》的演讲，阐明中国在涉及世界和平问题上的原则立场，提出加强联合国维和行动的重要倡议，在进一步参与联合国维和行动、建立维和待命机制、提高各国尤其是非洲维和能力建设等方面宣布多项务实举措，受到各方高度评价。

第二节 ‖ 联合国概述

一、概述

（一）联合国的建立

1943 年 10 月 30 日，二战反法西斯同盟国中国、苏联、美国、英国等国在莫斯科发表《普遍安全宣言》，提出建立一个普遍性的国际组织。1944 年 8—10 月，苏联、英国 、美国三国和中国、英国、美国三国先后在华盛顿的敦巴顿橡树园举行会议，拟定了组织联合国的建议案。这次会议为筹建联合国奠定了基础。

当时，二战胜利在望，战后世界的安排问题突出地摆在同盟国面前，和平、民主、独立、繁荣，是各国人民普遍向往的境界，但社会制度、意识形态和国家利益不同，美国、苏联、英国在绘制战后蓝图方面又各有打算。以罗斯福为代表的美国统治阶级认为第二次世界大战给了美国以领导世界的空前良机，显得更加积极，很早就着手设计在全球建立一套以美国为主宰的国际政治、经济新秩序。1945 年 2 月 4—11 日在雅尔塔举行的战时美国、英国、苏联三国首脑会议上，建立联合国问题，成为雅尔塔协议的一项主要内容。会议决定 1945 年 4 月 25 日在美国旧金山召开联合国宪章制宪会议。这次会议规模空前，先后到会的共有 50 个国家。6 月 25 日，50 个国家的代表一致通过了《联合国宪章》。董必武作为中国共产党代表参加了会议，并在《联合国宪章》上签字。

1945 年 6 月 26 日，举行签字仪式，当晚会议闭幕。后来 6 月 26 日被定为“宪章日”。10 月 24 日《联合国宪章》正式生效，宣告联合国正式成立。后来 10 月 24 日被定为“联合国日”。

（二）联合国的性质和作用

联合国是一个国际性组织，是当今影响最深远、规模最庞大的政府间国际组织，致力于促进各国在国际法、国际安全、经济发展、社会进步、人权及实现世界和平方面的合作，截至 2018 年，共有 193 个成员国，总部设在美国纽约、瑞士日内瓦、奥地利维也纳、肯尼亚内罗毕等地。联合国创建于二战末期，是战时同盟国为巩固胜利果实，维持战后世界和平与发展，促进世界各国之间的友好合作而建立起来的一个崭新的全球性国际组织。

联合国的宗旨和工作以《联合国宪章》中规定的机构目标和原则为出发

点。由于《联合国宪章》赋予的权利及其独特的国际性质，联合国可就人类在21世纪面临的一系列问题采取行动，具体涉及和平与安全、气候变化、可持续发展、人权、裁军、恐怖主义、人道主义和卫生突发事件、性别平等、施政及粮食生产等。此外，联合国通过大会、安全理事会、经济及社会理事会以及其他机构和委员会，为会员国提供一个论坛来表达他们的观点，并通过促成会员国间对话，主持协商，成为政府间达成协议、携手解决问题的有效机制。

在联合国成立初期，它被美国所控制，成为美国操纵下的表决机器，其宗旨和原则没有得到落实。20世纪60年代的联合国是美苏争霸的场所。随着国际形势的发展及第三世界的崛起，大批亚非拉国家加入联合国，大大改变了联合国的面貌，尤其是1971年中国在联合国席位的恢复，进一步改变了它被少数大国操纵的状况。冷战结束后，联合国成为单极势力和多极势力角逐的场所。由于霸权主义、强权政治的干扰，联合国的权威面临严峻的挑战。

联合国诞生以来，在国际社会发挥了重要的作用，积极推进非殖民化运动，支持被压迫民族的民族自决和独立；维护世界和平与安全，缓解国际冲突，防止紧张局势恶化，推动世界裁军运动的发展；促进世界经济繁荣，特别是发展中国家的经济发展；在解决人类面临的众多问题，如环境、人口、生态、资源等方面，起着重要的作用。

冷战结束后，随着世界政治格局多极化趋势的发展，联合国的作用不断加强。①在维护世界和平和地区稳定方面，联合国发挥了冷战时期未曾发挥过的作用。20世纪90年代，联合国在前南斯拉夫地区、柬埔寨、索马里、纳米比亚等地进行了繁重的维和行动。②在军控和核裁军方面，也作出了积极有益的贡献，它于1992年通过《禁止化学武器条约》，1995年决定无限期延长《不扩散核武器条约》。③在促进经济和社会发展、保护生态环境方面，做了大量工作，成为各国各地区的协调中心。联合国还是大国间调整相互关系以及发展中国家结纳朋友、维护权益、交换意见，共同推动建立和平、公正、民主的国际政治新秩序最主要的场所。由于受到各种因素，尤其是霸权主义和强权政治的干扰，联合国的作用尚未充分发挥出来。

对于联合国的作用评价，有人认为，联合国是当今最有普遍性和影响力的政府间国际组织。联合国所具有的法律特性，是任何其他组织都无法替代的，它的存续和发展依然关乎国际和平与安全，而且联合国在国际和平与安全领域所发挥的作用在不断上升。在国际关系中，有一些重大的问题依然靠国际社会的共同努力才能解决，尤其是在科技高度发达和各国经济相互依存的今天，国际合作显得越来越重要。国际合作是解决各国面临共同问题的必由之路，因此联合国安理会便成了各国合作解决危机的最好场所。

联合国的贡献可归纳为八类：①维持国际和平与安全；②促进人类经济社会发展；③在全球实现非殖民化；④保护和改善全球生态环境；⑤促进国际法的编纂与发展；⑥扶贫救灾及人道主义援助；⑦防止艾滋病的蔓延和传播；⑧在全球反恐中发挥独特作用等。

中国一向肯定联合国的作用，认为联合国是最具普遍性、代表性和权威性的政府间国际组织。《联合国宪章》的宗旨和原则构成当代国际关系的基石。作为各国维护世界和平、促进共同发展、共谋互利合作的重要平台，联合国承载了世界人民共商、共建、共享合作共赢新型国际关系，打造人类命运共同体的殷切期盼。解决全球性难题和挑战，需要联合国广大会员国携手努力。在当前形势下，联合国应继续在国际事务中发挥核心作用，顺应时代潮流，倾听各国人民声音，团结并引领世界各国实现持久和平与发展繁荣。①

中国坚守对《联合国宪章》宗旨和原则的庄严承诺，坚决维护以联合国为核心的当代国际体系，认真履行自身承担的国际责任和义务。让我们继续共同努力，坚持共建共享，共筑和平安全。②

二、联合国组织机构

（一）联合国大会（General Assembly）

联合国大会就像一个世界议会，所有会员国都派代表出席。每一个会员国享有一个投票权。大会表决的原则是：凡属“重要问题”，如维持国际和平与安全、接纳新会员国、制定联合国预算等问题，以 2/3 多数决定；其他事项以简单多数决定。近年来，大会作出特别努力，尽量通过协商一致，而不是通过正式表决作出决定。大会虽然无法迫使任何国家采取行动，但大会的建议是世界舆论的重要呼声，代表国际社会的道义威力，对很多问题具有控制性和约束力。大会每年从 9 月至 12 月举行年度常会，必要时举行续会或就特别值得关注的问题举行特别会议或紧急会议。在大会休会期间，大会的工作由 6 个主要委员会、其他附属机构和联合国秘书处进行。

维和行动议题归属第四委员会即特别政治和殖民地自治化委员会

① 第 72 届联合国大会中方立场文件，参见外交部官网，2017-08-29。

② 外交部长王毅：《履行神圣职责 共筑和平安全——在安理会维护国际和平与安全问题公开会上的发言》，参见外交部官网，2018-09-27。

(Special Political and Decolonization)，并且在维和行动特别委员会的支持下开展工作。

（二）安全理事会（Security Council）

《联合国宪章》授予安理会的主要责任是维持国际和平与安全。无论什么时候，只要世界或某个地区和平受到威胁，安理会都可以随时召开会议、研究问题、提出对策。所有会员国都有义务按照《联合国宪章》的规定执行安理会的决定。

安理会有15个理事国，其中，中国、法国、美国、英国和俄罗斯联邦5个国家为常任理事国，其他10个非常任理事国按地区分配原则由大会选举产生，任期两年。安理会15个理事国在讨论问题时，需要至少9个理事国的赞成才能作出决定。除关于程序问题的表决外，只要有一个常任理事国投反对票（否决票），就可以否决实质性问题的决议案。

安理会在审议威胁国际和平的问题时，首先探讨和争取和平解决争端的途径。安理会可提议解决争端的原则或进行调解。在冲突升级发生交火的情况下，安理会将想方设法实现其停火。必要时，安理会可派遣维持和平特派团帮助各方维持停战，将敌对部队隔开，稳定局势。安理会可采取强制措施执行其决定，如实行经济制裁或进行武器禁运等。在极少数情况下，安理会可授权会员国使用包括集体军事行动在内的“一切必要手段”，以保证决定的执行。

安理会还有就秘书长人选和接纳联合国新会员国问题向联合国大会提出建议职能。

（三）经济及社会理事会（Economic and Social Council）

经济及社会理事会（以下简称经社理事会）在联合国大会通盘领导下协调联合国系统的经济和社会领域内的工作。作为讨论国际经济和社会问题以及拟订政策建议的中心论坛，经社理事会在加强国际合作、促进发展方面发挥了关键作用。该理事会还同非政府组织协商，使联合国与民间社会之间保持密切的联系。经社理事会由54个成员国组成，由大会选举产生，任期3年。经社理事会每年都会举行几次会议，每年7月举行主要会议，其中包括一次部长级特别会议，讨论重大经济社会问题，从1998年起还包括一次讨论人道主义问题的会议。

经社理事会的附属机构定期开会，并向经社理事会汇报情况。例如，人权委员会监测世界各地尊重人权的情况；其他机构重点处理社会发展、妇女地位、预防犯罪、麻醉药品、环境保护等问题；五个区域委员会在各自区域负责促进经济发展，加强经济合作。

（四）托管理事会（Trusteeship Council）

托管理事会主要负责监督对置于国际托管制度下的领土的管理。在联合国 193 个会员国中，曾经有 7 个会员国在其本土外还管理着 11 个托管领土。设立托管理事会，是为了对这些托管领土实现国际监督，并确保采取适当的步骤和措施为托管领土的自治或独立做好准备。到 1994 年，所有托管领土都已实现自治或独立，有的成为单独国家，有的加入邻近的独立国家。最后一个实现自治的是由美国管理的太平洋岛屿托管领土帕劳，它成为联合国第 185 个会员国。

（五）国际法院（International Court of Justice）

国际法院也称世界法院，是联合国的主要司法机构，由联合国大会和安理会选出的 15 名法官组成，负责对国家间某些争端作出裁决。国家自愿地参与诉讼程序，但一国如果同意参与，就有义务遵守法院的裁决。法院还根据请求向大会和安理会提供处理有关争端的咨询意见。

（六）秘书处（Secretariat）

秘书处根据大会、安理会和其他机构的指示，执行联合国事务工作和行政工作。秘书长是秘书处的首长，主持联合国的日常工作，负责全面的行政指导。目前，秘书处设有几个部和一些厅处，其经常预算编制内的工作人员来自约 160 个国家，大约有 8700 人。秘书处的工作地点包括纽约联合国总部以及日内瓦、维也纳、曼谷和内罗毕的联合国办事处等。

（七）其他机构（The Other Bodies）

联合国作为一个全球性国际组织，构建了一个比较庞大的机构。除上述主要机构外，还有国际货币基金组织、世界银行和 12 个称为“专门机构”的其他独立组织，按照合作协定与联合国保持联系。世界卫生组织和国际民间航空组织也属于这类机构。这些机构是根据政府间协定设立的自治机构，在经济、社会、文化、教育、卫生和有关领域负有广泛的国际责任。其中一些机构，如国际劳工组织和万国邮政联盟，创立时间比联合国还早。

此外，联合国的一些办事处、计划署和基金会，如联合国难民事务高级专员办事处、联合国开发计划署、联合国儿童基金会，负责改进世界各地人民的经济和社会状况。这些机构向大会或经社理事会负责。

上述所有组织都有自己的理事机关、预算和秘书处。这些组织与联合国一起，统称为联合国大家庭或者联合国系统。这个系统架构繁多，它们的行动方案虽然多种多样，但协调日益密切。

三、联合国的宗旨和原则

联合国成立至今，会员国已由原来的 51 个发展到目前的 193 个，几乎包括了当今世界上所有国家，包括超越政治经济制度和不同文化的各种类型的国家，具备了真正世界性机构的阵容。会员国必须接受《联合国宪章》并履行其规定的义务。《联合国宪章》是一个国际公约，其中规定了国际关系的宗旨和基本原则。

（一）宗旨

维护国际和平与安全，发展国际间以尊重各国人民平等权利及自决原则为基础的友好关系；进行国际合作，以解决国际间经济、社会、文化和人道主义性质的问题；促进对于全体人类的人权和基本自由的尊重。

（二）原则

所有会员国平等；各会员国应该忠实履行宪章规定的义务；各会员国应该以和平方式解决国际争端；各会员国在国际关系中不得以不符合联合国宗旨的任何方式进行武力威胁或使用武力；各会员国对联合国依照宪章所采取的任何行动应给予一切协助，联合国在维护世界和平与安全的必要范围内，应确保非会员国遵循上述原则；联合国组织不得干涉在本质上属于任何国家内部管辖的事项。但此项规定不应妨碍联合国对威胁和平、破坏和平的行为及侵略行径采取强制行动。

四、关于“集体安全制度”

许多学者认为，作为实现联合国维持国际和平与安全宗旨重要手段的维和行动是一种集体安全，但也有学者持不同认识，认为经过半个多世纪的演变，基于集体安全理念而组建的联合国维和行动已经突破了集体安全的范畴，联合国维和行动的定义与集体安全概念存在较大偏离。在联合国维和行动的几种模式（宪章制度模式，“联合一致共策和平”决议模式，哈马舍尔德模式，即第一代维和模式，第二代维和模式，第三代维和模式）中，最接近于集体安全制度的宪章制度模式与“联合一致共策和平”决议模式，在现实的运行中或出现与集体安全很大的偏差，或中途夭折；长期运行的第一代、第二代、第三代维和行动模式也与集体安全大为不同。联合国维和行动所形成的“中立性”“非武力性”“自愿性”以及“宽泛性”四大特征，也表明维和行动不再属于集体安全概念。基于集体安全理念而组建的联合国维和行动已经突破了集体安全的范畴，而更接近国际危机管理的性质。①

集体安全（Collective Security）是国际社会设想的，以集体的力量震慑或制止主要是来自内部可能出现的侵略，从而维护每一个国家安全的国际安全保障机制，是国际关系中“我为人人，人人为我”（one for all & all for one）原则的推广。

集体安全与集体防卫（Collective Defense）既有联系又有区别。共同点在于，成员国均承诺帮助他国抵御外来攻击；被进攻的受害者都预期自己的防卫力量可以得到其他国家力量的补充。但就行动意图和模式而言，二者又存在根本差异。集体防卫的目的是国家间彼此联合以抵御共同的敌人。而集体安全是一种针对普遍侵略的防卫政策，即反对任何地方的任何侵略者，无论侵略者是自己的朋友还是敌人。

集体安全以两条理念为基础。一条是理想主义的思路，认为他国的侵略罪行将激起本国道德上的愤怒，从而拿起武器反对任何地方的任何侵略者。另一条是现实主义的思路，认为“世界的和平不可分割”，因而如果任何一个侵略者在任何地方都被压倒性的力量所制止和吓阻，那么所有其他潜在的侵略者都将会理解这种警告，并不再制造威胁。②

集体安全包含两个基本原则：威慑原则（Principle of Deterrence）和普遍性原则（Principle of Universality）。威慑原则指的是，试图使用武力者将立即遭到一个反侵略国际联盟的反击；普遍性原则指的是所有国家对侵略者的认识一致，所有国家都有义务以适当的方式加入反侵略的行动中。由此可见，集体安全的目的特征在于威慑或制止侵略；手段特征表现为可采用外交、经济、军事制裁，军事制裁时可以使用武力；成员特征表现为所有成员的共同参与。

集体安全是对均势可以维持国际和平观念质疑的产物，也是对一战以前国际形势反思的结果。一战以及以前的秘密外交、均势与结盟给国际社会带来了无穷的灾难，促使人类反思，从而建立能够给人类社会带来长期国际和平与安全的制度。集体安全正是在这种背景下得以发展的。一战后在美国总统威尔逊极力主张下建立的国际联盟，全面体现了集体安全的原则。但由于集体安全实施主客观条件的限制、国联自身的缺陷以及一战后复杂的国际形势，国联的作用极其有限，并没有如设计者所愿。二战结束前后酝酿产生的

---

① 夏路．联合国维和：集体安全？［J］．国际政治研究，2006（3）．

② 聂军．联合国维和与集体安全辨析［J］．欧洲研究，2005（3）．

联合国，继承了国联的部分遗产，依然建立在集体安全原则基础之上，如《联合国宪章》第一条第一款表述联合国宗旨时指出，“维持国际和平及安全，并为此目的，采取有效的集体办法，以防止且消除对于和平之威胁，制止侵略行为或其他破坏行为”。但联合国吸取了国联失败的教训，实行大国一致的原则，仅仅赋予联合国安理会常任理事国否决权，而不是像国联那样实行普遍一致的原则。尽管如此，联合国仍然强调所有成员国共同参与，以集体的力量来维护国际和平。毋庸置疑，联合国是建立在集体安全理念之上的全球性国际组织。但是作为维持国际和平与安全重要举措之一的联合国维和行动是否属于集体安全范畴呢？从联合国维和行动的定义、维和行动的模式以及维和的特征入手，将其与集体安全进行仔细比较，所得出的答案是否定的。①

五、联合国的核心竞争力

前联合国秘书长安南曾经在《构建未来》一文中强调指出：对于本组织来说，最重要的优势和取得成功的关键要素来源于其雇员的能力和管理。他说，为了最大限度地利用好这种优势，我们需要去创造一种组织文化和环境，使我们的成员能够贡献出他们的潜能。许多组织成功的经验已经表明，对于创造一种新的文化氛围，提升人力资源开发能力来说，最重要的事情是明确组织的核心竞争力所在，包括所有雇员的技能、特质、行为以及管理能力。一旦组织的核心竞争力被确定之后，就可以作为构建和加强人力资源开发的基础，用于人员招募、委派、培训和绩效考评。

安南说：这是我所希望的，核心竞争力将提供给我们一种交谈的共同语言，明确卓越表现和管理的具体条款。我相信，我们所努力追求的一个共享的标准，将会协助我们去迎接 21 世纪的各种挑战。

“能力”指的是一个组合的技能、属性和行为，直接关系到成功的工作表现。核心能力是技能、属性和行为，考虑组织的所有人员的重要性，不管他们处于什么层级。管理能力被认为是具有管理或监督人员的必备责任。

（一）联合国的核心价值观和能力

1. 核心价值观

正直。在日常活动和行为中体现联合国的价值观；不计个人得失；决策时抵制不正当的政治压力；不滥用权力或权威；决策以组织的利益为重，即

① 门洪华．和平的纬度：联合国集体安全机制研究［M］．上海：上海人民出版社，2002.

使他们是不得人心的；遇到不专业或不道德的行为时需要迅速采取行动。

职业精神。显示工作和成就的自豪感；展示专业能力；敬业和高效，观察工作期限和实现结果；以职业需要而不是个人关切为动机；显示面对困难和挑战的毅力；在有压力的情况下保持冷静。

尊重多样性。能有效地与来自不同背景的人共事；对所有的人表示尊重；男女平等；在日常工作和决策中尊重和理解不同的观点；审视自己的偏见和行为，避免出现典型反应；不歧视任何个人或团体。

2. 联合国的核心能力

沟通能力。能说会写；倾听别人的意见，正确地理解别人传达的信息并作出适当反应；通过提问以澄清问题，并表现出对双向沟通的兴趣；根据面对的不同对象修饰语言和语气；显示对信息共享的开放，使别人清楚地得到信息。

团队合作能力。与同事协同工作，共同实现组织目标；真正重视别人的想法和专业知识，愿意向他人学习；在决定个人议程之前先决定团队议程；支持群体决策，即使这样的决定有可能不能完全反映自己的立场；分享团队的成就，分担共同的责任和缺陷。

策划与组织能力。制订明确一致的目标，采用普遍接受的策略；确定优先活动和任务，调整重点要求；完成工作时分配适当的时间和资源；在规划时预见风险和突发事件；必要时监督和调整计划和行动；有效利用时间。

问责能力。接受所有的责任和荣誉；在规定的时间、成本和质量标准中提供产出；行动符合组织法规和规章；支持下属，提供监督、委托任务的责任；承担个人责任。

创新能力。积极寻求改进方案或服务；提供新的和不同的方案来解决问题或满足客户需求；促进并说服他人接受新思想；对新的和不寻常的想法评估风险，考虑“条条框框”；通过新的理念和方式做事情；不受思维或传统方式的束缚。

客户导向。考虑需要提供服务的“客户”（服务对象），寻求从客户的视角看问题；建立和维护合作伙伴关系，赢得客户的信任和尊敬；确定与客户需求匹配的解决方案；监督影响持续发展的内部环境和外部环境，使客户了解和预见问题；使客户了解项目进展或挫折；保证按时提供产品或服务。

致力于不断学习。了解自己职业领域的新发展；积极寻求拓展自己的职业技能；乐于向同事和他人甚至下属学习；寻求反馈并提高。

科技意识。了解先进的和可用的技术；理解技术的适用性和局限性；积极寻求适应任务的技术；表明学习新技术的意愿。

3. 联合国推崇的管理能力

（1）领导力。作为一个其他人都愿意效仿的榜样；授权他人将愿景转化为结果；运用主动的发展战略去完成目标；建立和保持团队关系，使成员了解需求并获得支持；通过互信预见和解决冲突；变革和改进驱动；不满足于现状；有勇气采取“不得人心”的行动。

（2）建立愿景。确定战略问题、机遇和风险；在组织战略和团队目标之间建立清晰的沟通联系；建立广泛的沟通，追寻组织的发展方向，并激励他人追求同一方向；传递对未来可能性的热情。

（3）鼓励他人。明确责任，分清楚预期，并给工作人员在重要工作领域的自主性；鼓励他人设定挑战性的目标；认可他人在职责范围内所取得的成果；珍视所有工作人员的投入和专业知识；欣赏和奖励成就及努力；让其他人参与制定影响面宽的决策。

（4）建立信任。提供一个可以谈论并不担心不良反响的环境；用一种深思熟虑的和可预测的方式管理；透明运作，不隐藏议程；给同事、员工和客户传递信心；给予其他人适当的信用；按议程约定行动；对敏感或机密信息适当处理。

（5）管理绩效。承担相应的责任、问责与决策的权力；明确角色、职责和报告以及每个人的责任划分；准确判断完成任务所需要的时间和资源，以及相应的技能；监督进度和最后期限；定期讨论绩效并提供反馈和辅导；鼓励承担风险和支持创新；积极支持员工的职业发展愿望；公正评估绩效。

（6）判断/决策。在复杂的形势下确定出关键问题，并迅速找到问题的核心；在作出决定之前收集各种相关信息；决策之前充分考虑决策的积极影响和消极影响；决策时关注对他人和组织的影响；基于所有可用的信息，提出一种行动方案或做出建议；检验假设与事实；行动方案将满足潜在需求；必要时作出艰难决定。

第三节 ‖ 联合国维持和平行动概述

在过去的 70 多年中，联合国维持和平行动已演变成一个复杂的全球性事业。在此期间，其维持和平行动在很大程度上由大量的不成文原则和经验所指导。联合国维持和平行动的使命是：旨在帮助各国克服艰难险阻，从冲突走向和平。联合国拥有独一无二的优势，包括性质合法、重任共担以及能够部署来自世界各地的部队和警察，让他们与文职维和人员共同执行安理会和联大布置的一系列任务①。

一、相关数据

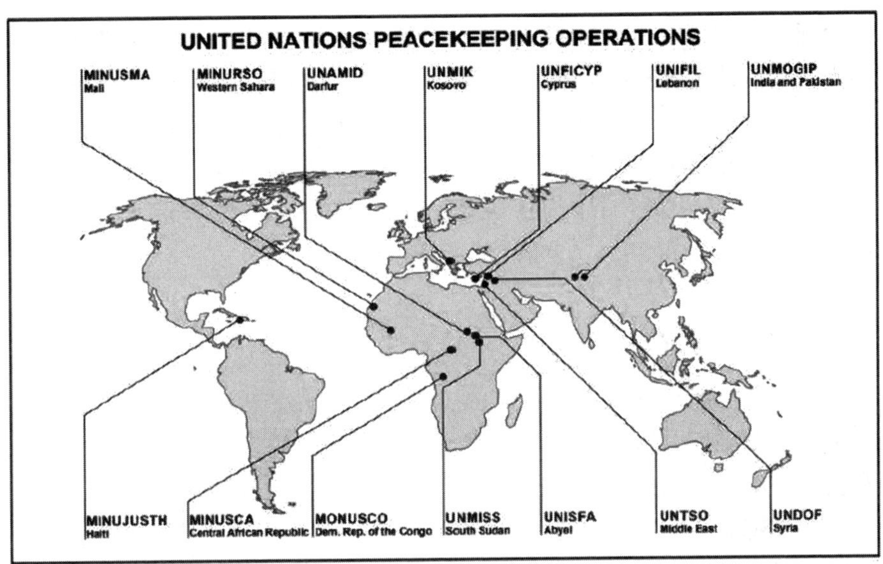

图 7-1　截至 2018 年 11 月，联合国维和行动在全球的部署情况

（一）行动数目

根据联合国官网的相关数据：截至 2018 年 11 月，自 1948 年以来，联合国共开展了 71 项维和行动。目前仍有 14 项维和行动正在进行。②

（二）人员

共有约 10 万人在 14 个维和任务区工作。其中着装人员（Uniformed personnel）89606，包括维和部队（Troops）75634 人；警察（Police）10708 人；军事观察员（Military observers）1961 人，军事参谋人员（staff officers）2004 人。其中，国际民事人员（International civilian personnel）截至 2018 年 5 月 31 日共有 4539 人；当地雇员（Local civilian personnel）8393 人；联合国志愿者（UN Volunteers）1345 人。

---

① https：//peacekeeping. un. org/zh.

② 参见 https：//peacekeeping. un. org/sites/default/files/pk _ factsheet _ 11 _ 18 _ eng. pdf

（三）出兵国与牺牲人数

为联合国提供着装人员（Countries contributing uniformed personnel）的成员国有 124 个。自 1948 年以来的所有维和行动中，共有 3797 名维和人员牺牲。

（四）财政方面

经安理会批准的 2018 年 7 月 1 日至 2019 年 6 月 30 日财政年度联合国维持和平行动的核定预算约为 66.9 亿美元。2017 年排名在前十名的维持和平行动摊款贡献国依次为：美国、中国、日本、德国、法国、英国、俄罗斯、意大利、加拿大和西班牙。美国所占比例为 28.47%，排在第二位的中国占比为 10.25%，排在第三位的日本为 9.68%。德国、法国、英国和俄罗斯所占比例分别是 6.39%，6.28%，5.77%和 3.99%。

二、维和行动的起源

联合国维持和平行动（Peace-keeping Operations，PKO）是二战后出现的新生事物，在《联合国宪章》中并没有规定，是在后来的联合国维持和平活动和实践中不断发展起来的。自 1948 年建立第一支联合国巴勒斯坦停战监督组织（UNTSO）起到现在已有 70 多年的历史。

“维持和平”一词是 20 世纪 60 年代才普遍使用的，其正式使用开始于 1965 年 2 月联合国大会建立维持和平行动特别委员会（Special Committee on Peace-keeping Operations，SCPKO）。

联合国的首要宗旨是维护国际和平与安全。维护国际和平与安全可以从舆论道义上支持或谴责，也可以从经费、物资方面援助或制裁。但是，当国际或者国内争端处于白热化甚至战乱之际，如何解决争端，维持和平与安全？联合国在实践中首创了维持和平行动①（以下简称维和行动）。

三、维和行动的定义

维和行动是联合国在协调和解决国际争端的实践中产生和发展起来的。在冲突各方同意的前提下，由联合国统一部署指挥军事、警察或文职人员，

① What is peacekeeping? United Nations Peacekeeping helps countries torn by conflict create conditions for lasting peace. Peacekeeping is one among a range of activities undertaken by the United Nations to maintain international peace and security throughout the world. ——参见联合国官网。

采用非强制手段，控制和解决争端的一项特殊举措。在协助解除国际危机和解决长期冲突方面发挥了重大作用，受到了国际社会的普遍欢迎。关于什么是维和行动，有以下几种不同看法。

其一，联合国新闻部出版的《蓝盔——联合国维持和平的回顾》（纽约，1985 年）一书中指出：维持和平行动的定义按照秘书长的报告就是，“由联合国建立的、在冲突地区帮助维持或恢复和平的、包括军事人员在内的、没有强制权力的一种行动”。

其二，前联合国秘书长的军事顾问，曾任联合国第一支紧急部队司令的里赫耶所著《维持和平的理论和实践》一书中引用国际和平学院的定义说：“维持和平”行动是“通过国际组织指挥的第三方面的干预，使用多国部队、警察和文职人员的办法来恢复和维持和平，以防止、遏制、缓和与终止国际和国家内部的敌对行动”，它可以是“军事的、准军事的或非军事性质的”行动。

其三，前秘书长德奎利亚尔 1985 年 9 月接见中国记者时指出：“联合国维持和平部队是根据《联合国宪章》采取的一项集体安全行动。”

其四，联合国出版的《联合国维持和平》（联合国新闻部，1995 年 5 月）中指出：“维持和平”是联合国帮助维持国际和平与安全的方法之一。在联合国的语意中，“维持和平”的定义是在“联合国的指挥下，使用多国部队帮助控制和解决敌对国家之间的冲突，有时候是控制和解决一个国家之内社团之间的冲突。它是联合国首创的一种方法，在这一方法中，军队是作为一种和平的促进剂，而不是战争的工具”。

其五，前秘书长加利所著的《和平纲领》中指出：维持和平是实地部署联合国人员，过去的做法是取得所有有关各方的同意，通常是部署联合国军事人员和（或）警察人员，往往也包括文职人员。维持和平是一种手段，它扩大防止冲突和建立和平两个方面的可能性。

其六，前秘书长安南在纪念维和行动 50 周年大会上的讲话中，对维和行动的定义是从维和目的的角度阐释的。他指出：“维和行动是人类追求美好、战胜邪恶、消除不幸的努力，是用忍让化解冲突，以和平消灭战争。”

安南曾经讲道：“只要这世上还有人在哭泣，我们就无法处之泰然。”2017 年 9 月 19 日，现任秘书长古特雷斯先生在一次讲话中表示，我们正处在一个碎片化的世界，更加需要一个和平的世界。[①]

综上所述，维和行动是指应当事方要求或经当事方同意，联合国根据安理会或大会决议，向冲突地区派遣军事人员、警察及民事官员、技术人员，以恢复和维护和平、重新建设的一种行动。它是在联合国调解和解决地区或某个国家内部冲突的实践中创造和发展起来的。

四、维和行动的组织形式

（一）综合性代表团（Military Missions）

它常常包括军队、警察、文职人员，甚至包括选举观察员等。如纳米比亚援助团、柬埔寨权力机构、莫桑比克行动和前南斯拉夫保护部队等维和行动，其机构庞大，人员有的达万人或数万人之众。

（二）军事观察团

由若干军事观察员组成，不携带武器或只携带轻型武器。如联合国停战监督组织、联合国印度和巴基斯坦克什米尔观察小组等。

（三）维持和平部队

主要是由维持和平的部队人员组成，也可能包括军事观察员和文职人员等。如联合国塞浦路斯维持和平部队、南黎巴嫩临时部队等，他们携带轻型武器用于自卫。

（四）配备重型武器的维持和平部队

近年来发展起来的配备了重型武器的维和部队，包括使用装甲车、坦克、重炮、武装直升机等。如联合国伊拉克和科威特观察团于 1993 年 4 月增派一个机械化步兵营；联合国东斯拉沃尼亚行政当局也拥有重型装备。

（五）警察

由警察部门负责当地治安及训练当地警察等任务，如 1995 年 12 月建立的联合国波黑特派团，1962 年 10 月联合国在西伊里安的安全部队等。

总秘书处主管维和行动的部门是维持和平行动部（Department of Peace-keeping Operations，DPKO）和外勤支援部（Department of Field Support，DFS)，由一名主管维和事务的副秘书长及主管外勤支援部的副秘书长共同负责。

联合国维和任务是由安理会根据联合国宪章所赋予联合国的使命，即

① We are the world in pieces. We need to be a world at peace. ——Mr. Gutierrez 19 Sept. 2017.

“维护国际和平与安全”，根据形势需要并进行调查，证实某种行为确实对国际和平与安全构成威胁，然后通过决议向联大提出采取一项维和行动的建议，即在冲突各方同意并达成协议的基础上部署中立部队和人员对发生冲突的地区进行托管。经联大下设的特别委员会审议并提交联大表决通过，正式批准该项维和行动，同时确定预算支出方案。

秘书长作为联合国办事机构——总秘书处的最高行政长官，全面负责联大决议的执行，计划、实施并指导包括维和行动和人道主义援助在内的所有联合国在世界各地开展的行动。秘书长下设一名专门负责维和事务的副秘书长，他所领导的维和部作为秘书长的一只“操作手臂”，负责所有维和行动的部署实施。

五、联合国维和行动的性质

（一）国际性质

由联合国安理会或大会通过决议建立的国际部队，其人员由中立的会员国提供，由秘书长指挥，其司令由秘书长任命。

（二）自愿和非强制性质

维和行动经过东道国同意，包括其他直接涉及的冲突各方的同意建立，其军事人员也是在会员国自愿的基础上提供的。维持和平部队只配备轻型武器，除自卫外不得使用武力。

（三）不干涉和中立性质

维和行动应保持中立性，不得干涉东道国的内部事务，不得以任何方式影响会员国的内部纷争，不得偏袒一方而反对另一方。

（四）异常克制

它的行动异常克制，这不仅是一条基本原则，而且是保证其行动有效的需要。

（五）临时性质

维和行动具有临时性质，目前建立的维和部队中只有一个例外，即联合国巴勒斯坦停战监督组织是永久性的安理会附属机构。联合国本身不享有主权，其从事维和行动只能由安理会或大会的特殊授权决定，目前维持和平的政治的、组织的、行政的和预算安排，均没有长期的规定。

（六）地区性质

维和行动通常是处理可能危及国际和平与安全的地区冲突，其性质是由公正和客观的第三方从事帮助和维持停火，建立交战国之间的缓冲区等任务。

（七）特殊军人

维和部队改变了传统的军人的性质，它是一种特殊的军事人员，用前秘书长德奎利亚尔的话说：他们“无战斗之敌，无战胜之地，武器用于自卫，效果靠自愿合作”。[①] 他还说：维和部队在历史上开创了一个先例，军事力量不是为了发动战争、建立统治、为强国和强权集团服务，而是为制止人类之间的冲突服务。

基于上述性质，联合国要求各会员国对其授权的广泛的政治一致，不仅表现在维和行动创建上的一致，而且也应表现在对继续执行任务上的一致，包括安理会的继续支持；有关冲突国家和主要有关方面的继续支持；出兵国的继续支持。更要求有关各方与部队合作，因为维和行动的部队只有很小的或者没有能力进行强制，其使用武力又只限于作为最后手段的自卫，因而任何坚持的一方均可能违抗维和部队，所以要求各方面与它合作。

六、联合国维和行动的特征

（一）重要性（Vital）

联合国维和行动是国际社会对冲突反应的核心要素，提供最基本的安全，帮助成千上万人脱困；在无人问津之地防止冲突再起；安理会的授权提供了无与伦比的合法性（legitimacy）；采取责任分担、广泛接受（burden-sharing and effective action）的方式；但维和行动并非万能；维和行动支持和平进程，但不是替代品。

曾经担任美国常驻联合国大使的苏珊·莱斯曾经在她写的《联合国能维持和平吗》一文中指出：“面对冲突，联合国的另一个选择是袖手旁观，但是，那样就会导致冲突恶化，而且创造一个罪犯和恐怖分子可以恣意妄为的庇护天堂。”[②]

（二）强势性（Robust）

就像一个实力强大的庞大企业，联合国是对冲突后稳定贡献最大的多边国际组织，只有美国在海外战场上部署的军事人员多于联合国。截至2017年

---

① Its practitioners have no enemies, are not there to win, and can use force only in self-defense. Its effectiveness depends on voluntary cooperation. ——德奎利亚尔。

② “The other alternative to the UN is that we do nothing and that these conflicts fester, spill over, and create an environment where criminals can operate and where terrorists can find a safe haven.” Ambassador Susan Rice, U. S. Permanent Representative – “*Can UN Keep the Peace*” [http://www.pbs.org/now/shows/520/index.html].

1 月，有近 12 万人在维和行动任务区工作，对数亿人的生活产生直接影响，1999—2011 年，维和人员数量增长了 9 倍。

此外，战地支援部（DFS）[①]在人员、财务和预算、通信、信息技术和后勤保障等方面提供行动支持和专业知识，还为政治事务部（DPA）管理的 12 项特别任务或建设和平实地任务提供支持。同时，还为众多要求联合国总部提供行政和后勤援助的其他联合国和平办事处提供支持。

联合国没有自己的军队，但它可以依靠成员国中的出兵国。截至 2017 年 1 月，有 124 个国家为联合国提供军队或警察。

（三）高效性（Effectivea）

维和行动拥有很高的成功率。1948 年以来，联合国已经部署了超过 70 项维和行动，帮助数十个国家的人民参与自由公正的选举；仅在过去十几年中就帮助解除了 50 多万前战斗人员（ex-combatants）的武装。“借助适当的授权和资源，维和人员可成为中坚力量，在世界上一些最为孱弱的国家平稳和缓和地推进和平进程。”[②]联合国是高效和合算的部队供应者。其专家，特别是综合特派团的专家拥有各种必需的民事和军事能力，可以稳定和帮助发展冲突后的局面。

（四）经济合算（Cost Effective）

维和行动费用并不昂贵，比其他形式的国际干预花费少得多，而且费用由成员国公平地分担。例如，2013 年 7 月 1 日—2014 年 6 月 30 日维和行动的经费预算是 78.3 亿美元，只占同期全球军费预算的 0.4%，而 2013 年美国的军费开支大约是 1747 亿美元。

将维和人员的成本与美国、其他发达国家、北约（NATO）或区域组织部署部队的成本相比，迄今为止，联合国的费用最低。牛津大学经济学家一项研究发现，根据《联合国宪章》第七章进行的国际军事干预是防止冲突后社会重返战争的最具成本效益的手段。

美国政府问责局（US Government Accountability Office）的一项研究估算，与联合国进行的类似于海地稳定特派团（MINUSTAH）维和行动相比，在执行任务的前 14 个月，联合国的预算为 4.28 亿美元；而美国的预算为 8.76 亿美元，约为联合国的 2 倍。

苏珊·莱斯指出：“如果美国单方面采取行动，并在许多国家部署自己的

---

① the Department of Field Support.

② 参见 http://www.foreignpolicy.com/story/cms.php? story id=4350&page=2.

部队；对于美国将花费的每一美元，联合国可以以 12 美分的价格完成任务。”①

（五）发展性（Dynamic）

维和行动一直在发展，除维持和平与安全外，维和人员还越来越多地负责协助政治进程、改革司法系统、培训执法机构和警察、解除前战斗人员的武装并重返社会，并支持国内流离失所者和难民的返回。

选举援助已成为联合国和平行动中日益重要的特征。联合国和平特派团已经支持了几个冲突后国家的选举，包括尼泊尔、阿富汗、布隆迪、科特迪瓦、海地、伊拉克、利比里亚、刚果民主共和国、苏丹和东帝汶等，人口总数超过 1.2 亿，为超过 5700 万登记选民提供机会行使其民主权利。

联合国越来越多地与其他国际和区域组织建立维和伙伴关系。例如，非盟（AU）、西非国家经济共同体（ECOWAS）或欧盟（EU），以实现最大效果。

使维和人员对最高行为标准负责是维和行动的一个主要优先事项。联合国采取了三位一体的战略：预防、执法和矫正，以解决联合国人员的性剥削和性虐待②（SEA）问题，已经在总部和任务区设立了行为和纪律单位，并正在与出兵国合作，使其确保部队严格遵守秘书长对性剥削和性虐待的零容忍政策。

前主管维和行动部的副秘书长埃尔韦·拉德苏（Hervé Ladsous）曾经表示：“哈克女士（主管外勤支援部的副秘书长 Ameerah Haq）和我仍然致力于维护我们所有维和人员的最高行为标准……我很高兴地说，联合国和出兵国的集体努力正在发挥作用。特派团的不当行为指控继续下降，特别是那些涉及性剥削和性虐待的指控。”

（六）妇女对于维和行动的重要性（Women in Peacekeeping）

如今，女性维和人员的需求比以往任何时候都更迫切。在许多情况下，妇女更有能力执行一些重要的维和任务，包括询问性暴力和基于性别的暴力受害者、在女子监狱工作、在复员和重新融入平民生活的过程中协助女性前战斗人员、在警察学院指导女学员等。

---

① “If the US was to act on its own - unilaterally - and deploy its own forces in many of these countries; for every dollar that the US would spend, the UN can accomplish the Mission for twelve cents.” Ambassador Susan Rice, U.S. Permanent Representative - “*Can UN Keep the Peace*”.

② Sexual exploitation and abuse (SEA).

维和行动中作为民事人员部署的妇女比例达30%。目前，已有5名女性担任秘书长特别代表（SRSG），全面领导和平行动，有一名女性总警监。虽然维和行动中部署女性着装人员的进展缓慢，但联合国继续与出警国和出兵国接触，努力增加维和行动中着装女性的人数。截至2007年，女警的比例约为10%；女军事人员比例约为3%。

2007年，联合国维和行动历史上第一支由印度派遣的全女性维和警察防暴队（FPU）被部署在联合国利比里亚行动中。这支队伍每年轮换新的全女性队伍。2010年，孟加拉国向海地派遣了一支全女性维和警察防暴队；2011年又在刚果民主共和国部署了另一部队。这些特遣队每年由另外的全女性分队轮换。

第四节 ‖ 维和行动法律基础及基本原则

一、联合国安理会创设的和平行动

为了不断应对挑战，恢复和平与安全，安理会创设了几种重建和平的方式，反映了联合国不断践行宪章原则，努力适应范围和复杂程度日益增长的重建和平的需要而做出的努力。

（一）外交预防（Preventive Diplomacy）

外交预防旨在防止国内或国与国之间的紧张态势和争端升级为暴力冲突的外交措施，包括预警、信息收集和对导致冲突的因素进行仔细分析。预防冲突活动可能包括利用秘书长的“斡旋”（good offices）、联合国特派团的预防性部署或由政治事务部主导的冲突调解。

采取这种方式是为预防不同派别之间的冲突恶化，防止现有纷争演变成冲突，并且预防可能发生冲突的蔓延范围。这种方式会使用调停、调解或谈判等手段。

（二）缔造和平（Peacemaking）

缔造和平（或称促成和平）一般包括旨在解决正在发生的冲突的措施，通常包含促使敌对方达成谈判协议的外交行动。秘书长可通过“斡旋”促进冲突的解决。调停人还可以是特使、政府、国家集团、区域组织或联合国。非正式和非政府团体，或知名人士也可为促成和平单独开展行动。

按照《联合国宪章》第六条的原则，使敌对派别通过和平方式达成谈判协议，安理会也许会推荐一种解决纷争的方式或者由安理会来调停，也可以启动外交行动去鼓励或达成谈判协议。

(三) 维持和平 (Peacekeeping)

维和行动是一种旨在维护和平的技术设计。然而，刚刚停止战斗地区的局势是脆弱的，需要和平的制造者去协助实施和平协议。多年来，维和行动已从最基本的军事模式去监督停火和部队隔离，演变成一个更加复杂综合的多元模式，包含军队、警察和民事人员等要素共同工作来为可持续的和平奠定基础。

联合国经各方一致同意，派出军人、警察和民事人员在冲突实地中出现/存在（Presence）并执行和平协议或监督冲突各方执行和平协议的一种方式，通常会建立停火区、军事隔离带等相关措施以确保安全，缓和人道主义危机等。

(四) 强制和平 (Peaceenforcement)

强制和平（或称执行和平）包括采取一系列胁迫性措施，如使用武力，它需要安理会的明确授权。强制和平的作用是在安理会面对和平受到威胁、和平遭到破坏或侵略行为决定采取行动的局势中恢复国际和平与安全。安理会可遵照《联合国宪章》，利用各区域组织和机构执行其职权范围内的行动。这种方式是当其他努力均告失败时所需要的。在安理会已经明确一种对和平的威胁或实质性的侵略行为的形势下，根据《联合国宪章》第七章所授权的强制行动，包括使用武力来达成或重建国际和平和安全。

(五) 建设和平 (Peacebuilding)

预防冲突、缔造和平、维持和平和强制和平很少以直线或循序渐进的方式进行。涉及一系列有针对性的措施，加强国家各级冲突风险管理的措施去避免再度陷入冲突，并奠定可持续（sustainable）和平与发展的基础。

建设和平是一项创造可持续和平的必要条件，是复杂、长期的过程，它强调解决全面的暴力冲突的深层次的结构性原因。建设和平措施关注解决影响社会乃至国际正常运转的核心问题，寻求提高国家合法有效履行其核心职能的能力，是冲突平息后的一种关键行动。建设和平包括确保和支持那些所有与巩固和平，建设互信和对话来达到和平和安全的机构和措施，以避免敌对各方再次陷于冲突。联合国采取行动，查明并支持足以加强与巩固和平的机构，建立并巩固民主制度，劝说那些前武装运动相应地改革成为政治实体，以避免再度爆发冲突。

(六) 制裁 (Sanctions)

制裁是安理会的一种强制执行机制，包括经济制裁、武器禁运、旅行禁止、财政和外交限制等。其目的是对那些威胁到国际和平与安全的派别带来压力，使其修正自己的行为，并为其行为付出代价。

二、和平行动的相互联系与“中间”区域

预防冲突、缔造和平、维持和平、建设和平与强制和平之间的界限变得越来越模糊，如图 7-2 所示。和平行动很少局限于一种活动，无论是联合国主导的，或是非联合国的其他国际行为体主导的。

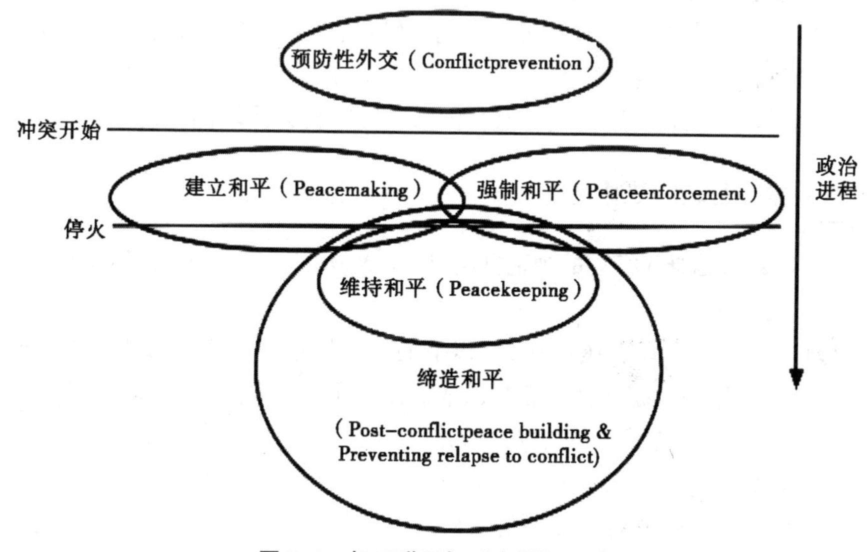

图 7-2　相互联系与“中间”区域

虽然其部署原则是支持停火的实现或和平协议的实施，但维和行动往往被要求在缔造和平进程中发挥积极作用，并且可能参与早期的建设和平活动。维和行动也可能在安理会的授权之下在战术层面使用武力，用于自卫和保护自己使命的履行，特别是在某些国家已经无力提供安全保障并维护公共秩序的情况下。

尽管“强力”维和与强制和平行动之间的界限有时可能会出现模糊，但是两者仍有重要的区别，如果强力维和在冲突当事各方同意的情况下，在战术层面使用武力，那么强制和平行动可能涉及在战略或国际层面使用武力，这通常是《联合国宪章》第二章第四条对成员国所禁止的，除非得到安理会的授权。

冲突预防、缔造和平、维持和平和强制和平行动很少以一个线性的执行

顺序发生。经验表明，这些行动应该被看作是相辅相成地发生作用的。如果用零碎的或孤立的方式，就不能提供所需的全面综合的方法来解决冲突的根源，从而减少冲突再次发生的风险。然而，国际社会目前将这些行动有效地结合起来的能力仍然有限，在某些情况下，会导致国际社会在应对威胁国际和平与安全的反应能力与实际效果之间存在差距。

建立一个新的联合国建设和平架构反映了国际社会越来越多的人意识到缔造和平、维持和平以及建设和平行动之间的联系。当一个国家出现之前，建设和平委员会帮助统筹资源，并提出综合建设和平的战略和恢复策略。这样做旨在汇聚相关行为体，包括国际金融机构和其他捐赠者、联合国机构、民间社会组织等支持这些策略，并且为联合国相关机构提供战略建议，帮助促进政治对话，加强沟通协调，监督国家和国际行为体取得的进展。

三、维和行动的法律基础

（一）联合国维和行动的规范框架（The Normative Framework for UNPKOs）

1.《联合国宪章》

1945 年 6 月，《联合国宪章》（以下简称《宪章》）在旧金山签署，成为联合国所有工作的基础文件。联合国成立是为了“拯救后世避免战祸”，其主要目的之一是维护国际和平与安全。维和行动在《宪章》中虽然没有明文规定，但是在实践中，已经演变成联合国实现这一目的所使用的主要工具之一。

《宪章》赋予安理会为维护国际和平与安全的主要责任。安理会在履行这一责任时，可以采取一系列措施，包括创建联合国维和行动。在《宪章》的第六章争端之和平解决、第七章对于和平之威胁，和平之破坏及侵略行为之应付办法和第八章区域办法中可以找到这些行动的法律依据渊源。第六章涉及“争端之和平解决”，第七章中包含有关对和平的尊重，以及“破坏和平和侵略行为”的规定。《宪章》第八章还提供了在维护国际和平与安全活动中，相关的区域和机构参与安排，使这些活动的目的和原则都符合《宪章》第一章之规定。

维和行动的传统一直与《宪章》第六章有关。然而，安理会在通过决议时，并不需要参考一个特定的宪章章节，授权部署维和行动时从未援引第六章。近年来，安理会已经援引《宪章》第七章，在相关国家已经无法维持安全和公共秩序的情况下，授权部署维和行动进入冲突后不稳定地区。安理会在这种情况下调用第七章时，除了强调表示其行动的法律依据，可以同时被看作是坚定的政治解决决心和手段，提醒冲突各方和更广泛的成员国对于遵守安理会决定的义务并付出努力的声明。

将维和行动与《宪章》的一个特别章节对应联系起来，可能会对维和行动的规划、培训和任务遂行的目的产生误导。在评估每个维和行动的性质和能力时，需要得到充分支持，出兵国和出警国（TCCs 和 PCCs）[①]应该由安理会的任务授权所指导，其行动理念也同时受到任务区相关规则的约束，例如，任务区对于维和部队的武力使用规则[②]（ROE），对于维和警察的武器使用指令[③]（DUF）等。

2. 人权（Human Rights）

国际人权法是维和行动规范框架的一个组成部分。《世界人权宣言》奠定了国际人权标准的基石，强调人权和基本自由是普遍的，对每个人都应该有保障。维和行动应充分尊重人权，并应通过其任务的执行去争取更多的人权。

维和人员，无论是军人、警察还是民事人员，应按照国际人权法去执行任务，并应努力确保不成为侵犯人权的人。他们必须能够清楚地辨别哪些行为是对人权的侵犯或滥用，并准备在其职权范围内作出适当的反应。维和人员在与同事和当地人交往时应充分尊重人权，无论是在公共生活中还是在私人生活中。如果侵犯了人权，应该被追究责任。

3.《国际人道主义法》（*International Humanitarian Law*）

《国际人道主义法》也称为“战争法”或“武装冲突法”，是限制武装冲突的手段和方法。《国际人道主义法》载于 1949 年的四个《日内瓦公约》和 1977 年的两项附加议定书，以及在规则中规定的关于冲突的手段和方法。该法还包括一系列在武装冲突期间保护文化财产、环境和保护冲突受害者的公约和条约。

国际人道主义法是用来保护个人不参加或者不再参与敌对活动；它维护的是在武装冲突中的平民、受害者和非战斗人员的基本权利。《国际人道主义法》与联合国维和行动密切相关，因为维和行动任务通常部署在冲突后的环境中，在那里，暴力可能是一直持续的，或者冲突可能重新引发。此外，在冲突后的环境中，经常有大批平民被交战各方作为目标，《日内瓦公约》或其他人道主义法向战俘或其他弱势群体提供保护，避免产生进一步的敌对行为的事件。

---

① TCCs：Troop Contributing Countries；PCCs：Police Contributing Countries.

② ROE：Rules of Engagement.

③ DUF：Directives on the Use of Force.

维和人员必须清楚地理解国际人道主义法的原则和规则，并在充分观察的情况下适用人道主义法。秘书长 1999 年 8 月 6 日关于联合国部队遵守国际人道主义法的公告（ST / SGB/1999/13）中，设置了适用于包括维和部队的维和人员适用国际人道主义法的基本原则和国际法规则。

4. 联合国安理会授权（Security Council Mandates）

维和行动是在安理会授权的基础上部署的，需要根据安理会的任务授权来开展。任务授权根据不同形势而有所区别，取决于冲突的性质和它们表现出的具体挑战。自从维和行动正式部署用于实施停火或执行更全面的和平协议以来，安理会的任务授权受冲突性质和内容所达成的各方协议的影响。

安理会任务授权也反映了国际环境中更广泛的规范性辩论。在这方面，有一系列的交叉，维和行动被赋予的任务主题，通常遵循以下安全理事会标志性决议：《安理会关于妇女、和平与安全的 1325 号决议（2000）》《安理会关于儿童及武装冲突的 1612（2005 年）号决议》《安理会关于在武装冲突中保护平民的 1674（2006 年）号决议》等。

维和行动的任务授权范围，极大地扩大了对冲突的转移模式和对国际和平与安全新威胁的最佳应对的响应范围。虽然每项维和行动各有不同，但在安理会授权的任务类型中，有相当程度的一致性。

（二）法律基础

维和行动以《联合国宪章》为准绳，以《国际法院规约》《国际人权宣言》等文件为普遍指导原则，其合法性来源于国际社会对国际法和国际惯例的支持、遵守及维和人员的公正执法和信誉。

四、维和行动的原则

（一）基本原则

尽管维和行动的实践在过去 70 多年中已经发生了深刻的变化，但是传统的维和三项基本原则一直并将继续发挥作用，使其作为维护国际和平与安全的一种与众不同的有效工具。

1. 各方同意原则（Consent of the Parties）

维和行动的部署必须以冲突各方同意为前提，要求当事各方承诺达成政治解决进程，并接受维和行动的授权去支持该进程。各方的同意为维和行动提供了必要的行动自由，无论是从政治上还是从物质上去执行相应的任务，如果缺乏各方同意，维和行动就存在成为冲突一部分的危险，而且会朝着强制行动的方向偏离，这就与维持和平的初衷相背离。

维和行动在完成任务的过程中，必须一直确保不失去各方同意，同时确保和平进程的推进。这就要求所有的维和人员，必须全面了解维和任务区的历史、现实、风俗习惯和文化传统，并且有评估各方利益和动机的能力。在冲突后的环境中，由于各方的缺乏信任，有时“同意”会变得不确定或不可靠。同意，特别是鉴于国际压力的勉强情况下，当其中一方没有完全服从和平进程时，也许会以各种方式收回。例如，冲突一方本来已经同意了维和行动的部署，但是发现这可能使自己的行动自由受限，导致事实上的撤回同意。一方或多方完全撤回同意，对维和行动的存续构成挑战，而且可能改变国际社会对于和平进程的战略支持。

冲突主要各方事实上同意部署维和行动，不一定暗示在地方层面也会服从或保证，特别是在冲突主要各方内部分裂或指挥控制系统虚弱的情况下。在形势不稳定，或者存在不受任何派别控制的武装，存在其他破坏者的情况下，普遍性的同意变得可能性更小。维和行动应不断分析其运行环境，去监测和阻止任何“动摇的同意”。维和行动必须有政治嗅觉和分析能力以及运行资源，在地方层面的同意缺失或分裂的情况下，必须有掌控局势的强烈意愿。在某些情况下，这可能需要将使用武力作为最后的手段。

2. 客观公正原则（Impartiality）

维和行动在履行使命时不得对某一方有偏好或偏见。客观公正对于维护冲突各方的同意与合作至关重要，但是不能与中立或不作为混淆。维和人员应该客观公正地对待冲突各方，而不是中立地执行授权。

公平地对待冲突各方不应该成为面对明显不利于和平进程行为时无所作为的借口。就像一个好裁判是公正的，但也会惩罚违规行为。所以维和行动不应容忍破坏和平进程，或者违反维和行动所遵守的国际规则和原则的行为。

尽管需要建立并维护好与冲突各方的关系，但是维和行动必须小心翼翼地避免可能影响其公正形象的活动。维和任务不应该怕误解或报复而回避公正原则具有的严格的应用程序，但在行动之前，应该谨慎地确保行动的理由行之有效，并清晰地传达给冲突各方。如果不这样做，就可能破坏维和行动的公信力和合法性，并可能导致“同意”的撤回。维和行动需要应对这些情况时，必须具有透明、开放和有效地沟通，并做出适当的自然反应。这将会使反对维和行动任务的机会最小化，并有助于减轻当事各方及其支持者们潜在的反弹。即使是最好的和最公正的裁判，也应该预见到批评的负面影响，并能够解释他们的行为。

3. 最低限度使用武力原则（Non-use of force except in self-defense and defense of the mandate）

除自卫或保护授权外不使用武力原则，也表达为最低限度使用武力原则。该原则可追溯到1956年联合国首次部署维和部队。自卫的概念解释，包括使用强有力的手段去防止破坏维和行动履行安理会授权职责的企图。维和行动不是一个强制执行工具，然而，人们普遍认为，维和行动可在安理会授权的情况下，在战术层面使用武力，如果这些情况是为了自卫或者维护授权任务的履行。

维和行动部署的环境，常常充斥着民兵、犯罪组织和其他破坏者，他们可能破坏和平进程或对平民构成威胁。在这种情况下，安理会给了维和行动“强力维和”（robust）的委托授权，赋予维和行动“使用一切必要手段”去阻止试图扰乱政治进程的活动，保护平民受到迫在眉睫的威胁与身体伤害，或者协助国家当局维护法律和秩序。通过主动使用武力捍卫任务授权，维和行动已经成功地改善了驻在国的安全局势，并创建了一个有利于开展长期“建设和平”的环境。

虽然有时会出现类似的依据，“强力维和”与《宪章》第七章中设想的“强制和平”（peace enforcement）不应被混淆。强力维和在安理会授权和东道国或冲突各方同意的情况下，涉及在战术层面使用武力。相比之下，强制和平不需要征得冲突各方同意，可能涉及在战略层面或国际层面使用军事力量，这通常是根据《联合国宪章》第二章第四条对成员国所禁止的，除非得到安理会的授权。

维和行动应该仅仅把使用武力作为最后的措施，当其他说服方式已经穷尽，在行动时也应该始终保持克制。使用武力的最终目的是阻止和平进程的破坏者，或者对平民的伤害，而不是寻求他们的军事失败。使用武力的维和行动应该有精确的标准、比例和适当的方式，在必要的最低限度使用武力原则的限度内来达到预期的效果，同时维护统一原则。使用武力，应该考虑到提前降低暴力程度，以及非暴力的说服方式的回归。

维和行动中使用武力总是受到政治的影响，往往产生预料不到的情况。判断武力使用的需要和使用的适当程度，基于综合因素，包括任务执行能力、公共观念、人道主义影响、武力保护、安全人员等。而且最重要的是，这样的行为所造成的影响应该基于国家和地方层面同意的前提下。

维和行动中，任务区对于军队的《武力使用规则》（ROE）和警察的《迎战原则》（DUF）明确澄清了武力使用的不同层级，在何种情况下可以使用武力，哪个级别的武力能够使用，需要得到何种层级指挥官的授权都有明确的规定。当代维和行动通常部署在那些有潜在危险和危险易于扩散的环境中，相关的武力使用规则确保维和行动在履行职责时处于保持行动公信力和自由行动的限度之内。任务区的领导者应该确保《武力使用原则》和《迎战原则》被清楚地理解并执行。

1961年，时任联合国秘书长达格·哈马舍尔德（Dag Hammarskjöld）在飞往现刚果民主共和国议和途中，因飞机失事而遇难。他为联合国维和制度的形成做出了重要贡献。冷战时期，对抗常常使安理会处于瘫痪状态，维和制度应运而生。其主要作用是维持停火状态并稳定形势，为和平解决冲突的政治努力提供支持。哈马舍尔德领导的最早的武装维和行动是解决苏伊士危机的联合国紧急部队。他在任时形成了影响至今的维和三原则，人们为了纪念他的贡献，也将三项基本原则称为“哈马舍尔德三原则”。

这些原则相互关联、相辅相成，在规划和开展维和行动时，清楚地理解这些原则的意义和它们之间的相互关系是很重要的，这样才能使这些原则有效地发挥作用。总之，不管是对任务区实地还是联合国总部的从业人员来说，这些原则是维和行动的导航仪或指南针。

（二）其他原则

1. 可信度原则（Credibility）

可信度原则是确保维和行动完成使命的保证。为有效地完成维和任务，赢得各派别的信任，维和行动必须由那些训练有素、装备精良、拥有很高的职业素养的人员组成。

2. 协商谈判原则（Negotiation and Mediation）

谈判和调停在解决冲突时具有巨大的潜力，对促成安全环境的实现，达到和平持久地解决冲突的目的作用巨大。

值得注意的是，2000年，应安南要求而出台的《卜拉希米报告》中，关于维和行动的原则有一些讨论，对一直恪守的基本原则有一些不同的看法，但尽管如此，直到今天，三项基本原则仍然是维和行动坚守的原则。

关于维和行动原则还有一些不同的表达方式：①冲突各方一致同意并达成协议予以配合；②国际社会的普遍支持（安理会和秘书长在此发挥着重要作用）；③维和行动所需的作战部队、军事观察员、民事警察及其他人员和装备完全是由联合国成员国自愿提供；④整个维和行动必须在秘书长的全权领导下实施，秘书长本人对安理会负责，所有维和人员在行动上只接受秘书长或上级维和官员的命令，而不得按照本国政府当局指令行事；⑤维和行动的任务、使命应尽量明确，保证体现安理会的决议精神；⑥在冲突各方中保持绝对中立，不干涉或不偏向任何一方；⑦维和行动中必须最低限度地使用武力；⑧维和行动所需费用根据各成员国的能力共同分担。

（三）其他成功因素（Other Success Factors）

过去的经验表明，维和行动要想取得成功，必须被视为合法的和可信的，尤其是在任务区当地民众的眼中。联合国最近的经验与多维维和行动的实践凸显出，为了实现可持续和平，需要维和行动去促进国家和地方的所有权。

1. 合法性（Legitimacy）

国际合法性是维和行动最重要的资产之一。其国际合法性来源于这样一个事实，它是建立在对维护国际和平与安全负首要责任的安理会授权的基础上。会员国纷纷贡献人员和资金所体现的独特的广泛代表性，进一步强化了这一国际合法性。事实上，维和行动由联合国秘书长指挥，树立了客观公正、广受尊重的国际形象，致力于维护《宪章》的宗旨和原则。

维和行动的运作方式本身，对感知其合法性可能产生深远影响。维和行动坚定并公正地行使授权，对于武力使用的谨小慎微，它对维和人员严格的纪律要求，它体现了对当地习俗、机构和法律的尊重，对当地居民的体面对待等，直接影响对其合法性的认知。

对维和行动合法性的认知，与其军事、警察和民事人员的素质及行为方式直接相关。维和人员的举止和行为必须得体，与维和行动的职责重托相一致，并应满足在效率、能力和正直性方面的最高标准。任务区的高级领导必须确保所有人员都充分意识到行为标准，并且采取有效的措施来防止不当行为。民事人员、警察和军事人员应接受防止性剥削和性虐待方面的强制培训，这种培训是持续不断的，在军队轮换时也应如此。对任何形式的性剥削和性虐待以及其他形式的严重的不当行为必须采取“零容忍”态度，必须坚决、公正处理，避免损害任务的合法性和道德权威。

经验表明，如果联合国的“足迹”及其职员的行为成为当地居民的一种怨恨；或者维和行动对于局势稳定没有充分有效的反应，那么随着时间的推移，维和行动存在的合法性可能会被削弱。维和行动必须意识到尊重国家主权的重要性。当合法的和有治理能力的政府机构出现时，国际行为体所扮演的角色需要迅速消失。它们应该寻求促进国家和地方的自治权，关注新兴的地方治理能力，敏感地注意到自己的行动对当地居民的影响。

2. 公信力（Credibility）

维和行动经常部署在形势波动、高度紧张的环境，具有国家治理结构崩溃或退化的特点，并且充满敌意、暴力、极化和痛苦。法律失效和不安全感可能仍然是当地的普遍体现，机会主义者极力想利用任何政治和安全的真空。在这样的环境中，维和行动可能成为一种测试那些弱点，使某些分裂势力的利益受到威胁的存在，尤其是在早期部署阶段。

维和行动的可信度直接反映国际社会和当地社区对其履行使命任务能力的一种信念。公信力涵盖了维和使命的能力、效率和满足预期的管理能力。在理想情况下，为了体现公信力，维和行动必须部署快速，资源充足，并努力保持一个自信、有能力统一的姿态。经验表明，早期建立的公信力可以帮助阻止破坏者，并减少为完成任务而使用武力的可能性。为了达到和维持维和行动的公信力，一项维和任务必须有一个明确的和可交付的任务目标，资源与能力相互匹配，并需要一个良好的、被普遍理解的任务计划，而且能够实现各层级的有效沟通并公正、有效地实施。

部署维和行动将在当地民众中产生很高的期望，希望其能力足以满足他们最迫切的需求。如果认为未能满足这些期望，无论这种期望是多么的不现实，也可能导致维和行动成为当地民众不满的焦点，更糟糕的是，可能引起反对。管理这些期望的能力会影响维和行动整体使命的公信力。公信力一旦丢失就很难恢复。一项维和任务如果公信力较低，就会变得边缘化并失去效果，维和行动开展的活动可能会被视为软弱并磨损其合法性，同意也将会被慢慢侵蚀，批评者和维和使命的反对者可能会利用这样的机会。公信力的损失也可能直接影响维和人员的士气，进一步削弱其有效性。因此维护公信力是维和行动任务成功的基础。

3. 促进国家和地方的所有权（Promotion of National and Local Ownership）

多维维和行动越来越多地参与到帮助国家摆脱长期内部冲突，重建国家的基础功能的努力之中。和平进程的协议条款或安理会的授权，将规范维和行动在这一领域所扮演的角色。在某些情况下，国家和地方的治理能力虚弱，如在过渡政府的状况下，需要维和行动临时直接行使某些职能去支持国家治理。其他情况下需要减少对国家权威的干扰，有时候根本不需要这种支持。一项维和行动的性质、规模和所扮演的角色取决于其特定授权，并且与形势的严重性、国际社会愿意投入的资源、对能力的可行性评估、公信力、东道国内部合法的合作伙伴相关，这些变量可能会存在于维和行动的整个过程，并促使其不断调整行动手段。

国家和地方的所有权对于成功实现和平进程至关重要。维和行动在规划和执行其核心活动时，应尽一切努力促进国家和地方的所有权，并培育国家相关各方的信任与合作。使国家和地方获得所有权的有效方法，不仅强化对于维和行动合法性的认知，支持任务的实现，也有助于维和行动撤出后确保国家可持续发展的能力。

与国家相关各方的伙伴关系应该建立在客观公正、广泛的代表性、充分包容和性别平衡等基础之上。维和行动应认识到，多个不同的意见将存在于东道国的各种政治实体之中。所有的意见和观点都需要被理解，以确保所有权和参与权不局限于小的精英群体。国家和地方所有权的获得从一开始就必须有对国家背景的深刻理解，包括对政治环境的理解，以及对更广泛的社会经济背景的理解。

维和行动必须仔细地确保名义上获得国家所有权的言辞并不能替代当地民众真正的愿望和期待，允许国家治理能力在冲突之后迅速卷土重来是引领政治发展的关键。

维和行动需要处理实际需求之间的紧张关系，在某些情况下，从某些拥有权势和希望维持现状的既得利益者的阻力中，快速对预期的现状进行根本性变革。所有权的变革必须建立，首先通过对话、政治手段和财政手段和其他形式的国际影响力在具体问题上去影响相关方面，但这些只能用于支持社会层面对于更广泛的和平的愿望。

一项多维维和行动必须支持必要的国家能力建设，应该尽可能地避免取代国家或地方的所有权。多维维和行动有可能在短期内具有承担某些国家职能的义务，如提供安全保障和公共秩序维护。然而，这些职能的行使应该以协商的方式进行，其目的必须始终在尊重国际公认的规范和标准的前提下，尽快恢复国家和相关机构完全承担它们自己行使权力的能力。在国家能力建设中，男女应该有平等的培训机会，可能需要采取有针对性的措施去解决性别不平等问题。

第五节 ‖ 维和行动的历史与发展

1988 年 9 月 29 日，诺贝尔和平奖第一次颁发给了士兵——联合国维和部队。联合国军人在不配备武器或只配备轻型武器用于自卫的情况下，以生命为代价，在战火纷飞的地区维持和平。为表彰他们的勇敢和牺牲精神，诺贝尔和平奖评选委员会授予联合国维和行动诺贝尔和平奖。这次颁奖表明用于战争的军人同样可以用于和平。

多年来，联合国及其专门机构、相关组织、基金、方案和工作人员共 11

次获颁诺贝尔和平奖。其中一个机构，即联合国难民事务高级专员办事处，曾两次获得这项举世闻名的褒奖。有两任秘书长，即科菲·安南和达格·哈马舍尔德，因为开展的工作而从挪威诺贝尔委员会获得这项殊荣。

“一百年来，挪威诺贝尔委员会始终努力加强世界各国的合作。冷战的终结终于让联合国有机会充分发挥作用，实现其创建之时的使命。今天，联合国站在世界的最前列，努力实现世界和平与安全，并动员国际社会迎接世界经济、社会和环境方面的挑战……挪威诺贝尔委员会希望在其成立一百周年之际，首次将和平奖授予联合国，以此宣告联合国是通过谈判实现全球和平和合作的唯一途径。”①

联合国成立之初的一个基本原则是“集体安全”。“集体安全”意味着所有成员国必须携手共同反对侵略，阻止战争，维护世界和平。《宪章》规定允许采取诸如经济制裁等和平手段预防入侵，允许使用军队维持和平。《宪章》还授权组建一支由联合国指挥的常规军事力量。联合国的创始国希望，在国际社会的共同反对下，任何潜在的军事行为都将化解。

但是事与愿违，联合国很快就被美苏冷战所主宰，世界被分为对抗、敌视的东西两大阵营。美苏在安理会中都有权否决对方的提案，在这种情况下，“集体安全”只能是纸上谈兵。因此，在这种国际环境中，维和行动拉开了序幕。维和行动始于 1948 年，当时安理会授权在中东部署联合国军事观察员。特派团的任务是监督以色列与其邻邦阿拉伯之间的《停战协定》，这一行动被称为联合国停战监督组织（UNTSO），开了联合国维和行动的先河。

一、历史发展

（一）早期情况

维和行动诞生于冷战敌对方令安理会频繁陷于瘫痪境地的时期，主要任务是维持停火局面和稳定地区局势，为通过和平手段解决冲突的政治努力提供关键支持。

特派团包括不带武装的军事观察员和带轻武器的部队，主要职责是监督、报告和建立信任。联合国部署的头两个维和行动是停战监督组织和驻印度和巴基斯坦军事观察组，这两项开展至今的特派任务都属于观察和监督类维和行动，授权人数只有区区几百人。联合国军事观察员为非武装人员。

第一次武装维和行动是为解决苏伊士危机于 1956 年成功部署的第一支联

① 参见挪威诺贝尔委员会官网，2001-12-12。

合国紧急部队。

1960年启动的联合国刚果行动（以下简称联刚行动）是第一次大规模行动，军事人员最多时达到近2万名。联刚行动表明，使战争区域恢复稳定是一项风险极大的任务——包括时任秘书长达格·哈马舍尔德在内的250名联合国工作人员为此献出了生命。

20世纪60年代和70年代，联合国在以下地区设立了短期特派团：多米尼加共和国——秘书长代表驻多米尼加共和国特派团，西新几内亚（西伊里安）——联合国驻西新几内亚安全部队，也门——联合国也门观察团；在以下地区开始实施长期部署：塞浦路斯——联合国驻塞浦路斯维持和平部队（联塞部队），中东——第二支联合国紧急部队（紧急部队二），联合国脱离接触观察员部队和联合国驻黎巴嫩临时部队（联黎部队）。

1988年，联合国维持和平人员荣膺诺贝尔和平奖。诺贝尔委员会表彰称，“维和部队通过自身努力，为实现联合国的基本信条之一做出了重大贡献。因此，该组织开始在全球事务中发挥越来越重要的作用，也日益赢得各方的信任”。

（二）冷战后迅速发展

随着冷战结束，联合国维持和平的战略背景风云突变。联合国转变并扩大了实地行动，即从通常包含军事人员实施观察任务的“传统型”特派团转变为复杂的“多层面”任务。这些多层面任务旨在确保执行全面的和平协定和协助奠定实现可持续和平的基础。

近几年，冲突的性质也发生了改变。最初作为处理国家间冲突手段的维和行动现在日益用于处理国内冲突和内战。现在，联合国维和人员越来越多地需要从事一系列各种各样的复杂任务，从帮助建立可持续的政府机构到监测人权状况、安全部门改革以及前战斗人员解除武装、复原和重返社会。

尽管军事人员仍是多数维和行动的主干，现在的维持和平还包括很多其他领域人员，如管理者、经济学家、警官、法律专家、排雷人员、选举观察员、人权监察员、民政事务和治理专家、人道主义工作者、通信和新闻专家。

（三）1989—1994年：数量激增

冷战结束后，维和行动的数量迅速增加。随着新共识的达成和对目标的相同认识，安全理事会在1989—1994年授权开展了20个新行动，维和人员从11000人增至75000人。

在下列国家部署了维和行动：安哥拉——第一期联合国安哥拉核查团和第二期联合国安哥拉核查团，柬埔寨——柬埔寨过渡时期联合国权力机构，萨尔瓦多——联合国萨尔瓦多观察团，莫桑比克——联合国莫桑比克行动以及纳米比亚——联合国过渡时期援助团，目的是帮助执行复杂的和平协定、稳定安全局势、重建军队和警察部队、选举新政府和建立民主机构。

（四）20 世纪 90 年代中期：重新评估期

总体来说，早期特派团是成功的，这导致各界对维和行动的期望值超出其力所能及的范围。这点在 20 世纪 90 年代中期尤其明显，当时安理会已无法授权开展强有力的任务或提供充足的资源。

特派团被派往战火尚未平息的地方，如南斯拉夫——联合国保护部队、卢旺达——联合国卢旺达援助团和索马里——第二期联合国索马里行动，这些地方根本没有和平可言，何谓维持？这三项高调的维和行动饱受争议，因为维和人员面临着交战方拒绝遵守和平协定的艰难处境，或者他们自身缺乏足够的资源或政治支持。随着平民死伤人数不断增加和敌对行动持续存在，联合国的维和声誉受损。鉴于 20 世纪 90 年代早期和中期遭受的挫折，安理会限制了新增维和特派团的数量，并开始自我反省，以免重蹈覆辙。

秘书长授权对 1994 年当卢旺达发生种族灭绝事件时联合国采取的行动进行一次独立调查［S/1999/1257］，并应大会请求，就 1993—1995 年发生在南斯拉夫斯雷布雷尼察的事件提交了一份全面评估［A/54/549］。此外，还仔细研究了导致联合国撤离索马里的客观环境［S/1995/231］。

同时，维和人员继续在中东、亚洲和塞浦路斯开展长期行动。

随着各国和区域不断爆发冲突，维和行动的关键作用很快得到各方的积极肯定。20 世纪 90 年代后期，安理会授权在以下地方开展新的联合国行动：安哥拉——第三期联合国安哥拉核查团和联合国安哥拉观察团；波斯尼亚和黑塞哥维那——联合国波斯尼亚和黑塞哥维那特派团；克罗地亚——联合国克罗地亚恢复信任行动、联合国东斯拉沃尼亚、巴拉尼亚和西锡尔米乌姆过渡行政当局和联合国警察支助小组；南斯拉夫的马其顿共和国——联合国预防性部署部队；危地马拉——联合国危地马拉核查团；海地——联合国海地支助团、联合国海地过渡时期特派团和联合国海地民警特派团。

（五）面向 21 世纪：新行动，新挑战

在世纪之交，联合国开展了一项重大工作，即研究 20 世纪 90 年代维持和平面临的挑战并启动改革。目标是加强我们有效管理和维持实地行动的能力。

更好地理解了维和行动的局限性和潜能后，各方要求联合国执行更为复杂的任务。这种情况开始于 1999 年，当时，联合国南斯拉夫的科索沃——联合国科索沃临时行政当局特派团和东帝汶——联合国东帝汶过渡行政当局的管理者，当时东帝汶正在努力摆脱印度尼西亚的控制，寻求独立。

在接下来的几年里，安全理事会还在很多非洲国家开展了大规模、复杂的维持和平行动：

布隆迪——联合国布隆迪行动；乍得和中非共和国——联合国中非共和国和乍得特派团；科特迪瓦——联合国科特迪瓦行动；刚果民主共和国——联合国组织刚果民主共和国特派团和联合国组织刚果民主共和国稳定特派团；厄立特里亚/埃塞俄比亚——联合国埃塞俄比亚和厄立特里亚特派团；利比里亚——联合国利比里亚特派团；塞拉利昂——联合国塞拉利昂特派团；苏丹——位于该国南部的联合国苏丹特派团和位于达尔富尔的非洲联盟—联合国达尔富尔混合行动；叙利亚——联合国叙利亚监督团。

维和人员还重新在和平状况堪忧的海地和新近取得独立的东帝汶执行重要的维持和平与建设和平行动。

其中很多行动目前都已完成任务，包括中非共和国和乍得特派团、联合国组织刚果民主共和国特派团、联合国布隆迪行动、联合国塞拉利昂特派团、联合国埃塞俄比亚和厄里特利亚特派团和联合国科特迪瓦行动。

在21世纪第一个10年里，联合国维和行动发现自己的延伸范围超过了以往任何时候，且日益被要求到偏远、不确定的环境和动荡不安的政治局势中执行任务。

维持和平面临各种棘手问题和各种挑战：执行规模最大、花费最多和日益复杂的特派任务、为已经实现一定程度稳定的特派团规划和执行切实可行的过渡战略、为不确定的未来和满足一系列要求做好准备。

截至2010年5月，联合国维持和平进入巩固阶段。随着联合国组织刚果民主共和国稳定特派团军队的减少以及联合国中非共和国和乍得特派团于2010年年底撤出，维和人员出现了10年来的首次小幅减少。

（六）当前情况

随着各国和平过渡和国家功能的重建，维和人员和特派团的数量都有所减少。截至2018年，维和行动共有超过11万名军人、警察和文职人员。但绝不表示联合国面临的挑战正在减少。维和军事人员的数量可能有所减少，但预计对实地特派团的需求仍然很高，因此维持和平仍将是联合国最复杂的行动任务之一。

此外，维和行动的政治复杂性及其任务范围（包括文职人员方面）仍很广泛。有明确迹象表明，未来几年可能会特别需要某种专门能力（包括警察）。

多维维和行动将继续推动政治进程、保护平民、协助前战斗人员解除武装、复原和重返社会；支持组织选举，保护和促进人权以及协助恢复法治。维持和平向来瞬息万变，而且面对新挑战已经产生变化。

2014 年 10 月，秘书长设立了由 17 名成员组成的联合国和平行动专题高级别独立小组，以全面评估联合国和平行动当今的现状和未来出现的新需要。①

二、联合国维持和平人员：70 年的贡献与牺牲

（一）贡献

2018 年，联合国举行联合国维和行动 70 周年庆祝活动。维和工作是一项独特而有力的工具，旨在帮助饱受冲突蹂躏的国家实现持久和平。第一个维和特派团成立于 1948 年 5 月。当时，安理会授权向中东部署少量联合国军事观察员，以建立联合国停战监督组织（UNTSO），负责监督以色列与其邻国阿拉伯之间的停战协定。

70 年来，逾百万名工作人员集结于联合国的旗帜之下，先后参加了 70 多项联合国维和行动。目前，来自 125 个国家的超过 10 万名军警和文职人员正在执行 14 项维持和平行动。

长期以来，维和人员为全世界某些最脆弱的人民带来了实现和平的最佳机会。他们常常在艰苦而危险的条件下做出奉献与牺牲，使蓝盔部队成为给数百万人带来希望的象征。

早年间，维和行动的目标主要是维持停火和稳定实地局势，从而能够通过和平方式，在政治层面努力解决冲突。这些特派团由军事观察员和轻武器部队组成，负有监督、报告和建立信任的职责，为停火和数量有限的和平协定提供支持。部队和警察成员来自少数几个国家，几乎全部由男性组成。

多年来，联合国维持和平行动已经做出调整，以满足各类冲突所产生的需求，并适应不断变化的政治局势。如今，维持和平行动涉及方方面面，其目的不仅在于维持和平与安全，还在于推动政治进程、保护平民、解除战斗人员武装、支持选举、保护和促进人权及恢复法治。

---

① 如欲进一步了解联合国的现有行动、当前战略和优先事项以及维和行动如今面临的挑战变化，请参见 2016 年 10 月 20 日前任主管维持和平行动副秘书长埃尔韦·拉德苏与主管外勤支助事务副秘书长阿图尔·哈雷在联合国大会第四委员会上的发言。

大部分维和人员为军警人员，其中有14%为文职人员，他们发挥着各种职能，从担任特派团文职领导，到从事政治和民政事务、人权、选举、战略宣传、信息技术、后勤、运输和行政领域的工作，不一而足。

今天，女性维和人员正在发挥越来越突出的作用，她们对于提高各特派团的业绩至关重要。她们担任警官、部队成员、飞行员、军事观察员及其他军警和文职职务，其中也包括指挥官职务。

（二）牺牲

维和人员在全世界最具挑战性的环境下发挥更大的作用，参与更多行动，因此面临着巨大风险。1948—2018 年，已有 3500 多人在执行联合国和平行动期间遇难，其中有 943 人因暴力致死。2013 年以来，伤亡人数激增，有 195 人在暴力袭击中丧生，这一数字比联合国历史上任何其他 5 年期间的暴力致死人数还要多。

在联合国旗帜下服务的维和人员在困难且危险的环境下执行任务，他们冒着生命危险保护世界上那些最脆弱的人民。

自 1948 年起，超过 100 万名男女联合国维和人员帮助冲突各国实现和平与稳定。他们每天都在为数百万最脆弱人民的生活带来实实在在的改变，每天都在拯救生命。在中非共和国和南苏丹等地，维和人员保护平民不受暴力袭击，并为重要的人道主义援助提供支持。联合国秘书长古特雷斯说：“我感谢部队和警察派遣国的慷慨，并向所有英勇殉职的人员致敬！”①

维和是一股独特的正义力量，来自 120 多个国家的军事和警务人员与文职同事一起，共同保护世界上最脆弱的人。维和人员的文化和语言背景各异，但有着共同的目标：保护弱势群体，并为努力从冲突转向和平的国家提供支持。

维持和平人员及其家属做出了重大牺牲。维和人员冒着极大的生命危险在恶劣的条件下工作，他们中的一些人做出了最大的牺牲，为和平事业贡献出了生命。

三、维和行动发展面临的问题

多年来，维和行动为世界和平与安全做出了重要贡献，得到了国际社会的普遍认可和广泛支持。总结维和行动方面的经验教训很有必要，尤其是世界局势变化频繁，地区冲突、民族矛盾不断发展，维和行动像一支救火队，

① 参见 https：//peacekeeping. un. org/zh/service-and-sacrifice.

在亚洲、非洲、拉西美洲、欧洲部署频繁，其任务范围和行动项目大大增加，遇到的问题和困难突出，经验丰富，教训深刻，在维和经费减少的情况下，今后的维和行动如何进行，怎样改革，已引起国际社会、各国政府、国际法学界和国际政治学家们普遍的关心和重视。维和行动既有许多成功的经验，也有不少值得吸取的教训，它在迅速扩展的同时，也面临许多新问题。

（一）维和行动建立和存在的法律依据问题

这个问题国际间一直有争议。关键问题是该行动是否构成“执行行动”，其职权属于安理会还是也可以属于大会。苏联等国家认为，任何类型的联合国维和行动都构成执行行动，其法律依据为《联合国宪章》第七章，职权属于安理会。有的国家认为它不构成执行行动，因为它并不是针对未表示同意的国家采取行动，其职权也可以属于大会。

国际法院 1962 年对联合国第一支紧急部队和刚果行动的咨询意见就持这种观点，认为它不是“执行行动”，而且“维持国际和平与安全”之权也不仅属于安理会，因为《联合国宪章》第 24 条规定：各会员国将维持和平与安全的“主要”责任授予安理会，用主要（Primary）而非专属（Exclusive）一词。因此，《宪章》清楚地说明，大会同样也与国际和平与安全问题有关，并举出宪章第 11 条、第 14 条为根据。另外，前秘书长哈马舍尔德对联合国大会通过决议建立联合国第一支紧急部队的法律依据时说：该部队是“作为联合国大会的附属机构（A/3694），是根据《宪章》第 22 条建立的”（A/3943）。该条规定：“大会需设立其认为行使职务所必需之辅助机关。”苏联对此观点也有了改变，1988 年 10 月 17 日苏联前副外长在联大特别政治委员会上建议，联合国采取“最灵活”的办法派遣维和部队。他说，联合国不仅可以根据安理会的决定，而且可以按照联大的决定向有关地区派遣观察团或调查团。

（二）秘书长的权限问题

秘书长根据《宪章》第 97 条“秘书长作为本组织之行政首长”和第 98 条“应执行”联合国机构“所托付之其他职务”之规定，在安理会或大会授权下负责统率维和部队，任命其司令，组织人员。但秘书长到底有多大权限？他和安理会、大会的权限怎样划分？有许多不同意见。在维和行动创建的实践中出现了两个问题：一是由秘书长提出建立维和部队的问题。如 1960 年 7 月 13 日安理会讨论刚果（金）局势时，前秘书长哈马舍尔德依据《宪章》第 99 条“秘书长需将其认为可能威胁国际和平及安全之任何事件，提请安理会注意”的规定，提出建立联合国刚果维和行动，并经安理会决议批准，第一次开创了由秘书长提出建立维和部队的先例，扩大了秘书长的作用。二是秘书长“主动行动”问题。如1962年秋在也门国内冲突中，由于苏联、英国和沙特阿拉伯的干涉而扩大化。前秘书长吴丹采取“主动”行动，在他派出代表团的斡旋下达成了脱离接触协议。1963年6月11日安理会通过决议，对秘书长的“主动行动”表示满意，并授权秘书长建立联合国驻也门观察团。

安理会和大会均未授予秘书长某种权限之前，由秘书长“主动”采取行动，在《宪章》中是没有明文规定的，因而在法律上有不同的解释。有的认为，系根据《宪章》第99条，秘书长“需将其认为可能威胁国际和平与安全之任何事件，提请安理会注意”的规定。有的认为系“按照《宪章》广义的解释”，即根据秘书长作为促进和平的机构之“行政首长”的职权。还有的认为，安理会负维持国际和平与安全的主要责任，如果扩大解释第99条，将削弱案例感，动摇“《宪章》规定的各主要机关之间和这些机关内部职务和权力的微妙的平衡”，从而“影响联合国的作用”。在秘书长的权限问题上至今没有一致的认识。但从维和行动的实践来看，秘书长的作用确实在加强，无论秘书长个人和他派出的代表和调查团到世界各地从事调查、斡旋、调解等活动，都对促进国际和平做出了积极的贡献。

（三）大国操纵问题

维和行动开始时，为防止大国卷入，多是由中、小国家和中立国家的部队组成。苏联解体以后，安理会很多事务被少数大国所左右，对于一国内部冲突是否威胁或破坏和平，联合国的判定往往是根据少数大国的意愿做出的，因而存在着某种随意性和片面性，或者“双重标准”。人们担心联合国维和部队可能成为一支服务于大国意志的“国际警察”部队。因此许多有识之士指出，联合国亟须建立一套制度化的维和机制来规范维和行动，防止被某些大国控制和滥用，保证维和行动的公正性和有效性，避免随意性。

（四）维和人员安全问题

维和行动给很多局势紧张地区带来了稳定，恢复了和平，拯救了成千上万人的生命。同时，维和人员付出的沉重代价也触目惊心。尤其是近年来，维和人员的安全问题成为一种新的威胁，针对维和人员的犯罪频频发生。

1999年，塞拉里昂500多名维和人员被反政府武装绑架为人质，在这场人质危机中，近20名维和士兵被害。早些年，在刚果（金）有250名维和士兵遇害，酿成联合国维和行动史上最大的悲剧。在1993年的索马里武装冲突中，也有维和人员命丧他乡。

之所以酿成如此悲剧，一方面与维和行动恪守中立及不使用武力原则有关。维和人员只配备轻型武器用于自卫，对武器的使用也有严格的规定。有的地区完全不配备武器，维和人员无作战准备和权利，所以一旦遇到武力威胁，便可能沦为受害者。另一方面，恰恰是因为维和人员使用武力，卷入冲突，致使整个维和行动受损，造成人员伤亡。这些现象不可避免地会对目前和将来的维和行动产生影响。如何切实有效地保证维和人员的安全，是联合国维和行动面临的一大严峻挑战。

关于武器使用限定的规定，按照维和行动的指导原则，军事观察员不携带武器，维和部队和维和警察只携带轻型武器，除自卫外不得使用武器。它的性质和任务是维持和平，防止地区冲突的扩大，它本身没有从事战斗的任务。前秘书长德奎利亚尔说，维和部队“无战斗之敌，无战胜之地，武器用于自卫，效果靠自愿合作”。他又说：联合国维和部队在历史上开创了一个先例，军事力量不是为了发动战争，建立统治，为强国、强权集团服务，而是为制止人类之间的冲突服务。因此维和部队没有作战任务，除自卫外，不准使用武器。

何谓“自卫”？1973 年前秘书长瓦尔德海姆说：“自卫”将包括抵抗某些使用武力手段阻碍该部队履行安理会委托的任务的尝试。1965 年 9 月 10 日秘书长吴丹说：维和士兵携带武器仅用于自卫，但在执行任务、维护和平与安全、恢复法律秩序和防止战斗再发生时，“使用武器仍属必要”。而自卫的原则是“在部队营房、车辆和人员遭到攻击时，用和平方法和说服手段失败以后，由部队司令作出决定，才能应用最低限度武力的原则，进行必要行动”。

维和部队的经验证明，它不能从事强制行动，在有大规模的军事进攻面前，它既无能力，也不进行军事抵抗。哈马舍尔德谈到联合国第一支紧急部队时说：该部队是一个“准军事部队”，它不从事强制行动，也不用军事手段达到其目的。但是，现在维和部队在武器装备上已有突破。例如，1993 年联合国伊拉克和科威特观察团得到一支机械化步兵营的增援；在马其顿的联合国预防性部署部队也是武装部队；1992 年 8 月安理会通过 770 号决议授权联合国维和部队在南斯拉夫“使用武力作为最后手段”，确保向波黑运送物资，在波黑的维和部队配备了坦克、重炮等重型武器，加强了武器装备。

（五）维和资金问题

1948 年以来，随着维和行动的部署越来越多，其费用也水涨船高。维和行动面临的一大挑战来自维和经费的不足。按照《宪章》第 17 条规定，本组织经费由会员国依照大会分配的数额分担，其比率按会员国的“支付能力”原则分配，即以该国国民生产总值与世界国民生产总值的比重为基础，再考虑到其人均国民生产总值人均外债等条件，与其他国家相比计算出来，每3年核定一次。

维和行动的资金主要来自会员国缴纳的维和分摊份额和捐助款项，所有会员国按一定比例分摊。由于世界上地区冲突不断增加，频繁的维和行动耗资巨大，维和经费已成为许多会员国的沉重负担，仅有少数国家能按期缴纳摊款，许多会员国拖欠维和经费日积月累。

维和行动费用和联合国正常预算是紧密相连的，两种费用一直入不敷出。按照规定，联合国负担的维和士兵月饷约1000美元，军官更高，但联合国有时发不出薪饷，也有的出兵国克扣军饷，在炮火纷飞中执行任务的第三世界中小国家军人领到的薪饷往往寥寥无几。目前，维和行动不仅处理国际冲突，也处理国内冲突，还有在未发生战斗的热点地区部署预防性部队，维和经费也就更加捉襟见肘。中国和许多国家的代表在联大和安理会上一再强调，派遣维和部队要量力而行，拖欠维和经费的国家应按期如数缴纳费用。前秘书长加利还提出建立联合国储备基金，供维和行动使用等。然而，在联合国要求其预算“零”增长的情况下，实际上现在已成为“负”增长。尤其是维和行动的预算大量削减，对今后的维和行动产生很大的影响。

联合国将在非洲开展更多的维和行动，但现有财政预算很难提供后勤保障，与此同时，一些维和任务区的期限一拖再拖，在联合国这个讲究人权的场所，在办公方面不会为了节约经费而减少“人文关怀”，在维和任务区，浪费现象更是习以为常。

（六）战斗力问题

维和行动没有专职部队，而是临时组成的“多国军团”。维和人员来自不同国家，有不同的文化背景，操不同的语言，专业素质参差不齐，又是在陌生复杂的环境中执行任务，比较难以协调一致。因此整体战斗力有待提高，而且在很多任务区兵力不足，人员缺编。

联合国维和行动尽管已经取得了很大的成绩，但仍然面临巨大的挑战，一是需求与能力的挑战；二是期望与现实的挑战。

四、联合国维和行动的改革

（一）背景

70多年来，维和行动已经逐渐演变成应对国际危机、维持全球和平与安全的必要工具。如今，在全世界开展的维和行动，证明了联合国在支持和平与安全方面具备完备的机制、多样的策略和丰富的资源。

然而，近年来，维和行动所面临的环境逐渐复杂化、多元化，尽管维和的需求在增长，但其核心业务能力并没有很好地与之匹配。行动服务迟缓、滞后，治理机构微观管理问题突出，会员国与维和人员之间缺乏信任，特派团资源匮乏、执行力低，且透明度低及缺乏问责机制，导致很多特派团无法有效地开展行动。

（二）以行动促维和（Action for Peacekeeping，A4P）

虽然维和行动是联合国促进和维护国际和平与安全的最有效工具之一，然而，维和行动面临若干挑战，削弱了其完成各项任务的能力。政治解决办法经常缺位，特派团的任务似乎缺乏重点和明确的优先事项。部分环境中存在的复杂威胁导致维和人员伤亡增加，特派团有时缺乏应对这些威胁的人员和装备。维和行动在执行保护任务、实现长期可持续和平以及与在相同背景下开展行动的其他行为体保持一致方面也面临挑战。

为了应对这些挑战，秘书长发起了“以行动促维和”倡议，以重申对维和行动的共同政治承诺，呼吁各会员国与他一道，制定一套共同商定的原则和承诺，以打造适合未来需求的维持和平行动，目标是在2018年年底之前达成正式协议。

（三）2017年的改革

秘书长安东尼奥·古特雷斯已经提出了针对联合国和平与安全架构、管理体系与结构和联合国发展系统的改革方案。他认为，和平行动改革的重点在于政治改革，总体目标是通过将预防列为优先事项、维护和平与落实2030年议程，减少分散行动从而提高执行力，提高和平与安全的一致性、灵活和有效性。

同时，针对主要维和行动已开展了一系列战略性评估，主要评估成功落实行动的条件是否具备，目标是向安全理事会提出调整意见。评估参数包括任务的相关性和针对性、政治环境以及关键方的意愿、行动相对于地区、联合国和其他方的比较优势，以及对于特派团的支持配置。

这些评估将确定新的、优化的维和方法，并通过强化合作实现早期行动，而不是在暴力事件爆发后才做出应对。

（四）联合国和平行动专题高级别独立小组

秘书长于2014年10月31日设立了联合国和平行动专题高级别独立小组（High-Level Independent Panel on UN Peace Operations），全面评估和平行动当今的现状和未来出现的新需要。秘书长在宣布这一决定时指出：“世界在变，联合国和平行动也必须随之而变，如此才能始终成为促进国际和平与安全的不可或缺而且卓有成效的工具。”在卜拉西米报告之后将近15周年，秘书长认为有必要再次调整，规划使维和行动不断变化与共同前进的宏图。

16名小组成员由东帝汶的若泽·拉莫斯·奥尔塔先生担任小组主席，孟加拉国的阿米拉赫·哈吉女士担任副主席。它召集具有广泛经验和专门知识的人才聚在一起。小组审议了和平行动面临的各种问题，包括正在变化的冲突性质、发展演变的任务规定、斡旋和建设和平挑战、管理和行政安排、规划、伙伴关系、人权和保护平民、维和行动的军警力量和业绩表现。审查将把联合国维和行动和特别政治任务都包括在内，统称为“联合国和平行动”。秘书长收到了2015年6月16日该小组的报告。小组报告的摘要现在已可以查阅。秘书处将会仔细研究报告的建议并将建议转达至联合国大会和安全理事会。

（五）新视野（New Horizon，2009）

2009年发起的新视野进程旨在：评估维和行动今天和未来几年面临的重大政策和战略困境；为正在与利益攸关方进行的对话（关于更好地调整维和行动以满足当前和今后需要的可能对策）注入新活力。重振与会员国和其他利益攸关方的持续对话，寻找可能的解决办法使维和行动更好地满足当前和未来的要求。

“新视野”进程旨在制定维和行动的前瞻议程，《新的伙伴关系议程：开辟联合国维和新视野》（A New Partnership Agenda：Charting a New Horizon for UN Peacekeeping）正是作为该进程一部分编制的内部文件。它反映了维和行动部和外勤支助部两方面的观点。该文件已于2009年7月发放给各会员国和维持和平伙伴，它支持为对话注入新活力，以期编制一项反映全球维持和平伙伴关系中所有利益攸关方观点的维持和平政策议程。在以往维持和平改革行动的基础上，该文件强调了在改进维持和平工具方面取得的成就，并确认了需要维持和平伙伴关系给予关注的突出的新生困境。

秘书长在提交维持和平行动特别委员会的报告［A/64/573］中提到了该文件的要素。这为维持和平伙伴关系成员进行正式和非正式审议工作提供了信息，有助于就加强维持和平所需的条件达成共识，从而更有效地发挥其支持国际和平与安全的作用。

《新视野倡议：进展报告》，新视野文件发行以来，维和行动部和外勤支助部定期发布进展报告，总结新视野进程背景下维持和平行动对话和执行情况的主要成果。

《新视野倡议：第2号进展报告》于2011年12月发布，概述了发布新视野倡议以来执行改革优先事项的进展情况。《新视野倡议：第 1 号进展报告》于 2010 年 10 月发布，强调继续努力提高联合国维持和平的有效性。

（六）《卜拉希米报告》（Brahimi Report）

2000 年 3 月，秘书长指派联合国和平行动问题小组评价当时实行的制度的缺陷，并提出具体、务实的改革建议。小组成员在冲突预防、维持和平与建设和平方面拥有丰富的经验。

评价结果，即以小组主席拉赫达尔·卜拉希米的名字命名的《卜拉希米报告》呼吁：重申会员国的政治承诺；实施大刀阔斧的机构改革；增加财政支持。

小组指出，为保证有效，必须向联合国维持和平行动提供充足的资源和设备，且其任务必须清楚、可信和可实现。

（七）维持和平政策和战略改革

《卜拉希米报告》通过后，会员国和联合国秘书处继续推进重大改革，包括通过：

《拱顶石理论（2008 年）》（Capstone Doctrine），概述联合国实地维持和平人员需遵守的最重要原则和指南；

《2010 年和平行动（2006 年）》（Peace Operations 2010），包括维持和平行动部（维和部）的改革战略；

《2005 年世界首脑会议》[A/RES/60/1]（2005 World Summit），建立维持和平委员会；

《威胁、挑战和改革问题高级别小组》[A/59/565]（High-level Panel on Threats, Challenges and Change），制订了促进 21 世纪集体安全的广泛框架。

第六节 ‖ 联合国维持和平行动部

安理会拥有维和行动的授权和终止权。维和行动的指挥由安理会授权秘书长进行，反过来，所有维和行动事务由秘书长授权负责维和行动事务的副秘书长进行规划、筹备和指挥。维持和平行动部[1]（以下简称维和部，DPKO）负责提供各种维和行动方面的规定并向安理会和联大汇报，并且是维和行动特别委员会（SCPKO[2]）的办事机构。

① DPKO：Department of Peacekeeping Operations.

② SCPKO：Special Committee on Peacekeeping Operations.

一、维和行动部的角色

维和行动部协助会员国和秘书长在维护国际和平与安全方面所做的努力。负责联合国维和行动的规划、管理、筹备、支持和指导，以便他们能在秘书长的领导下，有效地完成安理会和联大授权的各项任务。

维和行动部为维和行动提供政治方向和执行方向，并且在执行安理会授权时保持与安理会、警察部门、维和部队、财政资助者以及冲突各方派别的密切联系。通过及时部署高质量的装备和服务，充足的财政资源和训练有素的维和人员竭力为任务区实战部门提供最好的和最有效的行政及后勤支持。维和行动部的工作通过维和行动将联合国、成员国和非政府组织实体的力量有效整合成一体。该部门还通过提供军队、警察以及后勤保障和行政管理，为联合国其他政治性的和平行动提供指导和支持。

每项维和行动都有一套特定的授权，但都有共同的目标，就是减轻人类的痛苦和创造条件并建立维持和平的机制。维和行动使联合国作为第三方的实质存在，对政治进程产生直接影响。为执行任务，维和行动部的目标是最大限度地减少维和人员在任务区实地面临的风险。

二、维和行动部的机构

（一）副秘书长办公室（Office of the Under Secretary General，OUSG）

副秘书长办公室向副秘书长提供最重要的政策和战略咨询，并管理维和部的日常工作和运作方向；管理维和部的沟通策略，协助副秘书长组织策划与成员国和联合国其他部门和机构的工作方法和战略规划。

（二）行政执行办公室（Executive Office，EO）

行政执行办公室向维和部提供人事、财务和行政支持，包括在诸如工作分类、招聘、安置、福利、咨询和员工关系管理；负责部门的预算和财务管理以及报告流程；负责确保在总部机关的办公空间分配等服务工作。

（三）行动办公室（Office of Operations，OO）

行动办公室负责向所有维和行动提供政治领导、业务指导和规划。具体负责履行秘书长向安理会的报告义务，并向安理会、联合国总部和任务区战地提供地图（数字的及其他）。定期监控重大事件并收集维和任务区的各种信息，进行安全与风险评估。

（四）任务区支助办公室（Office of Mission Support，OMS）

任务区支助办公室负责管理整个维和行动的后勤保障和行政管理的全部

流程。该办公室的工作包括实施和监督关于后勤服务和装备保障的政策，人力资源管理政策的发展，并开发相关的任务区预算执行情况程序。

（五）军事司（Military Division，MD）

军事司承担维和部的军事规划，以及维和行动中军事部门的发展战略和行动理念。因此它负责确保任务区的军事人员的部署和轮换。本司也开展训练和能力评估工作，包括军事人员在任务区的任务培训，并且向成员国和区域组织提供培训支持和建议，以提高他们参与世界各地的维和行动的能力。

（六）警察司（Police Division，PD）

后文详述。

（七）维和最佳实践司（Peacekeeping Best Practices Unit，PBPU）

维和最佳实践司负责评估和评价所有的维和行动的成败得失，主要职能就是总结最佳做法和经验教训，制定指导方针和建议，以确保未来的维和行动更好地规划、管理和操作。维和行动部的专家顾问团队在最佳实践司工作，这些顾问包括刑事司法专家、裁军，复员和重返社会专家（DDR①）、艾滋病及性病（HIV/AIDS）专家。该单位向第四委员会（特别政治和非殖民化②）和维持和平行动特别委员会③负责。

（八）排雷行动服务司（Mine Action Service，MAS）

排雷行动服务司开发各种提升地雷意识方面的政策，并协调维和行动部在减少任务区地雷威胁方面的活动。这些努力包括监测评估地雷威胁，向受害者提供援助并实施国际排雷行动标准。管理排雷领域的专业电子信息网站“E-雷”（E-MINE④）。

三、警察司的机构与功能

警察司扮演维和行动中维和警察部门的领导角色，向联合国提供警务方面的建议并支持维和警察的各项活动。警察司支持着联合国部署在全球的各类维和行动，数千名拥有来自不同背景和广泛经验的各国警官目前部署在维和行动任务区。维和警察提供日常指导和专家意见，监督并培训任务区当地警察，协助当地警察机构的结构调整和体制改革。

---

① DDR：Disarmament，Demobilization and Reintegration.

② Fourth Committee：Special Political and Decolonization.

③ SCPKO：Special Committee on Peacekeeping Operations.

④ E-MINE：the Electronic Mine Information Network.

警察司是维和部的核心部门。它由一名直接向负责联合国维和行动的副秘书长汇报的警察顾问领导。他（她）向副秘书长、联合国总秘书处其他高级官员、任务区相关警务领域负责人提供法律和相关司法和刑事事项等方面的实质性建议和支持。

警察司的工作人员来自不同的成员国，他们按照轮换原则招募，也有一些是民事工作人员，警察司主要由四个部门组成。

（一）警务顾问办公室（Office of the Police Adviser）

警务顾问办公室在负责部门管理的同时，要为维和行动中的警务问题提供整体战略发展方向。它在发展战略规划时，与成员国、联合国其他部门和机构、区域和次区域组织、相关院校和研究机构合作。此外，该办公室负责所有警察司内部以及总部与任务区总部之间的信息技术利用和信息共享。

（二）战略政策与部署办公室（Strategic Policy and Development Unit）

战略政策与部署办公室承担维和警察行动实施相关问题的全方位责任，包括那些涉及预防冲突、维持和平、建设和平等活动。活动包括规划发展作战概念（CONOPS）、为现有的维和警察部门整合综合任务的实施计划，以及为新的维和警务承担规划和实地评估。该部门还从事开发和更新维和警务的特定性能指导方针和作业程序。

（三）培训与发展处（Training and Development Section）

培训与发展处负责维和警察培训相关的所有问题。它有助于预先派遣部署的发展，通过提供相关建议和支持，引导任务区培训项目。该处也支持任务区对当地警察的培训。该处还与任务区、成员国和地区性维和培训中心就现行的培训实践、培训标准和培训政策保持密切沟通和联系。它还准备并分发各种培训材料给成员国。警察司也协助成员国通过举办“教官培训”（train the trainer）班去提高国家和区域组织的培训能力，旨在发展一批维和警察培训专家。

（四）任务区管理处（Mission Management Section）

任务区管理处负责提供维和行动中有关联合国维和警察事务方面的操作建议，包括根据从最佳实践和经验教训中得出的建议。该处确保维和行动中的维和警察遵守安理会授权；建议和指导维和警察在任务区的实地活动；评估和审查维和警务的进程；管理维和警察从各自国家到任务区的部署与轮换；处理违纪案件，确保人事档案的准确和及时更新，并开展其他有关任务区维和警务的管理与服务工作。任务区管理处与维和部行动办公室（OO）以及任务区支助办公室（OMS）等总秘书处的其他部门与机构保持密切的合作关系。

警察司也协助成员国在选拔维和警察时提供直接协助，通常会派遣“甄选小组”（SATs①）去协助成员国对维和警察的候选者进行筛选与测试。

四、联合国维和警察的一般行为准则

随着维和警察参与的维和行动的数量不断增加，尤其是2000年以来，警察司的工作范围与职能不断扩展。自2000年10月创建开始，警察司已经开发和实施了一系列的战略政策，不断进行改革，旨在加强其在战略政策方面的咨询和支持能力。特别是，明确且透明的指南和其他文件，已经在招聘和部署联合国维和警察时得到实施。

（一）维和警察的招募（Recruitment of UN Police Officers）

警察司定期派遣甄选小组（SATs）到出警国协助选拔维和警察。甄选小组通常包括三个人：一个是警察司的代表，一个是相关任务区警察总部的高级官员，另外一个是熟悉相关地区情况并了解相关领域警务任务的专家。

所有被派往任务区的警察必须符合任务区工作必需的最低标准——掌握任务区工作语言、驾驶技能、枪支使用能力（如果需要）。那些没有在本国参加甄选考试的维和警察到达任务区之后，需要立即接受任务区培训部门（Induction Training Unit）的考试，如果没有通过考试将被遣返回国。

被选派服务于维和行动的警察必须训练有素、经验丰富和具有很高的职业水准。他们必须满足以下选择标准：

能够代表本国的国家背景；熟练掌握任务区工作语言，能说会写；有驾照，最好能够驾驶四轮驱动车辆；有良好的社会环境适应能力；具有与职责相应的工作技能，如培训、监督、咨询、管理等；对任务区的总体环境和冲突各方的情况充分了解；能够对指控的案件开展分析调查，收集、编写并提交真实、公正的报告。

维和人员们必须意识到他们将会在一个完全不同于本国的环境下去履行职责，经常会遇到语言障碍，在生活条件极端艰苦、工作环境极端高压的情况下去工作，需要良好的体能保证。因此，被选派的人员必须身体健康并具有良好的心理素质，在态度、表现上展示出成熟，并且具备在任务区工作相应的职业条件和资格。

（二）维和警察应具备的个人素质（Personal Qualities of A UN Police Officer）

维和警察是被挑选作为顾问、教官或导师的，必须具备坚强的性格、良

① SATs：Selection Assistance Teams.

好的个性和健全的心理，能够在巨大的压力和极端的危险环境中正常工作，这一点是至关重要的。在许多情况下，他们的言行将决定维和行动的成败，因此必须恪守忠诚和高度专业的精神。一个合格的维和警察必须展示以下个人特质：良好的判断力，用常识解决问题的手段；机智、客观公正；举止得体，坚定灵活并且诚实；自律和耐心；友好开放，具有幽默感；具有影响他人的能力，有说服力；具有显著的领导技巧。

（三）维和警察的职责与义务（Duties and Obligations of UN Police Officers）

维和警察是在联合国秘书长的请求下，成员国政府依照相关协定派出的。《宪章》要求工作在联合国旗帜下的维和人员应坚守最高的职业标准和个人操守，他们通常被要求对待任务区当地居民表现出尊重和礼貌。自抵达任务区，维和警察就受到一整套规章制度和行为规范文件的约束，特别是：

（1）《联合国宪章》（Charter of the UN）；

（2）《联合国工作人员规则和条例》（UN Staff Rules and Regulations），具体包括《蓝盔人员行为守则》（Code of Personal Conduct for Blue Helmets）、《维和警察指导手册》（Guidelines for Police Officers）、《维和警察标准作业程序》（Standard Operating Procedures for Police Officers）、《迎战原则》（Concepts of Operations）；

（3）有关联合国维和警察纪律的汇编文件（Compilation of rulings on Disciplinary Issues relating to UN Police Officers）；

（4）联合国秘书长关于“保护性剥削和性虐待的特殊措施”的报告[①]等。

（四）维和警察的职权

维和警察是在警察总警监或高级警务顾问的授权和指挥下工作，在行使职责时必须尽职尽责，做到以下几点：

（1）只按联合国的利益履行职责，并且认识到所在国和当地人的需要和利益，在处理问题时以严格的公正性、独立性和完整性行事。

（2）尊重驻在国的法律，在符合国际公认的人权标准以及联合国的规章制度和其他相关程序的范围内。

（3）保护当地人员，特别是妇女和儿童。性剥削和性虐待是严格禁止的。禁止任何形式的性侮辱、羞辱或剥削的行为；与18岁以下人员发生的任何性

① Secretary-General's Bulletin entitled “Special measures for protection from sexual exploitation and sexual abuse”. Source: Currently ST/SGB/2003.

活动、任何钱色交易，利用就业、商品换取的性服务；承诺提供好处交换的任何性行为；逛妓院或其他限制场所。

（4）既不索取也不接受联合国之外的任何物质报酬、荣誉或礼品；爱护联合国财产，特别是车辆和通信设备，不允许出卖联合国财产或者谋取个人利益。

（5）慎重对待所有公务活动，不向未经授权的人透露任何信息。因为这种信息有可能影响他们的官方立场或者获得私人利益。

（6）不接受来自联合国之外的任何指令。

（7）对其他联合国特派团人员表现出礼貌和尊重，不论他们的信仰、性别、官衔或来源。

（8）遵守国际公认的人权标准，不以性别、种族、肤色、语言、宗教、政治见解、国家、民族或社会出身、族群、财产、身份等任何理由歧视任何人。

（五）维和警察在个人生活中的责任（Responsibilities of UN Police Officers in Their Private Life）

维和警察在自己的个人生活中必须做到以下几点：

（1）确保他们的行为不损害其信誉、效益和形象，特别是在完成任务离开任务区之前要履行个人对于驻在国的财务义务；

（2）不要沉迷于不道德的性行为，不能对于当地人和联合国职员采取身体上或精神上的性虐待或性剥削，尤其是妇女和儿童；

（3）应该意识到有些虽然双方同意的私人关系也不可接受，因为它们可能是基于一个不平等的权力平衡下的结果；

（4）不能酗酒；

（5）不使用或持有违禁药品；

（6）表现出对当地人和他们的法律、习俗及传统的尊重；

（7）应意识到良好的警察纪律以及个人的行为与表现是维和行动成功的关键。

（六）特权与豁免（Privileges and Immunities）

维和警察有权在执行任务时享有特权和豁免，这是依照联合国大会1946年2月13日通过的《联合国特权与豁免公约》的规定，以及联合国总部与相关政府签订的协定的安排。

维和警察享受为履行公务行为目的的法律程序豁免。但当他们受到当地民事或刑事司法指控时（例如，他们可能犯下的任何犯罪行为），联合国秘书长有权随时撤销（Waive）某人的豁免权，以便允许当地调查指控。

（七）个人习惯（Personal Habits）

维和人员必须认识到，一些个人的行为可能在他们自己的社会环境中是正常的，但这些习惯可能在其他社会环境中导致冒犯。例如，一个看似简单的手势，如轻拍一个小孩儿的头在一些情况下被认为是攻击。许多社区对于男性和女性之间的关系也有严格的规定。应注意对精神领袖、宗教文物和礼拜场所的尊敬以及敏感。在许多社会环境中，只要表现出尊重的态度，并且不影响长老的领导地位，宗教领袖乐意与感兴趣的人讨论他们的信仰。

维和警察被派遣之前，应该尽各种努力去熟悉相应的任务区文化。例如，通过公共图书馆资料、咨询使领馆等。强烈建议派遣人员咨询在任务区工作过的同事，确保不会无意中在任职期间造成任何冒犯。在很多情况下，由于文化不同所造成的不由自主的冒犯是正常的，只要礼貌和耐心地去解释并无冒犯之意，了解对方的观点可以帮助解决许多纠纷。

（八）文化意识（Cultural Awareness）

“文化冲击”本身并非不寻常的现象。当人们从自己熟悉的环境进入另一个不熟悉的环境中，感到有些不适应或迷失方向都是人的自然反应。职业警官由于他们的背景和专业训练，能够克服新环境所施加的任何困扰。有些人会比其他人更有效地处理类似问题。那些之前曾经到任务区旅行过的警官们会比那些初次到任务区的警官更快地适应文化冲击。在理想状况下，派出前的综合预备培训、准备和调研将有助于减少文化冲击。文化冲击预期训练通常是警官们进入任务区后的介绍性培训的一部分。

维和警察必须充分理解在许多社会环境和文化背景下维持或保留“面子”的重要性，即尊重个人感知。这种尊重在谈判中尤其重要，例如，在一项停火谈判中，其中一方的让步，可能带来使其在他的同行中“丢面子”的结果；谈判代表为了避免看起来软弱，也许被迫地说一些言不由衷的话，导致矛盾对立越来越明显，对后续的谈判造成影响。当维和警察面临这种情况的时候，必须尽可能地发挥自己的影响以促进“双赢”的局面。

（九）警察仪表（Police Uniform）

维和警察在履行职务期间被要求着本国警察制服。随意修改警服的穿着不可接受，由此可能败坏自己国家和警队声誉。当穿着警服时，必须体现出代表联合国和自己国家的自豪感。以下是对维和警察的着装要求：

（1）联合国将提供一个蓝色贝雷帽、帽徽、围巾和可以被缝在左臂上的袖章；

（2）代表国家的识别符号，通常是一个小国旗，应缝在制服的左袖套上；

（3）紧急情况下或者通知要求的时候，必须戴联合国蓝盔并穿防弹衣；

（4）确保服装和装备的选择适应任务区气候和地形条件非常重要，建议提前确定适当的制服和装备；

（5）需要带上自己的个人相关装备，有些装备任务区可能无法满足；

（6）不执行公务时应着便装；

（7）维和警察执勤时不允许携带个人相机，维和警察抵达任务区都应该熟悉标准作业程序（SOP①）和其他的规章制度，上面详细地说明了执勤时不能带相机等规定；

（8）其他规定、相关的纪律要求、津贴或授权都将反映在特定的标准作业程序中（mission-specific SOPs）。

（十）维和警察与媒体关系（UN Police and Media Relations）

处理好与媒体的关系是所有联合国维和行动的关键。维和警察时刻被提醒媒体可以对政治领导人和政策制定者产生影响。维和警察处理媒体关系时有以下义务（obligations）：

（1）从联合国公共信息部门寻求咨询建议；

（2）认识到不应该系统性地拒绝给媒体提供信息，但不能提供行动性或机密性信息；系统地拒绝与记者对话会引起猜疑和误解；

（3）记者是让公众了解警察作用与职能的有用媒介，当有新闻媒体记者在场时，应记录并报告；

（4）当不能避免与记者交谈时，只讨论你了解的和自己职责范围内的事情；应三思而言，要表现出礼貌、乐于助人但是坚定的态度；表现出诚实和积极并且保持职业和尊严；

（5）没有事先得到批准时不接受正式采访，任何时候都不要和记者讨论联合国的行动、计划、程序等；

（6）不要透露那些有可能被对手利用的关于当地武装的信息，尤其是在公众场合更要小心；

（7）不要猜测在某种情况下可能或不可能发生什么，或提供立场；

（8）永远不要误导或偏袒；

（9）不能屈从于媒体的压力去说那些本不该说的；

（10）注意文件的密级。

---

① SOP：Standard Operating Procedures.

五、维和警察的“可为”与“不可为”

（一）可为

（1）在各个派别和争议中要保持中立和客观公正；

（2）在当地的指挥系统下，必须保持任务区授权下的适当行动自由；

（3）要确保当地警方的指挥官都知道规定和要求，及时报告任何违反停火协定的行为；

（4）千万警惕自己的努力可能破坏到权威性和公正性；

（5）良好行为和形象关乎安全；在履行职务时，要保持制服和装备齐整，确保联合国标识（如旗帜、贝雷帽等）清晰可见；

（6）时刻关注周围环境的安全；

（7）注意文档的安全措施，确保未经授权的人员不能接触联合国的敏感材料；应注意所有的无线电通信和相关信息都处于监控之下；

（8）使用翻译谈判时，要保持冷静和耐心，注意与当事人谈判而不是翻译；在处理敏感问题时，应注意当地雇员和翻译可能带有自己的既得利益；要警惕当地雇员对于前政府的忠诚倾向的可能性；

（9）随时向上级汇报自己的活动，保持与邻近地区同事的密切联系；鼓励在交换意见和讨论时开诚布公；

（10）制作准确的报告或图表，确保及时提交给总部；

（11）要特别负责任地使用联合国设备和交通工具；

（12）要对可能需要长时间值班而没有足够的休息做好准备，维和人员被要求一天工作 24 小时，每周 7 天；

（13）要特别注意艾滋病和其他性传播疾病；注意自己的饮食，避免食用生食，除非确定食物没有被污染；要保持身体健康和卫生习惯。

（二）不可为

（1）不参加任何非法活动（如滥用禁药）或“黑市交易”；

（2）不让自己卷入不正当的性关系，否则会损害中立和公正或影响个人卫生；

（3）不要随意批评东道国主或卷入冲突的当事方；

（4）不要随意地揭示你的宗教信仰，尤其是在那些宗教有可能激起持续矛盾和冲突的地区；不要收集未经授权的纪念品（如武器、未爆弹药、宗教文物等）；

（5）不能酗酒；

（6）不要随意穿着不适当的服饰，那样会冒犯当地人或使联合国或你的国家失信；

（7）不能带着有标记的地图或文件穿过停火线；不要在当地人或冲突派别面前表达政治立场；

（8）不表达未经授权的媒体声明；不允许表达易产生敌意的或非建设性意见；不要在争议或冲突地区拍照，除非有特别授权；不要让当地的谣言或传闻影响决策；不要让自己被强迫说或做任何能够给你的国家或联合国带来负面影响的事情；

（9）不从事任何形式的性虐待和性剥削，或其他性羞辱性行为；不从事任何类型的与儿童有关的性活动（年龄在 18 岁以下的人），搞错年龄并不是借口；不要使用儿童或成人提供性服务；不要以金钱、就业、货物等换取性服务；不能用提供援助交换任何性服务，如为难民提供食物或其他物品；不要去光顾俱乐部、妓院或其他禁止进入的场所。

最重要的是：不要忘了，作为联合国和自己国家的“大使”（ambassador），你的一言一行直接影响到其他人对联合国的整体看法。①

第七节 ‖ 维和警察与维和警务

一、维和警察

维和警察的战略使命是在冲突后的环境中建设警察机构的能力。② 前秘书长潘基文曾说：“除了保护个人，维和警察帮助社会作为一个整体，通过重新定义摆脱了冲突国家警察的角色，锻造警察的信任，建立国家司法系统的忠诚，培养自信的和平进程。”

2016 年 11 月 11 日，第 11 届联合国维和警察首脑年度会议在纽约联合国总部闭幕。潘基文秘书长对维和警察所做的贡献给予高度评价。他指出，维和警察在保护平民和社区安全方面发挥着重要作用。目前有 13000 名维和警察在联合国任务区执行维和使命。为了实现持久和平，他们无私奉献，做出

① Don't forget that, as an ambassador of the UN and your own nation, your behavior and bearing will influence how others view the UN as a whole.

② The strategic mission of the UN Police is: To build institutional police capacity in post-conflict environments.

了牺牲。联合国维和警察参与维和行动，在冲突后和其他危机局势中发挥着不可或缺的作用。人们一次又一次地看到，法律与秩序遭受破坏触发联合国部署维和行动，人们也再次看到，警察的执法行动使维和行动顺利退出。联合国警察在安全干预和走向冲突后稳定之间架起了一座桥梁。潘基文指出，维和警务需要从现实出发，并需得到足够的资源保障。安全和福利保障是确保维和行动有效进行的关键所在。他希望联合国警察成为最合格、最有能力、得到最好培训和装备最佳的警务队伍，以确保出色地完成自己的使命。

来自 17 个任务区的警察总监和高级警务顾问、成员国代表、联合国各部门代表参加了为期一周的第 11 届维和警察首脑年度会议。主要议题是关于任务区维和警务，就一年工作的基本情况进行战略沟通和协调，以及就一些经验教训进行交流，并且对今后的工作进行部署，重点是为维和警察推出一个战略指南框架，旨在全面加强维和警察的规范化和标准化管理。另一个重要内容是评估落实联合国外部独立专家组对维和警务的评估建议。

二、维和警务

（一）维和警务

维和警务是指与参与联合国维和行动相关的所有警务活动的总称（Peacekeeping Operations Policing）。总体而言指参与安理会或维和特委会的相关活动，在维和部警察司的业务指导下，制订维和警察的派遣计划，组织实施维和警察的选拔、培训、甄选和派遣工作，监督并规范维和警察在联合国任务区的行为与纪律，保障联合国维和行动的顺利完成。

（二）维和警务的特征

1. 重要性

维和警务是维和行动不可或缺的组成部分，尤其是在多维维和阶段，维和警察的工作不仅帮助成千上万的人摆脱了冲突后的困境，帮助维护了社会治安，而且也帮助当地执法机构提升了自我治理的能力，为实现持久稳定发挥了独特的作用。

2. 专属性

维和警务是特定领域的一种特殊的专项警务活动，既有世界通行的警务工作属性，又有不同任务区的特殊属性和特点。通常表现为监督执法、参与执法或提供警务改革建议等。

3. 从属性

维和警务不是个别国家开展的一种工作，而是在联合国的授权下，出警国为了共同的使命，围绕联合国任务授权目标而共同开展的行动，因此可以看作是国际执法安全合作的重要内容之一。

4. 发展性

维和警务是随着维和行动的发展而不断壮大的。从最初从属于部队的一部分发展到逐渐独立承担责任；从监督执法，发展到根据授权亲自执法，再到提供警务政策咨询和指导，维和警务已经成为维和行动不可或缺的重要力量。

5. 特殊性

根据任务授权，不同任务区维和警务的职责任务各有侧重，工作属性与维和警察在本国所承担的不同警种的警务工作基本一致；但是维和警务工作中的一些特殊任务，与其国内警务工作有所区别，如协助选举、无家可归者安置、遣返难民等。

6. 机制化

虽然联合国维和行动都有任务期限，但是维和警务并不是维和行动中的权宜之计或临时安排，随着维和行动的发展，已经形成了机制化运作，其成功经验可以复制。

维和警务为世界和平与安全发挥了积极作用，成为全球安全治理的重要途径。不仅是联合国推出的全球安全领域公共产品，也可以成为成员国的国家名片。

三、联合国维和警察

联合国维和警察在促进和平与安全行动中发挥了巨大的作用，是联合国和平行动不可或缺的重要力量。

（一）定义

联合国维和警察（UNPOL）是应联合国秘书长请求，由会员国派遣为联合国工作的警察。概括来说，维和警察的主要职责是恢复任务区东道国社会治安，监督和指导当地警察部门执法、培训、重组、改革和重建，协助选举，监督难民返乡，为当地执法部门提供协助，完成联合国交办的其他任务等。

（二）愿景与使命

1. 愿景（Vision）

秘书长在向安理会提交的报告中确定了以人民为中心，现代、机敏、机动灵活、基于权利和规范驱动的联合国警察的设想。

2. 使命（Mission）

联合国维和警察的使命是通过支持冲突中、冲突后和其他危机局势中的会员国，去实现有效、高效、有代表性、反应型和责任型的警察服务，以服务和保护人民，从而加强国际和平与安全。

为完成此使命，维和警察在授权范围内，直接参与或部分替代驻在国警方，遵循国际人权法，预防和打击犯罪，保护人民生命财产安全，维护公共安全，支持并建设当地警方执法能力。

（三）维和警察的分类

1. 维和警察单警（IPO）

维和警察单警（Individual Police Officers，IPO），是指由成员国政府借调（secondment）给联合国的不同级别和经验丰富的警官或其他执法人员。“单”是为了区分于成建制维和警察，2005 年之前，联合国称之为“维和民事警察”（CIVPOL）。截至 2017 年 8 月 31 日，共有来自 87 个成员国的 3368 名维和警察服务于联合国维和行动。

单警从事警务领域的各项工作，包括在难民营和无家可归者营地开展社区警务、对当地警察进行培训和指导、在特定国家开展各种形式的刑事侦查以应对跨国犯罪等。维和单警按照维和警察战略框架中确定的 4 种类型招募，根据其专业特长，在以下领域工作：

警察行政管理（Police Administration），行政管理系统包括为有效运行警务部门所需的预算管理、采购、档案管理和人力资源管理等；

警务能力建设与发展（Police Capacity-Building and Development），帮助驻在国执法机构为实现持久、稳定的和平做好准备；

警务指挥（Police Command），包括多维（multidimensional）和平行动所需要的资源、技术、能力和组织结构等；

警务行动（Police Operations），开展以社区为导向、以情报为导向的日常警务工作，进行刑事侦查，维护公共治安，并开展专门行动。

2. 成建制维和警察防暴队（FPU）

成建制维和警察防暴队（Formed Police Units，FPU）由大约 140 名警察组成的被训练和装备成可以整体作战的队伍，去完成单警无法完成的任务。由于指挥统一、勤务统一、后勤保障统一，具有较强的战斗力和机动性。训练有素的防暴队能遂行“高风险”环境中的任务。

有三项核心任务：公共秩序管理；保护联合国人员和设施；支援协调行动，但不应对军事威胁。首次派遣是 1999 年的科索沃（UNMIK）和东帝汶（UNTAET）任务区，这两个任务区联合国具有执法和处置公共秩序威胁的全面责任（有执法授权）。自此，成建制维和警察防暴队的派遣从 2000 年的 9

支，增加到 2016 年的 71 支，有超过 1 万名警官。

防暴队被派遣到南苏丹（Unmiss）、利比里亚（Unmil）、达尔富尔地区（Unamid）、科特迪瓦（Unoci）、刚果民主共和国（Monusco）、海地（Unmjsh）、马里（Minusma）、中非共和国（Minusca）等任务区。

联合国为成建制维和警察防暴队制定的主要文件是 2006 年的指导手册（guidelines 2006）和 2016 年的相关政策（policy 2016）。

成建制维和警察防暴队必须按照《联合国成建制维和警察防暴队临时训练标准（2010 年 12 月）》［UN Temporary Training Standards for FPUs（December 2010）］接受派遣前培训，以便胜任要求，符合派遣资格，而且需要通过成建制维和警察防暴队评估小组（Formed Police Assessment Team，FPAT）根据 2012 年《成建制维和警察防暴队行动能力评估标准作业程序》①所开展的评估。

2004 年以来，公安部已先后组建了 12 支维和警察防暴队，1564 名官兵赴海地、利比里亚任务区执行维和任务。维和期间，全体官兵牢记祖国重托，以维护世界和平为己任，以使命如天为共识，大力发扬“忠诚、拼搏、团结、奉献”的中国维和警察精神，经受住了生与死、血与火的严峻考验，圆满完成了维和任务，做到了“无一违纪、无一遣返、无一战斗伤亡”，凸显了中国警察实力，展示了中国警察形象，为遭受战乱国家的和平重建做出了巨大贡献。

3. 专门警务小组（SPT）

为支持东道国警察具备专门的警务知识，维和警察部署了专门警务小组（Specialized Police Teams，SPT）。根据特派团和东道国警察的任务和需要，这些小组可为警察提供能力建设、加强东道国警察的行动能力、进行威慑巡逻或独立地通过使用武力对平民的非军事性威胁做出反应。每个小组由来自一个（或限定数量）成员国的专家组成，他们在刑事侦查、严重有组织犯罪、性侵害犯罪②（SGBV）或者社区警务领域拥有特殊专长。

例如，在联合国海地稳定特派团③（MINUSTAH），一个在应对性侵害犯罪领域具有专长的小组被部署在其国内警察部门，成立初期由 13 名该领域的专家组成，在海地警察学校专门开设了应对性侵害课程，并且在海地国家警察总部设立了性别与妇女事务（Gender and Women's Affairs）协调员办公室。

---

① Standard Operating Procedure for Assessment of Operational Capability for formed police units for service in United Nations Peacekeeping Operations（2012）.

② Sexual and Gender-Based Violence，SGBV.

③ UN Stabilization Mission in Haiti，MINUSTAH.

在联合国马里任务区[①]（MINUSMA），有一个专家小组，加强当地警察部门和宪兵在应对恐怖主义和跨国有组织犯罪方面的能力提升。

4. 高级警务参谋（SPA）

联合国在一些政治型任务区部署高级警务参谋/顾问（Senior Police Adviser，SPA），就东道国执法机构改革、警务理念与执法标准、战略规划、警务政策制定等提供咨询和指导。通常要求警衔较高、经验丰富、擅长战略规划的专家，因此部署人数一般很少。我国曾经向阿富汗任务区派遣过高级警务顾问。另外，在维和行动部总部机关以及由秘书长直接任命的任务区高级警官，也被称为高级警务顾问。

5. 常备警力（SPC）

常备警力（Standing Police Capacity，SPC）是维和警务改革的产物。联合国没有自己的警察，当需要部署维和警察时，往往由于程序上的耽搁或培训的延误不能及时派出，因此联合国在世界范围内确定了一些富有维和经验的专家作为储备，类似于专家库，用于一项新的维和行动正式部署维和警察之前，快速部署、启动、评审、与区域组织合作、培训等。常备警力先期抵达任务区考察、规划维和警察所需要的规模、任务、装备等情况，一般在维和警察正式部署后即撤出。

为提高任务区警务工作的效率，缩短周期，联合国提出了快速部署机制。在 1995 年联合国《和平纲领补编》[②]中，提出“联合国的确需要认真考虑建立一支快速反应部队的意见。这支部队将是安全理事会的战略预备队，遇到紧急需要维持和平部队的时候即可部署”。《卜拉希米报告》将其定义为“能分别在安理会通过维和行动决议的 30 天、90 天之内，完全部署传统的维和行动和复杂的维和行动的一种机制”。[③] 针对这一快速部署的要求，联合国最先提出维和待命安排机制（UNSAS）、常备警力和常备民事人员等概念。该机制是参与国与联合国达成协议后，在规定的时间内向联合国提供维和人力、物力等资源的一项机制。参与国同意在国内保持这些资源处于常备状态，对人员进行充分培训，做好部署准备。这种机制将执行的重点放在参与国一方，由于参与国缺少内在驱动，其实施效果并不理想。[④] 在这种背景下，常备警力

---

① United Nations Multidimensional Integrated Stabilization Mission in Mali，MINUSMA.

② UN. Supplement to an Agenda for Peace［Z］. 1995，44.

③ UN. Report of the Panel on United Nations Peacekeeping Operations［Z］. 1995，102.

④ 赵培江，辛越．联合国维和警察常备警力研究［J］．武警学院学报，2015，31（1）：38.

应运而生。常备警力是一个快速反应单位，它具有立即启动联合国新维和任务的能力，可在新维和任务区迅速组建警察部门，并进行应急任务评估。此外，常备警力还向现有任务区维和警察部门提供专业咨询。

尽管《卜拉希米报告》认识到应当通过快速部署经验丰富的执法人员，建立新的待命机制，以支持新维和行动的创建，但大多数警察并没有做到实质性的待命，他们一般在国内各自忙于自己手头的工作，并没有像“待征召名单”机制要求的那样随时待命并快速部署。另外，在这种待命机制中，联合国面临着一个巨大挑战，这就是与会员国漫长的谈判和选拔会员国提名的人员。如果想在会员国提供的名单中筛选出符合条件的警察，就需要联合国派出大批专家不断地在各国进行筛选和测试。一般而言，在这种待命机制下，挑选和部署一个警察领导小组通常需要几周甚至几个月的时间。从实际情况来看，在联合国维和行动中，这种维和警察的待命机制也没有发挥多大的作用。①

联合国常备警力始建于2007年，有以下重要时间节点：

（1）2000年8月21日，推荐100名待征召警官名单。2000年，联合国和平行动高级别独立小组的报告建议形成一个100名左右的警官“待征召名单”（on-call list），以便部署新的维和行动时，在接到通知后的七天内可以派出，开展人员培训，以及相应的派遣任务早期的工作。

（2）2004年12月12日，主要负责分析21世纪和平与安全可能面临的威胁，评估现有的措施、人员和机制的“威胁、挑战及改革高级别独立小组”提出，联合国应该有一批高级警官和管理人员（人数应控制在50～100人），他们可以对维和行动中的警察部门进行评估；着手选择地点、人员和构思机构设置；着手在任务区组建适应形势要求的警察部门。该小组向大会递交提案，建议大会批准建立常备警力机制，以适应愈加复杂的维和局势，这是常备警力概念的第一次提出②。

（3）2005年10月24日，世界警察首脑峰会批准了运行常备警力计划。2006年3月，维持和平行动特别委员会（SCPKO）核准创建常备警力，在和平行动启动阶段有效开展相应的警务工作，通过提供建议以及专门技能去协

---

① 赵培江，辛越．联合国维和警察常备警力研究［J］．武警学院学报，2015，31（1）：38.

② UN In Larger Freedom：Towards Development，Security and Human Rights for All－Report of the Secretary－General，UN GAOR，59th Session［Z］．2005，223.

助已有的行动。

（4）2006 年 6 月，联大批准了常备警力纽约基地的人员编制议案（A/RES/60/268）。2009 年 7 月，联合国第五委员会（Fifth Committee）批准常备警力基地由纽约总部迁移到意大利布林迪西（Brindisi）基地，并于 2010 年 1 月完成。

（5）2014 年 11 月 20 日，安理会通过 2185 号决议（Resolution 2185）赞赏常备警力的工作。决议包括认可维和警务作为维和行动以及特殊政治使命的必备组成部分；对常备警力通过提供警务领域广泛的专门技能，并通过提供快速、清楚、有效及尽责的活动为维和行动及特殊政治任务启动所提供的协助表示赞赏。

（6）2015 年 6 月 12 日，联合国内部监督事务厅（OIOS）完成了有关常备警力的评估，建议持续检验常备警力的专长，以便适应新出现的实地需求；集中资助并支持常备警力的核心业务，评估常备警力的部署位置，更有目标性地派遣常备警力。

（7）2017 年 5 月 23 日，联合国维和行动部警察司常备警力庆祝快速部署 10 周年。联合国警务顾问斯蒂凡·斐乐（Stefan Feller）指出："常备警力是警察司的重要部门，在关键时刻促进了联合国维和警察的能力。"

2007 年以来，36 名成员驻扎在布林迪西，已经为 44 项维和行动、政治任务及国家特遣队提供了快速部署。常备警力已经帮助 5 项维和行动组建警察部门，协助 15 项正在进行的维和行动，在 5 项维和行动的重组、关闭和转型期间提供支持。目前，有一名中国警察在布林迪西常备警力基地工作。

与维和警察待命安排机制不同，常备警力是维和行动部警察司的一个重要组成部门，其组成人员是专职或借调的联合国合同人员。在接到新任务部署的命令后，常备警力部门会按照联合国规定的标准作业程序在任务区进行部署。而待命安排机制的参与人员则在本国警察部门任职，在新任务下达后，相关部门通过考察和选拔将这部分人征召到相关地点部署任务，而后再将其派往任务区。与常备警力相比，警察待命机制需要更长的反应和部署时间。正因为常备警力具有以上优势，因此常备警力取代待命安排机制走上了历史舞台。常备警力主要具备如下几项核心职能：

（1）为维和行动中警察部门的组建提供高效专业的帮助、战略指导和组织保障，以确保新建维和行动警察部门的启动。

常备警力在新建维和行动中主要负责警察部门成立前的规划和评估，包括拟定行动方案等任务。其介入程度和时机将由维和行动部警务顾问根据实际需要和任务区的综合规划而定。常备警力的成员一般是首批部署到任务区的联合国警察。他们将筹建任务区警察总部，并经过与任务区其他参与者协商，制订详细的任务授权实施计划，启动警务行动的实施。

常备警力持续在任务区工作，直到联合国选派的警察和相关协调人员抵达任务区，并接受岗前培训后才向其进行移交，以确保顺利过渡。只有特派团团长认为警察部门具备了行动能力，常备警力人员才能撤出任务区。

2007—2009 年，常备警力先后在中非和乍得任务区、几内亚比绍建设和平综合办事处等地出色地开展了工作。2010 年 1 月，在海地地震中任务区警监不幸遇难。关键时刻，常备警力人员奔赴任务区，肩负起领导责任，帮助任务区警察顺利地履行了这一领导真空期的管理和督导职责。

（2）为现有任务区警察总监提供咨询以及专业知识协助。

例如，在利比里亚、海地等维和任务区，常备警力与警察部门共同分析、加强国家执法程序和相关立法，以支持国际刑事司法标准和当代国际执法原则在任务区得到执行。

（3）指导或直接参与任务区当地执法、司法和监狱系统协调发展。

在一些发展尚不平衡、负面因素严重影响到法治发展的任务区，常备警力与相关参与人员共同规划并协调刑事调查、拘留、监狱和司法机构之间的工作。

（4）对警察部门行动能力开展评价和评估。

在主管维和行动的副秘书长领导下，通过与相关特派团团长进行磋商，联合国可以在特派团部署常备警力，对现有任务区警察活动进行评估，旨在帮助警察部门首长分析行动的总体绩效，确定维和警务的风险和挑战，检查遵守联合国规章制度以及授权执行情况，并对可能更新的授权提出实施计划和行动方案。

6. 常备成建制警队（PPPS/SFPU）①

为提高维和警务工作效率，进一步提高快速部署能力，克服联合国待命安排机制的不足，联合国新的维和能力待命机制②（PCRS）于 2015 年 7 月 1 日取代了原有的待命机制安排。着力为联合国和会员国之间建立一种更具预见性和活力型的互动关系，以确保适当的维和能力处于待命状态并能够快速

---

① 由于常备成建制警队是新生事物，其英文名称现在还没有统一、权威的定义，通常被叫作 Permanent Fpu 或者 Standby Fpu，比较正式的称谓是 Permanent Peacekeeping Police Squard。

② PCRS：United Nations Peacekeeping Readiness System.

部署，相关待命能力必须提前进行申请登记，并经联合国确认。待命力量主要分部队和警察两部分，具体职责为面对新开辟及现有维和任务区局势恶化、发生重大紧急变化或冲突导致局势失控等情况，进行紧急快速部署。

“常备成建制警队”概念为我国公安部领导在会见联合国主管维和事务的副秘书长苏和时首先提出，这一倡议为联合国一直无法解决的快速部署能力提出了有效的解决方案。联合国常备警力机制仅仅解决了维和单警的快速部署问题和警察部门框架的临时组建，对维和警察常备成建制力量的建设始终由于会员国态度的冷淡和联合国推进力度的不足搁置不前。2014 年，公安部领导人在会见苏和时提出，既然当前联合国任务区形势如此复杂，情况如此多变，会员国派遣成建制维和警察分队的周期又特别长，是不是可以由中国组建一支常备的成建制维和警察队伍，在联合国需要时，可以应招快速派出并部署，等任务区情况成熟后，再回国内待命。习近平主席在 2015 年 9 月联合国维和峰会讲话时向全世界宣布，中国将加入新的联合国维和能力待命机制，决定为此率先组建常备成建制维和警队，并建设 8000 人规模的维和待命部队。常备成建制维和警队的成立，是中国对联合国维和能力待命机制的积极参与，是承担更多国际责任、履行大国义务的重要举措。我国提出的组建具备 60 天快速投放和部署能力的常备成建制维和警队，完美地解决了联合国一直以来非常苦恼的警队快速部署问题，为联合国一直无法解决的快速部署能力提出了有效的解决方案。

常备成建制警队是一支由会员国提供人员和装备，具备快速部署能力的快速反应成建制常备警察分队，主要是为了处理联合国新建任务区在警察分队派入前的真空，或就已有任务区突发的恶劣局势弥补空白，或者就已经裁撤的任务区突然发生的恶性事件进行积极反应而成立的一支待命快速反应分队。其主要任务就是弥补联合国对成建制警察分队的需求和出警国无法快速部署之间的真空阶段，当常规的成建制警察分队部署到位后，该警队则回到出警国继续待命。

常备成建制警队与成建制维和警察防暴队有所区别。

首先，部署时间不同。常规防暴队部署时间较充裕，可进行物资采购、装备装运和人员心理调节等；而常备警队部署时间是从联合国向我国发起请求开始，至分队及装备全部抵达任务区完成部署，整个时间周期为 60 天。要求常备警队提前完成物资采购、思想动员、工作预案制定等预备工作，在上级批准后，立即部署。

其次，勤务地点不确定。常规防暴队任务区明确，可进行针对性的调研和准备，队员对将派往任务区的政治安全局势、经济社会发展和自然环境有深入了解，思想上有较长的准备期、缓冲期和适应期。而常备警队由于任务地点不确定，给警队的基础调研和思想准备造成障碍。为了克服这些困难，需要做大量的前期准备，把所有可能的任务区情况进行梳理分析，关注国际局势变化，对可能派往的任务区进行持续跟踪研究。

最后，具体任务不同。常规防暴队侧重于骚乱控制、应急处突和警务支援，一般防暴队与联合国军事人员和其他单警协同行动，一般不会独立承担高危任务。常备警队派驻的任务区一般是存在治安真空的区域或新开辟的任务区，情况更为复杂，在各种维和力量尚未完全部署到位的情况下，可能要承担更多的任务，因此对队员能力储备也有更高要求。

常备维和警队是正式列入联合国维和能力待命机制的成建制警察队伍，一般形式为防暴队、警卫队或特警队。目前，中国常备维和警队主要是防暴队，其他两种形式尚未纳入视野。根据 2017 年 1 月 1 日生效的《联合国维和警察防暴队政策指南》规定，防暴队的主要任务为保护联合国人员和财产安全、支持平民保护、支持需要成建制队伍反应的或者需要警队专业能力的维和行动。另外，该指南要求防暴队应具备多样化的专业技能，包括特警、警卫队等，使防暴队职能更加多样和全面。①

中国常备维和警队作为目前唯一列入联合国维和能力待命机制最高等级，即 60 天内实现快速部署的成建制维和警队，是可以向联合国总部常备警力看齐的联合国可直接调配的成建制机动力量。我国首创的系统化组建、培训模式独一无二，在全球处于领先地位。通过及时总结分析常备警队组建和培训模式，凝练形成在联合国维和事业中具有较大影响力、可复制的常备维和警队组建培训的“中国模式”，有利于增强中国在维和领域的话语权。同时，也要认识到“中国模式”的开放性，应在实践中不断进行改进。②

率先组建常备成建制维和警队，是习近平主席在联合国成立 70 周年系列峰会上，向全世界宣布的中国支持联合国维和行动的重大举措之一，展示了中国政府对维护世界和平的大国责任和担当。常备维和警队是联合国历史上首支警队，与以往的维和任务相比，常备维和警队承担的任务更具危险和挑战，为确保警队圆满完成任务，要对常备维和警队的任务性质进行准确定位，

① 王洪海．常备成建制维和警队培训模式与发展研究［J］．武警学院学报，2017，33.

② 王洪海．常备成建制维和警队培训模式与发展研究［J］．武警学院学报，2017，33.

突出“常备”“应急”“用之必胜”三个特点，提高快速部署和应对复杂局势的能力，确保“首战用我，用我必胜”，打赢关键第一仗。建设好常备维和警队是党中央交办的任务，要按照超常规的要求管理队伍，超常规的训练锤炼队伍，超常规的制度保障队伍。尽快进入实战状态，做好随时应战的准备，在队员中倡导担当精神和牺牲精神。

经国务院和中央军委批准，2016 年 12 月 22 日，公安部常备维和警队在山东省东营市挂牌成立。由公安部边防管理局负责组建，山东公安边防总队日常代管，为副师职建制，编配队员 300 余人，下设防暴一队、防暴二队。所属队员均从全国公安边防部队严格选拔，多为基层一线执法执勤单位的军事骨干、业务能手和语言、后勤等专业人才，平均年龄 27 岁，其中 56 人曾赴海地、南苏丹、利比里亚执行维和任务。

2016 年 3 月开始组建以来，常备维和警队经过动员选拔、进驻基地、专业集训、配齐装备、甄选考核等重点工作环节，目前人员已满编配备，熟练掌握人群控制、车辆驾驶、要人警卫、爆破射击等技能。目前，中国两支分队分别在 2016 年 9 月和 2017 年 7 月，以全员全科全优成绩通过联合国总部组织的人员甄选和装备验收。

作为“国之重器”，常备维和警队担负的任务特殊、使命光荣，队员们创新传承“政治第一、党组织第一、思想工作第一”的建队原则，按照“超常规要求、超常规训练、超常规重视、超常规保障”的要求，围绕“常备、应急、用之必胜”的建队目标，全方位打牢队伍素质基础和思想根基，努力锻造“政治立场坚定、履行使命坚决、完成任务高效、服务外交出色、队伍管理规范”的世界一流警队。部党委要求用党的最新理论成果武装警队官兵头脑，全面打造忠诚队伍，在新起点上开创公安维和事业新局面。充分展示特殊“外交官”和国际“执法官”的良好形象，在联合国维和舞台唱响中国声音。维和行动面临着生与死、血与火的考验，要围绕“首战用我，用我必胜”的要求，围绕“进入实战、随时出发”的标准，练精战法战术，锤炼战斗素养，打造战斗血性，全力做到招之即来、来之能战、战之必胜；要立足维和行动广阔平台，深入开展维和理论研究和实战探索，创新海外勤务组织，建立完善扁平指挥、平战结合、应急处突、快速反应机制体系和综合保障体系，健全完善各类勤务保障预案，推动综合保障由“常规型”向“实战型”转变，把保障力、战斗力提升到新的水平。

2018 年 4 月，常备警队在武警学院接受联合国秘书长古特雷斯检阅，秘书长通过观看队伍的综合演练，对中国常备警队精湛的技能、全面的素质、灵活的战术、过硬的作风给予高度赞誉，称此次演练精彩绝伦，令人印象深刻，并表示中国常备警队的快速反应能力和严明的纪律，能够应对任务区各种危险，在执行维和任务中一定会有更加出色的表现。

四、维和警务的历史发展

1948 年，联合国创设维和行动，第一任秘书长特里格夫·赖伊（Trygve Lie）提出建立联合国警察部门的设想，但早期维和行动的任务主要是监督停火协议落实和稳定当地安全局势，目的是在政治层面作出努力，采用和平手段解决冲突。很少甚至不需要介入维护驻在国社会治安、指导当地警察等国内事务，因此该设想并未付诸实施。联合国自 20 世纪 60 年代开始为和平行动配备警察，他们的常规任务仅限于监督、观察和报告。20 世纪 90 年代初开始，监督活动中加入了咨询、指导和训练部分。这样，维持和平行动就可与国内警察及其他执法机构一道作为一种纠错机制。维和警务的历程可分为以下三个阶段。

（一）萌芽阶段——20 世纪 60 年代初至 80 年代末，维和警察初试身手

刚果（金）特派团[①]（以下简称联刚团，ONUC）是联合国第一次在维和行动中部署维和警察。联刚团成立于 1960 年，当时，刚果（金）摆脱比利时统治获得独立，加纳主动向联合国提出愿提供 500 名警察参与该任务区维和行动，后由尼日利亚警队替代。两支警队仅接受本国维和部队的指挥，不接受联合国其他部门指挥，他们在任务区的作用本质上是联合国军事部门的一种补充。

联刚团维和警察主要职责是交通管理、刑事侦查、犯罪预防等具体执法工作，在维护社会治安方面发挥了重要作用。与军事观察员不同，警察的职能范围较广，所受限制也更少。主要因为正处于冲突中的国家对外部武装力量干预很敏感，当地政府不接受维和部队部署在一个主权国家。由于警察不具备传统的军队职能，没有更迭政权的企图或能力，在任务区开展工作时更容易获得驻在国政府的配合，也容易被当地群众接受，所产生的社会效果以及对联合国正面形象的传播产生了积极影响。在驻在国警力严重不足的情况下，维和警察拥有和当地警察几乎同等的执法权。维和警察的另一项任务是协助政府培训和重建新生代警察力量。维和警察与新招募的当地警察联合巡逻，随时互动，逐渐克服因国际警察数量和权力有限所带来的执法障碍等难

① United Nations Operation in the Congo，ONUC.

题。当时，该警队依据国际组织、驻在国政府和有关国家达成的协议开展行动，与当地警察共同工作，为东道国提供必要的警力补充，为当地政府和人民提供基本的警务服务。联合国并不直接指挥这支警队，其本质与现今联合国的维和警察不同。①

警察部门真正成为维和行动组成部分是在联合国塞浦路斯维和部队②（UNFICYP），直到今天，仍有维和警察在那里工作。1963 年 12 月，塞浦路斯希腊族和土耳其族的种族冲突导致暴力事件升级。经联合国斡旋，双方达成停火协议，1964 年创设维和行动至今，旨在预防再次发生流血冲突。联合国当时拟在新组建的维和部队中设立一个专门的警察部门，以便监督当地警察，并协助他们开展谈判、联络和沟通工作。在塞浦路斯任务区，联合国第一次将“民事警察”（Civilian Police）缩略为“民警”（CIVPOL）一词，目的是与维和部队区分。

1970—1988 年，联合国仅有五项新部署的维和行动，其任务主要涉及监督停火、控制缓冲区等，因而没有派遣维和警察。

（二）成长阶段——20 世纪 80 年代末至 20 世纪末，与时俱进，逐渐单挑大梁

随着国际形势的变化，维和行动使命和任务结构发生了演变，更多地需要针对一国内部冲突，其任务涉及支持当地建立行政机构、促进经济发展、解决民事纠纷等。尽管一些维和行动仍然基于“传统模式”——用中立的军事力量实现交战双方的隔离，但越来越多的维和行动演变为“多维维和模式”。该模式下的维和行动任务广泛，组成多元，包括警察、军队、裁军、政治、民政、司法、人权、人道主义援助、重建、公共信息和性别保护等。某些维和行动不包含军事成分，而代之于由区域性或多国维和部队去执行任务。冲突后的社会重建和秩序维护的广泛需求，为警察在维和行动中发挥独特作用提供了舞台。

自 1989 年起，随着对维和行动部署需求的激增，维和警察的部署范围和规模也随之增长。在之前联合国建立的 15 项维和任务中，警察只参与了其中的三项。但是联合国加大了在三个任务区部署警力的规模。

纳米比亚过渡时期援助团（UNTAG），是维和警察真正成为维和行动独立部门的开始。1990 年，该任务区的维和警察授权人数为 1500 人，来自 25

① 尚洪强．警察参与联合国维和行动历程［J］．现代世界警察，2018（6）．

② United Nations Peacekeeping Force in Cyprus，UNFICYP.

个国家，任务期限为一年，人员保持轮换，总体人数不变。主要任务是监督执法和当地警察机构重建，确保专业、公正、有效地维护社会治安，支持大选。协助军事部门监督停火，协助纳米比亚顺利平稳的权力过渡以及难民遣返和释放政治犯等。联合国警察在该任务区有三项授权任务：协同当地警察执行公务；受理和调查公众对警察的投诉；监督当地警察的调查工作。

莫桑比克行动[①]（ONUMOZ）是联合国又一个重要的非洲维和行动，维和警察授权人数为 1114 人。它以纳米比亚任务区为样板，同时也成为日后任务区开展警务培训和改革的先驱。

另外，波斯尼亚和黑塞哥维那特派团[②]（UNMIBH）、东斯拉沃尼亚、巴拉尼亚和西希尔米姆过渡行政当局[③]（UNTAES）也部署了维和警察。

海地特派团（MINUSTAH）包括一个特别警察分队，主要任务是协助当地警察专业化；协助管理层及特警队的培训；监督警务工作表现；指导警察日常工作；与联合国开发计划署和双边捐助者资助的海地国家警察技术顾问保持密切协作等。其中，特别警察分队的任务是协助联海民警团人员保护特派团的财产和人员安全。特别警察分队可以说是联合国维和警察防暴队的雏形。

1999 年，第一支整建制维和警察防暴队（FPU）被部署到科索沃[④]（UNMIK）任务区。截至 1999 年 12 月，有 4613 名维和警察被部署在联合国 11 个维和任务区。

（三）成熟阶段——21 世纪初至今，维和警察的作用和贡献得到普遍认可，成为维和行动不可或缺的重要力量

维和警察自 20 世纪 90 年代末起在科索沃、东帝汶等任务区具有维护社会治安的执法授权，其作用发生了根本变化，从过去单纯监督当地警察执法到直接调查刑事案件。此外，维和警察还临时代替当地安全部队承担维护治安的责任。在某些偏远地区，维和警察成为当地唯一的执法人员。这标志着维和警察在维和行动中发挥了更加重要和不可替代的作用。

例如，东帝汶任务区，维和警察授权人数为 1288 名，根据授权，该任务区维和警察可携带武器。主要任务是恢复和维护当地公共秩序；侦查刑事案

① United Nations Operation in Mozambique, ONUMOZ.

② United Nations Mission in Bosnia and Herzegovina, UNMIBH.

③ United Nations Transitional Administration for Eastern Slavonia, Baranja and Western Sirmium, UNTAES.

④ United Nations Mission in Kosovo, UNMIK.

件；提供现代、专业、民主和面向社区的警察队伍；依靠公众开展社区警务；保护人权；维护社会治安；招募、组建并培训当地警察；安置无家可归者和难民返乡等。

这个阶段，维和警察有了新的派出形式——成建制维和警察防暴队，由装备精良、完全机动的快速反应警察或执法分队组成，一般由来自同一国家的武装警察、宪兵力量、特警力量的125~140名队员组成。作为勤务和指挥统一的整体，被部署在维和任务区基层，拥有自我维持的装备和后勤保障能力，受维和警察总警监领导，按照安理会决议和授权开展工作，遵守联合国人权、刑事司法规范和标准要求。

防暴队的任务主要有三个：一是保护联合国人员及设施安全，通过采取预防和应对措施控制危险人群和骚乱；二是为任务区的执法机构提供警力支持；三是开展能力建设，为当地执法机构示范行动标准，根据当地执法机构的改革、重组或重建的要求，培训当地警察，并提供咨询服务。

2000年，秘书长派遣高级别独立小组在任务区开展广泛调研和咨询之后，形成了《卜拉希米报告》,[①] 全面回顾总结了维和行动的成败得失，并在理念上对21世纪维和行动的发展提出了许多影响深远的见解。该报告呼吁通过重申会员国的政治承诺、实施大刀阔斧的机构改革、增加财政支持等各种手段，使维和任务得以实现。其中，认为在和平行动中使用维和警察是“理论上的转变”（doctrinal shift），肯定了维和警察对于维和行动的积极作用。根据报告建议，2005年，联合国组建常备警力（SPC）作为启动新任务区并协助现有任务区的警察单位，2007年10月正式开始运作。

2005年之前，联合国对参与维和行动的警察有不同的称谓，如科索沃特派团警察、利比里亚国际警察、东帝汶民事警察、波黑国际警察特遣队、海地民事警察等。2005年，联合国正式要求所有任务区统一使用现今的“联合国维和警察”（UNPOL）称谓。

2010年，维和警察的部署达到历史峰值，共部署了17616名维和警察。

2012年12月，东帝汶综合团分享了最佳实践，包括使用民警专家（Civilian Police Experts）作为对现有的维和单警（individual police）和维和警察防暴队的一种补充。

2013年，《联合国维和警察未来愿景和2020战略指导框架》（United Nations police towards 2020：Multi-Year Vision and Strategy）第一阶段工作完成。

---

① Brahimi Report Recommendations.

2014年10月31日，联合国秘书长潘基文宣布任命“和平行动高级别独立小组”（High-level Panel on Peace Operations），再次全面评估维和行动，具体评审包括军警人员在维和行动中的能力等。潘基文表示：“我们必须承认，当今和平行动不断被要求在复杂的政治和冲突环境中开展，安全状况充满变数，和平行动自身会直接受到攻击。必须考量对和平行动的期待正在发生的改变，并检讨审视联合国如何能够最有效地推进和平，帮助处于冲突中的国家，确保维持和平和政治特派团在不断变化的全球环境中仍然保持强大和有效。”

2014年11月，安理会采纳《2185号关于维和警察主题的报告》（Security Council Resolution 2185），补充了联大特别委员会关于维和警察战略指南框架①的决议（SGF），全面回顾了所有维和行动方面的问题。

2015年6月，应秘书长要求，高级别独立小组提交关于如何提升维和行动效能和反应的报告，秘书长在执行情况报告中表示，了解在战略指导框架方面取得的进展，注意到规划和招聘工作新方式的工作，并要求警察司对其未来的职能、结构和能力进行外部审计。

根据评审小组的报告，潘基文于2015年9月11日就改革联合国维和行动和政治特派团提出《联合国和平行动的未来：执行和平行动问题高级别独立小组的各项建议》的报告，报告中设立了70项实际行动项目，内容侧重于预防调解、改善规划和执行方式、加强与地区组织合作等方面。潘基文表示，维和行动亟须三项重大改变：一是更加侧重预防和调解冲突；二是提升维和行动的速度、反应和业绩；三是构建全球及地区框架以应对和平及安全挑战。

2016年年底，秘书长安理会2185号决议（2014）《关于维和警察的报告》发表。维和警察战略指导框架第三阶段工作展开。

2017年，安理会通过了《关于维和警务的决议》（Resolution S/RES/2382，2017），强调了维和警务对于维和行动的重要贡献。

联合国所期望的维和警务改革方向，紧紧围绕着“提高军警人员反应速度、能力和业绩”这个核心指标来设定，着力加强派遣国警力的培训机制和部署准备，使联合国能在未来的维和行动中实现快速部署优秀专家型警察，迅速在任务区形成战斗力，以达到任务区设立的目标。

① The Strategic Guidance Framework for International Police，SGF，该战略指南框架主要针对维和警察4个方面的政策提出指导建议：警务管理、警务指挥、能力建设和警务行动。

纵观维和行动的历史，维和警察的任务从传统单一的监督停火、报告违反人权、提供咨询，已经发生了很大的变化，增加了很多新的任务，包括为驻在国提供保护平民、人身保护和财产保护等。另外，能力建设培训、咨询培训，提供警务行动的支持，包括技术手段的援助，以及在紧急情况下代替行使警务执法的职能，这些都要求联合国人员具备更高的素质、更好的装备，以及更强的经费保障。另外，联合国自身也面临经费挑战、经费压缩、人员缩减，在一些任务区还有违纪现象发生，联合国人员的安全受到了很大的威胁，需要联合国进行改革和强化。联合国目前正在制订一系列的行动计划，落实提高维和人员安全报告的建议，以及一系列对任务区战略评估报告中提出的意见，形成了一揽子计划，正在落实和实施当中。这些工作离不开成员国的支持，特别是在人员素质、行动能力、装备提供、经费保障等方面确实需要成员国不断的支持和帮助，这样才能使维和警察具备更高的标准和要求，能够更有成效地完成任务，更好地完成联合国安理会的授权任务。①

维护世界和平与安全是所有成员国的责任和义务。在 193 个联合国成员国中，已经有 129 个成员国先后提供、派遣过维和警察。截至 2018 年 6 月，仍然有 94 个出警国，人数大约是 11000 人，在联合国 16 个任务区执行维和任务，其中女性警察的占 10%。确保联合国警察的多元代表性是今后的一项工作重点。

（四）维和警务大事记

2017 年，安理会通过了《关于维和警务的决议》[Resolution S/RES/2382（2017）]，再次强调维和警务对维和行动的重要贡献。

2016 年年底，联合国秘书长安理会 2185 号决议（2014）《关于维和警察的报告》发表，战略指南框架的第三阶段工作展开。

2015 年 6 月，应秘书长的要求，高级别独立小组（High-level Independent Panel）提交了一份如何提升维和行动效能和反应的报告，秘书长在执行情况报告中表示，了解在战略指导框架方面取得的进展，注意到规划和招聘工作新方式的工作，并要求警察司对其未来的职能、结构和能力进行外部审计。一个独立的审查小组在 2016 年年初开始工作。关于维和警察的报告将纳入 2016 年 12 月的联合国秘书长报告中。

2014 年 11 月，安理会采纳关于维和警察主题的 2185 号决议（Security

① 联合国维和警察发挥着关键作用——专访维和行动部警察司副司长杨绍文，参见联合国官网，2018 年 6 月 22 日。

Council Resolution 2185)，补充了联大特别委员会关于维和警察战略指南框架的决议，联合国授权的论坛全面回顾了维和行动方面的问题。

2013 年 12 月，关于政策与战略规划提出（Policy and Strategic Planning Advances），《联合国维和警察未来愿景和 2020 战略指导框架》（United Nations police towards 2020：Multi－Year Vision and Strategy）第一阶段工作完成。

2012 年 12 月，东帝汶综合团分享了最佳实践，包括使用民警专家（Civilian Police Experts）作为对现有的维和单警（individual police）和维和警察防暴队的一种补充。

2011 年 11 月，秘书长发出联合国维和警察的第一份报告，强调了其在实现可持续和平与安全、面临的挑战以及更好地应对这些挑战方面的重要性，以及以最有效的方式利用稀缺的全球资源。

2010 年，维和警察的部署达到历史峰值，在 17616 名授权者中，有 14669 名维和警察被部署。

2009 年 8 月，联合国发起全球呼吁，希望各国努力增派女警参与联合国和平行动。联合国期望的目标是使女警比例达到 20%。2007 年 1 月，第一支成建制印度女性维和警察防暴队被部署在利比里亚特派团（UNMIL）。

2005 年，根据《卜拉希米报告》建议，联大创建“常备警力”（Standing Police Capacity），作为启动新任务区并协助现有任务区的警察单位，于 2007 年 10 月正式运作。警官和职员们被迅速部署，去帮助建立乍得（MINURCAT）特派团的警察部门。东帝汶任务区（UNMIT）也为维和警察建立了执行型任务。

2000 年，《卜拉希米报告》肯定在和平行动中使用警察是“理论上的转变”。民事警察单位于 1993 年在维和行动部内部创建。2007 年以来，成为维和部法制与安全司的分支机构。

1999 年，第一支成建制维和警察防暴队（FPU）被部署到科索沃特派团（UNMIK）。12 月，有 4613 名联合国警察部署在 11 个维和行动中。

1994 年，维和警察数量增长，1677 名维和警察部署在维和行动中。2005 年，其名称由维和民事警察（CIVPOL）改称为联合国维和警察（UNPOL）。

1989 年，对联合国和平行动需求上升。20 世纪 90 年代，随着维和行动的增加，越来越多的维和警察被部署到刚果（金）（UNTAG）、萨尔瓦多（ONUSAL）、莫桑比克行动（ONUMOZ）和柬埔寨（UNTAC）的维和行动中。

1964 年，第一支警察单位（First Police Component）部署到驻塞浦路斯维和部队（UNFICYP），直到今天维和警察还在那里服务，其中也包括中国维和警察。

1960 年，联合国维和警察第一次被部署在刚果行动（ONUC）中。

1948 年，第一任联合国秘书长特里格夫·赖伊（Trygve Lie）提及组建联合国警察部门。

第八节 ‖ 维和警察的职责任务

维和警察的主要职责是促进和平与安全，每天要巡视社区、指导驻在国国内警务、确保遵守国际人权标准以及恢复和促进公共安全与法治，以此加强和重建安全。随着对派遣警察帮助执行安理会任务的需求大幅增加，经授权在和平行动和特别政治特派团中部署的联合国警察人数不断增加。维和警察的工作内容主要包括提供专家援助、开展业务评估、训练和发展所在国制定政策的能力、发展和审查技术指南、协助国内警察部门进行战略规划和提供技术支持等。

一、联合国维和行动创立阶段

维和行动创设是基于客观公正地“出现”原则基础上，这将能够缓解紧张，并为敌对派别进行政治谈判创造空间。维和行动可以帮助在停止敌对行动和持久和平之间搭建桥梁，但这是在冲突双方都有政治解决意愿为目标的前提下。相比最初创设的维和行动作为处理国家间冲突的手段，维和行动已越来越多地被用于国家内部的冲突甚至内战，这往往是由于存在有不同政治目标诉求又缺乏统一指挥的武装派别。

20 世纪 90 年代以来，维和行动的任务结构发生了演变，尽管一些维和行动仍然基于“传统模式”——用中立的军事力量实现交战双方的隔离，但越来越多的维和行动正日益成为任务广泛、组成多元的“多维维和模式”，包括警察、军队、裁军、政治、民政、司法、人权、人道主义援助、重建、公共信息和性别保护等。某些维和行动不包含军事成分，而代之于由区域性或多国维和部队去履行任务。根据任务授权，多维维和行动（也称为和平行动）可能需要做到以下几点：协助实施全面的和平协议；监督停火和停止敌对行动，创造政治谈判与和平解决争端的空间；提供安全的环境，鼓励回归正常的平民生活；防止冲突爆发或溢出国界；根据民主原则、良治和经济发展使国家或地区过渡到稳定的政府治理；履行过渡政府时期的领土管理，从而实现通常是政府责任的所有的职能。

尽管军事人员在大多数维和行动中的作用至关重要，但警察和民事人员在维和行动中已经越来越多地承担起更多的责任，其中包括当地警察机构的改革与重组；咨询、指导并培训当地警察；协助刑事司法改革；监督选举；促进对人权的尊重并调查涉嫌侵犯人权案件；协助冲突后的恢复和重建；承担过渡政府时期的领土管理，协助政治解决进程；通过广泛联系政治和民事团体，来帮助前敌对对手实现复杂的和平协定；支持提供人道主义援助；协助裁军、复员和前战斗人员重返社会[①]（DDR）等。

二、维和警察的活动

一般来说，当维和警察被部署到冲突地区之后，往往发现当地的警察机构和警察服务处于奄奄一息的状态，因此协助当地警方恢复运行能力和有效服务成为迫切需要。维和警察初到任务区时，很多任务区呈现以下状况：腐败横行，人权遭践踏；受政治和军事影响导致偏见和不公；很少或没有正式的指挥和控制，或者被军阀控制；警察队伍中充斥着非警务人员，或者经常从民兵中招募；训练设施陈旧，缺乏专业的装备和训练有素的人员；缺乏信任，与当地社区呈冲突关系；在许多地区很少或没有警察的存在；警察的工资极低或零支付；法院和监狱的功能缺乏；背离法治的原则等。

（一）民主警务的原则（Principles of Democratic Policing）

在以上类型的环境中，维和警察的主要任务是协助提高当地警察的业务能力；改革和重组警察队伍，支持当地警察机构的发展；帮助培育警察和当地社区之间的信任。这些工作是通过实施与警察任务相适用的任务来完成的，与民主警务原则相一致。

（1）典型型（Representative Policing）或称代表性警务活动应确保：警务人员能充分代表他们所服务的社区；少数族裔和妇女通过公平和非歧视性的招聘政策和警察服务得到充分代表；所有人的人权得到保护、促进和尊重。

（2）反应型（Responsive Policing）警务活动应确保：警察根据公众需求和期望做出反应，尤其是在预防和打击犯罪、维护公共秩序方面；警务目标的实现既合法又人道；警方对所服务的公众的需求和期望充分理解；警务活动是对公众的意见和愿望的反应。

（3）责任型（Accountable Policing）警务用三种方式实现：法律——警察

① DDR：demobilization and reintegration.

为法律负责，为国家中所有的个人和机构负责；政治——警方对公众负责，通过政府的民主政治制度和机构，并且通过警民联系的方式；经济——警察为分配给他们使用的资源负责。

（二）维和警察的职责[①]（UN Police Tasks and Responsibilities）

为了适应日益复杂和多维的联合国维和行动的性质，维和警察的职责涵盖的范围很广，大致可分为如下活动：

1. 建议与报告

20 世纪 90 年代初，维和警察被授予的任务主要是监督当地警察机构确保民主警务原则的遵守，需要观察当地警方执行职务行为的表现，并向任务区负责人汇报其所关心的警方的行动问题。例如，纳米比亚过渡援助团，维和警察的任务是确保西南非洲警察以守法、有效、专业和非党派的方式履行职责。维和警察负责调查市民对当地警察的投诉，并且报告任何违反人权的案件。他们在紧张的边界地区的存在，帮助公众建立了对联合国公正性的信心。虽然维和警察没有直接的授权去执法并直接影响警务标准，但他们的显著贡献使纳米比亚的过渡计划一直沿着正确的轨道。

联合国经验总结小组的研究显示，在 20 世纪 90 年代，监督是很有用的，监督对当地警察机构在改变态度、制度建设和机制改革等方面造成巨大的冲击和影响。早期维和警察的被动监督方式被证明作用有限，因为它不太可能显著地改变当地警察的业务标准和工作方法。今后的趋势走向更加积极的主动监督和干预，以解决当地警察的弱点和工作方法，已被认为是一个更有效的方法，使当地警察越来越接受成为联合国警察能力建设重要组成部分这一角色。为了尽最大的可能，这些方法应该是与当地警方共同工作而不是反对当地警方的制度框架。

20 世纪 90 年代末期，维和行动转向建议并与当地同行一起工作的过程，包括观察、建议、监督并报告，现已成为多维维和行动中维和警察角色的核心任务。这个过程本身并不是目的，而是发现问题的手段，找出解决问题的步骤和用于绩效评估和有效的纠正措施。与当地警察一起工作的时候，维和警察要观察当地警察机构指挥体系的有效性，其进行内部调查的能力，与司法机构的关系等，以提高当地警察机构独立处理各种治安问题的能力为最终

① Source: Introduction, Handbook on United Nations Multidimensional Peacekeeping Operations, Peacekeeping Best Practices Unit, Department of Peacekeeping Operations, United Nations, December 2003, pp. 85-94.

目标。更重要的是，维和警察的工作影响当地警察机构更多地向他们服务和保护的社区负责，它还有助于引导当地警方的后勤保障和培训。

在许多情况下，维和警察已经发现与当地警方工作的一个有效方法，就是将维和警察与当地警察协同定位。与当地警方和社区一起开展日常工作的时候，应时刻考虑到联合国的战略目标，有利于技能传递，建立良好的沟通和信任以及互惠互利的合作关系，促进民主警务和社区警务的有效实践。通过对当地警察机构的深入评估，使协同定位成为可能，这成为一种为维和警察找出自己长处和弱点的有效方式，并确保他们的活动报告是基于当地的实际情况。

这个过程的有效性往往取决于当地的警察机构与维和警察合作的意愿。例如，柬埔寨过渡行政当局（UNTAC[①]）维和警察的任务是监督当地警察的服务，主要是通过监督和报告。柬警方能够认为这是他们的利益与联合国的合作取得的实质性进展，并为道义权威提供了足够的杠杆。

早期维和行动中，为维和警察建议并报告当地警方的表现建立适当的标准和准则很重要，这些都必须以一种严格的、程序化和灵活性的方式才能有效实现。地方层面的建议和监督是一个资源密集型的活动，需要大量具有相关技能的维和警察。然而，如果这些努力都集中在当地警方高层，那么就需要少量的，拥有管理经验和资历的维和警察，自上而下的方法被认为比自下而上的方法更有效。如果当地警方高级和中级警官愿意改革，那么，“涓滴效应”[②]（trickle-down）的作用更为显著。然而，在这种情况下，针对低层级的突击检查和针对性的支持仍然十分必要。

2. 改革重建体制（Reforming, Restructuring, Rebuilding and Strengthening Institutions）

联合国警察的战略使命[③]是在冲突后的环境中，建设警察机构的能力。过去的许多经验已经充分表明，直到当地警察机构的服务能够履行日常维持治安秩序的功能，自由和公正地选举、难民遣返和无家可归者安置（IDP[④]）、商业恢复、良好治理的出现，最终，社区的信任与和解都依赖于法治的框架下警察功能的有效发挥。

① UNTAC: United Nations Transitional Authority in Cambodia.

② 滴入论，垂滴说：指一个体制中给予上层人的利益会传递给较低阶层的人。

③ The strategic mission of the UN Police is: To build institutional police capacity in post-conflict environments.

④ IDP: Internally Displaced Persons.

21世纪初以来，维和警务发展迅速，促进建立能够自行运转的执法机构一直是维和警务的长期目标。指导思想的转变已经在如何使用维和警察方面体现，即改革和重组的努力旨在支持当地警察机构的发展和能力建设。维和警务的愿景包括确保当地警察机构的服务建立在长期的民主基础上，具有业务的可持续性和公信力。在科索沃临时过渡行政当局特派团，挑选出的几千名新警由维和警察培训，使他们能够与维和警察同行并肩开展服务。在东帝汶，维和警察负责维持法律和秩序，并且建立和培养一支可靠、专业的警察队伍。在最初的两年，超过2000名当地警察从警察学院毕业，与维和警察一起分派在全国各地。作为指导计划的一部分，逐步将维和警察的任务移交给新成立的东帝汶国家警察机构的任务已经成功完成。

建立充分的骨干培训，形成专业的警官队伍，通常是维和警察关注的主要焦点，并且在重新建立信任的过程中是一种重要的、可见度较高的活动。在早期阶段，建立当地的警察机构基本的行政管理和财务管理制度的安排是至关重要的，它在确定资金来源、编制预算和会计系统、开发办公程序、有效的采购和资产管理、人力资源开发等方面尤其重要。对一个负责的、透明的机构而言，在初期建立强有力的内部监督、审计和内部调查单位等是关键。

在一些维和行动中，当地警察的薪资问题已经引起关注，对生活成本的评估分析可以帮助确定公平和公正的警察薪资水平，如果不这样做，就很难开展民主警务和社区警务实践，也无法吸引最好的候选者。

进行有效的警察机构改革和重组既需要短期资源，也需要长期资源。资金优先使用的领域应包括建立警察服务所必要的基础设施，如培训设施、警局、通信设备、信息管理网络、警车和警察制服等。然而，资金投入必须考虑当地的条件和当地警察系统吸纳最新投入的能力，对于基础设施的投入，应适合当地条件和长远可持续发展的需要，使新的设施和设备的成本更长期地循环覆盖警察机构，不至于使政府无法负担警察的工资或装备维护。

改革、重组、改造和加强能力必须考虑到国家背景，包括文化、政治、经济和社会现实。引进的警务模式如果不考虑上述背景，就不能被当地警察机构完全接受，或者会导致适得其反的效果。为确保改革和重组的成功，与当地政府当局密切合作是必需的，同时，必须选择适当的技术转让和警务模式，当地的参与和跟进将确保长期的可持续发展举措。

维和警察已经越来越多地参与到对当地新警候选人的甄别、选拔和招募过程中，并且参与到对当地警察的在职培训以及他们实地表现的监督和评估。维和行动特派团带着改革和重组当地国家警察机构的使命，负责就如何规划和建立更加适合的国家警察机构的行政管理和业务结构，并且在落实警察机构实施民主警务、社区警务原则方面灌输更多的专业建议。这项工作的一个重要因素是强调在建立国家执法机构时，将警察与军队或准军事实体严格区分。

有效的人事管理和招募制度对于警察机构的改革至关重要，包括从警察队伍中清除不良人员，同时制定并实施系统的政策以确保他们不会在未来再次被招募。除了直接进行筛选活动，警务系统内部监督和调查的能力也非常重要。在选择当地警察的过程中，经常需要确保前交战方的任何成员都混合纳入一个单一的管理体系中，少数民族和妇女在警察队伍中应该有充分的代表性。这不仅有利于发展合适的团队精神，同时充分代表了社会各个阶层。

当地警方和政府有时会认为警察机构改革和重组活动是“不受欢迎的干扰”，在这种情况下，国际社会将面临阻力，有时维和警察实施改革和重组方案面临巨大的困难，因此维和警察需要足够的影响力去有效改变各方的机构设置、程序和行为表现。这是波黑特派团（UNMIBH）带来的一个重要经验，根据国际标准为维和警察创设一种“非合规报告”的工具。

波黑特派团的“非合规报告”及“不合格”认定（Non-Compliance Reporting and De-Certification in UNMIBH），用于波黑特派团维和警察履行对当地警察机构监督任务，是监督问题的一种工具。在这一机制引入之前，波黑任务区改革当地警察机构没有取得任何进展。“非合规报告”制度的创设为维和警察带来广泛的授权，是基于积累政治意愿来解决波黑制度改革的议程。

如果当地警察未能符合警察人员合理的要求或以任何方式阻碍维和警察工作，“非合规报告”就会发布，如果一个当地警察被发出几个“非合规报告”，维和警察有权立案调查，并发出“不合格”认证警告，这将导致该警察丧失执法权。虽然“非合规报告”和“不合格”认证不归属于警察任何行政机关，但它们为当地警察的政策制定、业务操作程序提供了一些帮助和影响。由于没有遵守民主警务标准，波黑特派团给将近500名当地警官发出了非合规认定。

3. 训练、监督和能力传递（Training, Mentoring and Skills Transfer）

培训当地警察的首要目标是提高其能力和加强警察服务，改变职业态度，培养职业自豪感，使他们的行为和表现符合国际认可的民主警务标准。

培训当地警察的四个主要目标群体是新招募的警察、在职警察、警察部门的中高层管理人员和警察教官。除了开发新警培训的训练课程，维和警察开展的培训项目还涉及民主警务标准、人权、危机管理、警察与司法机构的关系、人事管理、财务、后勤、物资采购、设备维修和资产管理等，还包括对当地警察在警务运作方面的评估，包括犯罪现场勘查、有组织犯罪调查、警卫业务、交通管理以及警察法等诸多领域。在科索沃、利比里亚、波斯尼亚和黑塞哥维那等任务区，这些特殊的努力也提供关于防止家庭暴力、维护儿童权利、处理药物滥用等。好的培训方案必须基于灵活的、符合当地实际情况的课程设置，在海地，基于联合国人权监督员实际调查的真实案例，被用于警校学员的案例培训课程当中。

维和警察可能并不总是直接负责设计和提供培训课程，但是在某些情况下，通过协调能够提供更多培训资源和能力的成员国或区域组织，对培训活动进行补充和协调（如提供培训支持）去开发提升警察能力的课程。维和警察也可以作为成员国或区域组织增强执法能力的催化剂，如一些成员国主办的维和行动培训所提供的支持，这种双边努力补充了联合国的资源，有助于对东道国所稀缺的专家和专业培训资源提供帮助。

4. 执法（Executive Law Enforcement）

1999 年，科索沃和东帝汶任务区，联合国授权批准维和警察的角色有一个重大的新发展，作为立法和执法权力的一部分，维和警察被授予了广泛的职责：维护法律和治安秩序；发展当地执法系统；培训当地人员使之能够在过渡期结束后接管执法活动。这种类型的任务区被称为“执法型任务区”，要求维和警察在当地警察机构能力恢复之前，提供各种警察服务。例如，在科索沃，这种执行型的任务授权要求维和警察进行正常的警察业务，包括对财产和生命的保护；罪案调查；开展执法活动，维持治安；协助并支持当地警察的能力建设等。

此外，科索沃的特种警察部队（特警或成建制维和警察防暴队①）还履行公共秩序维护的职能，如骚乱控制和重点部位警卫，维和警察的边境控制部门确保相关移民法律和其他出入境法规的落实。

维和警察被授予执法权后，需要大量经验丰富的人员去开展全方位的执法任务。在履行执法职责时，维和警察将评估任务区不断变化的形势，并且严格按照授权要求去工作。

5. 整建制维和警察防暴队（FPU）

过去的经验教训表明，部署手无寸铁的维和警察与军事单位之间存在差距，在和平与公共秩序遭到严重威胁的情况下，手无寸铁的维和警察不起作

① SPU：Special Police Units；FPU：Formed Police Units.

用，但全副武装的军队缺乏应对这种局面的适当训练和装备，解决方案就是部署配备非致命武器的成建制维和警察防暴队（如果需要，可以使用致命武器）和一个拥有强制力的执法机构。

成建制维和警察防暴队经过统一训练，作为一个有凝聚力的专业单位，通常包括一名指挥官、一名副指挥官、三支由32名队员组成的分队，并且包含后勤官、联络官和医护人员等。他们的任务和职责包括处理对和平与公共秩序的威胁、对脆弱设施定点保卫、巡逻易受攻击地区、要人警卫、犯罪信息收集、反恐防暴、平定暴乱、监控、维护选举安全、设置路障和卡点、移除路障、房屋搜索、汽车搜索以及护送任务，并且培训当地警察机构处置骚乱。他们作为非武装的维和警察的后援力量，并且展示高能见度的威慑犯罪能力。

成建制维和警察防暴队被要求携带相应的防暴装备并经过特殊的训练，还应准备必要的轻武器去处理超出当地警方控制能力的对于和平形势的威胁状况。他们的装备必须包括防暴装备、催泪弹发射器、手枪和自动步枪以及用于后援任务的轻机枪。在科索沃和利比里亚任务区，部署了由维和警察总警监管理统辖的防暴队，这些单位的日常业务由部门或地区警察指挥官协调。

6. 选举协助（Electoral Assistance）

警察的角色在选举过程中的各个阶段不应被过分强调。不同于多数民主国家的选举，那些冲突后的社会环境下进行的选举充斥着各种安全忧虑。这种信任危机需要执法机构做出预先反应，警方在选举的各个阶段发挥作用。

（1）选举前的阶段，涉及选民登记和竞选活动的安全，以及确定安全的投票地点；

（2）选举当天，构成安全挑战的情况有很多，如潜在的候选人投票时被绑架、恐吓投票人并破坏投票站等；

（3）选举后的阶段，包括选票的安全，新当选的领导人就职期间以及投票后通常的紧张局势等。

在选举的各个阶段，警方有职责提供安全保障，确保基本人权，如言论自由、结社自由，并有权使和平示威并得到保护。在选举活动的整个期间，保护选民和候选人免遭恐吓、骚扰、绑架和报复是警察的主要职责。维和警察能够也必须协助当地警方通过培训、提供咨询建议和全面的安全规划来保证选举期间的安全。从冲突后的纳米比亚到科索沃，通过培训和提供咨询意见，维和警察已经帮助一些冲突后的社会完成了和平的和被国际社会公认的民主选举。

7. 裁军、复员和重返社会

裁军、复员和重返社会（DDR[①]）是一个复杂的和相互联系的过程，以将前战斗人员重返社会作为终极目标。经验表明，需要更多的维和警察参与到这项接纳前战斗人员及亲属的信心建立工作中，维和警察在许多方面可以提供协助以便实施各种建立信任的措施。在裁军复员和重返社会领域有如下任务：为当地执法机构维持遣散复员宿营区的治安秩序提供建议与咨询；支持当地警察机构为重返社会的复员战斗人员提供安全服务；协助审核并挑选前战斗人员融入当地警察机关；协助当地执法机关关于个人拥有枪支方面的立法和政策制定；协助军队通过解除平民武装来减少并控制武器，并将此作为全面裁军、复员以及和解过程的一部分，负责登记收缴的武器。

8. 社区警务（Community-Based Policing）

社区警务的核心原则旨在建立社区与警方以解决问题为目标的合作伙伴关系，它是一种策略，允许警察和社区并肩工作来解决社区关切的问题，社区警务需要东道国警察机构转变传统的警务运作模式，使所有警务活动的落脚点转变为社区利益，这种转变需要将警务理念从“强制”转变为“服务”（a move from a “force” to a “service”）。

社区警务在冲突后的环境下日益重要，它与公共教育关系密切；社区警务措施提高当地民众对警察的信心，促进合作关系培养，由于可见度高，并且与当地民众和社区密切合作，为弱势群体、返乡难民和国内流离失所者（IDPs）提供安全保证；解决常见的社区问题，可以帮助确保治安秩序的改进，并更好地被大众所理解和接受。因此社区警务是维和警察选择的主要手段。维和行动的许多东道国已经有某些根深蒂固的警务理念，这些可适用于现代社区警务实践。必须鼓励当地社区解决自己的社会问题，维和警察可以作为一种催化剂，参与当地社区解决他们的安全和公正的问题。

9. 公众教育（Public Education）

在警务改革和重组方面有一个重要的，但时常被忽视的地方，就是需要确保公众意识到自己的权利和对当地执法机构的适当期望。经验表明，公共信息战略、社区警务和参与公民社会组织等，在赢得对警务改革尊重方面所具有的重要性。如果警务改革缺乏公众的理解和支持，将会被民众视为与他们生活毫不相干的纯技术操作过程。

公共论坛、圆桌会议、讲座、广播、传单和其他公关措施，可以帮助建

① DDR：Disarmament, Demobilization and Reintegration.

立当地社区对警察的理解和支持。在利比里亚，由总警监发起的公共信息运动获得了巨大的红利。在海地和卢旺达，维和警察邀请人权非政府组织（NGO）在新警基础训练期间讲课，使学员更好地理解这些问题，法官、检察官在司法学院培训时，也组织类似的与非政府组织之间的会议，同样能够帮助他们更好地理解非政府组织对于司法问题的关心。在海地，基层的人权组织被警方邀请参加人权培训课程，使警察更好地熟悉人权问题和社会责任。

三、维和警察与其他机构的合作

（一）与军队合作

维和警察与维和部队之间的关系是维和行动中的一个重要问题，二者是维和行动的天然伙伴关系，但有时候，如何在行动中协调两者之间的关系成为挑战。有些任务区以密切协调配合，共同分担安全责任为特征，警察与部队之间的合作协调得很好。例如，科索沃维和警察逐渐从北约（NATO①）领导的多国维和部队（KFOR②）取得安全与治安责任。在波斯尼亚和黑塞哥维那，维和警察与北约主导的稳定部队（SFOR③）密切配合，开展联合巡逻。

维和警察必须记住，警察需要维持区别于军队的民事属性。出于明显区别的需要，在警务活动中保持清晰的警察平民性质尤为重要，因为它给正在挣脱战争带来的军事管制阴影的当地人透露出一种信息。这也有助于树立道德权威，赢得公正信任，使公众有效地参与社会管理。能够保持单独的特性，并建立维和警察和维和部队功能之间的平衡关系很困难，但这是维和警务成功的关键。

（二）与民事机构合作

与任务区内部与外部的民事机构的协调是任何警务活动成功的基本要素。维和警察可以通过与在任务区工作的联合国基金、相关项目、特殊机构以及非政府组织或民间社会团体的密切合作中获益。人权专员在制定有效的法律框架和程序方面是主要的合作伙伴。例如，人权专家可以提供一个国家的人权状况和历史信息，他们还可以为警察培训课程提供关于人权原则与标准方面的有价值的信息。人道主义工作者往往与当地最基层的组织联系，他们可以提供极其重要的公众见解，对警察的意见和其他敏感的问题。例如，如何

① NATO：The North Atlantic Treaty Organization.

② KFOR：The multinational peacekeeping Kosovo Force.

③ SFOR：Stabilization Force.

处理侵犯人权的行为，关于和解以及受害者支持等问题。人道主义工作人员往往能很好地了解到保护弱势群体和其他群体受益人的相关问题。

在任务区，为当地警务机构设计改革和重建项目方案的时候，应该向政治事务、民政、人权、性别和人道主义援助等单位寻求建议。这些相关单位也许能够提供关于有组织犯罪、财产纠纷、腐败、儿童问题、青少年犯罪、国内流离失所者和难民等方面的宝贵见解。公共信息官员也是维和行动中很重要的合作伙伴，因为他们可以帮助维和警察开发公共信息战略，传递重要信息，提高公众的人权意识，了解警察在社会中的作用。

（三）其他警务机构

与其他实体的协调与合作也是关键，包括那些可以为当地警察培训提供支持的双边合作伙伴。一些区域组织新出现的关于警务改革与培训方面的业务能力和制度建设能力可以挖掘开发。联合国可以通过与这些实体紧密合作从而获益，一旦联合国特派团离开，这些实体就能接管制度建设的角色，就像 2003 年波黑的情况。

（四）性别观点（Gender Perspective in UN Police Activities）

在冲突中，传统形式的道德、社区和制度保障瓦解，妇女和女孩特别容易受到各种形式的肉体、情感和性暴力的伤害。酷刑、强奸、性奴役、强迫卖淫、致残、妊娠被迫终止和绝育等都是冲突中对妇女的暴力侵害。当一个妇女受到性虐待或被强奸，犯罪者的意图经常是欺负她和她的男性亲属，证明男性的保护作用失效。

男人和男孩会成为性虐待、酷刑和致残的目标。性暴力曾经作为战争武器用来打击和羞辱特定的目标群体，而军事指挥官和政治领导人特意背书强调这种行为的意义超过随机攻击。

冲突也会加剧现有的男女之间的不平等，使来自男性家庭成员对女性身体和情感的虐待风险增加。这通常使受冲突蹂躏的国家在家庭暴力和刑事侵害方面的行为上升。冲突时期的武器扩散增加了这些武器转而针对平民的概率，最常见的是针对妇女，即使冲突结束以后也会如此。

维和警察必须了解这些冲突造成的差异和影响，必须谋求保护妇女权利并确保她们融入所有促进和平、实现和平协议、解决冲突和重建饱受战争蹂躏社会的行动中。如果维和行动是保证一个以民主原则和国际公认人权为基础的可持续的长期和平与和解，那么，至关重要的是，所有的活动和政策应坚持性别平等和非歧视原则。

维和警察意识到冲突对妇女和儿童的不同后果，她们有特定的冲突后的优先事项和需要是很重要的。如果维和行动的策划者和执行者都充分考虑女性和男性、男孩和女孩的不同需要，他们将在执行任务时获得更大的成功。

维和警察可能会负责监督当地的警察机构、培训新警或重组机构，在这种情况下，目标应该是坚持国际民主警务的标准创造专业的执法机构。招聘和留住女性警官必须是一个重要的目标；新的或重组的警察机构必须建立制度，使他们能够以性别敏感的方式工作，以解决基于性别的性犯罪以及性侵犯和家庭暴力。他们必须运用统筹策略去打击人口贩运，特别是针对妇女和儿童。

四、未来的方向

维和警察的任务将会基于未来冲突后局势的需要而不断变化和发展，已经沿着监督、指导和培训当地警察机构，并且开展协助警务机构改革和重组等活动的轨迹。在未来的警务活动中，将延伸到警察机构的制度建设和能力建设上。维和警察将逐渐摆脱单纯的监督和指导，更多地转向积极参与警务改革和培训，使当地警察机构能够自行运转。

维和警察的部署将重点从注重数量转向到注重质量。这将确保通过适当的招募方式，使来自全世界的最优秀的维和警察尽可能快速部署，去完成维和警务。重点将放在招募拥有独特和相关技术的警官，如刑事侦查、社区警务、警务战术和警察管理等在维和警务中越来越旺盛的需求。这些努力还必须提高任务区的女性维和警察人数。

这些领域将从经验中不断发展和完善。对于执法任务的授权，虽然不排除在未来不太可能重演，但是过去的经验以及其他区域性和跨国性警务实体的教训将继续对联合国维和警察的警务原则产生影响。维和警察也可以用更主动的举措，在维护法治方面先发制人地解决因冲突带来的潜在问题，这样将会在一个国家陷入崩溃和混乱之前，减缓已知的问题。

维和警务已经被证明在多维维和行动中的重要价值，而且将继续成为国际社会帮助冲突后的社会巩固和平与安全的有价值的工具。国家警察机构能力持续增强，扮演维护法治的重要角色，是维和行动战略的目标。

第九节 ‖ 中国维和警务的实践与意义

中国是现行国际体系的参与者、建设者和贡献者。我们坚决维护以联合国宪章宗旨和原则为核心的国际秩序和国际体系。推动国际体系朝着更加公正合理方向发展，不是推倒重来，也不是另起炉灶，而是与时俱进、改革完善。中国发展得益于国际社会，中国也要为全球发展做出贡献。

一、中国关于联合国及维和行动的立场

（一）中国的立场

2015 年 9 月 21 日，外交部发布了《中国关于联合国成立 70 周年的立场文件》，全面介绍了中国对联合国成立 70 周年有关重大问题的看法，阐述中方立场和主张。[①] 立场文件指出，联合国是世界反法西斯战争胜利的成果，承载着各国人民对和平与发展的殷切期望。70 年来，作为最具代表性和权威性的政府间国际组织，联合国依靠和平与安全、发展、人权三大支柱，为促进人类进步事业发挥着不可替代的作用。70 年后的今天，《联合国宪章》并没有过时。国际社会不仅应当重温《宪章》精神，还应当结合当今时代潮流和实际需要，不断丰富《宪章》的内涵，赋予其新的生机与活力。国际社会对联合国的期待上升，其肩负的责任也更加艰巨。联合国的作用只能加强而不能削弱，联合国的权威必须维护而不能损害。

文件强调：维和行动是实践多边主义、维护集体安全的有效手段。中方希望维和行动根据国际形势发展变化进行改进与调整，加强战略设计，制定更加合理可行的授权，提高部署效率，改善管理和内部协调，帮助加强发展中国家能力建设。中方支持联合国秘书长倡议对维和行动进行评估和改进，希望联合国通过与会员国广泛协商寻求共识，坚持维和行动三原则，确定联合国维和行动未来发展方向，更好地完成维护和建设和平、保护平民等各项任务。

2015 年 9 月 26 日，习近平主席在联合国总部会见联合国秘书长潘基文时指出，国际社会应该以联合国成立 70 周年为契机，坚持走多边主义道路，捍卫《联合国宪章》宗旨和原则，维护联合国权威和作用，共同致力于维护世界和平、促进共同发展。习近平强调，中国倡导构建以合作共赢为核心的新型国际关系，将坚定不移走和平发展道路，致力于维护以《联合国宪章》为基础的当代国际秩序，将一如既往继续支持联合国，深化同联合国的合作。潘基文表示，中国是国际社会重要成员，是联合国议程不可或缺的伙伴。[②]

---

① 外交部介绍对联合国 70 周年重大问题看法，参见外交部网站，2015-09-21。

② 习近平会见联合国秘书长潘基文，参见新华网，2015-09-27。

（二）中国的贡献

2015 年 9 月 28 日，习近平出席联合国维和领导人峰会并发表题为《中国为和平而来》的演讲，提出六项措施支持联合国改进和加强维和行动：第一，中国将加入新的联合国维和能力待命机制，率先组建常备成建制维和警队，并建设 8000 人规模的维和待命部队；第二，将积极考虑，应联合国要求派更多工程、运输、医疗人员参与维和行动；第三，今后 5 年中国将为各国培训 2000 名维和人员，开展 10 个扫雷援助项目，包括提供培训和器材；第四，今后 5 年中国将向非盟提供总额为 1 亿美元的无偿军事援助，以支持非洲常备军和危机应对快速反应部队建设；第五，中国将向联合国在非洲的维和行动部署首支直升机分队；第六，“中国—联合国和平与发展基金”的部分资金，将用于支持联合国维和行动。

习近平最后特别提到，作为联合国维和行动的主要出兵国，已有 18 位中国军人和警察在维和行动中牺牲。他专门提到了 2010 年在海地维和行动中殉职的维和女警和志虹的“一根羽毛”的故事，以此寄寓中国以和为贵的和平观，习近平主席的发言引起了峰会领导人的共鸣。

2018 年 4 月 8 日，习近平主席在会见联合国秘书长古特雷斯时强调，支持联合国发挥作用，维护联合国权威和地位，是中国外交的一项基本政策。我们主张大小国家一律平等，同时也认为大国要承担起应有的责任。多边主义的要义是谋求各国协商和合作，首先是大国合作。中国始终是世界和平的建设者、全球发展的贡献者、国际秩序的维护者。我们愿同世界分享中国的发展机遇和经验，但绝不会将自己的道路、模式和理论强加于人。

古特雷斯表示，感谢中方长期以来对联合国事业的大力支持和在多边机构中发挥的重要作用。中国已成为多边主义的最重要支柱和促进世界和平与发展不可或缺、值得信赖的重要力量。联合国同中国的合作对世界十分重要。笔者赞同习近平主席关于构建人类命运共同体的主张，支持中方“一带一路”合作等旨在实现所有国家共同繁荣的重要倡议，相信这些倡议将为国际社会带来最大利益。[①]

（三）中国关于维和行动的主张

2018 年 9 月 25 日，国务委员兼外交部部长王毅在纽约出席联合国“为维

---

① 谭晶晶．习近平会见联合国秘书长古特雷斯．参见新华社网站，2018-04-08。

和而行动”倡议高级别会议，并发表《践行和平承诺　开启维和行动新篇章》[①] 的演讲，他表示，2018 年是联合国维和行动部署 70 周年。维和行动应时代需求而生，因时代发展而变。面对新形势和新挑战，古特雷斯秘书长提出“为维和而行动”的倡议，很有意义。中方支持联合国维和行动共同承诺宣言，相信宣言有助于凝聚会员国政治意愿，共同推动维和行动更好发展。中方对加强和改进维和行动有以下五点意见：

一要坚持联合国宪章这一根本遵循。主权平等、不干涉内政、和平解决争端等宪章规定的原则，当事方同意维和行动的基本原则应该始终遵循。

二要紧扣政治解决这一根本目标。通过政治手段解决争端，是联合国维和的核心要义。政治优先应贯彻到每项维和行动的各个环节。

三要改进安理会授权这一行动总纲。维和行动授权要现实可行，精准施策，避免一味求全求大。会员国要及时向维和行动提供与授权相匹配的资源，同时也要监督和提高使用效率。

四要谋划建设和平这一后续衔接。维和行动要为当事国营造安全稳定的环境，帮助加强能力建设，为消除贫困、实现可持续发展和长治久安打下基础。

五要筑牢伙伴关系这一坚实依托。当事国、出兵国、出资国要形成合力。非盟自主和平行动是非洲国家以非洲方式解决非洲问题的积极实践，中方支持联合国为其提供可持续、可预测的资金支持。

中国是联合国维和行动的坚定支持者和积极参与者。中国已累计派出 3.7 万人次军警官兵参与维和行动。在联合国维和行动中，已有 21 位中国军人和警察献出了他们的生命。

中国全面落实习近平主席 2015 年联合国维和峰会上宣布的重大举措，8000 人规模的维和待命部队及常备维和警队已组建完毕，等候任务。我们在非洲部署了首支直升机分队，为联合国及有关国家维和人员开展多项培训，并通过中国—联合国和平与发展基金资助了加强维和人员安全、非洲维和能力建设等多个项目，取得积极成果。联合国维和行动正站在新的起点，中国愿同所有爱好和平的国家携起手来，让维和行动的和平之光照亮世界每一个角落。

---

① 王毅．践行和平承诺　开启维和行动新篇章——在“为维和而行动”倡议高级别会议上的发言．参见外交部官网，2018-09-26。

二、中国维和警务的实践

中国维和警务的开展，有着特定的国际政治背景和历史条件，与我国对联合国维和行动的态度转变、外交政策的调整、自身实力的不断增强以及对多边国际机制的参与程度等因素有着密不可分的联系。

（一）中国参与联合国维和行动的历程

1. 融入世界体系，参与国际机制

新中国成立到20世纪60年代，由于对少数大国操纵联合国不满，中国基本上游离于国际社会之外，几乎不参加任何国际组织，对维和行动也基本持否定态度。20世纪60年代以后，随着美苏争霸态势的变化和中苏矛盾的加剧，中美之间出于战略的需要，终结了中美之间的敌对关系。

1971年10月，第26届联大恢复了中国在联合国的合法席位。从此，中国开始以独立自主的社会主义大国身份参与国际社会，意味着中国过去关于国际社会的观念发生重大变化，改变了过去对现存国际社会采取的反叛态度，不再谋求通过革命途径改变国际社会，开始遵循国际社会的共同规则，参与国际政治运行机制。同时改变了过去以社会制度和意识形态划分敌友的态度，而开始注重按照国家利益来制定自己的对外战略。

2. 转变对联合国维和行动的立场

中国恢复联合国的合法席位之后，遵循《联合国宪章》的宗旨和原则，积极参与联合国事务，维护联合国的权威，为谋求世界和平，促进全球发展，加强国际社会合作发挥了重要作用，为争取建立公正、合理的国际政治经济新秩序做出了积极的努力。

进入20世纪80年代以后，随着与外部世界接触和联系的不断增多，中国的视野更加开阔，对联合国事务开始采取“积极主动、逐步深入”的方针。与此同时，中国对维和行动也采取了区别对待的灵活立场，并在行动上逐步参加到联合国维和机制之中。

自1981年起，中国明确肯定了维和行动的作用，采取了支持的立场，中国常驻联合国代表凌青在第36届联大第五次委员会议上发言时作出这一表示。1982年起，中国开始承担维和行动费用的摊款，1986年中国全部缴纳了过去拒绝承担的维和费用，同年6月，应联合国副秘书长的邀请，中国派考察小组赴中东实地考察了维和行动的有关情况，并作出了积极的评价。中国随后对当年安理会通过的有关维和行动的七项决议均投了赞成票。

1988年，中国对维和行动采取了更为积极的态度。9月22日，常驻联合国代表李鹿野在致联合国秘书长的信中提出加入联合国维持和平行动特别委员会的请求，表示："维和行动已成为联合国维护国际和平与安全的有效手段，有助于地区冲突的缓解以及和平解决争端，中国愿意与特委会成员国一道，对维和行动做出贡献。"同年12月，第43届联大一致通过决议，同意接纳中国为维和行动特别委员会成员，并认为中国的参加将有利于维和行动特别委员会的工作。中国从此开始参加联合国对维和行动的审议工作。此后，中国代表在安理会，维和行动特委会的工作中积极维护《联合国宪章》，反对侵略，支持通过谈判和平解决争端等一系列的维和行动，并做出了自己应有的贡献。

1989年，我国开始筹备参与联合国维和行动，1月，中国政府正式要求向联合国停战监督组织（UNTSO）派遣5名军事观察员（Military Observer，MO），11月，联合国秘书长正式接受中国的申请，中国开始实际参与到维和行动之中。当年，中国向纳米比亚过渡时期协助团（UNTAG）派遣了20名文职选举监督员，这是中国首次派人参加联合国维和行动。

1990年，中国向联合国停战监督组织派遣5名军事观察员，1991年，中国向科伊军事观察团（UNIKOM）和西撒哈拉特派团（MINURSO）各派出20名军事观察员，1992年，中国向联合国柬埔寨临时权力机构（UNTAC）派遣了47名军事观察员和400人的工程兵大队，使中国在维和行动中的作用和影响有了大幅提高。

有研究者把中国恢复联合国合法席位后，参与联合国维和行动的态度和历程分为如下4个阶段：

（1）观望阶段（1971—1981年）：这一阶段，由于中国的国内形势、外交政策面临较大的调整，以及中国对维和行动缺乏一定的了解，因而对联合国维和行动基本上持否定态度，反对创建维和行动以及继续以往的维和行动。由于历史和现实的种种原因，中国在这个时期对维和行动采取了"不参与、不投票、不摊费"的"三不"消极政策。

（2）申请加入阶段（1981—1989年）：这一时期中国改革开放政策逐步深入，参与联合国事务日益增多，对外政策的顺利调整以及国际交往的频繁，使中国开始对维和行动采取积极主动的态度。1981年，中国开始对有关联合国维和行动的安理会决议进行投票并开始支付摊款。1988年，加入维和行动特委会，开始参加对维和行动的审议工作。

（3）有限参与阶段（1989—2000年）：1989年1月，中国要求向停战监督组织派遣5名军事观察员的申请，得到了积极的回应。经安理会认可，同年11月，秘书长正式表示接受中国的申请，中国开始实际参与维和行动。在此阶段主要是派遣维和军人。值得关注的是，中国参与维和行动的态度显得较为谨慎。

（4）积极参与阶段（2000年至今）：这一阶段，中国除继续派遣维和军人外，还向联合国任务区派遣维和警察。随着我国警察广泛参与维和行动，使参与的广度和深度表现出更高的积极性。2004年10月，我国首次向海地派遣125名成建制维和警察防暴队，举世瞩目。

（二）中国维和警务的发展

1997年5月31日，常驻联合国副代表王学贤在联合国总部代表中国政府宣布关于“原则上参加联合国维和行动的待命安排，并将在适当时候向联合国维和行动提供军事观察员、民事警察等”的决定。1998年8月26日，江泽民、朱镕基、钱其琛、罗干等党和国家时任领导人正式批示同意公安部、外交部《关于建议选派民警参加联合国维和行动的请示》，标志着中国维和警察工作的正式启动。根据中央领导批示精神，公安部专门成立了维和警察工作领导小组，明确了办事机构——公安部国际合作局（外事局）维和警察工作处，并着手进行维和警察的选拔、培训和派遣等相关工作。为适应维和任务的需要，根据联合国对维和警察素质的要求，1999年，公安部在南京解放军国际关系学院举办了首期维和警察培训班，从全国范围内选拔出20名民警参加培训，为派出维和警察做好了充分的准备。

1999年8月31日，联合国维和行动部正式请求中国参加东帝汶过渡行政当局维和行动。1999年9月16日，外交部正式对外宣布中国将派维和警察赴东帝汶参加联合国维和行动。2000年，公安部在中国人民武装警察部队学院成立了“中国维和民事警察培训中心”（2006年10月更名为“中国维和警察培训中心”），定期举办维和警察培训班。

在2000年召开的联合国千年首脑会议上，中国政府表示，维和行动是联合国履行其维护国际和平与安全责任的重要手段之一，中国作为联合国安理会常任理事国，一贯恪守《联合国宪章》的宗旨和原则，支持联合国在维护世界和平与国际安全以及解决各种全球性问题中发挥不可替代的重要作用，并将一如既往地履行自己的义务和职责。

中国维和警务的开展，不但加深了我国对维和行动的参与程度，扩大了参与面，增加了参与点，丰富了我国参与联合国维和机制的手段，而且在维和行动实践中发挥了独特的不可替代的作用。

第一，随着新一代综合型维和行动的任务与职能的延伸，作为维和人员组成部分的维和警察成为一支新的生力军。维和行动不再是军人的专利。联合国为了保证维和行动实现既定的目标、完成复杂的使命，需要维和警察更多地参与。

第二，维和警察在任务区帮助恢复重建的使命中，主要承担观察监督执法、保障驻在国司法体制正常运转、维持当地治安秩序、打击犯罪、维护人权等职责。维和警察的工作最接近维和任务区的基层，他们所做的是一些基础工作，每天接触的是最普通的老百姓，更能够发挥维和行动的效力。

第三，作为一支准军事性质的力量，维和警察同维和部队的性质有所不同。作为联合国威慑力量的维和部队，通常给人以包有冷冰冰的盔甲的距离感；而维和警察通常服务于普通老百姓，有可能显示更多的“温情”，也更加容易拉近与任务区普通大众的距离并获得更多的“认同”。

第四，在树立国家形象、延伸国家软实力方面，高素质的警察队伍和高质量的警务服务，不但能代表联合国，把维护世界和平的良好意愿传递给任务区的大众，也能够更好地展示一个国家民主的形象、法治的程度和友好包容的胸怀，从而使一个国家的软实力得以更好地体现。

当前，各国纷纷争夺软实力“制高点”，在国际舞台上增强影响力，体现自身的外交理念，树立良好的国际形象，力图提升自己的国家软实力。在多边外交领域，中国正在发挥着建设性作用。中国的外交政策与主张得到世界上越来越多的国家的认同和支持，国际形象日益改善，国际地位不断提高，对华友好力量不断增加。

2018 年 6 月 21 日，中国公安部常务副部长王小洪率团参加在纽约举行的联合国第二届警察首脑会议，并会见了联合国秘书长古特雷斯。联合国电台在会议间隙对王小洪进行了专访，请他就中国参与联合国警察维和行动的现状和未来设想进行了介绍。① 本次联合国警察首脑会议是历史上规模最大的一次，中国代表团在会议上传达了一些重要信息。王小洪代表中方介绍了出席峰会的背景：在中共十九大上，习近平新时代中国特色社会主义思想被确立为我党的指导思想，其内涵十分丰富，包括要“推动构建新型国际关系，推动构建人类命运共同体”。当今中国正处在中华民族伟大复兴的历史征程中，世界期待中国在国际事务中发挥更大的作用，但也有人担心中国“国强必霸”。对此，十九大报告给出了明确答案，中国将高举和平、发展、合作、共

① 加大维和警察能力建设投入　为维护世界和平发挥更大作用——专访中国公安部常务副部长王小洪 . 参见公安部网站，2018-6-23.

赢的旗帜，秉持共同、综合、合作、可持续的新安全观，积极参与全球治理，永远不称霸、不搞扩张，始终做世界和平的建设者、国际秩序的维护者。当今世界，全球正面临百年未有之变局。恐怖主义、跨国犯罪等非传统安全威胁日益严峻，维和工作面临更大的挑战。同时，古特雷斯秘书长推动的维和行动改革也处于关键期。在这样的背景下，中国参加本次峰会，就是要表明中方支持联合国在维和建和领域发挥积极作用，并愿在联合国框架下参与全球治理体系改革和建设，推动构建普遍安全人类命运共同体的坚定态度。王小洪在会议期间主要阐述了以下三个方面的内容：

一是介绍习近平主席在联合国维和峰会上的承诺落实情况。目前，中国已完成 330 人的两支常备维和警队组建集训工作，并通过联合国的人员甄选和装备验收，列入联合国维和能力待命机制快速部署等级，可在 60 天内部署到任务区，同时我们对 400 余名各国维和警察进行了培训。

二是提出了中国对联合国维和警务的三点主张。第一点，也是最重要的，要全面加强维和任务区驻在国自身维护安全的能力。维和任务区最终要实现持久和平，仅靠联合国在维和任务期间的投入和支持是不够的。我们倡导将提高驻在国自身能力作为维和的一项重要工作，把对驻在国开展执法培训、提供装备支持贯穿到维和任务开始前、执行中和结束后。联合国、成员国在重视和加强预防外交的同时，还应当考虑在建立任务区之前，派出执法能力培训团队，帮助建设防暴队等执法力量，提高其预防及应对冲突的能力，防患于未然。维和警察在执行维和任务的同时，根据联合国授权也应加强对当地执法人员的培训。维和任务结束之后，应继续开展培训和技术援助，保证其有能力维护好本国安全。第二点，要继续支持联合国在维和建和领域进一步发挥作用，支持古特雷斯秘书长推动联合国和平安全架构改革的努力，但是改革的前提是各方应严格遵守联合国宪章和哈马舍尔德维和三原则，充分尊重当事国主权和人民意愿，并更好地发挥非盟等地区性组织的作用。第三点，针对当前联合国维和面临的突出问题提出了建设性意见。例如，2017 年有 59 名维和人员遇袭身亡，是 1994 年以来牺牲人数最多的一年。针对这一严峻的安全形势，我们建议加强信息预警，提高装备防护标准；针对部分维和人员无法胜任职责任务的情况，建议严格甄选标准，从源头上解决此类问题。此外，我们还就强化队伍管理、增强问责意识等提出了意见建议。

三是作出了支持联合国维和警务的四点承诺。①继续支持和参与维和行动及能力建设，支持联合国在华举办各类维和培训班，并将与联合国共建巡回教官团到维和任务区开展培训。②支持下一届警察首脑峰会，并积极推动建立峰会成果共识落实机制。③将向联合国提供更多人力支持，继续推送中高级、初级专业人才，培养选拔优秀女警执行维和任务。④愿分享中国警队保持“零违纪”的相关管理经验，共同维护联合国声誉。

王小洪表示：中国高度重视并积极参与联合国维和行动，是安理会常任理事国中派出维和警察最多的国家，2000 年参与维和警务行动以来，中国已向东帝汶、波黑、科索沃、阿富汗、利比里亚、海地、苏丹、南苏丹和塞浦路斯 9 个维和任务区派遣维和警察 2629 人次，目前仍有 23 名中国维和警察在执行任务。中国维和警察按照联合国“正直、专业、尊重多样性”的工作理念，认真履行打击犯罪、保护人权、重建当地执法力量等职责，积极承担执勤巡逻、要人警卫、社区警务、侦查破案、处置群体性事件和培训当地警察等工作，大量参与收缴武器、遣散非法武装、协助救济安置难民等专项行动。他们努力克服任务繁重、工作环境高危、生活环境恶劣等困难，主动作为，忘我投入，出色地完成了各项维和任务，为驻在国恢复和平与稳定，保护当地人民群众的生命财产安全做出了重要贡献。中国维和警队坚持最高标准、最严纪律，始终保持“无一违纪、无一遣返”的良好记录，成为各国维和力量的标杆，由此形成的队伍管理经验做法，对各国警队都有较强的示范效应。我们还主动创新，打造“情报信息主导维和勤务”的中国模式，被联合国在各任务区推广。同时，我们也做出了巨大牺牲，2010 年，我国 8 名维和警察在海地地震中牺牲，为人类和平事业献出了宝贵的生命。

中国在很多场合已一再表示，会持续不断地加强参与联合国的维和行动。就中国今后参与维和警务的设想，王小洪表示：在新的历史时期，中方对联合国维和工作的支持力度进一步加大。中国设立中国—联合国和平与发展基金，其中一部分用于支持联合国维和行动，目前已支持开展了维和突出问题的调研工作，并形成有关报告。同时，中方高度重视联合国维和警察能力建设工作。除举办常规的维和研修项目外，2017 年我们还做了新的尝试，中国第五支赴利比里亚维和防暴队在联合国授权下，对利警方进行培训，帮助其建设了一支 150 人的国家警察防暴队，之后我们还将陆续派出教官团开展系统培训，利方反响良好。2018 年，我们将承办联合国任务区总警监培训班和任务区防暴队指挥官培训班，并将与巴基斯坦、尼泊尔、约旦等国举办双边维和培训班，并派出教官团赴南苏丹等国开展有关培训。此外，我们还与联合国警察司保持沟通，积极响应其新提议，愿向任务区派遣警务专家小组，并与联合国共同组建巡回教官团，赴任务区开展培训。我将与古特雷斯秘书长见面，就深化双方在维和领域合作交换意见。可以确定的是，中方将会进一步加大力度，一如既往地支持和参与联合国维和行动，为维护世界和平发挥更大作用。

三、中国积极参与维和警务的战略考量

战略是关于重大的、长远的、全局性目标的研究。《孙子兵法》云：“兵者，国之大事。死生之地，存亡之道，不可不察也。”讲的就是战略的重要性。目前我国对参与联合国维和行动已经形成较为明确的立场和战略选择，但是缺乏具有中国特色的维和理论体系和鲜明的理念构架，难以在维和警务战略规划及顶层设计上独树一帜，也难以在更高层面上主导、影响维和警务的决策规划。开展维和警务是国家行为，对其动因的考察应纳入国家战略思维的高度。

（一）从全球层面考量——维和警务对维护世界和平与安全做出了积极贡献，也是实现全球治理的重要途径

中国积极参与维和行动既为世界和平与安全做出了实际的贡献，同时稳定的国际和平环境也是中国一心一意谋发展的客观需求。改革开放以来，随着中国综合国力不断提升，大国地位显著提高。同时中国也逐步深入参与联合国的各项工作，以联合国为核心的多边外交已成为中国独立自主和平外交的重要组成部分。作为安理会常任理事国，中国积极参与维和行动同样也是不可推卸的责任和义务。

参与维和行动特别是中国警察参加维和行动是中国广泛参与国际多边机制的必经之路和重要内容。参与联合国的维和机制，有利于调整我国同其他大国之间的关系。在维和过程中的合作，即便是消极的合作，也可以通过接触增加信任，减弱别国对我国构成的战略压力。参加维和行动不仅是中国的责任，也是中国进一步发展的需求。因此“以更积极的姿态参与联合国维和机制，不仅是中国作为大国应承担的责任，是一个时期以来中国国际联系利益增多的必然要求。同时也可为中国融入广泛的国际安全机制中去提供一个重要而有效的途径”。[①] 在这个意义上，中国应该争取扩大与国际安全机制乃至整个国际机制具有积极意义的“接触点”和“接触面”，在融入中求安全、求发展。尽管维和行动的依据和作用存在较大的模糊性，但事实却证明，中国应该而且有能力参与其中并发挥积极的影响，在参与中增强与其他国家的

① 唐永胜．中国对联合国维和机制的参与［C］//王逸丹．磨合中的建构．北京：中国发展出版社，2003：81.

相互了解和信任，推动维和行动作用的发挥。

伴随着中国综合国力的提升，中国的外交战略观念开始由内向性转为外向性。中国由主要为自己的发展利益服务的和平环境战略，转向与世界谋求共同发展与安全的战略。以积极参与国际事务、加强国际合作为途径，以拓展国家战略利益、发挥负责任大国作用为目标。中国警察参与维和事务就是一个重要体现。中国在涉及人类和平与安全等一系列重大问题上肩负着重要责任。中国积极参与维和警务不仅是中国作为一个大国应尽的责任和义务，而且也是中国实现其外交目标的一种方式和手段。

中国的和平发展离不开稳定的国际环境。随着中国改革开放的逐步深入和“走出去”战略的实施，中国对外经济依存度越来越高，海外的安全环境直接影响中国的对外经贸，也影响在海外投资的华商利益。近年来，中国企业、公民和侨胞在国外遭到恐怖分子袭击或犯罪嫌疑人绑架的事件时有发生，也进一步提醒了中国政府关注海外安全环境。一国的安全与地区和全球安全紧密相连，只有通过国际合作，才能有效地解决各国共同的安全问题。中国积极参与联合国维和警务，既是国家总体外交的战略之举，是“维和外交”的具体体现，也是推动构建人类命运共同体的实际步骤和重要抓手之一。

（二）从国家层面考量——维和警务是维护国家利益的有效途径之一

外交是内政的延伸，同时服务于内政。维护世界和平与安全，不仅是世界各国人民的殷切期望，也是中国人民的殷切期望，是中国国家利益的一部分。

1. 实现中国国际战略的转变

国际形势的变化及中国外交政策相应的调整是中国改变对联合国维和态度的背景因素。

首先，国际战略价值观由以意识形态和阶级分野占主导地位的价值观向以国家利益至上的价值观转变。20 世纪 80 年代以前，我国处理对外关系的原则基本上是以意识形态和阶级分野来划分敌友，判断国际社会的是与非，并以此作为对外交往的指向标。20 世纪 80 年代以后，中国顺应国际形势的发展变化和自身发展的需要，逐步改变了国际战略价值，奉行独立自主的全方位外交战略，淡化了意识形态和阶级因素，不再以社会制度与意识形态的异同划线，而是在和平共处五项原则基础上全方位地发展同世界上所有国家的外交、经济与文化关系。

其次，国际战略重点发生了重要转变。受国际战略价值观的影响，在注重意识形态和阶级分野的时期，中国国际战略的重点是注重与亚非拉及社会主义国家发展友好关系。随着国际战略价值的转变，统筹国内、国际两个大局，牢牢把握服务民族复兴、促进人类进步这条主线，推动构建人类命运共同体，坚定地维护国家主权、安全、发展利益，积极参与引领全球治理体系改革，打造更加完善的全球伙伴关系网络，努力开创中国特色大国外交新局面成为新时代中国外交的总目标。外交战略重点的转变，要求中国采取更加现实主义的策略，积极参与国际事务，利用维和行动更好地服务于中国的外交目标，最大限度地实现中国的国家利益。

最后，国际战略运行方式发生转变。随着国际战略价值观和战略重点的转变，中国改变了冷战时期主张建立反帝统一战线的主张。20 世纪 80 年代以来，在以“冷静观察，稳住阵脚，沉着应付，善于守拙，决不当头，韬光养晦，有所作为”为核心的邓小平国际战略思想指导下，中国遵循“超越意识形态、超脱”的外交理念，提出不结盟、不当头的独立自主的和平外交政策。在独立自主的和平外交政策的指引下，中国广泛地参与国际事务。在国际事务中，中国是根据事情本身的是非曲直和自身的根本利益来决定自己的立场。

2. 维护国家主权、安全与发展利益

冷战结束前后，中国参与维和行动的态度比以前更加积极主动。随着全球化的日益推进，世界越来越相互依赖，中国不再像过去那样以意识形态来划线，不再以世界革命为己任，而是以国家利益尤其是国家安全来决定是否参与国际行动。一方面中国要日益融入国际社会，另一方面在融入国际社会的过程中，注重保护国家主权、安全和发展利益。

中国在各个场合都十分强调遵循联合国宪章的宗旨和原则，尤其强调尊重国家主权和不干涉会员国内政原则。中国深刻认识到尊重主权对于一个尚处于改革开放中的发展中国家的重要性。从长远来看，中国在改革开放和现代化建设过程中，还面临着许多困难和阻力，中国需要独立自主地处理自己的事情而避免他国的干涉。尊重主权的重要性，使中国在外交场合对主权问题格外敏感。中国对于西方国家所宣扬的“人权高于主权”的论调持反对态度。中国在有些维和决议上投弃权票，主要是为了避免任何可能侵蚀国家主权或多国干涉一国内部事务的先例。中国一贯认为，使用武力违反了国家主权原则，国家的政治独立、领土完整应当得到充分的尊重，这是处理国际关系最基本的准则。

3. 改变国家声誉，树立国家形象，增强国家“软实力”

国家声誉是国际体系中的其他国家对于这个国家的持久特征或特性的一种信念与判断。声誉的主要功能就是利用国家过去的行为来预测、解释其未来的行为。冷战后，中国对于维和行动表现出积极参与的态度，一个重要的因素就是出于国家声誉的考虑。在恢复联合国合法席位后不久，由于对国际事务的参与并不是很积极，中国在联合国的表现经常受到其他国家的一些客观的或不客观的诟病，认为中国只是在享受联合国和安理会所赋予的权利，而无视联合国和安理会所给予的义务。冷战后，为了在国际舞台上展现出负责任的大国形象，同时为了更好地融入国际社会，就需要更好地参与国际组织尤其是参与世界上最具有权威性的国际组织——联合国的活动，在参与国际事务中加强与其他国家的合作，加深彼此的了解，从而更好地促进合作。

国际体系无政府状态的现实决定了国家之间存在着激烈的竞争和博弈。冷战结束和国际体系的结构转型，为国家追求良好的声誉提供了新的契机。中国通过参与维和行动来建构自己的良好声誉，是中国在位势竞争中获得主动的一个有效途径。按照沃尔兹的结构现实主义理论，在国际社会处于无政府状态的情况下，国家就是彼此相似的单元，国家在国际社会中发挥着相同的作用。因此决定一国国家权力的最主要因素就是国家的实力，国家之间的竞争主要表现为国际位势的高低次序。尽管国家实力在很大程度上表现为物质实力或者说是硬权力，但是随着国际体系的改变以及人类文明的进步，国家越来越重视软实力，而国家声誉又构成了国家软实力的重要来源和组成部分。各国在激烈的国际竞争中，既注重发展自己的物质实力，也日益重视软实力。

西方大国虽然没有放弃传统的霸权主义和强权政治，然而也不得不以更加隐蔽的方式即运用“软实力”来保持和扩大他们在世界各地的影响力和控制力。所以大国主导参与联合国维和行动成为一个突出的现实因素，通过参与维和行动，来扩大自身在世界和维和地区的影响力及控制力。中国也应该认清这种局势，在努力维护世界和平与安全的同时，通过参与维和行动来提高中国的国际声誉，树立独立、自主、负责任大国的形象。参与维和行动本身不仅是中国向外展示中国形象的途径，也是增加世界对中国的认识，增强中国“软实力”的一种重要手段。中国派出的“蓝盔”人员在国际舞台的表现，可以让更多的人更直观地认识中国。中国维和人员在任务区的良好表现，受到维和地区人民的欢迎，提高了中国在当地民众心目中的地位，必然增强中国在国际上的影响力。

除强调硬实力以外，中国的战略思维需要以进化意识和全球视角强化软实力的建构和全人类共同利益观。国际形象属于国家软实力中的一种，是我们不能不重视的问题。约瑟夫·奈在论述软实力时强调“硬实力与软实力相互作用和加强”，软实力是一个国家不容忽视的无形影响，对一个国家在国际政治中具有巨大的能动作用。中国有五千年历史沿革，积淀恢弘博大，以民为本，以和为贵，温和圆融醇厚，有大美而不自言。在学习把自己的“软实力”作国际表达时，无须心浮气躁，急功近利。“软实力”已成为中国综合国力的重要组成部分，在中国对外交往中发挥了“硬实力”难以替代的作用。合理运用“软实力”具有深远的战略意义。“软实力”可以作为构建人类命运共同体的润滑剂，运用“软实力”推进国际制度的变革与创新，建立公平合理的国际制度。

中国参与维和行动既改变世界，也改变自己。从某种意义上说，中国维和警察在联合国维和任务区的出色表现，起到了“国家名片”的作用。在软实力之争这场没有硝烟的战场上，中国的国际形象日益改善，国际地位不断提高，对华友好力量不断增加。

4. 参与联合国维和行动，是公安机关服务国家外交大局、参与全球安全治理的重要举措

积极参与维和警务是服从、服务于我国总体外交战略的客观需要。“维护世界和平、促进共同发展”是中国对外政策的宗旨。在新时代，推动建设新型国际关系，推动构建人类命运共同体成为中国外交工作的总目标。近年来，越来越多的国家和国际知名人士开始热议“中国的贡献”，关于中国在地区和全球事务中发挥重要建设性作用的话语频频出现于各类会议、论坛和媒体中。中国警察参与维和行动是公安国际合作工作服从、服务于国家总体外交战略的具体体现。维和警务的蓬勃发展，既是中国警方全方位、多层次、宽领域、立体化的国际执法安全合作格局的体现，也是构建中国特色执法安全合作体系的重要组成部分。

积极参与维和警务体现了中国参与国际机制的决心、信心和能力。21 世纪的国际关系随着中国的壮大而不断调整，关于国际组织的策略和规则亦是如此。中国融入世界的重要途径之一，便是学会与不同的国际组织协商与合作，找到相互适应的方式和策略。过去我们长期游离于国际体系之外，总是以批评怀疑的目光来看待以西方世界为主导的国际体系。中国经历了从游离于联合国之外到部分参与，到“创造性介入”，再到全面参与的角色转换。“伴随着中国逐步深入到联合国维和机制中去，出现了适应性学习的过程，尽管其中似乎缺少认知性学习的动力，但毫无疑问中国对维和行动采取了越来越积极务实的态度，并被证明可以采取适当的方式推动维和行动的发展。”随着中国国力的发展，我们不仅要成为国际机制的参与者，而且要成为国际机

制的维护者和建设者，并且要努力成为“调控者”。尽管国际机制的现实中依然存在一些不公正、不合理的地方，但我们应该面对现实，争取做到“为我所用”，尽力推动国际机制向公正合理的方向发展。“在参与中认识维和行动的多样性，并推动维和行动积极作用的发挥，在不断变化的条件下推动维和机制的完善，中国应该有能力和信心做到这一点。”

积极参与维和警务是有益的多边外交实践。美国国际政治学家基欧汉指出：“所谓多边主义，指多个国家组成的集团内部，通过某些制度安排，协调各国政策的一种实践。”多边主义成为战后国际关系实践的一项指导性原则，并且作为观念逐步深嵌于各国外交实践中。多边外交更像是一种“没有外交官的外交”，常常能够起到传统的双边外交无法起到的作用。中国作为发展中国家，无论我们如何给自己定位，都需要通过多边外交的形式与周边邻国和世界主要大国进行沟通合作，以消除安全隐患及缓和不利形势，增加我国在各种国际事务上的发言权和影响力。近年来，中国外交在多边舞台上大显身手，令人瞩目。发展多边外交是中国走向世界舞台中心的必由路径。维和行动正是在联合国这种国际机制下，各国共同努力，以消除战乱与冲突、重建秩序与和平。参加维和行动实际上就是对多边外交采取的积极态度。中国在20世纪90年代中期提出“做国际社会中负责任的大国”的宣示，向国际社会做出了成为世界体系建设性参与者的庄严承诺，这是中国在不断发展的过程中，为提升自身的国际形象，融入世界而实现和平发展的需要。

积极参与维和警务可以拓展外交空间，丰富外交手段，提高外交能力。外交是一种充满活力的机制。当代外交方式不断得到补充、完善和形成普遍的法律规范，而且在战后的外交实践中逐渐形成了一些新的外交手段，使外交活动已经不再是外交官的专利，只要能够为主权国家用来处理国家关系、参与国际事务，对一个国家的对外政策起到积极作用，都可以被冠以“外交”头衔。以更加积极的姿态参与维和警务既现实又符合中国长远利益的外交战略，是对中国外交战略的有益补充，是公安机关服务、服从于中国总体外交战略的具体体现，有利于中国外交战略目标的实现。20世纪80年代以后，在联合国的框架下，中国开始向国际社会表达参与的愿望和合作的善意，维和行动成为表达这种愿望最好的平台。随着维和行动的发展变化和中国参与程度的加深，中国维和警察的出现，推动我国成为名副其实的“维和大国”，同时，也使我国的外交手段更加丰富。在拓展外交空间、发展对外关系时，维和警务潜移默化地起到了搭桥铺路的作用。在海地，中国维和警察防暴队的队员，冒着枪林弹雨维持当地的治安秩序，努力为当地人民创造和平的社会环境和良好的治安秩序，得到了海地人民的赞扬和嘉许，为我国进一步发展与海地的关系打下了良好的基础。维和警察的工作和表现，对中国与驻在国关系的发展起到了积极影响，有效发挥了桥梁纽带的作用，得到积极的政治影响和社会反响，威力巨大，是用金钱所无法衡量的。

党的十九大报告中指出，中国秉持共商共建共享的全球治理观，倡导国际关系民主化；呼吁各国人民同心协力，构建人类命运共同体，建设持久和平、普遍安全、共同繁荣、开放包容、清洁美丽的世界；中国将继续发挥负责任大国作用，积极参与全球治理体系改革和建设，不断贡献中国智慧和中国力量。

2015 年 10 月 12 日，中央政治局进行第二十七次集体学习。习近平明确指出，国际社会普遍认为，全球治理体制变革正处在历史转折点上。随着全球性挑战增多，加强全球治理、推进全球治理体制变革已是大势所趋。习近平说：随着全球性挑战增多，加强全球治理、推进全球治理体制变革已是大势所趋。这不仅事关应对各种全球性挑战，而且事关给国际秩序和国际体系定规则、定方向；不仅事关对发展制高点的争夺，而且事关各国在国际秩序和国际体系长远制度性安排中的地位和作用。

中国提出了“共商、共建、共享”的治理观，为全球治理制定了所应遵循的基本规范。“全球治理”的概念出现了 20 多年时间，中国对待“全球治理”概念的态度经历了从有所戒备、抵触，到坦然接受、积极研究的变化；对待全球治理的进程，也经历了从被动应对到积极参与的转变。

2016 年 9 月 27 日下午，中央政治局就二十国集团领导人峰会和全球治理体系变革进行第三十五次集体学习。习近平总书记强调，“我们要抓住机遇、顺势而为，推动国际秩序朝着更加公正合理的方向发展，更好维护我国和广大发展中国家共同利益”。这是政治局集体学习第二次关注“全球治理”话题。当前，中国对全球治理的参与和引导，正进入一个新阶段。

谈全球治理，中国越来越自信。中国的认识日益深刻，随着全球性挑战增多，加强全球治理、推动全球治理体系变革已是大势所趋；中国的态度更加坚定，中国全面参与全球治理进程已成为中国最高领导层的集体意识和集体意志；中国的行动更有担当。近年来，中国不仅在全球治理领域阐述中国立场，而且中国以行动说话，大幅增加对全球治理领域的外交、资源投入，为世界提供了越来越多的公共产品。

维和行动是全球和平与安全领域的重要内容，也是全球安全治理的主要目标之一。作为实践多边主义的最佳场所，联合国在全球安全治理中责无旁贷。应遵循联合国宪章宗旨和原则，维护联合国的权威，有效发挥联合国及其他国际组织的协调作用，平等对待、和睦相处、包容多样、谋求共赢，在国际事务上倡导多边主义，推进国际关系民主化，携手把世界上的问题处理好，积极参与维和警务成为中国深度参与全球治理的抓手之一。

（三）从公安工作层面考量——维和警务既能加强公安队伍建设，推动公安工作国际化进程，也能培育公正、公平、合理的执法安全合作环境

加强执法安全合作是适应当前国际、国内形势发展的趋势，消除非传统安全威胁的必然选择和根本途径之一。维和警务是促进公安机关执法安全合作的有效途径。积极参与维和警务体现了我国对维和行动更加积极的姿态和更深层次、更大规模的“创造性介入”，公安机关也从维和警务中收获颇丰。

首先，开展维和警务是我国国际地位提升和综合实力走强的体现，也是中国公安工作发展进步的体现。中国警察的能力和素质充分胜任联合国维和任务的需要，也从一定层面反映了我国公安工作的进步与发展。中国维和警务的实践不仅是公安工作国际化的具体体现，也是对国际化的重要贡献，在目前公安机关国际合作部门中，许多业务骨干是由维和警务起步的。

其次，维和警务对提高我国警察参与国际事务的能力有重要意义，可以培养造就一批具备国际执法经验和国际合作经验的人才。在联合国的统一领导下，各国警察共同努力，并肩合作完成维和任务区的警务目标，为维护世界和平与稳定而开展的维和警务，可以看作是一种特殊形式的国际执法安全合作。我国维和警察在任务区，有机会与各国的警界同行一起工作、一起生活、相互了解、增进友谊，既开阔了眼界、丰富了知识，同时国际交往水平得到切实提高，国际合作能力得到实际工作的检验，为今后开展国际执法安全合作打下了良好的基础。

2008 年北京奥运安保是对公安工作的一次国际性、全方位、零距离的综合检验。通过参与维和，公安机关储备了大批具有国际执法工作经验的人才，他们在奥运安保工作中大显身手，发挥了独特作用。奥组委安保部所辖的国际警务联络中心作为国际警务联络的大平台，其工作得到了各国驻华警务联络官和奥运安保联络官们的充分肯定。值得一提的是，包括国际警务联络中心负责人在内的许多工作骨干都参加过维和，他们成为该中心的主要工作力量，发挥了重要的作用。

再次，维和警务的开展有利于我国警察队伍整体素质的提高。队伍建设是公安工作的关键，也是根本。维和任务区的警察部门主要采用英国、美国等西方国家的警察管理体制。西方国家在几百年的警察管理体制发展过程中，逐渐形成了一套较为完备、科学、高效的现代警务管理理念和运行机制。我国维和警察与众多国家警界同行一起在这种体制下工作，有机会学习一些科学的警务管理经验和先进的警务理念与技能，并有机会在任务区应用于实战，一些先进的理念与做法可以直接为我国所用，促进公安工作的改革发展。另外，选拔维和警察的严格条件和归国维和警察的精彩经历，可以激发广大年轻民警的学习积极性，有利于营造良好的学习氛围，从而带动公安队伍整体素质的提高。

最后，维和警察可以在国际舞台上展现中国警察的形象。维和警察既要完成联合国赋予的各项任务，又要充分展示中国的形象。维和警务是中国警方具有里程碑性质的一项工作。按联合国规定，维和警察在任务区，只能接受联合国的指挥和领导，不能接受联合国以外的任何组织或团体，甚至本国政府的指令。但是每个维和警察都是国家派出的，都有国家背景，代表国家和民族的形象。维和警察在任务区不仅代表 13 亿中国人民，也代表 200 万人民警察队伍的形象。

在任务区，来自世界各地的警官们一起工作，既相互学习又相互比较。维和任务区被比喻为“警察的奥运会”，每一个维和警察都是代表自己国家参赛的选手，任务区也是一个展示窗口，展示一国警察队伍的素质和形象，也反映一个国家法治建设和整体文明程度。中国维和警察队伍坚持“政治第一、党组织第一、思想工作第一”的建队方针，通过自己的艰苦工作，展示了公正执法、恪尽职守、遵纪守法、机智勇敢、业务过硬、友好文明的良好形象，为国家赢得了荣誉，也为中国警察队伍赢得了喝彩，成为中国警察的名片。维和警察在忠实履行维和使命的同时，还积极开展对外联络活动，增进与友邻维和力量的了解和友谊，密切与任务区国际组织、外交机构的关系，他们用对自身的严格要求和真诚的努力，赢得了当地民众的信任和拥护。此外，他们还组织中国文化节、警营开放日、捐款午餐会等形式多样的活动，开创了“警务外交”的新模式，与其他维和力量及当地民众建立了融洽、和谐的关系。独特的人脉关系资源不仅可以培育公正合理的执法安全环境，也为未来的合作奠定了基础。

另外，维和警察是执法安全合作战略布局中重要的海外力量之一。随着我国海外利益保护需求的不断增长，需要部署和动用各种资源。维和警察所在的任务区，有些与我国重要海外投资目的地重叠，一旦发生重大突发事件，维和警察也可以成为一支身处前沿可迅速调动的资源和海外力量。

（四）从警察个体层面考量——有助于警察个人价值的实现

中国公安机关在短时间内派出的维和警察的数量不断增加，其根本原因是中国政府外交战略的转变。随着中国经济社会的发展，中国参与国际事务程度的不断加深，中国警察对维和行动的认识不断增强。从警察个体的角度而言，其主观上积极参与维和行动的愿望也是中国积极参与联合国维和行动的重要原因之一。

首先，对维持国际和平与安全事业的向往。维和行动代表着和平安定的社会理想追求，是联合国对国际和平与安全的重要贡献之一。随着维和行动的发展，维和警察在维和行动中发挥的作用越来越重要。对于 2000 年才第一次派出维和警察参加维和行动的中国来说，维和行动在中国大多数警察心里还具有很强的神秘性。随着中国经济社会的发展，中国对国际事务的参与程度不断加深，中国警察能够参与联合国维和行动，为世界的和平与安全尽自己的绵薄之力成为他们迫切的愿望。

其次，维和警察回国后可以获得较大的政治荣誉。中国政府非常重视派遣参与维和行动的中国维和警察人选的总体素质，所派遣的维和警察都经过层层筛选而最终确定。中国维和警察都能在任务区出色地完成本职工作。他们维和期间和结束维和任务回国之后，大多数都会获得联合国和中国政府给予的很高荣誉，对于警察个体来说，这是一种巨大的精神满足。维和警察所获得的政治荣誉，是实现警察个人价值的最好回报。“中国人民的优秀儿女，世界和平的忠诚卫士”是党中央对海地维和警察烈士的评价，也是对维和警察政治上的最高肯定。

最后，参与联合国维和行动的经济利益回报也具有一定吸引力。维和警察在任务区需要承受工作环境极端危险、生活环境极端恶劣的多重考验，还要承受许多常人难以想象的身体和精神上的煎熬。维和人员在任务区要随时准备应对突发事件，随时随地都有被流弹击中或触雷的危险，除了刀光剑影、血雨腥风，更有许多看不见、摸不着的致命疫病威胁。正是因为维和人员面临着诸多现实与潜在危险，联合国通常会给予维和人员高额的任务区津贴。按照国家政策，除联合国任务区津贴以外，维和人员国内工资予以保留。同时，为体现国家对维和人员的关怀，在诸如晋级、分房等福利方面，各单位也给予一定的政策倾斜。不可否认这些也具有一定的吸引力。

中国维和警务的参与力度不断加大，体现出中国对维和行动的高度重视以及参与国际事务、维护世界与地区稳定的积极性。随着中国国力的不断增强，国际社会要求中国在维和行动中做出更大的贡献。

经济的发展使中国更加依赖和平安全的国际环境；树立“负责任大国”形象的诉求要求中国承担更多的国际责任；执法安全合作广度和深度的扩展，

要求中国更加积极地开展维和警务。中国维和警务不仅符合党中央、国务院作出的重要战略决策，也是彰显中国热爱和平、负责任大国形象的重要手段和忠实履行21世纪人民警察使命的具体体现，是公安机关运用世界眼光，发挥战略思维的体现，更是配合国家整体外交的有力举措，是适应世界范围内警务合作需要、加强公安机关队伍建设、传播文明友谊的重要途径。在未来我国参与维和行动的战略布局中，应当继续发挥好中国维和警察的独特作用，为世界和平与安全做出新的更大的贡献，为中国外交增光添彩。

中国正在走向强国之路，日益走近世界舞台中心，也在涵养大国心态。中国维和警务的各项工作应更加自觉地纳入构建人类命运共同体的宏大叙事中，按新时代思想的要求，不断加强理论研究、深入完善工作机制、积极转变工作观念、努力创新工作模式、充分发挥自身作用，以国际国内形势为立足点，以维护国家利益为出发点，以提高中国警队队伍建设为切入点，以展现中国警方形象为着眼点，以服从我国整体外交战略为归宿，继续以实际行动传播并践行人类命运共同体理念，不断科学发展，开拓前进。

参考文献

一、专著

（一）中文专著

[1]［美］罗伯特·基欧汉．霸权之后：世界政治经济中的合作与纷争［M］．苏长和，信强，何曜，译．上海：上海人民出版社，2012：3.

[2]［美］海伦·米尔纳．利益、制度与信息：国内政治与国际关系［M］．曲博，译．上海：上海人民出版社，2010.

[3] 中国社会科学院法学研究所《法律辞典》编委会．法律辞典［M］．北京：法律出版社，2003.

[4] 赵宇．国际警务执法合作［M］．北京：中国人民公安大学出版社，2014.

[5]［美］亚历山大·温特．国际政治的社会理论［M］．秦亚青，译．上海：上海人民出版社，2014.

[6] 向党．涉外警务［M］．北京：中国人民公安大学出版社，2004.

[7] 赵可金．外交学原理［M］．上海：上海教育出版社，2011.

[8] 田野．中国参与国际合作的制度设计：一种比较制度分析［M］．北京：社会科学文献出版社，2017.

[9] 王易舟．创造性介入：中国外交的转型［M］．北京：北京大学出版社，2015.

[10]［加］弗里德里克·勒米厄（Frederic Lemieux）．国际警务合作的理论与实践［M］．曾范敬，译．北京：中国人民公安大学出版社，2016.

[11] 崔家国．跨国犯罪联合侦查研究［M］．北京：军事谊文出版社，2013.

[12] 陈雷．反腐败国际合作理论与实务［M］．北京：中国检察出版社，2012.

［13］赵永琛．国际刑法与司法协助［M］．北京：法律出版社，1994.

［14］黄风．引渡问题研究［M］．北京：中国政法大学出版社，2006.

［15］黄风．中国境外追逃追赃典型案例之经验与反思［M］．北京：中国政法大学出版社，2016.

［16］公安部政治部．国际警务执法合作［M］．北京：中国人民公安大学出版社，2006.

［17］孔宪明．中国警官走进美利坚［M］．上海：上海人民出版社，2004.

［18］［英］本·鲍林．全球警务机制研究［M］．倪铁，译．北京：法律出版社，2014.

［19］［荷］莫妮卡·邓波．欧洲警务合作治理模式的构建：网络化与官僚体系的交织［M］．曾范敬，译．北京：中国人民公安大学出版社，2016.

［20］门洪华．和平的纬度：联合国集体安全机制研究［M］．上海：上海人民出版社，2002.

［21］许铁兵．新世纪的中国与世界［M］．北京：高等教育出版社，2002.

［22］邓小平文选（第三卷）［M］．北京：人民出版社，1993.

［23］［美］伊丽莎白·埃克诺米，米歇尔·奥克森伯格．中国参与世界［M］．华宏勋，等，译．北京：新华出版社，2001.

［24］王逸舟．磨合中的建构［M］．北京：中国发展出版社，2003.

［25］黄风，赵琳娜．境外追逃追赃与国际司法合作［M］．北京：中国政法大学出版社，2008.

［26］黄风．中国引渡制度研究［M］．北京：中国政法大学出版社，1997.

［27］黄风，凌岩，王秀梅．国际刑法学［M］．北京：中国人民大学出版社，2007.

［28］中共中央宣传部．习近平总书记系列重要讲话读本［M］．北京：学习出版社，人民出版社，2016.

［29］夏建平．认同与国际合作［M］．北京：世界知识出版社，2006.

［30］王思斌主编．社会学教程［M］．北京：北京大学出版社，2010.

［31］［美］彼得·卡赞斯坦．世界政治理论的探索与争鸣［M］．秦亚青，等，译．上海：上海人民出版社，2006.

［32］朱恩涛．国际刑警组织与红色通缉令［M］．北京：中国人民公安

大学出版社，2007.

[33] 王逸舟．全球政治和中国外交 [M]．北京：世界知识出版社，2003.

[34] 成良文．刑事司法协助 [M]．北京：法律出版社，2003.

（二）外文专著

[1] Sesha Kethineni. *Comparative and international policing, justice, and transnational crime* [M]. Carolina Academic Press: United States, 2010.

[2] J. W. E. *Sheptycki. Issues in Transnational Policing* [M]. Routledge: United Kingdom, 2000.

[3] Mathieu Deflem. *Policing cooperation across borders : comparative perspectives on law enforcement within the EU and A* [M]. Oxford University Press. : United Kingdom, 2002.

[4] Phil Williams, Dimitri Vlassis. *Combating transnational crime : concepts, activities, and responses* [M]. Frank Cass: London, 2001.

[5] Daniel J. Koenig, Dilip K. Das. *International police cooperation : a world perspective* [M]. Lexington Books: United States, 2001.

[6] Frederic Lemieux. *International police cooperation : emerging issues, theory and practice* [M]. Willan Publishing: United Kingdom, 2010.

[7] Noemi Gal-Or. *International cooperation to suppress terrorism* [M]. Routledge: United Kingdom, 2015.

[8] Rutsel Silvestre J. *Martha. The legal foundations of INTERPOL* [M]. Hart Publishing: United Kingdom, 2010.

二、论文集

[1] 唐永胜．中国对联合国维和机制的参与 [C] //王逸丹．磨合中的建构．北京：中国发展出版社，2003.

[2] 习近平．在十八届中央政治局常委会第七十八次会议上关于加强反腐败国际追逃追赃工作的讲话 [C] //中共中央纪律检查委员会，中共中央文献研究室．习近平关于党风廉政建设和反腐败斗争论述摘编．北京：中央文献出版社，中国方正出版社，2015.

三、期刊文章

[1] 栗长江．美、加国际警务合作：途径·趋势·启示 [J]．公安教

育，2012（3）.

［2］汪静.略论国际法上的“条约必须信守原则”［J］.法律学习与研究，1986（7）.

［3］赵秉志.中国反腐败刑事法治领域中的国际合作［J］.国家检察官学院学报，2010，18（5）.

［4］张华.论尊重人权作为国际法的基本原则及其对中国和平发展的影响［J］.法学评论，2007（2）.

［5］赵良辰.我国国际警务合作机制的历史分期研究——以国民经济和社会发展计划为视角［J］.河南司法警官职业学院学报，2016（3）.

［6］吴瑞.国际侦查合作基本原则概论［J］.云南警官学院学报，2009（5）.

［7］於典.我国刑法保护性管辖中的双重犯罪原则［J］.法制与社会，2017（32）.

［8］刘玉贤.国际刑事法院调查的特征［J］.政法学刊，2016，33（2）.

［9］黄风，董书丽.狭义刑事司法协助中“死刑限用”问题探析［J］.人民检察，2010（23）.

［10］钟文.赖昌星与厦门远华走私案［J］.检察风云（法制新闻），2001（4）.

［11］王俊民.内地司法机关派员在港澳地区直接取证的规范性分析［J］.法学，2009（7）.

［12］李院炯.关于韩国被判刑人移管法律制度研究［J］.知识经济，2011（19）.

［13］赵秉志.我国内地与港澳特区之间被判刑人移管机制构建探讨［J］.环球法律评论，2009，31（5）.

［14］王铮.国际刑事司法协助及中国的实践［J］.政法论坛，1995（3）.

［15］周觅.论国际刑事诉讼移管与引渡的关系［J］.法制与社会，2013（31）.

［16］田彦群，李波.外国刑事判决和执行问题的理论探讨［J］.深圳大学学报（人文社会科学版），2004（5）.

［17］刘必华，吕静.中行开平案八年追诉始末［J］.政府法制，2009（18）.

[18] 王青．国际警务合作与国际刑事司法协助之耦合关系论［J］．湖北警官学院学报，2015，28（3）．

[19] 张明．中国国际刑事司法协助的理论与实践［J］．中国司法，2001（12）．

[20] 孔繁勇．刑事司法协助中的中央机关［J］．中国人民公安大学学报（社会科学版），2010，26（1）．

[21] 陈龙鑫．国际禁毒合作中的控制下交付手段研究［J］．净月学刊，2013（5）．

[22] 蒋秀兰，王梅．论没收国际合作中的保全［J］．政法学刊，2015，32（2）．

[23] 蒋中慧．论国际警务合作的独立性——以国际刑事司法协助为比较样本［J］．湖北警官学院学报，2012，25（3）．

[24] 黎宜春．“一带一路”反恐司法合作：中国与东盟国家反恐立法比较［J］．学术论坛，2017，40（3）．

[25] 赵宇．国际刑警组织组建环球创新中心意义探析［J］．山西警官高等专科学校学报，2015，23（3）．

[26] 冯威．2018 年中国国际社会公共安全产品博览会在京召开［J］．现代世界警察，2018，11.

[27] 饶戈平．论全球化进程中的国际组织［J］．中国法学，2001（6）．

[28] 李建，赵宇．中国在警务合作国际组织中的地位与作用浅析［J］．广西警官高等专科学校学报，2015，28（2）．

[29] 黄凤志，金新．地缘政治学理论的困境与创新［J］．国际论坛，2012，14（3）．

[30] 赵宇．我国警察外交的兴起、内涵及动因初探［J］．山西警官高等专科学校学报，2012，20（4）．

[31] 赵宇．我国的外派警务联络官工作［J］．现代世界警察，2007（1）．

[32] 高心满．联合国警务联络官应具备的基本素质［J］．武警学院学报，2006（1）．

[33] 张清敏．理解十八大以来的中国外交［J］．外交评论（外交学院学报），2014，31（2）．

[34] 夏路．联合国维和：集体安全？［J］．国际政治研究，2006（3）．

［35］聂军．联合国维和与集体安全辨析［J］．欧洲研究，2005（3）．

［36］赵培江，辛越．联合国维和警察常备警力研究［J］．武警学院学报，2015，31（1）．

［37］王洪海．常备成建制维和警队培训模式与发展研究［J］．武警学院学报，2017，33（11）．

［38］尚洪强．警察参与联合国维和行动历程［J］．现代世界警察，2018，6.

［39］聂军．关于中国参与联合国维和行动的认识［J］．山西高等学校社会科学学报，2006（3）．

［40］钟龙彪，王俊．中国对联合国维持和平行动的认知和参与［J］．当代中国史研究，2006（6）．

［41］王学东．国家声誉与国际制度［J］．现代国际关系，2003（7）．

［42］章一平．中国战略思维需要强化的两个方面［J］．世界经济与政治论坛，2005（2）．

［43］赵宇．浅谈新时期我国公安机关境外追逃问题［J］．湖南警察学院学报，2011，23（1）．

［44］赵秉志．我在加拿大赖昌星聆讯庭上作证［J］．凤凰周刊，2011，23.

［45］王春英．反腐败的双动力机制：境外追逃与境内反腐［J］．人民论坛，2015（19）．

四、学位论文

［1］熊瑀．人的安全［D］．桂林：广西师范大学，2006.

［2］孟庆恩．论我国企业海外贿赂犯罪的法律规制［D］．合肥：安徽大学，2015.

［3］张兰图．国家刑事管辖权研究［D］．长春：吉林大学，2004.

［4］陈璐．腐败犯罪境外追赃法律机制研究［D］．武汉：武汉大学，2017.

五、报纸文章

［1］新华社．上海合作组织外交部长会议发表联合公报［N］．人民日报，2002-11-24.

［2］一帆．中国已与46国家签订领事条约［N］．法制日报，2015-04-14（1）．

［3］人民网．中国“安全感”带给世界的启示（钟声）［N］．人民日报，2018-02-05（21）．

［4］新华社．上海合作组织首次扩员——习近平出席阿斯塔纳峰会并发表重要讲话［N］．杭州日报，2017-06-11（2）．

［5］刘子阳．郭声琨将赴美国主持首次中美打击网络犯罪及相关事项高级别联合对话［N］．法制日报，2015-11-30（1）．

［6］王晓辉．让中国“软实力”真正有实力［N］．人民日报（海外版），2005-10-10（1）．

［7］岳菲菲．中国如何编织海外“反腐网”［N］．北京青年报，2014-11-24（A04）．

［8］习近平．全面决胜建成小康社会　夺取新时代中国特色社会主义伟大胜利［N］．人民日报，2017-10-28（1）．

［9］刘武俊．追逃和追赃要双管齐下［N］．人民法院报，2014-10-23（002）．

六、国际/国家标准

［1］公安部令第127号，公安机关办理刑事案件程序规定［S］．北京：公安部法制局，2013.

［2］General Assembly resolution 58/4，United Nations Convention against Corruption［S］. New York：UNITED NATIONS，2004.

七、报告

［1］INTERPOL. AG-2015-RES-01：Pilot project concerning a new category of notice specifically devoted to the tracing and recovery of assets（“Silver Notice”）［R］. Rwanda：INTERPOL，2015.

［2］INTERPOL. AG-2013-RES-03：Promoting international action in the identification，location and seizure of assets［R］. Colombia：INTERPOL，2013.

八、电子文献

［1］习近平在中国共产党第十九次全国代表大会上的报告（全文）［EB/

OL].http://www.qstheory.cn/llqikan/2017-12/03/c_1122049424.htm.

[2] 陈海川. 开放共创繁荣 创新引领未来 [EB/OL]. https: //www. sohu. com/a/229382896_ 99890391.

[3] 人民网—人民日报. 习近平会见菲律宾总统杜特尔特[EB/OL]. http://ydyl.people.com.cn/n1/2018/0411/c411837-29918280.html.

[4] 习近平同上海合作组织成员国领导人共同会见记者时的讲话（全文）[EB/OL].http://www.piyao.org.cn/2018-06/11/c_129891592.htm.

[5] 弘扬“上海精神” 构建命运共同体 [EB/OL]. http: //www. piyao. org. cn/2018-06/11/c_ 129892105. htm.

[6] 习近平：坚持总体国家安全观 走中国特色国家安全道路[EB/OL]. http://www.xinhuanet.com//politics/2014-04/15/c_1110253910.htm.

[7] 国际追逃追赃取得重要阶段性成果 [EB/OL]. http: //www. xinhuanet. com/mrdx/2017-03/26/c_ 136158131. htm.

[8] “平安中国”网络访谈：公安部国际合作局局长廖进荣 [EB/OL]. http: //www. mps. gov. cn/n2254536/n2254544/n2254552/c5660933/content. html.

[9] 郭声琨与俄罗斯联邦内务部部长科洛科利采夫举行会谈[EB/OL].http://www.gov.cn/guowuyuan/2017-03/21/content_5179447.htm.

[10] 郭声琨分别会见老挝缅甸泰国客人[EB/OL].http://www.mps.gov.cn/n2255079/n5137689/n5583183/n5583190/c5585556/content.html.

[11] 联合国毒品和犯罪办公室 [EB/OL]. http: //www. un. org/zh/aboutun/structure/unodc/.

[12] 联合国新闻部. 维和峰会：习近平宣布中国将参加新的联合国维和能力待命机制 [EB/OL]. https: //www. un. org/sustainabledevelopment/zh/2015/09/new-development-agenda/.

[13] Pearls in Policing. Uniting Global Law Enforcement [EB/OL]. http: //www. pearlsinpolicing. com/conferences/.

[14] 周翰博. 郭声琨出席上合组织成员国安全会议秘书会议 [EB/OL]. http: //cpc. people. com. cn/n1/2017/0407/c64094-29194873. html.

[15] 何春中. 2016 年“猎狐行动”抓获各类境外逃犯 634 名 [EB/OL]. http: //www. xinhuanet. com/politics/2016-10/26/c_ 1119786772. htm.

[16] 刘阳，陆佳飞. 郭声琨会见美国总统国家安全事务助理赖斯 [EB/OL]. http: //news. xinhuanet. com/2016-12/09/c_ 1120086017. htm.

[17] 我国对外缔结司法协助及引渡条约情况[EB/OL].http://www.moj.gov.cn/organization/content/2016-09/29/jlzxxwdt_8358.html.

[18] 孟建柱17日在京会见马来西亚内政部部长希沙姆丁 [EB/OL]. http://www.gov.cn/ldhd/2012-09/17/content_ 2226636.htm.

[19] 再捣8个跨境电信诈骗窝点 22名大陆籍嫌疑人被押解回苏 [EB/OL]. http://www.sohu.com/a/58134606_ 119690.

[20] 特大马来西亚跨境电信诈骗案成功告破 97名嫌疑人押解至珠海 [EB/OL]. http://www.sohu.com/a/72803220_ 401397.

[21] 通报类型[EB/OL].https://www.interpol.int/INTERPOL-expertise/Notices.

[22] 孙莹. 中美执法合作联合联络小组开会 双方继续共享情报[EB/OL]. http://china.cnr.cn/yaowen/201101/t20110125_507618962.shtml.

[23] 张耀宇，石杨. 人民公安报：合作共赢，打造国际执法安全合作"黄金时代" [EB/OL].http://www.mps.gov.cn/n2255079/n4876594/n4974590/n4974594/c5650454/content.html.

[24] 青岛峰会成果引领上合组织迈向历史新阶段[EB/OL].http://opinion.china.com.cn/opinion_12_187812.html.

[25] "猎狐"三年从80多个国家和地区缉捕遣返两千余嫌犯[EB/OL]. http://www.xinhuanet.com/legal/2017-03/23/c_129516079.htm.

[26] 公安部将启动国际化培训 送公安局长出国门培训 [EB/OL]. http://news.163.com/09/0609/12/5BC8A99K000120GR.html.

[27] 孟建柱访美就共同打击网络犯罪开展执法合作[EB/OL].http://www.xinhuanet.com/world/2015-09/12/c_1116543523.htm.

[28] 廖威. 郭声琨与越南公安部部长共同主持中越公安部第五次合作打击犯罪会议 [EB/OL]. http://news.xinhuanet.com/world/2016-09/25/c_1119620819，htm.

[29] 俄提交联大议案：阻止滥用政治避难庇护恐怖分子 [EB/OL]. http://mil.news.sina.com.cn/2004-09-24/0936229931，html.

[30] 国际刑事司法协助法草案拟用"查扣冻"新规破解国际追赃难题[EB/OL]. http://www.npc.gov.cn/npc/lfzt/rlyw/2017-12/23/content_2034561.htm.

[31] 检察机关4年办理国际刑事司法协助案632件[EB/OL].http://www.npc.gov.cn/npc/lfzt/rlyw/2017-12/24/content_2034958.htm.

[32] 司法协助类条约缔约情况一览表[EB/OL].https://www.fmprc.gov.

cn/web/ziliao_674904/tytj_674911/tyfg_674913/t1215630.shtml.

[33] INTERPOL. ANNUAL REPORT 2017 [EB/OL]. https://www.interpol.int/News-and-media/Publications2/Annual-reports2.

[34] INTERPOL. INTERPOL Ministerial declaration looks to underpin global efforts in fighting crime and terrorism [EB/OL]. https://www.interpol.int/News-and-media/News/2014/N2014-211.

[35] INTERPOL. INTERPOL General Assembly opens in Monaco to address contemporary crime threats [EB/OL]. https://www.interpol.int/News-and-media/News/2014/N2014-210.

[36] 联合国.2016年会员国应缴纳的会费（所有的金额单位为美元）[EB/OL]. http://www.un.org/zh/members/2016.shtml.

[37] INTERPOL. Funding [EB/OL]. https://www.interpol.int/About-INTERPOL/Funding/Member-country-contributions.

[38] UN chief wants closer cooperation with INTERPOL [EB/OL]. https://www.interpol.int/News-and-media/News/2002/PR026.

[39] INTERPOL. INTERPOL appoints special representative to United Nations [EB/OL]. https://www.interpol.int/News-and-media/News/2004/PR035.

[40] Head of UN Police Peacekeeping visits INTERPOL to strengthen mutual co-operation [EB/OL]. https://www.interpol.int/News-and-media/News/2009/N20090115.

[41] 第72届联合国大会中方立场文件 [EB/OL]. https://www.mfa.gov.cn/web/wjbxw_673019/t1488207.shtml.

[42] 习近平在国际刑警组织第八十六届全体大会开幕式上的主旨演讲（全文）[EB/OL]. http://www.xinhuanet.com/politics/2017-09/26/c_1121726066.htm.

[43] 习近平出席联合国维和峰会并发表讲话 [EB/OL]. http://www.xinhuanet.com/world/2015-09/29/c_1116705308.htm.

[44] 习近平会见俄罗斯联邦安全会议秘书帕特鲁舍夫 [EB/OL]. http://www.xinhuanet.com/politics/2016-09/14/c_1119567351.htm.

[45] 孟建柱和帕特鲁舍夫主持中俄执法安全合作机制第四次会议[EB/OL].http://world.people.com.cn/n1/2017/0728/c1002-29433455.html.

[46] 中缅第六次执法安全合作部长级会议举行，赵克志与缅甸内政部部长觉瑞共同主持 [EB/OL]. http://www.mps.gov.cn/n2253534/n2253535/

c6164602/content. html.

[47] 上合组织首都警务执法合作会议闭幕，王小洪出席闭幕式并致辞[EB/OL].http://www.mps.gov.cn/n2253534/n2253535/c5559178/content.html.

[48] 中英举行首次高级别安全对话 [EB/OL] . http: //epaper. legaldaily. com. cn/fzrb/content/20160614/Articel01010GN. htm.

[49] 首次中英高级别安全对话成果声明[EB/OL]. http://epaper.legaldaily.com.cn/fzrb/content/20160614/Articel01011GN.htm.

[50] 国际刑警组织中国国家中心局北京联络办公室成立 [EB/OL]. http: //www. gov. cn/gzdt/2012-04/17/content_ 2115402. htm.

[51] 联合国毒品和犯罪问题办公室-关于我们[EB/OL].http://www.un.org/zh/aboutun/structure/unodc.

[52] 联合国毒品和犯罪问题办公室 [EB/OL] . http: //www. chinanews. com/gj/zlk/2014/01-15/34. shtml.

[53] ASEANAPOL. VISION&MISSION[EB/OL].http://www.aseanapol.org/about-aseanapol/vision-and-mission.

[54] Arabnews. Zayani backs creation of united GCC police force[EB/OL]. http://www.arabnews.com/featured/news/789076.

[55] 上合组织地区反恐怖机构将继续加强反恐各领域合作[EB/OL].http://www.xinhuanet.com/world/2017-09/17/c_1121677389.htm.

[56] 李克强在澜沧江—湄公河合作第二次领导人会议上的讲话（全文）[EB/OL]. https://www. fmprc.gov.cn/web/ziliao_674904/zyjh_674906/t1524884. shtml.

[57] EUROJUST. Pearls in Policing Conference [EB/OL]. http://www. eurojust. europa. eu/press/News/News/Pages/2015/2015 - 06 - 19 _ Pearls - in - policing.aspx.

[58] Wikipedia. Socratic dialogue [EB/OL] . https: //en. wikipedia. org/wiki/Socratic_ dialogue.

[59] 国际民航组织 . 关于国际民航组织 [EB/OL] . https: //www. icao. int/about-icao/Pages/default. aspx.

[60] 去老挝，把那些诈骗嫌犯抓回来 [EB/OL] . http: //newpaper. dahe. cn/dhb/html/2018-01/13/content_ 216901. htm.

[61] 5 名电信诈骗嫌犯从越南被押解回国　4 人为台湾人 [EB/OL]. http: //news. 163. com/17/0104/18/C9V4PK5Q0001875N. html.

［62］外媒：贩毒团伙从中国化工厂购买易制毒化学品［EB/OL］. http：//www. cankaoxiaoxi. com/china/20150623/826655. shtml.

［63］广东省公安厅．广东公安开展猎狐专项行动　境外追逃人数居全国前列［EB/OL］. http：//mini. eastday. com/mobile/170706152404351. html.

［64］驻捷克经商参处．2017 年度中国对外投资合作数据抢先看［EB/OL］.http://www.mofcom.gov.cn/article/i/jyjl/m/201801/20180102701507.shtml.

［65］去年 695 名中国人海外死亡　外交部总结四大“杀手”.［EB/OL］.http://www.sohu.com/a/219172039_115479.

［66］南非华人警民合作中心．南非华人警民合作中心 2017 年工作总结［EB/OL］. http：//www. nanfei8. com/huarenzixun/shetuanhuodong/2017 - 11 - 27/54926. html.

［67］华人头条阿根廷．针对近期阿根廷圣菲省罗萨里奥市华人超市被敲诈、勒索事件高发的状况，近日驻阿使馆警务联络组陪同公安部工作组专程赴罗市督办相关案件［EB/OL］.https://www.sohu.com/a/166947827_155500.

［68］王传宗．合作共赢　努力构建人类安全命运共同体，全国公安机关国际执法安全合作述评之一［EB/OL］. http：//www. mps. gov. cn/n2253534/n2253535/n2253537/c5785080/content. html.

［69］FBI · Leadership & Structure · International Operations［EB/OL］. https：//www. fbi. gov/about/leadership-and-structure/international-operations.

［70］习近平谈全球治理　这一类人未来会吃香［EB/OL］.http://news.163.com/16/0929/14/C2504I8B00014PRF.html.

［71］习近平．携手共命运　同心促发展——在 2018 年中非合作论坛北京峰会开幕式上的主旨讲话［EB/OL］. http：//www. xinhuanet. com/world/2018-09/03/c_ 1123373881. htm.

［72］王毅．履行神圣职责　共筑和平安全——在安理会维护国际和平与安全问题公开会上的发言［EB/OL］. https：//www. fmprc. gov. cn/web/ziliao_674904/zyjh_ 674906/t1599385. shtml.

［73］安理会商讨联合国维和改革的执行和后续行动［EB/OL］. http：//www. xinhuanet. com/2017-09/21/c_ 1121700346. htm.

［74］联合国宪章［EB/OL］. http：//www. un. org/zh/charter-united-nations/.

［75］贡献与牺牲［EB/OL］. https：//peacekeeping. un. org/zh/service-and-sacrifice.

［76］专访维和行动部警察司副司长杨绍文［EB/OL］. http：//wemedia. ifeng. com/66040500/wemedia. shtml.

［77］习近平会见联合国秘书长潘基文［EB/OL］. http：//www. xinhuanet. com//politics/2014-08/16/c_ 1112103237. htm.

［78］习近平会见联合国秘书长古特雷斯［EB/OL］. http：//www. xinhuanet. com//2018-04/08/c_ 1122651110. htm.

［79］加大维和警察能力建设投入 为维护世界和平发挥更大作用——联合国电台专访中国公安部常务副部长王小洪［EB/OL］. http：//www. mps. gov. cn/n2254314/n2254315/n2254317/n4894885/n4894887/c6154184/content. html.

［80］低级别、冷衙门官员畏罪潜逃现象值得警惕［EB/OL］. http：//news. 163. com/13/0826/09/976NJCQJ00014JB5. html.

［81］凤凰资讯．基督教科学箴言报：中国设法阻止官员携款外逃［EB/OL］.http://news.ifeng.com/opinion/200811/1106_23_866218.shtml.

［82］我国发布红色通缉令缉拿百名外逃人员（表）［EB/OL］. http：//legal. people. com. cn/n/2015/0422/c42510-26888423. html.

［83］杨晓越．推动反腐败国际合作和追逃追赃向纵深发展——写在“一二·九”国际反腐败日之际［EB/OL］. http：//legal. people. com. cn/n1/2016/1209/c42510-28936055. html.

［84］公安部：“猎狐行动”五年追逃3317名经济犯罪嫌疑人［EB/OL］. https：//www. guancha. cn/FaZhi/2017_ 11_ 03_ 433429. shtml.

［85］有逃必追一追到底——写在中央追逃办成立三周年之际［EB/OL］. http://www.ccdi.gov.cn/special/ztzz/ztzzjxs_ztzz/201706/t20170628_101835.html.

［86］关于敦促职务犯罪案件境外在逃人员投案自首的公告［EB/OL］. http：//www. spp. gov. cn/zdgz/201808/t20180823_ 389450. shtml.

［87］勠力构建国际反腐新秩序——二十国集团杭州峰会取得重要反腐成果［EB/OL］.http://www.xinhuanet.com/world/2016-09/06/c_1119521632.htm.

［88］学习小组．习近平关于“海外追逃”的11条意见［EB/OL］.http://www.xinhuanet.com/politics/2015-08/13/c_128125096.htm.

九、其他

［1］UN. Supplement to an Agenda for Peace［Z］. 1995，44.

［2］UN. Report of the Panel on United Nations Peacekeeping Operations

[Z]. 1995, 102.

[3] UN In Larger Freedom: Towards Development, Security and Human Rights for All-Report of the Secretary-General, UN GAOR, 59th Session [Z]. 2005, 223.